누워서 읽는 중국사

울퉁불퉁 중국인 이야기

들어가는 말

인간적으로 참아내기 어려운 궁형(宮刑)을 당하면서도 역사를 기록하고자 능욕을 참았다던 사성(史聖) 사마천은 과연 무엇을 기록하고 싶어 그리 했을까?

《사기(史記)》를 통해 추론해보면 그가 그토록 기록하고 싶었던 것은 아마 맨 앞장에 기록되어 있는 백이(伯夷), 숙제(叔齊) 이야기였을 것이다. 오늘날까지 중국이란 국가의 국시(國是)가 되고 있는 인의예지(仁義禮智)에 의한 인본(仁本)적 다스림의 맨 앞자리를 차지하고 있는 것은 주(周)나라 무왕(武王)이다. 그런 무왕의 말고삐를 잡고 '이상주의 도덕론'을 설파했으나 민생을 도탄에서 구해내야 한다는 현실 정치의 혁명론자들에 떠밀려 겨우 목숨만 부지한 채 수양산에 들어가 도라지를 캐 먹다 죽은 변방 나라 고죽국 출신의 두 왕자, 백이, 숙제. 사마천은 도대체 무에 그리 중요하다고 열전(列傳)의 맨 앞자리에 그들을 배치했을까?

공자(孔子)가 일찍이 그랬듯 선인(善人)이 패배하고 악인(惡人)인 도척이 천수를 누리는 것을 보면서 그는 "하늘의 뜻이 과연 있는가, 있다면 세상은 왜 이 모양인가?"라고 외쳤지만, 하늘은 잠자코 말이 없었다. 그래서 그는 하늘이 못다 한 '선(善)을 선양(宣揚)하고 악(惡)을 징치(懲治)하는 그 일'을 그의 붓끝으로나마 나타내고 싶었을 것이다. 아마도 공자(孔子)의 역사책《춘추(春秋)》에 대한 존경심에서 비롯했을 그의 예리한 '붓끝'은 그 뒤 사마광의 《자치통감》에서 언뜻 보인 후 역사 속에서 영영 사라지고 말았다.

우리나라와 중국은 길항(拮抗) 관계의 2천 년을 보냈다. 고구려는 싸우고 신라는 협조하며 초기 천년을 살았고, 그 후 고려는 5백 년을 밀고 당기며 보냈으며, 조선은 오백 년을 조공 형태의 사대와 복종의 역사로 지내왔다.

근대 이후 우리는 중국과 대체로 적대적인 관계였다. 떼려야 뗄 수 없는 한중일의 삼국은 서로 폄하하고 조롱하는 뉴스만 소비했다. 남의 나라의 기쁜 소식이 나의 슬픔이 되고, 남의 나라의 슬픈 소식이 나의 기쁨이 되는 적대적 동반자 관계가 삼국 정치의 현실이 되었다. 극우적인 유튜버나 악성 논쟁으로 주목받기 좋아하는 사이비 언론뿐만 아니라 주류 미디어나 학계도 서로의 진실은 애써 외면하고 민중들의 적대감을 고무하며 그들의 위치를 지켜가고 있다. 과연 그들의 말대로 14억 중국인들 모두가 세상의 중심이 중국이고 동양의 모든 문화는 중국에서 시작되었다고 하는 중화론자들일까? 일본의 1억 2천만 인구 모두가 한국을 식민지로 삼아 개발의 씨앗을 뿌려주었는데도 한국인들이 고마움을 모른다고 생각하는 혐한론자들일까? 가장 악랄한 기사나 댓글만 소개해, 온 국민에게 이웃 국가에 대한 증오의 감정을 부추기고 있는 것은 아닌지 그들에게 묻고 싶다.

솔까말! 솔직히 까놓고 말해 보자.

만일 중국이 없었다면 우리의 문화는 어떠했을까? 중국이 우리를 정복하거나 합병해 식민지화했다면 오늘 우리는 과연 우리말을 쓰며 우리만의 독특한 문화를 뽐낼 수 있었을까? 우리는 거대한 중국과의 관계에서 전쟁이든 조공이든 사대든 어떠한 방법이든 간에 살아남아 오늘에 이르렀다. 우리 민족 문화가 온전히 살아남은 이 자체가 바로 우리의 기적적인 성공의 핵심이고 요체이다.

객관적으로 보아 우리는 오랜 기간 한자 문화권에 속한 국가였다. 세종대왕이 훈민정음이라는 새로운 우리말 표기법을 발명하기 이전의 그 오랜 시간, 우리는 중국인들이 만든 한자를 빌려 우리말을 표기해 왔고, 그래서 문화와 전통을 간직하고 전달해 왔다. 물론 고립어인 한자를 교착어인 우리말로 기록하느라고 한자의 음(音)과 훈(訓)을 빌려 쓰며 구결(口訣), 현토(懸吐), 이두(吏讀), 향찰(鄕札) 등 갖가지 연구를 해가면서 노력해 왔지만, 그 근본은 한자였다. 요즘은 영어 능력이 권력이라지만 그보다 오랜 시간 한자 실력, 혹은 한문 경전을 아는 것이 출세의 지름길인 시대도 있었다. 시대가 조금 변했다고 그야말로 한자를 쌩까고(?) 있는 것은 아닌지 모르겠다. 아직도 우리말 사전의 단어 중 70% 이상이 한자어에서 온 말이라는 것은 부인할 수 없는 사실이다. 어디 언어뿐인가. 그들의 정치 제도와 철학도 오랜 시간 우리 사회를 지배해 온 주류적 흐름이 아니었던가. 다만 세계 모든 나라가 그러하듯 그들의 것을 가져다 우리 형편에 맞게 창의적으로 변형시켰다. "너희들 모든 것이 다 우리나라에서 흘러간 것 아니냐"는 중화론자들의 어설픈 원조(元祖)론에 동의할 필요는 없지만, 그리스 문화를 서양 문화의 원줄기로 생각하는 서양 사람들처럼 생각해 준다고 하여 크게 자존심 상할 일은 아니라고 보는 것이 나의 생각이다. 문화란 마치 공기처럼 기압이 높은 곳에서 낮은 곳으로 흘러가는 것이다. 문화의 모방(模倣), 표절(剽竊), 이식(移植)도 넓게 보면 모두 '문화 접변(接變)' 현상으로 전 세계 어디서나 일어나는 일이다. 우리는, 중세까지는 중국이 위치한 대륙 쪽에서 흘러온 문화를 받아들이고 근대 이후는 바다 쪽 미국에서 흘러오는 문화를 받아들이고 있을 뿐이다.

인정할 것은 쿨하게 인정하자. 다만 그런 원자재를 얼마나 아름답고 효율적으로 현대적 삶에 응용하는 능력을 가졌느냐가 가장 중요한 포인트가 될 뿐이다. 일본에서 개발된 가라오케라는 기계를 들여와 여러 가지 형태의 노래방을 만들어 하나의 커다란 오락 산업으로 키운 것이, 미군 부대에서 흘러나온 소시지나 햄 등을 김치와 버무려 부대찌개라는 새로운 한국적 음식을 만들어 낸 것이 그런 예가 될 것이다.

적어도 중국 대륙에 명멸(明滅)했던 수많은 왕조는, 우리에게 형님이라 부를 것을 강요했을 뿐 우리를 말살하거나 해체하려고 하지는 않았다. 그게 뭐 그리 대단하냐고 말하는 사람은, 종교의 자유를 찾아 북아메리카에 상륙한 서양인들이 이후 그 땅의 원주민 인디언들을 처리한 방식과, 남아메리카 대륙에 상륙한 스페인 포르투갈인들이 남미의 원주민들에 가한 압박을 생각해 보라. 오스트레일리아에 상륙한 영국인들이 원주민을 말살하다시피 한 사례도 살펴보라. 그리고 미완의 과업으로 실패하고 말았지만 나폴레옹의 군대나 히틀러의 군대가 러시아 땅으로 쳐들어가 슬라브족을 멸족(滅族)시키기 위해 군인과 민간인을 가리지 않고 수천만 명을 죽인 일을 회고해 보라.

우리 한(韓)민족이 매우 용맹하게 영토 방위 전쟁을 했고, 게다가 의(義)를 추구하는 '동방예의지국'의 면모를 지니고 있었던 것이 사실이라 하더라도, 압도적 인구와 막강한 군사력과 어마어마한 생산력을 가진 중국의 왕조들이 우리 민족을 정복해 중국의 일개 지방이나 성(省)으로 만들지 않은 것은, 그들이 착하기 때문이 아니라 적어도 우리와의 공존(共存)의 이유가 그들에게도 있었기 때문이라고 나는 생각한다. 100원을 들여 공격해서, 얻어먹을 것은 10원도 안 된다고 판단했거나, 그냥 살려두고 때로 을러메거나 달래가면서 이용해 먹는 것이 더 효율적이라고 생각했을 수도 있고, 변두리에 두어 타 해양 세력의 대륙 진출을 막아내는 전진 기지 역할쯤으로 그냥 둔 것일 수도 있다.

우리의 생존 방식이 저항과 투쟁, 공존과 협력, 사대와 조공 등 다양한 현실에 따라 갖가지 대처법이 있었던 것은 사실이지만, 그런 과정을 통해 우리는 중국을 때로는 겁주고 때로는 설득하고 때로는 다독이며 한민족의 정체성을 유지해 왔다. 이것은 바다라는 천연 장벽을 사이에 둔 일본과는 전혀 다른 환경에서 만들어낸 업적이다. 그런 점에서 우리는 그런 선조(先祖)들을 자랑스러워해도 좋을 것이다. 우리 민족을 비겁했다고 말하는 자가 있다면 고개 들어 우리와 같은 핏줄을 지녔다는 북방의 유목 민족들을 보라. 한때 중국 대륙을 정복하고 소수의 인원으로 다수의 한족(漢族)을 지배했던 거란인과 몽골인 그리고 만주족의 오늘을 보면 우리 조상들의 현명함은 바로 오늘 우리의 존재 자체가 증거가 된다.

여담이지만 우리가 올림픽에서 양궁(洋弓)의 최대 강국인 이유도 중국이라는 나라가 옆에 있었기 때문일 것이다. 중국이라는 거대한 나라가 쳐들어 왔을 때 상대적으로 인구가 적은 우리가 그들의 대군과 전면전을 벌여서는 승산이 없다. 그래서 고대로부터 사용한 전술이 견벽청야(堅壁淸野) 작전이었다. 즉 일단 높은 산에 준비된 산성(山城)으로 백성 모두가 피신하고 버티는 것이 견벽(堅壁)이고, 적들의 잠자리, 음식, 식수가 될 수 있는 집이나 식량, 우물을 모두 없애 버리는 것이 청야(淸野)이다. 그리고 산성으로 쫓아 올라온 적들을 내려다보며 활을 쏘아 대항해 결국 원정군인 중국 군사들이 스스로 물러가게 만든 작전을 썼던 결과가 양궁 실력으로 나타났다고 볼 수도 있다. 소수의 인원으로 다수의 적병을 맞아 강토를 지키는 처절한 생존의 경험에서 생긴 능력인 것이다. 고구려 을지문덕 장군이 수(隋)나라의 백만 대군과 맞서 승리할 수 있었던 것이 바로 그런 작전이었다. 그러면서 을지문덕은 "그대의 신기한 책략은 천문을 꿰뚫었고, 그대의 신묘한 계산은 지리적 이치를 통달했도다. 자, 이제 만족함을 알았으면 물러감이 좋을 듯합니다"라고 한편으로 적을 치켜주면서 한편으로 적을 치는 고도의 작전을 펼쳤다.

2차 대전 종전 후의 국제 질서를 논의한 카이로 회담에서 한국을 일본의 일부로 알고 있던 미국 루스벨트 대통령과 영국의 처칠 앞에서 비록 말석(末席)에서나마 한반도를 독립시켜야 한다고 주장한 장제스가 없었다면 전후 한반도의 상황은 또 다른 혼란을 겪었을 것이다. 결국 분단의 아픔을 맞게 되고 자칭 해방 전쟁을 감행한 북한 정권의 남침에 의해 6·25라는 씻지 못할 동족상잔의 아픔을 겪기는 했지만, 그것은 미국과 소련의 냉전 체제의 산물이지 중화민국 혹은 장제스의 잘못은 아니다. '죽(竹)의 장막' 시대를 거쳐 중국의 개혁 개방을 통해 한때 우호적이었던 한중 관계는 미국과 중국이 불화하면서 소위 '신냉전'의 시대를 맞고 있다. 정권에 따라 조금 차이가 있기는 하지만, 우리나라에서 미국과의 상호 방위조약을 믿는지 아니면 1인당 GDP가 몇 달러 많다는 것을 믿는 것인지, 중국 혹은 러시아 앞에서 "때릴 테면 때려 봐, 때려 봐" 하며 미국, 일본의 뒷배를 믿고 까불대고 있는 우파 정권들과 언론들의 작태를 보면 나는 기가 막힌다. 싸울 땐 싸우더라도 전후(戰後)를 생각하고 경쟁 대상을 예우할 줄 알았던 을지문덕의 지혜가 필요하다는 말이다.

게다가 그 이유가 같은 민족인 북한과 동맹 관계이고 6·25 때 북한의 멸망을 그냥 지켜보지 않고 인민군을 파견해 항미(抗美) 원조(援朝)한 것이 원죄라면 미국과 우리의 관계도 마찬가지이다. 근래 우리가 선진국으로 도약할 수 있었던 것도 중국과의 긴밀한 경제적 관계가 한몫한 것은 분명한 일이다. 별다른 사건 사고도 없이 중국과 적대 관계로 돌아가는 것은 우리가 주체적 외교 능력을 가지지 못한 미국의 푸들에 불과하다는 것을 대내외에 알려주는 것에 불과하다. 작은 국가일수록 때론 영민하게 때로는 영악하게 국제 정세의 파도를 타면서 자국의 이익을 챙겨야 오래 살아남을 수 있다. 우리가 중국에 침략을 당한 역사를 보면 그런 교훈을 얻을 수 있다. 수(隋)나라, 당(唐)나라 시절에야 그쪽의 정복 군주에 의해 전쟁을 맞이할 수밖에 없었지만, 그 후 거란과의 전쟁이나 몽골과의 관계, 혹은 만주족에 의한 병자호란 등은 우리가 외교력을 충분히 발휘했다면 막을 수 있는 침략이었다는 것이 역사학자들의 중론(衆論)이다. 결국 한족(漢族)이 아닌 북방 유목민의 국가에 대한 폄하나 멸시적인 태도가 전쟁의 주요한 원인이 되었다. 이런 점은 1992년 흑인들에 의한 LA 폭동 당시 주요 피해자가 재미 한국인이었던 것에서 잘 나타나고 있다. 흑인들의 입장에서는 한국계 미국인들 역시 유색 인종인데, 이들이 마치 백인 주류 사회에 속한 양 흑인을 깔보고 차별한 데 대한 묵은 감정이 폭발한 것이다. 같은 몽골리안이면서 동족 계열인 자기들은 상종 못 할 야만인으로 대하고, 이민족인 한족(漢族)에게는 설설 기는 고려 혹은 조선인에 대한 거란, 몽골, 만주족들의 감정도 LA 흑인들의 감정과 크게 다르지 않았을 것이다.

이제 털 것은 털고 잊을 것은 잊고 대등하고 평등한 외국으로서 중국을 보아야 한다. 그런 점은 일본도 마찬가지이지만, 일본의 경우는 식민 지배에 대한 제대로 된 사과가 전제되어야 한다. 사과는 지속적이면서 또 행동으로 나타나야 한다. '고이즈미 담화'나 일본 천왕의 "통석(痛惜)의 념(念)을 금(禁)할 수 없다"와 같은 말 한마디를 한 뒤 "조센징 놈들, 도대체 몇 번을 사과하라는 거야. 한 번 했음 됐지"라고 말하는 것은 사과가 아니다. 앞에서는 사과하고 뒤로는 뒤통수 치는 구밀복검(口蜜腹劍)이나 한두 명은 사과하는 척하고 나머지는 뒤에서 경제 개발을 도왔다고 헛소리하는 한 제대로 된 사과는 아니다. 물론 한반도에 자생하는 일제 식민지 잔존 세력들인 소위 New Right라는 일부 집단이, 식민지 근대화론이니 뭐니 하는 해괴망측한 이론으로 일본인들을 기고만장하게 만든 탓도 있지만, 그런 놈들이야말로 '일부 몰지각한 반국가 사범'들이다. 대다수 국민의 의견은 제대로 된 사과를 기다려 친선이나 우호를 맺어도 그리 늦지 않다는 것이다.

물론 중국에도 언젠가 미국을 넘어 세계 최고의 강대국이 되겠다는 패권적인 '중국몽(中國夢)'에 취한 집권자들과 그들의 홍위병 격인 소위 '소분홍(小粉紅)'들이 애국심에 취해 각종 미디어에 나타나 갖가지 눈꼴신 짓을 하는 사람들이 있다. 하지만 그런 일부 비상식적인 것들이야 우리나라의 '일베충' 혹은 '낙성대충'처럼 어느 나라에도 있다. 중국의 민주화가 진행되고 민도(民度)가 높아지면 그런 해충들은 구제되는 날이 올 것이다. 아직은 명색이 공산당 집권의 프롤레타리아 일당 독재를 구호로 앞세우고 있는 나라이니 조금 더 참고 정경 분리의 입장에서 지켜보면 될 일이다.

우리는 누구인가? 우리는 어디에서 왔고 어떻게 살아왔고 어디를 향해 가는가?

한 개인의 정체성이 그의 '기억(記憶)'에 의해 규명되듯 우리 '민족(民族)'이란 정체성도 기억에 의해 구성되고 형성된다. 그리고 그 기억의 중심은 '역사(歷史)'이다. 국가란 일종의 '상상의 공동체'이고 그 상상은 국민이 공유하는 '정신/의식'임에 분명하다. 그 바탕에는 우리만이 사용하는 언어와 문화, 태도, 관습 등이 있기는 하나 가장 근본적인 것은 우리가 가진 '우리다움' 혹은 '남과 다름'일 것이다. 우리가 우리를 정의하고 규정할 때는 우리가 가진 우리다운 '공통점'을 찾는 방법도 있고, 또 우리와 다른 국가나 민족과의 '차이점'을 통해서 찾기도 한다. 그런 측면에서 중국(中國)이란 나라와 민족은 우리의 정체성을 규정하는 '차이'를 발견하는 기준점이 될 수 있는 가장 가까운 이웃이다. 물론 일본(日本)도 지근거리에 있는 국가이긴 하지만 서로 주고받은 영향력의 정도는 중국이 훨씬 더 강력하고 긴밀했으며, 그 정도는 과거로 올라갈수록 더욱 더하다. 그런 점에서 중국이야말로 우리와 떼려야 뗄 수 없는 관계이다. 지리적 인접성으로부터 출발한 인종, 문화, 철학, 예술 등 갖가지 측면에서 중국은 우리와 같거나 다르다. 두 나라는 그런 점에서 동반자(同伴者) 관계이다. 시대에 따라 그 동반자 관계는 우호적이기도 하고 적대적이기도 하면서 애증(愛憎)으로 오락가락했으나 적어도 두 나라의 관계가 단절된 적은 없었고 또 그럴 수도 없었다.

서양학자들은 중국과 우리는 인종(人種)이 다르다고 한다. 저들은 China족, 우리는 Mongolia족, 언어(言語)도 달라 저들은 China-Tibet 어족이라 하고 우리는 Ural-Altai 어족에 속한다고도 했다. 또 저들은 Chinese이니 '-니즈'로 불리는 집단이고 우리는 Korean이니 '-안'으로 불리는 집단이라고 한다. 그러나 DNA 조사를 해 본 결과 우리 민족과 중국 그리고 일본인들과의 유전자적 차이는 한반도 내의 차이와 크게 다를 바 없다는 것이 밝혀졌다. 즉 중국인과 일본인 그리고 우리 대한민국 사람들의 차이는 혈통적인 것이 아니라 '정신적인 그 무엇'이라는 것이다. 그 결과 민족이란 '그 자신이 거기에 속한다고 생각하는 정신'의 소산이라는 것이다. 다시 말하면 국가와 민족이란 결국 '상상의 공동체'라는 결론에 이르게 된다. 어쩌면 민족이란 여권에 적힌 국적이나 그가 살고 있는 지역이 아니라 월드컵이나 올림픽 경기가 열렸을 때 어느 나라를 응원하느냐의 문제일 수도 있다.

일찍이 손자(孫子)는 그의 병법(兵法)에서 지피지기(知彼知己)면 백전불태(百戰不殆)라고 했다. 적(敵)이라고도 친구라고도 말할 수는 없지만 적어도 중국은 우리 역사와 오랜 시간 함께해 왔다. 그만큼 공존(共存)의 시간은 길었다. 상대적으로 작은 나라였기에 우리 민족이 주로 형님처럼 모시긴 했으나 적어도 우리 영토를 침범하는 것은 용납하지 않았다. 농담 삼아 말하자면 비록 작은 나라지만 세계 강대국 국민에게 '-놈'이라고 일상생활화하여 낮추어 말하는 나라는 우리밖에 없을 것이다. 적어도 자존감은 강한 나라이고 지고는 못 사는 민족이기 때문이다. 우리 앞에는 많은 과제가 있고 그 과제들은 이웃 나라들과 연결되어 있는 경우가 대부분이다.

최근 들어 우리는 이웃 나라들과 불화(不和)를 겪고 있다. 중국은 오랜 침체에서 벗어나 세계 2위의 경제 대국으로 부상했으며 중국몽(中國夢)이라는 세계 최고의 패권 국가의 꿈을 멈추지 않고 있다. 최강대국인 미국은 그런 중국의 부상을 견제하고 있으며 그런 결과 동북아에는 새로운 냉전(冷戰) 관계가 형성되고 있다. 그럼에도 불구하고 중국과 우리 그리고 일본은 같은 문화를 공유한 사이임에 틀림없다. 중국인들이 발명한 한자(漢字)를 언어의 일부로 사용하고 있고, 붓으로 글씨를 쓰고, 젓가락으로 음식을 먹고, 부모와 나이 든 사람을 존중하는 유교적 태도를 지니고 있는 것은 사실이다. 우리끼리는 아무리 다르다고 외쳐도 서양인의 눈에는 그저 '그놈이 그놈'일 뿐이다. 그런 공통점을 찾아보고 그들과 우리의 관계를 규정했던 조공(朝貢)과 하사(下賜), 사대(事大)의 본질적 차이를 제대로 알아야 한다.

사실 우리가 알고 있는 인류 역사 동안 중국은 세계 최고의 국가였다. 요즘 말로 바꾸면 중국은 오랜 시간 세계 GDP의 30% 이상을 차지해온 최강대국이었다. 아편 전쟁 이후 종이호랑이로 전락했던 중국이 요즘 다시 슬며시 고개를 쳐들며 특유의 자부심을 되찾고 있는 중이라고 볼 수도 있다. 원래 중국 56개 소수 민족의 단결을 위해 시작한 동북 공정이 조금 마음에 거슬리긴 하지만, 자신들의 일체감 형성을 위해 다소 미성숙한 중국식 애국주의라고 이해할 수도 있다. 중국몽(中國夢)은 근대 역사에서의 중국의 아픔을 되풀이하지 않겠다는 그들의 내부적 다짐으로 풀어볼 수도 있다. 서양 사람들은 내세관을 앞세운 종교로 현실 인간을 통제해왔지만, 중국은 《춘추(春秋)》 이래 역사 기록으로 현실적 인간을 제어해 왔다. 그런 점에서 중국인들은 가장 현실주의자들이고 가장 자본주의자들이다. 그들의 꿈은 천국(天國)에 있는 것이 아니라 여기 지금 현실에 있기 때문이다.

E.H Carr에 의하면 모든 역사는 언제나 현대사, 즉 과거와의 대화이다. 그런 점에서 보면 이 책은 우리 한민족과 중국 민족과의 대화의 기록이다.

이 땅의 사람들이 어떻게 살아 왔는가를 알기 위해서는 이웃 나라들의 문화와 풍습이 우리에게 어떤 영향을 끼쳤는가를 아는 것이 필수적이다. 이 책은 그런 점에서 우리와 가장 가까운 나라 중국의 역사를 통해 우리 문화의 본질과 정체성을 살펴보고 우리의 앞날을 제시해줄 것이다.

이제 대한민국도 그렇게 꿈꾸던 선진국 반열에 들어섰다. 백범 김구 선생은 일제에 빼앗겼던 나라를 되찾았을 때 '내가 원하는 우리나라'라는 글에서 복수나 증오보다는 상생(相生)을 먼저 말씀하셨다. 조금 더 선생의 말을 인용해 본다.

> 나는 우리나라가 세계에서 가장 아름다운 나라가 되기를 원한다. 가장 부강한 나라가 되기를 원하는 것은 아니다. 내가 남의 침략에 가슴이 아팠으니 내 나라가 남을 침략하는 것을 원치 아니한다. 우리의 부력(富力)은 우리의 생활을 풍족히 할 만하고 우리의 강력(强力)은 남의 침략을 막을 만하면 족하다. 오직 한없이 가지고 싶은 것은 높은 문화의 힘이다. 문화의 힘은 우리 자신을 행복하게 하고 나아가서 남에게 행복을 주겠기 때문이다.
>
> 나는 우리나라가 남의 것을 모방하는 나라가 되지 말고 이러한 높고 새로운 문화의 근원이 되고 목표가 되고 모범이 되기를 원한다. 그래서 진정한 세계의 평화가 우리나라에서, 우리나라로 말미암아서 세계에 실현되기를 원한다. 홍익인간(弘益人間)이라는 우리 국조(國祖) 단군의 이상이 이것이라고 믿는다.
>
> 우리 민족이 주연 배우로 세계의 무대에 등장할 날이 눈앞에 보이지 아니하는가.
>
> 이 일을 하기 위하여 우리가 할 일은 사상의 자유를 확보하는 정치 양식의 건립과 국민 교육의 완비다. 내가 위에서 자유의 나라를 강조하고 교육의 중요성을 말한 것은 이 때문이다. 최고 문화 건설의 사명을 달할 민족은 일언이폐지하면 모두 성인을 만드는 데 있다. 대한 사람이라면 간 데마다 신용을 받고 대접을 받아야 한다. 우리의 적이 우리를 누르고 있을 때에는 미워하고 분해하는 살벌, 투쟁의 정신을 길렀었거니와 적은 이미 물러갔으

니 우리는 증오의 투쟁을 버리고 화합의 건설을 일삼을 때다. 집안이 불화하면 망하고 나라 안이 갈려서 싸우면 망한다. 동포 간의 증오와 투쟁은 망조(亡兆)다. 우리의 용모에서는 화기가 빛나야 한다. 우리 국토 안에는 언제나 춘풍이 태탕하여야 한다. 이것은 우리 국민 각자가 한 번 마음을 고쳐먹음으로써 되고 그러한 정신의 교육으로 영속될 것이다.

최고 문화로 인류의 모범이 되기로 사명을 삼는 우리 민족의 각원은 이기적 개인주의자여서는 안 된다. 우리는 개인의 자유를 극도로 주장하되 그것은 저 짐승들과 같이 저마다 제 배를 채우기에 쓰는 자유가 아니요, 제 가족을, 제 이웃을, 제 국민을 잘 살게 하기에 쓰이는 자유다. 공원의 꽃을 꺾는 자유가 아니라 공원에 꽃을 심는 자유다.

단재 신채호 선생의 말씀도 들어 보자.

우리 조선 사람은 매양 이해(利害) 이외에서 진리를 찾으려 하므로 석가(釋迦)가 들어오면 조선의 석가가 되지 않고 석가의 조선이 되며, 공자(孔子)가 들어오면 조선의 공자가 되지 않고 공자의 조선이 되며, 무슨 주의(主義)가 들어와도 '조선의 주의'가 아니라 '주의의 조선'이 되려 한다. 그리하여 도적과 주의를 위한 조선은 있어도 조선을 위한 도덕과 주의는 없다. 아! 이것이 조선의 특색이냐. 특색이라면 특색이나 노예의 특색이다. 나는 조선의 도덕과 조선의 주의를 위하여 곡(哭)하려 한다.

내 비록 변방의 비전공자이긴 하지만 적어도 진실의 눈으로 중국을 바라보고자 노력해 왔다. 내가 나름의 시각을 갖기 시작한 것은 1975년부터이다. 그때까지 나를 지배한 것은 학교나 방송에서 배운 반공 방첩 교육이었다. 당시 미국의 지원금으로 발행되던 빳빳한 지질의《자유의 벗》이라는 잡지에 실린 만화 한 커트가 지금도 기억난다. 콧수염을 기른 험상궂은 스탈린이 뚱뚱한 모택동에게 활을 건네주며 "택동아, 저 비둘기를 쏘아라" 지시하며 세계 평화를 깨뜨리는 내용의 삽화가 가장 인상적으로 남는 장면이었다. 그러다가 1972년인가 고등학교 2학년 때, 마침 그때가 박정희가 '10월 유신'을 선포한 뒤였다. 6·25 참전 용사라는 사회 선생님이 시간마다 한국적 민주주의와 함께 국민 총화와 총력안보를 강조하기에 어쩌다 내가 "선생님, 우리도 알 만한 것은 다 아니 어지간히 하시지요"라고 나름 개폼(?)을 잡았다가 그 선생이 "저런 싹수없는 놈은 가르칠 필요가 없다"며 책을 던지고 교실을 나가버린 것이 유일한 반항 사건이었을 정도로 인식의 폭이 좁았다.

그러던 내가 고등학교 졸업 후 최초로 만난 코페르니쿠스의 이름은 리영희였다. 그분은 민음사에서 펴낸 《전환시대의 논리》라는 책으로 당대 젊은이들이 딛고 섰던 땅을 전복(顚覆)시켰다. 내 친형도 참전한 월남전의, 우리 용맹한 맹호 청룡 부대 용사들이 그곳 전선에서 물리친 베트콩들이 사실은 그 나라의 독립운동가들이었다니, 그들이 우리 향토 예비군처럼 '일하면서 싸우고 싸우면서 일하는' 베트남의 애국적 민중일 수도 있다니 나 같은 촌놈이 그 얼마나 놀랐겠는가. 이어서 나온 《8억인과의 대화》는 당시의 중공(中共)에 대한 나의 관점을 완전히 바꾸어 놓았다. 링컨 대통령이 통나무집에 살던 시절 빌려 읽었던 《엉클 톰스 캐빈》이라는 소설이 그 어린 마음에 흑인 노예 해방이라는 평생의 과업에 불씨가 되었다면 적어도 나에게는 리영희 선생의 저작들이 나의 엉클 톰스 캐빈이었다. 그 책 이후 내가 세상을 보는 눈은 바뀌기 시작했고 한국 사회의 소위 주류 언론과 학계가 가진 '가면의 세계' 속이 들여다보이기 시작했다. 이익에 따라 보도하고 연출에 따라 연구하는 것이 아닌 진실의 편이 되어야겠다는 평생의 결심을 한 것이 그때쯤이었다.

나의 아버지는 일제 강점기에 태어나 식민지 백성으로 설움을 겪다가 성장해서는 6·25라는 동족상잔의 전쟁 통에 국군의 탄약통을 지게에 지고 참전했고, 전쟁 전후로 자식들을 잃은 흔하디흔한 이 땅의 농민이다. 이런 난세를 겪으며 살아 남은 뒤 이어진 군사 독재 시절 남 앞에서 말조심을 하며 가족을 지켜온 아버지는, 내가 대학생이 된 뒤 마을 지서장이 찾아와 자식 단속 잘하라는 언질을 듣자 나에게 "빨찡이가 되어 집안을 망치려고 그러느냐"라고 꾸중했다. 그분이, 빨찡이란 말이 빨갱이, 즉 단순한 좌익적 사고를 가진 자가 아니라 빨치산(partizan)에서 유래한 말이었음을 알았는지 몰랐는지 내가 알 바는 아니지만, 그 말을 듣는 순간 나는 아버지의 말씀처럼 빨치산이 되기로 결심했다.

리영희 선생의 책에서 배운 것을 나름 응용해 '인문학의 빨치산'이 되기로 한 것이다. 즉 정규전이 아닌 게릴라 전투로 불의한 세력과 혼자 힘으로 싸우는 파르티잔이 되기로 결심했다. 그 뒤 취직하고 결혼하고 가정을 이루어 식구들을 먹여 살리면서 이런 젊은 날의 결심은 형편없이 바래고 퇴색했지만, 그런 과업들이 거의 끝나고 남들은 은퇴한 칠순의 나이에 나는 다시 빨치산이 되어 인문학이라는 거대한 산에 입산(入山)하기로 다짐했다.

국어 선생답게 사실 그대로 진실의 눈으로 세상을 보고 그 시기의 인물들을 중심으로 역사를 기록하고 그 인물이 처했던 시대적 상황을 함께 기록해 이해를 돕도록 노력했다. 《사기》를 쓴 사마천도 공자의 《춘추》를 롤 모델로 삼아 엄격한 기준으로 역사를 기술했지만, 그 나름 공자와는 다른 원칙도 있었다. 첫째는 인간에 대한 가치 평가를 도덕적인 측면뿐만 아니라 실용적 실질적인 것에도 두었다는 점이고, 둘째는 진(秦)나라의 시황제나 당대인 한나라의 무제(武帝) 등 절대 권력자에게 은근한 저항 의식을 가지고 기록했다는 것이다. 나도 가능하면 그런 사마천의 뒤를 따르고 싶은 마음이다. 뒤늦은 이런 나의 작업을 비웃어도 좋고, 손가락질해도 좋고 사상범으로 몰아도 좋다. 나에게 중요한 것은 입은 비뚤어져도 말은 바로 하자는 것이고, 그것은 이번 중국사뿐만 아니라 우리 문학과 역사에 관한 것도 마찬가지가 될 것이다. 나에게 가장 중요한 것은 그냥 내가 알고 있는 진실을 쓰는 일이다. 그것 자체가 때로는 편견에 가득찬 것일 수도 있음을 인정하겠다. 나름 책을 보며 연구랍시고 했지만 많은 부분이 다른 학자나 저자들의 글이나 주장에서 왔음은 당연한 일이다. 인용을 넘어서는 과도한 퍼나름도 있을 수 있다. 그럼에도 불구하고 나는 뻔뻔스럽게도 그 모든 것에 나의 양념과 소스를 뿌렸기에 나의 요리라고 주장한다. 그리고 그런 나의 길을 가는 것이 저만치 앞서가신 역사의 성인 사마천이나 진정한 신문 기자 리영희 선생에 대한 존경심으로 그들이 앞서 디딘 발자취를 찾는 작업일 뿐이라고 강변한다.

애초는 퇴직 후 강릉의 노년층을 대상으로 노인복지관에서 강의할 기회가 있어 강의 자료로 만들었으나 주변의 권고를 뿌리치지 못하고 또 한 번 이렇게 세상에 못난 자식을 내놓게 되었다. 필자는 중국사에 해박한 역사 전공자도 아니다. 다만 우리 문학을 공부하는 과정에서 중국과의 연결성을 공부하다 보니 여기에 이르게 되었다. 역사를 공부하는 여러분들에게 죄송하지만 다른 시각에서 바라볼 수도 있다는 점을 양해해 주기 바랄 뿐이다.

감사의 말을 덧붙여야겠다.

나는 변두리의 이름 없는 문학도에 불과하다. 이 책이 세상에 모습을 보일 수 있게 된 것은 늘 담배 연기 자욱한 골방에 틀어박혀 낑낑대는 나를 묵묵히 지켜 보아준 아내와 먼 데서 응원해 주는 식구들이 있었기 때문이다. 사랑하는 식구들은 내 칠순을 맞아 여행 대신 출판비를 보태 달라는 내 부탁을 흔쾌히 들어주었고, 거기에 어린 시절 친구였던 이광석, 조돈집이 가난한 무명작가를 지원해 이 책이 있게 되었다.

2025년 8월 강릉시

명주동 루외루에서 야매(野魅) 박삼균이 쓰다

이 책이 세상에 태어날 수 있었던 것은 나의 구정 초등학교 친구 이광석, 조돈집 군의 도움 덕분이었음을 여기서 밝힙니다.

차 례

1

제 1 장
신화에서 통일까지

제 2 장
통일 국가 중국의 출발

제 3 장
삼국지의 시대

2

제 4 장
남북의 교류와 문화 제국의 등장

제19강 남북조 시대 5호 16국

- 남북조의 형성과 5호 16국의 탄생
- 남조의 국가들
- 북조의 왕국들

제20강 위진 남북조 시대의 새로운 문화와 종교

- 건안(建安) 문학
- 죽림칠현(竹林七賢)
- 도연명(陶淵明, 365~427)
- 위진 남북조 미술가들
- 왕희지(王羲之, 303~361)
- 불교의 전래
- 최고의 불경 번역가 쿠마라지바(344~413)
- 선종(禪宗)과 보리달마(Bodhidharma, 菩提達磨)

제 5 장
때 이른 자본주의 국가 송나라

제25강 당송 교체와 5대 10국

- 당나라의 문화
- 황소의 난과 군벌의 난립
- 5대 10국

제26강 송의 건국과 북송 시대

- 송 태조 조광윤과 문치주의의 개막
- 문화 강국의 빛과 그림자
- 신법 왕안석과 구법 사마광
- 정강의 변

제27강 송나라의 문화

- 시장 경제의 천국
- 예술 문화
- 당송 팔대가
- 성리학의 수립

제28강 남송의 쇠락과 북방족의 흥기

- 거란족의 요나라
- 여진족의 금나라

제 6 장
북방 유목민의 발흥과 부침

3

제 7 장
청 제국과 서세동점(西勢東漸)의 시대

제 8 장
새로운 중국의 등장

제44강 중화인민공화국의 창업자들

- 영원한 총리 저우언라이(周恩來, 1898~1976)
- 펑더화이(彭德懷, 1898~1974)
- 류사오치(劉少奇, 1898~1969)
- 린뱌오(林彪, 1907~1971)
- 주더(朱德, 1886~1976)

제45강 덩샤오핑과 개혁 개방

- 덩샤오핑(鄧小平)의 생애
- 실용주의 노선 흑묘백묘론(黑猫白猫論)
- 톈안먼(天安門) 사건
- 남순강화(南巡講話)와 개혁 개방의 지속
- 덩샤오핑에 대한 평가

제46강 현대 중국의 지도자들

- 장쩌민(江澤民, 1926~2022)
- 후진타오(胡錦濤, 1942~)
- 시진핑(習近平, 1953~)

제47강 타이완의 근현대사

- 타이완섬의 역사
- 국민당의 시대
- 천슈이볜과 민진당의 집권 이후
- 양안 관계

울퉁불퉁 중국인 이야기

제1장

신화에서 통일까지

제1강

삼황오제와 신화 시대 이야기

선사 시대와 역사 시대

선사(先史) 시대(pre-historic age)와 역사(歷史) 시대를 가르는 기준은 단 하나 '기록'이다. 다만 그 기록은 객관화된 해독이 가능해야 한다. 그런 점에서 암각화(岩刻畫) 그림은 역사 기록에서 제외될 수밖에 없다. 유물과 유적은 주관적 해석의 가능성이 열려 있으므로 문자로 기록된 것만을 역사의 시작으로 보는 것이 일반적이다. 그래서 고대 선사 시대에 대한 해석은 늘 논쟁의 대상이 되기도 한다. 어느 나라나 애국심이 충만한 학자들이 있기 마련이고 그들은 가급적 자신들 나라의 역사를 위로 끌어올려 스스로 유구한 역사를 가진 나라라는 사실을 입증하려고 하기 때문이다. 중국의 경우 그전에는 주(周)나라 때부터를 역사 시대로 인정하는 것이 대세였지만 갑골문자(甲骨文字)가 발견된 이후 은(殷)나라도 역사 시대로 편입하게 되었다. 그러므로 삼황오제(三皇五帝)와 하(夏)나라는 역사 이전의 시대로 보는 것이 정설이다.

국가의 형성

오늘의 인간종, 즉 호모 사피엔스가 직립(直立)하고 불을 사용해 화식(火食)을 하며 수렵과 채집을 통해 진화해 온 것은 모두가 아는 사실이다. 그러다가 우연히 농업을 발견하게 되며 떠돌이 생활을 청산하고 주로 강가에 정착해 최초의 문명(文明)을 이룩했음은 우리 모두가 잘 아는 사실이다.

세계사 시간에는 나일강의 이집트 문명, 유프라테스강과 티그리스강 삼각주의 메소포타미아 문명, 황허강 유역의 중국 문명, 인더스강과 갠지스강 연안의 인도 문명을 4대 문명이라고 가르치지만 짐작건대 규모의 차이나 마을 수립의 선후 관계는 있을지라도 지구상 여러 곳에 인간종은 분포했고, 나름의 방식으로 문명을 향해 나아갔다. 주로 씨족(氏族) 단위로 형성되었던 집단은 점차 뭉쳐서 부족(部族) 단위가 되었고, 그때쯤 지도자나 혹은 권력자가 생겨났다. 우리는 대충 그 무렵을 국가의 형성기라고 부르고 있다.

수백만 년에 걸쳐 이루어진 돌멩이나 나무 작대기를 든 수렵과 채집의 원시적 생활에서 벗어나 강가에 움집이나 띠집을 짓고 무리를 형성해 농사를 짓기 시작했다. 한편으로 집단 방어나 집단 사냥을 하며 사용하는 도구도 점차 신석기로 변하고, 그릇을 만들기 시작했다. 우두머리가 지배하는 시대는 아마 길어도 1~2만 년 전쯤이었을 것이다. 고달픈 수렵과 채집에서 벗어나 강가에서 초보적인 농사를 지은 것은 인류 역사 최대의 혁명적 변화였다. 드문드문 어패류 채집과 사냥을 병행하긴 했겠지만, 농사를 통해 영양을 공급받으며 인류의 숫자는 압도적으로 팽창하기 시작했고, 지구 환경의 지배자가 되기 시작했다. 그러다가 청동기를 개발해 전쟁과 농업 운송 등에 이용하기 시작하면서 점차 성읍 국가(polis)로 발전했고, 이합집산을 거듭하면서 점차 규모를 키워 갔다.

중국의 경우 역사 시대는 주(周)나라부터라고 크게 기록하지만, 실지로 주는 역사를 기록한 중심적 나라였을 뿐 세세한 작은 성읍적 규모의 나라가 천여 개 이상이었다. 점차 줄어들었다고는 하지만 공자(孔子)가 《시경(詩經)》을 편찬할 즈음인 기원전 4~5백 년 경에도 중국 천지에 수백 개는 존재했다. 공자가 수집한 국풍(國風)이란 편명이 작은 나라들의 노래인 것을 보면 충분히 짐작해 볼 수 있는 일이다. 춘추 전국 시대는 그 많은 작은 나라들이 이합집산을 거쳐 거대한 한 개의 나라로 통합해 나가는 과정이었다. 각 나라의 여건이나 환경, 권력자의 욕망이 달랐지만, 그들의 마음속에는 각자의 나라를 위한 사랑으로 가득 차 있었다.

'이 지긋지긋한 전쟁을 끝내기 위해서는 누군가가 통일을 해야 하고 그 일을 할 사람은 나일 뿐이다'

진(秦)나라를 물려받은 영정(瀛政)이 실제로 그런 생각을 했는지는 모르지만, 진시황이 폭군의 성격을 띠면서도 중국 역사에 우뚝선 이유는, 그 많은 나라들을 '하나 되게 하는 정신'을 가지고 오늘날의 대국이 되게 했기 때문이다.

신화와 전설과 민담

신화(神話)는 신성한 곳에서의 신성한 존재의 믿을 만한 신성한 이야기이고, 전설(傳說)은 신성하진 않으나 구체적 장소에서의 초인적 존재인 영웅의 믿을 만한 이야기이다. 민담(民譚)은 불특정한 장소에서 일어난 평범한 인간의 특별하고 재미있는 이야기이다. 앞에서 마을이 모여 성읍이 되고 성읍들이 연합해 국가가 되었다고 했지만, 단순한 모임만으로 공동체란 의식이 생기지는 않는다. 언어와 생활 습관 등 몇 가지의 공통점 이외에도 공유하는 '이야기'가 있어야 온전한 민족 국가가 될 수 있다. 그래서 등장하는 것이 신화이다.

사실 모든 이야기는 나중에 만들어진 것이며, 상상을 통한 공감대 형성의 기틀이 된다. 모든 신화는 비과학적이며 비사실적이다. 그러나 그런 말도 안 되는 이야기들을 만들고 믿고 신성시하는 것 또한 인간이다. 어쩌면 민족이란 그런 얼토당토않은 신화를 서슴지 않고 믿는 자들의 집단인지도 모른다. 학자들은 그래서 '국가나 민족은 일종의 상상의 공동체'라는 말을 한다. 실체보다는 개념이 중요하다는 말이다. 실제로 전 세계에 분포해 살고 있는 유대인들의 경우 '누가 유대인인가?'에 대한 유일한 답은 '자신이 유대인이라고 생각하는 사람이 유대인이다'이다. 우리도 따지고 보면 대동소이하다. 대한민국 사람됨은 한국 국적을 소지하고 이 땅에 살거나 한국어를 사용하는 사람이라는 기준보다는 단군신화를 믿거나 월드컵에서 한국 대표팀을 응원하는 사람이라는 기준이 더 확실할 수도 있다.

중국의 창조 신화

우리나라 신화의 중심에 있는 단군신화는 우주 창조 신화라기보다는 인간 시조의 탄생과 국가 창건 신화의 유형에 가깝다. 제주도 등 일부 지방에는 천지 창조의 신화가 드문드문 존재하지만, 단군신화는 이미 만들어진 땅에 하늘에서 천상적 존재가 내려와 새로운 지상적 존재를 만들어 국가를 세우는 것으로 시작되고 있다.

중국의 경우 반고(盤古)라는 거인이 도낏자루 하나로 우주의 혼돈(混沌 chaos) 상태를 정리해 하늘과 땅을 만들고, 복희와 여와는 황토를 빚어 인간을 만들었다는 신화가 전해 내려온다. 물론 우주가 도끼질 한 번으로 태어나지는 않았겠지만 이런 황당한 신화는 공교롭게도 현대 과학이 인정하고 있는 'Big Bang'설과 매우 닮았다. 시간도 공간도 그 어떤 존재도 없는 특이점에서 갑자기 거대한 에너지가 폭발하며 우주의 초기 형태가 탄생했고, 크고 작은 물질들이 흩어졌다고 한다. 그 후 우주는 계속 팽창하면서 우주 먼지들이 뭉쳐 항성과 행성이 태어났고, 거기서 인간 등 모든 물질과 존재가 형성되었다는 것이 그 이론이다. 적어도 우주에는 기원이 있고 나이가 있고 팽창하고 있다는 측면에서 반고의 도끼질 탄생 이야기와 빅뱅 이론은 닮았다. 노자가 《도덕경(道德經)》에서 "만물은 있음에서 생기지만, 있음은 없음에서 생긴다"라고 말하며 우주의 본체는 도(道)이며 도는 유(有)이며 동시에 무(無)라고 했으니, 혼돈(混沌 chaos)에서 질서(logos)로의 변화로 문명을 진단한 성경적 해석과도 거리가 멀지 않다. 모든 색(色)의 끝은 검은색, 즉 현(玄)이고 그 검은 것이 더 검어지면 자(玆)가 된다. 그 자(玆)라는 글자는 검은 것의 끝이면서 동시에 새로운 것의 출발을 의미하기도 하니 시작이 끝이고 끝에서 시작하는 것이다. 불교에서도 공즉시색(空卽是色) 색즉시공(色卽是空)이라 하여 있는 것이 없는 것이고 없는 것이 있는 것이라 했고, 노자는 유무(有無)가 모두 그 현묘지문(玄妙之門)에서 나온다고 했으니 더 이상 따지는 것은 의미가 없다.

반고는 암흑 속에 감추어진 커다란 별 속에 존재하고 있었는데, 반고가 1만 8천 년 동안 병아리가 껍데기를 깨듯 별을 두드려 드디어 커다란 별을 둘로 가르고 세상에 나왔다고 한다. 둘로 갈라진 별은 각각 하늘과 땅이 되었다. 양청(陽淸), 즉 가볍고 맑은 부분은 위로 올라가 푸른색 하늘이 되고, 음탁(陰濁), 즉 탁하고 무거운 부분은 아래로 가라앉아 두꺼운 땅이 되었다. 그의 머리는 동악인 태산(泰山)이 되고, 배는 중악인 숭산(嵩山)이 되고, 다리는 서악인 화산(華山)이 되고, 오른팔은 북악인 항산(恒山), 왼팔은 남악인 형산(衡山)이 되니 몸뚱이가 중국의 오악(五嶽)이 되었다. 또 오른쪽 눈은 해가 되고 왼쪽 눈은 달이 되어 천지를 비추었고, 피와 눈물은 강과 바다가 되어 생명의 근원을 이루었다. 수염과 머리카락은 풀과 나무가 되었으며, 목소리는 천둥이 되고 입김은 바람이 되었다. 그가 눈을 뜨면 낮이고 눈을 감으면 밤이 되었다. 그가 하늘을 떠받치고 하루에 한 장(丈)씩 점점 자라 하늘과 땅 사이가 2만 킬로미터에 달하게 되었다.

반고에 의한 이러한 천지 창조 이후에 인간 창조 신화가 나타난다. 반고의 천지 창조 후 나타난 여와(女媧)와 복희(伏羲)는 남매 사이인데, 부부가 되어 함께 황토를 빚어 남녀의 형상을 만들고 입김을 불어 넣어 사람을 만들었다. 특히 여와는, 머리는 사람이나 몸은 뱀의 형상으로 혼인 제도도 만들고 치수도 하고 생황(笙簧)이란 악기도 처음 만들어 중국인들의 어머니가 되었다.

삼황오제 이야기

삼황(三皇)

복희씨(伏羲氏)

복희씨는 사람의 머리에 뱀의 몸을 하고 있었다. 그는 거미줄을 보고 그물을 만들어 많은 사람이 쉽게 물고기를 잡을 수 있게 했다. 음악에도 조예가 있어 슬(瑟)이라는 악기와 노래도 만들었다. 그가 천하를 다스릴 때 하도(河圖)를 보고 점을 쳐서 국정에 참고했다. 용(거북)의 등에 흰색 점이 25개,

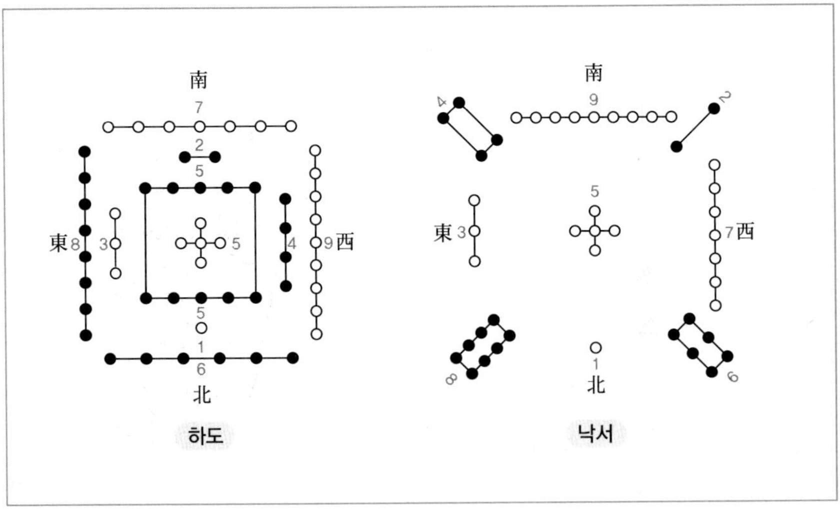

하도(河圖)와 낙서(洛書)

❀ 오행과 방위의 의미

오 행	방 위	계 절	색	사신사
목(木)	동	봄	푸른색	청룡
화(火)	남	여름	붉은색	주작
수(水)	북	겨울	검은색	현무
금(金)	서	가을	흰색	백호
토(土)	중앙	변절기	노란색	사람

❀ 복희(伏羲)의 팔괘(八卦)

☰	☱	☲	☳	☴	☵	☶	☷
건(乾)천	태(兌)택	이(離)화	진(震)뢰	손(巽)풍	감(坎)수	간(艮)산	곤(坤)지
하늘 天	연못 澤	불 火	번개 雷	바람 風	물 水	산 山	땅 地

검은 점이 30개, 총 55개의 점이 배치되어 있어 그것을 하도(河圖), 낙서(洛書)라 하여 거기서 복희팔괘 음양오행의 우주 만물의 원리가 나왔다.

건(乾)은 하늘로 막힘 없이 두루 통한다, 태(兌)는 연못으로 물이 솟아오르듯 가벼우면서 즐겁다, 리(離)는 불길처럼 타오르며 비추어 보이기도 한다, 진(震)은 우레로 깨우고 일어나게 해 변화가 발생한다, 손(巽)은 바람으로 감싸고 복종하여 스며들기도 하고 흩어지기도 한다, 감(坎)은 물로 아래로 끌어내리고 빠진다, 간(艮)은 산으로 솟구치고 세우고 시작하기도 하며 동시에 막히고 그치기도 한다, 곤(坤)은 땅으로 모든 것을 받아들인다는 괘로 풀이해 그 기본 성격을 규정한다. 괘의 풀이 내용은 대충 그 괘가 상징하는 사물의 성격을 생각해 보면 그리 멀지 않다. 사실은 복희팔괘라는 것은 아주 단순하다. 초기에 매우 단순하게 시작된 이러한 괘가 그 후 복잡해지며 역(易)이 되어 인간의 미래를 예측하는 왜곡된 길로 간 것으로 보인다. 평소의 행동을 통해 미래를 예측하는 일은 누구나 할 수 있는 일이지만, 인간이 어디 타고난 천성과 천품만으로 살아가는 존재인가. 인간이 가진 의지와 용기를 무시하고, 살면서 생기는 다종다양한 내외의 각종 변수를 다 어찌 짐작하고 미래를 예측한다는 말인가.

신농씨(神農氏)

머리는 소의 모습을, 몸뚱이는 사람 모양을 한 반인반수의 모습이라고 한다. 소의 모습은 아마 농경에서 이미 소를 사용하기 시작한 것과 관계있을 것이고, 무슨 풀이든 잘 먹는 소의 특성이 반영되었을 것이다. 그런 얼굴로 세상의 모든 나무와 풀을 맛보아 약초(藥草)와 독초(毒草)를 구분했고, 의약제를 만들어 병든 백성을 돌보았으며, 또한 쟁기를 만들어 농사 짓는 법을 가르쳐 주어 백성들을 배불리 먹게 했다. 그를 염제(炎帝)라고도 하는데, 아마 불을 이용해 고기를 구워 먹고 음식을 익혀 먹도록 했기 때문일 것이다. 도기(陶器)와 활도 발명했고 물물교환의 시장도 그가 처음 열었다고 한다.

헌원씨(軒轅氏)

헌원씨(軒轅氏)는 축융(祝融) 혹은 수인씨(燧人氏)라고도 불리며 실제로 중국인들이 조상으로 받드는 황제(黃帝)와 겹치는 부분이 많다. 아마도 최초의 대장장이로 불을 이용하여 청동기, 나아가 철을 주조한 최초의 인물로 기록된다. 그 철을 이용해 배와 수레 등 탈것을 만들어 백성들의 운송 수단을 개선하게 해주었다. 정확하게 말하면 수레의 경우 철기로 양쪽 바퀴를 연결하는 축(軸)을 만들 경우나 배의 키를 만들 경우 그 효율성과 영구성이 목제(木製)보다 몇 배 좋아진다.

오제(五帝)

오제는 사서(史書)마다 그 기준이 다르다. 전기(前期)의 오제설은 황제, 전욱, 곡, 요, 순이고 후기(後期)의 오제는 복희, 신농, 황제, 요, 순이다. 전국(戰國) 시대 말의 오제는 태호, 염제, 황제, 소호씨, 전욱이고, 한(漢) 대의 오제는 소호, 전욱, 곡, 요, 순으로 되어 있다. 여기서는 사마천의 《사기》를 기준으로 하여 기록한다.

황제(黃帝)

중화(中華) 문명의 시조로 추앙되는 인물이다. 이 시기는 추정컨대 대략 기원전 5000년 전후로 추정되며 고고학에서 말하는 앙소(仰韶) 문화, 용산(龍山) 문화, 홍산(紅山) 문화, 대문구(大汶口) 문화에 해당되는 시기이다. 희수(姬水)에서 살다가 백성들과 탁록(涿鹿)으로 이주해 정착했으며, 배와 수레, 신발, 우물, 문자, 역법(曆法), 달력 등을 백성들을 위해 창안했다.

황제(黃帝)의 노란색은 짐작건대 철을 용해했을 때의 색이고, 그렇게 만들어진 철기(鐵器)는 농사법을 개선하고 전쟁 무기의 게임 체인저가 되었다. 중국인들이 동쪽을 청색(靑色), 서쪽을 백색(白色), 남쪽을 홍색(紅色), 북쪽을 흑색(黑色)이라 하고, 왕이나 자신들은 세상의 중심이라고 스스로 황색(黃色)을 선택한 것은 이 시기 제철(製鐵) 방식의 발견과 관계 깊다.

《환단고기》 같은 기록은 황제가 쇠퇴하던 신농씨의 부족을 물리치고 또 치우천황과 탁록 전투에서 싸워 이겨 그를 북쪽으로 몰아내 치우의 후손이 한민족이 되었다고 주장하고 있기도 하다. 기원전 2700년경에 그는 탁록에서 제위에 올라 덕으로 나라를 다스리고 군대를 양성해 주변국의 침입을 막았다. 관직을 만들어 국가의 기틀을 잡고 백성들에게 오곡을 파종하게 하여 농사를 장려하고 약을 만들어 병을 치료해 주었으며, 창힐(蒼頡)에게 문자를 만들도록 했다. 영윤(伶倫)에게 악기를 만들도록 했고, 대요(大撓)로 하여금 천간(天干)과 지지(地支)를 연구하도록 했다. 또 아내인 유조(縲祖)에게 부탁해 누에 치는 법과 베 짜는 법을 백성들에게 가르쳐 등 따시게 했다.

전욱(顓頊)

고양 황제의 손자로 노비에 관한 법과 남녀 간에 지켜야 할 법 등, 법과 제도를 제정했다.

제곡(帝嚳)

황제의 아들 소호 금천의 아들로 황제의 증손이며 전욱의 조카이다. 그는 음악의 신이라 불릴 정도로 여러 가지 악기를 만들고 노래도 만들어 백성들의 삶을 즐겁게 만들었다.

제요(帝堯)

그는 제곡의 막내아들로 우리가 많이 들어본 태평성대의 상징적 인물인 요임금이다. 그는 왕위에 오르자 나라 이름을 당(唐)으로 바꾸고 모든 것을 백성의 뜻에 따르는 순리(順理)의 정치를 했다. 또 1년 360일을 윤달로 교정해 해와 달의 운행과 날짜를 맞추었다. 그는 가끔 궁궐 밖을 나가 암행(暗行) 순찰을 했는데, 하루는 한 노인이 음식을 잔뜩 먹고 배를 두드리며 노래했다.

"해가 뜨면 들에 나가 일을 하고 해가 지면 집에 와서 쉰다네(日出而作 日入而息) 밭 가꾸어 먹고 우물 파 물 마시니(耕田而食 鑿井而飮) 임금이 있다 한들 내게 무슨 소용이 있으랴.(帝力何有于我哉)"

요임금이 노래를 듣고 매우 흡족해했다 한다. 그래서 그것을 함포고복(含哺鼓腹)의 격양가(擊壤歌)라 하여 태평성대의 상징적 노래로 친다.

그에게는 아들 단주(丹朱)가 있었으나 성격이 포악하고 명석하지 못해 임금의 자질이 부족했다. 아들을 깨우치기 위해 바둑을 만들었으나 소용이 없어 천하의 어진 사람을 눈여겨보던 중 허유(許由)라는 자를 만나 자신의 후계자가 되기를 권했다. 그러나 그는 당치도 않는 말이라며 기산(箕山)으로 숨어 소부(巢父)의 귀를 씻게 했으니, 당대에는 권력으로부터 멀어지는 것이 참된 지식인의 모습이었던 모양이다. 그 이후 그는 순(舜)을 만나 여러 일을 시켜보며 능력을 점검했고, 마지막으로 두 딸 아황과 여영을 시집 보내 순을 시험한 뒤 천하를 맡겼다. 이것이 중국 역사 최초의 선양(禪讓)으로 이후 하나의 모델이 되었다.

제순(帝舜)

그는 원래 전욱의 6대손이었으나 요임금의 눈에 들기 전에는 평민보다 못한 가난한 생활을 했다. 맹인인 아버지 고수(瞽瞍)는 순의 어머니가 죽자 후처를 보았는데, 그녀는 상(象)이라는 아들을 낳았다. 순은 맹부(盲父)와 계모의 학대 속에서도 효자로 이름나 요임금으로부터 가축과 양식 창고를 하사받았다. 그러자 그것을 배다른 동생에게 넘겨주기 위해 아버지와 계모는 순을 죽일 계획을 세운다. 순에게 양식 창고의 지붕을 수리하라고 한 다음 사다리를 치우고 불을 질렀다. 순은 다행히 삿갓을 펼치고 새처럼 날아 살아남을 수 있었다. 얼마 후엔 순에게 우물 밑을 청소하라고 한 다음 진흙과 돌을 쏟아부었다. 눈치 빠른 순은 예전에 파놓았던 굴을 통해 빠져 나와 아무 일도 없었다는 듯이 집에 들어와 여전히 효성을 다했다. 이런 소문이 요임금의 귀에 들어가 순을 불러 여러 업무를 맡겨보고 나중에는 요임금의 두 딸 아황(娥黃)과 여영(女英)을 맡겨 시험한 뒤 순에게 천하를 선양(禪讓)했다. 순임금은 그의 아들 상균(商均)이 신통치 못하자 우(禹)에게 중국 역사상 두 번째 선양(禪讓)을 하여 아름다운 전통을 세웠다. 이 선양의 전통은 그 후 중국이나 우리나라에서 새로운 왕조 개창이나 권력 이양 과정에서 계속된다. 대부분 실제로는 강압에 의한 왕권 교체이겠지만, 겉으로는 스스로가 후대 왕에게 왕좌를 양보하면 실권자이자 왕권을 노리는 자는 두세 번씩 양보하는 제스처를 보이다가 결국 마지못해 왕위를 받는 형식을 취했다. 이는 외형적으로나마 이 요순 시절의 선양의 미덕을 갖추어 민심의 동요를 막는 장치로 기능했다.

제2강

하나라 이야기 – 정치의 시작

황하 문명의 시작

여전히 문자로 역사를 기록하기 이전이기는 하나 본격적 국가 형태는 하(夏)나라로 본다. 하나라를 세운 우(禹)임금은 순(舜)임금으로부터 제위를 선양(禪讓) 받았으나 그는 자신의 자식들에게 왕위를 물려주었다. 그때부터 14대 걸(桀)에게까지 이어진 하우(夏禹)씨의 나라를 하(夏)나라라고 하며 중국 최초의 세습 왕조가 되었다.

우의 아버지는 곤(鯀)이며 그는 황하(黃河)의 홍수를 막으라는 요임금의 명으로 9년 동안 제방을 쌓는 방식으로 물을 다스리려 했으나 실패했다. 우(禹)라는 문자는 본래 도마뱀이나 악어, 용의 모습을 그린 상형 문자로, 우의 기원은 황하에 살던 물의 신이라고 보기도 한다. 우는 치수를 명하는 순에게 설(契)·후직(后稷)·고요(皐陶) 등 세 씨족 수령이 자신의 치수 사업을 협조하게 해달라고 요청했다. 그는 이전 시기, 즉 자신의 아버지가 성공하지 못한 주요 원인이, 물의 흐름이라는 자연스러운 원칙에 따라 물길을 이

황하 연안에 세워진 우왕의 상 앞에 선 필자

끌지 않고 그저 높은 제방만 쌓아 막는 방법을 취했기 때문이라는 것을 알게 되었다.

우는 치수 방법을 바꾸어 물길을 대대적으로 소통시켜 시원스럽게 흘러가게 하는 방법을 취했다. 천지자연의 이치에 따라 높은 곳은 흙을 쌓고 낮은 곳은 준설하여 강물이 잘 흐르도록 하고, 막힌 곳은 뚫어 물길을 냈다. 《맹자》 〈이루〉에서는 이 부분을 두고 "우의 치수는 억지로 행하지 않은 것이다"라고 했다. 맹자(孟子)는 민심을 역행하지 않았다는 의미로 이런 말을 사용했지만, 실제로 물을 막는 것이 아니라 터서 흘러가게 하는 것이라는 대원칙을 말한 것이기도 하다. 우(禹)는 물이 높은 곳에서 낮은 곳으로 흘러간다는 평범한 진리에 기초했을 뿐이다. 더욱 넓고 깊게 파서 물이 스스로 흘러갈 곳으로 흘러가게 했기 때문에 더 이상 걱정할 필요가 없어졌다. 지류들도 길을 터서 주류로 흘러들게 하거나 논밭으로 흘러들어가 땅으로 스며들도록 조치했다. 물이 자기 갈 길로 흘렀기 때문에 물이 없는 곳에서도 농사를 지을 수 있게 되었다.

우가 대규모 치수 사업을 주도한 지도자로서 성공할 수 있었던 또 다른 원인은, 그 자신이 누구보다 앞장서서 솔선수범했기 때문이다. 그는 평생 위험한 일을 마다하지 않고 고통을 견디며 오로지 공적(公的)인 자세로 일했다. 우 자신이 직접 치수에 필요한 장비를 들고 노동에 참여하여 치수에 동원된 사람들에게 시범을 보였다. 요임금으로부터 치수를 명령받은 뒤로 우는 한결같은 자세로 십여 년을 보냈다. 몸은 말랐고, 정강이의 털도 다 닳아 없어졌다. 머리를 묶는 비녀와 모자를 떨어뜨려도 허리를 굽혀 주울 수조차 없었다. 치수라는 중책을 완성하기 위해 우는 도산씨(涂山氏)를 아내로 맞이한 넷째 날 집을 떠나 13년 동안 외지를 떠돌며 한 번도 집에 들르지 않았다. 그 사이 세 차례 대문 앞을 지났지만 문 안으로 들어가지 않았다는 일화는 만고의 미담으로 전해온다.

이것은 왕의 자세가 요순의 무관심과 배려가 아닌 보다 적극적인 치세 단계로 접어들었다는 것이다. 즉 리(理)의 단계에서 치(治)의 단계가 되었다. 치수(治水)란 결국 물이 높은 곳에서 낮은 곳으로 흐른다는 원리를 거스르지 않으면서 그 흐름을 자연스럽게 도와주어 제 갈 길로 가게 인도해 준다는 뜻이니, 정치(政治)란 말은 바로 여기서 유래한다. 즉 물길을 제대로 흐르게 하듯 백성의 마음, 즉 민심(民心)을 제대로 다스려 정도로 흘러가게 하는 것이 정치인 것이다. 사회 진화적 입장에서 본다면 요순 시대에는 씨족적 사회로 사람들의 숫자도 적고 욕심도 적은 단계였기에 인간에 대한 믿음만으로도 충분히 나라를 다스릴 수 있는 와치(臥治)가 가능한 단계의 사회였다. 반면 우임금의 시대에는 더 이상 그런 성선설적인 믿음만으로는 다스릴 수 없을 정도로 인간들의 욕망들이 부딪히고 이기심이 표출되어 충돌하여 임금의 간섭, 즉 통치(統治)가 필요한 단계의 사회가 된 것으로 보인다.

우리나라 역사에서 신라를 창업한 박혁거세의 이야기를 보면 우물가에서 태어나 성장하여 대장장이의 모습을 보였다. 여기서 주목해야 할 점은 신라 왕족이 철기 혹은 청동기를 제조하는 능력을 가진 집단이라는 점과 '우물'의 존재이다. 강(江)이라는 천연적인 환경에서 식수와 농업용수를 구하던 단계로부터 벗어나 외쿠메네, 즉 삶의 영역을 확장한 것이 바로 우물이기 때문이다. 오늘날 NASA에서 인간이 생존 가능한 행성을 찾는 작업의 첫째 조건이 '물의 존재 여부'이듯 고대 사회에서도 물을 확보할 수 있어야 인간이 생존할 수 있었던 것은 마찬가지였다.

우(禹)의 치수(治水)는 나라를 이롭게 다스린다는 종합적 차원에서 진행된 일이었다. 수해를 다스리는 동시에 수리 사업을 일으켰다. 즉 넘치는 물을 물이 귀한 곳으로 흘러가게 하는 일종의 관개(灌漑)를 시작한 것이다. 예를 들어 물길이 넘쳐나는 곳에 물고기를 기르고 나무를 심고 수상 교통을 크게 일으켰으니 많은 부락이 한결같이 우의 명령을 받들어 치수에 뛰어들었다. 치수에 참여하는 부락이 갈수록 늘었고, 가는 곳마다 씨족 부락의 추장들을 단결시켜 정권을 다지고 사회를 안정시킴으로써 백성들이 편안하게 생업에 종사할 수 있게 했다. 이는 나라를 다스리고 백성을 보살핌으로써 강국(强國)으로 향해 나아가는 큰 방략이었다.

치수(治水)에 성공하면서 우의 명성도 높아져만 갔고 그의 공로는 천하에 두루 미쳤다. 순임금은 씨족 부락의 추장들을 소집하여 성공 대회를 열었다. 이 자리에서 순은 치수 사업의 성공을 선포하는 한편 우에게 검은 현규를 상으로 내렸다.

'현규(玄圭)'는 검은 옥을 다듬어 만든 것으로, 위는 뾰족하고 아래는 네모난 마름모꼴 형태로 위대한 공적을 상징한다. 나중에 신하들도 왕 앞에서 공식 어전 회의를 할 때 이런 것을 들게 되고, 그것이 홀(笏)로 발전한다. 이것은 새로운 왕권 시대의 정립을 의미한다. 왕을 상징하는, 혹은 왕으로부터 그 권한을 이양받았음을 상징하는 물건이 등장했다는 말이다.

규(圭)란 글자는 지금은 토(土) 자가 두 개 겹쳤다고 쌍토 규라 훈(訓)하지만 원래 갑골 문자에서는 옥(玉)으로 만든 패(牌)를 의미했다. 왕이 제후에게 땅을 나누어주는 봉(封)에도 이 글자가 쓰인다. 물론 봉(封)이 흙 위에 나무를 심어 영지(領地)를 알린 표시라는 학설도 있다. 이것은 나중에 대장기(大將旗), 대장검, 마패(馬牌), 어보(御寶) 등의 원천이 된다. 심지어는 왕이 가진 옥패(玉牌)를 둘로 나누어 맞추어보는 부합(符合) 등의 방식으로 진화하기도 했고, 민간에서는 거울과 칼을 나누어 갖기도 했다. 고구려를 세운 주몽이 그 아들 유리에게 부여 땅에 남겨준 '부러진 칼'이 그것이다. 고려 태조 왕건도 왕이 되기 전 금척(金尺)의 꿈을 꾸고 하늘의 뜻을 받들어 왕업(王業)에 뜻을 세웠다는 이야기가 전해지기도 한다. 중국 송(宋)나라를 배경으로 한 드라마 '포청천'에서 개봉시장인 포청천이 자신보다 지위가 높은 공신(功臣)이나 왕족을 처벌할 때 황제에게서 직접 하사받은 상황(上皇)의 보검(寶劍)을 내보이며 굴복시키는 장면에서도 이런 상징물이 이용된다.

일찍이 공자는 우(禹)가 치수 사업으로 이룬 공적을 찬양하면서 "나는 솔직히 그의 결점을 찾지 못했다. 궁실(宮室)이 허름해도 고칠 생각을 하지 않았고, 오로지 온 힘을 쏟아 물과 땅을 다스려 물길을 내고 농업을 발전시켜 백성들을 노동에 종사하도록 격려했다"고 말했다.(《논어》〈태백〉편) 치수의 성공으로 하(夏) 부락의 세력도 커지기 시작했다. 전설에 따르면 이 무렵 순은 벌써 80세가 넘은 노인이 되어 있었다. 그는 우를 하늘에 추천하고 후계자로 삼았다.(《사기》〈하본기〉) 그러고는 '선양(禪讓)'의 전통에 따라 우에게 천자 자리를 양보한 다음 자신은 더 이상 정치에 관여하지 않았다.

우임금은 즉위 후에 한동안 무기의 생산을 중단하고 궁전의 재증축을 재고(再考)했으며, 관문이나 시장에 걸려 있는 여러 세금을 면제했다. 그리고 지방에 도시를 만들고 번잡한 제도를 폐지해 행정 절차를 간소화했다. 또한 우임금은 많은 하천을 정비하고 주변의 토지를 경작해 초목을 키웠으며, 중앙과 동서남북의 차이를 기(旗)로써 사람들에게 나타냈고 옛 방식도 답습해 전국을 나누고 구주를 두었다. 우는 검약 정책을 취해 스스로 솔선해 행동했다. 그 결과 중국 안에서는 물론 밖에서까지도 조공(朝貢)을 요구해 오게 되었다. 황하강의 한중간에서 전설처럼 시작되었던 삼황오제의 중화 문명이 우임금의 하(夏)나라에 이르러 점차 중국 전체에서 주도권을 장악하게 되었다.

오늘날의 미국이라는 나라를 생각해 보자. 콜럼버스가 카리브해에 상륙하기 이전부터 그 땅에는 수천만 명의 몽골계 부족들이 살고 있었고, 그들은 그 땅에서 사이좋게 지내고 있었다. 서양인들이 몰려온 뒤에도 영국뿐만 아니라 이탈리아, 아일랜드, 멕시코, 아시아인 등 그 땅에는 전 세계에서 수많은 사람이 몰려 들었다. 그러나 그중에 주도권을 쥔 자들은 1620년 메이플라워호를 타고 온 102명의 영국인들이었다. 이들을 주도한 청교도는 불과 35명에 불과했지만, 종교의 자유를 찾아 신대륙으로 온 이들 청교도들은 상륙하기 직전 배 안에서 서로 평등한 인간으로서 자유를 존중하는 새로운 사회를 건설하기로 맹약했다. 그들의 약속은 이후 미국 독립선언서를 거쳐 연방 헌법의 기초가 되어 미국 정신의 중심축이 되었다. 중국도 역시 마찬가지로 요순 임금에 의한 도덕 정치와 우임금이 실행한 위민(爲民)의 정치가 중국 정신의 중심이 되었다.

삼묘 정벌, 제후 회맹, 구정(九鼎)의 주조

우(禹)는 의식을 이끌면서 손에 '현규(玄圭)'를 쥔 채 삼묘(三苗)가 난동을 부리며 교화를 거부하기 때문에 하늘이 그들을 징벌하려 한다고 선포했다. 그러니 모두 한마음으로 서로를 도와 죄인을 없애자고 외쳤다. 엄격한 조직력을 갖춘 이 정벌 전쟁은 목적이 뚜렷했고 전투력도 강했다. 쌍방은 한 차례 접전했고, 삼묘의 추장은 우의 군대를 막지 못하고 물러났다. 삼묘(三苗)는 요임금의 교화를 거부하고 저항한 악인(惡人)을 가리킨다고 하지만, 사실은 중국 초기 요순 임금이 구축한 중화 문명권에 편입을 거부한 변두리 세력을 의미한다고 보는 것이 좋을 것이다.

중화 문명에 대한 복속이나 추종을 거부한 자들을 중국은 야만, 오랑캐 등으로 이름을 바꾸어 가며 불러왔다. 그들에게 복속하면 조공(朝貢)이란 상하 관계를 수립하고 그렇지 않으면 토벌(討伐) 정복 전쟁을 벌여온 것이 이때쯤 시작된 중화 민족의 버릇 혹은 정책으로 짐작된다. 이리하여 우의 세력은 장강과 회수 유역까지 미쳤다. 삼묘에 대한 정벌 전쟁은 그 규모와 조직 면에서 요임금 시대보다 크고 강력했다. 《태평어람》이라는 책에는 이 전쟁 이후 "사방이 우에게 귀순했고, 우는 땅을 얻고 왕이 되었다"는 기록이 남아 있다.

순임금이 우(禹)에게 왕위를 넘긴다는 유언을 남기고 죽자 우는 3년상을 지냈고, 역시 전통적인 상속제에 따라 제위를 순의 아들 상균(商均)에게 양보했다. 그러나 《사기》 하(夏) 〈본기(本紀)〉에 의하면 "천하 제후들이 모두 상균을 버리고 우에게 와서 인사를 드렸다"고 한다. 우는 결국 다시 천자 자리에 올랐고, 이름을 하후(夏后), 성을 사씨(姒氏)라 했다. 그 성을 따서 나라 이름을 하(夏)라고 했다. 참고로 삼국 시대의 조조(曹操)는 원래 성이 하후씨였는데, 우왕의 후손이라는 뜻이다.

우임금과 하나라의 형성

우(禹)임금은 본의든 아니든 중국 최초의 왕조를 세웠다. 여기서 왕조란 창업 군주의 후손들에 의해 왕위가 지속적으로 세습되는 권력 이양의 구조를 가진 체제를 말하는 것으로 이전에는 없던 방식이었다. 하(夏)나라를 튼튼히 하기 위해 우는 남방을 순시하여 도산(涂山, 안휘성 방부시)에서 제후들과 회맹(會盟)하기로 약속했다. 이 모임은 아마 중국 역사상 최초의 전국 규모의 회의였을 것이다.

이후 춘추 전국 시대가 되면 패자들이 이 회맹(會盟)을 열어 겉으로는 명분상 존왕양이(尊王攘夷)를 외치면서 속으로는 자신이 전 중국의 패자(霸者)임을 과시하곤 했다. 역사에서는 이 최초의 전국 지도자 대회인 회맹을 '도산 대회'라 부른다. 우는 이 성대한 모임을 기념하기 위해 각지 제후 부락의 추장들이 보내온 청동으로 아홉 개의 세 발 솥, 즉 구정(九鼎)을 주조했다. 구정은 천하 구주(九州)의 통일을 상징하는 신성한 기물이자 하 왕조의 상징이기도 했다. 중국을 일명 구주로 부르는 것도 여기에서 비롯되었다.

은혜를 베풀고, 교화를 강화하고, 이족을 복속시킨다는 은혜와 위엄을 함께 병행하는 '은위병제(恩威幷濟)'는 우가 이족 부락이나 씨족에 대해 취한 가장 중요한 통치 전략이었다.

우임금은 백익(伯益)에게 우물을 만들게 하여 백성들의 물 문제를 해결했고, 해중(奚仲)을 시켜 수레를 만들어 백성들의 이동을 편하게 했으며, 의적(儀狄)에게는 술을 만들게 하여 백성들을 편안하고 즐겁게 했다. 그러나 술이 정신을 흐리게 한다고 하여 자신은 술을 마시지 않았다. 우임금은 이러한 선정(善政)을 펼치는 워커홀릭으로 결국 왕위에 오른 8년 뒤 회계(會稽)에서 과로사로 세상을 떠난다.

우임금 다음으로 그의 아들인 계(啓)가 왕위를 이어받았다. 중국 역사상 처음으로 부자 세습이 이루어져 마침내 왕조가 형성된 것이다. 원래는 우임금이 전통에 따라 '백익(伯益)'에게 선양했으나 오히려 신하와 백성들이 "선양의 전통을 무리하게 잇기 위해 훌륭한 당신의 아들 계가 불이익을 받아서는 안 된다"라고 진언했다.

3년 뒤 백익은 임금 자리를 계에게 물려주고 자신은 기산(岐山)으로 숨어들어 선양(禪讓)의 풍습은 세습으로 바뀌고 계가 왕위를 이었다. 계는 반란을 일으킨 '유호씨' 등을 제압하는 등 무난한 정치를 했고 여든에 가까운 나이에 죽었다.

계는 요순 시절과 달리 이웃의 작은 나라들과 위계(位階)를 만들어 신복(臣服)과 공납(貢納)의 상하 관계로 만들었다. 즉 요순으로 상징되는 원시적인 평등 사회였던 대동(大同) 사회는 사라진 것이다. 하 왕조는 이미 노예제 국가의 원형을 갖추기 시작했고 주변 지역 위에 군림하기 시작했다. 그때 동이부락의 부족이 서진했다. 동이부락의 유궁씨가 활을 잘 쏘고 수령은 예라고 했다. 예(羿)는 동이에 속한 군대를 인솔했고, 하후씨에 속한 땅 궁석까지 도달했다. 더불어 하나라 사람과 통혼했다. 이렇게 형성된 것은 유궁씨였다.

계왕 사후 그의 아들 태강(太康)이 계승했다. 그러나 태강은 단지 놀이만 했고 정사를 돌보지 않았다. 태강 재위 동안 하왕족의 권위는 쇠약해졌다. 하루는 태강이 몇몇 호위병만 이끌고 강(洛水)을 건너 국경 밖으로 사냥을 나가서 십순(十旬), 즉 100일이 되어도 돌아오지 않자 백성들의 불만이 고조되었다. 그 틈을 탄 유궁씨의 후예(后羿)가 돌아오는 다리를 끊어버리고 정권을 장악했고 태강은 왕위에서 쫓겨났다.

조선 시대 악장 문학인 용비어천가 125장 마지막 구절에 "성신(聖神)이 이어가셔도 경천근민(敬天勤民)하셔야 더욱 굳으시리이다. 임금하, 알아쇼서. 낙수(洛水)에 산행(山行) 가 이셔 하나빌 미드니잇가"라는 구절이 나온다. 이때 낙수로 사냥 간 임금이 '태강왕'이고 할아버지가 '우임금'이다. 즉 세종대왕은 후대 왕에게 이 고사를 타산지석(他山之石)으로 삼으라고 충고한 것이다. 태강왕처럼 정치를 게을리하고 훌륭한 할아버지의 자손이라는 명성만 믿었다가는 조선 왕조도 망하기 마련이니 부지런히 백성을 위해 일하라는 교훈을 마지막에 남긴 것이다.

후예(后羿)는 이로써 태강을 폐했고, 그 자리를 동생인 중강(中康)에게 넘겨주었는데, 사실상 국사의 모든 것은 예가 다스렸다. 중강 사후, 그의 아들 상(相)이 위를 이어받았다. 중강의 아들 상은 같은 성씨인 짐심(斟尋)씨와 짐관(斟灌)씨에게 의탁했다. 후예도 그의 신하인 한착(寒浞)에게 패했고 결국 왕족과 후예 세력 모두 한착의 공격을 받아 죽었다. 다행히 임신 중이었던 상의 부인이 간신히 도망하여 친정인 유잉(有仍)씨에게 돌아가 소강(少康)을 낳게 되었다. 그리고 소강이 순의 후예인 유우(有虞)씨에게 의탁함으로써 결국 한착(寒浞)을 쫓아내 하 왕조를 회복하고 국력을 튼튼하게 했으니 이를 소강중흥(少康中興)이라 했다.

참고로 현대 중국의 등소평이 개혁 개방을 한 뒤 중국 사회의 발전 단계를 1단계 선부(先富 - 능력 있는 사람이 먼저 부자가 되는 사회) 사회, 2단계 소강(小康 - 중산층이 형성되고 부자가 많아지는 사회) 사회, 3단계 대동(大同 - 모두가 부자가 되어 평등하게 잘 사는 사회) 사회의 단계적 발전을 선언했는데, 그 용어들이 이 시대의 사회 용어를 이용한 것들이다.

걸왕과 하나라의 멸망

소강의 아들 저(杼)가 동이와 싸울 때 화살을 막아내기 위하여 갑옷을 만들었으며, 그가 왕위에 오르자 동쪽으로 원정하여 하의 영토가 크게 확장되었다. 그리고 대부분의 동이가 하 왕조에 귀부하여 작위를 받고 신하라고 칭하면서 조공했다.

하 왕조는 11대 공갑(孔甲)에 이르러 점차 쇠퇴하기 시작하여 마지막 14대 왕인 걸(桀)에 이르러 더욱 극심해졌다. 특히, 걸은 역사상 손꼽히는 폭군으로 유명한데, 동쪽의 여러 부족을 무력으로 위협하고 백성들에게도 잔악하게 굴어 대내외적으로 불만을 초래했다. 이때 동쪽의 상족(商族)이 일어나 하 왕조를 공격함으로써 멸망했다. 탕(湯)에게 나라를 빼앗겨 은(殷)나라가 열리게 된다.

걸왕(桀王)은 하(夏)나라의 마지막 군주(君主)로 제발(帝发)의 아들이다. 성은 사(姒)이고, 씨(氏)는 하후(夏后), 이름은 계(癸), 이계(履癸), 시호는 걸(桀)이다. 역사서에서는 하걸(夏桀)로 일컬어진다.

재위 기간은 대략 BC 1652년부터 BC 1600년까지였다. 《사기》에는 그가 "부도덕하고, 은/상(殷/商)나라 탕왕의 토벌을 받고 도망하다 죽었다"라고 기록되어 있다. 그는 유명한 폭군(暴君)으로 문무를 겸비했지만, 황음무도(荒淫無道)하여 제후들과 백성들의 원성이 자자했다. 흔히 은나라 마지막 왕 주(紂)왕과 함께 걸주(桀紂)라 불리며 요순(堯舜)과 대비되어 폭군의 대명사가 되었다.

걸왕 때 궁중에는 여악과 여자 배우가 3만이나 되었다. 이들과 잔치를 벌이면 풍악 소리가 어찌나 요란했던지 새벽부터 궁궐 문 앞이 시끄러웠음은 물론 큰 삼거리 밖에서도 들을 수 있을 정도였다고 한다. 웅장한 궁전을 건조하여 천하의 희귀한 보화와 미녀를 모았으며, 궁전 뒤뜰에 주지(酒池)를 만들어 배를 띄워 즐겼고, 장야궁(長夜宮)을 짓고 거기서 남녀 합환의 유흥에 빠졌다고 전한다.

하나라 걸왕과 말희의 인연은 걸왕이 유시씨(有施氏)의 소국을 정벌하면서 시작되었다. 힘이 약했던 유시씨의 나라에서는 많은 진상품과 함께 '말희(妺喜)'라는 미녀를 바쳤다. 걸왕은 말희를 매우 총애하여 그녀를 위해 옥으로 장식한 집[瓊室: 경실]과 상아로 장식한 회랑인 상랑(象廊), 보석과 상아로 장식한 요대(瑤台)라는 호화 궁궐을 짓고 옥 침대[玉床: 옥상]를 만들어 밤마다 향락에 빠져들었다.

말희는 행실은 여자였지만 마음은 장부(丈夫)여서 칼을 차고 관을 써 패검대관(佩劍帶冠)이란 말을 남기고 있다. 걸왕은 그녀와의 사치를 위해 백성들로부터 많은 세금을 거둬 요대(瑤臺)를 세운 다음, 고기와 포(脯)를 산더미처럼 쌓고 연못에 술을 가득 담아 두어 한 번에 삼천 명씩 술을 떠 마시고 고기와 포를 먹었다. 걸왕이 그것을 보면서 좋아했다고 하여 주지육림(酒池肉林)이란 고사가 남았다. 그러나 어떤 학자는 하나라와 상나라가 공히 주지육림의 고사를 남기고 멸망했다는 것은 매사를 하늘에 제사 지내고 정책을 결정했던 일종의 신정(神政) 국가였기 때문으로 보기도 한다. 두 나라의 입장에서 제사에 필수적이었던 술과 고기가 넘쳐 나는 것을 후대 역사가들이 과장되게 표현했다는 것이다. 더구나 신정이 아닌 인정(仁政)을 가치로 내세웠던 주(周)나라의 입장에서는 그렇게 기록할 수밖에 없었다는 것이다.

아무튼 기록에 의하면 걸왕이 베푸는 잔치와 놀이는 매일 계속되었고, 그 결과 하나라는 점점 기울어갔다. 이를 보다 못한 신하 관용봉(關龍逢)이 충심으로 간했지만, 걸왕은 그의 목을 베었고, 이윤(伊尹)이 목숨을 걸고 간했으나 들은 척도 하지 않았다. 걸왕은 부도덕하고 신하들의 충언도 듣지 않았으며, 백성을 억압했을 뿐만 아니라 도덕군자로 알려졌던 상나라(은나라)의 탕왕(湯王)을 하대(夏臺)에서 체포하는 등 폭정을 자행했다. 이후 목숨의 위협을 느낀 이윤은 도망쳐서 신야(莘野)라는 곳에 숨어 지내다가 후일 탕왕을 받들어 섬겼다.

탕왕은 걸왕의 향락으로 하나라가 기울어간다는 이윤의 말을 듣고는 이윤을 앞세워 하나라로 쳐들어왔다. 과거 걸왕은 탕왕을 구금했다가 석방해 준 일이 있었는데, 탕왕이 이윤을 앞세워 쳐들어오자 걸왕은 그를 죽이지 않고 풀어 준 것을 크게 후회했다. 걸왕은 명조(鳴條)의 싸움에서 탕왕에게 크게 패하고 말희와 함께 보석을 챙겨서 배를 타고 남소(南巢)로 도망갔다. 그러나 추격해온 탕의 병사들에게 사로잡혀 추방되었다. 시중드는 사람이 아무도 없었지만 사치가 몸에 배어 있던 걸왕과 말희는 굶어도 스스로 일할 줄 몰랐다. 결국 두 사람은 와우산(臥牛山)에서 굶어 죽게 된다. 이렇게 470여 년을 이어오던 하 왕조는 멸망했다.

참고로 역사란 문자 기록이 존재해야 하는데, 이 삼황오제 시대와 하 왕조는 신화와 전설의 이야기만 전해질 뿐 문자 기록이 없어 공식적으로는 선사 시대에 해당한다.

제3강

상나라 이야기 – 역사 시대의 개막

상왕 성탕과 그 후손들

상(商)나라의 창업주 성탕(成湯, BC 1600년경)은 상나라(=은나라)의 건국자로, 이름은 리(履)이다. 천을(天乙), 대을(大乙), 태을(太乙), 성탕(成湯), 성당(成唐)이라고도 한다. 하(夏)나라의 마지막 왕 걸(桀)을 추방해 하 왕조를 멸망시켰다. 그는 원래 우(禹)임금을 도와 치수에 힘쓴 설(契)의 14세손이다. 그는 대개 9척(2.7미터) 장신으로 흰 얼굴에 구레나룻을 기르고 뾰족한 머리와 여섯 마디의 팔을 가지고 있으며 몸의 한쪽이 다른 쪽보다 훨씬 큰 모습으로 묘사되었다. 이런 점은 그가 훌륭한 존재라는 점과 함께 그도 역시 현실의 인물이 아닌 전설적 인물임을 보여주는 것이다.

그는 젊은 시절, 그물로 새 잡는 사람에게 한 귀퉁이를 열어주어 새들 일부는 도망가도록 퇴로를 열어주어야 다음 해에도 그다음 해에도 새를 잡을 수 있다고 충고했다. 그 이야기가 입소문을 타고 퍼지면서 그는 현자(賢者)로 유명해졌다. 요즘 말로 하면 어떤 이벤트성 일화 한 가지를 이용하여 여론을 만들어 낸 것으로 볼 수 있다. 그는 매일 아침 목욕재계(沐浴齋戒)했으며 목욕하는 탕(湯) 바닥에 일신우일신(日新又日新)이라 써놓고 마음을 다스렸다. 하나라에서 건너온 명재상 이윤(伊尹)의 협조로 하나라의 폭군 걸(桀)을 추방하고자 기병(起兵)을 했다고도 하고, 혹은 거북 등딱지에 쓰인 예언대로 하나라의 포악한 군주 걸에 대항하여 군대를 일으켰다고도 한다. 탕의 군대는 파죽지세로 진격하여 하나라 도성 앞에 도착해 성문을 열려고 했지만 쉽지 않았다. 이때 홀연히 천신의 모습을 한 자가 탕왕 앞에 나타났다.

"천제께서 당신을 도우라고 나를 보냈습니다. 지금 하나라의 도성 안은 몹시 어지럽습니다. 이제 곧 성의 서북쪽에서 불이 날 터이니 그곳으로 진격하십시오. 내가 당신이 승리하도록 도와드리겠습니다."

탕왕은 말을 마치고 순식간에 사라지는 그의 모습을 보며 누구인지 곰곰이 생각해 보니 불의 신 축융(祝融)이었다. 축융의 말대로 성의 서북쪽에서 큰 불길이 솟아오르면서 칠흑 같은 밤하늘을 검붉게 물들이고 있었다. 탕왕은 지체하지 않고 그곳을 공격하여 하나라의 도성을 함락시켰고, 걸왕은 측근, 애첩들과 함께 도주했으나 얼마 후 죽고 말았다.

탕왕이 하나라를 멸망시키고 천자의 자리에 오른 기쁨도 잠시, 상나라에는 7년의 지옥 같은 가뭄이 계속되었다. 아무리 기우제를 지내도 비는 내리지 않고 백성들의 신음만 깊어가고 있을 즈음, 사관(史官)이 점을 쳐보니 사람을 제물로 바쳐야 한다는 점괘가 나왔다. 탕왕은 그 소리를 듣고 깊은 한숨을 내쉬었다. 인자한 탕왕은 백성 중 단 한 사람도 억울하게 죽게 할 수는 없다고 생각했다. 그래서 스스로 희생하기로 결정했다.

"산 사람을 바쳐야 한다면 나 자신이 제물(祭物)이 되리라."

탕왕은 거친 베옷에 머리를 풀어헤치고 불이 잘 붙는 흰 띠풀을 몸에 두르고 흰색 수레를 타고 기우제를 지낼 장소인 상림(桑林)으로 향했다. 상림에 도착하자 탕왕은 머리카락과 손톱을 자르고 장작더미 위에 올라갔다. 옆에 마련된 화로에서는 시뻘건 불길이 이글거리고 있었다.

“하늘이시여, 모든 벌은 전부 저에게 내리시고 불쌍한 백성을 고통에서 구해 주소서.”

탕왕은 간절히 기도했지만 하늘은 여전히 구름 한 점 없이 맑고 태양은 변함없이 뜨거운 기운을 내뿜고 있었다. 그때 나팔소리가 울리고 무사들이 장작더미에 불을 붙였다. 뜨거운 불꽃이 탕왕을 잡아먹을 듯 날름거렸다. 그때였다. 갑자기 천둥과 번개가 치면서 먹구름이 몰려와 비가 쏟아지기 시작했다. 탕의 간절한 기도에 하늘이 단비로 대답한 셈이었다. 사실 여부와 상관없이 이런 일화를 통해 탕왕은 성군(聖君)으로서의 이미지를 확고히 할 수 있었다. 동시에 하늘에 제사 지내는 의식도 조금씩 바꾸기 시작했으며 애꿎은 인간 제물과 희생자에 대한 초보적 인권 의식도 싹트기 시작했다고 볼 수 있다. 덕분에 탕은 왕조의 기틀을 더욱 탄탄하게 다지게 되었다.

상 왕조는 개조인 탕왕 이래로 여러 차례 도읍을 옮겼으나 20대 왕 반경(盤庚)이 은허로 옮긴 이후 31대 주왕 제신(紂王:帝辛)이 주나라 무왕(武王)에게 멸망당할 때까지 은허에 정주했다. 그래서 수도의 이름을 따라 상나라를 은(殷)이라고도 한다. 하(夏)·상·주(周) 3대의 왕조가 잇달아 중국 본토를 지배했다고 하나 종래까지 하 왕조와 상 왕조는 고전(古典)에만 기록되어 있을 뿐 전설적인 존재에 불과했다. 그러나 20세기 들어 상 왕조는 그 수도에 해당하는 은허(殷墟)의 발굴이 진행됨에 따라서, 적어도 그 후기에는 당시의 문화 세계였던 화북(華北)에 군림했던 실재의 왕조였음이 판명되었다. 문자 기록이 실존하기 때문에 상나라는 중국 최고(最古)의 역사적 왕조라 할 수 있다. 최근 고고학적 발굴이 진전됨에 따라 각지에서 상대(商代)의 유적이 발견되었는데, 고고학자들은 상나라를 전기·중기·후기로 구분한다.

상나라 전기는 BC 1600년부터 1300년까지이고, 도읍을 은으로 바꾼 상나라 후기는 BC 1300년부터 1046년까지이다. 전기의 유적 중에서 가장 주목할 만한 것은 허난성 얼리터우[二里頭]의 유적이다. 이 유적은 이보다 앞선 허난성 신석기 시대 룽산 문화[龍山文化]의 영향을 받아 상나라의 가장 앞선 문화를 대표하고 있다. 이 유적들은 허난성 중부에서 산시성(陝西省)에 이르는 황허강 연변의 황토 지대에 분포되어 있다. 중국의 일부 학자들은 이 얼리터우 유적이 하나라의 실존 유적이라고 주장하기도 한다.

중기의 유적 분포 지역은 이보다 확대되어 있으며 그 대표는 허난성 정저우[鄭州]의 유적이다. 후기에 이르면 서쪽은 산시성 치산현[岐山縣]에서 동쪽은 산둥성[山東省]의 지난[濟南], 북쪽은 허베이성[河北省] 산시성[山西省]에서 화이허강[淮河] 유역에 걸치는 화북 평원의 거의 전부와 양쯔강[揚子江] 중류에까지 확대되었다. 요컨대 은허 시대의 상문화는 이 광대한 지역에 영향을 미쳤다. 당시의 상 왕조는 약 1,700미터의 토벽(土壁)으로 둘러싸인 정저우를 중심으로 하여 대도시 국가를 형성하고 있었다. 성문 밖에서는 청동기·도기(陶器)·골기(骨器)를 만드는 장인의 공장과 주거가 발굴되었다. 반경이 은허로 천도한 이후, 귀갑과 우골에 새겨진 점복문(占卜文), 즉 갑골 문자의 기사(記事)와 궁전과 능묘의 유적과 유물에 의하여 여러 가지 사실이 밝혀졌다.

상나라의 여러 왕은 타이항산맥[太行山脈]에서 동방으로 흘러가는 위안허강[洹河]의 굴곡진 지점 절벽에서 북동쪽으로 하고, 서쪽으로는 도랑을 파서 북서의 유목민에 대비하는 견고한 성을 쌓았다. 샤오툰촌[小屯村] 북쪽의 대지 중앙에는 토단(土壇)을 쌓아 올리고 그 위에 종묘(宗廟) 궁전을 건축했다.

발굴 결과에 의하면 상나라 왕들이 죽으면 그 시체는 위안허강의 북쪽 언덕 허우자좡[侯家莊]의 지하 13미터에 200제곱미터 이상의 큰 널방[墓室]을 만들고, 생전에 애용했던 거대하고 정교한 청동기를 비롯하여 옥기(玉器), 석기 등을 껴묻거리[副葬品]로 함께 매장했다. 호화로운 청동기는 고대 세계에서 그 유례를 찾아볼 수 없는 최고의 예술품이지만, 그보다도 이 널방의 안팎으로 산재해 있는 다수의 인골군(人骨群)이 고고학자들을 놀라게 했다. 이들은 소수의 시종(侍從), 시녀도 있었지만, 대부분은 병사(兵士)로서 왕을 따라 순사(殉死)한 것이며, 그 수는 한 왕묘에 500명에서 1,000명에 달했다. 즉 이때까지는 대규모 순장(殉葬) 제도가 있었던 것으로 보이며 인권 의식보다는 신이나 그 대리인인 왕에 대한 복종 의식이 훨씬 더 강한 사회였다는 것을 알 수 있다. 그래서 은의 왕은 점복(占卜)으로 신의(神意)를 받아서 백성을 통치하는 종교적인 원수(元首)였다. 이것은 폭력에 의한 권력이 아닌 하늘의 명이 점(占)이라는 형식을 통하여 나타나고, 그 점을 해석하는 자가 곧 권력자였음을 의미한다고 보면 될 것이다.

멀리 갈 것도 없이 종교 개혁 이전의 유럽 종교가 바로 그런 방식으로 종교 권력이 현실 권력의 상위에 군림했다. 천자(天子)라는 왕의 명칭을 보아도 그렇고, 그 이후 진시황이 태산에 올라 하늘에 제사하는 봉선(封禪) 의식을 가지고 천하의 주인 되었음을 선언했다는 것으로도 알 수 있는데, 권력은 역시 하늘로부터 위임받는다는 사실이 바탕에 깔려 있었다. 오늘날에도 시베리아의 순록을 치는 유목 부족들은 순록을 잡아 그 내장의 배치나 구성을 보고 다음 거처의 방향을 결정하는 풍습이 남아 있다고 한다. 죽은 순록의 내장이 어떤 방향을 가르킨다고 해석할 권한을 가진 자가 추장이었고 그가 바로 권력자였다. 그러면서 자신의 뜻이 아닌 하늘의 뜻이라고 강변했다. 점을 쳐서 국사를 결정한다는 점에서 일부 국수적인 학자들은 그런 샤머니즘적인 특성으로 보아 상(商)나라의 지배층들은 한족(漢族)이 아닌 우리 민족과 같은 계열의 북방 민족이라고 주장하기도 한다. 그러나 샤머니즘이 시베리아 지방의 몽골리안에게만 있었던 것은 아니었다. 과거로 올라갈수록 전 세계에 분포하는 모든 인간은 애니미즘, 토테미즘, 샤머니즘의 열렬한 신봉자들이었다.

은(殷)은 그때 이미 이민족을 정복하여 그들을 노예나 병사로 삼았던 것 같다. 이민족 가운데 북서의 고방(苦方), 토방(土方)이라 불렸던 유목민이 은허로 옮긴 당초의 무정왕 시대(武丁王時代)의 강적이었다. 그리고 서경(西境)의 산시성에 있던 주(周) 민족은 제후(諸侯)로서 은 왕조에 복속되어 있었다. 22대 무정왕은 노비 출신인 재상 부열(傅說)과 함께 상 왕조의 전성기를 이끌었다. 애초 무정(武丁)은 훌륭한 현자(賢者)를 찾아 3년을 헤매고 다녔는데, 어느 날 꿈에 한 사람이 나타났다. 그 인상이 너무 선명하여 잠에서 깬 뒤 화공을 불러 그림을 그리게 했다. 요즘 말로 하면 일종의 몽타주를 작성한 것인데, 얼마 뒤 공사판 현장의 인부 중에서 몽타주에 딱 들어맞는 얼굴을 찾았으니 그가 부열이었다. 무정왕은 그 후 부열을 등용했는데, 말하자면 서민(庶民)을 맞아 친서민 정책을 써서 민심에 부합했다는 의미가 될 것이다. 그러면서도 꿈에 나타난 인물로 국가적 인재를 삼았다는 것은 역시 점(占)이나 꿈 등 하늘의 뜻을 간접적으로 전달하는 신정 국가적 모습에서 벗어나지 못한 모습을 보여준다고 할 수 있다. 일부 학자들은 노비 부열의 능력을 무정왕이 일찍이 알아보고 등용하려 했으나 부열이 처한 신분 때문에 조정의 반대가 예상되어 일부러 꿈 얘기를 하고, 부열의 초상을 그린 뒤 뒤늦게 찾아낸 것처럼 꾸민 것으로, 무정왕이 노비 등용을 위한 일종의 쇼를 한 것으로 보기도 한다. 천자문 중에 열감무정(說感武丁)이라는 구절이 있다. 이것은 부열이 무정왕을 감동시켰다는 당시의 일화에 기반한 성구(成句)이다.

1대 성탕 이후 29대 제을(帝乙)왕에게 세 아들이 있었다. 장자인 미자(微子)계와 차자인 중연을 제치고 막내 신(辛)이 왕이 되어 주왕(紂王)이 되었다. 삼형제는 모두 어머니가 같았으나 당시에는 정비와 후궁의 차이가 엄격하여 어머니의 신분이 후궁이던 시절에 출생한 두 형들이 아니라 정비(正妃)가 된 뒤에 출생한 막내가 정통성을 가진 왕위 계승 서열 1순위가 되었다.

주왕과 달기

인자하고 어진 탕왕이 세운 상나라도 그 후 5백 년이 지나면서부터 점차 타락해 갔다. 이를테면 국가 운영의 기본인 도(道)가 땅에 떨어졌다. 은 제국의 마지막 주왕(紂王)이 바로 그런 사람이다. 주왕의 학정과 악명은 하나라 마지막 걸왕(桀王)과 함께 유명하다. 사마천의 《사기》 〈은본기(殷本紀)〉에 따르면 제신, 즉 주왕은 달기(妲己)를 몹시 총애하여 그녀가 원하는 것은 무엇이든 들어주었다고 한다. 이로 인해 본부인인 강황후의 질투를 받았고, 부부 사이가 좋지 못했다. 어느 날, 자객 강환이 주왕을 습격하자 달기는 이를 강황후에게 덮어씌웠다. 주왕은 황후의 자백을 받기 위해 눈을 파내는 등 악행을 저질렀고 결국 강황후는 고문 후유증으로 사망했다.

기록에 의하면 주왕(紂王)은 악사(樂師) 사연(師涓)을 시켜서 음탕한 음악인 북비지무(北鄙之舞) 미미지악(靡靡之樂)을 만들었다. 또 무거운 세금을 거두어 녹대(鹿臺)에 전(錢)을 가득 채우고 거교(鉅橋)에는 곡식을 가득 채운 채 사냥개와 말, 진기한 물품들로 궁실을 가득 채웠다. 사구(沙丘)의 원대(苑臺)를 넓혀서 들짐승과 날짐승을 모아 그 안에 풀어 길렀으며, 하늘을 두려워하지 않고 사구에 많은 사람을 모아 즐겨 놀았다.

달기는 말희를 본받아 술을 못 속에 넘실거리도록 가득 붓고, 고기를 숲처럼 즐비하게 늘어세워 주지육림을 만든 다음, 그 사이를 실오라기 하나 걸치지 않은 발가벗은 젊은 남녀가 뛰놀게 하면서 4개월 동안 밤낮을 가리지 않고 잔치를 베풀었다고 하니 요즘 말로 하면 관음증(觀淫症) 증세도 있었던 모양이다.

물론 백성들은 그들의 유흥을 위해 과중한 세금을 부담하며 그 비용을 대었다. 만일 불평하는 백성이 있으면 포락(炮烙)이라는 형벌을 시행했다. 이 형벌은 이글이글 숯불이 타오르는 구덩이 위에 기름을 바른 구리 기둥을 즐비하게 가로 얹은 다음, 그 위를 맨발로 걷게 하여 미끄러지면 타 죽는 것으로, 주왕과 달기는 그걸 구경하면서 웃고 즐겼다. 심지어는 녹대(鹿臺)에서 잔치를 하다 갑자기 비빈들에게 나체로 춤을 추라 명령하고, 거부하는 비빈들을 독사와 전갈을 가득 집어넣은 구덩이에 몰아넣는 채분 혹은 돈분이라는 형을 만들어 즐겼다고 하니 변태적 기질도 상당히 강했던 것으로 보인다.

그 과정에서 간언을 하는 충신 삼공(三公) 중 구후(九侯)와 악후(鄂侯)는 죽였고 서백(西伯)은 투옥시켰다. 심지어 왕의 숙부뻘인 비간(比干)이 "선왕(先王)의 전법(典法)을 따르지 않고 아녀자의 말만 따르시니 머지않아 재앙이 닥칠 것입니다."라고 간언하자 달기가 주왕에게 속삭였다. 이에 주왕은 "옳거니, 이제 비간 네 놈이 말하는 것을 보니 아주 입에 바른말만 하는구나. 그러므로 네 놈은 바로 성인(聖人)이렷다. 듣건대 자고로 성인이란 작자들은 염통에 구멍이 일곱 개가 있다더라"라며 과연 일곱 개의 구멍이 심장에 있는가 보자며 비간의 심장을 도려내서 감상했다고 한다.

달기(妲己)는 주왕과 함께 주지육림(酒池肉林)에서 호화스럽고 방탕한 생활을 즐기다 나라의 몰락을 초래했다고 기록되어 있지만, 달기에 대한 대부분의 기록은 야사나 소설에서 기인한 것이다. 그녀가 실존 인물이었는지, 상나라의 제후국이었다가 왕조를 멸망시킨 주(周)나라에 정당성을 부여하기 위해 만들어낸 가상의 인물인지, 그것도 아니면 마찬가지 목적으로 주왕(紂王)의 총애를 받던 죄 없는 미인에게 날조된 망국의 혐의를 덮어씌운 것인지 현재로서는 확인할 길이 없다. 왕은 흠결이 별로 없는데 재수 없게 여자 하나 잘못 만나 그 모양이 되었다고 기록하는 것은 예나 지금이나 남성 중심의 사회에서 흔히 있는 일이기 때문이다.

《사기》에는 주왕이 신하들의 고언은 듣지 않고 달기의 말만 들었으며, 주왕이 자살한 뒤 달기도 무왕에 의해 참수되어 목이 작은 백기(白旗)에 걸렸고, "주왕을 망친 것은 이 여자다"라는 비난을 받았다고 전한다. 그러나 그것은 왕의 죄이지 어찌 달기의 죄이겠는가.

그 밖에 전하는 이야기로는 처형하려던 자들이 그녀의 외모에 홀려 뒤로 물러서는 등 처형을 못 하자 고자인 늙은이를 참수인으로 사용했는데, 미모가 그 늙은이의 거시기조차도 세울 정도였다고 한다. 결국 그 얼굴을 보자기로 가리고 나서야 목을 벨 수 있었다고 하는데, 보자기에서 빛이 났다는 이야기가 있다. 물론 이런 건 후대에 덧붙인 호사가들의 이야기니까 크게 신경 쓸 필요는 없지만 그만큼 예쁘긴 했던 모양이다.

중국에서 현재 달기라는 이름은 '악녀'이자 '매혹적인 여성'의 대명사로 술집이나 야한 동영상에서도 예명처럼 쓰인다고 한다. 전설에 따르면 달기는 주왕의 총애를 얻기 위해 여러 종류의 복숭아꽃 꽃잎을 따서 이것을 짜내어 굳힌 '연지(燕脂)'라는 형태의 화장품을 발명해 뺨에 발랐다고 한다. 이것을 홍분(紅粉)이라고도 한다. 연지라는 것은 홍람화(紅藍花)라는 홍초(紅草)의 일종으로 만든다고도 한다. 반면에 달기가 그저 남자를 홀려 미치게 만든 단순한 요녀(妖女)가 아니라 남자의 애정에 호응했던 적극적인 여자라고 평가하는 이도 있다. 당시의 여성에게 권력이나 재물을 가질 수 있는 유일한 방법은 남자의 환심을 사는 것이었으니 달기는 그런 무기를 사용하여 자신의 인간적 욕망을 채웠다는 관점이다.

중국의 민간 문학에서 달기는 주로 구미호의 화신이었다는 전설과 결부되어, 《전상평화(全相平話)》의 한 대목인 〈무왕벌주평화(武王伐紂平話)〉에도 여우의 화신으로서 달기가 등장한다. 《천자문(千字文)》에서 은의 주왕을 유혹해 나라를 기울게 한 달기를 구미호로 지적했으며, 이 설을 기초로 명나라 때의 《봉신연의(封神演義)》가 창작되었다. 《봉신연의》에서 달기는 천년 묵은 여우 요괴로 등장한다. 은에서 주(周)로 넘어가는 '혁명(革命)'을 실현시키기 위한 임무를 띠고 지상으로 파견되어 기주후(冀州侯) 소호(蘇護)의 딸이었던 소달기(蘇妲己)의 혼을 빼앗아 달기가 되었고, 마침내 주왕을 타락시켜 은을 멸망에 이르게 했다고 한다. 또한 《사기》에는 나오지 않는 호희미(胡喜媚), 왕귀인(王貴人)이라는 두 명의 가공의 여성이 달기와 함께 주왕의 총희(寵姬)로서 등장하고 있는데, 호희미는 머리 아홉 달린 꿩의 정령이고, 왕귀인은 옥석으로 만든 오래된 비파(琵琶)의 정령으로 설정되어 있다.

또한 일본에서는 달기가 일본으로 도망쳐서 천황의 총비가 되어 나라를 어지럽히려 했다는 타마모노마에(玉藻前) 전설로 연결된다. 고대 중국과 인도, 일본의 세 나라를 돌며 3천 년에 걸쳐 전생을 반복하며 남자를 유혹해 파멸로 이끌고 나라를 멸망시키려 한 구미호의 이야기를 다룬 에도 시대의 소설 《삼국악호전(三国悪狐傳)》이 있다. 여기서 달기는 화양부인(華陽婦人), 포사(褒姒), 타마모노마에와 함께 구미호의 화신으로 등장하고 있다. 우리나라 경상북도에도 주왕산이란 산이 있고 그곳에 '달기 약수'라는 약수터가 있는데, 한자로는 주왕산(紂王山)이 아닌 주왕산(周王山)이라 쓰고 약수는 달기(妲己)라 쓰니 앞뒤가 맞지 않는 전설이 사용되었다고 볼 수 있다.

주왕(紂王)에게 체포되어 죽을 준비를 하고 있다가 강태공(姜太公)의 의견대로 막대한 금은보화와 미녀를 바치고서야 겨우 풀려난 섬서성 주(周) 땅의 지도자 서백(西伯)이 얼마 후 죽고, 그의 아들이 세력을 키우고 있었으니 그가 바로 주(周)나라의 건국자인 무왕이다.

주왕의 극악무도한 폭정을 일찍부터 전해 듣고 있던 무왕의 대신들은 무왕에게 그러한 주왕을 징벌하라고 권고하기에 이르렀다. 그러나 주도면밀한 무왕은 섣불리 전쟁을 일으키지 않고 객관적인 정세가 성숙되기를 2년이나 더 기다렸다. 주왕의 폭정이 날로 심해져 그에게서 백성의 민심이 떠났다는 사실을 무왕이 포착했다. 선전포고를 해도 승리할 수 있다고 판단한 무왕은 상(商)의 탕왕이 그러했듯이 그의 사병들에게 다음과 같이 선언했다.

"은 제국의 폭군 주왕은 자기의 기분을 맞추기 위해서 천명을 거역하고 하늘과 땅과 인간의 원리를 파괴했다. 이제 우리는 여기 하늘의 뜻을 받들어 천벌을 대신하고자 한다. 분투하라, 친애하는 사병들이여! 주왕을 토벌할 기회는 지금 말고 다시는 없을 것이다."

무왕은 전차 3백, 병력 4만 5천을 인솔하고 파죽지세로 은나라로 쳐들어갔다. 맹진(孟津)에서 눈보라를 만났으나 풍백(風伯), 우사(雨師)의 도움으로 날씨가 맑아져 진군을 계속했다. 주왕(紂王)은 목야(牧野)에서 병력 70만으로 방어선을 펼쳤으나 동원된 백성들은 이미 그를 증오하고 있었기 때문에 생사를 같이할 마음이 없었다. 따라서 사병들은 무왕 군사들과 전투를 하기는커녕 오히려 두 손을 높이 치켜들고 그들을 환영했으니 그것이야말로 최초의 무혈(無血) 쿠데타였다. 그리하여 주왕은 스스로 불꽃 속에 뛰어들어 목숨을 끊게 되었고 마침내 은 제국은 멸망하고 말았다.

주(周) 무왕(武王)의 건국 이후 분봉(分封)할 때 주공(周公) 단(旦)의 건의대로 주왕(紂王)의 아들 록부(祿父)를 제후로 삼아 그 일족을 다스리게 했으나 그들은 곧 반란을 일으켰다. 그 반란을 제압한 후 주모자를 처형하고 은(殷)의 제기(祭器)를 들고 항복한 주왕의 동생 미자(微子)에게 은(殷)의 유민들을 이끌고 송(宋)나라로 옮겨 살게 했다. 그들은 그 후 떠돌이 행상(行商)으로 생계를 이어가게 되었는데, 사람들은 그들을 상인(商人), 그들이 하는 일을 상업(商業)이라 부르기 시작했다. 이때 둘째 기자(箕子)는 미친 척하여 제후의 지위를 양보하고 동쪽으로 이주하여 조선의 왕이 되었다는 기록도 존재한다. 어떤 학자들은 고대의 조선을 단군 조선, 기자 조선, 위만 조선 등으로 나누기도 한다. 우리나라의 성씨 중 청주 한(韓)씨들이 기자(箕子)를 족보의 맨 위에 올려놓고 있기도 하다. 한(韓)이라는 단어는 그 후 우리나라의 이름으로 쓰이기도 하는데, 아마도 북방 국가들의 왕호인 칸(Khan)을 발음이 비슷한 한자어로 표기하는 과정에서 간(干), 한(汗), 한(翰) 등과 함께 우리나라 쪽에서는 한(韓)을 많이 사용했던 것으로 보인다. 즉 고종 임금이 황제로 자칭하면서 붙인 대한(大韓)은 대칸의 나라라는 뜻이 된다.

은허의 발굴과 갑골 문자

은허(殷墟)는 지금의 허난성[河南省] 안양시(安陽市) 샤오툰춘[小屯村]에 있다. 상나라는 반경(盤庚)이 이곳으로 도읍을 옮겨 왔을 때부터 제신(帝辛)에 이르기까지(BC1324~1065) 모두 이곳에 도읍을 세웠다. 이후 상나라는 흔히 은나라로 불리게 되었다.

은허의 면적은 대략 24제곱킬로미터이다. 샤오툰춘의 발굴 결과 유적지에는 판축한 집터가 70여 곳이 있었다. 어떤 집터에는 동물이나 사람을 매장하여 제사를 지낸 구덩이가 있는데, 이는 왕궁이나 종묘의 존재를 보여준다. 유적지 안에서 발견된 700여 개의 땅굴 속에서는 3만여 조각의 갑골문이 나왔다. 그 글자들 대부분은 왕실의 길흉을 점친 기록이며 제왕과 선조의 이름을 새긴 것도 있었다.

왕궁 구역의 동쪽에는 부호묘(婦好墓)와 같은 왕실 귀족의 고분도 발견되었다. 1976년 중국 발굴단이 샤오툰춘의 서북쪽에서 도굴을 면한 완전한 형태의 중형의 묘실(墓室)을 발굴했는데, 여기서 청동기(青銅器)와 옥기(玉器) 등 1,600여 점의 유물이 대량 출토되었다. 그중 청동기 200점 가운데 109점에 부호(婦好)라는 명문(銘文)이 새겨져 있었다. 지금까지의 연구 결과에 의하면 부호는 바로 갑골문 초기 시대의 왕인 22대 무정왕의 부인으로 밝혀졌다. 갑골문의 기록을 해독해 본 결과 부호(婦好) 왕비는 왕을 대신해 제사를 주재하고, 귀갑(龜甲)의 수집과 정리도 담당하는 정인(貞人)의 역할도 했다. 요즘 말로 하면 국가 기록 문서를 정리하는 임무도 맡았었던 것으로 보인다. 그녀는 무정왕과의 사이에서 아기를 낳았고, 이후 무정이 일흔이 넘어 거동이 힘들어지자 직접 1만 명의 군사를 거느린 야전 지휘관이 되어 매복전으로 쳐들어온 적을 섬멸하기도 했다. 평상시에도 말을 타고 사냥을 다니는 등 여걸(女傑)의 행동을 보였지만 불행하게도 30대에 사망했다.

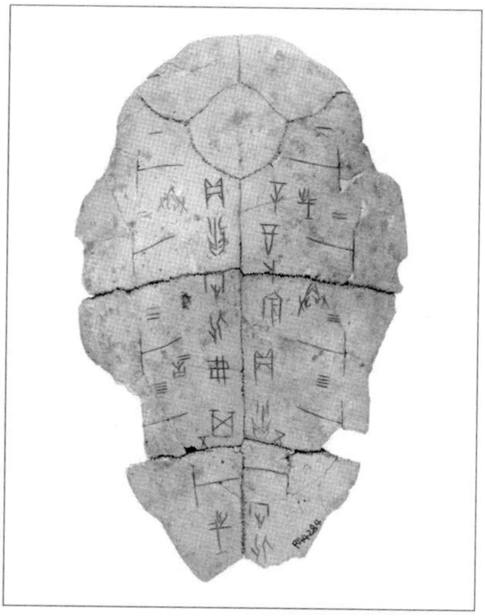

갑골 문자

한자어에서 부(婦)라는 글자는 흔히 '청소하는 여자'의 의미로 해석되지만, 이 부호(婦好) 이야기를 통해 초기 갑골문의 의미를 새기면 '제사를 주관하는 여인'이라는 해석도 가능하다고 한다. 실제로 많은 국가에서 여인들이 제사를 주관하거나 하늘의 신탁(神託)을 전달하는 역할을 하기도 했다. 그리스에서도 신녀(神女)들이 신탁을 통해 하늘의 목소리를 대신 전해주는 일을 했고, 고구려에서도 천녀(天女)들이 제천 의식을 주도했다고 하며 신라에서도 천관(天官)이란 이름의 그런 직종이 있었다. 개인적으로 추론컨대 신라의 화랑(花郞)이 원래 원화(源花)라는 여성 조직이었고 그들의 전신이 천관(天官)이라는 무녀(巫女) 겸 기녀(妓女) 집단이었던 것으로 보인다. 그녀들이 귀족 계급과 관계했다는 것은 다시는 그녀를 만나지 않겠다는 결심으로 애마(愛馬)의 목을 잘랐다는 김유신과 천관녀의 일화를 통해서도 엿볼 수 있다. 미실(美室), 즉 아름다운 여인들의 집이란 이름도 개인이 아닌 그 집단의 통칭이었을 가능성이 높다고 본다.

황허강 이북의 은대 후기 왕릉 구역에는 큰 무덤이 총 13기가 있는데, 가장 큰 무덤의 면적은 1,800㎡에 달하며 옥, 돌, 뼈, 이빨, 백도(白陶), 동기(銅器) 등의 껴묻거리[副葬品]가 발견되었다. 큰 무덤에는 모두 사람을 순장했는데, 어떤 무덤에는 160여 명이나 순장했다. 큰 무덤 부근에는 함께 순장시킨 작은 무덤과 순장 구덩이가 있는데, 이는 은대 후기에도 여전히 순장 제도와 사람을 제물로 바친 제도가 있었음을 증명해준다. 이런 점은 은대 후기의 노예제 사회를 연구하는 데 귀중한 자료가 된다. 이것은 당대의 노예들이 인간으로 대우받지 못했다는 점을 보여주고 있다.

노예의 발생이 가난이나 신분의 문제가 아니라 전쟁에서 패한 포로들이 붙잡혀와 강제 노역(勞役)에 종사하다가 주인이 죽을 때 함께 죽음을 맞이한 것으로 보인다. 사실 중국의 순장 제도는 폐습인 줄 알면서도 장례를 후(厚)하게 치른 것은 많은 순장자와 많은 부장품을 고인의 사후 세계로 보내주는 내세관이 반영된 것으로 보인다. 그런 내세관은 그 후에도 이어졌지만, 우리가 잘 아는 진시황은 살아 있는 인간이 아닌 인간을 닮은 용(俑)을 껴묻었으니 어찌 보면 인간적인 면도 있었다. 그 후 순장은 살아 있는 사람이 아닌 축소 모형의 인형 등 대용품(代用品)으로 대신하게 되었다.

은허(殷墟)가 발굴되면서 상나라의 존재를 실증하게 된 계기는 아주 우연한 것이었다. 청나라 말인 1899년 오늘날의 국립 대학 총장격이었던 국자감 좨주(祭酒)를 지낸 왕의영(王懿榮, 1845~1900)이라는 금석학자가 북경의 달인당(達仁堂)이란 한약방에서 학질(瘧疾, 말라리아)의 특효약으로 약을 지었다. 그런데 그 약재인 용골(龍骨)이라 불리는 거북의 배 껍데기나 소의 엉덩이뼈 같은 짐승의 뼈에서 인공으로 그어진 글자 모양의 일정한 선(線)을 발견하고 이를 추적 연구하기 시작한 것이다. 이내 그것이 고대의 문자임을 알아보고 이 용골의 원산지를 추적하니 하남성의 안양이었다. 이곳을 발굴하자 대량의 갑골문과 청동기, 주거지, 궁전터, 고분들이 발굴되면서 상나라의 마지막 수도였음이 밝혀졌다. 그러나 왕의영은 갑골문을 발굴하여 세상에 알린 다음 해, '의화단(義化團)의 난'을 빌미로 서양 군대가 쳐들어오자 북경 방어의 책임을 지고 끝까지 싸우다 패하고 우물에 투신하여 생을 마치고 말았다.

제대로 된 첫 연구자는 1910년대 나진옥(羅振玉, 1866~1940)으로 그의 저서 《은상점복문자고(殷商占卜文字攷)》에서 그 사실을 밝혔다. 나진옥은 금석문 연구의 일인자로, 일찍이 자금성(紫禁城)의 내각문고(內閣文庫)에 명나라·청나라 때의 공문서가 산적해 필요 없는 문서는 모두 소각하자는 주장이 나왔을 때 보존의 필요성을 강조하여 이를 막았던 인물이다. 또 아무도 문화유산에 신경 쓰지 않던 청나라 말기 혼란의 시절, 서양의 문화재 약탈자인 스타인이나 페리오가 돈황에서 엄청난 문화재를 반출해 간다는 소식을 접한 후 현지에 가서 나머지 문화재를 북경에 운반해온 큰 공로자였다. 또한 하남성 안양현 소둔촌에서 구갑(龜甲)과 수골(獸骨)에 새겨진 갑골 문자가 발견되자 왕국유와 함께 문자를 연구하여 책을 쓰고 갑골에 그어진 금들이 고대 문자임을 해독하여 은나라를 역사 시대에 편입시켰다. 내용은 주로 점을 쳐서 국가의 운영 방향을 정한 것으로 주령(呪靈) 시대를 상징하는 내용이 주류를 이루었다. 순장(殉葬)의 풍습도 이때 밝혀졌다. 갑골 문자의 기록은 중국 상형(象形) 문자의 원형으로 금문(金文) 전서(篆書)를 거치며 중국의 한자가 되었다. 그 내용으로 보면 이미 상나라 때 정전제(井田制)가 실시되기 시작했으며, 사마천의 《사기》에 기록되었으나 학자들이 믿지 않았던 고대 왕국의 여러 기록이 대부분 사실로 확인되어 《사기》의 신뢰성을 드높였다. 은허의 서북쪽에서 발견된 분묘에서는 예술적 가치가 높은 귀중품도 많이 출토되었다. 묘실은 눈부실 정도로 화려하게 장식되어 지하 궁전을 방불케 할 정도로 호화의 극치를 이루었다. 그들이 생전에 얼마나 호화로운 생활을 했는지 짐작할 수 있다.

그러나 신해혁명과 그에 따른 혼란 때문에 현지 조사는 그로부터 18년 후인 1928년 중앙연구원에서 파견된 동작빈(董作賓, 1895~1963)이 단장이 되어 예비 조사로 진행했다. 그 후 1937년 중일 전쟁 발발 직전까지 발굴 조사가 계속되었다. 미국 하버드 대학에서 고고학과 인류학을 전공한 양사영(梁思永)은 귀국 후 연구소의 고고학 연구반에 참가했으며 얼마 후 책임자가 되어 발굴을 지휘했다. 은허의 능묘 발굴은 주로 그의 지휘에 의해 진행된 것이라고 한다.

제 4 강

서주 이야기 – 봉건 제도의 시작

주나라의 뿌리

주(周)를 건국한 무왕(武王)의 조상은 후직(后稷)으로 알려져 있다. 후직의 어머니는 신농씨의 후손으로 제곡의 부인이었으나 거인의 발자국을 밟고 잉태했다 하여 남편으로부터 버림받았다. 그래서 후직은 아명이 '버림받은 아이'라는 뜻의 기(棄)였다. 그런 조건에도 불구하고 그는 농사를 잘 지어 요임금으로부터 농사(農師) 지위를 받았고 순임금에게서 희(姬)씨를 하사받았다. 당시에는 문벌이나 귀족이 형성되기 전이니 어쩌면 누구나 열심히 하여 권력자의 눈에 들면 벼락출세할 수 있는 공평(公平)하고 무사(無私)한 민주적 인재 발탁의 시기였는지도 모른다. 오랑캐 땅에 건너간 아들 부줄(不窋)에 이어 국(鞠)이 뒤를 잇고 4대 공유(公劉)로 이어져 조상이 하던 일을 해나갔다. 농사가 잘되고 사람들이 모여들어 공유의 아들 경절(慶節)대에 빈(豳)에 도읍해 작은 국가를 이루었다. 그 후 황복(皇僕), 차불(差弗), 훼유(毀隃), 공비(公非), 고어(高圉), 아어(亞圉), 태공(太公) 조감공조를 통해 오랜 세월이 흘러 13대 고공단보(古公亶父)에 이르러 이름을 크게 떨쳤다. 융적(戎狄)이 그 땅을 탐내자 고공단보는 빈을 버리고 기산(岐山)으로 이주했는데, 백성 모두가 그들을 따라 이주했다. 그 이후 나라 이름을 주(周)로 바꾸었다.

고공단보의 맏아들은 태백(太伯)이고 둘째는 우중(虞仲)인데, 정비 태강(太康)이 막내 계력(季歷)을 낳았다. 계력은 태임(太任)을 아내로 맞았다. 그녀는 덕이 높았으며 아들 창(昌)을 낳았을 때 붉은 새가 단서(丹書)를 물고 산실(産室) 창에 날아드는 성스러운 징조가 있었다. 그 단서에는 이렇게 써 있었다.

"부지런한 자는 길하고 게으른 자는 망하나니, 의리를 지키는 자는 흥하고 사욕을 탐하는 자는 흉하니라. 무릇 모든 일이 억지로 하지 않으면 사곡(邪曲)이 생기지 않고 굳세지 못하면 바르지 못하나니, 사곡이 일면 망할 것이요, 굳센 자는 만세토록 하리라. 인(仁)으로써 얻어 인(仁)으로써 지키면 백세를 지킬 것이요, 불인(不仁)으로써 불인을 지키면 그 대(代)에 패하리라."

그렇게 태어난 아이이다 보니 비록 막내였지만 계력(季歷)과 아들 창(昌)은 특별한 총애를 받았다. 용비어천가 제7장에도 사용되고 있는 이 붉은 새 이야기는 사후(事後)에 만들어진 전설일 것으로 보인다. 사실은 은나라 마지막 왕인 주왕(紂王)이 등극한 사례에서 보듯 고공단보가 주(周) 땅에 정식으로 봉(封)해지기 전에 태어난 장남, 차남보다 봉해진 후에 태어난 셋째 아들이 더 정통성을 가졌던 것이 아닌가 싶다. 어찌 되었든 계력에게 쏠리는 고공단보의 뜻을 안 장남 태백과 차남 우중은 남쪽 형만(荊蠻) 땅으로 달아나 문신(文身)을 하고 머리를 잘라 스스로 제사 지낼 자격을 버렸다. 당시 문신과 삭발은 야만의 풍습으로 그런 상태로는 중화 문명에서의 제사장격인 왕이 될 수 없었다. 그들 스스로가 그런 모습을 하여 왕위에 욕심이 없다는 사실을 보여 생존을 도모했고, 그런 조치로도 성명(性命) 보존에 안심이 되지 않자 남쪽 땅으로 도주한 것으로 보인다. 두 개의 태양이 뜰 수 없듯 자고로 권력이란 냉혹해 왕의 잠재적 경쟁자들은 모두 척결 대상이 되었던 것은 예나 지금이나 다름 없는 만고의 진리이다. 우리나라의 역사에서도 조선조 태종의 후계자가 셋째 충녕이 되었을 때 첫째 양녕은 미치광이 흉내를 내고 둘째 효령은 중이 되어 생존을 도모한 것도 같은 사례이다. 태종 사후 충녕의 왕위가 안정되어 의심의 눈길이 사라지자 미쳤다던 양녕과 한양을 떠나 중이 되겠다고 절로 갔던 효령이 모두 멀쩡하게 한양 도성으로 돌아와 소실까지 얻어가며 행복하게 잘 살았다는 것을 보면 권력의 무서움을 알 수 있다.

마음에 들지 않는 장남과 차남이 스스로 물러나자 고공단보는 자연스럽게 왕위를 계력에게 전했고, 그가 죽자 그의 아들 창(昌)이 왕위에 오르니 그가 바로 서백(西伯)이다. 서백(西伯)의 어머니 태임(太妊)은 부덕(婦德)이 뛰어난 현모양처의 상징적 인물이 되었으며, 조선 이율곡의 어머니 신씨 부인은 태임(太妊)을 롤 모델, 즉 스승으로 삼기 위해 당호(堂號)를 사임당(師任堂)이라 짓기도 했다.

일설에는 형만(荊蠻) 땅으로 도망간 고공단보의 장남 태백의 후손이 600년 뒤 남쪽 땅에 나라를 세우니 그것이 오(吳)나라이고, 합려(闔閭)와 부차(夫差)가 그 후손이라는 이야기도 있다.

서백의 덕치

서백(西伯)은 조상인 후직과 공유를 본받아 농업 생산에 힘썼고 고공단보와 계력을 본받아 예의를 세우고 후생 복지에 전념했다. 환과고독(鰥寡孤獨)을 비롯하여 어려움에 처한 백성과 아이, 노인을 잘 돌보고 인재를 널리 구해 등용한다는 소식이 퍼지자 전국 각지에서 사람들이 모여들어 나라가 융성하게 되었다. 아시다시피 땅은 넓고 사람은 적었던 과거 농업 경제 시대에 사람이 곧 국력이고 부국강병의 원천이 되었으니 주(周)나라는 더 강력해졌고, 그럴수록 사람들은 더 몰려왔을 것이다. 고죽(孤竹)국의 왕자 백이(伯夷)와 숙제(叔齊)를 비롯한 전국의 뜻있는 선비들이 서백의 주나라로 모여들기 시작했다. 은 주(紂)왕이 이를 질투해 서백을 모함하여 유리(羑里)에 가두었다. 서백은 강태공의 주도하에 제후들과 백성들이 은 주왕에게 보물과 여인 등 선물 공세를 해 풀려날 수 있었다. 그러나 이러한 부당한 탄압을 받았기에 오히려 이웃의 나쁜 제후국을 정벌할 수 있는 권한을 받았다. 서백이 풍읍(豐邑)으로 도읍을 옮기고 죽자 태자 발(發)이 왕위에 오르니 그가 바로 주나라를 건국한 무왕(武王)이다.

무왕의 창업

무왕(武王)은 아버지가 위수(渭水)에서 얻어 물려준 신하 강태공(姜太公) 여상(呂尙)을 군사(君師)로 삼고 동생 주공(周公) 단(旦)을 보(輔)라는 보좌역에 임명했다. 그는 백이와 숙제의 반대에도 불구하고 아버지 문왕(文王)의 신주(神主)를 받들고, 아버지의 명을 수행한다는 명분으로 4만 5천 병사와 주왕(紂王)을 치러 가니 800명의 제후가 맹진(孟津)에 모여 거병(擧兵)을 찬양했다. 무왕은 황금으로 만든 큰 도끼를 왼손에 들고 오른손으로는 흰 깃발을 휘두르면서 연합군을 진두지휘해 동심동덕(同心同德)이란 말을 낳았다. 그러나 목야(牧野)에는 은나라 병사 70만이 기다리고 있었다. 이때 100명의 주(周)나라 결사대가 달려드니 주지육림(酒池肉林)에 빠진 왕의 폭정에 지친 은나라 병사들은 창을 돌려 잡고 길을 비켜 주었고, 백성들은 주(周) 군사들을 오히려 환영했다. 그러자 주왕(紂王)은 녹대(鹿臺)에서 자진했고 달기(妲己)도 따라 죽었다. 이때 주왕(紂王)에 의해 갇혀 있다 무왕에 의해 석방된 기자(箕子)는 은(殷)의 유민들과 동쪽으로 도피해 조선(朝鮮)의 왕이 되었다는 설도 있다.

애초 무왕은 낙읍(洛邑)에 머물며 "택자중국 자지예민(宅兹中國 自之乂民)", 즉 내가 이곳 중국(세상의 중심)에 정착하여 백성을 다스리겠다고 선언했으나 여러 여건상 원래의 주나라와 가까운 호경(鎬京)에 도읍을 세울 수밖에 없었다. 그러나 이후 주나라는 결국 수도를 낙읍으로 이전했고, 그때부터 주나라의 역사는 서주(西周)와 동주(東周)로 나뉘게 되었다.

봉건제의 탄생

천자(天子)가 된 무왕은 호경(鎬京)에 도읍을 정하고 어지러운 천하를 정비했다. 그는 "전쟁을 하면서 사용한 말들은 화산 남쪽 기슭으로 돌려보내고, 소들은 들에 풀어주어 마음껏 풀을 뜯어 먹도록 하라. 다시는 이들을 전쟁에 사용하지 않을 것이다"라고 선언하며 귀마방우(歸馬放牛)하고, 무기를 회수하고 군대를 해산했다.

《대학(大學)》에는 "주수구방 기명유신(周雖舊邦 其命維新)"이라는 구절이 있는데, 풀이하면 "주나라는 비록 옛 나라지만 그 천명은 새롭다"라는 뜻이다. 즉 상(商)나라를 이어받은 주나라는 비록 오래된 나라이지만, 이제 새로운 통치 철학으로 거듭나 새로운 나라가 되었다고 선언한 것이다. 여기서 사용된 '새롭게 태어난다'는 의미의 유신(維新)이라는 단어는 요즘은 잘 사용하지 않는데, 거기에는 사연이 있다. 근대 일본이 막부(幕府)로부터 권력을 빼앗아 자기들의 소위 천황(天皇)인 메이지[明治]에게 돌려주면서 그걸 '명치유신'이라 불렀고, 일본을 흠모한 박정희가 그의 영구 집권을 꾀한 궁정 쿠데타를 스스로 '10월 유신(維新)'이라 이름 지어 단어를 오염시켜 버리고 말았기 때문이다.

무왕이 천하를 공신과 자식들에게 공후백자남(公侯伯子男)의 등급에 따라 나누어 다스리게 했으니 이를 봉건(封建)이라 했다. 태자 외의 자식들에게는 세습하도록 땅을 나누어 주었고, 강태공에게 제(齊)나라를, 동생인 주공 단에게는 노(魯)나라를, 소공 석(奭)에게는 연(燕)나라를 주었다. 은의 후손 녹보에게 상/은(商/殷)의 유민을 다스리게 했으며, 동생 숙선은 관(管)에, 숙도는 채(蔡)에 봉하여 가까운 곳의 은(殷)의 유민을 감시토록 했다. 그러나 후에 분배에 불만을 품은 두 동생이 은나라 후손 녹보와 결탁해 반역을 꾀했고, 그들을 토벌한 주공 단은 그들을 추방하고 유민들을 분산시키고 대신 주왕(紂王)의 이복동생인 미자(微子) 계(啓)로 하여금 송(宋)나라를 세우도록 해 은나라 역대 왕들의 제사를 모시도록 조치했다. 은의 옛 땅엔 동생 숙봉을 봉하여 위(衛)나라를 세웠다.

주공 단(旦)은 주로 중앙 정부에서 국가 전반의 일을 하느라고 노(魯)나라에 자주 내려오지 못 했으나 모든 백성의 존경의 대상이었으며 공자(孔子)도 그들 중의 한 명이었다. 소공 석(奭)은 연(燕)을 맡아 다스릴 때 늘 팔배나무 아래서 송사(訟事)를 처리했다. 언제나 백성들 편에서 공정하고 자애롭게 처결해 그가 죽은 뒤에도 백성들은 그 팔배나무를 지극 정성으로 보존하면서 그를 그리워했다. 이것은 감당유애(甘棠遺愛)라는 고사를 남겼다. 당시는 첫아들은 맹(孟), 장남에게 백(伯), 차남에게는 중(仲), 기타 아들에게는 숙(叔), 막내에게는 계(季)를 이름에 붙이는 풍습이 있었다. 아마도 정식 부인이 낳은 아들은 백(伯)을 붙이고 그렇지 않은 첫아들은 맹(孟)을 붙인 것으로 보인다. 그 단어는 오늘날에도 사용되어 이른 봄은 맹춘(孟春), 늦봄은 계춘(季春) 등으로 사용되기도 한다. 오늘 우리가 사용하는 형(兄)이라는 글자는 이후 제문(祭文)이나 제구(祭具) 그릇을 나타내는 구(口) 자 밑에 사람 인(人) 자를 붙여 '제사를 받드는 자'를 의미한 데서 왔다고 한다.

주(周)나라의 치세

무왕 사후 태자 송(誦)이 즉위하니 바로 성왕(成王)이다. 나이가 어려 삼촌 주공(周公) 단(旦)이 정사를 돌보았다. 주공은 채숙과 관숙의 난을 진압하고 7년 후 성왕이 성장하자 신하로 내려섰다. 후일 노자(老子)와 함께 공자(孔子)는 주공의 이런 행동을 흠모해 그 시절의 예의범절, 즉 주례(周禮)를 회복하자고 주장하니 이것이 유가(儒家)의 기본이 되었다. 성왕(成王)과 그 아들 강왕(康王)에 의한 초기 평화 시대를 사람들은 성강지치(成康之治)라 했으니 그 공(功)의 대부분은 주공 단에게 있었다. 그 후 강왕(康王)을 이은 소왕(昭王)은 영역 확대를 위해 남쪽 원정을 나갔다가 객지에서 죽었다. 《사기》에는 이 소왕의 죽음에 대해 "소왕이 남쪽으로 순수(巡狩) 나갔다가 끝내 돌아오지 않았다. 강 위에서 죽었는데 이 사실을 천하에 공포하지 않고 숨기었다."라고만 기록되어 있다. 만약 물에 빠져 익사하지 않았다고 한다면 싸움에 패해 달아나다가 죽었을지도 모르는 일이다. 그렇기 때문에 차마 제후들에게 알릴 수가 없었던 것이 아닌가 생각된다. 소왕이 죽자 태자 목왕(穆王)이 즉위했다.

목왕은 주나라의 전통적인 팽창 정책에 따라 자주 친정(親征)에 나섰다. 아버지 소왕이 남방 정벌에서 실패하고 목숨까지 잃은 것을 거울삼아 주로 서북쪽을 정벌의 대상으로 삼아 번번이 승리했다. 옥(玉)의 산지인 호탄 곤륜산까지 영역을 넓혔으니 중국에 옥(玉)이 널리 알려진 것도 이때부터이다.

진(晉)나라 때 중국에서 발굴된 유물 중 죽간(竹簡)에 오래된 글자체로 쓰여 있는 책이 발견되었는데, 그 책이 바로 중국 최초의 소설《목천자전(穆天子傳)》이다. 이 책에는 기원전 10세기쯤에 생존했던 주 목왕의 신비로운 여행담을 기록하고 있다. 그는 중국 전 국토를 목왕 팔준(穆王八駿)이라는 특별한 말을 타고 돌아다녔다. 즉 흙을 밟지 않을 정도로 빨랐다는 '절지(絶地)', 하늘을 나는 새를 추월했다는 '번우(翻羽)', 하룻밤에 5,000킬로미터를 달린다는 '분소(奔霄)', 자신의 그림자를 추월한다는 '월영(越影)', 빛보다 빠르다는 '유휘(踰輝)'와 '초광(超光)', 구름을 타고 달렸다는 '등무(騰霧)', 날개가 있었다는 '협익(挾翼)'의 8마리이다. 목왕은 이 말을 몰아 견융 등의 이민족을 토벌했다고 한다. 이 목왕의 전례에 따라 후대 왕들은 자신들이 타는 말에 이름을 지어 팔준(八駿)이라 부르기를 좋아했다. 당 태종과 조선 태조 이성계도 그중의 하나였으며, 이성계는 그 말들을 그림으로 그려 남기기도 해 후대 팔마도(八馬圖), 군마도(群馬圖) 같은 말 그림의 원형이 되기도 했다.

주 목왕은 새로운 세계에 대한 호기심이 왕성한 사람이었는데, 특히 서쪽 세계를 동경했다. 그는 원정대를 꾸려 기나긴 여행을 시작했다. 강을 건너고 여러 부족의 땅을 지나서 마침내 선녀들의 우두머리격인 서왕모(西王母)가 있는 서쪽 끝 곤륜산(崑崙山)에 이르게 되었다. 그리고 둘은 운명적인 만남을 갖게 되었다. 첫눈에 사랑에 빠진 왕과 여신은 아름다운 연못인 요지(瑤池)에서 매일매일 잔치를 벌였고, 주 목왕은 고국에 돌아가야 한다는 사실을 까맣게 잊은 듯 신비로운 사랑 속에 파묻혀 지냈다. 운우지정(雲雨之情), 요지경(瑤池鏡) 등의 어휘들이 이때 생겨났다. 《목천자전》의 내용은 서왕모와 한 무제의 만남 이야기로 이어졌고, 그 이야기는 은하수와 견우직녀의 설화, 손오공 이야기로 각색되어 퍼져 나갔다.

목왕(穆王)은 서방을 순력(巡歷)했으나 그의 아들 공왕(共王)은 밀(密)국의 미녀를 탐해 강제로 제후국을 토벌했다. 이런 전쟁의 비용을 감당하기 힘들었던 그 손자 려(厲)왕은 세수 증대를 위해 이공(夷公)이란 탐관을 등용하고 무당을 끌어들이는 등 폭정을 하여 민중 봉기가 일어나 왕은 도망가고 소위 공화(共和) 시대가 열렸다. 그것은 반란 후 텅빈 주(周)왕실을 구공과 소공이 의논해 다스렸다는 데서 온 말이다. 공화(共和)라는 단어의 어원에 대해서는 위(魏)나라 때에 발굴되었다는 《죽서기년(竹書紀年)》이라는 책에서부터 시작된다. 책에는 공백화(共伯和)라는 귀족이 왕을 대신해 이 기간 나라를 다스렸다고 기록되어 있다. 그 후 그런 내용을 담은 청동기 명문(銘文)도 발견되어 기록을 입증했다는 설도 있다.

석고문

BC 828년에 주 여(厲)왕이 사망한 후, 그 아들인 정을 왕으로서 세웠으니 바로 선왕(宣王)이다. 그는 재위 중에 주 정공(周定公), 소 목공(召穆公)이 정치를 도와 국세가 중흥해 선왕중흥(宣王中興)으로 불리는 시기를 구축했다. 달리 전하는 바에 의하면 공백화(共伯和)가 주 여왕을 몰아내고 나라를 다스렸다는 말도 있다. 어느 것이 정답이든 간에 문제적 아버지 여왕이 죽자 주 정공과 소 목공은 장성한 그를 불러들여 왕으로 모셨다는 것이다. 이 시대에 주(籒)에 의해 사주편(史籒篇)이 저술되어 서체의 하나인 대전(大篆)에 해당하는 전서가 완성되었다. 그리고 선왕(宣王)의 공적을 북처럼 생긴 돌에 새겨 널리 폈으니 그것을 흔히 석고문(石鼓文)이라 한다.

선왕(宣王)은 아버지의 잘못을 반면교사 삼아 신하들의 간언을 잘 들었으며, 백성들을 안정시키고 무기를 보수하는 등 정사에 힘썼다. 이때 선왕을 보좌한 이들이 소 목공, 윤길보(尹吉甫), 중산보(仲山甫), 정백(程伯) 휴보(休父), 괵 문공, 신백, 한후, 현보(顯父), 잉숙(仍叔) 등이었다. 그리하여 왕실에 등을 돌렸던 많은 제후들이 주나라를 다시 섬겼다고 하니 당시만 하더라도 지방세력의 권력이 나름 독자성을 가지고 있어 주나라가 아직은 강력한 중앙권력을 행사하지는 못했던 것으로 보인다. 그는 변방 오랑캐들을 정복해 백성들의 평안을 지키려 많은 전쟁을 치렀으며 그때마다 승리하여 주나라의 강역이 더 넓어졌다. BC 789년인 선왕 40년, 그는 신융 정벌에 나서 승리를 거두었으나 같은 해 주나라 군사는 천무 전투에서 강융에게 패했다. 선왕은 나이가 들어 교만해졌는지 젊은 시절 간언을 듣던 귀가 사라져, 사유지를 넓히지 말라는 괵 문공의 간청을 듣지 않았다. 선왕은 재위 48년째인 기원전 782년에 죽었다. 그 뒤를 이은 왕은 바로 주나라 최대의 암군이자 서주 멸망의 원흉인 유왕(幽王)이다.

서주(西周)의 몰락

주 선왕(宣王)은 비교적 정치를 잘해 정국을 안정시키고 주나라를 강건하게 하여 석고문이라는 기념비까지 곳곳에 세웠다. 그러나 자식 농사에는 성공하지 못했던 것으로 보인다. 선왕(宣王)의 뒤를 이른 유왕(幽王)은 왕이 된 지 3년 만에 포국에서 바친 포사(褒姒)라는 절세 미녀에게 흠뻑 빠져 정사를 돌보지 않게 되었다. 포사와의 향락에 빠져 베갯머리의 속삭임대로 태자를 폐하고 그녀의 소생 백복(伯服)을 태자로 삼았다.

포사는 잘 웃지 않았다. 어느 날 정원을 지나가던 궁녀가 나뭇가지에 비단 바지가 걸려 찢어지는 소리를 듣고 포사가 미소를 짓자, 유왕은 매일 비단 수백 필을 찢도록 했다고 한다. 그것도 시들해진 어느 날 실수로 봉화가 올라 궁궐로 출동한 병사들이 우왕좌왕하는 것을 보고 포사가 또 활짝 웃었다. 그날 이후 유왕은 자주 봉화를 올려 병사들이 출동하게 하여 포사를 웃게 만들곤 했다. 몇 번을 그리하자 나중에는 봉화가 올라도 출동하지 않게 되었는데, 마침 그 즈음에 신후가 이끄는 반란군이 궁궐을 범하고 말았다. 그래서 포사에 의해 쫓겨난 왕비의 친정아버지 신후는 견융(犬戎) 등 변방 유목민을 동원하여 궁궐을 범한 뒤 못된 사위 유왕을 쫓아내고 자신의 외손자 평왕(平王)을 새로운 왕으로 모셨다. 평왕은 이후 주 왕실을 만만히 보고 호시탐탐 수도를 노리는 견융(犬戎) 등 유목 민족을 피해 호경(鎬京)에서 낙양(洛陽)으로 도읍을 옮기니, 제후들이 존왕양이(尊王攘夷)하던 주 왕실의 권위는 이미 땅에 떨어진 뒤였다. 학자들은 이때부터를 동주(東周) 시대로 부르고, 그 이전 시대를 서주(西周) 시대라 부른다.

본격적인 춘추 시대와 전국 시대는 동주(東周) 이후부터 시작된다고 볼 수 있다. 주나라 초기 1천여 국이나 되던 제후들의 나라는 120여 개국으로 줄어들고 점차 이합집산을 거듭해 동주(東周) 시대에 이르면 제(齊), 노(魯), 정(鄭), 송(宋), 조(曹), 진(晉), 초(楚), 진(陳), 채(蔡), 연(燕), 위(衛), 진(秦) 등 10여 개국으로 줄어든다. 그중 유력한 강대국을 춘추(春秋) 오패(五霸)라 했는데, 제(齊)나라 환공(桓公), 진(晉)나라 문공(文公), 초(楚)나라 장왕(莊王), 오(吳)나라 부차(夫差), 월(越)나라 구천(句踐)이 그들이다. 어떤 학자들은 부차(夫差)와 구천(句踐) 대신 진(秦)나라 목공(穆公), 송(宋)나라 양공(襄公)을 꼽기도 한다.

참고로 말하면 평왕이 도읍을 옮긴 이후를 동주 시대라 하는데, 평왕이 도읍을 옮긴 기원전 770년부터, 진(晉)나라의 대부 위사, 조적, 한건이 합세하여 지백을 없애고 3등분해 각각 위(魏), 조(趙), 한(韓)의 제후가 된 기원전 403년까지의 368년간을 춘추(春秋) 시대라 한다. 춘추라는 이름은 이 시기를 다룬 공자의 책《춘추(春秋)》에서 유래한 것이다. 그 이후 진(秦)의 통일까지를 전국(戰國) 시대라 함은 모두가 아는 사실이며, 이 이름은 한(漢) 초기 유향(劉向)이 쓴《전국책(戰國策)》이라는 책의 이름에서 비롯되었다.

제 5 강

주나라 초기의 인물들

강태공(姜太公, BC 1128~1015년경)

주(周)나라 초기의 가장 중요한 인물은 대략 기원전 1156년(혹은 1211년)에 태어나 1017년(또는 1072년)에 사망했다는 여상(呂尙) 강태공(姜太公)이다. 워낙 오래된 기록이라 다 믿을 수는 없지만, 그는 130세가 넘도록 장수했다는 이야기가 전해지니 민간인들 사이에선 거의 신선으로 취급된 인물이었다. 염제신농(炎帝神農)의 후손이며 성(姓)은 강(姜), 씨(氏)는 여(呂), 이름은 상(尙), 자는 자아(子牙)이며, 호는 비웅(飛熊)이다. 주왕이 항시 꿈에서라도 바라던 인물이 비로소 나타났다 하여 흔히들 태공망(望)이라고도 불렸다.

도읍을 풍읍(豐邑)으로 옮긴 문왕(文王)이 사냥을 나갔다가 위수(渭水)에서 낚시를 하고 있는 여상(呂尙)을 보고 그의 범상치 않음을 알아차리고 "스승이 되어 달라" 청했다. 강태공은 "나라에 성인이 나타난다는 예언을 믿었던 바 오늘 드디어 나타나셨다"라고 서로 반기면서 인연이 시작되었다. 그는 일찍이 공부를 마치고 낚시를 하면서 때가 올 때를 기다린 정치적 전략가였다. 이후 춘추 전국 시대의 많은 학파가 그를 학문적 조상으로 삼아 그는 백가종사(百家宗師)로 불렸다. 문왕 사후 무왕(武王)을 도와 은나라를 물리치고 주나라가 천하의 천자국이 되는 데 일등 공신이 되었다. 무왕은 분봉(分封) 과정에서 지금의 산동성에 있던 제(齊)나라의 제후로 봉했으니 최고의 영예였다.

알려진 바에 의하면 그는 동이족 출신으로 동해의 바닷가 몰락한 집안에서 태어나 일찍이 마(馬)씨 집에 데릴사위로 갔으나 농사일은 거들떠보지도 않았다. 그는 독서에만 힘쓰다 처가에서 쫓겨나 수많은 직업을 전전하며 많은 경험을 하고 다양한 친구들을 사귀었는데, 그것이 그를 성장시킨 밑거름이 되었다. 문왕이 주왕(紂王)에 의해 유리(羑里)의 성에 투옥되어 전전긍긍하자 그가 투기소호(投其所好), 즉 그가 좋아하는 것을 던져주자고 제안해 재물과 미녀를 바쳐 풀려났다. 그 뒤 다시 무왕에게 멸상책(滅商策)을 제안하고 시행해 성공시켰다.

그가 성공한 뒤 옛날 아내가 찾아와 용서를 빌었으나 물 한 바가지를 바닥에 쏟은 후 다시 담아 보라고 하며 거절했다. 이 고사는 복수난수(覆水難收), 즉 한 번 저지른 실수는 만회하기 어렵다는 의미로 사용한다.

우리나라에서는 흥선 대원군이 스스로를 국태공이라 자처했다. 보통은 스무 살에 공부를 마치고 여든 살이 될 때까지(達八十) 60년 동안 때를 기다린 낚시꾼의 대명사로 널리 입에 오르내린다.

강태공(姜太公)의 강(姜)은 원래 씨족 이름인 강(羌)족에서 온 말로 나중에 성씨 강(姜)이 되었다. 강(姜)은 보통 '굳세다'로 해석된다. 그것은 강족(羌族)이 원래 가졌던 용맹스러움과 관계 깊다. 그들은 원래 티벳 쪽에 가까운 고지대에서 양을 키우던 유목민들이었다. 그러다가 이들의 영역으로 뻗어나온 상(商)나라에 점령 당해 부족 대부분이 포로가 된 뒤 상(商)나라로 잡혀와 노예가 되거나 순장의 대상이 되었다. 기록에서는 강태공이 문왕을 낚시터에서 만난 것으로 우화화되어 있지만 사실 강태공을 비롯한 강족들은 상나라에 망한 원한을 풀고자 주(周)나라의 봉기(蜂起)에 적극적으로 동참한 것으로 추정된다. 주나라를 이용해 자신들의 원한을 풀고자 하는 욕망이 강태공이라는 개인적 인격체에 투사된 것으로 짐작된다. 나중에 강태공에게 분봉된 제(齊)나라의 여인들인 강녀(姜女)들이 유목민답게 활달한 북녀(北女)의 기질을 이어받아 상당한 수준으로 개방적이고 적극적으로 활약하는데, 이것은 북방 민족 특유의 여성적 진취성과 관계가 있는 것으로 해석될 수 있다. 제갈량의 사랑을 받았던 강유(姜維)도 그쪽에서 귀순한 사람이었다. 지금도 우리나라에서는 강(姜)씨는 안(安)씨 등과 함께 '고집이 세다'는 속설이 있는데, 이것 또한 북방 민족에 대한 남방민들의 배타적 태도와 상관 있어 보인다.

기록에는 강태공이 동해 사람이라 되어 있으나 그의 뿌리는 바다와는 다소 거리가 먼 내륙의 유목민 출신으로 보는 것이 타당해 보인다. 강태공의 본관은 천수 강씨(天水姜氏)이다. 천수(天水)는 필자도 방문한 적이 있는데, 시안에서 출발하는 둔황발 기차가 난주(蘭州)에 가기 전에 멈추어 서는 도시 중의 하나로, 이곳은 옛날 실크로드 중의 하나가 출발하는 곳이었다. 필자는 천수의 내륙에 있는 맥적산(麥積山)의 석굴 불상들을 보러 갔다. 이곳이 바로 고대에는 강족(羌族)의 영역이었고, 강태공의 출신지라는 것을 알 수 있었다. 강태공이 제(齊)땅에 봉해진 뒤 진시황의 통일 때까지 그의 자손들이 대대로 제나라를 이끌어왔으며, 이 시기에 중국의 강(姜), 고(高), 노(盧), 여(呂), 구(丘,邱), 정(丁), 최(崔), 시(柴), 허(許), 사(謝), 하(賀), 경(慶), 장(章), 제(齊), 신(申), 악(岳), 기(紀), 상(尙), 두(斗), 강(强)씨 등 총 102개의 수많은 성씨가 강태공의 자손으로부터 갈라져 나갔다. 매년 9월 12일 산동성에서 열리는 강태공 제사 때에는 강태공의 후손과 강씨에서 분파된 성씨가 대거 참례를 온다고 한다. 현재 강태공의 후손은 갈라져 나간 성씨 외에 한국의 진주 강씨와 중국의 천수 강씨가 있다. 한국에 있는 강태공(姜太公)의 후손 8개 성씨로는 진주 강씨(姜氏), 노씨(盧氏/교하 노씨 등), 구씨(丘氏/평해 구씨), 여씨(呂氏/함양 여씨 및 성산 여씨), 최씨(崔氏/충주 최씨 및 전주 최씨 대다수), 정씨(丁氏/압해 정씨 및 나주 정씨), 시씨(柴氏/태인 시씨), 장씨(章氏/거창 장씨) 등이 있다.

맥적산 동굴 불상과 강태공상

사실 여부는 알 수 없지만 강태공은 주역(周易)의 확립자이며, 그가 저술했다는 육도삼략(六韜三略)이 현재에도 전해져 오고 있다. 육도삼략은 중국 고대 병서의 최고봉인 무경칠서(武經七書) 중의 두 번째를 차지한다. 후대인 손무의 《손자병법》도 강태공의 육도삼략에 기초해 만들어진 것이다. 후일 대륙을 정복한 청나라 황실에서조차 강태공을 무성왕(武成王)으로 칭하여 천하 통일을 이룬 군주로 인정했다.

육도삼략은 《육도(六韜)》와 《삼략(三略)》을 아울러 이르는 말이다. 《육도》의 도(韜)는 화살을 넣는 주머니, 싸는 것, 수장(收藏)하는 것을 말하며, 변하여 깊이 감추고 나타내지 않는다는 뜻에서 병법의 비결을 의미한다. 문도(文韜) 등은 6권 60편으로 이루어져 있다. 또 《한서(漢書) 예문지(藝文志)》에 '주사육도(周史六弢)'라는 책 이름이 있어 이것을 《육도》와 동일시하는 설도 있으나 지금까지 연구된 바로는 위진 남북조 시대에 이루어진 것으로 보는 견해가 가장 유력하다. 무경칠서 중에서 다른 병서들은 전법(戰法)·병기·지형(地形) 등 군사 부문에 국한하고 있으나 《육도》는 치세(治世)의 대도(大道)

에서부터 인간과 조직에 미치고, 정전(政戰)과 인륜을 논한 데 특색이 있다. 《삼략(三略)》의 략(略)은 기략(機略)을 뜻하며 상략(上略)·중략·하략의 3편으로 이루어졌다. 무경칠서 중 가장 간결한 병서로 사상적으로는 노자(老子)의 영향이 강하나 유가(儒家)·법가(法家)의 설도 다분히 섞여 있다. 이것도 태공망의 저서라는 설과, 한(漢)나라 개국 공신 장량(張良)이 황석공(黃石公)에게서 전수받았다는 설도 있으나 학자들은 후한에서 수(隋)나라 무렵에 성립된 것으로 추정하고 있다.

육도삼략(六韜三略)이란 무엇인가?

육도는 문도(文韜), 무도(武韜), 용도(龍韜), 호도(虎韜), 표도(豹韜), 견도(犬韜)이며, 삼략은 상략(上略), 중략(中略), 하략(下略)으로 나눈다. 육도의 전반부 3편(문도, 무도, 용도)은 정치와 용병에 대한 문답을 실었고, 후반부 3편은 구체적인 전쟁 전략 전술을 실었다. 삼략은 정치와 병법의 요점이 비교적 짧은 문장으로 수록되어 있다.

중국 병법서의 대표인 육도삼략과 《손자》, 《오자》의 핵심은 전쟁에서 이기는 방법을 서술하고 있다. 전쟁에서 이기기 위해서는 다양한 전략 전술도 필요하지만, 우선적으로 국가가 안정되고 백성들이 호응해 줘야 전략 전술이 먹히고 전쟁에 승리할 수 있다. 따라서 모든 병법서는 대부분 정치 문제를 다루고 있으며, 육도삼략 역시 예외는 아니다.

강태공은 정치의 요체는 '백성을 아끼고 사랑하는 일'이라고 단언하며 구체적인 방법 네 가지를 제시했다. 첫째, 백성에게 해가 되는 일은 하지 않는다. 둘째, 형벌을 간단하게 한다. 셋째, 세금을 가볍게 한다. 넷째, 낭비를 줄인다. 이런 시책하에 "백성이 헐벗고 굶주린 모습을 보면 가슴 아파하고 상이나 벌을 내릴 때는 마치 자기 일처럼 생각한다"는 것이다.

강태공은 그러나 백성의 입장만 배려한다고 나라를 잘 다스릴 수 있는 것은 아니므로 지도자가 갖추어야 할 조건 여섯 가지를 들었다.

천하를 포용할 수 있는 도량을 갖춘다, 백성의 전폭적인 신뢰를 얻을 수 있을 정도의 신의를 지킨다, 백성에게 조건 없는 애정을 베풀어야 한다, 모든 백성에게 은혜를 두루 베풀어야 한다, 나라를 하나로 단결시킬 강한 권력을 갖추어야 한다, 과감하게 정책을 실행하는 강한 신념이 있어야 한다는 것이다.

강태공은 백성을 사랑하는 배려의 마음도 중요하지만, 나라를 잘 다스리기 위해서는 강력한 신념과 권력의 힘을 강조했다. 즉 엄격함과 관용을 적절하게 활용하면서 신상필벌의 원칙을 중시했다. 이런 점을 보면 마키아벨리가 《군주론》을 쓰기 천 년 전에 이미 중국판 군주론이 존재했다는 것을 알 수 있다. 중국인들이 그때까지 지향했던 '하늘의 뜻을 받드는 권력'은 일종의 쇼에 불과하게 되었다. 정치는 냉정한 현실 속에서 어떻게 백성들을 다루어 나가야 권력을 영속시키고 타국과의 전쟁에서 승리하느냐 하는 수학적 계산식, 혹은 방정식이 된 것이다. 그것은 당연히 오늘의 정치와 지독하게 닮아 있기도 하다.

강태공은 지도자의 그릇된 행동 세 가지를 들었다. 첫째, 선을 보고도 실행하지 않는 것, 즉 좋은 의견이라고 생각하면서도 게으름을 피우며 좀처럼 실행에 옮기지 않는 것이며, 둘째, 모처럼 기회가 찾아와도 우물쭈물하다가 결국 좋은 기회를 놓친 것을 지적했다. 셋째로는, 잘못을 알고도 고치지 않는 것이라고 했다.

강태공은 군주의 자격도 중요하지만, 제일 중요한 것은 훌륭한 인재를 가려 뽑아 그들로 하여금 정치를 해나가도록 하는 것이라고 했다. 요즘 말로 바꾸면 "인사(人事)가 만사(萬事)"라는 말이다. 그래서 인재를 채용하는 안목이 보다 중요하다고 강조했다. 그러면 인재를 모으는 가장 좋은 정책은 무엇인가. 《삼략》에서는 그 비법을 한마디로 "인재를 대할 때는 예를 갖추고 후하게 대우를 해줘야 한다"라고 강조했다. 그런 인재를 고르는 방법으로 《육도》는 <팔징법(八徵法)>이란 이름으로 구체적인 인재 판별 방법을 제시했다. 요즘도 크게 달라지지 않은 듯해 소개해 본다.

첫째, 질문을 하고 어느 정도 이해했는지 살핀다.

둘째, 갑자기 몰아세워 순간적인 반응을 살핀다.

셋째, 첩자를 보내 유인하고 그 성실성을 살핀다.

넷째, 비밀을 털어놓고 인물 됨됨이를 살핀다.

다섯째, 재정을 맡겨 정직함을 살핀다.
여섯째, 여자를 접근시켜 강직함을 살핀다.
일곱째, 힘든 일을 주고 용기가 있는지 살핀다.
여덟째, 술을 먹여 술버릇을 살핀다.

아울러 육도에서는 등용하지 말아야 할 사람 유형 일곱 가지를 다음과 같이 제시했다.
첫째, 지혜와 계책 없이 허풍만 떠는 사람
둘째, 평판과는 다르게 실력이 없고 변덕이 죽 끓듯 하며 이기적인 사람
셋째, 욕심이 없는 것처럼 보이지만 실제로는 명예와 재물욕이 강한 사람
넷째, 교양을 과시하고 자기는 아무것도 하지 않으면서 남을 비판하는 사람
다섯째, 확고한 견식이 없고 주위 상황에 맞춰 눈에 보이는 이익만 추구하는 사람
여섯째, 취미나 향락에 빠져 직무를 소홀히 하는 사람
일곱째, 사이비 종교에 빠진 사람 등이다.

다음은 전쟁을 대비한 병법에 대한 내용이다. 모든 중국 병법서의 핵심은 '싸우지 않고 이긴다'라는 한마디다. 즉, 싸움을 잘하는 사람은 적이 태세를 갖추기 전에 먼저 치고, 난관을 잘 극복하는 사람은 모든 위험을 미연에 방지한다. 싸움에서 이기는 최선의 방법은 싸우기 전에 이기는 것이고, 그보다 더 뛰어난 전법은 싸우지 않는 것이라고 육도에도 언급되었다. 그러나 어쩔 수 없이 싸워야 할 때 육도에서는 승산이 있다고 판단되면 즉각 싸움을 벌이고, 승산이 없다고 판단되면 싸움을 피해야 한다고 했다. 싸우지 않고 이기는 방법에 대해 육도삼략에서는 열두 가지 방법을 제시한다.
첫째, 상대를 거스르는 행동을 삼가고 환심을 산다.
둘째, 상대가 신임하는 사람에게 접근해 두 사람이 대립하게 만든다.
셋째, 상대측의 사람을 매수해 자기편으로 만든다.
넷째, 상대를 향락에 빠트린다.

다섯째, 상대와 충실한 부하 사이를 이간질한다.

여섯째, 상대의 유능한 부하를 회유해 자기편으로 끌어들인다.

일곱째, 상대를 경제적인 어려움에 빠뜨린다.

여덟째, 우선 뇌물을 보내 교섭을 요청하고 상대에게 유리하게 교섭을 이끌어간다.

아홉째, 상대의 비위를 맞춰 부추긴다. 우쭐한 마음은 정치를 등한시하게 된다.

열 번째, 상대의 의사에 따라 행동해 완전히 신뢰하게 만든 후 일을 도모한다.

열한 번째, 상대를 고립시킨다. 높은 직위와 재물을 원하고 실패를 두려워하는 부하들의 심리를 이용해 분열을 조장하면 조직은 붕괴된다.

열두 번째, 모든 방법을 동원해 상대를 현혹시킨다. 부하와 이간질하거나 술이나 여색에 빠지게 하거나 명견이나 애마 및 사냥에 몰두하게 한다.

강태공은 "이와 같은 열두 가지 방법을 다 사용해 본 후에 비로소 무력을 사용하라, 즉 적절한 때를 노려 적이 무너질 조짐이 보이면 공격해야 한다는 뜻이며, 이기기 위해서는 인정사정 볼 것 없이 준비해야 한다"라고 주장했다.

아무리 훌륭한 병법이 있다고 하더라도 결국 전쟁은 현장에서 지휘하는 장수의 몫이다. 강태공은 장수의 기본 조건 세 가지를 들었다.

첫째, 예를 갖출 것, 둘째, 몸을 아끼지 않을 것, 셋째, 욕망을 절제할 것이며, 이와 더불어 훌륭한 장수가 되기 위해서는 용(勇), 지(智), 인(仁), 신(信), 충(忠) 등 다섯 가지를 추가로 들었다.

절대 피해야 할 장수의 타입은 열 가지로 구체화했다.

용(勇)이 지나쳐 죽음을 가볍게 여기는 사람, 성격이 급하고 침착성을 잃는 사람, 재물에 욕심을 부리는 사람, 인정이 너무 많아 다른 사람이 싫어하는 일을 못 하는 사람, 지혜로우나 마음이 약한 사람, 거짓을 말하지 못하고 융통성 없이 남을 잘 믿는 사람, 지나치게 청렴결백해 남을 아낄 줄 모르는 사람, 지혜로우나 결단력이 없는 사람, 자신감이 부족해 직접 나서지 못하고 남에게 떠넘기는 사람은 장수감이 아니라고 단언했다.

이렇듯 육도삼략의 내용은 근본적으로 나라의 핵심인 정치를 어떻게 할 것인가로 출발해 인재는 어떻게 초빙하고 골라야 하는지, 만약의 전쟁에 대해서는 어떤 마음으로 대하고 준비해야 하는지, 중요한 장수는 어떤 사람이어야 하는지에 대해서 말하고 있다. 비록 3천 년 전 단순한 농경 사회와 오늘날 복잡한 이해관계가 충돌하는 현대 사회와 비교할 수는 없지만, 《육도삼략》에서 논하는 국가를 살리고 유지하는 정치의 요체, 지도자의 마음가짐, 인재 등용 방법, 치열한 외교 전술 방법 등은 상황에 맞게 적용해 볼 수 있는 혜안을 담고 있다고 볼 수 있다.

백이와 숙제

백이와 숙제는 원래 고죽국(孤竹國)의 왕자였다. 고죽국의 왕인 아버지가 셋째 아들인 숙제(叔齊, BC 1100~1046년경)를 재목으로 보고 태자로 삼았으나, 막상 아버지가 죽자 숙제는 장남인 백이(伯夷, BC 110~1046년경)가 서열상 당연히 왕이 되어야 한다고 고사했다. 백이는 백이대로 부친의 뜻을 거스를 수 없다고 끝까지 사양하여 결국은 둘 다 나라를 떠나고 둘째가 왕위를 이어받았다. 나라를 떠나 방황하던 그들은 주(周)나라의 서백(西伯)이 어질다는 말을 듣고 찾아갔다. 그러나 그때 마침 문왕이 죽고 무왕이 선왕의 위패(位牌)를 모시고 은(殷)나라 정벌에 나서는 상황이었다. 그들은 무왕의 말 고삐를 잡고 적극 만류했다. 그들은 "아버지 상중(喪中)에 전쟁은 안 된다. 신하가 임금을 치는 것은 반역이다. 칼로 일어선 자는 칼로 망하기 마련이다"라고 만류해 무왕의 측근 병사들에게 죽임을 당할 처지가 되었으나 여상 강태공의 배려로 목숨은 건졌다. 주(周)나라가 천하를 통일한 뒤 그 곡식은 먹지 않겠다며 수양산(首陽山)에 들어가 채미(採薇), 즉 고사리만 꺾어 먹다 굶어 죽었다. 그러나 그 후 《사기》 열전의 첫머리에 기록되고 충신(忠臣),

은사(隱士)의 상징이 되어 동양 문화에 깊은 각인을 남겼다. 사마천의 마음을 한번 들여다본다면 그에게 가장 중요한 것은 아마도 '인간으로서의 예의'였을 것이다. 당시 누구나 정통으로 생각하고 주종(主宗)으로 생각했던 주 무왕에게 거슬리는 짓을 했던 이 두 형제를 맨 앞에 배치한 뜻은, 도탄(塗炭)에 빠진 백성을 건져낸다는 정치 공학적인 권력적 사고보다는 개인개인의 인의(仁義)를 가지고 살아가는 사회가 더 아름답고 가치 있다는 역사 편찬자의 보이지 않는 의도가 담겨 있다고 볼 수 있다.

주공 단(旦)

주공(周公, BC 1100~1035년경)은 원래 무왕(武王) 희발(姬發)의 15명 동생 중 한 명으로 노(魯)의 제후에 봉해졌으나 다른 형제들과는 달리 임지에 가지 않고 서울에서 무왕을 도와 정치를 했다. 한편 무왕의 다른 동생 숙선(叔鮮)은 관(菅)의 제후로, 숙도(叔度)는 채(蔡)의 제후로 봉해져 망한 은(殷)의 땅을 다스리는 녹보(祿父)를 감시하도록 명 받았으나 무왕이 건국 3년 만에 죽자 다른 동생 곽숙(霍叔)까지 끌어들여 반란을 일으켰다. 이를 '삼감(三監)의 난'이라 한다. 주공은 어린 성왕(成王)을 도와 섭정하며 반란을 진압하고 수괴들을 처형하거나 유배 보냈다. 또한 주왕(紂王)의 다른 형제 미자(微子) 계(啓)를 송(宋)에 봉하고 은의 유민들을 분산 이동시키도록 했다. 그는 7년 동안 섭정(攝政)하며 각종 법제를 제정 정비하고 예악(禮樂)을 제정하는 등 주(周)나라의 기틀을 다졌다. 즉 성강지치(成康之治)의 기본, 나아가 부자(父子) 관계를 통치술과 접목한, 위는 자애로 다스리고 아래는 충성으로 모시는 충효(忠孝)라는 중국식 예법의 기본 골격을 마련했다.

주공이 중앙 정치에 바쁘다 보니 아들 백금(伯禽)이 노(魯)나라 땅에 봉해지게 되었다. 아들이 떠나는 자리에서 주공은 아들에게 백성들을 아끼고 잘 다스리라는 당부를 하면서 다음과 같은 말을 해 주었다.

"나는 문왕(文王)의 아들이고, 무왕의 동생이며, 성왕의 숙부로 천하에서도 결코 비천하지 않은 사람이다. 하지만 나는 머리를 감을 때마다 여러 번 머리를 거머쥐고, 밥을 먹을 때마다 여러 차례 음식을 뱉으면서 선비들을 맞았다. 천하의 현명한 사람들을 놓칠까 두려워했기 때문이다. 너는 노나라 땅에 가면 삼가 다른 사람들에게 교만하지 말아야 한다."(周公戒伯禽曰, 我文王之子, 武王之弟, 成王之叔父, 我於天下亦不賤矣. 然我一沐三握髮, 一飯三吐哺, 起以待士, 猶恐失天下之賢人. 子之魯, 愼勿以國驕人.)

약 500년이 지난 춘추 시대의 인물로 유학을 정립한 공자(孔子)는 노의 수도였던 곡부 출신이었다. 그는 주공 단을 이상적인 성인으로 꿈에서도 그를 보고 싶어할 정도로 경모했다. 《논어》 〈술이〉 편을 보면 "오랫동안 꿈에서 주공을 뵙지 못했다(吾不復夢見周公)"라고 말하며 "나도 이제 늙어버렸나보다"라고 탄식했다. 이렇듯 주공은 노(魯)나라 공자와 노자(老子)에 의해 성인으로 추앙받으며 유가(儒家)의 조상이 되었다. 결국 유가란 현실을 주공 단 시절의 '예의가 살아 있던 시대'로 되살리자는 운동이었다.

낭만왕 목왕과 서왕모

소왕(昭王)은 영역을 넓히려 서북방 원정에 나섰다가 강에서 죽고 그의 아들 목왕(穆王)이 팔준(八駿)이란 명마들이 끄는 수레를 타고 옥(玉)의 주산지인 곤륜산(崑崙山) 호탄까지 나아갔다. 중국 최초의 소설 <목천자전>에 의하면 그는 곤륜산 정상의 요지(瑤池)라는 이상향에 살며 사람의 생사를 다루는 서왕모(西王母)라는 미모의 여신과 만나 그녀의 궁궐 요지(瑤池)에서 운우지정(雲雨之情)을 나누고 귀국한다.

중국 신화에 의하면 서왕모는 죽음을 관장했기에 죽음을 극복할 수 있는 영생(永生)과 불사(不死)의 여신으로 차차 여겨지게 된다. 서왕모는 반도원(蟠桃園)이라는 복숭아나무밭을 관리했는데, 이곳의 복숭아는 3천 년 만에 꽃이 피고 다시 3천 년 만에 열매를 맺으며, 한 개라도 먹으면 1만 8천 년까지 살 수 있었다고 한다. 이 불사의 복숭아는 선도(仙桃)라 불리며, 영원한 삶을 상징하는 신비로운 과일로 무수히 회자되었다. 훗날 한 무제(漢武帝)는 불사의 약을 얻기 위해 서왕모에게 갖은 치성을 드렸다. 서왕모는 한 무제의 정성에 감복해 칠월 칠석 날 용이 끄는 수레를 타고 지상으로 내려온다. 감격한 한 무제가 떨리는 음성으로 머리를 조아린 채 불사의 복숭아를 청했다. 마침내 서왕모는 한 무제에게 선도(仙桃)를 내렸다. 그런데 그 순간 한 무제 옆에 서 있는 신하를 보고 서왕모는 깜짝 놀라 외쳤다.

"아니, 너는 동방삭(東方朔)이 아니더냐? 네가 반도원에서 귀한 복숭아를 훔쳐가더니 여기에 숨어 있었구나."

원래 동방삭은 시간의 흐름을 맡은 별의 정령이었는데, 인간 세상에 신분을 속이고 내려와 기이한 꾀와 재담으로 한 무제의 사랑을 받았다. 동방삭은 서왕모의 반도원에 가서 복숭아를 몇 번이나 훔쳐 먹은 탓에 오래오래 살았는데, 육십갑자를 삼천 번이나 살았다 하여 삼천갑자(三千甲子) 동방삭이라고 불렸다.

그 후 이 이야기는 한무제가 칠석날 구름다리를 타고 온 서왕모로부터 요지(瑤池)에서만 자란다는 불사(不死)의 복숭아, 반도(蟠桃)를 얻어먹은 이야기, 그걸 훔쳐 먹은 동방삭의 삼천갑자 이야기, 견우와 직녀 이야기, 손오공이 천도(天桃)를 훔쳐먹고 수렴동에 갇혔다 나와 삼장법사의 구법 여행에 동반한 서유기(西遊記) 등의 다양한 이야기로 진화하여 풍성한 스토리텔링의 보고(寶庫)가 된다.

공화 정치

덕치(德治)를 하며 잘 나가던 주나라는 10대 왕인 려왕(厲王) 시절이 되어 공포 정치가 펼쳐지기 시작했다. 려왕(厲王)은 언로(言路)를 막아 바른말 하는 신하들을 처벌하고 감언이설을 하는 간신(奸臣)들만 중용했다. 특히 재정을 맡은 영이공이란 자는 엄청난 수탈로 백성들을 곤궁하게 했다. 참다못한 백성들은 반란을 일으켜 려왕을 체(彘) 땅으로 쫓아내고 제후 중 덕망 있는 자를 뽑아 왕을 대신하도록 했다. 이 기간을 공화(共和) 시대라 불렀으니 이 시대는 려왕(厲王)이 망명지에서 죽고 그 아들 선왕(宣王)이 즉위하면서 끝났다. 현재 서양의 플라톤이 만든 Republic을 번역한 용어 공화(共和)가 여기서 유래하며, "대한민국은 민주공화국이다"라는 헌법 1조 1항도 이 말에 근거한다.

유왕과 포사

서주(西周)의 몰락은 언제나 그렇듯 유왕과 경국지색(傾國之色)의 미인 포사(褒姒)로부터 시작된다. 《사기》에 의하면 "하(夏)의 마지막 왕 걸왕(桀王) 때 용 두 마리가 궁궐에 나타나 거품을 흘려 왕은 그 거품을 황금 그릇에 고이 보관했는데, 후에 주(周) 려왕(厲王)이 그 침을 쏟은 바, 그 침이 검은 도마뱀이 되어 어린 궁녀의 치마 속으로 들어가 40년 만에 태어났으니 그가 포사이다"라고 기록되어 있다. 궁녀는 불길하고 겁이 나서 막 태어난 그 딸을 강가에 버렸다. 그때 마침 길을 가던 사대(姒大)란 이름의 남자가 그 광경을 보고 여자아이를 구해 고향 포국(褒國)에 데리고 가서 키웠다. 포사(褒姒)란 이름은 거기서 유래했다.

그 후 유왕(幽王)이 정사를 멀리하자 포(褒)국의 대부였던 포향이란 신하가 "어진 신하를 멀리하고 간신을 가까이하면 사직을 보존할 수 없다"고 직언했다가 감옥에 갇히게 된다. 포향의 아들 포홍덕이 세금을 거두기 위해 사대(姒大)가 사는 마을에 갔다가 우물에서 물을 긷고 있는 포사를 보게 되었다. 차림새는 남루했지만 타고난 미색은 감출 수가 없어 눈에 띄었다. 그 순간 포홍덕은 저 여인을 사서 미색을 좋아하는 유왕에게 바치면 3년 동안 갇혀 있는 아비 포향을 구할 수 있겠다는 생각에 포사를 비단 3백 필에 샀다. 집으로 데리고 온 포사를 목욕시키고 비단옷을 입힌 뒤 궁중 예절을 가르쳐 호경(鎬京)으로 데리고 갔다. 그리고 유왕의 측근인 괵공(虢公)에게 뇌물을 준 후 유왕을 배알하고 포사를 바쳐 아버지의 석방과 복직을 이루었다.

포사(褒姒)를 한 번 만난 유왕은 그 품에서 헤어나지 못해 조회도 거르고 정사(政事)도 뒷전이었다. 새 여자에 빠져 헤매는 왕이 안타까워 왕비 신후(申后)가 꾸짖자 왕은 오히려 신후를 탓했다. 이에 신후가 아들인 태자에게 하소연했다. 태자 의구(宜臼)는 신후의 궁녀와 포사의 궁녀가 다투는 현장을 보자 포사의 머리채를 잡아채며 욕설을 했다. 유왕은 포사를 감싸며 태자를 외가인 신(申)나라로 쫓아 버렸다. 포사에 완전히 마음을 빼앗긴 유왕은 그녀가 웃지 않자 그녀를 웃게 하기 위해 갖은 수단을 쓴다. 이미 앞에서도 말했듯 유왕이 비단옷을 찢어 포사의 웃음을 샀다는 천금매소(千金買笑), 그리고 거짓 봉화를 올려 포사를 웃게 했다는 이야기가 전한다.

유왕 재위 11년, 쫓겨난 왕후의 친정아버지인 신후(申侯)는 복수를 하고자 당시 서쪽 지방에서 유목 생활을 하며 떠돌던 서융(西戎)의 도움으로 군사를 일으켜 주나라를 공격했다. 다급해진 유왕은 봉화를 올려서 주변 제후들의 도움을 요청했으나 제후들은 포사를 웃게 하기 위한 거짓 봉화에 속지 않는다며 아예 출정하지 않았다. 공격한 지 10일 만에 주나라 궁궐은 함락되고 도망치던 유왕은 아들 백복과 함께 견융(犬戎)족에 붙잡혀 죽임을 당했으며, 포사는 견융 족장이 첩으로 삼았다. 유왕을 제거한 신후(申侯)는 자신의 외손자인 의구(宜臼)를 왕으로 세우니 그가 바로 평왕(平王)이다. 훗날 신후(申侯) 일족과 견융(犬戎)이 갈등해 견융족이 공격당했는데, 포사는 그 와중에 목을 매어 자살했다. 기원전 770년 평왕은 도성을 호경에서 낙양(洛陽)으로 천도하는데, 천도 전의 호경 시대를 서주(西周)라 하고, 낙양 천도 이후를 동주(東周) 시대로 부르게 되었다. 동주는 다시 춘추 시대와 전국 시대로 나뉜다.

제 6 강

동주 시대와 춘추 오패의 등장

춘추 오패

주(周)나라 13대 평왕(平王)이 낙양으로 도읍을 옮긴 이후를 우리는 동주(東周) 시대 혹은 춘추 전국 시대라 칭한다. 중국 초기의 1천여 개가 넘었던 촌락 국가들은 도시 국가를 거쳐 영토를 가진 국가로 변해 주나라 왕의 체제에 편입되어 제후로 봉해졌다. 주요 제후국은 노(魯), 송(宋), 연(燕), 오(吳), 월(越), 위(衛), 정(鄭), 제(齊), 조(曹), 진(晉), 진(陳) ,진(秦), 채(蔡), 초(楚) 등 14개국 정도였다. 그중 작위(爵位)를 보면 공작(公爵)으로 봉해진 국가는 송(宋)이 유일했고, 후작(侯爵)은 제(齊), 노(魯), 진(晉), 위(衛), 채(蔡), 진(陳), 고죽(孤竹)국, 백작(伯爵)은 정(鄭), 연(燕), 조(曹), 진(秦), 자작(子爵)은 한수 아래로 보았던 남쪽 나라들인 초(楚), 오(吳), 월(越), 남작(男爵)은 허(許)나라 정도였다. 그런 나라들 아래 명맥을 유지하는 작은 국가로 기록에 남아 있는 나라는 강(江), 거(莒), 경(耿), 계(薊), 고(郜), 고죽(孤竹), 곡(穀), 공(共), 곽(藿), 관(管), 교(絞), 권(權), 균(麇), 극(極), 기(紀) 기(杞), 나(羅), 내(萊), 노(潞), 뇌(賴), 담(譚), 담(郯), 당(唐), 대(戴), 도(道), 돈(頓), 동(彤), 동괵(東虢), 두(杜), 등(縢), 등(鄧), 모

(毛), 모(茅), 무종(無終), 밀(蜜), 백(栢), 백(伯), 범(凡), 사(祀), 상(向), 서(徐), 서(舒), 서괵(西虢), 서구(舒鳩), 선(單), 설(薛), 섭(攝), 성(郕), 성(盛), 소(蘇), 소(蕭), 소(巢), 소(召), 소괵(小虢), 소주(小邾), 수(遂), 수(隨), 수구(須句), 숙(宿), 순(荀), 숭(崇), 식(息), 신(申), 신(辛), 심(沈), 악(鄂), 약(鄀), 양(梁), 여(黎), 여(厲), 여(呂), 염(冉), 영(英), 영(榮), 영지(令支), 예(芮), 옹(雍), 용(鄘), 우(虞), 우(邘), 운(隕), 원(原), 위(魏), 요(寥), 용(庸), 유(劉), 육(六), 응(應), 이(貳), 임(任), 장(蔣), 전유(顓臾), 제(諸), 조(胙), 종(宗), 종리(鍾離), 종오(鍾吾), 주(邾), 주(州), 주(周), 중산(中山), 증(曾), 증(鄫), 진(軫), 초(焦), 촉(蜀), 축(祝), 파(巴), 패(邶), 풍(酆), 필(畢), 핍(偪), 핍양(偪陽), 한(韓), 활(滑), 허(許), 현(弦), 형(邢), 호(胡), 회(鄶), 황(黃) 등 122개 국가였다. 이들 이외에도 기타 이민족들이 있었는데, 그들의 이름은 갑, 강융, 군만, 노적, 모융, 백적, 북융, 산융, 수만, 여융, 유우, 윤융, 장적, 적적, 탁진 등으로 불렸다. 그러나 시간이 흐르면서 제후국의 숫자는 점차 줄어들게 되고 그중 다섯 명 정도의 제후들이 주나라 왕에 버금가는 권력을 행사하게 되는데, 세상에선 그들을 춘추 오패라고 불렀다. 시기적으로는 기원전 771년 낙양 천도부터 기원전 453년 진(晉)나라의 삼분(三分)까지이다.

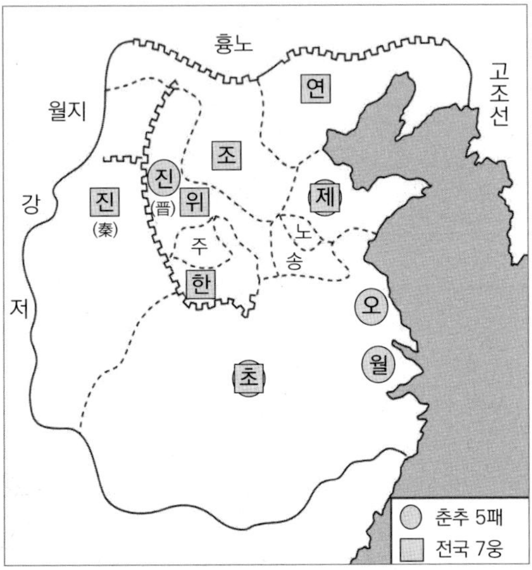

춘추 전국 시대

기원전 771년, 신후와 견융족 연합군에게 수도인 호경(종주)이 약탈된 후 주나라 천자인 평왕(平王)은 진(晉) 문후, 정(鄭)나라의 태자 굴돌, 진(秦) 양공, 위(衛) 무공의 도움을 받아 낙양으로 천도한다. 이민족에게 수도가 약탈당했을 뿐만 아니라 수도를 지킬 힘이 없어 동쪽으로 천도함으로써 주나라 천자의 권위가 실추되었다. 게다가 주나라는 본거지를 잃음으로써 전처럼 육사(六師)를 유지한 여력도 없어졌기에 전처럼 제후들을 상대로 군사적 우위를 가질 수도 없었다. 이로 인해 춘추 시대 동안 주나라는 제(齊)나라와 진(晉)나라 같은 강한 제후국의 도움을 받아서 겨우 연명하게 된다.

이런 주(周)나라에 최초로 반기를 들고나온 것은 당대 최고의 요충지에 자리 잡고 있던 정(鄭)나라였다. 정나라의 시조는 주 선왕의 동생인 정백 우(鄭伯 友), 즉 정 환공이다. 주 유왕(幽王) 당시 정치가 혼란하자 정 환공은 자신의 나라를 옮기기로 결심하고 주나라 태사의 조언을 따라 괵(虢)과 회(鄶) 사이의 땅으로 옮기기로 한다. 왕에게 허락을 받고 나라를 옮기니 그곳이 신정(新鄭)이다. 기원전 771년, 주나라의 사도 직책을 맡고 있던 정 환공은 견융의 침입 때 주 유왕을 지키다 죽고 태자인 굴돌이 뒤를 이으니 그가 정 무공이다. 정 무공은 동괵과 회(鄶)를 멋대로 합병한다.

기원전 743년, 정 무공이 죽고 장남 오생(寤生)이 뒤를 이으니 그가 정 장공이다. 무공과 장공은 주나라의 경사(京士)를 맡았는데, 정나라의 세력이 커지는 것을 견제한 주 평왕은 기원전 720년, 정 장공의 업무를 괵공과 나누어 맡도록 하려 했다. 이 소식을 들은 장공이 왕을 원망하자 평왕은 그런 일 없다면서 정나라와 인질을 교환했다. 본래 천자와 제후가 인질을 교환하는 것은 있을 수 없는 일로 주나라의 권위가 얼마나 떨어졌는지 보여주는 사건 중 하나이다.

같은 해 평왕이 죽고 태자는 이미 죽었기에 평왕의 장손이 뒤를 이어 즉위하니 그가 주 환왕이다. 환왕은 즉위하고 난 뒤 괵공에게 정사를 맡기려 했다. 이에 정 장공은 주나라 왕실 땅의 곡식을 무단으로 빼앗아감으로써 보복했다. 기원전 717년, 정 장공이 입조하나 추수한 곡식을 약탈한 것에 분노한 환왕은 그를 예로써 맞이하지 않았고, 이에 장공은 분노하여 돌아갔다. 주나라와 정나라의 갈등이 갈수록 고조되자 환왕은 마침내 정 장공의 경사 직분을 빼앗았고, 장공은 더 이상 천자에게 조근(朝覲)을 가지 않았다. 결국 기원전 707년 가을, 왕이 직접 제후를 거느리고 정나라 정벌에 나서 수갈에서 맞붙었지만 대패하고 말았다. 심지어 환왕은 전투 중 어깨에 화살을 맞았을 정도로 치욕스러운 패배였다. 이 전투로 주나라가 이빨 빠진 호랑이라는 것이 만천하에 드러났다.

천자와의 대립 말고도 정 장공은 제, 노, 송, 위 등 중원 국가들의 일에 개입하며 훗날 소패(小霸)로 불릴 정도로 강력한 힘을 자랑했다. 그러나 기원전 701년, 춘추 초기를 주름잡은 간웅 정 장공이 사망하고 정나라의 전성기는 끝나게 되었다. 장공 사후 기원전 701년부터 기원전 680년까지 장공의 네 아들이 군주의 자리를 다투는 혼란기가 지속되었고, 기원전 680년, 정 여공이 공자 영을 죽이고 복위에 성공하면서 마침내 분쟁이 마무리되지만, 이미 제(齊)와 초(楚)의 국력은 정나라보다 훨씬 강력한 상황이었다. 정나라의 위치는, 강성할 때는 사방으로 치고 나가기 좋았지만, 약할 때는 사방의 강국들로부터 침략을 받는 위치였다. 약소국으로 전락한 정나라는 춘추 시대 내내 진(晉)과 초(楚)의 전쟁터가 되었다. 그래서 진이 침략하면 진에 붙고 초가 보복하러 오면 초에 붙는 박쥐 같은 행보를 이어나갔다.

그러나 이미 정나라에 약세를 보이고 위신이 꺾인 주나라는 형식상의 상국(上國)으로 남게 되었고, 전국의 패권은 그때그때 부국강병에 성공한 나라들에 의해 요리되었다. 그중 최초의 패자는 제(齊)나라였다. 제 환공이 제후국들을 소집해 주나라에 대한 일종의 충성 맹세 의식을 집행한 회맹(會盟)을 처음 주도했기 때문이다. 중국에서는 제후들 간에 맺어지는 회합이나 맹약을 회맹(會盟)이라 하며, 회맹의 맹주가 된 자를 후백(侯伯) 혹은 패자라고 한다. 이들 패자는 모두 존왕양이(尊王攘夷)를 내세웠는데, 이는 패자들이 당대 최고의 실력자이긴 했지만 춘추 시대가 주 왕실을 쓰러뜨려 천하를 잡으려고 하기보다는 '존왕(尊王)'의 기치를 내걸고 주나라 왕을 정신적인 지주로 인정하던 시대임을 보여준다. 공자가 지은 최초의 역사책《춘추(春秋)》에서 언급한 시기가 바로 이 시기에 해당된다.

최초의 패자 제 환공(桓公, BC 685~643)

제(齊)나라는 서주 시대부터 존재하던 제후국으로, 지금의 산둥반도 일대를 중심으로 존재했던 춘추 오패 국가 중 하나였다. 크게 춘추 시대의 강제(姜齊)와 전국 시대의 전제(田齊)로 나뉜다. 작위는 후작이었다. 수도는 임치로, 현재의 산동성 쯔보시이다. 부침이 있기는 했지만, 춘추 전국 시대를 통틀어서 꾸준히 강국이었고, 물산이 풍부했던 만큼 제나라는 문화와 사상면에서 매우 발전했던 나라였다. 지리적 위치도 무척 좋아 비옥한 황하의 하류 지역, 낭야·즉묵 등의 농업 지대, 태산이라는 천혜의 방어선 등 강국의 조건을 갖추고 있었다. 특히 바다와 접한 면이 많다 보니 소금의 주요 생산지로서도 경제적 부를 누렸다.

춘추 전국 시대는 숱한 인재들이 넘쳐났던 시대였는데, 특히 제나라는 유명한 병법가들을 많이 배출한 나라였다. 일단 손자병법으로 유명한 손무와 손빈이 제나라 출신이고, 사마법으로 알려진 사마양저도 제나라 사람이다. 전국 시대로 가면 충신의 대명사인 왕촉과 화우지계의 주인공인 전단이 있다. 이 나라에서 배출된 명재상들이 두 명 있는데, 바로 관중과 안영이다. 이런 의미에서 보면 과연 강태공의 정기가 서려 있는 나라답다고 볼 수 있다. 전국 시대에는 수도 임치에 직하(稷下) 학당(學堂)을 세워서 많은 사상가를 모아 자유롭게 사상을 펼치도록 후원했다. 그 가운데 맹자가 유명하며, 맹자와 논쟁을 나눴던 사상가들도 제나라에 근거를 두었다. 전반기인 강제(姜齊) 시대는 북방 사람 특유의 변태스러운 치정 사건에 관계된 왕족이 많았던 것이 특징이다. 특히 근친상간과 불륜으로 얼룩진 막장 드라마 같은 에피소드가 많았다. 제 환공이 관중을 통해 다스리던 시기에는 기강이 많이 잡혔지만, 관중 역시 900명의 기생을 모아 공창제를 실시했을 정도였다. 이 때문에 강태공의 제나라는, 주나라의 전통을 이어 도덕과 예교주의가 발달한 노나라와는 달리 태공망의 기풍을 이어 실리주의적 성향이 강한 강건한 국가였으나 도덕적으로는 부족했다고 평가되기도 한다.

제나라는 연(燕)나라와 함께 고조선과 직접적인 연관이 있는 나라였다. 육지로 맞닿아 있지는 않지만, 고조선과 비교적 가까운 거리에 있었기에 무역이 활발히 이루어졌고, 덕택에 유물도 출토되곤 했다. 요동반도와 산동반도 간의 거리는 100킬로미터밖에 안 되며, 그 100킬로미터 중에 60킬로미터 정도는 꽤 큰 섬, 작은 섬들이 20여 개 여기저기 흩어져 있어서 더욱 가깝다.

맥(貊), 번(番), 불여, 부여, 부리, 벌 등 맥족과 연관 짓는 설이 있다. 제나라가 발(發)과 조선(朝鮮)에서 물품을 수입한 기록이 있으나 그 규모가 어느 정도였는지는 확실치 않다. 무역이 이루어진 만큼 정치적인 관계도 가졌을 수도 있지만, 분서갱유로 인한 제나라 사서의 소실로 인해서 어떻게 이루어져 있는지에 대한 기록은 거의 남아 있지 않다. 그래도 여러 사서를 보면 진나라와 초한 쟁패기 시절에 제나라 출신 주민들이 고조선으로 많이 이주하기는 한 듯하다.

제(齊)나라 초기에는 잠시 혼란기가 있었다. 기원전 863년 기(紀)나라 제후가 주나라 이왕에게 제(齊) 애공(哀公)이 반란을 꾸민다는 거짓 보고를 하자 이왕(夷王)은 확인도 하지 않고 애공을 주나라로 끌고 갔다. 애공은 여러 제후가 보는 앞에서 산 채로 끓는 가마솥에 넣어 죽임을 당하는 팽형을 선고받고 끔찍하게 살해당했다. 이왕은 애공의 이복동생 호공을 세웠지만, 호공은 애공의 동생 헌공에게 살해당하고 호공의 일족은 모두 국외로 추방되었다. 헌공이 죽자 그의 아들 무공이 이었다가 무공이 죽자 그의 아들 여공이 뒤를 이었다. 하지만 여공은 포악해서 민심을 잃었고, 이 틈을 타 추방당했던 호공의 아들이 일족, 백성들과 함께 여공을 쳐서 그를 죽이는 데 성공했다. 하지만 본인도 전사하는 바람에 군주가 되지 못했고 백성들은 여공의 아들 문공을 세움으로써 혼란을 잠재웠다. 그리고 성공, 장공을 지나 희공(僖公)이 즉위했다. 나라는 강대해졌지만 원수 기나라를 멸하기 위해 송, 위, 연 연합군과 싸웠으나 노, 정이 기나라를 도와주면서 대패하고 분사했다.

희공이 죽고 나서 제나라는 다시 내분에 휩싸였다. 희공의 아들 양공(襄

公) 제아(諸兒)는 아버지가 죽게 된 원인인 원수 기나라를 멸망시키긴 했으나 이복 여동생 문강과 사통했고, 불만을 품고 있던 사촌 동생 무지의 특권을 빼앗았다. 문강과의 사통이 드러나자 공자 팽생을 시켜 노 환공을 때려죽였으나 연칭, 관지보의 난으로 피살되었다. 공손 무지(無知)는 희공의 조카이자 희공의 동생 이중년의 아들, 양공의 사촌 동생으로 연칭, 관지보에 의해 옹립되었으나 대부 옹음에게 연칭, 관지보와 함께 피살되었다.

13대 희공(僖公)에게는 아들 셋이 있었는데, 세자 제아(諸兒)와 규(糾), 소백(小白)이 그들이다. 누이동생 문강(文姜)은 이복 오빠와 사통(私通)한 바 노(魯) 환공(桓公)에게 시집간 뒤에도 제(齊)의 왕이 된 제아 양공(襄公)과 사련(邪戀)을 이어갔다. 형의 공포 정치를 두려워한 공자 규(糾)는 노(魯)나라로, 소백은 거(莒)나라로 망명했다. 그러는 동안 음란무도하던 양공은 사촌인 공손 무지에게 암살되고 무지도 암살되어 왕위가 비게 되었다. 망명 중인 두 형제는 각각 귀국길에 올랐다. 노(魯)의 후원을 등에 업은 규(糾)는 관중(管仲)의 보필을 받았는데, 관중이 길목에 잠복하고 있다가 활을 쏘아 소백을 쓰러뜨렸다. 그리고 보무 당당하게 대열을 이뤄 제(齊)에 돌아왔는데, 아뿔싸 죽은 줄 알았던 소백이 이미 왕위를 차지하고 있었다. 관중의 화살이 다행히 허리띠에 맞았으나 죽은 체하라는 포숙(鮑叔)의 충고대로 규(糾)를 안심시키고 먼저 귀국해 왕위에 올랐으니 그가 바로 15대 환공(桓公)이다.

제 환공은, 자신을 호위해 온 노(魯)나라 군사들과 합세하여 공격해 온 규(糾)를 죽였으나 포숙아의 건의에 따라 자기를 죽이려 했던 노나라 제상 관중을 오히려 승상으로 임명해 나라의 정사를 맡겼다. 관포지교(管鮑之交)의 말이 바로 여기서 유래되었다. 관중은 훌륭히 나라를 이끌어 민생을 안정시키고 부국강병을 이룩했다.

이 지역은 바다를 끼고 있어 해산물이 풍부했으며 소금을 생산하던 국가였는데, 당시에 소금은 없어서는 안 될 것이었기에 제나라의 세력은 나날이 강성해졌다. 이후 환공은 주나라 왕의 명을 받아 전국 제후들의 회의를 한다는 통지를 보내었다. 노(魯), 송(宋), 위(衛), 조(曹), 주(邾), 진(陳), 채(蔡) 등 일곱 개 나라 제후가 부름에 응했으니 이것이 최초의 회맹(會盟)이고, 이를 실현한 자를 패자(霸者)라 부르게 되었다. 회맹(會盟)은 먼저 소의 귀를 잘라 그 피로 맹서의 글을 쓰고 참석한 제후들이 그 피를 마시면서 존왕양이(尊王攘夷)의 내용으로 된 맹서의 글을 낭독하고 선서하는 형식으로 진행되었다. 낭독한 회맹의 내용은 불효자는 죽이고, 현인(賢人)을 섬기며, 노인을 공경하고, 제후를 분봉(分封)할 때는 반드시 주 왕실에 보고하라는 것이었다. 맹서는 두 통을 작성해 하나는 희생(犧牲)과 함께 땅에 묻고, 다른 한 통은 패자(霸者)가 보관하여 약속 이행을 지켜보는 근거로 삼았다. 제 환공은 이후 북방 적(狄)에게 멸망한 위(魏)나라를 재건하고 노(魯)나라에서는 내란으로 쫓겨난 제후를 다시 복권시켰다. 원래 이런 일은 주나라 천자가 해야 하는 일이었으나 주 왕실이 약해졌기 때문에 패자인 제 환공이 그 역할을 대신한 것이다.

제(齊)는 기원전 645년, 관중이 죽고 이어 포숙도 죽으면서 정사가 흐트러졌다. 역아, 수초 등 간신들이 들끓었고 후손들은 왕위 싸움에 몰두하느라 제 환공의 시신이 67일 동안이나 방치되었다. 일단 환공의 아들 무궤가 뒤를 이었다가 송(宋)의 지원으로 효공이 뒤를 이었다. 효공이 죽자 그의 아들을 죽이고 효공의 아우 소공이 뒤를 이었다. 그러다가 소공이 죽자 그의 아들 사를 죽이고 소공의 아우 의공이 즉위했다. 의공은 포악한 정치를 하다가 병원과 염직에게 살해되었다. 의공은 환공이 살아 있을 때 땅 문제로 싸운 병촉과 다투었는데, 당시 재상 관중은 병촉의 편을 들어주었다. 이처럼 원한을 가지고 있었던 의공은 병촉의 무덤을 파헤쳐 그의 발을 잘라버렸고 염직의 아내가 아름답다는 소문에 그의 아내를 빼어버렸다. 병촉의 아들 병원과 염직은 의공의 측근이었다. 둘은 신지라는 연못에서 목욕을 하다가 '아버지 다리 짤린 놈', '마누라 뺏긴 놈'이라고 서로 떠들어대다가 뜻을 맞춰 잠자는 의공을 쳐 죽이고 그 시체를 대나무 숲에 감췄다. 이에 의공의 형, 혜공이 뒤를 이었다. 비록 환공 사후 내분으로 패자 자리는 잃었으나 제나라는 경제력과 국력이 상당한 나라였다.

혜공의 아들 경공(頃公)은 정치를 잘해서 나라가 안정되었으나 아들 영공을 이은 손자 장공은 최저와 경봉에게 시해당했다. 원래 최저는 장공을 세운 공로가 있었지만, 경봉과 짜고 장공을 시해했다. 장공이 최저의 첩과 간통했기 때문이다. 최저는 그의 아우 저구를 군주로 세우니 그가 경공(景公)이다. 하지만 권력을 독차지하고 싶었던 경봉의 계략에 의해 최저와 그 아들들은 분란이 생겨 결국 아들들은 모두 죽고 최저와 그의 첩은 자살했다. 경봉 역시 곧 그의 부하들에게 배신당해 망명다니다가 오나라로 갔다가 초나라에 사로잡히고 일족과 함께 죽임을 당했다. 경봉의 살아남은 일족들은 여기저기 흩어졌는데, 나중에 시황제를 암살하려 했던 형가가 이 경봉의 후손이다. 경공(景公) 때가 환공 이후 가장 강성한 시기였다. 안영을 재상으로 중용해 제2의 전성기를 누렸다.

사마천은 《사기》의 〈관안열전〉에서 제나라 명재상 안영을 이렇게 묘사했다.

"재상이 된 뒤에도 밥상에는 고기반찬을 두 가지 이상 놓지 못하게 했으며 아내가 비단옷을 입지 못하게 했다."

그의 언행을 기록한 《안자춘추》에는 안영이 얼마나 지독한 청백리인지 보여주는 몇 가지 일화가 나온다.

그의 집은 가난한 사람들이 모여 사는 시장통에 있었다. 어느 날 제나라 군주인 경공이 그의 집을 방문했다. 경공은 그에게 집이 낡고 좁은 데다 동네도 지저분하니 부촌으로 이사하라고 했다. 하지만 안영은 손사래를 쳤다.

"이곳은 선대부터 살던 곳입니다. 저잣거리에 있어 아침저녁으로 얻고 싶은 것을 바로 구할 수 있으니 제게는 편리한 곳입니다."

경공은 안영이 사신으로 외국에 나간 사이에 집을 크게 지어 주었다. 하지만 안영은 신축된 집을 원래대로 복구했다. 저택에 살면서 이웃 서민들과 가까이 지낼 수 없다는 게 이유였다. 안영은 군주가 땅과 재물을 줄 때마다 이런 말로 사양했다.

"욕심을 다 채우면 망할 날이 며칠 남지 않게 됩니다. 재물은 베나 비단

폭 같은 것으로, 이를 잘라 옷으로 만들 때 그 제한폭을 넘어 더 많이 쓴다고 해서 좋은 것이 아닌 것과 같습니다."

그는 나이가 들어 공직을 떠날 때도 다 낡은 수레 하나까지 모두 반납했다. 이런 안영에 대해 사마천은 "그를 위해 채찍을 드는 마부가 되어도 좋을 만큼 흠모한다"고 상찬했다.

그런데 젊어서 즉위해 늙을 때까지 약 50여 년을 즉위한 경공은 노망 때문인지 장성한 아들 대신 어린 아들인 안유자 도를 세우는 어리석은 짓을 하게 된다. 이때부터 규성 전(田)씨가 세력이 강해져 실권을 쥐게 되는데, 전씨의 시조는 진(陳)나라 여공의 아들 완이었다. 완은 태어날 때 그의 후손이 다른 나라의 군주가 될 것이라는 예언을 받았다. 완은 여공이 죽고 내란을 피해 제나라 환공 때 망명했는데, 대부 벼슬을 거절하고 대신 공정이 되어 진씨에서 전씨가 되었다. 수공품이 뛰어나고 자원이 많았던 제나라의 특성상 직위는 낮았지만 경제력을 쥐고 있던 공정은 굉장한 실용직이었다. 완의 후손들은 대대로 세습하며 도자기, 물고기, 나무, 쌀 등의 이권과 경제력을 바탕으로 점점 강성해졌다. 이후 완의 후손이자 전씨의 가주(家主)였던 전상(田常)은 백성들을 위한 정치를 하며 신뢰를 얻었다. 백성들에게 쌀을 빌려줄 때는 제나라 공실보다 많이 빌려줬으나 받을 때는 제나라 공실보다 적게 받았으며 물고기, 나무 역시 마찬가지였다. 전상은 이를 통해 민심을 얻었다.

경공의 어린 아들 안유자 도가 즉위하자 그는 위기를 느껴 망명한 도의 형 양생을 꾀었다. 전상이 도를 죽이고 양생을 옹립하니 그가 도공이다. 전상은 도공을 세우고 권력이 막강해지는데, 도공이 사이가 나쁜 포목(포숙아의 현손)에게 시해되자 그의 아들 임을 세우니 그가 간공이다. 간공은 감지를 좌상, 전상을 우상으로 삼았다. 전상은 감지와 대립하다가 그를 죽였다. 이에 위기를 느낀 간공은 도망치다가 서주에서 생포되어 피살되었다.

전상은 그의 아우 오를 옹립했으니 그가 평공이다. 전상은 단독 재상이 되어 "덕을 베푸는 것은 군주(평공)께서 하시고 벌을 내리는 것은 제가 하겠습니다."라고 말했다고 한다. 이렇게 실권을 완전히 손에 쥔 전상은 자신의 일족들을 제나라의 주요 지역에 봉했으며, 제나라의 유력 씨족이었던 감씨, 고씨, 국씨, 안씨, 포씨 등을 모두 주살하거나 몰아내어 세력을 굳혔다. 평공이 죽자 그의 아들 적을 세우니 그가 선공인데, 선공의 긴 51년 재위 기간 동안 전상 – 전반 – 전백 – 전화가 대를 이어 선공의 재상직을 세습했다. 선공이 죽자 전상의 고손자 전화는 선공의 아들 대를 옹립하니 그가 강공이다. 강공은 아예 자포자기했는지 술과 여자에만 빠져 살았다. 전화는 강공을 몰아내고 해상에 있던 섬을 식읍으로 주어 제사만 지내게 하고 주나라 위열왕으로부터 정식으로 제후로 인정받으니 그가 태공 전화이다. 7년 후 강공이 죽고 전씨로 나라가 넘어갔다.

전국 시대로 넘어오면서 태공 전화의 손자 위왕 때는 왕이라고 칭했다. 그의 아들 선왕 때는 손빈 등을 등용하여 점점 강성해졌고, 민왕 때는 진(秦)나라 다음가는 강대국이 되었다. 민왕은 한때 왕보다 높은 칭호인 제(帝)를 사용하는 등 위세를 부렸으나 자주 괴롭히던 연나라를 필두로 해서 진나라, 조나라, 위나라, 한나라가 연합한 합종군에 버티지 못했다. 수도 임치가 떨어지고 70여 성이 6개월 만에 모두 넘어가 결국 남은 성이 거, 즉묵 두 개밖에 남지 않았다. 민왕은 임치에서 탈출한 후 추(鄒), 위(衛) 등 여러 약소국을 전전했는데, 그 꼴에도 자기가 왕이라면서 거드름을 피우다가 모두 거절당하거나 쫓겨났다. 결국 민왕은 남아 있던 성 두 개 중 하나였던 거성으로 달아나 초나라에게 구원을 청했다. 이에 초나라 고열왕은 장수 요치(淖齒)에게 군대를 주어 구원하게 하고 상황에 따라 잘 대처하라고 말했다. 요치의 초나라 군대 덕분에 간신히 거성의 함락은 막았지만 제나라 민왕은 여기서 초대형 악수를 둔다. 요치를 재상으로 봉하고 모든 권력을 넘겨버린 것이다. 실권을 장악한 요치는 곧바로 민왕을 죽여버린다. 이 일을 두고 범수 열전에서 범수는 요치가 민왕의 힘줄을 뽑은 후 그 힘줄로 대들보에 목을 매달아 죽여버렸다고 말했는데, 이것은 제나라 세가나 당시 인물 기록에는 없는 것으로 보아 그저 소문으로 추정된다.

이처럼 최악의 상황이었던 제나라였지만 민왕의 비참한 죽음과 멸망 직전의 나라를 보고 분노한 백성들의 저항으로 요치는 죽임을 당하고 초나라 군대는 쫓겨났다. 그 뒤 거성의 백성들은 태사(太史) 교(嬓)의 집에 정원사로 위장한 채 숨어 있던 민왕의 세자 법장을 찾아내 즉위시키니 그가 양왕이다.

한편 또 다른 성이었던 즉묵에서는 왕족 전단이 나서서 이간책을 써서 악의를 몰아냈다. 소꼬리에 불을 붙여 돌진시키는 화우지계를 써서 악의 대신 연나라 대장으로 있던 기겁을 죽이고 연나라 군대를 격파했다. 이에 연나라에 점령당한 제나라 백성들은 들고일어났고, 연나라 군대는 전단과 제나라 군대에 추격당해 국경 밖으로 쫓겨났다. 이로써 제나라는 70여 성을 모두 수복했다. 하지만 제나라는 국력을 너무 소모해 예전의 영광을 다시 찾지는 못했고 양왕의 아들대였던 제왕 건 시대에 결국 진(秦)에 의해 멸망하는데, 그때가 기원전 221년이다.

육국 중 나머지 국가들은 모두 멸망한 상태였다. 그나마 마지막까지 저항했던 다른 나라들과는 달리 제나라는 싸움 한 번 안 하고 나라를 갖다 바쳤다. 이는 이사 등이 제나라 왕 건과 그의 처남 후승에게 이간질하고 뇌물을 준 결과였다. 물론 후승은 제나라 멸망 후 곧바로 처형되었다. 이 어리석은 마지막 제왕 건은 항복하면 500리의 땅을 주고 조상 제사라도 시켜준다는 말에 혹해서 항복했으나 결국 속임수였다. 그는 진시황에 의해 북쪽 국경 부근의 산골 마을 공현에 있던 조그마한 집으로 유배당했다. 문제는 공현은 땅이 척박하다는 것이었다. 식량이 부족해지자 같이 끌려온 수백 명의 제나라 왕족들은 굶어 죽었다. 왕족 아이들은 밥을 달라며 울고 아들은 행방불명되자 그는 충격을 이기지 못하고 병을 얻어 비참하게 굶어 죽었다.

제나라는 전국 시대에 학문적으로는 중요한 역할을 했다. 당시 중원의 명문 학교였던 직하학궁(稷下學宮)이 제나라에 있었기 때문이다. 기원전 387년 대부 출신인 전(田)씨가 스스로 왕이 되어 그 이전을 강제(姜齊), 이후를 전제(田齊)라고 불렀다. 그들은 왕위 찬탈이라는 도덕적 비판으로부터 벗어나기 위해 대중을 위한 문화 정치를 모색하는데, 그것이 바로 왕립 학술원격인 직하학궁(稷下學宮)이다. 순자(荀子)를 총책임자로 임명했고 초빙된 학자들은 신분을 보장하며 열린 학습 공간에서 자유로운 사상을 펼치도록 했다. 그런 여건하에서 맹자(孟子)와 그의 역성(易姓) 혁명(革命)의 사상도 잉태될 수 있었었다. 전국 시대의 걸출한 학자들과 정치인들이 이곳에서 배출되었으며 명저들이 저술되기도 했다. 나중에 이들 중 '이사(李斯)' 등 대다수가 진(秦)으로 건너가 천하 통일의 중추적 역할을 했다.

진(晉) 문공(文公, BC 636~627)

진(晉)의 시조는 당숙 우(唐叔 虞)이다. 주 성왕이 아주 어릴 적에 소꿉놀이를 하면서 동생 희우에게 흙과 풀로 작위를 내린 것을 사관(史官)이 보고 기록해 놓아 장성한 후에 빼도 박도 못 하고 영지를 수여했다는 기록이 있다. 서주 시대의 기록은 많이 흩어졌으나 유물에 남은 명문들을 분석해 보면, 서주 중후기 주 왕실의 힘이 점차 쇠해 가고 노나라, 제나라 등 서주 초기의 주요 제후들이 이탈하는 경향을 보일 적에도 진나라는 주나라 편에 서서 긴밀한 관계를 유지하고 있었다.

그러던 중 진 목후가 죽자 원래는 아들 후자 구가 뒤를 이어야 했지만, 그의 숙부 상숙이 찬탈해 버렸다. 하지만 4년 후에 구가 상숙을 몰아내고 후작에 올랐다. 즉 진 문후는 자리를 찾게 된다. 진 문후는 서주가 망하고 동주가 들어서는 혼란기에 주 평왕을 도와 왕실을 다시 세우는 데 큰 공을 세워 진나라의 이름을 크게 떨쳤다.

진 문후가 죽은 후 진나라는 본격적인 내홍을 겪고 만다. 진 문후의 뒤를 이은 아들 진 소후는 진 문후의 동생인 숙부 성사를 곡옥(曲沃)에 봉해 환숙이라고 일컬었다. 이때의 진나라는 수도를 익(翼) 땅에 두었으므로 익나라라고 하기도 하는데, 점점 익보다 환숙 성사(桓叔 成師)의 곡옥이 강성해졌다. 이렇게 진나라는 익과 곡옥으로 결국 분열되었다. 환숙과 장백은 여러 번 익나라를 쳐 군주를 죽이기도 하고 익에 입성하려고 했지만 익나라 백성들의 반항과 주나라의 정벌로 번번이 실패했다. 그러다 환숙의 손자이자 장백의 아들인 칭, 즉 무공 때까지 오게 되었다. 곡옥이 훨씬 강성함에도 불구하고 그동안 익을 접수 못 한 원인은 주나라의 견제와 백성들의 저항이라고 생각하고 철저히 준비하여 익(翼)을 공격했다. 결국 익을 점령하고 익에 있었던 진(晉)나라의 보물을 모두 주 희왕(=이왕)에게 뇌물로 바쳐 정식으로 진나라 군주로 인증받았다. 결국 분가가 본가를 몰아냄으로써 혼란은 종식되었다.

춘추 오패 중 한 명인 진 문공(文公) 중이의 할아버지인 진 무공(武公)은 내전을 마무리 짓고 춘추 시대의 초강대국으로 성장할 기반을 닦았다. 진(晉)나라는 중원 국가에 속한 나라로 실력을 갖춘 강국이었다. 그래서 제 환공이 죽고 패자 자리를 두고 경쟁할 때, 초(楚)나라는 실력은 갖추었지만 이민족의 변방 국가로 중원의 리더가 되기엔 부적절했다. 그러므로 제후들을 통제, 지배해야 할 필요가 있어 진 문공(晉文公)이 새로운 패자가 되었다.

진 문공의 이름은 희중이(姬重耳)였다. 그의 부친은 헌공(獻公)으로 첫 부인 제강(齊姜)에게서 태자 신생(申生)과 딸 목희를 얻었다. 목희는 나중에 진(秦) 목공(穆公)에게 시집간다. 이어 적(狄)나라 호(狐)씨 자매를 얻어 언니에게서 중이(重耳)를, 동생에게서 이오(夷吾)를 얻었다. 그 후 여(驪)를 공격해 여희(驪姬)를 빼앗고 아들 해제(奚齊)를 낳았으며, 여희의 동생에게서 아들 탁자(卓子)를 보았다. 진 헌공은 여희의 감언이설에 넘어가 태자 신생을 죽이고, 해제를 태자로 삼고 남은 아들도 죽이려 했다. 그래서 중이(重耳)는 적(翟)나라로, 이오(夷吾)는 양(梁)나라로 망명했다. 43세의 중이는 호언, 조쇠, 개자추 등의 측근들과 함께 적(翟)에서 살며 계외(季隈)를 부인으로 얻었고, 양(梁)으로 간 이오는 그곳 공주와 결혼해 아들 어(圉)를 얻었으니 어는 나중에 회공(懷公)이 된다. 그 사이 진(晉)에서는 내란이 일어났고 진(秦) 목공(穆公)에게 땅을 바치겠다는 약속을 한 후 후원을 받은 이오가 진(晉) 혜공(惠公)이 되었다. 그는 잠재적 경쟁자 중이를 암살하려 자객을 보내곤 했다. 중이는 다시 피난해 위(衛)나라에서 밥 대신 흙을 얻어먹는 등 갖은 고생 끝에 제(齊)로 망명해 환공(桓公)의 환대를 받았다. 제 환공은 제강(齊姜)을 중이에게 시집 보내었고, 중이는 그곳에서 평온하게 살게 되었다. 그런 사이 약속을 어긴 진(晉)은 진(秦)과 전쟁을 치렀고 제(齊)나라는 환공이 죽고 혼란에 휩싸였다.

무위도식하는 중이를 보다 못해 제강(齊姜)과 부하들은 술이 취한 중이를 수레에 싣고 제(齊)나라를 탈출해 조(曺), 송(宋), 정(鄭), 초(楚)에 이르렀다. 초의 성왕(成王)은 망명 공자 중이를 제후와 같은 격식에서 대접했지만, 희롱하는 마음에 "만약 당신이 나라에 돌아가 진의 군주가 되면 나에게 무엇을 답례해 줄 수 있소?"라고 물었다. 중이는 "만약 왕과 싸우는 일이 일어나면 군을 3사(捨는 군대가 도보로 하루에 행군하는 거리)를 물리겠습니다."라고 대답했다. 이것을 들은 성왕의 부하 자옥(子玉)은 망명 공자에 지나지 않는 주제에 초나라 왕에게 대하는 태도가 건방지다고 분노해 중이를 죽이려고 했다. 하지만 성왕은 "하늘이 일으키려고 하는 것이 어찌 제지당할까"라고 자옥을 멈추게 했다. 중이는 초(楚)를 거쳐 진(秦) 목공의 초대로 진(秦)에 이르렀다. 목공은 진(晉) 혜공(惠公)의 아들 회공(懷公) 어(圉)에게 시집갔다가 돌아온 딸 희영을 큰아버지뻘인 중이에게 시집보냈다. 화가 난 회공은 호언의 부친 호돌을 죽이는 등의 횡포를 부렸다. 진(秦) 병사들의 호위를 받으며 중이가 19년 만에 진(晉)에 도착하자 병사와 백성들은 성문을 열어 그를 반겼고, 회공은 도망치다 죽임을 당했다.

63세에 왕위에 올라 문공(文公)이 되자 흩어졌던 가족들이 모여들었다. 그러나 논공행상 과정에서 개자추(介子推)를 빠뜨려 한식(寒食)절이 있게 한 것은 유명한 사건이다. 마침 주(周)나라에서 변란이 일어나자 문공(文公)은 오랑캐를 쫓고 반란 수괴인 대(帶)를 사로잡아 주에 넘겼다. 그 후 자신을 우대했던 송(宋)이 공격당하자 위(衛), 조(曹), 정(鄭)나라를 정벌하고 제(齊), 진(秦)과 연합해 강대국 초(楚)를 물리쳤다. 전쟁이 끝난 BC 632년 진(晉) 문공(文公)은 천토(踐土)에서 제(齊), 송(宋), 노(魯), 채(蔡), 정(鄭), 위(衛), 거(莒)나라를 모아 회맹(會盟)하고 패자의 지위에 올랐다. 그는 신의 있는 인물로 많은 충신이 따랐으며, 초나라와의 전쟁에서도 환대의 보답인 3사(三捨) 퇴보를 지키며 승리했다. 재위 기간은 10년이었지만, 그의 업적들은 진(晉)이 이후 강국의 지위를 유지하게 만들었다.

진(秦) 목공(穆公, BC 659~621)

목공(穆公)의 이름은 영(嬴) 임호(任好)이다. 선공(宣公)의 아들로 형 성공(成公)을 이어 왕이 되었다. 진(秦)나라는 중원 문화권 밖에 존재한 오랑캐 국가였다. 진나라는 서쪽 변방의 이민족들을 복속시켜 규모가 점점 커졌지만, 문화적으로는 중원 문화권의 나라들보다 낙후돼 있었다. 분봉 제도도 적자 계승 제도도 정착되지 않아 자주 갈등을 일으켰다. 이렇게 진나라는 문화 수준에 더해서 국력 수준까지 패업을 잇기에는 부족했다. 하지만 이런 진나라를 중원의 제후국이 되게 한 탁월한 군주가 바로 진 목공이었다. 그는 진(晉)에 딸을 두 번 시집 보내는 등 왕위 쟁탈전에 관계하며 점차 영향력을 키워 나갔다. 또한 진나라에 나라를 발전시킬 인재가 부족하다고 생각해 재위 초부터 다른 나라에서 인재를 초빙하고자 했다. 유여(有餘)는 원래 진(晉)나라 사람인데 융(戎)으로 망명해 벼슬하고 있다가 진(秦)에 사신으로 왔다. 그를 탐낸 진 목공은 왕료를 시켜 유여 몫이라며 기녀 16명을 융왕(戎王)에게 보내 이간질을 한 후 유여를 잡아 두었다가 나중 융(戎)을 공격할 때 유여를 앞잡이로 세워 정복에 성공하기도 하는 등 수단 방법을 가리지 않고 인재를 긁어모았다. 또한 따라온 사신이었던 백리해(百里奚)를 등용해 능력을 펼칠 수 있도록 배려했다. 우나라 사람 백리해는 출신이 매우 빈천했다. 그래서 초 성왕(成王)에게 노비값인 양가죽 다섯 장을 주고 백리해를 차지했다. 백리해의 능력을 알아보지 못한 초 성왕이 그를 인계하자 목공은 재상으로 삼았고, 백리해는 자신의 친구인 건숙을 추천해 등용하게 했다. 그 후 백리해는 건숙(蹇叔), 비표(丕豹)와 함께 좌우 승상을 맡아 내정을 개혁하고 농업 생산력도 증가시켜 진(晉)나라도 원조해줄 수 있도록 만들었다. 진(晉) 문공(文公) 사후에는 진(晉)을 대파하고 패자가 되었으나, 그의 사후 가신(家臣) 177명이 순장(殉葬)되어 국력이 쇠퇴했다.

초 장왕(莊王, BC 614~591)

초(楚)나라는 주나라 제2대 성왕 때 전욱의 후손인 웅역이 자남(子男)의 작위와 영토를 하사받아 제후국이 되었다. 웅역에 이르러 주 성왕은 주나라 건국 시에 문왕과 무왕을 도운 공신들의 후손들을 찾아내어 논공행상을 했다. 이때 웅역의 증조부인 육웅이 세운 공로를 인정하여 웅역에게 자작의 작위를 수여하고 형만(荊蠻) 땅에 봉했다. 하지만 그 봉지는 남작에 준해서 주었다. 웅역은 초나라의 도읍을 단양으로 정했다.

초나라는 장강 유역의 국가로 화하(華夏)족이 아닌 묘(苗)족이 세운 나라였기 때문에 중원의 다른 국가들로부터 무시를 받았다. 하지만 국력은 중원의 열강들을 능가했고, 문화면에서는 초사(楚辭)와 같은 남방 문학을 남기는 등 국력과 문화 양면에서 결코 무시할 수 없는 국가였다. 춘추 시대에는 다른 제후들로부터 남만 오랑캐 취급을 받았지만, 전국 시대에 들어서 근거지를 강북에 두는 등 많이 동화된 모습을 보였다. 초는 또한 중원에 위치한 국가들로부터 '남방의 오랑캐'로 무시당했고, '형만(荊蠻, 형나라 야만인들)'이라 불렸다. 각종 사서의 기록에서도 이들을 멸시하는 의미로 '형(荊)나라', '형초(荊楚)' 등으로 쓰였다. 원래 중원으로부터 파생된 국가가 아니라 황하 유역을 중심으로 한 중화 문명이 전파됨에 따라 중화 문명권에 편입된 국가로 보인다. 하지만 실제로는 중원의 국가와는 다른 기원의 국가일 확률이 높다. 당시 장강 이남은 밀림으로 뒤덮인 이민족의 영역이었으며, 고고학적인 발굴로도 초기 초나라의 유적이나 유물을 보면 묘족의 나라임이 강하게 암시되고 있다. 애초에 '초(楚)'라는 글자에 숲을 뜻하는 '림(林)'이 들어가 있는 것도 당대 이 지역의 환경을 짐작하게 한다. 그래도 서주 시기에는 이미 주나라의 권위를 인정하고 제후국을 칭했기 때문에 화하족 흔적이 뚜렷하고, 주나라의 권위와 힘이 급격히 쇠퇴한 춘추 시대 초기에 묘족화됐다가 전국 시대 후기에 다시 화하족 성격이 짙어진다. 언어도 묘족 어휘를 많이 차용했지만, 그래도 상고 한어 계통이 유지된 것도 사실이라 어떻게 보면 중원과 강남 이남 이민족의 경계선에 위치한 나라라 할 수 있다.

초는 천하 통일을 달성한 진나라에 가려 그저 멸망당한 6국의 하나로 알려져 있지만 한족(漢族)이라는 정체성의 형성에 큰 기여를 했다. 원래 출발은 남방 이민족 국가로 추정되지만, 춘추 시대에 남진하는 주나라의 제후국들과 치고받으며 서서히 중원 문명에 동화되어 갔고, 전국 시대가 되면 그냥 중원 국가의 하나로 간주되었다. 최종적으로는 진나라에 멸망당했지만 이 진나라를 멸망시키는 반란을 일으킨 것은 모두 초나라 출신들(진승, 오광, 항우, 유방)임을 감안하면 한나라 때부터 형성되기 시작한 한족이라는 정체성에는 초나라의 기여도 상당하다는 것을 알 수 있다.

초나라는 영토 자체는 넓었으나 당시 장강 이남 지역은 이민족이 많았으며, 밀림과 코뿔소, 코끼리 등이 공존하던 미개척지였다. 제나라, 한(韓)나라 같은 국가들이 영토는 작았지만, 대부분이 농토로 개발되고 인구가 거주할 수 있는, 당시 중국 대륙의 노른자위 땅을 차지하고 있었던 것과 대비된다. 초나라는 진(陳), 영(郢), 오월을 포함한 넓은 영토를 보유하고 있었으나 이를 효과적으로 활용하지 못하고 몇몇 대도시 위주의 거점을 중심으로 구성되었다. 수백 년 후인 후한 말 삼국 시대 때 장강 동부의 오나라는 강남이 미개척지라 이민족과 싸우고 늪지를 메웠다는 기록이 있다. 강남이 본격적으로 개발된 건 삼국 시대의 혼란으로 중원의 인구가 남하하고, 삼국 중 하나인 손오가 본격적으로 이 지역들을 개발한 이후였다. 그 뒤 서진 말기 5호의 남하로 다시 대규모 인구가 이동하면서 강남 개발이 더욱 가속화되었으며, 본격적인 발전은 오대십국 시대부터 송나라 시기에 접어든 이후였다.

이렇듯 초나라는 인구 밀도가 너무 낮았던 것이 가장 큰 문제였다. 예를 들어 전국 칠웅 중 가장 작은 영토를 가졌던 한나라는 면적 자체만 놓고 보면 초나라에 훨씬 못 미쳤지만, 동원이 가능한 병력의 숫자에서 크게 밀리지 않았다. 물론 단점만 있었던 건 아니었고, 장점도 있었다. 장강 이남이 본격적으로 개발된 것은 육조 시대 이후라고 하지만 그전에도 사람은 꾸준히 살고 있었으며, 벼농사를 지어 쌀을 생산하기에 유리했다. 특히 장강 하류인 양주 일대는 비옥한 삼각지가 넓게 자리 잡고 있었다. 그리고 촘촘한 국경을 서로 맞대고 끊임없는 전란에 시달리던 중원의 다른 나라보다는 전란이 적어 좀 더 안정적으로 나라를 운영할 수 있었다. 실제로 인구 밀도는 매우 낮았지만, 병력 동원 숫자는 많았던 것을 보면 알 수 있다.

진왕 영정이 통일 전쟁을 치를 때도 초나라의 역량을 알 수 있다. 경험이 많은 노장 왕전은 초나라를 정벌하려면 60만 명의 대규모 병력이 있어야 한다고 주장했다. 하지만 이신과 몽염은 20만 명이면 충분하다고 하여 왕전의 의견은 무시되었고, 초나라의 명장 항연의 역공에 패하고 말았다. 결국 60만 명, 즉 사실상 진나라의 전 병력을 총동원하고 그마저도 장기 봉쇄 작전으로 초나라군의 오른 사기를 저하시킨 후 기습 작전을 벌인 뒤에야 겨우 멸망시킬 수 있었다. 즉, 군사적 역량으로 치자면 전국 시대 최강국이었던 진나라도 함부로 하기는 어려운 상대가 초나라였다는 것이다. 이런 면면을 살펴보면 초나라의 저력이 상당했음을 알 수 있다. 이런 힘을 바탕으로 독자적으로 주변 이민족들에 대한 정벌을 단행하기도 했다. 이 과정에서 촉 지역과 그 밑의 운남 지역이 중국의 문화권에 최초로 들어갔다. 특히 운남 지역의 경우, 정벌을 위해 쳐들어간 초나라의 병력과 장군 '장교(莊蹻)'가 진나라의 촉 지역 점령에 따라 돌아갈 길이 막히자 현지에서 자립해 전(滇)나라를 수립했다. 그리하여 사실상 운남 지역에서 최초로 국가를 세운 역사를 만들기도 했다. 전나라는 전한의 제7대 황제인 세종 무황제 유철의 치세 때까지 독립 왕국으로 존속했다.

초나라의 가장 큰 문제점은 역사가 오래되었음에도 현실에 맞지 않는 각종 구습들이 존재했고, 무엇보다 귀족의 힘이 너무 강성했다는 것이다. 강력한 중앙 집권을 원하지 않았던 귀족들이 거대한 사병 집단을 거느리고, 이를 기반으로 지역을 지배하는 등 왕국임에도 불구하고 효율적인 국가 운영을 방해했다. 오기(吳起)가 초나라의 웅씨 왕실 종친과 귀족들의 전횡을 뿌리 뽑고 가산을 압류해 군사비와 유민들의 정착비로 사용하자 단 몇 년 만에 초나라가 크게 일어나 중원 전체를 위협하는 강국으로 떠올랐다. 그러나 오기도 자신의 뒤를 봐주던 초 도왕이 승하하자 바로 귀족들의 견제로 살해당하고 말았다. 얼마 전까지만 해도 재상을 지내던 이가 왕에 의해서가 아니라 귀족들에게 살해당하는 것만 봐도 얼마나 귀족의 힘이 강했는지를 짐작할 수 있다. 또한 관직에서 내쫓기고 결국 죽음까지 맞이한 충신 굴원의 사례 역시 초나라 귀족들의 힘이 얼마나 막강했는지를 단편적으로 보여주고 있다.

초나라는 지리적으로, 문화적으로도 중원 민족과 가장 먼 나라였지만 사사건건 중원의 일에 개입하려 했다. 그러다 보니 중원의 제후들이 초나라를 상대해주지 않았다. 초나라 제후는 스스로를 왕으로 칭하며 주나라 왕과 동일해지고자 했다. 다른 패자들과 달리 주 왕실을 받들려고 하지 않으며 존왕양이와 상관이 없는 태도를 취했다. 그런 까닭에 초나라는 회맹(會盟)을 주도하지 않았다. 그들은 주나라와 관계없다고 생각하여 다른 제후국들이, 주 왕실이 봉한 대로 스스로를 공(公)·후(侯)·백(伯)이라 칭할 때 왕(王)이라 했다. 굳이 주(周) 왕의 권위에 의존하지 않아도 되었기 때문이다. 제 환공은 존왕양이하지 않고 칭왕(稱王)하는 초나라를 징벌하고자 했지만, 당시 패자였던 제 환공도 초나라를 막지 못하고 조약을 맺는 정도에 그쳤다. 초나라가 얼마나 크게 성장했는지 알 수 있는 부분이다. 이것은 장강 남쪽의 좋은 땅과 날씨에서 오는 풍요로운 농업 생산의 기반이 있었기 때문이다. 그리고 초는 송(宋)과의 전투에서는 일방적으로 승리했다. 기원전 632년 진(晉)을 중심으로 한 중원 연합군과의 전쟁인 성복(城濮) 전투에서는 패배했으나 별다른 타격을 입지 않았다. 그 후 진(晉)나라와 다시 전쟁해서 크게 승리해 초나라는 진(晉)나라 이후 패권의 주인이 되었다.

초나라에 패자의 지위를 가져온 인물은 초 장왕(莊王)이었다. 제22대 군주인 그는 기원전 613년에 왕위에 올라 기원전 591년에 사망했으며 이름은 려(侶)이다. 성왕의 손자이자 목왕의 아들이며 공왕의 아버지이다. 장왕(莊王)은 목왕(穆王)이 죽은 뒤 왕위에 올랐으나 당시 실세인 왕자 섭(燮)이 모반을 일으켜 죽을 고비를 여러 번 넘겼다. 왕자 섭은 일단 수도와 왕실을 완전하게 지배해 스스로 왕으로 자칭했다. 그러나 반대 세력의 확대로 신변의 위험을 느껴 장왕을 가두고 북방으로 도망쳤다. 왕자 섭은 진(晉)나라와 진(秦)나라, 초나라의 국경 가까이의 상밀(商密)이라는 곳에서 반격을 개시하려고 했으나 도중에 노(盧)라는 마을에서 살해당했다.

장왕은 풀려나 수도로 돌아와 왕위에 올랐다. 그 이후 그는 3년 동안 밤낮으로 놀기만 하다 나랏일은 돌보지 않고 감히 자신에게 간언하는 자는 모두 죽이겠다고 공언했다. 모두 겁을 먹은 동안 오거와 소종만이 충언을 했다.

어느 날 장왕은 왼쪽에 정나라 여자를, 오른쪽에는 월나라 여자를 껴안고는 음악을 듣고 있었다. 오거가 말하길 "수수께끼를 하나 올립니다. 언덕 위에 새 한 마리가 있는데, 삼 년 동안 날지도 울지도 못합니다. 이 새는 무슨 새입니까?(有鳥在於阜, 三年不蜚不鳴, 是何鳥也?)" 했다. 그러자 장왕은 "삼 년을 날지 않았으니 한 번 날아오르면 하늘을 찌를 것이요, 삼 년을 울지 않았으니 한 번 울면 사람들을 놀라게 할 것이다. 죽이지 않은 걸 다행으로 생각하고 물러가라.(三年不蜚, 蜚將沖天. 三年不鳴, 鳴將驚人. 擧退矣, 吾知之矣)"라고 대답했다.

그래도 변화가 없자 이번에는 소종이 간했다. "물러가라 하시지만 그럴 수 없습니다. 이 한 몸 죽어 임금을 깨우쳐야겠습니다."라고 대들었다. 장왕은 비로소 잔칫상을 치우고 소종과 마주 앉아 국정을 논하고는 3년의 불비

불명(不飛不鳴)의 시기를 끝냈다. 그동안 관찰한 바대로 신하들을 가려 간신배들을 모두 주살하고 충언한 오거와 소종 등을 발탁해 그들에게 정치를 맡기고 정복 전쟁에 나섰다.

국정을 정비한 장왕은 용(庸)나라를 공략한 것을 시작으로 주변 국가를 압박했고, 영토를 넓히며 패자로서의 두각을 나타내기 시작했다. 기원전 606년에는 중원을 제패할 야심을 품고 동주의 영토 근처에 군사를 주둔시켰다. 주나라가 사자로 왕손만(王孫滿)을 보내자 장왕은 그에게 구정(九鼎)의 무게가 얼마나 되느냐고 물었다. 구정은 천자의 나라에 대대로 전해지는 아홉 개의 솥을 가리키는 왕권에 대한 상징물이다. 그 무게를 묻는 것은 주나라의 왕위를 빼앗을 수도 있음을 은연중에 암시한 일종의 협박이었다. 왕손만은 "덕이 중요하지 솥이 중요한 것이 아닙니다."라고 대답했다. 그러자 장왕은 "초나라는 창끝만 부러뜨려도 충분히 구정을 만들 수 있다."라고 하면서 허울뿐인 권위 따위는 초나라의 무력 앞에 아무것도 아니라고 간접적으로 말했다. 이에 왕손만은 이렇게 답했다.

"먼 옛날 순·우 임금의 치세가 성하자 정을 만들어 백성으로 하여금 '신령스러운 것과 간악한 것(神奸)'을 구분할 수 있게 했습니다. 하나라의 걸이 덕을 어지럽히자 정(鼎)은 은나라로 옮겨 갔고, 은나라의 주가 포악하게 굴자 정(鼎)은 주나라로 옮겨갔습니다. 덕이 있다면 구정은 작아도 무거운 법이고, 간사하고 사악하면 아무리 커도 가벼운 법입니다. 주나라의 덕이 쇠하긴 했지만, 천명은 아직 바뀌지 않았습니다. 정의 경중을 물어서는 안 될 것입니다."

장왕은 이를 듣고 천자가 되겠다는 야망을 버리고 철군했다. 참고로 구정은 하나라 때 만들어진 솥으로 왕권의 신성함을 상징하는 국보였는데, 그것의 무게를 물어봤다는 것은 자기가 그 솥의 주인이 되어 초나라를 패권국으로 만들겠다는 속마음의 선포나 마찬가지였다. 정확히는 장왕의 초나라가 패권국을 넘어서서 주나라를 멸망시키고 새로운 종주국이 되려고 했던 야망을 표출했던 것이다. 그러나 주나라 사신은 "아직 덕과 명분은 주나라에게 있다. 이는 초나라의 군사력만으로 넘을 수 없는 부분이다."라고 지적했고, 초 장왕도 이를 인정하고 물러난 것이다. 이러한 사건은 초나라가 한족이 아닌 묘족의 나라였기에 가능한 생각이었다. 초나라와 오나라는 주나라에서 정식으로 책봉 받은 제후가 아니라 지역의 토착민들이 후대에 스스로 나라를 세운 것이기에 주나라에 충성할 이유가 적었다. 다른 제후국들은 현실적인 힘이야 어찌 됐든 명목상으로나마 주나라 천자에게 충성을 맹세했고, 오나라 역시 시조가 주나라 왕실의 혈통으로 봤기 때문에 일정 부분 주나라의 체면을 지켜주었다. 반면 초나라는 전혀 연관 관계도 없고 신세 진 것도 없었기에 주나라를 경시했다. 초나라가 주나라의 책봉을 받아들였지만, 이는 초나라가 중원에 영향력을 행사하기 위해서이지 복속했다고 보기 어렵다. 이는 군주의 명칭을 주나라와 같이 '왕'이라고 한 점에서 알 수 있다. 황제란 단어가 등장하기 이전에는 천자의 공식 작위는 왕이었고, 제후국들은 '공-후-백-자-남'의 오등작 명칭을 사용했다. 장왕의 발언은 단순히 그의 야망이라기보다는 초나라의 야망이었다는 추정이 가능하다.

장왕은 휘하 병사들을 아꼈고 부하들은 충성을 다했다. 어느 날 장왕은 전쟁에서 승리한 후 기분이 좋아 연회를 베풀었고, 연회는 야심한 밤까지 계속되었다. 왕을 비롯해 참석한 많은 사람이 취한 가운데 왕은 기분이 좋은 나머지 총애하는 후궁을 불러 공을 세운 장군들에게 술을 한 잔씩 따르도록 했다. 그러다 갑자기 강풍이 불어 촛불이 꺼져버렸다. 그때 한 사람이 장왕의 총희를 껴안았는데, 총희는 곧바로 그놈의 갓끈을 잡아 뜯고 장왕에게 이를 알려 잡으라고 했다. 그러나 총희의 귓속말을 들은 장왕은 갑자기 명령을 내려 신하들로 하여금 모두 갓끈을 끊게 했다. 불을 켜고 보니 모두 갓끈이 사라져 범인을 찾을 수 없었다. 그 후 초나라가 진(秦)나라에 공격당했을 때 장웅(蔣雄)이란 자가 선봉에 서서 큰 공로를 세웠다. 장왕이 장웅에게 물었다.

"과인은 너를 그렇게 아낀 기억이 없는데, 무슨 이유로 목숨도 아까워하지 않고 이렇게까지 한 것이냐?"

장웅은 당시 연회에서의 일을 이야기하여 자신이 그때 총희를 껴안은 자임을 자백했다. 이 이야기는 너그러우면서도 여자에게 휘둘리지 않는 훌륭한 군주로서의 장왕의 인격을 나타내는 절영지연(絶纓之宴)의 고사이다.

또 한 가지 일화가 있다. 장왕이 아끼는 말이 있었다. 그 말을 너무나 아끼는 나머지 말에게 풀이 아닌 사람이 먹는 채소를 먹이고 비단옷을 입히며 침대에서 잠을 자게 했다. 그 뒤 말이 죽게 되자 슬퍼하면서 말에게 관을 만들어 주려고 했다. 신하들은 말에게 관을 만들어 준다는 사실에 대거 반대했지만, 이 말을 듣지 않고 말의 관을 준비하게 했다. 이때 우맹이라는 악공이 나타나서 이왕 하는 거 최고로 비싼 관을 쓰고 무덤엔 비단으로 치장하며 국외의 국빈들까지 말의 장례식에 초청하자고 건의했다. 그러자 장왕은 우맹의 반어법적인 말에 뉘우치고 말의 관을 만들라는 명을 취소했다. 장왕은 그러면 죽은 말을 어찌해야겠느냐고 묻자 우맹은 먹을 것을 권했다. 그렇게 장왕은 그 아끼던 말로 고깃국을 끓여 신하들과 나눠 먹었다.

초 장왕 9년(기원전 605년)에 투월초(鬪越椒)를 재상으로 임명했다. 어떤 이가 투월초를 모함하자 죽음이 두려웠던 투월초가 반란을 일으켰다. 투월초의 활 솜씨는 신궁에 가까워서 반란을 일으켰을 때 전쟁 중에 장왕을 두 번이나 위태롭게 만들었다. 그러자 병사들 사이에선 장왕이 투월초의 화살에 맞아 곧 죽게 될 것이라는 소문이 나돌았다. 이 말을 들은 장왕은 소문을 만들어 퍼트렸다. 초나라에 보물로 내려오는 화살 세 발이 있는데, 투월초가 두 발을 훔쳐가서 다 썼으니 다시는 장왕의 목숨을 노릴 일이 없다는 것이었다. 소문을 퍼트려 병사들을 안심시킨 한편으로 장왕은 계략을 써서 투월초가 활을 쏘는 것을 못 하게 막아내고, 병사들의 사기를 떨어트리는 일이 없게 하여 투월초를 물리쳤다. 여기서 '백발백중(百發百中)'이라는 고사성어가 유래했다. 이때 투월초와 대결한 사람은 양유기(養由基)였다. 양유기는 버들잎을 백 보 앞에서도 맞힐 정도로 실력이 뛰어난 장수였다. 이들은 활쏘기 시합을 하기로 했는데, 먼저 투월초가 세 발을 쏘자 양유기는 첫 화살은 활로 막고, 둘째 화살은 몸을 옆으로 기울이며 피한 뒤, 마지막 화살을 이로 물어서 투월초의 공격을 막아냈다. 그 다음에 자신은 단 한 발로 투월초를 쏴서 반란을 제압했다. 그 뒤에 초 공왕은 양유기가 재주만 믿고 함부로 날뛰니 활을 쏘지 말라고 경고를 했고, 그 뒤에 양유기는 전쟁터에서 적의 화살에 맞아 전사했다.

초 장왕 16년(기원전 598년), 진(陳)나라에 하어숙(夏御叔)이라는 대신이 있었다. 하어숙의 부인인 정나라 출신 하희(夏姬)는 미인으로 유명했다. 하어숙이 죽고 난 이후 하희가 정나라의 다른 사람들과 바람을 피우는 사건이 발생했다. 게다가 진(陳)나라의 군주였던 영공(靈公)까지 하희와 스캔들이 나서 하희의 아들이었던 하징서(夏征舒)가 영공을 살해해버렸다. 당시 맹주였던 초 장왕은 신하가 군주를 죽였다는 사실에 분노했고, 진(陳)나라를 정벌하기 위해서 신하들에게 의견을 물었다. 신하들은 진나라는 성벽이 높고 양식이 많으며 무기가 많아 작은 나라일지라도 쉽게 정벌할 수 없다고 했다. 그러자 장왕은 성벽이 높고 양식이 많으며 무기가 많다는 것은 백성들을 고달프게 해서 그런 것이니 그 원망이 얼마나 크겠느냐며 진(陳)나라를 쉽게 정벌할 수 있다고 설득해 공격했다. 장왕은 진(陳)군을 공격하여 하징서를 죽여버리고 하희를 초나라로 데려왔다. 하지만 하희가 워낙 미인이라 탐이 난 나머지 후궁으로 삼으려고 했지만, 신하인 신공 무신(申公 巫臣)이 남자를 망치는 여자라며 극구 반대했다. 그러자 장왕은 얼마 전에 아내를 잃은 신하에게 하희를 시집보냈다. 하지만 그도 전쟁에서 죽게 되자 하희를 고향인 정나라로 돌려보냈다.

그로부터 15년 후, 제나라로 가는 사신으로 무신(巫臣)이 자청해서 가게 되었다. 그런데 무신이 제나라로 가던 도중 정나라에 있던 하희를 데리고 진(晉)나라로 도망가 버리는 사건이 발생했다. 이 사실을 알게 된 초 성왕은 무신의 가족을 몰살시켜버렸다. 신공 무신은 초의 재상인 영윤 자중과 사이가 나빴다. 영윤 자중이 송나라를 정벌한 공으로 전략적 요지를 하사해 달라고 했지만, 무신이 반대하여 영지를 받지 못한 적이 있기 때문이었다. 무신 망명 이후 무신의 아들은 죽고 그 재산은 대부들이 나누어 가졌다. 무신은 이에 극도로 분노했다. 진(晉)나라 군주에게 본인을 오(吳)나라로 보내주면 오나라를 크게 일으켜 두고두고 초나라의 근심거리로 만들어 주겠다고 했고, 실제로 그렇게 했다. 작은 변두리 나라였던 오나라는 무신에 의해 중원 문물을 받아들이고 교류하기 시작했으며 합려 시대에 이르러서는 오자서와 손무를 장군으로 삼아 대규모 원정군을 조직해 초나라의 수도 영을 점령하고 종묘를 불태우기까지 이른다. 여인에 대한 남자들의 무서운 집착으로 여러 가문과 여러 나라가 쑥대밭이 된 나비 효과인 셈이다.

장왕은 진(陳)나라를 병합하고 정(鄭)나라를 공격해 진나라와 함께 속국으로 삼았다. 기원전 597년에는 정나라의 원군으로 온 진(晉)나라군을 격파했다. 이때 진나라군은 허겁지겁 배를 타고 후퇴했다. 후퇴 도중 배가 뒤집힐 것을 두려워한 병사가 배에 매달려 있는 적군 병사의 손을 잘라 떨어뜨렸고 배 안에는 손가락이 수북이 모였다고 한다. 대승한 뒤 신하들은 경관(京觀: 경관이란 적군의 시체를 모아 큰 무덤을 만들어 그 승리의 전공을 기념하는 것)을 만들 것을 상소했지만 장왕은 물리쳤다. '무(武)'라는 글자는 무기를 멈추어 백성을 생각하고, 사람들을 화합하게 하며 재물을 풍부하게 하기 위한 것이니 자신이 한 것은 이 무덕(武德)에 들어맞지 않으며, 자신들의 조국을 위해 충성을 다한 진나라 병사들의 사체로 경관을 만들 수는 없다는 이유에서였다. 임진란 이후 일본에서 만들었다는 조선인의 코 무덤, 귀 무덤이 바로 이 경관(京觀)을 위해 만든 것이다. 그들이 억울하게 죽은 조선인의 원혼을 달래기 위해 만들었다는 억설(臆說)은 죽은 초장왕을 기막히게 할 따름이다.

진(晉)나라를 패퇴시키고 패업을 이룬 장왕은, 그다음에 진나라를 따르는 송나라를 표적으로 정했다. 장왕이 제나라에 보낸 사신이 송나라를 지나가다가 피살당하자 전광석화같이 송나라에 쳐들어가 그 수도 상구(商丘)를 포위했다. 이전에 노나라도 초나라의 맹하에 들어가는 등 착실하게 장왕의 패업은 완성에 가까워지고 있었다. 그러나 화원(華元)을 비롯한 송나라군의 저항에 의해 기원전 594년 5월, 상구를 함락하지 못하여 장왕은 결국 퇴각했다. 후에 송나라는 초나라에게 항복했다. 장왕은 결국 중원의 강국 진(晉)

과의 전투에서도 대승을 거두고 새로운 패자가 되었다. 기원전 591년에 장왕은 별세했다.

송 양공(襄公, BC 651~637)

송(宋)나라는 상(商)나라 멸망 후 상나라 28대 왕인 제을의 장자이자 주(紂)의 이복형인 미자(微子) 계(啓)가 주 무왕(武王)으로부터 분봉 받은 나라다. 사실상 상나라 왕실 혈통이 그대로 계승된 나라이며, 주류 민족도 상나라 구성원인 상족(商族)이었다. 수도는 상구(商丘)로, 지금의 허난성 상추시(商丘市) 남쪽 일대에 위치하고 있었다. 공실이 쓰는 국성(國姓)은 상나라 왕실 때와 같이 자(子)였고, 씨(氏)는 송(宋)이었다.

분봉 때 받은 땅이 중원의 제후국 중에서 손에 꼽을 정도였고, 칭호 또한 모든 제후국 중에서도 으뜸가는 공(公)이었다. 공신인 태공망 강상이 분봉 받은 제나라(齊) 국군의 칭호가 후(侯)인 것을 감안하면 엄청난 대우였는데, 이는 송나라가 이전 왕조인 상나라의 후예이기 때문이다. 대대로 공의 칭호를 쓴 제후국은 오직 송나라뿐이었다.

무엇보다도 이렇게 우대를 받은 이유는 비록 주(周)가 상(商)을 멸망시키기는 했으나 상의 유민을 회유할 필요가 있었기 때문이다. 처음에는 제신의 아들 무경을 상나라의 수도에 봉했으나 무왕이 죽고 혼란한 틈을 타서 무경을 감시하라고 붙여놓은 관숙과 채숙이 무경과 함께 '삼감(三監)의 란'을 일으키는 바람에 진압하느라 진땀을 뺐다.

무경, 관숙, 채숙의 난을 진압한 주나라는 무왕의 동생 강숙(康叔)을 상나라의 옛 수도인 조가에 봉하는 한편, 무왕이 상나라를 칠 때 주나라에 협력한 미자 계를 상구(商丘)에 봉건하여 상나라 유민의 민심을 달랬다. 송나라의 군주가 공이라는 칭호를 받은 것도 신하가 아니라 손님으로 대우했기 때문이며, 천자국만 거행하는 제례를 허락했던 것도 같은 이유로 추측된다. 결국 상나라의 종묘사직은 상(商)에서 송(宋)으로 이름만 바뀐 채 상 왕실의 제례를 통해 그대로 이어졌다. 그렇다고 무작정 회유책만 펼친 것은 아니었다. 미자 계의 아들을 주나라 왕실로 데려와 제례를 돕는 관리로 삼았는데, 이는 대외적으로는 송나라를 존중하는 것처럼 보이지만, 단순히 존중하기 위해서 관리로 삼은 것은 아니다.

아들을 인질로 삼아 송나라를 견제하기 위한 의도도 다분했다. 미자의 후손이 주나라를 위해 일해야 했기에 결국 미자 계 사후 송나라는 동생인 미중 연이 뒤를 이었고, 이후 송나라의 국군들은 모두 미중 연의 후손이었다. 또 통혼으로 관계를 돈독히 했으나 주 왕실의 여자가 송나라 군주에게 시집오는 일은 있어도 송나라 공실의 여자가 왕후가 되는 일은 없었다.

송은 춘추 시대 초기만 해도 노(魯), 위(衛), 정(鄭) 등 중원에 위치한 제후국들과 함께 강성한 편이었으나, 태산을 등지고 제수(濟水)를 바라보는 드넓은 평야에 자리 잡은 제(齊), 분수(汾水)가 흐르는 태행산의 골짜기에 자리 잡은 진(晉), 물자가 풍부한 한수(漢水)와 장강(長江) 사이에 자리 잡은 초(楚)가 강성해지자 여타 중원의 제후국들과 마찬가지로 그 사이에 끼어 혼란을 겪게 된다.

이때 등장한 인물이 양공(襄公)이다. 그는 송 환공(桓公)의 둘째였으나 형 목이(目夷)의 양보로 왕이 되었다. 기원전 644년에 송(宋)나라에 기이한 자연현상이 잇따라 일어났다. 하늘에서 큰 운석 다섯 개가 떨어지고, 엄청나게 큰 물새(鷁鳥) 여섯 마리가 도성 위를 날아가는 일이 있었다. 그때 마침 송나라를 예방하고 있던 천자국 주(周)나라 내사(內史) 숙흥에게 송 양공이 이게 무슨 징조이고 길흉은 어떻게 되는지 물었다. 그러자 숙흥은 이렇게 답을 했다.

"금년에 노나라에 큰 상(喪)이 여러 번 있었고, 내년엔 제나라에 큰 혼란이 일어날 것입니다. 군주는 장차 제후들의 지지를 얻겠지만 끝을 보지 못할 것입니다."

송 양공은 이런 주 내사 숙흥의 말을 자신이 패자(覇者)가 될 징조라고 받아들였다. 그래서 숙흥의 예언대로 제나라 관중과 환공이 죽고 제나라가 혼란해지자 본격적으로 패자와 패권국에 대한 욕심을 드러내게 된다. 그러나 좌전(左傳)에선 숙흥이 송 양공 앞에서 물러 나오자 다른 사람에게 이런 말을 했다고 기록하고 있다.

군실문 시음양지사 비길흉소생야 길흉유인 오불감역군고야
"君失問. 是陰陽之事, 非吉凶所生也. 吉凶由人. 吾不敢逆君故也"

그가 말했다는 기록을 번역해 보면 이렇다.

"송 양공은 사리에 어긋난 질문을 했습니다. 운석이 떨어지고 물새가 도성 위로 날아간 것은 단지 자연의 현상일 뿐이지 무슨 길흉의 징조가 아니오. 길흉이란 인간의 행동 때문에 일어나는 것이지요. 난 단지 송 양공의 질문에 대답하지 않을 수 없어 저렇게 말했을 뿐이라오."

내사(內史)란 주나라 천자를 보좌하는 핵심 관직의 하나다. 천자의 비서 업무와 천자 직할령의 재정 그리고 군사까지 광범위한 분야를 담당했다. 그러다 보니 역사와 역(易)을 포함한 천문 지리에도 능통했다. 역사적 사건이 종료되는 후대에 기록되는 사서(史書)의 특성상 내사 숙홍의 예측은 그대로 맞아떨어졌다. 그다음 해에 제나라 재상 관중이 죽고, 또 그다음 해에는 패자였던 제 환공마저 죽는다. 숙흥의 예언대로 패권국이었던 제나라에 혼란이 일어난 것이다. 숙흥은 이런 일은 인간의 이유 때문에 일어나는 것이지 무슨 자연 현상이 길흉의 징조를 알려준 것이 아니라고 못 박고 있다. 그래서 기이한 자연 현상이 자신에게 길한 것인지 아니면 흉한 것인지를 묻는 송 양공의 질문을 실문(失問), 즉 이치에 어긋나는 어리석은 질문이라고 말하고 있다.

이런 좌전의 기록으로 미루어 보면 당시 주나라 내사 숙흥의 말은 꽤나 현대적이고 과학적이다. 자연의 현상은 그냥 일어날 것이 일어난 것이지 거기서 무슨 길흉이 생겨나는 건 아니란 말이다. 길흉(吉凶)이란 오로지 사람의 일이요, 사람 때문에 생겨나는 것이다. 징조(徵兆)란 단지 수많은 자연 현상의 하나일 뿐, 거기서 무슨 길흉과 유불리를 찾는 건 인간의 나약함과 무지, 그리고 욕심이 만들어낸 어리석은 짓이라는 뜻이다. 이런 단순한 자연 현상에서 길흉을 판단하고 패자에 대한 욕심을 부렸던 송 양공은 역사에 '송양지인(宋襄之仁)'이란 부끄러운 고사성어를 남기고 사라졌다.

송 양공은 패자 제(齊) 환공(桓公)이 죽고 제나라가 내란에 휩싸였을 때 회맹을 열어 조(曹), 위(衛), 주(邾)와 협의해 자기 나라에 망명해 있던 제 왕자 소(昭)를 데리고 제에 들어가 반란을 진압했다. 제 왕자 소를 효공(孝公)에 올리고, 회맹에 참석하지 않은 등(鄧)과 증(鄫)의 임금을 벌하고 일시적으로 패자 노릇을 했다. 그는 상나라의 부활을 꿈꾸며 패자 노릇을 하기는 했으나 상황에 걸맞지 않은 행동으로 제후들의 신망을 얻는 데는 실패하고 만다. 양공은 원래 자신의 능력은 군주에 어울리지 않는다며 이복형 목이에게 양보하는 등 겸손한 행동을 보였으나 제 환공 사후에 제나라의 후계 분쟁을 수습하며 점차 자신의 능력을 과대평가하게 된 것으로 보인다. 양공은 주(邾) 문공을 시켜 증(鄫)의 군주를 제사에 희생으로 바치는데, 인신 공양은 상나라의 제사에서 일반적인 것이었다. 하지만 주나라에서는 실제와 별개로 원칙적으로 인신 공양을 금지했기 때문에 이 행동은 제후들로부터 인망을 잃는 원인이 되었다. 또 등선공을 사로잡고 조나라를 공격하는 등 포악한 행동을 일삼아 제후들이 제 환공의 인덕을 그리워하며 송나라를 외면하게 만들었다.

기원전 639년에는 양공이 녹상(鹿上)에서 회맹을 열고 제후들의 지지를 받기 위해 초나라를 초대하니 초 성왕이 이를 수락해 참가한다. 사마 자어는 이를 두고 소국이 맹주가 되려 하는 것은 큰 화를 부를 것이라 예측했다. 가을에 송 양공, 초 성왕, 진(陳) 목공, 채 장공, 정 문공, 허 희공, 조 공공이 우(盂)에서 회합하는데, 이때 초나라가 양공을 사로잡고 송나라를 정벌했다. 초나라왕은 송나라에 국서를 보내 "항복하지 않으면 너희 왕인 양공을 죽이겠다"고 협박했으나 송나라는 "마음대로 하라. 우리는 이미 어리석은 양공을 폐하고 재상 목이를 새 왕으로 옹립했다"라고 답서를 보냈다. 할 수 없이 겨울에 제후들이 다시 회합을 열고 양공을 석방했다. 그러자 목이는 잠시 맡았던 왕위에서 내려와 다시 양공을 왕으로 모셨다. 이를 보면 초나라뿐만 아니라 다른 제후국들도 양공을 사로잡는 데 동참했다는 것을 알 수 있다. 훗날 진(晉)나라 같은 군사 강국도 제후들의 마음을 얻기 위해 노력했는데, 송나라같이 압도적인 군사력을 가진 것도 아닌 나라가 제후들의 마음을 얻지 못하고 패자를 노렸으니 당연한 결과였다.

기원전 638년 초나라의 포로가 되었던 원한을 갚기 위해 양공은 초나라와 동맹국인 정나라로 쳐들어갔다. 초나라는 정나라를 돕고자 병력을 동원했고 두 군대는 홍수에서 맞붙었다. 송나라는 이미 전열을 갖췄으나 초나라군은 아직 강을 다 건너지 못한 상황이었다. 재상 목이는, 적군은 수가 많고 아군은 적으니 적이 도강 중에 공격해야 한다고 조언했다. 그러나 송나라의 국력을 파악하지 못했는지 아니면 패자(霸者)로서의 당당함과 예의를 지켜야 세상에 떳떳할 수 있다고 허파에 바람이 잔뜩 들어간 송 양공은 그 말을 따르지 않았다. 이어서 초군이 도강을 마치고 여전히 진영을 갖추지 못했을 때도 신하들이 공격하자고 주장했으나 양공은 따르지 않았다. 양공은 초나라 군대가 진영 정비를 마치자 마침내 공격했다. 초군이 모두 강을 건너 정비한 뒤에 전투를 벌였으나 결과는 당연하게 송나라의 대패였다. 본인도 화살을 맞고 부상당했고, 많은 경대부의 자제들도 죽었다. 이에 모든 국민이 양공을 원망했으나 양공은 "군자가 어찌 상대의 어려움을 틈타 공격한단 말이냐"라는 현실을 파악하지 못한 망언을 남긴다.

춘추 시대의 전쟁이라는 것은 극히 일부분의 계급만이 참전할 수 있는 특권이었고, 당시 관습이 양측 군대가 정비된 상황에서 맞붙는 것이라 하지만, 이런 관습 또한 결국 전투에서 이기기 위함임을 몰랐던 것이다. 땅이 아니라 강을 끼고 하는 전투의 경우, 만약 양측의 전력이 비슷하다면 어느 쪽도 먼저 도강하려 하지 않을 것이고, 결국 승부를 낼 수 없다. 이런 상황에서는 한쪽이 도강하기 전에 반대편한테 군대를 물리라고 부탁한다. 한쪽이 군대를 물리면 다른 쪽이 도강하고 이어서 전투하는 것이다. 불과 11년 후인 기원전 627년, 진(晉)과 초(楚)가 이런 행동을 하는 것을 볼 수 있다.

진(晉)나라를 상대할 때와 달리 초나라가 송나라한테 군대를 물리라는 요구를 하지 않고 도강을 하는 것으로 보아 양군의 전력 차이가 컸던 것으로 추측할 수 있다. 송나라가 중원에서 강한 축이라고 하지만 초나라는 중원에서 가장 강한 제나라도 혼자서 상대할 수 없어 제후 연합군을 모아서 대응한 강국이다. 전력 차이는 생각하지 않고 관습만 따라간 것으로, 왜 그러한 관습이 생겼는지 모르기 때문에 벌어진 일이다. 당대 유일하게 이를 비웃지 않은 사람이 예의를 따지는 공자였다. 만약 스포츠였다면 매우 훌륭한 행동이었겠지만, 전쟁은 스포츠가 아니다. 전쟁은 국가의 생존이 걸린 문제이기에 수단과 방법을 가리지 않고 승리하거나 최소한 국가를 지켜내야 한다. 송 양공의 행동이 문제인 것은 단지 전투에서 졌기 때문만이 아니다. 그렇게 인(仁)을 추구한 사람이 이전에 타국의 군주를 제사의 희생으로 사용한 것은 앞뒤가 맞지 않는 행동이라는 것이다. 인망을 얻어야 할 중원의 제후에게는 공포와 분노를 심어주고, 물리쳐야 할 이적(異敵)인 초나라의 군대를 상대할 때는 인(仁)을 행했다는 것이 얼마나 모순적인가. 이런 모순적인 행동은 본인의 능력보다 큰 목표를 노린 송 양공의 패착이었다. 오늘날에도 송양지인(宋襄之仁)이라는 고사로 남아 그의 어리석음을 비웃고 조롱하는 데는 다 그만한 이유가 있다.

그는 회맹에 참석하지 않은 소국(小國) 증(鄫)의 임금을 삶아 죽이는 등의 행적으로 보아 진정한 도덕군자라기보다는 겉멋만 잔뜩 든 허세꾼으로 보는 것이 옳다. 공자는 그를 비교적 높이 평가했으나 후세 학자들 중에 그를 인덕(仁德) 과잉의 얼간이라며 패자(霸者)에 넣지 않은 사람도 많다. 물론 그 이후 송나라는 더 이상 패자를 꿈꿀 수 없었고, 정(鄭), 위(衛), 진(陳), 노(魯) 등과 함께 진(晉)과 초(楚)의, 때로는 진(晉)과 제(齊)의 장기판 위 말로 전락한다. 역사 기술에서 주도권을 장악하지 못해 일종의 모함을 당한 측면도 분명히 있을 것이다. 억울한 측면도 있을 수 있지만 송 양공이 심어 놓은 이런 강력한 바보짓이 그 후에도 중국인들의 머릿속에 깊이 각인되어 있었던 것 같다. 실제로 중국에서 나온 우화집을 보면 어리석은 짓을 하는 사람들은 대개 송(宋)나라 사람들로 묘사되는데, 망한 왕조에 대한 중국인들의 비웃음이 작동한 결과라고 본다.

어쩌다 나무 그루터기에 걸려 죽은 토끼를 주운 뒤 날마다 그 그루터기만 지켜본다는 수주대토(守株待兎)의 고사나 벼가 안 자라자 뿌리를 뽑아 키웠다는 알묘조장(揠苗助長)의 고사는 송나라를 비웃은 것이다. 강에서 배를 타고 가다가 칼을 잃은 뒤 뱃전에 그 자리를 표시해 놓고 도착하여 물속으로 뛰어들어 칼을 찾더라는 각주구검(刻舟求劍)은 초나라 사람이 주인공이다. 하늘이 무너질까 늘 걱정했다는 기우(杞憂)의 기(杞)나라는 사실 하(夏)나라의 계승자로 상나라에 의해 모욕 당했다면 송양지인(宋襄之仁)으로 주나라에서 모욕 당하는 송나라는 그 상나라의 후손이었던 것이다.

고등학생 시절 영어 학습서 《성문종합영어》라는 책에 소개된 예문들에서 어리석은 짓을 하는 사람은 대부분 아일랜드 사람이고 구두쇠 역할을 하는 사람은 거의 스코틀랜드 사람이었다. 어린 마음에도 영국의 중심인 잉글랜드 사람들이 다른 지역 사람들을 조롱하거나 폄하한다고 생각하면서 읽은 기억이 있다. 중국에서는 송나라가 아일랜드의 역할을 했다고 볼 수 있다. 거기에 빌미를 준 것이 송 양공의 과도한 도덕심이 아닌가 한다.

송 양공은 그러한 도덕심으로 홍수 전투에서 패한 이후에도 진(晉)나라의 공자 중이가 떠돌다가 송나라로 들어왔을 때 말 스무 필을 선물하고 후하게 환대하며 받아들였다. 하지만 그런 환대가 무색하게 중이는 송나라의 사정을 깨닫고 바로 송나라를 떠났다. 그래도 송 양공의 정성이 고마웠는지 훗날 송나라가 초나라의 침공을 받았을 때 중이는 송나라를 돕기도 했다. 송 양공 14년(기원전 637년) 여름, 홍수 전투에서 넓적다리에 화살을 맞아 부상을 입고 송 양공은 사망했다.

인의를 내세운 명분론 때문에 공자를 비롯한 후세 유학자들의 동정을 받아서인지 춘추 오패에 낀 경우도 있었다. 사실 송 양공은 다른 패자들과는 달리 진정한 패업을 이룬 바는 없다. 그저 회맹을 주최하고 잠시 맹주를 맡았을 뿐이었지, 제 환공이나 진 문공, 진 목공과 같은 업적과는 비교할 수 없었다. 그저 유학자들이나 명분론자들에게만 동정을 받을 뿐이었다. 사마천도《사기》에서 군주의 자질이 없다며 차라리 재상 목이가 패자가 될 인재라고 평가했을 정도였다.

춘추 오패의 명신들

제 환공의 관중과 포숙

제나라 희공(僖公)의 세 아들 태자 제아와 규 그리고 소백을 둘러싼 왕위 쟁탈전 이야기와 애초 공자 규(糾)의 부하였던 관중(管仲, BC 725~645년경)이 제 환공이 된 소백(小白)을 죽이려다 실패한 이야기는 앞에서 이미 했다. 그 후 포숙(鮑叔, ?~BC 644)은 천하를 얻기 위해서는 관중 같은 인재가 필요하다고 적극 추천했고, 제 환공은 관중을 재상으로 임명해 부국강병을 이끌고 총 아홉 차례의 회맹으로 흔들리는 천하 질서를 바로잡았다.

후일 관중은 포숙을 회상하면서 다음과 같이 말했다.

"내가 일찍이 곤궁할 적에 포숙과 함께 장사를 했는데, 이익을 나눌 때마다 내가 몫을 더 많이 가지곤 했으나 포숙은 나를 욕심 많은 사람이라고 말하지 않았다. 내가 더 가난한 것을 알았기 때문이다. 일찍이 나는 포숙을 위해 일을 꾀하다가 실패해 더 곤궁한 지경에 이르렀는데, 포숙은 나를 우매하다고 하지 않았다. 시운에 따라 이롭고 이롭지 않은 것이 있는 줄을 알았기 때문이다. 일찍이 나는 여러 차례 벼슬길에 나갔다가 매번 임금에게 쫓겨났지만, 포숙은 나를 무능하다고 하지 않았다. 내가 시운을 만나지 못한 줄을 알았기 때문이다. 일찍이 나는 여러 차례 싸웠다가 모두 패해서 달아났지만, 포숙은 나를 겁쟁이라고 하지 않았다. 나에게 늙은 어머니가 있다는 것을 알았기 때문이다. 공자 규가 패했을 때 동료이던 소홀은 죽고 나는 잡혀 욕된 몸이 되었지만, 포숙은 나를 부끄러움을 모르는 자라고 하지 않았다. 내가 작은 일에 부끄러워하지 않고 공명을 천하에 드러내지 못하는 것을 부끄러워하는 줄을 알았기 때문이다. 나를 낳은 이는 부모지만 나를 알아준 이는 포숙이다(生我者父母, 知我者鮑子也).”

포숙은 관중을 천거한 후 자신은 늘 관중의 아랫자리에 들어가서 일했다. 포숙의 자손은 대대로 제나라의 녹을 받고 봉읍을 가지기를 십여 대나 했는데, 항상 이름 있는 대부로 세상에 알려졌다. 세상 사람들은 관중의 현명함을 칭찬하기보다 오히려 사람을 알아보는 포숙의 능력을 더 칭찬했다.

관중의 죽음을 앞두고 제 환공이 물었다.

“뭇 신하들 가운데 재상을 시킬 만한 이는 누구인가?”

관중이 말했다.

“임금보다 더 신하를 잘 알 사람은 없지요.”

그러면서 관중은 환공이 물어보는 신하 역아(易牙)와 개방(開方), 수도(豎刀)를 멀리하라 유언했으나 끝까지 포숙을 재상으로 추천하지는 않았다. 그 후 포숙이 죽자 환공은 관중의 말을 따르지 않고 듣기 좋은 말만 하는 역아(易牙)와 개방(開方), 수도(豎刀) 세 사람을 가까이 두어 중용했다. 이리하여 이들이 정권을 전횡하게 되었다.

진(晉) 문공의 호언과 개자추

진 문공 중이의 가계는 원래는 진나라(晉) 방계 왕족이었지만, 무공(武公) 때 직계 왕족을 멸하고 스스로 진나라 공이 되었다. 중이는 무공의 아들 헌공(獻公)과 적족의 여인 호희(狐姬)의 사이에서 태어났다. 젊을 때부터 인재를 좋아해 17세 때에 이미 조쇠(趙衰), 호언(狐偃), 가타(賈佗), 선진(先軫), 위주(魏犨)를 자신의 측근으로 삼았다. 이들은 후에 중이의 패업을 크게 돕게 된다. 또 몸집이 커, 아버지가 태자였을 무렵부터 이미 성인의 체격을 하고 있었다.

중이(重耳)는 43세부터 무려 19년 동안이나 여러 나라를 전전하며 갖은 고생을 한 인물이었다. 같이 달아났던 동생 이오(夷吾)는 그사이 왕이 되고 심지어 이오의 아들 어(圉)가 회공(懷公)이 되기도 했다. 이 긴 시간, 그를 측근에서 보좌하며 긴 망명 생활의 조언자가 된 사람이 호언(狐偃)이었다. 제(齊)나라에서 주는 좋은 대우에 7년이나 머무르던 중이를 술을 먹여 수레에 싣고 송나라로 데리고 가 재기를 꿈꾸게 한 것도 호언이었다. 분노한 진 회공(懷公)이 호언의 부친 호돌을 처형하며 협박했지만 호언은 꿈쩍 않고 중이를 모시었고, 이후 진 목공에게 도움을 청해 63세의 중이를 결국 진 문공으로 만들었다.

희 중이가 마침내 진 문공이 된 후의 논공행상에서 실수로 개자추(介子推)가 빠지자 그의 모친은 “내 들으니 지난날 공자께서 굶주려 쓰러졌을 때 네가 허벅지 살을 베어내 구워 공자를 먹여 살렸다고 들었다. 그런 너한테 어찌 이럴 수 있느냐”라고 하자 개자추는 “어머니, 저는 공명을 탐해서 주군을 모신 것이 아닙니다. 이제 가장 현명한 공자가 왕이 되었으니 천하 백성이 안심할 것입니다. 어머니, 저와 산에 들어가 짚신을 삼아 팔며 사시지요.” 하며 산속으로 들어갔다. 그 후 진 문공은 개자추가 공신 명단에서 빠졌음을 뒤늦게 알고 그를 불렀으나 그는 면산에서 나오지 않았다. 불러도 불러도 나오지 않자 그를 불러내기 위해 왕이 면산(綿山)에 불을 질렀으나 개자추 모자는 타 죽으면서도 나오지 않았다. 그를 슬퍼한 문공이 그날은 불을 피우지 못하게 하여 한식(寒食) 명절로 이어졌다는 전설이 있다.

성냥이 없던 시절 부싯돌이나 기타 방법으로 불을 피우기가 너무 힘들어 집집마다 ‘불씨’를 간직했고 그 불씨를 지키는 일을 매우 중시했다. 연중 그 불씨를 교환하는 날은 동지로부터 105일 후인 대략 양력으로 4월 5일 식목일 무렵인데, 그날 보관해 오던 불씨로 새 불을 피웠다. 즉 개화(改火)하여 새봄 새 기운으로 한 해를 맞이하는 의식을 가졌다. 불에 대한 소중함을 알기 위해 그날만은 찬 음식을 먹어 한식(寒食)이라 했다. 이날에는 성묘도 하여 겨우내 얼었다 녹은 조상의 묘를 손보는 사초(莎草)도 했던 것으로 보인다. 개자추 설화는 그런 세시풍속과 절묘하게 맞는 고사로 보인다.

제 7 강

남쪽 나라 오월 춘추 이야기

중국 초기 역사에도 일종의 지역 차별이 존재했다. 황허 유역인 중원 지역의 신석기 문화인 용산(龍山) 문화와 앙소(仰韶) 문화가 하(夏), 상(商), 주(周)나라로 이어졌듯이 이외의 지역인 요하강 유역의 홍산(紅山) 문화나 장강 유역의 양저(良渚) 문화, 호숙(湖熟) 문화 등 기타 지역에도 독자적인 문화가 형성되어 있었다. 하지만 붓을 쥐고 있던 중원 세력들에 의해 나머지는 야만 문화로 매도되고 상대적으로 중요성이 떨어지는 지역이 되어 버렸다. 장강 남쪽의 대국이었던 초나라는 그나마 중원에도 영향력을 행사했지만, 오늘날의 항주(杭州)나 소주(蘇州)쪽의 국가들인 오(吳), 월(越)의 역사는 상대적으로 무시되었다. 이 장은 춘추 시대 장강 남쪽 나라의 이야기를 오월 춘추라는 제목으로 다루어보고자 한다. 오왕 합려와 부차 그리고 월왕 구천의 승리와 실패의 기록이 중원의 어느 나라 못지 않게 드라마틱하기 때문이다.

간략히 정리하면 초나라를 공격해 수도를 함락하고 패자가 된 오왕 합려는 월나라를 공격하다 월왕 구천에게 대패하고 숨을 거두었다. 그 후 합려의 아들 부차가 복수에 성공하여 월왕 구천은 굴욕적인 조건으로 강화를 맺었다. 이어서 오왕 부차는 제나라를 정복하고 진, 노 등과 회맹하려다 절치부심한 월왕 구천의 공격을 받았다. 월왕 구천은 오나라 수도를 함락하고 태자를 죽인 후 화의를 맺고, 4년 후 다시 오나라를 공격해 멸망시킴으로써 춘추 시대 마지막 패자가 되었다.

오나라

사마천의 기록을 존중하긴 하지만 그도 역시 중원 사람이었다. 독자적인 문화를 가진 남방 국가 오(吳)와 월(越)나라도 중원 문화의 틀 안에 넣기 위해 그들의 선조들이 모두 북에서 내려간 황제(黃帝)의 후손이라고 이야기를 전개하고 있다. 주나라 선조인 고공단보의 맏아들은 태백(太伯)이었다. 아버지 고공단보가 막내인 계력을 총애하자 장남 태백과 차남 우중은 남쪽 형만(荊蠻) 땅으로 달아나 문신(文身)을 하고 머리를 잘라 스스로 제사 지낼 자격을 버렸다고 기록하고 있다. 문신과 삭발은 남방에 사는 야만의 풍습이었다. 원래 오나라는 주 문왕의 백부인 태백(太伯)이 건국했다고 하고, 월나라는 하(夏) 왕조 소강제(少康帝)의 서자 무여(無餘)가 시조라고 하지만 모두 확실치 않다. 그보다 이 두 나라는 중국 동남과 남방의 토착 민족을 선조로 하는 백월(百越)이 세웠다고 보는 것이 타당하다. 그들의 문화나 언어는 짐작건대 남쪽인 동남아 지방으로부터 미작(米作) 문화를 가지고 북상한 민족으로 보인다. 그런 점에서 오나라와 월나라는 같은 장강의 중류 지역에 자리한 초(楚)나라와도 달랐다. 이들이 나중에 더 북상하여 대만이나 한반도 남쪽의 농경 문화를 이룩하고 일본으로 건너가 야요이 문화를 이룩한 사람들과 동일 계통이라는 설도 있으나 아직은 정설로 받아들여지지 않고 있다. 이들 남쪽 나라의 군주들은 중원 제후들에 비해 왕으로서 문화적으로 성숙하지 못했고, 북방 이민족의 침입으로부터는 비교적 자유로웠기 때문에 오나라와 월나라는 서로 치열하게 다툼을 벌였다.

오왕 합려(闔閭, BC 537~496년경)

사기 <오태백세가>에 의하면 기원전 585년경에 세워진 오의 초대왕 수몽(壽夢)은 주나라 출신 태백의 19대 후손이라고 한다. 그에게는 제번(諸樊), 여제(餘祭), 여매(餘昧), 계찰(季札) 등 네 명의 아들이 있었고, 이들 중 막내 계찰이 가장 현명했다. 따라서 수몽 사후 뒤를 이은 장남 제번과 오나라 백성은 계찰이 왕위를 잇기를 바랐으나 계찰은 극구 사양했다. 이에 제번은 나름 묘안을 내어 자신의 아들이 아닌 형제에게 왕위를 물려주어 결국 마지막으로 계찰이 왕위를 잇도록 했다. 드디어 셋째 여매가 죽고 계찰이 왕위를 이을 차례가 왔으나 계찰이 도망쳐 버려 왕위는 여매의 아들 요(僚)에게 돌아갔다. 마치 아라비아 왕국을 세운 초대 왕 이븐 사우드가 형제 상속을 유언해 아들들이 국왕을 이어가다가 현재 살만 국왕 대에 이르러 살만왕의 아들인 MBS, 즉 무하마드 빈 살만이 권력을 틀어쥐고 이제부터는 3대가 왕이 되어야 한다고 주장하는 것과 같은 사례이다.

사우디 왕가에서도 그렇겠지만 이런 돌발적 계승에 불만을 가진 이가 있었으니 바로 장손인 제번의 아들 광(光)이었다. 오군(吳軍)이 초나라로 출격하여 없는 틈을 이용해 광(光)의 측근인 오자서가 자객 전제(專諸)를 시켜 고기 뱃속에 칼을 숨기고 접근해 요(僚)를 죽인 뒤 광이 왕이 되었으니, 이가 바로 합려였다. 오왕 합려는 즉위한 지 얼마 지나지 않은 기원전 506년, 드디어 모사 오자서, 장군 손무(孫武)와 함께 초나라를 모두 다섯 번 공격하여 초나라의 수도 영(郢)을 함락하고 패자가 되었다. 초나라를 떠나면서 복수를 다짐했던 오자서는 아버지와 형을 죽음으로 내몬 초 평왕의 시신에 채찍질을 해 원수를 갚았다고 한다. 이를 굴묘편시(掘墓鞭屍)라 한다.

패자가 된 오왕 합려는 기원전 496년 오나라의 동쪽에서 점점 강국으로 성장하던 월나라를 공격했다. 이전에 오왕 합려가 초나라 원정으로 나라를 비운 틈을 타 월나라가 침입한 것을 생각하여 더 이상 월나라의 성장을 두고 볼 수만은 없었기 때문이다. 월나라의 왕권이 윤상(允常)에서 구천(句踐)

으로 넘어가는 교체기를 이용하여 공격했으나 오히려 젊은 왕 구천에게 대패하고 부상을 입은 채 귀국했다. 결국 오왕 합려는 병상에서 일어나지 못하고 숨을 거두면서 아들 부차(夫差)에게 자신을 죽인 것은 월나라 왕임을 잊지 말라는 유언을 남겼다. 이후 오왕 부차는 복수를 결심하고 혹여 그것을 잊을까 두려워 섶에 누워서 잠을 청하며 와신(臥薪)했다고 한다.

소주(蘇州) 호구산(虎丘山)의 사탑(斜塔)

부차는 아버지 합려의 장사를 지내기 전 호구산에서 학(鶴)을 길러 춤을 가르쳤다. 그 학춤을 공개 공연한다며 사람들을 골짜기로 불러 모은 뒤 모두를 매몰시켜 순장했다. 또 아버지가 아끼던 명검도 같이 묻었다고 한다. 애초에 오왕 합려는 월나라에서 구야자가 만든 검 석 자루(담로, 반영, 어장)를 받았는데, 합려는 자국의 유명한 대장장이인 간장(干將)에게 이보다 더 좋은 검을 만들라고 명했다. 간장은 천하에서 최고의 재료만 모아 최상의 조건에서 검을 만들려 했으나 급격히 온도가 떨어져 철이 녹지 않았다. 석 달 동안 손가락만 빨다가 아내인 막야(莫耶)가 자신의 손톱과 머리카락을 넣자 겨우 철이 녹아내렸다. 어떤 판본에선 막야가 목욕재계 후 도가니에 몸을 던졌다고도 한다. 그 후 간장은 남녀 30명을 동원해 쉬지 않고 풀무질을 시켜 드디어 쇳물을 녹였다. 우리의 신라 시대 에밀레종 이야기와 흡사한 이런 일화는 당시에 철을 녹일 만큼 온도를 올리는 일이 얼마나 힘들었던가를 보여주고 있다. 상식적으로 구리와 주석을 섞어 청동검을 만들자면 1000도 가까이 올려야 하고, 철기는 1500도 이상을 필요로 했기 때문이다. 호구산에 가면 시검석(試劍石)이라는 반으로 갈라진 바윗돌이 있다. 간장이 만든 검의 강도(剛度)를 시험한 돌이라고 하는데, 후대

진시황이 돌을 깨며 칼을 찾다가 연못이 된 호구산 검지

에 '시금석(試金石)'이란 단어로 변해 사용되고 있다. 이렇게 완성된 검 두 자루 중 간장검은 숨겨두고 막야검만 합려에게 바쳤다. 노나라에서 온 사신에게 막야검을 주려 했으나 사신은 칼을 뽑아 날 상태를 한 번 보고는 오나라가 멸망할 것이라고 생각해 받지 않았다고 한다. 부차가 아버지 합려가 아끼던 이 칼들을 호구산 언덕의 돌 사이에 부장품으로 묻었는데, 나중에 천하를 통일한 진시황이 이 명검을 찾으러 부하들을 보내 샅샅이 찾았으나 호랑이가 나타나 방해하는 바람에 실패했다고 한다. 그 칼을 찾은 산은 그 후 호구(虎丘)산이라 불리게 되었고, 돌을 깨어내며 검을 찾았던 자리에 물이 고여 생긴 호수는 검지(劍池)라고 불렀다.

오왕 부차(夫差, ?~BC 473)

기원전 494년, 오왕 부차는 월나라를 공격해 부초에서 대승을 거두었다. 월왕 구천은 5천여 명의 군사와 함께 회계산(會稽山)으로 물러났지만, 오나라 군대에 포위당해 목숨이 위태로웠다. 이에 월왕은 재상 범려(范蠡)의 말에 따라 매우 굴욕적인 조건으로 강화를 청했다. 즉 자신은 오왕의 신하가 되고 자신의 부인을 오왕의 첩으로 바치겠다는 것이었다. 월왕의 강화 제안에 오자서는 극구 반대했지만, 북쪽으로의 영토 확장을 꿈꾸던 오왕 부차는 이를 받아들였다. 강화 체결 후 월왕 구천은 오왕 부차의 말고삐를 끌

고소대(姑蘇臺)의 일부

거나 분(糞)을 손가락으로 찍어 맛보고 건강을 염려하는 등 3년 동안 오왕 부차의 진실된 몸종처럼 생활했다. 기원전 491년에야 월나라로 돌아온 월왕 구천은 상담(嘗膽)하는 인내의 시간을 보냈다. 더불어 월나라의 국력을 키우기 위해 직접 농사를 짓고, 부인에게는 직접 베를 짜도록 했으며, 과세를 줄여 백성이 생업에 집중할 수 있도록 했다. 더불어 오왕 부차에게는 미녀 서시(西施)를 보내 정사에 소홀해지도록 하고, 고소대(姑蘇臺) 재건축에 적극 원조함으로써 오나라가 국력을 낭비하도록 했다. 또한 해마다 조공을 받쳐 월나라에 대한 경계를 늦추도록 했다.

한편 오왕 부차는 강화를 맺은 후 월나라에 대한 경계심을 풀고 북쪽의 제나라를 공격하고자 했다. 이에 오자서는 월나라라는 후환을 남긴 채 제나라를 공격하는 것은 적합하지 않으니 제나라 공격을 미룰 것을 진언했다. 오자서의 조언을 무시하고 출전한 오왕 부차는 제나라와의 첫 전투에서 크게 승리를 거두고 거듭 제나라를 공격하고자 했다. 여기에 오자서가 다시 반대 의견을 내자 오왕 부차는 오자서를 제나라로 보낸 후 자결을 명령했다. 기원전 482년, 제나라를 꺾은 오왕 부차는 진나라, 노나라 등의 제후국을 불러 회맹하기 위해 송나라 땅 황지(黃池)로 향했다. 이때 호시탐탐 기회를 엿보던 월왕 구천이 군사 5만을 이끌고 오왕 부차의 귀로를 차단하고, 오나라 수도를 공격했다. 월왕 구천은 이내 텅 빈 오나라 수도 오(吳)를 함락한 뒤 태자를 죽였다.

황지에 있던 오왕 부차에게 이 소식이 바로 전달되자 오왕 부차는 화의를 신청했다. 월왕 구천은 오나라 주력 부대가 복귀할 경우 싸워 이긴다는 확신이 없었기 때문에 강화를 받아들여 철수를 시작했다. 그러나 4년 후, 오나라의 국력이 급격히 쇠퇴한 것을 간파한 월왕 구천은 다시 군대를 동원해 오나라를 공격했다.

기원전 473년, 드디어 양산에서 오왕 부차를 포위했다. 그는 오왕 부차를 불쌍히 여겨 항복을 받아들이려 했지만, 범려가 회계의 일을 상기시키며 반대했다. 회계의 일이란 지난 전쟁에서 부차가 월나라 구천을 회계산에 몰아넣었을 때 구천이 항복의 뜻을 전하자 오왕이 항복을 받아준 일을 상기한 것이다. 즉 항복을 받아주고 용서하면 반드시 보복을 당하니 절대 부차를 살려주지 말라는 건의였던 것이다. 이에 오왕 부차는 자결을 결심하고 과거 오자서의 조언을 무시한 자신을 한탄하며 칼을 들고 자기 목을 찔렀다.

오자서(伍子胥, BC 559~484)

오월 춘추의 가장 드라마틱한 인물이 바로 오자서로 중국에서 가장 유명한 복수의 화신으로 알려져 있는 인물이다. 오왕(吳王) 합려(闔閭)를 보필하여 패자로 만든 오자서(伍子胥)의 집안은 원래 6대에 걸쳐 초(楚)나라에 충성을 바친 전통을 자랑하는 가문이었다. 오자서의 아버지 오사(伍奢)는 초나라 평왕(平王)의 신하였다. 당시 평왕에게는 건(建)이라는 태자가 있었다. 평왕은 오사를 태자 건의 태부(太傅)로, 비무기(費無忌)를 소부(少傅)로 임명했는데, 비무기는 태자 건에게 불성실했다.

얼마 후, 평왕은 태자비를 진(秦)나라에서 맞아 오기 위해 비무기를 진나라에 보냈다. 진나라 공주가 미인인 것을 본 비무기는 말을 달려 돌아와 평왕에게 진나라의 공주를 태자에게 주지 말고 직접 취하라고 건의했다. 평왕은 진나라 공주를 가로챘으며, 그녀를 더없이 사랑해 아들 진(軫)을 낳았다. 태자에게는 따로 비를 맞게 해 주었다. 이 공로로 비무기는 평왕을 가까이 모시게 되었다. 하지만 평왕의 사후가 걱정이었다. 태자가 왕이 되면 자기 목숨이 위태로워질 것이므로 겁이 난 나머지 태자 건을 중상하기 시작했다. 평왕은 차츰 태자 건을 멀리하더니 마침내는 변경인 성보(城父) 태수로 임명해 국경을 지키게 했다. 비무기는 계속해서 왕에게 태자를 참소했다.

"태자는 진나라 공주의 일로 분명히 원한을 품었을 것입니다. 왕께서는 태자를 경계하셔야 합니다. 태자는 성보에서 군대를 거느리고 있으므로 때가 되면 제후들과 교제를 맺고 수도로 쳐들어와 반란을 일으킬 것입니다."

평왕은 비무기의 참소에 넘어가 즉시 태자의 태부인 오사를 불러들여 사실을 추궁했다. 오사는 비무기가 태자를 왕에게 참소한 것을 알았으므로 직언을 아끼지 않았다.

"왕께서는 어찌 참소하여 사람을 해치려는 소인배의 말을 믿으시고 친자식을 멀리하려 하십니까?"

목숨을 걸고 태자를 제거해야 하는 입장에 서 있는 비무기는 필사적으로 나왔다.

"왕께서 지금 당장 이를 막지 못해 일이 이루어지는 날이면 결국 포로가 되실 뿐입니다."

평왕은 즉시 오사를 옥에 가두고, 성보의 사마(司馬, 군정관 軍政官)인 분양(奮揚)에게 태자를 잡아 죽이라고 명령했다. 분양은 명령을 받고 떠나면서 태자에게 사람을 미리 보내 도망치라고 알려 주었다. 태자 건은 송(宋)나라로 도망했다.

태자를 내쫓은 비무기는 다음 차례로 오사 일가를 지목했다.

"오사에게는 두 아들이 있는데 모두 현명합니다. 지금 죽이지 않으면 앞으로 초나라의 걱정거리가 될 것입니다. 그의 아비를 인질로 잡아 그들을 불러들이십시오. 그러지 않으면 초나라의 화가 될 것입니다."

왕은 옥중의 오사에게 두 아들을 불러들일 것을 명령했다. 물론 불러들이면 오사의 목숨을 살려 준다는 조건이었다. 오사가 거절하자 왕은 사람을 보내 두 아들을 불렀다. 큰아들 오상(伍尙)이 가려 하자 작은아들 오자서가 말렸다.

"초나라에서 우리 형제를 부르는 것은 우리 아버지를 살려 주기 위한 것이 아닙니다. 우리 형제가 후환이 될까 두려워 아버지를 인질로 잡아 우리 둘을 불러들이려는 것입니다. 가는 날이면 부자가 함께 죽고 말 뿐 조금도 아버지에게 도움이 되지 못합니다. 그러면 아버지의 원수마저 갚지 못하게 됩니다. 다른 나라로 달아나 힘을 빌려 아버지의 원수를 갚는 것만 못합니다. 부자가 함께 죽는 것은 아무런 의미도 없습니다."

오상은 동생 오자서에게 아버지의 원수를 갚아 달라는 말 한마디를 남기고 아버지와 함께 죽기 위해 자진해서 옥에 갇혔다. 오상이 수도로 호송되자 평왕은 오사와 오상 부자를 함께 처형해 버렸다.

오자서는 도망쳐 송나라에 있는 태자 건에게로 갔다. 오자서가 송나라에 도착한 직후에 송나라에서는 때마침 반란이 일어났으므로 오자서는 태자 건과 함께 정(鄭)나라로 달아났다. 정나라에서는 태자 건을 극진히 예우해 주었으나 태자 건은 정나라는 작은 나라로서 힘이 되어 줄 수 없다고 생각해 진(晉)나라로 떠났다. 태자 건이 정나라와 친한 사이로, 정나라의 신뢰를 받고 있다는 사실을 안 진(晉)의 경공(頃公)은 그를 이용해 정나라를 멸망시킬 계획을 세우고 태자 건을 꼬드겼다. 진 경공은 태자 건이 안에서 내응하고 진나라가 밖에서 공격하여 정나라를 멸망시키면 그곳 정나라에 태자 건을 봉하겠다는 조건을 내걸었다. 태자는 욕심을 품고 다시 정나라로 돌아왔다. 하지만 이런 사실을 알고 있는 그의 종자(從者)가 정나라 조정에 이 음모를 고발해 버렸다. 어떤 일로 태자에게 죽임을 당할 처지에 놓인 종자가 살기 위해 일러바친 것이었다. 정나라에서 태자 건을 주살하고 말았다.

오자서는 건의 아들 승(勝)을 데리고 허둥지둥 오나라를 향해 달아났다. 하지만 국경 지대에 이르러 관문을 지키는 관리에게 쫓겼으므로 할 수 없이 승과 헤어져 혼자 도망했다. 추격자에게 쫓기던 오자서는 가까스로 강수(江水)에 이르러서 한 어부의 도움을 받아 겨우 위급한 상황에서 벗어날 수 있었다. 오자서는 강을 건너자마자 차고 있던 일백 금의 값어치가 나가는 칼을 어부에게 사례했다. 어부는 칼을 받지 않았다.

"초나라에 이런 방이 붙었소. 오자서를 잡는 사람에게는 속(粟) 5만 섬과 집각(執珏, 초나라 최고의 작위)의 벼슬을 준다고 말이오. 만일 내게 욕심이 있었다면 그깟 일백 금의 칼이 문제겠소?"

오자서가 하선한 뒤 어부는 자결했으니 무명인의 의리(義理)가 곳곳에 살아 있던 시대의 이야기이다. 오자서는 오나라에 들어섰으나 도성으로 가는 도중 병에 시달리고 걸식을 하는 등 심한 고생을 겪었다. 오자서는 장군인 공자 광(光)을 통해 오왕 요(僚)를 알현했다.

오랜 시간이 지난 후, 오와 초 사이에 분쟁이 일어났다. 양국의 국경 지대에 있는 고을이 함께 누에를 치다가 양쪽 여자들이 뽕 때문에 시비가 붙은 것이 원인이 되어 이것이 전쟁으로 확대된 것이다. 오나라는 공자 광을 시켜 초나라를 치게 했다. 공자 광은 국경 지대 일부 고을을 함락시킨 다음 돌아왔다. 오자서는 오왕 요에게 이 기회에 공자 광을 보내 초나라를 계속 공격하라고 건의했다. 공자 광은 오자서가 자신의 원수를 갚기 위해 초나라와의 전쟁을 부추기고 있다는 것을 파악하고, 아직은 때가 아니라며 전쟁을 반대했다. 이런 공자 광의 반응을 보고 오자서는 그의 속셈을 알아차렸다. 공자 광은 왕을 죽이고 자신이 왕이 되고 싶어 하기 때문에 지금은 외부의 문제를 말해 보아야 소용이 없다는 것을 깨달은 것이다. 오자서는 전제(專諸)라는 자객을 공자 광에게 천거하고, 자신은 물러나 태자 건의 아들 승과 함께 들판에서 농사를 지으며 때가 오기를 기다렸다.

오자서상

5년 후 초 평왕이 죽었다. 그리고 앞서 태자비가 될 뻔했다가 평왕의 비가 된 진나라 공주의 아들 진(軫)이 그 뒤를 이어 왕이 되었으니, 그가 곧 소왕(昭王)이다. 오왕 요는 초나라의 국상을 틈타 두 공자[요의 아우 개여(蓋餘)와 촉용(燭庸)]를 시켜 초나라를 기습 공격하게 했지만, 두 공자는 오히려 퇴로를 차단당하고 말았다. 오의 군대가 초를 치기 위해 출병하여 국내가 텅 비다시피 되자 공자 광은 자객 전제를 시켜 오왕 요를 찔러 죽이고 스스로 왕위에 올랐다. 이 사람이 바로 춘추 오패의 한 사람인 합려(闔閭)이다. 합려는 즉시 오자서를 불러들여 행인(行人, 외교 고문)에 임명하고 함께 국사를 꾀했다. 이럴 즈음 초나라의 대신 백주리(伯州犁) 부자가 주살되고, 그의 손자인 백비(伯嚭)가 오나라로 망명해 왔다. 합려는 그를 대부에 임명했다.

오왕 합려는 즉위 3년 후에 군사를 일으켜 오자서, 백비 등과 함께 초나라를 쳐서 그 속국 서나라를 함락시키고, 초나라에 투항했던 두 공자를 사로잡았다. 합려와 오자서는 이번 기회에 초나라의 수도 영초까지 쳐들어가고 싶었으나, 백성들이 전쟁에 지쳐 있어 아직 때가 아니므로 좀 더 기다리자는, 병법의 저자 손무(孫武)의 의견에 따라 군사를 물리고 돌아왔다.

합려 9년(BC507), 합려가 오자서, 손무 등과 상의를 통해 대대적으로 초를 치기로 결정했다. 합려는 먼저 초나라의 속국이면서도 초나라와 원한 관계가 깊은 당(唐), 채(蔡)와 연합하고, 국내의 모든 군사를 동원하여 초나라로 쳐들어갔다. 오나라 군대는 파죽지세로 초나라의 수도 영(穎)을 점령했다. 소왕은 수도 영을 탈출해 도망했다. 오자서는 소왕을 잡으려던 뜻을 이루지 못하자 대신 평왕의 무덤을 파헤쳐 시체를 꺼내 300번이나 매질을 한 후에야 그쳤다. 산중으로 피난 갔던 초의 대부 신포서(申包胥)가 사람을 보내 오자서에게 말했다.

"그대의 복수는 너무 심하지 않은가. 사람의 수가 많으면 하늘을 이길 수 있지만, 하늘이 결정을 내리면 사람을 깨뜨릴 수 있다고 들었다. 그대는 옛날에는 평왕의 신하로서 몸소 북면하여 그를 섬겼는데 이제 죽은 사람을 욕보였으니 어찌 천도가 없는 것의 극이 아니겠는가?"

그러자 오자서는 "부디 신포서에게 잘 전해라. 해는 지고 길은 멀기 때문에 갈팡질팡 걸어가며 앞뒤를 분간할 겨를이 없었다."라고 말했다. 일모도원(日暮途遠)의 고사가 여기서 등장한다. 오왕 부차는 월나라를 공격해 구천의 항복을 받고 그를 몸종으로 부리는 등 패자로서의 권위를 한껏 누렸다. 월의 구천을 용서하지 말라고 했다가 묵살당한 오자서는 손무(孫武)와 함께 부차에게 전쟁에 신중할 것을 자주 건의했지만, 오왕 부차는 구천이 보낸 서시(西施)의 꼬임에 빠져 임금을 능멸한다며 오자서를 제나라로 보낸 후 자결을 명령했다. 그리고 오자서의 시신을 자루에 담아 강에 던졌다. 오자서는 죽음을 앞두고 유언을 남겼다. 자신의 무덤가에 가래나무를 심어 그것으로 오왕 부차의 관을 만들고, 자신의 눈을 빼내 오나라 동쪽 관문에 걸어 오나라 멸망을 볼 수 있게 해달라는 것이었다. 지금도 중국 사람들은 복수의 화신(化身)으로 오자서를 꼽는 데 주저하지 않는다.

월나라

월왕 구천(句踐, ?~BC 464)

중국 춘추 전국 시대 후기의 월나라 군주로 윤상(允常)의 아들이다. 그는 책사 범려의 뒷받침으로 당시 화남에서 강세를 자랑하고 있던 오나라를 멸망시켰다. 또한 그는 춘추 오패의 한 사람이다. 원래 월나라는 명검(名劍)의 산지로 이름이 높았다. 월왕 구천의 치세보다 조금 이른 시기에 구야자라는 전설적인 월나라 대장장이가 담로(湛盧), 어장(魚腸), 순구(純鉤), 거궐(巨闕), 승사(勝邪) 등 여러 명검을 주조했다. 어장 같은 경우는 오나라에 바쳐져 자객 전조가 갑옷을 입은 오왕 료를 암살하고 합려가 등극하는 쿠데타에 이용되었다는 것이 사서에 기록될 정도로 이름을 남겼다. 1965년에 발굴된 월왕구천검은 이런 월나라산 명검이 어떤 모양새였는지 보여주는 유물로 그 가치가 매우 높다.

명검 이야기가 나온 김에 조금 더 보태면, 1965년 중국 후베이성(湖北省) 장링(江陵)의 망산일호초묘(望山一號楚墓)에서 칼집까지 제대로 보관된 칼이 출토되었는데, 월왕 구천이 사용하던 것으로 짐작되었다. 사서(史書)에 구천이 명검 아홉 자루를 주조하라고 명령했다는 기록이 있는 것으로 보아 현재 후베이성(湖北省) 박물관에 전시되고 있는 이 칼이 그중 하나일 가능성이 높다.

이 명검이 오왕(吳王) 부차의 모(矛)와 함께 초(楚)나라의 묘에서 발굴되었다. 월나라(현재의 절강성, 항저우 근처) 검이 거의 1,000킬로미터 떨어진 초나라(현재의 호북성, 우한의 서북쪽)에서 발견된 이유에 대해서는 여러 설이 있다. 그중 하나는 초나라가 월나라를 멸망시킨 이후(기원전 306년) 월나라의 보물들을 전리품으로 가져와서 초나라의 무덤에 합장했다는 것이다. 이때 월나라가 전리품으로 가지고 있던 오나라 부차의 모(矛)도 함께 획득했다고 추정된다. 또 한 가지 설은 구천의 딸이 초 소왕에게 시집올 때 혼수로 가져왔다는 설이다.

전형적인 중국식 청동검의 형태지만, 매끈한 일반 청동검과는 달리 표면에는 온통 마름모꼴 문양을 새겼고, 칼자루에는 실선을 둘렀다. 콧등에는 남색 유리와 녹색 보석으로 정교하게 상감했으나 현재 약간 빠졌다. 전체 길이는 55.7센티미터이며, 가장 긴 폭은 4.5센티미터이다. 검의 표면에 월왕구천(越王鳩淺) 자작용검(自作用鐱)이라는 글귀를 두 줄로 새겼는데, 금으로 글자를 새기는 금착(金錯) 기법을 사용해서 색이 선명하다. 명문을 후대의 한자 표기로는 '越王勾踐 自作用劍'이라고 옮길 수 있다. 이것은 '월나라의 왕 구천이 스스로 쓰기 위한 검을 만들었다.'라는 뜻이다. 명문을 새기며 전서의 일종인 조충서(鳥蟲書)를 사용했는데, 조충서가 장식성이 강한 서체라 왕(王) 같은 쉬운 한자조차도 알아보기가 어렵다. 검이 발견된 후 명문을 해석하고자 여러 금석문 학자들이 매달려 몇 달간 논쟁한 끝에 '구천'이라고 읽는다고 의견을 모았다.

기원전 5세기 때 검인데도 불구하고 출토된 당대의 여러 청동검과는 달리 푸르스름한 녹이 거의 슬지 않았다. 그리하여 아직도 날이 살아 있다. 2500년 세월을 뛰어넘는 도검 장인의 기술이 담긴 월왕구천검은 유연성과

절삭력을 동시에 잡기 위해 서로 다른 재료를 쓴 명검이다. 1965년 출토될 당시 녹이 하나도 슬지 않았던 월왕구천검은 고대 중국의 뛰어난 야금술을 보여준다. 청동이 비록 녹이 잘 슬지 않는다고 하더라도 믿을 수 없을 정도로 보존이 잘 되었다. 푸단 대학의 금속공학과 연구팀이 분석한 바에 의하면 이는 표면에 유황 처리를 했기 때문이라고 한다. 또한 이 유물은 옻칠을 한 목제 칼집에 보관된 상태로 출토되었는데, 이 또한 산소와의 접촉을 최소화하여 좋은 보존 상태를 유지한 것으로 보인다. 이 검은 마치 다른 세계의 마법 무기가 현실로 튀어나온 듯 신비롭다. 수천 년에 걸쳐 물에 잠겨 있었음에도 칼날에 녹 하나 없었고 손가락이 닿으면 베일 만큼 날카로웠다. 검의 모양도 아름다워 중국인들 사이에서는 '영원한 빛을 발하는 기적의 검'으로 통한다.

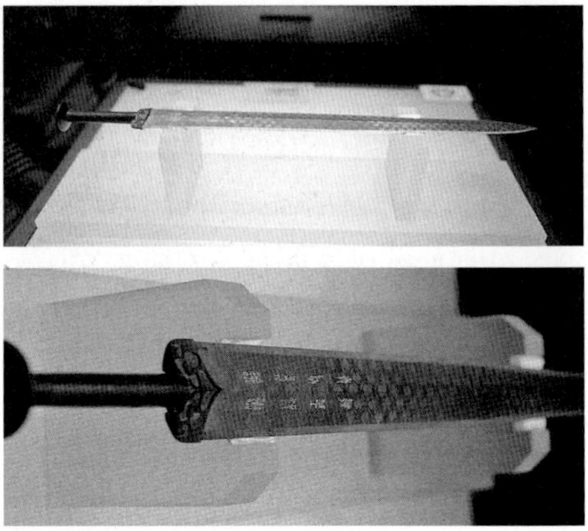

중국 호북성 박물관의 구천검. 강릉시 도서관에도 복사품이 있다

구천이 그 유명한 사자성어 '와신상담(臥薪嘗膽)'의 주인공이라는 점은 칼의 가치를 더욱 높였다. 학자들은 월왕구천검이 본체의 유연성을 높이기 위해 구리를, 칼날의 경도와 날카로움을 극대화하기 위해 주석을 각각 사용한 점을 알아냈다. 아주 오래전 장인들이 서로 다른 재료를 써 칼을 제작했다는 점에서 과학계의 관심은 지금도 크다. 중국인들에게 월왕구천검은 단순한 역사적 유물 이상이다. 중국에서 국보급 명검인 월왕구천검의 모형은 우리나라에도 존재한다. 중국 후베이성 징저우시는 2005년 자매결연 도시인 강릉시에 정교하게 제작한 실물 크기의 월왕구천검 모형을 기증했다.

구천은 기원전 500년부터 기원전 497년까지 부왕 윤상(允常)의 대리청정을 맡았다가 기원전 497년에 부왕의 서거로 즉위했다. 그때 오왕 합려는 월나라를 없애기 위해 대군을 거느리고 침략을 강행했다. 월왕 구천은 범려의 계책대로 오왕 합려와의 전쟁에 '자살 부대'를 투입해 승리로 이끌었다. 죄인들로 구성된 자살 부대원들이 진영 앞에서 스스로 목을 찔렀고, 이에 당황하는 오나라 군대를 급습했던 것이다. 합려(闔閭)는 이때의 부상으로 시름시름 앓다 사망하고 장자인 부차(夫差)가 오왕으로 즉위했다. 부차는 "월왕 구천을 죽여 원수를 갚아 달라"는 부친의 원한 맺힌 유언을 잊지 않기 위해 장작 위에서 잠을 자며 복수의 칼을 갈았다. 그리고 오자서와 손무의 도움을 받아 다시 월나라로 쳐들어가 월나라를 멸망 직전까지 몰아붙였다. 월왕은 충신 범려의 진언에 따라 항복을 청했고, 부차는 오자서의 맹렬한 반대를 무릅쓰고 이것을 수용했다. 구천은 오나라로 가서 부차의 하인이 되었다. 부차의 똥을 맛볼 정도로 열심히 부차를 섬겨 절대 대항하지 않을 의지를 보이고 다시 월나라로 돌아왔다. 물론 이때에도 오자서는 극력 반대했다. 다시는 대항하지 않고 잘 모시겠다고 부차에게 약속하고 풀려났으나 구천은 방에 쓴 쓸개를 매달고 매일 그것을 맛보면서 복수를 맹세했다. 이것이 와신상담(臥薪嘗膽)이라는 고사이다.

구천은 착착 국력을 길러 부차가 전쟁으로 출타한 틈을 타서 침략을 단행했다. 오의 황태자 우를 참하자 부차는 허둥지둥 되돌아오지만, 힘을 기른 월나라를 이기기에는 역부족이었다. 오나라를 멸망시킨 구천은 월나라의 수도를 현 장쑤성 연운항으로 옮기고 제후들을 모아 중원의 패자가 되었다. 범려는 또 다른 총신인 문종에게 구천에 대해 고생은 함께할 수 있으나 기쁨은 함께할 수 없는 관상이니 월나라를 떠나자 했으나 문종은 이를 거부했다. 결국 범려는 혼자 사직하고 천하를 주유했다. 예견대로 문종은 구천이 신하들에 대한 숙청을 자행할 때 같이 죽임을 당했다.

범려(范蠡, BC 536~448)

범려는 춘추 시대 월나라 왕 구천의 책사였다. 그는 3천의 군사로 당시의 대국 오나라를 멸망시키고 월나라가 패업을 이루는 데 기여했다. 이후 스스로 관직에서 물러나 상업에 전념한 그는 상인의 원조로 꼽히기도 한다.

범려의 자는 소백(少伯)으로 초나라 완읍(宛邑)에서 태어난 것으로 추정된다. 그는 월나라 대부 문종의 천거로 구천을 모시게 되었다. 정치, 군사, 경제, 천문, 지리 등의 다방면에 풍부한 지식을 갖고 있던 그는 구천의 중심 참모였다.

기원전 494년 구천은 오나라를 공격하기로 결심했다. 그러나 월나라의 국력은 오나라에 미치지 못했다. 범려는 구천에게 신중을 기하라고 간언했으나 구천은 3만 명의 군사를 이끌고 오나라를 공격했다. 부초(夫椒)에서 오나라 군사와 대치한 구천은 오나라에 대패하여 5천의 군사와 함께 회계산으로 퇴각했으나 곧 포위되었다. 범려는 구천에게 문종을 사신으로 보내 오나라에 화의를 청할 것을 조언했고, 오왕 부차는 구천이 인질이 되는 것을 조건으로 화평에 동의했다. 오나라 상국(相國)이던 오자서는 화평을 극렬히 반대했으나 구천은 태재 백비에게 금은보화를 뇌물로 바치고 부차에게 수많은 미녀를 진상해 화의를 얻어냈다.

기원전 493년, 범려는 인질이 되어 오나라에 들어가는 구천을 따라갔다. 오나라에서 그들은 부차의 수레를 호위하는 등 노예처럼 일했고, 석실에 갇혀 생활했다. 부차가 범려의 뛰어남을 알아보고 회유했지만 범려는 구천을 저버리지 않았다. 3년째 되는 해 범려는 구천에게 한 가지 계책을 내놓았다. 부차는 당시 수개월 동안 병석에 있었는데, 구천에게 부차의 병이 중병이 아니니 그를 찾아가 변을 맛본 후 곧 쾌차할 것이라고 이르게 한 것이다. 그 후 병석에서 일어난 부차는 구천의 행동에 감동해 석실 감금을 풀어주었다. 범려는 여기에서 그치지 않고 태재 백비로 하여금 구천을 옹호하게 하여 부차의 환심을 사는 데 전력을 다했다. 얼마 후 부차는 오자서의 반대에도 구천과 범려의 월나라 귀국을 허락했다.

기원전 490년, 월나라로 돌아온 구천은 끝까지 자신을 보필한 범려를 재상으로 삼으려 했으나 범려는 사양하며 대신 문종을 추천했다. 이후 재상 문종과 함께 구천을 보좌하여 월나라의 부국강병에 온 힘을 기울였다. 그는 먼저 인재 등용에 있어 남녀 구분을 두지 않았는데, 일례로 칼을 잘 쓰는 월녀(越女)와 초나라 출신의 활 제조 기술자 진음(陳音)을 등용했다. 그리고 농업과 길쌈을 장려하면서 구천이 몸소 경작을 하고 왕후가 직접 길쌈을 하는 등 백성들에게 모범을 보이게 했다. 더불어 민심을 수습하고 경제를 안정시키기 위해 세금을 감면하고, 상류층에게 고기 소비를 줄이고 화려한 옷을 입지 않도록 하는 등 검소한 생활을 실천하게 했다. 또한 인구를 증가시키기 위해 남자아이를 출산하면 술 두 병과 개 한 마리를 상으로 내렸고, 여자아이를 출산하면 술 두 병과 돼지를 상으로 내리는 등의 정책을 폈다.

외교 정책으로는 제나라·초나라와는 친교를 맺고, 진(晉)나라는 상국으로 모셨다. 오나라에는 무조건 무릎을 꿇어 안심시키고 태재 백비에게 계속 뇌물을 주어 오나라 왕 부차와 상국 오자서를 이간질했다. 이에 더해 전설적인 미녀 서시(西施)를 보내 부차가 향락에 빠지도록 하는 공작을 폈다.

구천이 오나라를 멸망시킨 후 범려는 "공(公)이 많으면 화(禍)가 뒤따라온다."라며 구천의 만류를 뿌리치고 월나라를 떠났다. 그는 재산을 정리해 가까운 사람들과 함께 제나라로 갔다. 이때 범려는 문종에게 "새를 잡으면 활은 곳간에 처박히고, 토끼를 잡으면 사냥개는 삶아 먹힌다오. 구천은 목이 길고 입이 새처럼 뾰족하니 고난은 함께해도 즐거움은 함께 나눌 수 없는 사람이오. 이러할진대 어찌 구천의 곁을 떠나지 않는 것이오?"라며 '토사구팽(兎死拘烹)'이라는 말을 문종에게 남겼다. 그 후 문종은 결국 구천이 내린 검을 받고 자결했다. 그 후 범려는 제나라를 거쳐 도(陶) 땅에 정착하여 거부가 되고 아울러 사회 봉사를 통해 도주공(陶朱公)이란 존칭을 얻었다. 그는 부자들의 전기인 사기 <화식열전>에도 기록을 남겼다.

서시(西施, ?~473년경)

서시(西施)는 원래 월(越)나라 여인으로 그녀가 빨래하는 모습을 보고 물고기가 헤엄치는 것을 잊고 바닥으로 가라앉았다(侵魚)는 일화를 남길 정도로 미인이었다. 그녀가 평소 가슴 통증이 있어 증상이 나타날 때 인상을 찡그리자 전국의 모든 여자가 따라 했다는 '서시빈목(西施嚬目)', '서시효빈(效嚬)'이라는 고사도 전해진다. 서시가 월(越) 재상인 범려에게 스카우트되어 최종적으로 월나라의 숙적인 오(吳)나라의 왕궁으로 들어가게 되는 이야기는 설명이 조금 필요하다.

월왕 구천이 오왕 부차의 시종이 되었다가 겨우 왕에 복귀한 시점에서 치명적인 팜므파탈, 서시의 활약이 시작된다. 월나라로 돌아온 범려는 전국 규모의 미인 대회를 개최하는데, 그 우승자가 바로 서시였다. 서시는 범려에게 철저하게 훈련받은 후 중요한 사명을 띠고 오나라로 파견되었다. 오나라를 약화시키는 것이 임무였지만, 그중에서도 가장 중요한 것은 시대를 풍미하고 있는 영웅 중의 영웅, 오자서를 제거하는 일이었다. 서시는 영리한 여자였다. 뛰어난 미모와 철저한 훈련을 통해 오왕 부차의 총애를 받았으나 섣부른 행위는 하지 않았다. 그녀는 부차의 명예욕을 끊임없이 자극했을 뿐이었다.

"대왕께서는 용병(用兵)에서 오자서보다 훨씬 더 뛰어난 분입니다."

이 한마디면 충분했을 것이다. 매사에 잔소리를 해대는 오자서에게 빈정이 상했던 오왕 부차에게는 제법 듣기 좋은 말이었다. 서시와 백비의 협공을 받은 오자서는 결국 몰락하고 말았다.

오자서가 죽고 나자 더 이상 충언자가 없는 데다 절세미인 서시의 부추김으로 한껏 고무된 부차는 국내에서는 대대적인 토목 공사를 벌여 군주로서의 위상을 한껏 높이고, 대외적으로는 대군을 조련해서 천하의 패권을 노렸다. 나라의 힘은 꾸준히 약화되어 갔지만 누구도 그 사실을 알지 못했다. 패자가 되고 싶었던 부차는 회맹(會盟)을 위해 진, 노의 제후들과 만나기 위해 주력군을 이끌고 1,000킬로미터나 떨어진 황지(黃池)로 향했다. 이때 월왕 구천은 범려의 건의로 오나라를 공격한다. 회계산에서 무릎을 꿇고 항복한 지 12년, 몸종으로 살다 풀려나 와신상담한 지 10년 만의 일이었다.

서시(西施)의 이름을 땄다는 호수, 서호(西湖)

회맹 준비 중 이 소식을 들은 부차는 구천에게 살려 달라고 빌었지만 거절당하고 결국 자결로 삶을 마쳤다.

오나라가 패망한 뒤 서시는 범려의 부인이 되었다고 한다. 그들 부부는 구천이 내리는 큰 상과 높은 직위를 마다하고 제나라로 떠났다. 그들은 그릇 등의 장사에 크게 성공해 큰 부자가 되어 다시는 벼슬길에 나가지 않고 재물로 선행했다.

제 8 강

춘추 전국 시대의 인물들

손무와 오기

손무(孫武, BC 545~470년경)는 중국 춘추 시대의 전략가로, 자는 장경(長卿)이다. 손자(孫子)는 경칭이며, 한국에서는 이 이름으로 더 많이 알려져 있다. 그는《손자병법》을 지었다. 조부인 전서(田書)가 거(莒) 땅을 정벌하는 데 공을 세움으로써 손(孫)이라는 씨를 받았다고 한다. 이후 제나라에서 살았으나 내란이 일어나 아버지 손빙(孫憑)과 함께 전국을 정처 없이 떠돌아다니다 오(吳)로 피하여 재상 오자서(伍子胥)를 알게 되었다. 손무는 그 후 오나라에서 칩거하며《손자병법》13편을 저술했다.

오자서의 추천으로 오왕 합려의 초빙을 받아 군사(軍師)가 되었다. 합려가 손무의 용병술을 시험하고자 "선생(손무)의 병법 13편을 모두 읽었지만 다 알 수 없었습니다. 여기 궁녀들을 조금이라도 군의 지휘를 따르게 하는 것으로 병법을 보여줄 수 있겠습니까?"라고 말하자 손무가 승낙했다. 궁녀 180명을 내어주며 훈련시키도록 하자 손무는 합려가 가장 아끼는 궁녀 둘을 대장으로 세워 군령을 따르지 않으면 처형한다는 규칙을 알려주고 훈련을 시켰다. 그러나 궁녀들은 훈련에 따르지 않고 장난처럼 킬킬거렸다. 그러자 손무는 규칙대로 궁녀 둘을 처형하려 했다. 합려가 용서해 줄 것을 간청했으나 손무는 군령(軍令)은 왕명보다 중요하다며 사형을 집행했다. 그리고 다시 다음 궁녀를 뽑아 대장으로 삼고 훈련을 시키자 모든 궁녀가 일사불란하게 움직였다고 한다. 이 일로 인해 합려는 기분이 상했고, 손무는 그런 합려를 낮게 평가했다.

전쟁이 급한 합려는 손무를 중용하여 상장군을 삼았다. 손무는 오나라의 군대를 훈련시켜 강력한 군대를 만들었고, 초나라와 대항할 수 있는 국력을 키울 때까지 무리한 군사 행동을 자제했다. BC 506년, 합려는 손무와 오자서를 대장으로 삼아 초나라 원정을 개시했다. 손무의 전략에 따라 오군은 연전연승하여 초나라의 수도 영(郢)을 함락하고 초나라를 멸망 직전까지 몰아붙였다. 이후 진나라의 개입으로 철군했으나 그 후로도 오나라는 강력한 군대를 바탕으로 패자의 위세를 떨쳤다. BC 496년, 손무의 반대에도 불구하고 합려는 월나라를 공격했으나 패배했고, 합려도 부상의 후유증으로 사망했다. 손무와 오자서는 합려의 후계자 부차를 보좌하여 국력을 키운 뒤 월나라를 공격해 크게 승리했다. 부차가 패자가 될 무렵, 손무는 은퇴했는데, 이후의 생애는 알려져 있지 않다.

오기(吳起, ?~BC 381)는 병법가이며 장군이자 정치가였다. 위나라 출신으로 증자의 문하에서 유학을 공부하다 의절한 후에는 병법을 공부해 장군이 되었다. 이후 노(魯), 위(魏), 초(楚) 등 여러 나라를 전전하며 관직에 올라 전공을 거두어 명성을 떨쳤고, 최후에는 초나라 재상의 자리에까지 올랐다. 저작으로 《오자병법(吳子兵法)》이 전해진다.

《사기》에 따르면 오기는 본래 위(衛)나라 사람이었다. 부유한 집안의 아들로 돈으로 관직을 얻으려 했으나 가산만 탕진한 채 실패하고 말았다. 이에 마을 사람들이 비웃자 오기는 자신을 비방한 30여 명의 사람을 죽이고 달아났다. 이때 오기는 어머니와 헤어지면서 "저 오기는 경상(卿相)이 되기 전까지 위나라로 돌아오지 않겠습니다."라고 말했다. 달아난 오기는 대학자였던 증자(曾子)의 문하에 들어가서 공부했다. 그러다 어머니가 사망했을 때에 경상이 되지 못했다는 이유로 고향으로 돌아가 장사를 지내지 않았고, 그 일로 인하여 효도를 중시하는 증자의 눈 밖에 나서 결국 의절 당하고 말았다. 그 후 노나라(魯)로 와서 병법(兵法)을 공부하고 노나라 군주를 섬기게 되었다. 이때 제나라(齊)가 노나라를 공격해오자 노나라 군주는 오기를 장군으로 삼으려 했지만, 오기의 아내가 제나라 사람이었기에 오기를 섣불리 기용하지 못했다. 그러자 오기는 제나라를 돕지 않겠다는 뜻을 보이기 위해서 자신의 아내를 죽여버리고 말았다. 그렇게 하여 노나라의 장군이 된 오기는 제나라 군대를 크게 격파했다. 그러나 어떤 사람이 노나라 군주에게 오기가 마을 사람들을 살해한 일과 어머니의 장례식에 불참했던 일 등의 과거 행적을 폭로하며 그의 심성이 잔인하다고 비방했다. 또한 위나라의 죄인인 오기를 등용한다면 노나라와는 같은 조상을 둔 형제국 위나라와의 관계가 소원해질 수 있다고 주장했다. 이로 인하여 노나라 군주는 오기에게 의심을 품고 그를 쫓아내 버렸다.

노나라를 떠난 오기는 위(魏)의 문후를 섬기고자 했다. 위(魏) 재상 이극은 오기에 대해 묻는 위(魏) 문후에게 "그는 비록 탐욕이 있고 여색을 밝히지만, 용병에 있어서는 저 유명한 제(齊)의 병법가 사마양저도 따라잡을 수 없습니다."라고 답했다. 위 문후는 오기를 등용해 장군으로 삼았고, 오기는 진(秦)을 공격해 성 다섯 개를 빼앗았다. 위나라 장수로 활동하던 시기, 오기는 늘 사졸(士卒)들과 더불어 입고 먹는 것을 함께했다. 잠을 잘 때도 돗자리를 깔지 않았고, 행군할 때에도 말이나 수레를 타지 않았으며, 몸소 식량을 지고 다니면서 병사들과 노고를 나누었다.

어느 날은 한 병졸이 종기[疽]가 났는데, 오기가 이를 입으로 빨아주었다. 이 소식을 들은 병졸의 어머니가 통곡하자 주위 사람들은 "장군이 직접 종기를 빨아주었다는데 왜 우는 것이오?"라고 물었다. 그러자 병졸의 어머니는 "오공께서 그 아비의 종기를 빨아주었더니 전투에서 뒤도 돌아보지 않고 싸우다가 적에게 죽고 말았소. 오공께서 이번엔 우리 아들의 종기를 빨아주었으니 그 아이도 언제 죽을지 몰라서 우는 것이오."라고 답했다고 한다. 이 일화에서 연저지인(吮疽之仁)이라는 고사성어가 유래했다.

위 문후는 오기가 용병에 능하고 청렴하며 공정해 병사들의 마음을 얻을 수 있을 것이라 여기고 그를 황하 서쪽에 위치한 진나라와의 국경 지대인 서하(西河)의 태수로 삼았다. 이후 오기는 제후국들과 76회에 달하는 싸움을 치러서 64회의 대승을 거두었고 나머지 싸움도 비겼다고 전한다. 오기의 공로로 인하여 위나라는 사방으로 1천 리에 달하는 영토를 얻었다.

기원전 386년, 문후가 죽고 아들인 위 무후가 즉위했다. 무후가 서하에서 배를 타고 노닐다가 그 견고한 산의 형세를 살펴보고는 '나라를 지키는 보배'라며 감탄했다. 그러자 곁에 있던 오기가 "예로부터 많은 군주가 견고한 지형만을 믿다가 패망했습니다."라고 입바른 소리를 하며 "나라의 보배는 군주의 덕에 있을 뿐, 험한 지형에 달린 것이 아닙니다."라는 직언을 올려 위 무후를 납득시켰다. 그러나 무후는 속으로 불쾌했다.

위의 재상 공숙(公叔)은 오기를 시기해 오기에게 공주의 흉을 잔뜩 말한 뒤 넌지시 위 무후를 찾아가 오기와 공주와의 결혼을 추천하며 "만일 수락하지 않으면 딴마음을 품은 것이 분명하다"고 말했다. 무후가 공주와 혼인할 것을 제안하자 공숙에게 공주의 단점을 잔뜩 들은 오기는 당연히 이를 거절했다. 이 일로 인하여 위 무후는 오기를 의심해 더 이상 신임하지 않게 되었다. 오기는 위 무후에게 해코지를 당할까 두려워하다가 결국은 초나라(楚)로 떠났다.

초 도왕(悼王)은 오기의 명성을 잘 알고 있었으므로 오기가 오자 곧바로 기용하여 재상으로 삼았다. 오기는 대대적인 개혁을 시행해 법을 바꾸고 쓸모없는 관직을 폐지했으며, 초 왕실 외의 공족들의 특권을 몰수하여 그 예산으로 군대를 양성했다. 초나라의 축성법(築城法)을 효율적으로 고치고 초나라 귀인들을 빈 땅으로 보내 불모지를 개척하는 정책을 시행했다. 이렇게 하여 오기는 남쪽으로는 백월(百越)을 평정했고, 북쪽으로는 진(陳), 채

(蔡)를 병합하여 조(趙), 한(韓), 위(魏) 삼진(三晉)을 격퇴했으며, 서쪽으로는 진(秦)의 땅을 정벌하여 제후들의 두려움을 샀다.

BC 381년, 오기를 재상으로 등용했던 초 도왕이 죽었다. 그러자 오기의 개혁으로 특권을 잃었던 종실의 귀족과 대신들이 기다렸다는 듯 오기를 공격했다. 그때 오기는 달아나서 초 도왕의 시신 위에 엎드렸는데, 이때 오기를 공격하던 무리들이 오기에게 칼을 휘두르고 화살을 날려 죽이려다가 초 도왕의 시신까지 활로 맞추고 말았다. 도왕의 장례를 치르고 즉위한 초 숙왕은 왕의 시신을 화살로 쏜 자들을 모두 사형에 처했으니, 이 사건에 연루되어 멸족당한 집안이 70여 곳이나 되었다. 이 또한 오기가 죽음을 당하면서도 귀족의 횡포를 줄여 왕의 권위를 세워 주기 위해 계획한 결과였다.

인상여와 염파

인상여(藺相如, BC 329~260년경)는 전국 시대 조(趙)나라의 대신이다. 인상여는 본래 조나라의 환자령(宦者令) 목현(繆賢)의 사인(舍人)이었다. 한번은 목현이 죄를 지어 조 혜문왕의 노여움을 산 적이 있었다. 목현은 처벌을 피해 북쪽 연(燕)나라로 망명하려 했는데, 인상여가 목현을 말리며 망명하려는 이유를 물었다. 목현은 “전에 연왕과 만난 적이 있는데 그때 연왕이 내 손을 잡고 친구가 되자고 했으니 내가 가면 반갑게 맞아줄 것이다.”라고 대답했다. 그러자 인상여는 “그건 잘못 생각하신 것입니다. 연나라는 약소국인데 비해 조나라는 강국입니다. 연왕이 당신과 친구가 되고 싶다고 한 건 당신이 강국인 조나라 왕에게 총애를 받고 있어서였기 때문입니다. 총애를 잃고 노여움까지 산 당신이 연에 가봤자 연나라 왕은 숨겨주기는커녕 당신을 잡아 돌려보낼 겁니다.”라고 대답했다. 목현은 그의 말이 정연한 것에 놀랐다. 인상여는 뒤이어서 “차라리 스스로 웃통을 벗고 형틀을 짊어진 채 죄를 청하면 운 좋게 용서받을 길도 있을 것입니다.”라고 권했고, 인상여의 말을 따랐던 목현은 과연 혜문왕에게 용서받고 신뢰를 되찾을 수 있었다. 그때 혜문왕은 초나라(楚)로부터 '화씨벽(和氏璧)'이라는 보물을 얻었다. 이 화씨벽은 역사에 등장하는 최초의 가공한 옥돌로 중국인들의 옥 사랑의 기폭제가 된 물건이었다.

춘추 시대에 초(楚)나라의 변화(卞和)라는 사람이 산에서 한 개의 박(璞, 옥을 싸고 있는 돌덩어리, 즉 옥의 원석)을 얻어서 초 여왕(楚厲王)에게 바쳤다. 여왕은 옥장(玉匠)에게 돌을 감정하게 했다. 옥장은 그저 평범한 돌이라고 말했다. 변화는 왕을 속인 죄로 왼쪽 다리를 잘렸다. 초 무왕(楚武王)이 즉위하자 변화는 다시 박을 가져다 바쳤다. 무왕 역시 옥장에게 감정을 시켰는데, 또 다시 그냥 평범한 돌덩이일 뿐이라는 답을 얻었다. 변화는 이번에는 오른쪽 다리를 잘렸다. 초 문왕(楚文王)이 즉위하자 변화는 박(璞)을 안고 성 아래에 가서 사흘 밤낮 대성통곡했다. 눈물이 다 마르고 피가 그 뒤를 이었다. 문왕이 이를 듣고 기이하게 생각하여 사람을 보내 물어보았다.

"천하에 다리 두 개 잘린 사람이 당신 하나뿐이 아닌데 왜 이렇게 슬프게 우는가?"

"다리 두 개가 잘린 것이 슬퍼서 우는 것은 아닙니다. 옥석을 돌덩이라고 해서 슬픈 것이고, 충정이 있는 사람이 사기꾼으로 몰리는 것이 슬픈 것입니다."

초 문왕은 다른 옥장에게 명을 내려 박을 가공하도록 했는데 과연 보옥을 얻었고, 이를 '화씨지벽(和氏之璧)'이라 이름했다.

초 문왕 이래로 화씨벽은 계속 초나라의 소유였다. 초 위왕(楚威王) 때, 위왕은 공이 많은 초나라의 재상 소양(昭陽)에게 화씨벽을 상으로 내렸다. 소양이 한번은 크게 연회를 열었는데, 이때 화씨벽을 가지고 와서 사람들에게 보여주었다. 그런데 연회 중에 화씨벽이 없어졌다. 당시 장의(張儀)도 그 자리에 있었다. 소양은 장의가 훔친 것으로 의심해 장의를 죽지 않을 만큼 팼다. 후에 소양은 천금을 내걸고 이 화씨벽을 사겠다고 했지만, 화씨벽은 끝내 나타나지 않았다.

그로부터 수십 년이 지난 어느 날(대략 BC 290년으로 추정), 먼 곳에서 온 손님 하나가 조(趙)나라의 환관인 영현(繆賢)의 집에 와서 벽옥을 팔겠다고 했다. 영현은 이 벽옥의 가치를 알아보고 500금을 주고 사들였다. 일설에는 영현이 벼룩시장에서 샀다는 설도 있다. 후에 영현은 이것이 바로 화씨벽이란 사실을 옥장에게 듣고 매우 기뻐하며 이를 감추어 두었다. 그러나 이 사실이 조나라 혜문왕(惠文王)의 귀에 들어갔고, 혜문왕은 영현에게 화씨벽을 내놓으라고 했다. 영현이 즉시 바치지 않고 머뭇거리자 왕은 크게 노하여 사냥 길에 영현의 집에 갑자기 들이닥쳐 화씨벽을 빼앗아 조나라의 소유로 만들었다. 이 사실을 알게 된 진(秦)나라의 소양왕은 사자를 보내 화씨벽과 성 열다섯 개를 맞바꾸자고 제안했다. 혜문왕은 염파(廉頗, BC 327~243)를 비롯한 대신들을 불러 논의했다. 화씨벽을 진나라에 주자니 속아서 성을 얻지 못할 것이 걱정되었고, 안 주자니 쳐들어올 빌미를 줄까 걱정되어 결정하지 못했다. 이때 환자령 목현이 인상여가 자신을 도와주었던 일을 왕에게 말해주며 그를 사자로 보낼 것을 권했다. 혜문왕은 곧 인상여를 불러 의논했다. 인상여는 “진나라는 강하고 조나라는 약하니 요구를 받아들일 수밖에 없습니다. 진나라가 성을 가지고 벽옥을 얻으려는데, 조나라가 주지 않으면 잘못은 조나라에게 있습니다. 조나라가 벽옥을 주었는데도 진나라가 성을 주지 않으면 잘못은 진나라에 있습니다. 두 계책을 비교해보면 잘못의 책임을 진이 지도록 하는 것이 차라리 낫습니다.”라고 대답했다. 혜문왕이 누구를 사자로 보내면 좋겠느냐고 묻자 인상여는 “신이 옥을 가지고 사신으로 가겠습니다. 성이 조나라로 들어오면 벽옥을 진나라에 두고, 성이 들어오지 않으면 신이 벽옥을 온전하게 조나라로 돌려보내겠습니다.”라고 말하며 사신이 되기를 자청했다.

인상여가 벽옥을 가지고 진나라에 사신으로 가니 소양왕은 장대(章臺)에 비스듬히 앉아 미녀들과 놀고 있었다. 소양왕은 화씨벽을 받아 돌려보며 진짜니 가짜니 희희덕거렸다. 인상여는 벽옥을 받자마자 미인과 군신들에게 보이며 자랑하기만 하는 소양왕의 모습을 보고 진나라가 성을 넘겨줄 뜻이 전혀 없다고 판단했다.

인상여는 "실은 그 벽옥에 하자(瑕疵)가 있으니 그 부분을 알려드리겠습니다."라며 이를 다시 받아들었다. 그는 기둥에 기대어 선 채 관이 벗겨질 정도로 머리카락이 모두 곤두선 노한 모습으로 "조나라 왕께서는 대국의 위엄을 두려워하여 공경을 다하고자 닷새 동안 목욕재계를 하고 신에게 벽옥과 국서를 전하게 하셨습니다. 대왕께서는 신을 대하시는 예절이 거만하고, 벽옥을 받자마자 미녀에게 보이며 신을 희롱하셨습니다. 신이 보건대 성읍으로 보상할 뜻이 없으므로 벽옥을 조나라로 돌려보내겠습니다. 만일 대왕께서 신을 협박하신다면 지금 제 머리를 벽옥과 함께 기둥에 부딪혀 부수고 말겠습니다."라며 소양왕을 협박했다.

벽옥이 깨질까 겁이 난 소양왕은 지도를 가져와서 약속한 15성을 내주겠다고 했으나 인상여는 이를 믿지 않았다. 그는 소양왕에게 조나라 왕이 그랬던 것처럼 닷새 동안 목욕재계를 하며 자신을 구빈(九賓)의 예로 대할 것을 요구했다. 그 사이에 광성전(廣成傳)에 묵게 된 인상여는 종자를 시켜 벽옥을 가지고 몰래 조(趙)나라로 돌아가도록 했다.

중국 항주의 도자기 가게. 가운데 둥근 것이 벽(璧)의 모양을 딴 자기이다

닷새 뒤에 목욕재계를 마친 소양왕이 약속대로 인상여를 구빈의 예로 맞이했다. 그러자 인상여는 "진나라는 목공(穆公) 이래 20여 군주들 모두 약속을 분명하게 지킨 적이 없습니다. 진왕께서 성을 내주실 뜻이 없는 듯하여 벽옥을 이미 조나라로 돌려보냈습니다. 15성을 넘겨주신다면 조나라에서는 즉각 벽옥을 보낼 것입니다. 신이 대왕을 속인 죄는 죽어 마땅하오니 끓는 솥에라도 들어가겠습니다."라고 대답했다. 소양왕과 진나라 신하들은 놀라서 서로를 바라보았다. 몇몇 신하들은

인상여를 죽일 것을 주장했으나 소양왕은 "지금 인상여를 죽인들 벽옥을 얻지 못할뿐더러 조나라와의 관계만 끊어질 뿐이다."라며 인상여를 잘 대접해 돌려보냈다.

인상여가 돌아오자 혜문왕은 제후들 사이에서도 조나라의 체면을 상하지 않게 했다고 여겨서 그를 상대부(上大夫)로 삼았다. 이후 진나라는 조나라에 15개 성읍을 주지 않았고, 조나라 또한 진나라에 벽옥을 주지 않았다. 이처럼 인상여가 흠집 없이 벽옥을 돌려받아 돌아온 일화에서 완벽(完璧)이라는 고사성어가 유래했다. 중국어로는 완벽귀조(完璧歸趙)라고도 부른다. 또한 인상여가 소양왕에게 화를 내며 머리카락을 곤두세웠던 당시의 일화에서 노발충관(怒髮衝冠), 노발충천(怒髮衝天)이라는 고사성어가 유래했다.

BC 279년(혜문왕 29), 진 소양왕은 조 혜문왕에게 서하(西河) 바깥 민지(澠池)에서 우호를 위한 연회(好會)를 갖고 싶다고 했다. 혜문왕은 겁이 나서 가지 않으려 했으나 인상여가 장군 염파(廉頗)와 함께 가서 지혜를 발휘해 충돌을 막았다. 회담에서 돌아온 후 인상여는 공로를 인정받아 상경(上卿)에 임명되었는데, 그 지위가 장군 염파보다 높았다. 염파는 전쟁터에서 공을 세운 자신보다 말만 잘하는 인상여가 더 높은 지위에 있다며 불만을 품고는 "내가 인상여를 만나면 반드시 욕을 보이리라."라고 말했다. 이 말을 들은 인상여는 늘 염파를 피해 다녔다. 인상여의 사인(舍人)들은 인상여가 그를 두려워해서 피한다고 생각하고는 실망해 그를 떠나겠다고 말했다. 그러자 인상여는 진나라 왕도 겁내지 않은 자신이 염파를 겁내겠느냐고 반문했다.

"내가 생각하기에 진나라가 우리 조나라를 감히 범하지 못하는 까닭은 우리 두 사람이 있기 때문이다. 지금 서로 싸우면 모두 살아남지 못한다. 내가 그를 피한 것은 나랏일이 먼저이고 사사로운 원한은 나중이기 때문이다."

염파는 이 말을 듣고는 웃통을 벗고 가시나무를 등에 진 채 인상여의 집문에 이르러 사죄했다. 마침내 두 사람은 목을 내놓아도 아깝지 않을 우정을 나누었다. 여기서 굳은 우정을 의미하는 문경지교(刎頸之交) 혹은 문경지우(刎頸之友)라는 고사가 유래했다. 또한 염파가 웃옷을 벗고 가시나무를 등에 졌다는 고사에서 진심으로 죄를 인정하고 스스로 벌을 받아들인다는 의미의 육단부형(肉袒負荊), 부형청죄(負荊請罪)라는 고사성어도 생겨났다.

BC 260년(효성왕 7), 장평대전이 일어나 진(秦)의 장군 왕흘(王齕)이 조나라를 공격해왔다. 이에 조 효성왕은 염파에게 대적하게 했으나 염파는 보루를 단단히 쌓고 싸우지 않았다. 계속해서 싸움을 걸었으나 염파는 응하지 않았다. 그러자 진나라 측에서는 첩자를 풀어서 "진나라가 가장 걱정하는 것은 오로지 마복군 조사(趙奢)의 아들 조괄(趙括)이 장수가 되는 것뿐이다."라는 말을 퍼뜨렸다. 효성왕은 그 말을 믿고는 조괄을 염파 대신에 장수로 삼으려 했다. 당시 병을 앓고 있던 인상여가 효성왕에게 "왕께서 명성만으로 조괄을 쓰려고 하시는데, 이는 아교로 슬(瑟, 거문고)의 발을 붙이고 슬을 연주하려는 것과 같습니다. 조괄은 그저 그 부친이 전한 책만 읽었을 뿐 임기응변을 모릅니다."라고 반대했다. 이 일화에서 교주고슬(膠柱鼓瑟)이라는 고사성어가 유래했다. 그러나 효성왕은 인상여의 말을 듣지 않았다.

결국 조괄이 염파를 대신하여 장평에서 군대를 지휘하게 되었다. 젊은 조괄은 적의 도발에 넘어가 우세한 병력으로 진군을 한꺼번에 치겠다며 전군을 거느리고 성을 나갔지만, 총대장이 조괄로 바뀌었다는 소식을 듣고 몰래 왕흘 대신 진군의 총대장이 된 명장 백기(白起)에게 후방을 노출당해 패하고 말았다. 이로 인해 조괄 자신은 죽음을 맞았고, 조(趙)나라는 45만 명의 병사를 잃었다. 이후 조나라의 국세는 크게 기울어 30여 년이 지난 후에는 진시황제의 침공으로 멸망했다. 사마천은 《사기》 권 81 '염파 인상여 열전'에 이들의 공로를 기록했다.

손빈과 방연

손빈(孫臏, BC 382~316)은 전국 시대의 전략가이다. 병가(兵家)의 대표적 인물 중에 한 명이다. 그는 손무(孫武)의 5대손이고, 손무와 같이 손자(孫子)로 불린다. 손빈병법(孫臏兵法)은 손빈이 저작한 병법이다. 빈(臏)이란 이름은 무릎뼈(슬개골)를 도려내는 형벌을 받아서 그렇게 불리게 되었다.

방연(龐涓, ?~BC 342)은 중국 전국 시대 위나라(魏)의 장수이다. 제나라(齊)의 군사인 손빈(孫臏)의 라이벌로 귀곡산장에서 은거한 귀곡자(鬼谷子) 밑에서 손빈과 같이 수학했다. 그때 늘 손빈에게 밀렸던 방연은 손빈의 재능을 질투해 손빈이 자신의 앞길에 걸림돌이 된다고 생각했다. 방연은 먼저 출세해 위(魏)나라의 관직에 오르고 혜왕(惠王)의 장군이 되었지만, 손빈에 대한 열등감이 있어 손빈을 속여 위나라로 초대한 뒤, 손빈을 모함해 빈(臏)형과 경(黥)형을 당하게 했다. 그 후, 손빈은 제나라에서 사신이 왔을 때 은밀하게 만난 사신의 도움으로 위나라를 성공적으로 탈출했다. 그 후 그는 제(齊) 장군 전기(田忌)의 빈객(賓客)이 되었다.

어느 날, 제 위왕(齊威王), 공자(公子)들, 전기가 세 쌍의 말로 승부를 겨루는 경마를 개최했다. 손빈은 전기에게 경마에서 승리할 수 있는 묘수를 알려주었다. 저쪽에서 상등(上等)의 말이 나오면 전기는 하등의 말을 내보내고, 중등의 말을 내보내면 상등의 말을 내보내고, 하등의 말을 내보내면 중등의 말을 출전시키라는 것이었다. 그렇게 하여 전기는 2승 1패로 천금의 돈을 따게 되었다. 이 경주에 기분이 좋아진 전기는 왕에게 손빈을 추천했고, 왕은 손빈을 병법의 스승으로 받들게 되었다.

그 후 위나라가 조(趙)나라를 공격해 수도를 포위했다. 조나라는 제나라에 구원을 요청하여 제나라 왕은 전기를 장군으로 삼아 손빈과 함께 파견했다. 하지만, 손빈은 조나라 수도로 향하려고 하는 전기를 설득해 위나라 본국을 공격했다. 그때 위나라 본국에는 약한 노병이 남아 있을 뿐이었다. 조나라를 포위하고 있던 위나라의 주력군은 당황해서 포위를 풀고 서둘러

되돌렸지만, 강행군으로 피로가 쌓여 제나라군의 공격을 받아 대패했다. 이것이 계릉전투(桂陵戰鬪)로 손빈은 조나라를 구했다.

13년의 세월이 흘러 위나라가 방연을 장군 삼아 한나라(韓)를 공격하면서, 다시 전기가 장군으로, 손빈이 참모가 되어 한나라 구원군에 파견되었다. 제나라군은 지난 전쟁같이 위나라의 수도를 공격하려고 했지만, 방연도 여기에 대비해 본국에도 정예병을 남겼다. 이로 인해 제나라 군이 움직이지 못하도록 붙잡는 한편, 방연이 지휘하던 한나라 공략 부대를 철수하게 해 제나라군을 양쪽에서 협공하려고 했다. 이것을 안 제나라군은 곧 군의 철수 작전을 썼지만, 손빈의 작전대로 방연을 타격하기 위한 유인책을 사용했다. 일반적인 철수의 경우에는 추격군이 훨씬 우위에 있게 되지만, 손빈은 감조지계(減竈之計)를 사용하여 오히려 방연이 섣불리 추격하도록 덫을 놓았다. 아궁이의 수를 첫날에는 10만 명이 밥을 먹을 수 있을 정도의 개수를 남긴 뒤, 다음 날에는 절반, 그다음 날에는 또 절반, 이런 식으로 계속 아궁이의 수를 줄여나갔다. 결국 방연은 이를 보고 “위나라의 군사는 용맹하지만, 제나라의 군사는 겁쟁이다. 제나라 군사들이 겁에 질려 밤을 도와 탈영하는구나”라고 판단하게 만들었다. 방연은 더욱 힘이 나서 맹렬히 제나라군을 추격했다. 한편, 손빈은 도망치면서 추격 도로 끝 골짜기인 마릉(馬陵)에서 주위의 나무들을 모두 베어 방책을 만든 후, 한 그루의 나무만 남겨두었다. 그리고 그 나무의 한쪽 껍질을 벗겨낸 후 거기에 龐涓死于此樹之下(방연이 이 나무 밑에서 죽는다)라고 적어두고, 양 언덕에 궁수 일만 명을 매복시켰다. 과연 계산대로 한밤중이 되자 방연의 기병대가 방책에 도착했다. 방연은 골짜기 한복판의 나무에 쓰인 글을 읽기 위해 관솔불을 피웠다. 이것이 신호가 되어 제나라 복병들은 그곳을 향하여 일제히 쇠뇌를 발사해 위나라 군사들이 순식간에 몰살당했다. 방연은 “기어코 그 녀석의 이름을 떨치게 만들었구나”라고 탄식한 후 자결했고, 위나라의 태자 신(申)은 포로가 되었다. 사령관을 잃은 위나라 군은 제나라 군에 대패했다. 이 마릉 전투의 승리로 인하여 병가 손빈(兵家孫臏)의 이름은 천하에 알려졌다고 전해진다. 저서《손빈병법》은 당나라 이후에 유실되었는데, 1972년 인췌산 한 묘에서 그 죽간이 발굴되었다.

굴원과 서문표

굴원(屈原, BC 343~278)은 전국 시대 초(楚)의 정치가이자 시인이다. 북방에 공자가 편찬한《시경(詩經)》이 있어 중국 시의 원형이 되었다면 남방에는 굴원의《이소(離騷)》를 중심으로 한 초사(楚辭)가 있어 사부(辭賦) 문학의 원형이 되었다. 시경이 현실적이고 고전적이며 사실적인데 비해 초사는 환상적, 신화적이며 낭만적인 경향을 지닌다. 애초 굴원은 초나라의 왕족 출신으로 사신 접대, 법령 제정 및 반포 등에 관여하는 직위에 있었으나 그의 재주를 시기한 정적들의 모함으로 동정호 옆 소상(瀟湘) 강변으로 유배된 뒤 어부사(漁父辭)를 남기고 투신자살했다고 전해진다.

어부사(漁父辭)는 어부가 그와 대화하는 방식으로 썼다. 어찌 고귀한 분이 여기 오셨느냐는 어부의 물음에 굴원은 "거세개탁 아독청, 중인개취 아독성(擧世皆濁 我獨清 衆人皆醉 我獨醒)이라 그리 됐다"며 더러운 세상에 나 혼자 깨끗하니 어찌 귀양 오지 않을 수 있겠느냐고 했고, 어부는 그에게 "창랑지수청혜 가이탁오영 창랑지수탁혜 가이탁오족(滄浪之水淸兮 可以濯吾纓 滄浪之水濁兮 可以濯吾足)"이라고 답했다. 즉 창랑의 물이 맑을 때는 갓끈을 씻고 창랑의 물이 탁할 때엔 발을 씻는다며 좀 더 융통성 있게 세상에 대처하여 몸이 좀 더러워지더라도 세상에 뛰어들어 더러운 세상을 맑게 만드는 것이 선비의 도리 아니겠느냐는 것이다. 굴원은 어찌 깨끗한 내 몸을 더럽힐 수 있겠느냐며 물에 뛰어들었다. 그가 투신한 날은 마침 5월 5일이었다. 어부들은 그를 구하기 위해 현장을 향해 어선을 타고 달렸는데, 그것이 후에 용선(龍船) 게임이 되었고, 어부의 아내들은 풀잎에 고기를 싸서 물에 던지며 "물고기들아, 이 고기를 먹고 제발 선생님의 시신은 건들지 마라"라고 기도했는데, 그것이 만두의 기원이 되었다는 설(設)도 있다. 그는 작품 이소(離騷)와 함께 단오제 풍습으로 남아 고고한 절개를 지킨 충신의 대명사가 되었다.

서문표(西門豹, ?)는 공자의 제자로 공문십철의 한 명인 자하(子夏) 밑에서 학문을 배웠으며 후에 위(魏) 문후의 명으로 업성(鄴城)의 태수를 지냈다. 서문표가 업(鄴) 땅에 도착해보니 성안이 한산하고 왕래하는 사람이 적었으며 민심도 좋지 않았다. 서문표가 장로(長老)들을 불러놓고 백성들의 괴로움이 무엇인가를 물었다.

장로가 말했다.

"하백(河伯)에게 신부감을 바치는 일이 괴로우며 그 때문에 가난하기도 합니다."

그곳은 황하의 물길이 거세어 강을 다스린다는 하백(河伯)에게 첩을 바친다는 명분으로 매년 처녀를 공희(供犧)하는 풍습이 있었다. 제물인 처녀를 고르는 사람은 70세를 넘긴 큰무당이었고, 그 핑계로 세금을 걷어 재물을 모으는 것은 그 지방의 세 유력 장로였다. 또 큰무당에게는 4명의 제자 무당들이 있었다. 서문표는 제사 현장에 가서 제물이 될 처녀를 보고는 큰무당에게 "자네가 고른 처녀가 인물이 반반하지 못하니 오히려 하백의 분노를 살까 염려된다"며 큰무당에게 "다음에 날을 잡아 더 나은 처녀를 첩으로 바치겠다"고 말하고 오라면서 병사들을 시켜 큰무당을 물속에 던졌다. 그 후에는 큰무당이 오지 않는 연유를 알아오라며 4명의 제자를 수장시켰고, 무당들의 생사를 알아오라며 세 장로까지 수장시켰다.

보통은 아무런 배경이 없는 상태에서 이런 일을 저지르면 무당과 결탁한 지역 토호들에게 몰래 숙청당했겠지만, 서문표는 당대 위나라의 왕 문후와 문후의 스승인 자하의 제자라는 뒷배 때문에 그들도 감히 손을 댈 수가 없었다. 그는 그렇게 하백에게 제물을 바치는 무속(巫俗)의 폐해를 없애고 오히려 12개의 수로를 만들도록 해 척박한 지형에 물을 대어 논밭을 일구고 농사를 진흥했다. 이 수리(水利) 덕분에 백성들이 모두 부유해졌다.

서문표는 그렇게 주술(呪術)의 시대를 인의(仁義)와 민생(民生)의 시대로 전환하도록 했다. 또한 공자의 가르침을 받든 정치는 그 후 중국 정치의 이상적 모델이 되었다. 지금도 서문거(西門渠)란 지명이 남아 있는데, 이곳은 그가 수로 건설을 위해 처음 땅을 판 곳이란 유래가 있는 곳이다. 후에 위(魏)나라 출신의 정치가, 조조(曹操)는 서문표를 롤 모델로 삼았다. 그래서 조조는 "업(鄴)의 서쪽 언덕 서문표(西門豹) 사당 부근에 묻어 달라."고 유언했다고 한다. 근래에 그곳에서 실제로 조조의 무덤으로 추정되는 큰무덤이 발굴되기도 했다.

소진과 장의

소진(蘇秦, BC 343~284 추정)은 전국 시대 연(燕)나라 문후의 유세가로 조, 한, 위, 제, 초, 연 6국을 동맹하여 강대국 진(秦)나라에 대항한다는 합종책(合縱策)을 편 인물이다. 그는 6국 동맹국의 재상으로 강대국 진나라의 동방 진출을 막아 15년간 중원에 평화를 가져왔다. 소진은 동주(東周), 낙양(洛陽) 지역의 가난한 집안에서 태어났는데, 젊은 시절 농사를 짓지 않고 집안일도 돕지 않아 가족들에게 질타를 받고 무시당했다. 그러나 유세가가 되어 천하를 호령하겠다는 야심을 품고 있던 그는 운몽산을 찾아가 초나라의 사상가 귀곡자에게 가르침을 받았다. 이때 훗날 연횡설로 자신과 경쟁하게 될 장의(張儀, BC 373~310 추정)를 만나게 된다. 하산한 후 그는 자신의 유세술을 펴기 위해 각국을 순회했다.

소진은 먼저 주나라 현왕을 찾아갔으나 만나지도 못한 채 발걸음을 돌려 진나라 혜문왕을 찾아갔다. 그러나 혜문왕은 유세가인 상앙을 처벌한 지 얼마 지나지 않았던 터라 소진의 유세에 큰 흥미를 가지지 않았다. 소진은 다시 조나라 숙후(肅侯)를 찾아갔지만 역시 등용되지 못했다. 소진은 마지막으로 연나라 문후(文侯)를 만나 천하 연맹의 계책을 내놓았으니 그것이 합종책이었다.

당시 전국 시대는 주나라의 힘이 약해짐에 따라 전국 7웅이 위세를 떨쳤다. 초기에는 위나라가, 이후 진나라와 초나라가 강국으로 올라서면서 서로에게 위협적인 존재가 되었다. 중원에서 상대적으로 동북쪽에 위치해 있던 연나라는 이들 세 나라에 비해 뒤늦게 두각을 나타내었다. 소진의 합종책을 들은 연나라 문후는 소진을 재상으로 등용하고 그의 계책을 따르기로 했다. 그리고 조나라와 연합하기 위해 소진을 사신으로 보냈다. 조나라 숙후를 다시 만난 소진은 서쪽에 있는 진나라가 가장 경계하는 것이 조나라이며, 그럼에도 진나라가 조나라를 공격하지 못하는 이유는 그 틈을 타 한나라와 위나라가 힘을 합칠 것을 두려워하기 때문이라고 말했다. 반대로 진나라가 한나라와 위나라를 공격하여 점점 세력이 확장되면 곧 조나라도 공격해 올 것이라고 말하며 숙후의 위기의식을 부추겼다. 소진은 진나라가 동쪽으로 진출하는 것을 막기 위해서는 그 밖의 주변국들, 즉 한, 위, 제, 초, 연, 조나라가 연합(합종)하여 진나라를 물리쳐야 한다고 말했다. 숙후는 소진의 의견을 받아들여 그를 종약장으로 임명하는 한편 조나라의 승상으로 등용했다. 소진은 이어 한나라 선왕, 위나라 양왕, 제나라 선왕, 초나라 위왕을 알현하여 합종책을 설파했다. 소진은 이렇게 6국의 합종에 성공하여 6국의 재상이 되었고, 진나라에 합종의 서를 보냈다.

조나라에 도착한 소진은 무안군에 봉해졌다. 소진의 합종책은 이후 15년간 지속되면서 진나라의 동쪽 진출을 막았다. 그러나 6국의 합종은 진나라의 재상 장의에 의해 균열이 생기기 시작했다. 장의는 진나라 혜문왕에게 소진의 합종책에 대항한 연횡책(連橫策)을 진언했다. 연횡책은 진나라가 6개 국가와 개별적으로 동맹을 맺어 비동맹 국가들을 억제하고 공격하는 정책이었다. 장의는 6국의 합종은 인위적이고 일시적인 것으로, 6국 모두 궁극적으로는 중원의 패권을 차지하려는 목적을 가지고 있기 때문에 결속력이 약하고, 서로의 신뢰가 부족하다는 점을 꿰뚫어 보았다. 진나라는 합종을 깨뜨리기 위해 계략을 꾸몄다. 위나라 재상이던 서수(犀首)를 통해 제나라와 위나라에 조나라가 합종책을 이용해 나머지 5국을 집어삼키려는 음모를 꾸민다는 의구심을 불러일으킨 것이다.

제나라와 위나라는 조나라를 공격해 왔고, 당시 조나라에 머물던 소진의 입지가 불안해졌다. 소진은 연나라를 설득해 제나라를 칠 군사를 지원받겠다고 고하고 조나라를 떠났다. 소진의 합종책은 서서히 분열되기 시작했다. 진나라는 이때를 기회로 삼아 각국과 연합해 제나라를 공격했다. 기원전 284년 연나라 악의(樂毅)가 이끄는 연합군이 제나라를 공격하면서부터 소진의 모든 행동이 제나라 왕과 대부들에 의해 불신당하게 되었다. 제나라 민왕은 소진을 반간죄로 다스려 거열형을 명했다. 소진이 죽고 난 후 연합군은 제나라를 함락시키고 민왕을 죽였다.

합종설의 추진자는 소진(蘇秦)이고, 연횡설의 추진자는 장의(張儀)였다. 소진은 낙양 출신이고 장의는 위나라 사람인데, 함께 귀곡 선생(鬼谷 先生)에게서 수학한 적이 있었다. 장의는 진나라에 등용되기 전까지 갖은 수모를 겪다가 마침내 진 혜문왕을 만나 정치 고문이 되었다. 그 후 얼마 지나지 않아 재상으로 승진했고, 촉나라를 평정하고 위나라의 일부를 차지하는 공을 세웠다. 6년 뒤에는 진나라와 짜고 위나라로 가서 재상이 되었다. 위나라 조정이 진을 섬기게 하려 했으나 말을 듣지 않자 진나라에 몰래 연락해 위나라가 위기에 처하도록 만들었다. 이듬해 제나라가 위나라를 공격하고 마침내 진나라가 위를 공격할 목적으로 먼저 한나라를 쳐 군사 8만 명을 몰살시켰다. 이에 장의는 위나라 왕을 설득해 소진이 이룩해 낸 합종책의 약속을 깨고 진나라와 화친했으며, 장의는 다시 진으로 돌아가 재상이 되었다. 3년 뒤 위는 진을 배반하고 합종에 재가담했으나 진이 공격하자 다시 화친했다.

장의는 강대국 초나라로 달려가 초를 진나라와 협상하도록 했고, 다시 한나라로 가 그 왕을 협박해 한 역시 진을 섬기도록 했다. 진나라로 돌아간 그는 혜문왕으로부터 무신군(武信君)이라는 칭호를 받고 다시 제나라로 갔다. 제나라 왕 또한 장의의 설득을 듣고 진을 섬기게 되었으며, 조나라 왕 역시 장의에게 설득되었다. 그뿐만 아니라 연나라까지 설득해 진나라와의 연횡책을 완성시켰다.

그 후 장의는 진나라로 돌아갔으나 그때 진의 왕이 혜문왕의 아들 무왕으로 바뀌어 있었다. 진 무왕은 어릴 적부터 장의를 싫어했기 때문에 이를 눈치챈 신하들이 장의를 비방하기 시작했다. 장의와 왕의 관계가 예전만 못하다는 소문이 퍼져 다시 모든 나라는 연횡책을 버리고 다시 합종책을 택했다. 이후 장의는 자원해서 위나라로 간 뒤 1년 동안 재상을 하다 죽었다.

맹상군과 풍환

맹상군(孟嘗君, BC ?~279)은 전국 시대 제(齊)의 공족으로 성은 전(田)이고 이름은 문(文)이었다. 맹상군은 그의 시호이다. 제 위왕의 막내아들이자 선왕(宣王)의 이복동생인 정곽군 전영의 아들로 태어났다. 식객 1,000여 명을 거느렸고 위(魏)의 신릉군, 조(趙)의 평원군, 초(楚)의 춘신군과 함께 전국 시대 말기 4군 가운데 한 사람으로 꼽힌다. 그의 아버지 전영(田嬰)은 설(薛)에 영지를 가지고 있었다. 전영에게는 40명이나 되는 자식이 있었고, 전문의 어머니가 출신 신분이 낮았으니 그 소생인 전문도 천덕꾸러기로 자랐다. 그는 아버지를 도와 식객(食客)을 대접하는 역할을 맡았는데, 그 덕분에 식객들 사이에서 전문의 평판이 매우 높아졌다. 그것이 제후들에게까지 알려져 전영은 마침내 전문을 후사로 세우게 되었다. 아버지의 뒤를 이은 전문은 뭐든 한 가지라도 재주가 있으면 거부하지 않고 적극적으로 식객을 받아들여 그 수가 수천에 이르렀다.

한 번은 전문이 식사하면서 식객들과의 사이에 칸막이를 쳤다. 그것을 본 식객 한 사람이 "자신과 손님의 음식에 차이를 두니 숨기는 것이다"라고 말했다. 이를 들은 전문이 칸막이를 치우도록 하여 손님에게 살펴보게 하니 주인인 전문과 손님 양쪽 음식은 똑같았다. 의심한 것을 부끄러워한 손님은 스스로 목을 찔러 죽었다.

이 사건이 알려지면서 전문의 명성은 더욱 높아져 기원전 299년, 진(秦)의 소양왕(昭襄王)은 전문을 재상으로 영입하고자 했다. 전문은 이에 호응해 동반을 자원하는 식객 몇을 데리고 진으로 들어갔다. 그러나 어떤 사람이 소양왕에게 "전문이 인재임은 분명합니다만 제(齊)나라 사람으로, 진의 재상이 되어도 제나라의 이익을 앞세울 것이 틀림없습니다. 그러나 돌려보낸다 해도 진의 위협이 될 것입니다."라고 진언했다. 소양왕은 이를 받아들여 전문이 머무르던 저택을 포위해 전문의 목숨이 위태롭게 되었다. 전문은 식객을 소양왕의 애첩인 연희에게 보내 목숨을 구걸했다. 하지만, 연희는 전문이 가지고 있던 보물 호백구(狐白裘)를 준다면 소양왕에게 구명을 부탁해 보겠다고 말했다. 호백구는 여우의 겨드랑이 흰 털만 모아서 만든 옷으로 한 벌에 여우 1만 마리가 드는 희귀한 것이었다. 그러나 전문은 이미 진에 들어오면서 소양왕에게 이를 바쳐버린 뒤였다. 어떻게 할까 고민하던 중, 전문의 식객 중 한 명인 구도(狗盜)가 나서서 소양왕의 곳간에 있던 호백구를 훔쳐 왔다. 이를 연희에게 바치자 저택의 포위가 풀렸고, 전문은 일단 위기를 벗어날 수 있었다.

왕의 마음이 언제 바뀔지 모르는 상황에서 전문은 서둘러 귀국길에 나섰고 한밤중에 국경 함곡관(函谷關)까지 당도했다. 그러나 관문은 밤이라 닫혀 있었다. 아침이 되어 닭이 울 때까지는 열지 않는 것이 규칙이었다. 이미 마음이 바뀐 소양왕은 추격자를 보낸 상태였다. 전문이 다시 곤란해하는 와중에 식객 가운데 한 명이 나서 닭의 울음소리를 흉내 내자 그에 이끌려 진짜 닭들도 울기 시작했다. 닭 울음소리를 따라 함곡관의 문이 열려 전문은 마침내 탈출할 수 있었다. 소양왕의 추격자는 새벽녘에 함곡관에 도착했지만, 전문이 밤중에 관문을 통과한 것을 알고 돌아서야 했다. 평소 학자와 무예가 등의 식객들은, 전문이 도둑질이나 흉내 내는 재주밖에 없는 사람까지도 식객으로 받아들이는 것에 불만을 품었지만, 이때만은 "역시 어떤 사람도 다 쓸모가 있다"라며 전문의 선견지명에 감탄했다. 계명구도(鷄鳴狗盜)의 고사는 여기서 유래했다.

귀국한 전문은 제나라의 재상이 되어 한, 위와 연합해 진을 공격하기도 했다.

얼마 뒤에 풍환(馮驩, ?)이라는 가난한 사람이 찾아왔다. 전문은 그를 식객으로 맞아들여 하급 숙소에 재웠다. 그러자 풍환은 검을 두드리며 불만을 노래하기 시작해 결국 최고 식객 대우를 하며 그를 고급 숙소에 재웠다. 이번에도 풍환은 또다시 검을 두드리면서 "내 장검아, 돌아갈까? 이래서는 우리 가족도 못 먹여 살리겠다!"라며 노래해댔다. 여기에 전문도 질려서 1년 정도는 그를 쳐다보지도 않았다.

당시 전문은 물려받은 설(薛) 땅의 토지를 백성에게 빌려 주고 그 이문으로 식객을 유지하고 있었는데, 이자를 내지 않는 백성도 있었다. 이를 독촉할 사람으로 풍환이 추대되었다. 풍환은 설(薛)에 가자마자 백성을 한자리에 모아 이자를 낸 사람들에게서 거둔 그 돈으로 고기와 술을 사서 백성들과 연회를 열었다. 연회가 무르익을 즈음 그는 이자를 갚지 않는 자에게 상환할 가망이 있는지 물었다. 그런 뒤 그는 낼 수 있는 사람은 상환 기한을 연장하고, 낼 수 없는 사람의 증서는 따로 모아 빚 문서를 태워 버리고는 "이자를 못 갚을 정도로 가난한 사람에게 자비를 베풀어 빚 문서를 불사르도록 명령을 받았다. 전문 나리에게 감사하라"라고 말했다. 그 자리에 있던 백성은 모두 전문에게 감사의 절을 올렸다.

그러나 막상 결과를 들은 전문은 분노하여 풍환에게 따졌다. 풍환은 "이자를 못 갚을 정도로 빈궁한 사람들에게 이자를 내라고 해봤자 그들은 달아날 뿐 아니라 원망까지 할 것이며 '전문은 돈을 사랑하고 백성을 사랑하지 않는다. 그리고 백성도 더 이상 전문에게 빚을 내지 않는다'는 악평이 퍼져 전문의 명성도 땅에 떨어지게 될 것입니다. 저는 받아낼 전망도 없는 증서 대신에, 영지 백성들에게 은혜를 팔아 천하에 전문의 덕의 높이를 알린 것입니다"라고 대답했다. 여기에는 전문도 감복할 수밖에 없었다. 그 뒤 풍환은 전문 옆을 지키는 참모가 되어 직언을 아끼지 않았다고 한다. 전문은 기원전 279년에 사망했고, 맹상군이라는 시호를 받았다.

이런 풍환의 일화로 알 수 있는 것은 주나라의 분봉(分封)이란 제도가 주나라 왕과 제후들 사이에만 있었던 것은 아니었다는 사실이다. 천자로부터 일정한 땅을 분봉 받은 제후는 그 땅의 일부를 다시 토착 귀족들에게 나누어 주었는데, 그들을 보통 대부(大夫)라 했다. 대부(大夫)들 중에서도 권력이 커진 자는 자신의 영지를 분할 관리하면서 정작 자신은 제후가 있는 수도에서 정치를 했다. 이때 가신(家臣)들이 영지에서 농민들과 직접 관계를 맺으며 토지를 관리하고 세금을 징수하는 등의 마름 역할을 하며 실질적 지배력을 갖추게 되니 그들이 선비[士] 계층이 되었다.

선비들은 수도에 사는 제후와 대부라는 지배층과 달랐다. 시골에서 농민들과 함께 살며 때로는 농민들의 실정을 위로 전달하기도 하고, 때론 지배층의 지시를 농민에게 전달하기도 했다. 그들은 이런 일을 주로 문자(文字)를 통한 문서로 보고하면서 자연스럽게 많은 지식과 정보를 갖춘 자유로운 선비 계층을 이루었고, 독특한 사회적 위상을 갖게 되었다. 이 일화에 나오는 풍환이 그런 자이며, 그 대표는 바로 공자(孔子)라고 할 수 있다. 능력 있는 개인이 신분을 뛰어넘어 출세할 수 있는 시대가 바야흐로 도래한 것이었다. 제자백가(諸子百家)가 등장하고 백가쟁명(百家爭鳴)으로 갖가지 사상적 기초가 태어나고 성장한 뿌리가 이런 계층의 위상 제고(提高)와 깊은 관계가 있다.

곽외(郭隗, BC 351~297)

전국 시대 연나라 소왕은 임금이 되자 부왕을 죽이고 나라를 짓밟았던 제나라에 앙갚음하기 위해 부국강병에 힘썼다. 소왕은 부국강병을 위해 먼저 인재를 얻지 않으면 안 된다고 생각했다. 그러나 연나라는 너무 추운 북쪽에 위치한 데다 물산도 풍부하지 못했던 탓에 한 명도 지원하는 자가 없었다. 그때 처음으로 곽외란 자가 지원하고 나서자 반가운 마음에 소왕이 물었다.

"그래 귀하의 능력은 무엇이오?"

"저의 특기는 구구단입니다."

곽외의 답변을 들은 소왕이 불쾌한 빛으로 말했다.

"아니 겨우 구구단을 특기라 하며 등용되기를 바라다니!"

그러자 곽외가 말했다.

"지금 군왕께서 인재를 구하고자 하나 아무도 지원하지 않습니다. 이때 겨우 구구단이 특기인 곽외를 등용했다는 소문이 나면 저보다 나은 능력을 가진 많은 인재가 구름처럼 몰려들 것입니다. 그러니 먼저 저 곽외부터 등용하십시오."

그럴듯하다고 여긴 소왕은 곽외를 등용했고, 그때부터 전국의 인재가 연나라 조정으로 모여들었다. 그래도 인재가 부족하다고 생각한 소왕은 곽외를 찾아가서 천하의 인재를 얻는 방법을 물었다.

스스로를 천거해 벼슬에 오른 곽외는 임금에게 인재를 구하는 방법에 대해 연인(涓人)의 고사를 이야기했다.

"옛날 어떤 왕이 천리마를 구하고자 천 냥의 현상금을 걸었습니다. 그러나 아무리 기다려도 한 마리도 구할 수 없었습니다. 이때 연(涓)나라 출신의 한 신하가 나서며 '제가 구해오겠습니다.' 하고는 천 냥을 갖고 길을 떠났지요. 얼마 후 신하는 죽은 말뼈를 포대에 담아 돌아와 이렇게 고했습니다. '제가 죽은 천리마 뼈를 오백 냥을 주고 구해 왔습니다.' 이 말을 들은 왕이 노발대발한 것은 당연했고 '나는 산 천리마를 구하고자 했다. 그런데 죽은 말뼈라니! 이 자를 당장 처형하여라!' 하고 명했습니다. 그러자 그 신하가 이렇게 말했습니다. '왕께선 너무 노여워하지 마십시오. 제가 죽은 말뼈조차 오백 냥에 샀다는 소문이 세상에 전해지면 이제 세상의 천리마를 가진 자들은 큰돈을 바라며 모두 이 궁으로 달려올 것입니다.' 결국 임금은 자신의 명령을 거두었고, 과연 얼마 후 여러 마리의 천리마가 궁으로 모여들었습니다."

연왕이 곽외의 그 말을 듣고 그리했더니 악의(樂毅), 추연(趨衍), 극신(劇辛) 같은 인재들이 다투어 연나라로 모여들었다. 소왕은 마침내 악의를 상장군으로 해 제나라를 일거에 휩쓸고 들어가 꿈에서도 바라던 원수를 갚을 수 있었다.

제 9 강

제자백가의 등장

철학자 칼 야스퍼스는 인류가 생각할 수 있는 사상의 대부분이 생겨난 시대를 '축(軸)의 시대'라고 지칭했다. 그 축의 시대(독일어: Achsenzeit)는 BC 8세기부터 BC 3세기까지를 일컬으며, 1949년 출간한 그의 저서《역사의 기원과 목표(Vom Ursprung und Ziel der Geschichte)》에 처음 등장하는 개념이다. 이 시기에 인도의 석가모니, 중국의 공자, 그리스의 소크라테스와 플라톤 같은 여러 사상가가 등장했다. 야스퍼스는 이 시기에 새로운 사상과 철학이 중국, 그리스, 인도, 페르시아에서 직접적 문화 교류 없이 발생했다고 주장하며, 이 시기에서 미래 철학자와 종교에 영향을 미친 핵심 사상가들과 그들 사이 공통적으로 떠오른 특징을 분류했다. 그것은 결국 사람과 사람 사이의 관계와 사람과 집단(국가 혹은 사회 같은 공동체)의 관계를 말한 것이고, 그들이 말한 것은 오늘날까지 2천 년이 넘도록 그 기본 축(軸)을 이루고 있다는 것이다. 간단히 말하면 모든 사상은 기원전 400년경에 이미 다 말했다는 것이다. 그 뒤의 모든 사상는 그것에 대한 변주와 주석인 '찻잔 속의 태풍'일 뿐이라는 것이다. 물리학 용어를 빌리면 현대는 그 시절 발생한 특이점(特異點)의 연장선상에 있을 뿐이라는 말이다.

중국에서 BC 770년부터 BC 221년까지를 일컫는 춘추 전국 시대는, 칼 야스퍼스가 말한 공자 이외의 여러 인물과 사상이 등장하여 사회 전반에 큰 변혁이 일어난 시기였다. 우선 정치적으로는 종법적 봉건제가 붕괴되고 사회적으로는 씨족 질서가 해체됨에 따라 혼란과 분열의 양상을 보였다. 하지만 춘추 전국 시대는 문화, 특히 사상적으로 중국 역사상 가장 풍요로웠던 시기였다. 이것은 제자백가(諸子百家)의 등장으로 가능했다. 이들에 의해 중국의 전통적 철학 체계가 형성되었다. 기존 질서가 붕괴하면서 각 제후국은 독자적으로 주 왕조를 제치고 천하를 움직이고자 하는 의도를 품기 시작했다. 이에 각국 군주들은 급변하는 정세에 맞춰 부국강병을 이룩하기 위해 경쟁적으로 인재를 등용했다. 엄격한 신분 질서에 금이 가자 귀족들은 더 이상 혈연을 신분 보장제로 생각하지 않았으며, 신분 이동이 가능하다고 생각하는 자들도 속출하기 시작했다. 결국 개인의 능력이 신분을 결정한다는 인식이 널리 퍼졌다. 게다가 자신들의 사상으로 변혁의 시대에 맞는 새로운 나라가 세워지길 원했던 제자백가가 자신의 학파를 전파하는 데 애쓰면서 학문의 기회가 평민에게까지 확산되었다. 이로써 제자백가의 활동은 더욱 활발해졌다.

제자백가는 자신의 정치적 주장들을 펼치고자 제후국들을 떠돌며 유세(遊說)하거나 제자들을 양성했다. 제자(諸子)들은 서책을 편찬하고, 자신의 사상을 민간에 전파하기도 했다. 당시 제자백가는 과거 하상(夏商) 시대의 신비주의, 주술과 마력의 사고에서 벗어나 인간을 중심으로 한 합리적인 사상을 펼쳤다. 일종의 중국식 인문주의인 르네상스가 펼쳐진 것이었다. 즉 인간 삶에서 신(神)을 분리하고, 인간의 의지가 운명을 결정짓는다고 생각했다. 또한 불완전하기는 했으나 자연의 원리를 합리적으로 파악하려는 움직임도 나타났다. 그리하여 최소한 하늘을 신과 동일시하거나 신이 살고 있는 곳으로 여기지 않고 자연의 일부분으로 인식했다. 제자백가의 인간 중심 사상은 어떻게 해야 더욱 인간다운 삶을 살 수 있을까 하는 고민으로 이어졌으며, 이는 제자백가가 정치에 참여하는 계기가 되었다. 제자백가는 자신들의 사상으로 현실 정치의 문제점을 해결하고 더 나은 세상을 구현할 수 있으리라 생각했다.

제자백가의 제자(諸子)와 백가(百家)는 수많은 학자와 학파를 의미하지만, 기록에는 약 14개 정도가 남아 있다. 제자백가에 대한 최초의 기록은《사기》에 나타나며, 유가(儒家), 묵가(墨家), 명가(名家), 법가(法家), 도가(道家), 음양가(陰陽家) 등이 기록되어 있다.《한서예문지(漢書藝文志)》는《사기》의 기록에 더하여 종횡가(縱橫家), 잡가(雜家), 농가(農家)를 포함하고 소설가(小說家)를 더했다. 또한 병서가(兵書家), 수술가(數術家), 방기가(方技家), 병가(兵家), 의가(醫家) 등도 등장하기 때문에 이를 제자백가에 포함시키기도 한다.

이들 제자백가는 각자의 입장에서 사회와 인간의 삶에 대한 사상과 학문을 제기했고, 같은 학파조차 시대와 장소에 따라 각기 다른 특성들을 보였다. 물론 제자백가의 시작은 유가의 창시와 맞물린다. 그 앞자리에 공자(孔子)가 있음은 분명하다.

유가(儒家)는 춘추 시대 말기에 공자에 의해 창시되었다. 공자가 비록 상(商)의 후손이라고는 하나 그는 상나라의 신정(神政) 정치를 배격하고 주공단을 흠모했다. 공자는 주나라 초기 주공(周公) 단(旦)이 실천했던 인의(仁義)와 예악(禮樂)을 중심으로 한 교화를 주장했다. 여기서 인의는 인간을 사랑하는 마음이며, 예악은 그것을 표현하는 방법으로, 공자는 주로 인간다운 삶을 실천하는 데 치중했다.

공자는 비록 숙량흘이 나이 어린 안씨 처녀와 몰래 야합해 탄생한 비천한 출신이었지만, 그 스스로 격이 높은 도덕적 삶을 실천하여 자신의 가치를 높인 사람이다. 춘추 시대 말기 공자가 살던 노(魯)나라에서는 환공의 후손이자 계손씨, 숙손씨, 맹손씨라는 소위 삼환(三桓)씨라는 대부(大夫) 집단이 제후를 추방하는 일이 벌어졌고, 그는 이런 무질서에 항거하다 14년간 망명객이 되었다. 이런 일을 통해 그는 본의 아니게 자신을 받아줄 제후를 찾아 떠난 최초의 자유로운 선비 계층의 선도가 되었다. 군주에 예속되지 않은 자유로운 지식인의 표상이 되어 후대에 큰 영향을 끼치게 된 것이다. 유가는 춘추 시대의 증자와 자사, 자하를 거쳐 전국 시대의 맹자(孟子)와 순자(荀子)에 의해 계승, 발전되었다.

맹자는 공자의 도를 근본으로 하여 그 의의를 재서술하고 보충했다. 그는 성선설(性善說)에 의한 4덕(四德)과 4단(四端)을 강조했다. 즉, 그는 사람의 마음속에는 인의예지(仁義禮智)의 타고난 고유한 덕성이 있다고 했다. 사단은 측은지심(惻隱之心), 수오지심(羞惡之心), 사양지심(辭讓之心), 시비지심(是非之心)의 네 가지 마음(감정)으로서 각각 인(仁), 의(義), 예(禮), 지(智)의 착한 본성[德]에서 발로되어 나오는 감정이다. 그러므로 단서라고 이름 붙였는데, 단(端)이라 함은 선(善)이 발생할 가능성을 가진 시초를 말하는 것이다. 이것은 맹자의 용어로서《맹자》공손추편(公孫丑篇)에 나온다.

인(仁)의 기본인 측은지심(惻隱之心)은 타인의 불행을 아파하는 마음, 의(義)의 기본인 수오지심(羞惡之心)은 부끄럽게 여기고 수치스럽게 여기는 마음, 예(禮)의 기본인 사양지심(辭讓之心)은 타인에게 양보하는 마음, 지(智)의 기본인 시비지심(是非之心)은 옳고 그름, 즉 선악과 시비를 판별하는 마음이다. 맹자에 의하면 이 사단은 모든 사람이 다 가지고 있는 것으로 일종의 선천적인 도덕적 능력이다. 그러므로 맹자는 이것을 확충함으로써 인·의·예·지의 덕을 실현할 수 있다고 말했다.

예를 들면, 측은지심의 경우 어린아이가 우물에 빠지려고 할 때 누구나 아무 조건 없이 그 아이를 끌어안고 구하려는 마음이 순수하게 발로된다는 것이다. 이와 같이 인간의 소박한 자발적 행위를 보면 인간의 본성이 착하다는 것을 알 수 있다는 말이다. 이 사단설은 맹자 성선설(性善說)의 근본으로서 인간의 도덕적 주체 내지 도덕적 규범의 근거를 이루고 있다. 또 선천적 양지양능설(良知良能說)을 주장하고, 인의의 정치, 즉 왕도(王道)로써 치국 평천하를 이룰 것을 강조했다. 맹자가 공자의 인(仁) 사상을 계승해 바른 정치를 위해서는 역성(易姓) 혁명도 가능하다는 논리로 선비들의 행동력을 이끌었다면 순자는 예(禮) 사상을 계승해 후에 법가의 탄생에 영향을 주었다.

유가는 수신(修身) 제가(齊家) 치국(治國) 평천하(平天下)를 목적으로 하는 윤리학 정치학으로서, 동양 철학 사상의 중추적 역할을 했다. 유가의 경전(經傳)으로 《대학(大學)》, 《중용(中庸)》, 《논어(論語)》, 《맹자(孟子)》의 4서와 《시경(詩經)》, 《서경(書經)》, 《역경(易經)》, 《예기(禮記)》, 《춘추(春秋)》의 5경이 있다.

천하를 주유하고 69세의 늦은 나이에 귀향한 공자는 고향인 곡부에 행단(杏壇)이란 사설 학교를 세워 제자들을 가르쳤는데, 이것은 플라톤이 세운 Academy와 함께 최초의 교육기관이었다. 그가 젊은이들을 교육한 것은 미래를 바꾸는 힘의 원천이 되었고, 차후 이런 제도의 창안은 인류 발전에 크게 기여했다.

태산(泰山) 정상에 있는 공자의 등동산소노 등태산소천하(登東山小魯 登泰山小天下) 기념석. 명나라 때 그 장소를 고증해 세웠다고 한다.

행단(杏壇) - 집 앞에 살구나무가 있어 이런 이름이 지어졌다

그곳에서 정립된 사서오경을 비롯한 각종 서책은 중국뿐만 아니라 동양의 생활 철학, 정치 철학으로 과거 응시자들의 필독서가 되었고, 고려 시대 과거 과목으로 도입된 이후 조선은 아예 건국 이념으로 유교 국가를 표방했으니 이후 주자학 혹은 성리학이란 이름으로 정치, 사회, 문화 등 여러 영역에서 시대를 주도하는 학문이 되었다.

맹자의 사상이 주로 성선설(性善說)에 기반했던 반면에 같은 유가(儒家)의 일파인 순자(荀子)는 성악설(性惡說)에 기반했다. 그는 '외부적인 힘'에 의한

곡부(曲阜)의 공묘(孔廟)에 있는 공자 무덤 비석. 문화대혁명 때 일부 파손되었다.

예의(禮儀)의 정립을 주장했는데, 이때의 예(禮)는 사실 법(法)과 같은 뜻이었고 그것은 이후 법가 사상으로 발전하게 되었다. 순자는 그의 《천론(天論)》에서 "하늘은 사람이 추위를 싫어한다고 추위를 거두어 가는 법이 없고, 땅은 사람이 먼 길을 싫어한다고 하여 그 넓이를 줄이는 법이 없다. 군자는 소인이 떠든다고 하여 할 일을 그만두는 법이 없다. 하늘에는 변함없는 법칙이 있고, 땅에는 변함없는 규격이 있으며, 군자에게는 변함없는 도리가 있다."라고 주장했다. 자연은 자연의 원리에 따라 움직이며, 사람은 사람의 원리에 따라 움직이기 때문에 운명 따위를 믿어선 안 된다는 인본주의적 주장을 했다. 그래서 사람의 도리를 지키지 못하는 자를 들이받는다는 전설의 동물, 해치(獬豸)를 본 딴 글자 '법(法)'을 이야기하여 법가 탄생에 큰 영향을 주었다.

법가(法家)는 한비자(韓非子)가 신불해(申不害)와 신도(愼到), 상앙(商鞅)의 학설들을 종합해 집대성한 것으로, 유가가 제창한 인의와 예악의 교화로만 세상을 다스리는 것을 불가능하다고 여겼던 순자(荀子)의 영향을 많이 받았다. 인간은 생각처럼 그리 선한 존재가 아니라고 생각한 법가는 오로지 법률을 치국의 기준으로 삼았다. 여기서 법은 만인에게 적용할 수 있는 보편적인 성문법의 일종으로, 모든 사람은 이 법을 존중해야 하며, 지위 고하를 막론하고 평등하게 적용되어야 한다고 했다. 또한 상벌을 동시에 진행해 공이 있으면 상을 주고 죄가 있으면 반드시 벌을 받아야 한다고 주장했다.

법가는 군주에게 절대적인 권위를 부여했는데, 그것이 술(術)과 세(勢)이다. 술은 군주가 신하에게 임무를 주고 그것을 감독하는 것으로, 상벌이 존재했다. 또한 세는 군주가 권위와 세력을 유지하는 것으로, 군주는 반드시 도덕적으로 완벽할 필요가 없으며 군주의 권위는 어떠한 경우에도 위협받지 않는다는 것이다. 그 때문에 법가는 강력한 통치력을 원하는 군주들에게 크게 환영받았다. 특히 상앙(商鞅)을 초치해 법가 사상을 취한 진(秦)은 변방의 소국에서 탈피할 수 있었다. 그 후 법가를 통치 이념으로 삼아 발전할 수 있었고, 진시황이 등용한 이사(李斯) 등을 통해 이를 실천해 마침내 천하를 통일할 수 있었다.

도가(道家)는 노자가 창시했고 장자에 의해 계승되었다. 도가는 유가, 법가와 달리 모든 형식적인 것들에 반대하여 천지 만물의 근원인 도의 존재와 무위자연(無爲自然)을 주장했다. 무위(無爲)를 통해 통치하는 자를 현명한 통치자로 여겼으며, 이상적인 국가를 소국과민(小國寡民)의 원시적 공동체로 삼았다. 장자는 세상의 모든 존재를 자연으로 귀일시켜 존재의 의미를 없애 오히려 마음의 평화를 얻으려 했으며, 호접몽(胡蝶夢) 이야기로 유명하다. 저작으로 노자는 《도덕경(道德經)》을 남겼고 장자는 《장자(莊子)》를 남겼다. 《도덕경》은 세상의 모든 명확한 판단에 의문을 제기하여 새로운 시각을 제시했고, 《장자》는 제물(齊物)편 소요(逍遙)편 등을 통해 노자가 제시한 새로운 시선을 다양한 해석이 가능한 상징적인 우화로 남겨 놓았다. 이들은 비록 군주들에게 국가 정책으로 채택되지는 못했지만 후에 도교(道敎) 혹은 도학(道學)으로 이어지며 동양의 개인 사상에 깊은 영향력을 남겼다.

묵적(墨翟)을 대표로 하는 묵가(墨家)는 유가에 대한 실망으로 독자적인 일파를 일구었다. 묵가 사상은 겸애(兼愛), 상동(尙同), 상현(尙賢), 비공(非攻), 비유(非儒), 비악(非樂) 등으로 요약된다. 묵자는 세상이 모순되고, 혼란스럽고, 전쟁이 계속되는 것은 서로가 사랑하지 않기 때문이라고 생각했다. 따라서 그 해결책으로 모든 사람을 차별 없이 사랑하는 겸애(兼愛)를 주장했으며, 이는 자연스럽게 남을 공격하지 말라는 비공(非攻)으로 이어졌다. 아울러 신분을 세습할 것이 아니라 능력이 뛰어나고 어진 이가 사회적 지위를 누려야 하며, 아랫사람은 윗사람에게 절대적으로 복종해야 한다고 보았다. 이것이, 어진 사람을 받들어야 한다는 상현(尙賢)과 능력이 같은 사람은 같은 대우를 받아야 한다는 상동(尙同)이다. 또한 수공업자 출신이었던 묵자는 당시 귀족층에 대해 부정적인 시각을 가지고 있었기 때문에 사치가 심했던 예악(禮樂)을 반대했다. 특히 그는 유가에서 중시하는 장례의 비용을 줄일 것을 주장했다. 묵자는 근검절약을 하고 사치를 줄여서 모두가 잘사는 나라가 되기를 바랐는데, 묵가는 당시 엄격한 규율을 가진 공동체 문화를 이룩하긴 했으나 다소 과격하고 극단적인 면이 있어 위정자들이 받아들이기에는 조금 무리가 있었다.

명가(名家)는 어휘에 대한 엄격한 개념 규정의 중요성을 강조한 데에서 비롯된 일종의 논리학이다. 명가는 혜시(惠施)와 공손룡(公孫龍)에 의해 발전했는데, 혜시는 장자와 여러 차례 변론을 펴기도 했다. 명가는 논리학파이며, 주요 사상가로는 등석(鄧析) , 혜시(惠施) , 공손룡 , 윤문(尹文) , 별묵(別墨) 등이 있다. 명가는 명(名)과 실(實), 즉 개념과 대상의 불일치를 교정하려는 데 목적을 두었다. 등석은 양가지설(兩可之說), 즉 이율배반율(二律背反律)과 무궁의 사(無窮之辭)로써 유명하며, 혜시는 변설(辯說)로써 만물 평등을 주장했고, 공손룡은 백마비마론(白馬非馬論)으로 유명하다. 한편 종횡가(縱橫家)로는 외교술을 통해 세상의 변화를 꿈꾸며 현실적인 유세(遊說)를 가르친 귀곡자와 그의 제자인 합종책의 소진과 연횡책의 장의가 있다. 잡가(雜家)는 제자백가를 집대성한 일종의 백과전서파로, 개성이 없는 대신 그때그때 필요한 지식으로 세상을 헤쳐 나가는 것이 좋다고 하는 처세술을 주장했으며, 여불위와 유안이 유명하다. 농가(農家)는 농업 기술을 진흥시켜 백성의 먹거리를 해결하는 것이 무엇보다 중요하다고 강조했으며, 허행이란 사람이 주장했다. 소설가(小說家)는 문학 창작을 주도한 육자, 청사자가 유명했다. 병가(兵家)는 군사 사상과 병법(兵法)을 중심으로 세상을 바라보았으며 강병책(强兵策)을 편 손무(孫武)와 오기(吳起)가 걸출했고 손빈과 범려도 유명했다. 음양가(陰陽家)는 현학 사상을 주로 연구했으며 오행설이나 태극설로 나중에 주희로 이어져 성리학에 포함되었다고 볼 수 있다.

개인적인 의견을 붙여 본다면 앞의 '축의 시대'라는 표현처럼 중국인들이 생각할 수 있는 모든 사상은 이 춘추 전국 시대 제자백가의 생각들에 모두 표현되어 있다. 이 시대 이후 중국 2천 년의 사상사는 어쩌면 이때 나온 사상들에 주석(註釋)을 달거나 부분적인 보완, 혹은 새로운 해석을 덧붙인 것에 불과하다고 말할 수 있다. 이 춘추 전국이라는 물고 물리는 투쟁의 시기는 혼란스럽고 위태로운 시대였다. 부국강병을 위한 수단이긴 했지만 새로운 사상과 생각이 받아들여지고 적용되어 정책이 된 시대이기도 하다. 요즘 경제 용어로 바꾸어 본다면 이 시대는 각 나라가 스스로 생존하기 위해 끊임없이 Innovation, 즉 혁신(革新)을 거듭하는 시대, 혁신하지 않으면 뒤처지고 타국에 먹히는 Red Ocean, 즉 적자생존의 시대이고 '붉은 여왕의 땅'이었다. 그런 과정을 거쳐 진(秦)의 천하 통일로 전쟁이 그치고 평화가 찾아왔고 중국은 비로소 하나의 나라가 되었다. 그것이 오늘의 중국을 강대국으로 만든 기본적인 정신이 되었다. 물론 역설적으로 말하면 춘추 전국 시대 각국이 나름의 위민(爲民) 정치를 통해 농업 생산의 기본인 백성들을 긁어모으려 노력했던 데 비해 진의 천하 통일은 백성 전체를 집단화한 전제 정치로 후퇴한 측면도 분명히 있었다.

혹자는 만약 중국이 유럽처럼 여러 개의 자잘한 민족 국가로 나누어져 있었다면 우리가 상대하기 더 쉬웠을 것이라고 가정하기도 하지만, 반드시 그렇지만은 않다. 왜냐하면 유럽이 근대에 세계를 지배한 이유는 바로 그들이 작은 나라들로 나뉘어져 먹고 먹히는 전쟁을 치렀기 때문이다. 전쟁을 하면서 전술(戰術)을 개발하고 공성(攻城)하는 법을 연구하면서 화약을 이용한 총포(銃砲)의 개발이 비약적으로 발전했고, 함선(艦船)도 목선(木船)에서 철선(鐵船)으로, 범선(帆船)에서 증기선(蒸氣船)으로, 장착하는 무기도 도검(刀劍)에서 총(銃)으로 대포(大砲)로 바뀌면서 소위 그들 말로 대항해 시대를 열고 세계를 정복했기 때문이다. 만약 중국에서 이런 식의 춘추 전국적 상황이 계속되었더라면 그런 발전과 변화가 일어났을 가능성이 매우 높았을 것이다. 중국은 오히려 대제국을 갖추고 오래 평화를 누리면서 스스로의 가치와 체제에 만족하고 있었기 때문에 근대 유럽의 눈부신 성장에 뒤처지게 되었다. 그것이 아편 전쟁으로 시작된 근대 백 년의 '치욕의 시간'을 갖게 된 원인일 수 있다. 어쩌면 지구상 유일의 분단 국가인 우리나라가 척박한 정치적, 지정학적 토양 때문에 많은 어려움을 겪었지만, 그런 환경 때문에 잠시도 멈추지 못하고 성장할 수 있었던 것과 비교해 볼 수 있다. 골치 아픈 북한도 어떻게 생각하면 우리 성장의 한 요소일 수도 있다. 동서 해빙과 함께 독일의 통일과 소비에트 연방의 해체를 통해 유럽을 비롯한 다른 나라들은 평화의 시대를 누렸던 데 반해, 우리는 북한과 맞선 절박한 상황에서 여전히 재래식 무기를 개량하고 연구하여 생산해 왔기 때문에 그들에게 수출까지 할 수 있는 여건을 유지할 수 있었다. 물론 군비 증강과 무기 수출이 아름다운 일은 아니지만 적어도 그런 여건이 우리의 열악한 안보 환경의 반대 급부라는 사실만은 분명하다. 빛이 밝으면 그림자가 짙고 어둠이 깊으면 달과 별은 더 밝게 빛난다. 결국 우리의 생각이 어떻게 대상을 바라보는가에 따라 세상은 달라질 수 있다. 세상을 살다 보면 결국 젊어서 고생하며 많은 시련을 겪은 자가 더 단단하게 세상을 헤쳐나가는 것 또한 진리이다.

제10강

진나라 이야기

진(秦)나라의 출발

《사기》에 의하면 진은 상나라 주왕의 시중을 든 간신 오래(惡來)의 후예라 한다. 사마천이 '상(商)나라를 망친 간신(奸臣)의 후예'라고 기록한 것을 보면 진나라 혹은 진시황에 대해 당시 사람들이 어떤 감정을 가졌던가를 가히 짐작할 수 있다. 그것은 통일에 대한 업적보다는 그 과정의 전쟁에서 많은 사람이 죽고, 전체주의적 국가 체제가 인의에 의한 정치를 전복하고 결국 공포 정치로 승리한 결과에 대한 기록자의 반발심도 들어 있는 것으로 보인다.

《사기》에 의하면 오래의 아버지는 비렴(蜚廉, 飛廉)이다. 비렴에게는 오래 말고도 계승이라는 아들이 있었다. 이 계승의 후손 중에 조보(造父)라는 사람이 있었는데, 조보는 말을 잘 몰아 서주 목왕의 총애를 받았다. 그러던 어느 날 목왕은 기(驥), 온, 화류, 녹이(騄耳)라는 명마를 얻어 서쪽으로 순수(巡狩)를 떠났다가 서왕모와의 운우지정(雲雨之情)이 너무나 즐거워 돌아오는 것을 잇었다. 그런데 이때 서(徐) 언왕이 난을 일으키자 조보는 목왕의 수레를 끌고 하루에 천 리를 달려 주(周)로 돌아와 난을 평정하니 목왕은 진(晉) 땅의 조(趙), 성(城)을 조보에게 주어 조보는 이때부터 조(趙)씨가 되었다. 이 때문에 오래의 자손들도 조성에 살며 조씨로 살고 있었다.

기원전 900년 즈음에 서주의 효왕을 시중들고 있던 비자(非子)가 군마의 번식을 잘해 총애를 받았다. 이에 효왕이 "옛날 백예가 순임금을 위해 가축을 잘 번식시켜 봉토와 영씨 성을 받았는데, 그 후손이 다시 가축을 잘 관리하니 땅을 주고 부용국으로 삼는다."라고 했다. 비자는 영(嬴)이라는 성, 조(趙)라는 씨를 받아 영씨의 제사를 잇고 대부가 되어 진(秦)읍에 영지를 받았다.

진(秦)은 춘추 전국 시대에 접어들며 제후가 되었지만 풍속적으로는 중원 제후국과 크게 달라 야만스러운 나라로 여겨졌다. 대대로 진나라 제후들은 주로 서융과 항쟁하면서 영토를 확장했고 법률의 정비 등을 실시해 나라의 기틀을 만들어 갔다. 참고로 훗날 대립하게 되는 삼진(三晉)의 조 왕실도 영성 조씨로 시조가 조보이다. 조보 장남의 후손이 진(秦)나라, 조보 차남의 후손이 조(趙)나라다.

법가 사상이 채택되기 전부터도 진나라는 다른 나라와는 다른 집단적 사회였다. 상대적으로 척박한 영토와 외침(外侵) 가운데 형성된 군국적인 분위기로, 순자(荀子)는 마치 개미굴 같다고 묘사했다. 엄격하게 집행되는 법률 아래서 각 백성이 불평 없이 각자 맡은 일을 척척 했다는 것이다.

진이 최초로 흥한 장소는 현재의 간쑤성 리현 부근이다. 현재 이 땅에서 진의 선조의 능묘라고 추정되는 것이 발견되어 주목을 받고 있다. 기원전 770년에 주나라가 견융에 쫓겨 도성을 동쪽으로 천도하는 과정에서 양공(襄公)은 주의 평왕을 호위한 공으로 주나라의 옛 땅인 기(岐)에 봉해지게 되었고, 이후 진은 제후의 반열에 오르고 융족이 정복해 있는 땅을 영지로 받았다. 제후국 중 가장 서쪽에 위치한 변방국으로 춘추 시대에는 수도가 옹(雍)이었으나 전국 시대에는 효공이 천도해 함양(咸陽)이 수도가 되었다. 본디 서융의 변방국이자 소국이었으나 견융의 침략으로 주 왕실이 쇠퇴하자 진(晉)과 함께 가장 먼저 주 왕을 도운 공로로 백작위를 제수받았다. 이후 옹주를 제패함으로써 실질적인 천승지국으로 발돋움하게 되는데, 이를 서융지패라고 한다. 옹주를 평정하는 과정에서 진나라 국군(國君) 여러 명이 전쟁터에서 사망했다.

진 목공 시절

목공(穆公) 시절에는 오랜 전란에 시달린 중원에서 많은 인구가 유입되었다. 그중 백리해와 건숙을 등용해 국력을 착실히 키워나갔다. 서쪽에 치우친 위치 때문에 중원의 제후국들에게는 크게 인정받지는 못했으나 서융에서 신하로 일하던 유여를 포섭해 그가 건의한 방법으로 서융의 여러 부족을 복속시켜 서방의 패자로 군림했다. 목공은 진(晉)나라의 내전에 두 차례나 개입해 결국 진 문공(晉文公)을 진나라 왕으로 세워 친선 관계를 유지하기도 했다. 진(晉) 문공은 진(秦) 목공의 연상의 사위다. 그러나 중원 진출을 노리는 진(秦)나라는 중원으로의 길목에 위치한 진(晉)과는 자웅을 가릴 수밖에 없는 처지였다. 그래서 진 문공의 사후, 진(晉)과 진(秦)은 적대 관계로 돌아섰고, 이 대립 관계는 진(晉)이 해체되고 삼진(三晉)으로 불리는 조(趙), 위(魏), 한(韓)이 일어선 후까지도 계속되었다. 진(晉)의 국력이 유지되는 동안 진(秦)나라는 중원에 별다른 영향력을 행사하지는 못했다. 진 목공 시절 얻었던 하서 지방을 다시 빼앗기면서 하동과 하서 지방의 영유권, 즉 황하 유역을 진(晉)나라가 꽉 쥐고 있어서 영토는 위수 지역에 한정될 수밖에 없었다.

진(晉) 문공 사후 벌어진 효산 전투에서는 전군이 몰살당하는 등 진(秦)나라 입장에서는 대참사를 겪었다. 3년 뒤에 벌어진 전투에서도 지고 이후 마지막으로 벌어진 복수전에서도 배수진을 친 진(秦)의 예기를 피해 진(晉)이 한발 물러난 듯한 기록의 전투라 사실상 정신 승리에 가까운 상황이었다.

게다가 진 목공도 미개한 관습이었던 순장을 없애지 못해 목공 사후 대규모의 순장으로 인적 인프라를 상당수 상실하게 된다. 그럼에도 훗날 관중(關中)이라고 불리는 위수 인근의 비옥한 황토 지대는 그대로 유지되면서 외부의 침략도 외부로의 침공도 없이 2백 년간 진(秦)은 착실히 국력을 쌓아나간다.

진 효공과 상앙의 등장

이렇게 풍부한 진의 잠재력에 불을 붙인 촉매는 26대 효공(孝公)이 영입한 공손앙(혹은 위앙 또는 상앙)의 개혁 정치였다. 그는 법치를 이념으로 진나라를 뜯어고쳐 최강대국으로 만들어놓았고, 이를 바탕으로 후에 범수가 원교근공(遠交近攻)을 기치로 패도를 지켜나갈 수 있었다. 진이 처음 황하 유역으로 진출하는 데 가장 방해가 되는 나라는 위(魏)나라였다. 최전선인 하서 지방에서 오기(吳起)가 군사를 장악하고 있던 시절에는 감히 엄두도 내지 못했으나, 오기가 없는 위나라는 그때 그 시절의 위나라가 아니었고, 변법 이후의 진(秦)나라도 그때 그 시절의 진나라가 아니었다. 당시 위나라는 위문후, 위무후 시절의 팽창 정책이 한계점을 맞이했고, 중국 한가운데 위치한 영토의 특성상 사방팔방에서 전투가 벌어졌으니 그 혼란함을 놓칠 진나라가 아니었다. 기원전 342년 마릉 전투에서 지휘자 방연이, 그의 라이벌 손빈이 책사로 있는 제나라 군사들에 대패하여 위나라의 동방 정책은 종언을 고했으며, 다음 해인 기원전 341년에는 진나라 상앙(商鞅)이 위나라 공자를 포로로 잡는 계략을 성공시켜 하서 지방에 상당한 영토를 얻어냈다. 결국 진나라는 기원전 330년 숙원이었던 하서의 영유권을 공고히 하게 된다. 이후로도 위나라를 지속적으로 압박해 옛 수도인 안읍을 포함한 하동 지방까지 정복하고, 새로 얻은 땅 황하 유역과 진령산맥 사이에 철벽의 함곡관(函谷關)을 세우게 된다.

진나라의 굴기(屈起)

진시황이 천하 통일을 하고 초강국이 되는 과정에는 몇몇의 뛰어난 선조들이 있었다. 그들은, 부국강병하고 명실상부한 중원 국가로 나아가기 위해서는 인재의 필요성을 절감했다. 변방에 자리잡은 진나라의 특성을 자각하고 통치자들은 활발한 외부 인재 영입을 통해 국력을 키워나갔다.

가장 먼저 외부 인재에 눈을 돌린 사람은 BC 361~338 사이에 형의 양보로 옹립된 영거량, 즉 26대 효공이었다. 그는 위(衛)나라 출신인 상앙을 중용해 개혁적인 변법(變法)을 시행해 나갔다. 귀족을 비롯한 여러 반대 세력이 있었지만 상앙의 뒤에는 언제나 효공이 있어 추진력을 얻을 수 있었다. 심지어는 태자가 사소한 법을 어겼다고 태자의 스승이었던 왕의 형, 건(虔)의 코를 베는 형벌을 내렸으니 감히 누가 반발할 수 있었겠는가. 효공이 상앙을 등용해 변법을 통해 바꾸어 나간 구체적 내용을 간략히 정리해 보면 다음과 같다.

- **계획 경제:** 정부가 직접 철광과 관개 수로 개발을 주도해 다방면에서 생산성을 비약적으로 증가시켰으며, 상평 제도를 통한 농축산물의 가격 안정을 꾀했다.
- **군공 수작제:** 어느 누구나 전쟁에서 국가를 위해서 공을 세웠다면 그에 마땅한 작위를 내렸다. 이는 신분 상승을 노리는 자들에게 출세의 길을 열기 위해 전쟁에서 용맹하게 싸우도록 하는 힘이 되었다.
- **노동력 증대:** 한 집에 둘 이상의 노동하지 않는 남자가 있으면 세금을 두 배로 거둬들였다. 건강한 장정들은 모두 노동을 해야 했으며, 이로 인해 생산력이 대폭 증가했다.
- **노비 해방:** 지주들에게 매여 있던 노예에게 신분 상승의 기회를 대폭 주어 귀족들의 힘을 약화시키고, 동시에 세금을 내는 양인(良人)을 늘려

재정을 확충했다. 그러나 범죄를 저지르면 다시 관노(官奴)로 삼았으며, 노비제 자체는 폐지하지 않았다.

- **도시 개발**: 낙후된 지역에는 정부가 직접 인력과 자금을 투자해 도시화하고 요새화했다.
- **상벌론**: 공을 세웠거나 노동력을 제공한 사람에게는 그에 적당한 대가를 지급했다. 이에 반해, 실책 및 잘못을 저지른 자에게는 그에 맞는 형벌을 적재적소에 내렸다. 이는 지위 고하와 관계가 없이 공평하게 적용되었다.
- **상업 억제**: 초기에는 상업을 농업의 발전을 저해하는 요인으로 보고 농업 생산 증대에 전념하기 위해 상업을 탄압했으나 어느 정도 국력이 상승하자 농업과 상업의 균형 있는 성장을 꾀했다.
- **소득 분배**: 진나라의 토지 귀족을 해체시키기 위해 부유층에게 중한 세금을 과했으며, 빈농에게 토지 및 농업 자금을 분배하여 자급자족 가능한 중산층 자영농으로 성장시켜 농업 생산량을 증대했다.
- **악습 및 구습 타파**: 진나라에 내려오는 서융(西戎)의 문란한 습속과 시대에 뒤떨어진 낡은 전통과 미신 숭배를 타파하고자 했다.
- **오가작통법**: 다섯 집을 하나로 묶어 하나의 단위로 만들었으며, 납세와 징병의 단위가 되었다. 이웃끼리 서로 감시하게 했다는 설도 있으나 확실하지는 않다.
- **이십 등작제**: 기존의 봉건적 신분제를 폐지하고 공과 과에 따라 승급과 강등이 유동적으로 가능한 20등급 체계의 계급 제도를 신설했다.
- **중앙 집권화**: 번잡한 제도를 과감히 없애고 군사, 생산, 징세 등 기타 행정에 관련된 법을 일원화하고 그에 따른 관료제인 군현제(郡縣制)를 정비함으로써 중앙 집권적 통치 체계에 효율성을 더했다.
- **토지 국유화**: 전국 토지를 모두 국가에 귀속시키는 토지 국유제를 단행했다. 또한 구획법을 새로이 정한 후 한 가구당 100무(畝, 현대 기준으로 약 3,000평)에 해당하는 땅을 공평하게 분배했다.

이런 개혁 정치의 결과 진나라는 전국 시대 유일한 최강국으로 성장해 나갈 수 있었다. 효공의 뒤를 이어 집권한 효공의 아들 혜문왕은 상앙에 구원(舊怨)이 많았다. 자신의 스승인 큰아버지의 코를 베어내어 두문불출하게 만든 것을 비롯해 피해를 입은 사람들이 많았는데, 그들의 원한을 갚기 위해 결국 상앙을 거열형으로 처형했다. 그러나 그는 상앙이 만들어 시행한 변법은 건드리지 않고 그대로 시행해 나갔다. 그는 상앙이 이룩한 국가 성장에 힘입어 군주의 칭호를 공(公)에서 왕(王)으로 한 단계 업그레이드하기도 했다. 현대 정치가 정권 교체 시 전임자의 정책은 잘잘못을 가리지 않고 바꿔 버리는 것에 비하면 혜문왕은 영악하고도 현명했던 것이다. 게다가 그는 한(韓), 조(趙), 위(魏), 연(燕), 초(楚) 5개국 연합군의 공격을 물리쳤을 뿐만 아니라 장강 상류의 곡창 지대인 파촉(巴蜀) 땅을 점령해 경제적 기반을 확충하기도 했다.

혜문왕에게는 아들이 둘 있었는데, 어려서부터 남성적 힘을 과시하기 좋아한 맏아들이 왕위에 올랐으니 그가 바로 무왕(武王)이다. 전해지는 이야기에 의하면 그는 평소 힘 자랑하기를 좋아하는 근육왕(?)이었는데, 주 왕실이 보관한 청동으로 주조한 구정(九鼎)의 하나를 들었다가 자기 발등을 찧어 그 후유증으로 죽었다고 한다. 그래서 연(燕)나라에 인질로 가 있던 서자 영질이 조나라 무령왕의 중재로 긴급 귀국해 왕위에 오르니 그가 소양왕이다. 승상 저리질의 5년간의 섭정을 보고 배운 뒤 친정을 시작한 소양왕은 초나라가 한(韓)나라를 침공하자 군사를 보내 구원하고, 오히려 산맥을 넘어 동쪽 초나라 방향으로 영토를 넓히기도 했다.

BC 262년부터 260년까지는 조나라와 장평대전을 벌이게 된다. 장평대전은 전국 시대의 판도를 변하게 만든 대표적인 전투이다. 이미 국력 신장으로 힘의 균형이 진나라 쪽으로 기울어진 상황에서 범수를 등용한 소양왕은 원교근공책을 채택해 힘의 절정을 이루었으며, 황하 유역의 한나라 영토를 지속적으로 잠식시켜 황하 이남과 이북의 영토를 분단시켜 장평대전을 유발한다. 결국 장평대전에서 백기가 조(趙)나라의 대장 조괄을 깨부수고 조군 40만을 생매장시켰다. 이로써 조나라는 기울기 시작했고 국면은 진나라의 천하 통일 쪽으로 물길을 잡아갔다.

소양왕의 아들로 왕위에 오른 지 3일 만에 효문왕이 죽으니 인질로 조나라에 가 있던 자초(子楚)가 여불위의 술수로 자식이 없던 화양 부인의 아들로 입양되어 왕위에 오르니 그가 장양왕이다. 장양왕 시절에는 조금 주춤했다고 할 수 있지만 진왕 정이 등장해 왕권을 강화하고, 승상 이사를 발굴하고 한비자의 의견을 중용하는 등의 혁신을 통해 진은 다시금 전국 시대의 최강자가 되었다.

학자들은 기원전 316년의 파촉 정벌이 통일에 결정적이었다고 평가한다. 진(晉)이 분열된 이후 국토와 인구 등을 따져 전국 칠웅 중 양대 강국은 진(秦)과 초(楚)였는데, 두 강국 중 '천부(天府)의 땅'이라 불릴 정도로 생산력이 높았던 파촉 땅을 먼저 먹는 국가가 중국을 통일할 운명이었다는 것이다. 초나라가 내분에 휩싸여 있는 동안 진의 명장 사마착이 파촉을 점령해 초에 대해 우위에 서게 된다. 파촉 땅의 생산력에 더해 장강의 상류를 점령함으로써 군사적으로도 초나라에 대해 우위를 쥐게 된 것이다. 이러한 시점에서 이미 진은 전국 시대의 최대 강국이라고 해도 좋을 정도였고, 전국 시대에 들어오고 나서는 진나라의 위력 앞에 감히 대적할 나라가 없어졌다. 남방의 강국 초나라도 단독으로는 진나라에게 대적할 수 없음이 단양 및 남전 전투의 대패로 증명되었다. 다른 국가들은 연합해서 진에 대항하지 않으면 안 될 정도였다. 기원전 296년에 있었던 합종군에 대한 보복적 성격이 강했던 이궐 전투에서 한(韓)·위(魏) 연합군이 일방적으로 학살당하면서 사실상 합종이 아니면 진나라를 막을 수 없음이 증명되었다.

장양왕과 여불위

전국 시대에는 상인들이 각국을 왕래하면서 대규모 유통업을 경영하는 사람이 많았다. 생활이 향상되고 수요가 증가함에 따라 상업이 활발해지고 규모도 점점 확대되어 전국 시대 말기에 이르러서는 대실업가가 탄생하기에 이르렀다. 여불위(呂不韋, BC 291~235)는 이 시대를 대표하는 대실업가로 여러 나라를 왕래하면서 천금의 재산을 모아 큰 부자가 되었는데, 그의 식견은 남다른 데가 있었고 모든 일에 대한 감식안(鑑識眼)이 뛰어났다. 여불위가 상업 관계로 조나라 수도 한단에 왔다가 우연한 기회에 진나라에서 인질로 와 있는 진왕의 손자 이인(異人, 후에 자초(子楚)로 개명)과 만나게 되었다. 자초를 만나본 여불위는 "이야말로 기화(奇貨)로다. 살 만한 가치가 있다."라고 말했다. 당시 관습으로 인질을 교환할 때 약한 나라에서 강한 나라로 보내는 인질은 태자 등 중요한 인물을 보내야 했고, 강한 나라에서 약한 나라로 보내는 인질은 그다지 중요한 인물이 아닌 왕족을 보내는 것이 일반적이었다. 진나라에서 조나라로 보내진 인질 자초는 진 소양왕의 둘째 아들, 안국군(安國君)의 가운데 아들이었고 그의 어머니는 하희(夏姬)였는데, 안국군의 사랑을 받지 못했다. 소왕의 손자였으나 태자의 아들이 아니었기 때문에 왕위 계승 서열로 따지면 전혀 가망이 없는 편에 속했다. 만약 인질을 교환한 나라의 어느 한 나라가 공격하면 희생당하는 것은 인질이었다. 진나라는 조나라를 공격할 작정이었으므로 희생되어도 그다지 아깝지 않은 사람을 인질로 골라 보낸 것이었다. 결국 자초는 진나라를 위해 희생될 사람에 지나지 않았다.

그런데 진나라 태자가 죽고 둘째 아들인 안국군이 태자가 되니 자초는 태자의 아들이 되었을 뿐 아니라 왕위 계승 서열도 한 걸음 가까워졌다. 그러나 새로 태자가 된 안국군에게는 20여 명이나 되는 아들이 있어 후계자를 정할 경우 인질로 다른 나라에 가 있는 자초는 제외될 것이 뻔했다. 여러 가지 정보를 수집하고 있던 여불위는 안국군의 정부인(正夫人)인 화양 부인(華陽夫人)이 태자 안국군의 사랑을 받고 있었고 후계 권한에 막강한 영향력을 행사할 수 있는 위치에 있다는 것과 그녀가 아들이 없다는 것도 알고 있었다. 심지어 그녀에게 가장 영향력을 행사할 수 있는 사람은 그녀의 언니라는 사실과 화양 부인의 성격, 무엇을 좋아하는지, 그녀의 언니는 어떤 사람인지 등 진나라의 속사정을 잘 알고 있었다. 여불위는 자초에게 접근해 많은 돈을 안겨주며 교류의 폭을 넓히도록 했고, 자신은 화양 부인의 언니에게 접근해 결국 화양 부인이 자초를 양자로 삼도록 공작했다. 자초(子楚)라는 이름도 화양 부인이 초나라 출신임을 알고 이인(異人)이란 본명을 개명한 것이었다. 또한 그는 자신의 관리하에 있던 여인 하나를 눈여겨보는 자초에게 그 여인을 소개하니 그가 조희(趙姬)였다. 《사기》에 의하면 그때 조희는 임신 사실을 숨기고 자초를 만나는 과정에서 아들 정(政)을 낳았다고 하는데, 사실 여부는 알 수 없다. 이 아들 '정'이 바로 시황제(始皇帝)이다.

시황제가 태어난 2년 후 진나라 장군 왕흘(王齕)이 군사를 거느리고 한단을 포위하여 육박해 들어가자 조나라에서는 인질로 잡고 있는 자초를 죽이려고 했다. 그러자 여불위가 황금 6백 근을 감시하는 아전에게 뇌물로 주고 탈출해 진나라로 돌아가게 했다. 조나라는 자초의 처자를 죽이고자 했으나 조희가 조나라 세도가의 딸이었으므로 어린 아들과 함께 무사히 살아날 수 있었다. 그 이면에는 여불위의 사전 대비가 있었다.

한단의 싸움 6년 후 진의 소양왕이 죽고 태자 안국군이 즉위하니 이 사람이 효문왕(孝文王)이다. 효문왕이 즉위하자 자초를 태자로 삼았으며 조나라에서는 우호 관계를 위해 자초의 부인과 아들, 정을 받들어 진나라에 돌려보냈다. 소양왕이 죽은 후 1년의 상기(喪紀)를 마치고 즉위식을 올린 효문왕은 즉위 3일 만에 죽으니 이에 태자로 있던 자초가 진나라 왕이 되었다. 이가 곧 장양왕(莊襄王)으로 장양왕은 자기를 태자로 지명한 화양후를 화양 태후라 하고 생모인 하희를 높여서 하태후(夏太后)라고 했다.

여불위의 예견은 적중해 장양왕은 즉위하자 여불위를 승상으로 삼고 문신후(文信侯)로 봉하여 하남, 낙양의 10만 호를 식읍(食邑)으로 주었다. 그러나 장양왕이 3년 만에 죽으니 태자 정이 임금이 되었다. 진왕 정의 원년은 기원전 246년으로 이때 그의 나이 13세의 어린 소년이었다. 여불위를 높여서 상국(相國)으로 삼고 중보(仲父)라고 불렀다. 여불위는 전국 시대의 사군처럼 선비들을 불러모으고 그들을 후대하니 식객이 3천 명에 이르렀다. 여불위는 이에 그의 식객들에게 각각 보고 들은 바를 모두 저술케 하여 이를 편집해 천지 만물과 고금의 사물의 이치를 모두 갖춘 《여씨춘추(呂氏春秋)》라는 일종의 백과사전도 펴냈다.

시황제가 점점 성장함에 따라 여불위는 불안한 마음이 생겼다. 젊은 과부인 조태후와의 내연 관계가 발각되어 화가 미칠 것이 두려워 적당한 기회에 태후와의 관계를 끊으려 했으나 태후 쪽에서 그를 놓아주지 않았다. 여불위는 비밀리에 노애(嫪毐)라는 정력가를 구해 궁형(宮刑) 받은 자라고 속여 태후의 궁중으로 보냈다. 태후는 몰래 그와 정을 통하면서 몹시 그를 사랑하게 되었다. 태후는 임신하게 되자 비밀이 탄로 날까 두려워 옛 수도였던 옹(雍) 땅으로 이사해 두 아들을 낳았다. 이 추문은 드디어 시황제 9년(기원전 238)에 드러나고 말았다. 노애가 태후와 정을 통하여 두 아들을 낳아 숨겨두고 태후와 모의하며 말했다.

"왕이 죽으면 내 아들로 후계자를 삼자."

그러나 이 사실을 고발하는 자가 있어 조사를 받게 되었고, 처벌하는 과정에서 여불위와의 관련성도 드러나 여불위를 권력에서 배제하며 왕권을 공고히 했다. 노애의 사건으로 삼족을 멸한 지 1년 후 여불위를 상국의 직에서 파면하고 그의 봉지인 하남 낙양으로 떠나라는 처분이 내려졌다. 여불위는 그 후 음독 자살했다. 시황제 19년에 냉궁에 있던 조태후가 죽자 시호를 제태후(帝太后)라 하고 장양왕과 합장했다

진시황 영정(嬴政, BC 259~210)

기원전 237년, 친정을 시작한 영정은 왕권을 강화해 강력한 군주제를 실시하고, 승상 이사(李斯)를 발굴해 중용하고 한비자(韓非子)의 의견을 귀담아듣는 등의 혁신을 통해 진을 전국 시대의 최강자로 만들었다. 전국 시대 칠국 전쟁의 양상은 점차 총력전에 가까워졌다. 이것은 국가 간의 전쟁이 결코 군사력뿐만이 아닌 정치력, 외교력, 경제력까지 밑바탕이 돼야 상대방

을 찍어 누를 수 있다는 것을 의미했다. 이런 시대적 변화를 맞이하여 진(秦)나라의 정치, 군사 정책도 변화를 맞이하게 되었다. 당시 진나라의 영토는 천하의 3분의 1, 인구는 천하의 10분의 3, 부는 천하의 10분의 6을 차지했다. 하지만 진나라는 그럼에도 개혁을 거듭해 진시황 즉위 이후 내정 개혁을 통해 농토를 늘리고 육국 백성들을 적극적으로 받아들여 농토를 제공하는 정책을 펼쳐 나갔다. 전쟁에서도 종래까지 포상과 승진의 근거가 되었던 수급(首級) 제도를 수정해 무분별한 살육을 막고 포로를 대량 확보하여 그들을 진나라의 노동 자원으로 활용했다. 그리고 대규모 토목 사업을 일으켜 진나라의 국력을 부강하게 만들었다. 그중 서쪽의 경수(涇水)를 끌어들여 동쪽 낙하(洛河)의 물을 댈 수 있는 관개 수로인 정국거를 건설해 관중 지방에는 2억 2천만 평의 농경지가 새로 생겨나고, 그로 인해 4천만 섬의 곡식이 생산되었다. 이것은 진시황 통일 전쟁 기간 진나라가 한 해도 거르지 않고 수십만의 대군을 동원할 수 있는 원동력이 된다. 한편 법가를 중용하고 외교적으로는 육국의 대신들을 매수해 왕과 호신(豪臣)들을 이간질하며, 각종 첩보전을 펼쳐서 육국의 합종을 막고 육국 조정 내부의 분열을 조장했다. 진왕 정은 활발한 정복 사업을 통해 주변국 한(韓), 조(趙), 위(魏), 초(楚), 연(燕)을 차례차례 무너뜨렸고, 결국 중국 역사상 최초로 통일을 이루게 되었다. 이후 진왕 정은 왕의 지위보다 높은 황제에 올랐으며, 중국 최초의 황제이므로 진시황, 즉 시황제(始皇帝)가 되었다. 아마도 과거 전설의 삼황오제(三皇五帝)에서 황제(皇帝)라는 명칭을 따온 것으로 보인다.

여산의 진시황제 능묘를 옹호하고 있는 진용(秦俑) 병사의 모습

통일 이후 그는 주나라의 분봉제를 포기하고 중앙 집권적 군현제를 실시

했으며, 중앙 정부에서 관리를 직접 파견했다. 승상 이사로 하여금 소전(小篆) 문자를 만들게 해 모든 공문서와 법령을 통해 문자를 통일하고, 화폐와 도량형도 체계적으로 통일해 '하나의 중국'이라는 기초를 닦았다. 그 시절 주나라 서울인 낙양에 있다 사라진 천자의 상징인 정(鼎)을 강에서 끌어 올렸으나 갑자기 용이 나타나 밧줄을 끊어버려 정이 다시 강물로 사라졌다는 기록이 있다. 이 이야기는 진시황의 무단 통치를 비판하는 것이라기보다는 이제 제사용 도구에 불과한 정(鼎)이 더 이상 권력의 상징이 아니라는 시대적 변화를 상징하는 것으로 보인다. 제국(帝國)의 권위는 그 후 계단으로 된 거대한 궁궐과 기념비적인 장식물로 대체되었다. 오늘날 중국을 뜻하는 China, 혹은 지나(支那)는 바로 진(秦)나라의 이름에서 출발했다.

반면에 만리장성과 거대한 자신의 능묘, 여산릉 조성이라는 무리한 토목 공사를 실시해 원성을 샀다. 또한 이러한 정책에 반대하는 유학자들과 마찰을 일으켜 실용 학문 외에는 모두 배제하는 분서갱유(焚書坑儒)를 일으키기도 했다. 개인적으로는 불로장생을 꿈꾸며 서불(복)을 파견하여 삼신산을 찾기도 했다. 또 장량과 창해역사 사건, 연(燕)태자가 보낸 자객 형가(荊軻) 사건 등을 통해 암살을 두려워해 자신의 숙소를 환관 조고에게만 알리기도 했는데, 이것이 결국 '문고리 권력'이 되어 망국의 빌미가 되기도 했다. BC 210년 순행(巡行) 중 50세의 나이로 죽은 뒤에는 이사와 조고에 의해 사실이 은폐되고, 그들의 유서 조작으로 인해 정식 후계자 장남 부소(扶蘇)가 자결했다. 그로 인해 용렬하고 만만한 26남 호해(胡亥)가 왕위에 올라 그야말로 망진자호야(亡秦者胡也)를 현실화시키기도 했다.

시황제는 처음 황제가 되었을 때부터 자손만대로 황제 자리를 이어가길 바라며 그 유명한 화씨벽(和氏璧)으로 황제의 명령서에 찍는 국새(國璽), 즉 황제의 옥새(玉璽)를 새겼다. 그 내용은 수명어천(受命於天) 기수영창(旣壽永昌)의 8글자였다. "하늘로부터 천명을 받았으니 영원무궁하도록 번영하리라"라는 뜻이었다. 또한 주(周)나라는 화덕(火德)이니 붉은색이지만 진(秦)나라는 수덕(水德)이므로 검은색을 쓰도록 했다. 그러나 자신의 사후 불과 몇 년 만에 애써 세운 제국이 멸망하리라는 것을 그가 어찌 알았겠는가.

오늘날 어쩌다 발굴되는 진(秦)나라 시대의 무덤에서는 형도전(刑徒塼)이 많이 발견된다. 이는 강제 노역으로 각종 노역 공사에 동원되었다 죽은 자를 매장할 때 사용한 것으로 주변의 벽돌을 사용했던 것으로 보인다. 즉 죄를 짓고 강제 노역을 했던 사람들이 자신의 흔적을 문자로 남긴 것으로 현재의 묘지명(墓誌銘)이나 지석(誌石)의 원초적 형태이다. 이를 통해 우리는 진나라 때 일반 백성도 성(姓)을 가졌다는 사실을 알 수 있는데, 이는 세금 징수와 군사력 동원의 효율성을 위해 전 국민 호구(戶口) 조사를 실시하는 과정에서 부여된 성으로 보인다. 그리고 당시 일반 백성도 문자를 사용했고, 그것이 보편화되었다는 것을 보여준다. 이것이 가능했던 이유는 진시황의 정책 실행 방식의 변화 때문이었다. 애초 주나라가 분열하고 제후국들 간에 전쟁이 일어난 것을 권력을 위임해 준 봉건제의 폐해라고 생각한 진시황은, 군현제를 통해 전국 곳곳의 모든 사항을 직접 처리하고 결제하는 행정 시스템을 구축해 행정을 일원화했다. 그러나 이것은 서울에서 지방으로 끊임없이 명령서나 지시서가 내려가고 지방에서 서울로 보고서가 올라오는 '문자(文字)의 왕국' 혹은 '문서(文書)의 지옥'이 되었음을 의미한다. 그는 누구나 문자로 소통하게 만들기 위해 승상 이사로 하여금 소전(小篆)이란 간략한 문자를 만들도록 했다. 모든 중요 정책을 직접 처리하고 결제해야 직성이 풀렸던 진시황은 요즘 말로 하면 일종의 워커홀릭이 되어, 하루의 대부분을 문서 보는 일을 하여 스스로 수명을 단축했다고 보는 것도 그 때문이다.

진나라의 신하들

상앙(商鞅, BC 390~338)

어떤 나라가 흥하거나 망하는 데는 여러 가지 조건이 있을 수 있다. 어떤 한 사람의 힘만으로 국가의 흥망이 결정되지는 않는다. 더구나 무(無)에서 유(有)를 창조하는 일은 더욱 그렇다. 그것이 한 국가가 아니라 거대한 대륙, 나아가 세계사에 영향을 끼치는 일은 그리 흔하지 않다. 칭기즈 칸 같은 경우가 그런 희귀한 사례에 해당한다.

크고 작은 제후국으로 나뉘어 도토리 키재기식의 경쟁을 하던 춘추 전국 시대를 일소하는 사건을 일으킨 인물이 있었으니, 그것은 바로 위(衛)나라에서 온 개혁 사상가 공손앙과 그의 든든한 뒷배가 되어 주었던 진(秦) 효공이었다. 이 두 사람의 만남이 변방의 국가 진(秦)을 부국강병으로 이끌었고, 결국 중국 최초의 천하 통일로 가는 밑거름이 되었다. 어쩌면 그 두 사람의 만남은 중국 역사 최고의 '브로맨스'였고, 현재의 중국은 그때 형성된 '하나가 되고자 하는 힘'을 바탕으로 '규모의 국가'를 형성해 세계 최강대국의 반열에 들었다고 볼 수 있다.

전국 시대에 들어 진(秦)은 위나라, 제나라, 초나라에 비해 상대적으로 국력이 약해 위(魏)나라의 압박에 영토를 빼앗기는 굴욕을 당하기도 했다. 하지만 효공이 당대에 흔하던 떠돌이 구직자, 혹은 쓰임새를 찾던 지식인, 상앙을 등용하고 그가 주장하는 변법(變法)을 실시함으로써 진나라는 강력한 중앙집권 체제와 법치주의 국가의 기틀을 마련해 일약 강대국으로 성장할 수 있었다. 그리고 이를 기반으로 훗날 천하 통일의 대업을 이룰 수 있게 되었다.

상앙의 성은 공손(公孫)이고, 이름은 앙(鞅)이며, 위앙(衛鞅)이라고도 불렸다. 상앙이 위앙이라 불리는 것은 그가 위(衛)나라 왕의 서자 출신이기 때문이다. 상앙이 태어났을 무렵 위나라는 위(魏), 조(趙)의 속국으로 여겨질 만큼 국력이 약했기 때문에 공자 출신임에도 상앙은 스스로 관직을 찾아야 할 정도로 옹색한 처지였다.

상앙은 어려서부터 형명학(形名學, 법률학)에 뛰어난 재능을 보여 위(魏)나라 재상 공숙좌(公叔座)의 식객이 되었다. 공숙좌는 상앙의 능력을 일찍부터 알아보고, 병이 들어 더 이상 스스로 정치를 할 수 없게 되자 위(魏)나라 혜왕에게 그를 재상으로 삼을 것을 조언했다. 그리고 만약 상앙을 재상으로 등용할 마음이 없다면 차라리 그를 죽여 없애 다른 나라로 가지 못하게 하라고 조언했다. 한편 상앙에게는 혜왕에게 일러 준 말을 전하며 혜왕이 등용하지 않을 것 같으니 멀리 도망하여 목숨을 구할 것을 권했다. 그러나 상앙은 혜왕이 자신을 재상으로 등용하라는 공숙좌의 조언을 듣지 않는다면 자신을 죽이라는 조언도 듣지 않을 것이라며 위나라를 떠나지 않았다. 상앙의 예견대로 혜왕은 그를 재상으로 삼지도 죽이지도 않았다.

춘추 전국 시대의 혼란을 바로잡기 위해서 유가는 인의 도덕을, 도가는 무위자연을, 묵가는 겸애 절용을 제창했으나 세태는 혼미만을 거듭했다. 이때 실제 통치 면에 바탕을 두고 일어난 학파가 바로 법가이다. 이들의 특징은 정치 사상만을 따지고 모두 군주의 관점에서 이론을 전개한다는 점이다. 법가의 직업은 대개 군주의 참모였다. 따라서 그들의 임무는 부국강병이었다. 그들은 임무를 달성하기 위해 어떤 극단적인 수단도 가리지 않았으며, 맹자가 공격한 패도 정치(霸道政治, 힘에 의한 정치를 일컫는 말로 왕도 정치와 대비되는 개념)가 바로 그들의 이상이었다.

기원전 361년 효공이 진나라의 왕으로 즉위했다. 효공은 동쪽의 잃은 땅을 되찾고 진나라를 무시했던 다른 제후국들을 복속시키기 위해 널리 인재를 구하고 있었다. 이에 상앙은 진나라로 가 효공의 측근 환관 경감(景監)에게 접근했다. 상앙은 경감을 통해 효공을 알현했지만 효공에게 깊은 인상을 주지는 못했다. 상앙은 효공을 네 번째로 알현했을 때 엄격한 법과 제도로 통치권을 강화해 진나라를 강력한 중앙 집권 국가로 개조하고 농업 생산력과 군사력을 증강시킬 것을 주장했다.

상앙은 사람들이 법을 잘 지키지 않는 것은 첫째, 백성들이 정부에서 하는 일을 믿지 못하고, 둘째, 고관대작들이 법률을 지키지 않기 때문이라고 보았다.

기원전 359년, 효공은 상앙을 중용하여 변법의 책임자로 임명했다. 좌서장이 된 상앙은 1차로 변법을 실시했다. 상앙은 1차 변법에서 십오제(什伍制)와 연좌제(連坐制)를 실시했다. 먼저 십오제는 진나라의 모든 가구를 5가구, 10가구 단위로 구성한 것으로, 십오의 단위를 기본으로 조세 납부와 병역의 의무를 공동으로 지게 했다. 한편 십오 내에서 범죄가 발생했을 경우 그 십오가 똑같은 처벌을 받도록 하는 연좌제를 병행했다. 그리고 범죄자를 알면서도 고발하지 않는 자에게는 요참형(腰斬刑)을 내리고, 범죄자를 고발하면 그 공을 치하하는 등 상벌을 분명히 했다. 이로 인해 십오 내에서는 서로 감시하고 고발하는 분위기가 형성되었다.

다음으로 상앙은 기존 귀족들의 세습 특권을 없애고 군공(軍功)에 따라 작위를 결정해 그 작위에 따라 정치적 특권, 경제적 부, 사회적 지위와 명예를 누리도록 했다. 그리하여 기존의 공작, 후작, 백작, 자작, 남작의 작위를 20등급으로 세분해 확대한 20등작제를 실시했다. 이 20등작제에는 여자, 범죄자, 미성년자들을 제외한 거의 대부분의 백성을 포함시켰다. 비록 귀족일지라도 군공이 없으면 작위를 박탈하고 토지를 회수했다. 반대로 누구든 전쟁에서 군공을 세우면 그 정도에 따라 작위를 하사했다. 또한 작위에 따라 토지와 집, 노비의 수, 옷의 종류 등에 차등을 두었다. 이에 귀족들은 군공을 세워야 한다는 중압감에 시달린 반면, 일반 백성은 적극적으로 참전하는 태도를 보였다. 당시 20등작제의 실시가 철저히 이루어지고 전쟁이 빈번하게 일어남에 따라 20등작제의 당초 목적이었던 구 귀족 계급의 해체가 성공적으로 이루어졌다.

상앙은 엄격한 법률을 정함과 동시에 새로운 법이 순조롭게 집행될 수 있도록 백성들에게 모범을 보이고자 했다. 그는 남문에 있는 3장(丈)이나 되는 나무를 북문으로 옮기는 사람에게 금 열 냥을 주겠다고 공고했다. 백성들이 이를 믿지 않고 나무를 옮기지 않자 상앙은 다시 금 백 냥을 주겠다고 했다. 그러자 반신반의하던 한 백성이 나무를 옮겼고 상앙은 약속대로 금 백 냥을 주었다. 이때부터 사람들은 법에 믿음을 갖고 지키게 되었다고 한다.

한편 법을 어긴 자는 무자비한 처벌을 받았다. 한 번은 태자가 법을 어겼다. 상앙은 원칙대로 태자를 벌하려 했으나 그가 훗날 왕이 될 인물임을 감안해 그의 후견인인 공자 건(虔)과 공손가(公孫賈)를 대신 벌했다. 그러나 후에 공자 건이 직접 법을 어기는 일이 발생했을 때는 법에 따라 그의 코를 베어내는 의형(劓刑)에 처해 법 집행의 엄격함과 평등함을 알렸다. 이로써 진나라는 상앙이 변법을 실시한 지 10년도 지나지 않아 법치 국가로 변모하게 되었으며, 빠르게 강대국으로 성장했다.

기원전 350년, 수도를 동쪽 함양(咸陽)으로 옮긴 효공은 상앙의 주도하에 2차 변법을 실행했다. 2차 변법에서 상앙은 군주의 명령이 1차 변법 때 제정한 십오 단위에 효과적으로 전달될 수 있는 제도를 만들었다. 그것이 바로 군현제이다. 그는 향과 읍을 현으로 통합해 진나라 전국에 31개의 현을 만들고, 중앙에서 임명한 관리를 현에 파견해 군주가 지방을 직접 통제할 수 있도록 했다. 다음으로 상앙은 "1가구에 성인 남성 두 명이 있을 경우 두 배의 세를 부담한다", "부자와 형제가 한집에 함께 사는 것을 금한다" 등의 법령을 제정해 1가구에 5~8명이 사는 소농민을 적극적으로 창출했다. 또한 상앙은 이러한 소농민을 중앙 집권적인 군현제의 기반으로 인식하고 토지를 균등하게 나누어 주는 토지 제도, 즉 수전제를 시행하여 소농민을 보호했다. 이때 소농민에게 분배된 토지의 크기는 1가구당 1경(頃)이었다. 상앙은 수전제를 통해 소농민을 보호할 뿐만 아니라 이들을 철저히 파악하여 안정적 재정 확충과 통치를 가능하게 했다. 다음으로 황무지 개간을 더욱 장려하고 밭의 둑이나 경계를 없애거나 좁히도록 해 경작지를 넓혔다. 또한 조세를 공평하게 매기고 도량형을 통일하는 등의 정책을 실시했다. 더불어 납세의 공평성을 확보하기 위해 도량형을 통일시켰으며, 법가 이론으로 사상을 단일화했다. 이로써 진나라의 중앙 집권적 체제는 더욱 강화되었고 농업 생산력은 증가해 국가 재정이 풍부해졌다. 진나라의 국력이 강성해지자 진 효공은 과거 진 목공(穆公)의 위업을 재현하고자 영토 전쟁을 시작했다.

기원전 349년, 상앙은 효공에게 위(魏)나라를 공격할 것을 건의했다.

"진나라와 위나라는 서로 매우 불편한 존재입니다. 결코 공존할 수 없습니다. 오직 먹느냐 먹히느냐 하는 정글의 법칙만이 지배할 뿐입니다. 따라서 지금이야말로 위나라를 공격할 절호의 기회가 아닌가 합니다."

효공은 이 말에 찬성하고, 즉시 그를 장군으로 삼아 위나라를 공격하도록 했다. 이에 위나라는 공자 양을 장군으로 삼아 맞섰다. 양쪽 군대가 대치하는 동안 상앙은 사람을 시켜 공자 양에게 한 통의 편지를 보냈다.

"내가 옛날 위나라에 있을 때 당신과 매우 친하게 지내던 사이인데, 이제 두 나라의 장군이 되어 서로 싸우게 되었구려. 그러나 우린 서로 차마 공격하지 못할 처지가 아니요? 그러니 당신과 내가 직접 만나 화친 조약을 맺고 기분 좋게 술을 마신 다음, 양쪽 군사를 죄다 거두어들입시다. 그리하여 두 나라가 편안하게 지낼 수 있다면 얼마나 좋겠소?"

공자 양은 이 제안이 그럴듯하다 여겨 찬성하고, 서로 만나 주연(酒宴)을 열었다. 그러나 상앙은 잔치 자리에 군사를 숨겨놓고 있다가 공자 양을 사로잡았다. 그러고 나서 위나라 군대를 공격해 크게 승리를 거두었다. 이 소식을 들은 위나라 혜왕은 탄식했다.

"내가 그때 공손앙을 등용하라는 공숙좌의 의견을 듣지 않은 것이 한스럽구나!"

이렇게 위나라를 쳐부순 공로로 상앙은 열후(列侯)에 봉해져 어(於)와 상(商) 등 15개의 읍을 하사받았고 상군(商君)으로 불리게 되었다. 진나라에 패한 위나라는 수도 안읍을 떠나 훨씬 동쪽에 있는 대량(大梁)으로 천도할 수밖에 없었다.

새로운 법령이 시행된 지 10년이 지나자 진나라는 질서가 잡혀갔다. 길에서 남의 물건을 주워가는 사람도 없고 산적이 없어졌으며, 개인끼리의 싸움은 서로 피하되 나라를 위한 전쟁에 임해서는 모두 용감했다. 이렇게 전국 방방곡곡이 잘 다스려졌다. 공손앙은 법에 반대하는 사람은 물론이려니와 법을 찬양하는 사람마저 처벌함으로써 법에 대한 논의 자체를 금지했다. 그저 아무 소리 말고 무조건 따라오라는 식이었다. 상앙은 법 집행에 있어 한 치의 실수도 인정도 용납하지 않았다. 상앙이 가혹할 정도로 엄정하게 법을 집행하자 그의 변법으로 피해를 입은 백성과 귀족들의 원성이 빗발쳤다. 하지만 상앙은 이에 아랑곳하지 않고 오히려 변법에 반대하는 사람들과 법 위반자들에 대해 강력한 엄벌주의로 대처했다. 이러다 보니 상앙이 재상으로 있은 지 10여 년 동안에 그를 원망하는 사람의 수는 늘어만 갔다. 그런데도 상앙이 오랫동안 재상 자리에 머무를 수 있었던 것은 그에 대한 효공의 신임이 두터웠던 까닭이다. 그러나 이는 효공이 죽고 나면 상앙 역시 실각하리라는 것을 의미하기도 했다. 효공이 죽기 5개월 전, 상앙은 우연히 조량(趙良)이란 사람을 만났다. 조량은 자신이 "바른말을 하더라도 나무라지 않겠다"는 상앙의 다짐을 받고 나서 다음과 같이 권고했다.

"제가 생각건대 상군의 위태로움이 아침 이슬과도 같은데, 오히려 수명을 더하시려고 하니 참으로 안타까운 일입니다. 차라리 봉지(封地)로 받은 상(商) 땅의 열다섯 고을을 반납하고 시골로 돌아가 농사를 지으시는 것이 상책인가 하옵니다."

그러나 상앙은 조량의 말을 듣지 않았다.

그날로부터 5개월 만에 효공이 죽고 태자가 왕위에 오르니 그가 곧 혜문왕이다. 그러니 상앙에게 가혹한 처벌을 받은 공자 건과 그 무리들이 가만히 있을 리 없었다.

"신하된 자의 권력이 너무 크면 나라가 위태롭다고 했습니다. 지금 어수룩한 백성들은 상앙의 법에 의해 나라가 다스려진다고 말합니다. 더욱이 그의 봉읍이 열다섯 개에 이르니 그 권력이 막대하여 후일 반드시 반역을 꾀하고야 말 것입니다."

태자 시절 자신의 잘못을 질책하여 스승을 처벌한 상앙에게 좋은 감정을 가졌을 리 없는 혜문왕은 기다렸다는 듯이 그를 관직에서 물러나게 했다. 조량의 충고를 받아들이지 않은 데 대한 대가였다. 그러나 일은 이것으로 끝난 것이 아니었다. 상앙이 사직하고 상 땅으로 돌아갈 때 그의 행렬은 어느 제후에 못지않았고, 아직 그의 세력을 두려워한 대신들이 그를 전송하느라 조정이 텅 비다시피 했다. 그러자 마음이 초조해진 혜문왕은 이 기회에 상앙을 제거해야겠다고 결심하고, 군대를 보내 그를 체포하라는 명령을 내렸다. 자신에게 체포령이 떨어진 것을 안 상앙은 급히 도망가다가 관하의 객사에서 하룻밤 머물기를 청했다. 그러나 그가 상앙임을 모른 객사의 관리들은 거절했다.

"상군의 법률에 보면 여행권이 없는 자를 유숙하게 하면 벌을 받게 되어 있습니다."

이 말을 들은 상앙은 속으로 '아, 내가 만든 법률의 폐단이 이 지경에까지 이른 줄은 몰랐구나!' 하며 탄식했다. 상앙은 그 길로 위나라의 국경을 넘었다. 그러나 그곳 사람들은 상앙이 자기 나라의 군사를 쳐부순 데 대해 원망하고 있던 터라 그를 받아들이기는커녕 오히려 진나라로 추방했다. 진나라로 쫓겨난 상앙은 다시 상 땅으로 달아나 자신의 무리들과 함께 상 땅의 군사를 동원해 북쪽의 정나라를 공격했다. 이때 진나라가 군대를 파견해 상앙을 체포하기에 이르렀다.

혜문왕은 상앙을 차열(撦裂) 혹은 거열형(車裂刑)이라 부르는 두 대의 우마차에 나누어 묶어놓고 각각 반대 방향으로 말을 몰아 몸을 찢어 죽이는 무시무시한 형벌로 처형했다. 그리고 그 시신을 여러 사람에게 돌려보게 했고, 상앙의 일가까지 몰살했다. 그러나 그의 엄격한 법률에 질린 사람들은 상앙을 '자신이 만든 법률에 의해 죽은 자'라고 희롱할 뿐이었다.

한편 진나라는 상앙이 쌓아올린 부국강병의 기반 위에서 더욱 강성해졌다. 상앙은 비참하게 죽었으나 그가 정비한 법과 제도는 혜문왕 시절에도 변함없이 진나라를 강성하게 하는 기반이 되었다. 그리고 시황제가 중국 역사상 최초로 통일 국가를 수립하게 한 힘의 원천이 되었다. 그리하여 중국 서쪽의 약소국이었던 진나라는 전국 시대 최강국이 되었고, 약 100여 년 후 중국 최초의 통일 왕조를 이룩했다.

백기와 왕전

백기(白起, BC 332~257)

위진 남북조 시대 남조에서 형성된 주흥사의 《천자문》에는 '기전파목 용군최정(起翦頗牧 用軍最精)'이라는 성구가 있는데, 이는 백기, 왕전, 염파, 이목이 전국 시대의 가장 뛰어난 네 명의 장수라는 의미이다. 그중 맨 앞의 백기(白起) 장군은 진 소양왕 시절의 유명한 장군으로 조(趙), 위(魏), 한(韓), 초(楚)나라와의 전투에서 연전연승하며 진의 영토를 크게 확장해 무안군(武安君)에 봉해졌다. 왕전(王翦)과 쌍벽을 이루는 진의 명장이었으며 잔인하기로도 유명했다.

기원전 293년, 이궐에서 한·위 연합군과 싸우게 되었을 당시 한나라와 위나라는 서로 눈치를 보며 먼저 군사를 내서 힘껏 싸우려 하지 않았다. 백기는 이와 같은 정황을 살피고는 군대를 나누어 거짓으로 한나라와 싸우는 척하다가 불시에 위나라 군대를 급습해 이를 격파했다. 위나라 군대가 격파당하자 한나라 군대 또한 스스로 무너졌고, 백기는 그 틈을 노려 북쪽으로 달아나는 적군들을 밀어붙여 크게 승리했다. 이 이궐(伊闕) 전투에서 백기는 한나라 위나라 군사들을 각개 격파를 통해 24만 명을 죽여 승리했으며, 위나라의 장수 공손희(公孫喜)를 포로로 잡고 5개 성을 함락시켰다. 이 일로 인하여 백기는 국위(國尉)로 승진했으며 이후 황하를 건너 한나라의 안읍(安邑) 동쪽을 취해 간하(乾河)에 이르렀다.

기원전 292년(소양왕 15), 백기는 대량조(大良造)에 임명되었고, 위나라를 공격해 크고 작은 61개 성을 빼앗았다. 다음 해 백기는 객경(客卿) 사마조(司馬錯)와 함께 위나라의 원성(垣城)을 공격해 점령했다. 기원전 286년에는 조나라(趙)를 공격해 대(代)의 광랑성(光狼城)을 빼앗았고, 기원전 279년에는 초나라(楚)를 공격해 언(鄢)과 등(鄧)의 5개 성을 빼앗았으며, 죄인들을 사면시켜 이주시켰다. 기록에 의하면 백기가 초나라를 공격할 당시에 서산(西山)의 장곡(長谷)의 물을 끌어들여 초나라 언성의 동북쪽 모서리를 무너뜨렸다. 이로 인하여 수십 만의 백성이 수공에 휩쓸려 죽었으며 연못이 하나 생겼다고 전한다. 당시에 성 동쪽은 온통 시체 썩는 냄새가 진동해 그 연못을 취지(臭池)라 부르게 되었다.

다음 해 백기는 초나라를 공격하여 그 수도인 영(郢)을 빼앗았으며, 초나라 왕실의 묘역인 이릉(夷陵)을 불태웠다. 이에 초 경양왕(頃襄王)은 영을 버리고 달아나 동쪽의 진(陳)으로 수도를 옮겼다. 이듬해 백기는 무안군(武安君)의 작위를 받았다.

273년에 백기는 위나라를 공격해 화양(華陽)을 빼앗아 그 장수인 망묘(芒卯)를 달아나게 했으며, 삼진(三晉), 즉 위(魏), 조(趙), 한(韓)의 장수들을 포로로 잡고 13만 명의 목을 베었다. 또한 조나라 장수 가언(賈偃)과 싸워 그 병졸 2만 명을 황하에 빠뜨려 죽였다.

기원전 261년, 역사상 유명한 전투가 있었으니 바로 진(秦)과 조(趙)의 전면전인 장평대전이다. 그 전해 진나라 왕흘(王齕)이 공격을 거듭하자 한나라의 상당(上黨)이 결국 조나라에 투항할 의사를 전달했다. 다음 해 조나라는 명장 염파를 장평(長平)에 파견해 진나라를 막기로 했다. 진나라 군대는 공세를 펼쳐서 두 개의 보루를 빼앗고 네 명의 교위를 사로잡았다. 그러나 조나라 군대를 지휘하던 염파는 흔들리지 않고 싸움을 피하며 보루를 쌓고 방어를 강화하는 등 장기전으로 대응했다. 그러자 진나라 측에서는 "진나라가 가장 두려워하는 것은 마복군 조사(趙奢)의 아들인 조괄(趙括)이 장수가 되는 것이다."라는 소문을 퍼뜨렸다. 이 말을 믿은 조 효성왕은 '늙어서 비겁해졌다'는 이유로 염파를 파면하고 젊고 팔팔한 조괄을 대신 장수로 파견했다. 한편 진나라 측에서는 조나라 측의 장수가 조괄로 교체되었다는 소식을 듣고는 몰래 백기를 보내 상장군(上將軍)으로 삼았고, 왕흘을 그 부장으로 삼았다. 그리고는 군중에 무안군이 상장군이 되었다는 사실을 입밖에 내는 자는 목을 자르겠다는 명령을 내렸다.

전장에 도착한 조괄은 곧바로 출병해 진나라의 군대를 공격했다. 그러자 백기는 기병을 풀어서 패하여 달아나는 척했다. 조나라 군대는 진나라 측의 보루까지 추격했으나 보루가 견고해 뚫고 들어가지 못했다. 그러는 사이 진나라 기병 2만 5천 기가 조나라 군대의 퇴로를 끊었고, 또한 기병 5천으로 조나라의 보루 사이를 끊으니 조나라의 군대는 둘로 나누어지고 식량 보급로가 끊어졌다. 전세가 불리해진 조나라 측은 보루를 쌓고 수비하면서 구원병을 기다렸다. 조나라의 식량 보급로가 끊어졌다는 보고를 받은 진 소양왕은 몸소 하내까지 와서 백성들의 작위를 한 등급씩 올리는 한편 15세 이상을 모두 징발해 장평으로 보내 조나라의 구원병과 식량 보급로를 차단했다. 결국 9월이 되자 46일 동안 포위당한 조나라의 군사들은 굶주리게 되어 몰래 서로를 죽여서 잡아먹는 지경에 이르렀다. 이에 진나라의 보루를 공격해 탈출하려고 부대를 넷으로 나누어 4~5차례 공격했지만 탈출하지 못했다. 조괄은 정예 부대를 내세워 직접 전투에 나섰으나 진나라의 군사가 조괄을 활로 쏘아 죽였다. 결국 조괄의 군대는 패하여 진나라에 항복하고 말았다. 이 싸움을 장평대전이라 한다. 장평대전에서 패해 백기에게 항복한 조나라 군사는 40만 명이었다. 백기는 이 군사들을 살려두면 식량도 축내고 또 훗날 난을 일으킬까 두려웠다. 그 때문에 이들을 거짓말로 속여서 구덩이에 파묻어 죽여버렸으며, 나이가 어린 240명만을 남겨서 조나라로 보냈다. 이로 인하여 장평대전에서 죽은 조나라 군사가 45만 명에 달했고, 조나라 사람들은 두려움에 떨었다.

1995년, 중국 산서성 고평시(高平市) 영록촌(永祿村)에서 장평대전 당시의 것으로 보이는 유적이 발견되었다. 그곳에서 인골(人骨)이 집단으로 파묻힌 구덩이 10여 곳을 발굴했는데, 구덩이마다 20~45세 사이의 남성 130여 명이 매장되어 있었다. 발견된 유골 가운데에는 대퇴골에 화살이 깊게 박힌 것, 두개골이 둔기 등에 맞아서 함몰된 것, 참수된 것, 칼자국이 남아 있는 것 등이 확인되었다.

장평대전에서 조나라의 대군을 모조리 살상하고 크게 승리한 백기는 오랫동안의 싸움으로 인하여 진나라의 나라 살림이 크게 피폐해졌음에도 불구하고 조나라를 계속해서 공격해 끝장을 보아야 한다고 주장했다. 실제로 기원전 259년에는 조나라를 공격해 피뢰(皮牢), 태원(太原), 상당(上黨) 등을 빼앗았다.

한나라와 조나라에서는 두려워하여 소대(蘇代)에게 후한 예물을 주고는 진나라의 재상인 범수(范睢)를 설득해 줄 것을 요청했다. 범수를 만난 소대는 진나라가 이대로 조나라를 멸망시키면 백기가 삼공(三公)의 지위에 올라 범수의 입지를 위협하게 될 것이므로 조나라로부터 땅을 받고 화친하여 백기가 공을 세우지 못하도록 해야 한다고 주장했다. 소대의 말에 넘어간 범수는 소양왕에게 진나라 군대가 지쳤으니 조나라와 한나라로부터 땅을 받고 군대를 쉬게 할 것을 건의했다. 소양왕이 이를 받아들이고 정월에 백기와 군대를 불러들였다. 그 사정을 알게 된 백기는 범수와 사이가 나빠졌다.

한편 백성들을 휴식하게 하고 군대를 정비한 소양왕은 다시 조나라를 공격하고자 했다. 그러나 무안군 백기는 이를 반대했다. 소양왕이 이전에 장평대전의 여파로 나라가 피폐해졌을 때에는 전쟁을 주장하더니 왜 지금은 반대하는지에 대해 백기에게 묻자 백기는 장평대전 이후로 큰 고난에 처한 조나라 군신과 백성들의 단합력이 훨씬 강해졌고, 연(燕)나라, 위(魏)나라, 제(齊)나라, 초(楚)나라 등도 조(趙)나라를 도울 것이므로 이런 때에 조나라를 치는 것은 어렵다고 답했다.

그해 9월에 진나라가 다시 오대부(五大夫) 왕릉(王陵)으로 하여금 조나라의 수도인 한단(邯鄲)을 공격하도록 했다. 이때 백기는 병을 앓고 있어서 종군하지 못했다. 이듬해인 기원전 258년 정월까지도 왕릉이 한단을 빼앗지 못하자 진나라에서 군사를 증원해 왕릉을 도왔다. 그러나 왕릉은 교위 5명을 잃었을 뿐 이기지 못했다. 이때 백기의 병이 낫자 소양왕이 왕릉 대신에 백기를 장수로 삼고자 했다. 그러자 백기는 오랜 전쟁으로 진나라 또한 피해가 막심하고, 지금 조나라와 다른 제후들이 안팎에서 호응해 공격해온다면 진나라 군대는 반드시 패할 것이라 주장하며 공격을 반대했다. 소양왕은 백기가 말을 듣지 않자 범수를 보내 출전을 부탁했으나 백기는 병을 핑계로 가지 않았다.

당시에 범수가 백기를 질책하면서 과거에 그가 이궐, 언영, 장평에서 적군을 격파한 일을 거론하며 이전의 전적이 신과 같은데 조나라를 이기지 못하겠느냐고 말했다. 그러자 백기는 자신이 과거에 거둔 승리는 신과 같은 초자연적인 힘을 빌린 것이 아니라 어디까지나 상식에 따라 승리의 기회를 놓치지 않은 탓이라고 반박했다. 장평대전 직후에 조나라를 멸하지 못했다가 도리어 그들의 단합력을 더욱 튼튼하게 하고 다른 제후국들이 조나라를 도울 시간을 벌어준 것이야말로 그런 승리의 기회를 놓친 것이라 주장해 범수를 무안하게 했다.

결국 진나라는 왕릉 대신에 왕흘(王齕)을 장수로 삼아 8~9개월에 걸쳐 한단을 공격하도록 했으나 여전히 이기지 못했다. 그동안에 초나라의 춘신군(春申君)과 위나라의 신릉군(信陵君) 등이 수십만 병력을 이끌고 진나라의 군대를 공격하자 진나라의 군대는 큰 피해를 입게 되었다. 이에 백기가 "진나라 왕께서 신의 계책을 듣지 않으시다가 지금 어찌 되었는가?"라고 말했다. 소양왕이 이 말을 전해 듣고는 화가 나서 백기를 직접 찾아가 강제로 장수로 삼아 전장으로 보내려 했으나 무안군은 "저는 차라리 무거운 죄를 짓고 죽임을 당할지언정 치욕스러운 패장이 되는 일은 차마 하지 못하겠습니다."라고 말하며 끝까지 병을 핑계로 가지 않았다. 이후 범수가 또다시 백기에게 출전할 것을 청했으나 이때에도 백기는 가지 않았다. 결국 소양왕은 백기를 파면해 사오(士伍, 병졸)로 강등시키고는 음밀(陰密)로 유배보냈으나 백기는 병이 들어서 가지 못했다.

기원전 257년인 소양왕 50년 10월, 소양왕이 백기를 재촉하자 결국 백기는 진나라 수도인 함양(咸陽)을 떠나 서문(西門) 10리 밖의 두우(杜郵)에 이르렀다. 이때 '백기가 유배를 가면서도 오히려 원망을 품고 복종치 아니하며 불손한 말을 한다'는 말을 들은 소양왕은 11월에 백기에게 검을 보내 자결할 것을 명했다.

백기는 검을 받아들고 스스로 목을 베려다가 "내가 하늘에 무슨 죄를 지었기에 이 지경에 이르렀는가?"라고 탄식했다. 백기는 한참을 생각하다가 "나는 죽어 마땅하다. 장평 싸움 때에 조나라 병졸로서 항복한 자들 수십만 명을 내가 속여서 구덩이에 파묻어 죽여버렸으니 이것만으로도 죽을 만하다." 하고는 자살했다. 백기가 죄없이 죽었기에 진나라 사람들이 그를 불쌍히 여기며 그 고향에서 제사를 지내주었다. 백기의 부장으로서 장평에서 함께 조나라 군대와 싸웠던 사마근(司馬靳) 또한 백기와 마찬가지로 두우에서 죽임을 당했고, 이후 화지(華池)에 매장되었다. 그의 후손이 바로 훗날에 《사기》를 편찬한 사마천이었다.

왕전(王翦, ?)

기전파목(起翦頗牧)의 두 번째 장군이 바로 왕전(王翦)이다. 그는 백기를 뒤이어 남아 있던 진나라의 주변국을 모두 멸망시켜 춘추 전국 시대를 종결시킨 명장이며, 그 과정에서 뛰어난 처세술을 보인 것으로 이름이 높다. 이런 점에서 그는 강직하기만 했던 백기와는 다른 유형의 장군이었다.

그는 진의 천하 통일 과정에 관계한 가장 뛰어난 무장 가운데 한 명으로 평가받는다. 왕전과 그의 아들 왕분(王賁)이 멸망시킨 국가는 연나라, 조나라, 초나라, 위나라, 제나라를 비롯한 다섯 국가였으며, 이 과정에서 수백 곳의 성을 함락시켰다. 게다가 또 다른 진나라의 명장인 백기와 달리 학살자의 이미지는 없으며, 처세술도 능통해 의심 많고 성격도 안 좋았던 진시황 휘하에서 진나라가 동원할 수 있는 모든 군대의 지휘권을 받았는데도 불구하고 천수를 누렸다. 또한 초나라를 상대로 지구전에 들어갔을 때 왕전은 매일 병사를 쉬게 하고 목욕시키며 잘 먹이고 정성껏 어루만지며 친히 병사들과 함께 음식을 먹었다는 기록이 있는 것을 보면 병사들과의 관계도 좋은 편이었던 것으로 추측된다.

《사기》 '백기왕전열전'에는 진시황 11년부터 행적이 나오지만 초나라 정벌 때 진시황에게 늙었다고 구박받는 장면이 나온다. 이신이 대패하기 이전까지는 빈양에서 은거를 했다는 기록을 보면 진시황의 즉위 이전부터 종군했을 것으로 추정이 된다. 《사기》 '진시황 본기'에는 시황제 18년인 기원전 BC 229년 군사를 크게 내어 조나라를 공격했다고 기록되어 있는데, 당시 왕전은 상지(上地)의 군사를 이끌고 정형(井陘)을 공격했고, 양단화가 하내의 군사를 거느렸다. 강외(羌瘣)가 조나라를 토벌하고 단화가 한단성을 포위했다. 다음 해 왕전, 강외가 조나라 땅 동양(東陽)을 모조리 평정하여 취하고, 조나라 왕 천(遷)을 잡았다. 바로 군대를 이끌고 연나라를 공격하기 위해 중산에 주둔했다고 기록되어 있다. 이를 보면 왕전은 별 무리 없이 조나라를 멸망시킨 것으로 보이나 왕전의 열전에는 조나라를 멸망시키는 데 1년이나 걸렸다는 서술이 나온다. 당시 진나라의 왕전과 조나라의 이목은 둘 다 수비적인 전략을 잘 썼다고 한다. 왕전은 초나라를 상대로 1년 동안이나 대치하며 기회를 노렸고, 이목 또한 흉노족과 환의와의 전투 초기에는 수비적인 전략을 선택했다. 두 명장이 수비를 선호했다면 이들이 대처한 전황은 첫 교전 이후 자연스레 교착에 빠졌을 것이다. 결국 진나라는 조나라 재상 곽개를 매수하여 이목을 제거했고, 이목이 사라지자 왕전은 석 달도 지나지 않아 기원전 228년에 조나라를 멸망시켰다.

한편, 조나라의 왕족 가(嘉)는 대(代)라는 지역으로 피신해 대나라의 왕을 자칭하고 연나라와 연합해 세력을 키웠다. 조나라가 멸망하자 연나라는 진나라와의 전쟁을 막아보고자 했다. 그래서 기원전 227년에 연나라는 형가를 보내 진왕(훗날의 진시황)을 암살하려고 했으나 실패로 돌아갔다. 분노한 진나라는 연나라에 보복하기 위해 왕전과 신승(辛勝)이 지휘하는 군대를 출진시켰다. 왕전이 지휘하는 진군은 연군을 두 차례 크게 격파했고, 기원전 226년에는 연나라의 도성 계(薊)를 함락시켜 연나라를 멸망시켰다. 연나라의 왕 희는 요동으로 도망쳤으나 연의 잔존 세력은 기원전 222년, 제나라 멸망을 앞두고 대나라와 함께 왕전의 아들 왕분에게 멸망당했다. 왕전은 뛰어난 전과를 올린 장군이었지만, 나이가 들자 진왕도 그를 점점 신뢰하지 않게 되었다.

진왕은 마지막 대국인 초나라 정벌 계획을 세우기 시작했다. 왕전은 적어도 60만은 동원해야 한다고 주장했으나 이신은 20만으로 충분하다고 주장했다. 진왕은 이신의 안을 택했고, 자신의 처지를 실감한 왕전은 퇴직하고 빈양으로 물러났다. 이신과 부장 몽염의 20만 대군은 초반에는 승승장구했으나 초의 명장, 항연의 책략에 대패하고 말았다. 다급해진 진왕은 왕전을 직접 찾아가 다시 복귀할 것을 청했다. 재차 60만 대군을 요구해서 진왕의 승낙을 받은 왕전은 몽무를 부장으로 삼아 초나라를 정벌하러 출전했다. 이 60만 대군은 당시 진나라가 동원할 수 있는 모든 병력이어서 진왕은 내심 반역을 걱정했다.

이를 간파한 왕전은 출전하기 전에, 자신은 진나라를 위해 싸웠음에도 제후에 임명되지 못했다고 호소하며 보상을 청했다. 초나라군과 대치하는 동안에도 수차례 사자를 보내 자손 대대로 먹고살 수 있는 많은 토지와 저택을 요구했다. 이에 대해 누군가가 너무 지나치다고 하자 왕전은 반란을 걱정하는 진왕을 안심시키려는 것이라고 답했다. 나라를 통째로 먹을 생각이라면 굳이 왕에게 보상을 요구할 필요가 없기에 재물을 요구하여 자신은 반역자가 아니라 수당을 바라는 충직한 부하라는 것을 계속 강조했던 것이다.

왕전의 보신책은 단지 본인의 안위만을 위한 것이 아니었다. 전국 시대가 막바지에 접어들며 변한 전쟁의 속성을 파악한 왕전은 대규모 병력을 동원한 장기전을 계획했다. 그는 이전의 승리로 사기가 오른 초나라군을 약화시키고 쉴새 없이 전쟁에 동원되어 지친 진나라군을 회복시킨 뒤 단번에 승기를 잡으려고 했다. 문제는 이러한 장기전은 군주에게 의심을 받아 틀어질 위험이 매우 높다는 점이었다. 바로 전 세대에도 멀쩡한 지휘관이 교체되는 바람에 허무하게 끝난 장평대전이라는 전례가 있었고, 왕전 본인도 이목이 조나라 조정의 신뢰를 잃는 바람에 제거당하는 것을 똑똑히 본 사람이었다. 염파와 이목의 전철을 밟지 않기 위해서라도 왕전은 진왕을 안심시켜야 했다. 왕전은 이미 진왕의 눈 밖에 난 전적이 있었기에 의심이 많을 수밖에 없던 진왕을 대하는 그의 처세는 합리적인 선택이었다고 볼 수 있다.

왕전의 보신책은 적중했다. 진왕은 안심하며 왕전을 교체하지 않았고, 왕전은 초나라군을 상대로 1년 동안 장기전을 벌일 수 있었다. 일각에서는 진나라와 초나라 사이의 국력 차이가 이미 전쟁의 승패를 결정할 만큼 크게 났던 것으로 보는 시각도 있다. 20만 병력이 패하자 60만을 추가로 투입하고, 그 60만을 1년 동안이나 먹였기 때문이다. 기록에 의하면 왕전의 군대는 매일 양과 소를 잡아 먹이며 훈련을 시켜 사기를 높였다고 하니, 이것은 훈련병들이 굶주리기는커녕 주기적으로 고기까지 먹을 수 있었다는 말이 된다.

필자가 군대 생활을 하던 시절 마지막 6·25 참전 용사였던 준위는 "전쟁은 탱크로 하는 것이 아니라 트럭으로 하는 것이다"라는 말을 자주 했다.

그 말은 전쟁의 특징을 잘 포착한 말이다. 끊임없이 인력과 물자가 소모되는 전쟁이라는 극한 상황에서 경제력이 뒷받침되고 산업 생산력이 지속되지 않으면 그 나라는 소모전에서 지기 마련이고 결국은 전쟁에서 패하게 된다는 것이다. 2차 세계 대전에서의 일본이나 한국 전쟁에서의 북한군은 전격적으로 침략하거나 공격해 단기간에 승부를 볼 생각으로 전쟁을 일으켰다. 그러나 그 대상이 미국이라는 최대의 경제력을 가진 나라라는 사실을 생각하면 그 전쟁의 결과는 이미 불을 보듯 뻔한 것이었다.

전국 시대에도 이미 진나라는 인력과 물자 동원에서 타국을 압도하는 경제력을 갖추고 있었다. 이는 앞에서 언급했다시피 효공과 상앙의 변법 개혁이 가져온 성과가 차곡차곡 쌓인 결과였다. 덕분에 대치하는 과정에서 진나라의 병사들은 투석, 멀리뛰기 시합을 할 정도로 체력을 회복할 수 있었고, 이를 들은 왕전은 이제야 싸울 수 있겠다고 판단하고 기회를 노리기 시작했다. 반면 초군은 수차례 싸움을 걸어도 진군이 응하지 않자 결국 후퇴했고, 기회를 잡은 왕전은 단 한 번의 전투로 초군을 대대적으로 격파했다. 이후에는 최후의 저항을 하던 항연과 창평군을 몽무와 함께 출진해 제거한 뒤 수도까지 점령해 초나라를 멸망시켰다. 왕전은 이 기세를 앞세워 장강을 건너 남진해 백월(百越)까지 공략했다.

이 공을 인정받아 왕전은 무성후(武成侯)에 봉해졌고, 아들 왕분도 아버지의 뒤를 이어 연나라의 잔당은 물론 위나라와 제나라도 멸망시켰다. 부자가 여섯 나라 중 다섯을 멸망시킨 것이다. 덕분에 왕씨 가문은 몽오, 몽무, 몽염으로 이어지는 몽씨 가문과 함께 진나라 군부에서 가장 영향력 있는 가문이 되었다.

사마천은 《사기》 '백기왕전열전'에서 왕전에 대해 "진나라의 장수가 되어 여섯 나라를 멸망시켰으며 왕전은 숙장(宿將)이 되었으니, 진시황도 그를 스승으로 모셨다"라고 말하며 그의 능력을 극찬했다. 하지만 높은 자리에 있었음에도 불구하고 진시황의 폭정을 막지 않고 일신의 안녕만을 추구했다며 왕전을 비판하기도 했다. 그러나 진나라, 나아가 중국의 전제 군주제를 생각해 보면 왕전이 쿠데타를 일으키지 않는 한 진시황의 폭정을 막을 도리가 없었다. 이런 점에서 사마천의 백기왕전열전 마지막 비판은 다소 지나친 면도 있어 보인다.

왕전의 생애에서 눈여겨보아야 할 점은 '기전파목(起翦頗牧)'으로 같이 엮이는 백기, 염파, 이목과 달리 정치력 또한 뛰어났다는 점이다. 전근대의 장군에게 왕과 밀고 당기며 원하는 것을 얻어내는 정치력은 굉장히 중요했다. 그러나 중국사를 통틀어 그런 능력까지 갖춘 장군은 매우 드물었다. 당장 희대의 명장으로 손꼽히는 한신을 비롯한 수많은 인재들이 군사적 능력과는 별개로 처신이나 행동거지를 경솔하게 하다가 숙청당했다. 하지만 왕전은 의심 많기로 유명한 진시황 밑에서도 기가 막힌 처신으로 일신의 안위와 함께 국가의 안녕까지 같이 지켜내는 데 성공했다. 적당히 어리석어 보이는 행동을 취해 받아 낼 수 있는 지원은 몽땅 받아낸 것은 물론이고, 작전까지 관철해 결국은 최대의 난적인 초나라까지 멸망시켰다. 또한 본래의 의도는 아니었겠지만, 그 과정에서 진왕에게 자기 가문의 실속까지 알차게 뜯어냈으니 '기전파목'의 네 장군 중 가장 알찬 성과를 거둔 인물이었다. 반면 왕전보다 더 큰 공을 세운 백기는 장평대전 이후 자신이 입안한 작전이 받아들여지지 않고 실각해 유배당하는 수모를 겪다 자결하라는 명령을 받았고, 염파 또한 뛰어난 능력에도 불구하고 전장에서 밀려나 이 나라 저 나라를 떠돌아다니다 결국 쓸쓸히 죽었다. 이목도 곽개의 모함으로 억울하게 목숨을 잃었다. 이처럼 장수는 전투만이 아니라 윗선과의 소통과 처세도 중요하다는 것을 이들 사례가 보여주고 있다.

라이벌이었던 조나라 장군 이목과 진나라 장군 왕전은 각자만의 장점이 있었다. 두 명장 모두 자신을 필요로 하는 나라에서 활약했기에 춘추 전국시대 최고 명장의 반열에 올라 역사에 이름을 남길 수 있었다. 이목은 흉노의 10만 기병을 전멸시켰고, 강대국 진나라를 상대로 조나라를 끝까지 지켰다. 이 과정에서 보인 행적을 보면 전술적 능력은 당대 최고였다고 해도 부족함이 없다.

왕전은 중국 통일을 위한 전략과 정치력을 갖춘 최고의 지휘관이었다. 당대의 전쟁, 특히 통일을 위한 전쟁은 대군, 경제력, 인내심을 요구했다. 그리고 이를 성공적으로 수행하기 위해서는 최고 통수권자와의 원만한 관계가 필수적이었다. 절대적 권력자 왕, 그것도 가혹한 법으로 악명 높은 진나라의 의심 많은 진시황이라면 말할 것도 없다. 만약 정치력이 부족한 이목이 진나라에 있었다면 진나라는 중국을 통일하지 못했을 것이고, 전술적 능력이 비교적 부족한 왕전이 조나라에 있었다면 조나라는 훨씬 빨리 멸망했을 것이다.

이목(李牧, ?~BC 229)

이왕 '기전파목(起翦頗牧)'의 네 장군 이야기가 나온 김에, 비록 진(秦)나라의 장군은 아니지만 조나라의 마지막을 지켰던 명장 이목 장군 이야기도 해보자.

그는 본명이 이촬(李繓)이고 자가 목(牧)이지만, 본명보다는 이목(李牧)으로 더욱 잘 알려져 있다. 그는 조나라의 북방을 지키면서 10여 년 동안 흉노(匈奴)를 상대로 싸워 그들을 벌벌 떨게 만들었고, 압도적인 국력을 지닌 진나라를 상대로 방어와 수성에서 무패의 기록을 세웠다.

이목은 장군으로 부임한 이후, 조나라 북쪽 국경 지대인 대(代)와 안문(雁門)에서 장군직을 역임했다. 조나라는 당시 중국 최북단에 위치했기에 이목은 장군으로 부임하자마자 흉노와의 접경지대로 발령받았다. 당시의 흉노는 후대 한나라 시대만큼은 막강하지 않았지만, 툭하면 북쪽 변방을 침략해 약탈을 감행할 정도의 저력은 갖추고 있었다. 이목은 이곳에 부임하자마자 두 가지 규율을 강조했다. 첫째는 흉노의 목을 베고 온 자를 참수한다는 것이었고, 둘째는 흉노가 쳐들어올 경우 모든 백성과 군사가 즉시 성벽 안으로 대피한다는 것이었다. 또 곳곳에 봉화 등을 설치해 흉노의 움직임을 기민하게 파악하여 흉노에 대한 사전 및 사후 대처를 완벽히 준비했다. 그 결과 이목이 부임하던 시절엔 흉노에 대한 피해가 전무하다시피 했고,

반대로 흉노는 이목의 대처 탓에 제대로 된 전과를 거두지 못했다. 이목은 직접 군대를 일으키지 않고 오로지 훈련에만 전념했다. 그러나 이런 이목에 대한 대외적인 시선은 좋지 않았다. 흉노는 물론 부하들 사이에서도 이목이 겁쟁이라는 말이 퍼져나갔다. 결국 이목의 행보가 한단의 조정에까지 알려졌고, 조나라 왕은 이목을 크게 질책하며 나가서 싸우라고 명령했다. 하지만 그는 계속 방어적인 태도를 고수했다. 이에 왕은 이목을 파직하고 다른 장수를 부임시켰다. 이목의 후임으로 온 새로운 장수는 이목과는 정반대로 흉노가 보이는 족족 그들과 교전을 펼쳤으나 매번 패해 제대로 된 성과를 올리지 못했다. 결국 북쪽 국경 일대는 엉망이 되고 말았다. 이 지경이 되어서야 한단의 중앙 조정과 북쪽 국경 담당자 등 모두는 이목의 진가를 알아보고 그를 다시 불러오고자 했으나 이목은 이때도 권유를 무시한 채 꾀병을 부리며 가택에서 버티기만 했다.

결국 조정에서는 강제 명령을 내려 이목을 북방으로 보내려 했다. 그러자 그는 앞으로도 자신이 원래 하던 방침을 고수하겠으니 간섭하지 말라는 조건을 못박았다. 이에 왕은 이목의 담당 구역에 대한 전권을 주고, 일체 간섭하지 않겠다는 서약을 했다. 이목은 그제서야 북방으로 복귀했다. 복귀 이후 이목은 원래 방침대로 방어적인 태도만 고수했으니, 이런 그의 태도에 흉노는 그저 그가 겁쟁이라고만 생각했다. 조나라의 북방은 다시 회복되기 시작했고 손실이 사라졌으며, 자연스레 조나라의 군수품과 군마, 군인들이 계속 늘어나게 되었다.

싸울 준비를 끝낸 이목은 본색을 드러냈다. 그는 조나라와 흉노 사이의 평원에 보란 듯이 전차 1,300대, 기병 13,000기, 보병 5만 명과 궁병 10만 명이라는 대군을 주둔시켰다. 흉노도 이런 이목의 태도 변화를 의심하며 먼저 정찰 목적으로 선봉대를 보냈다. 이목은 퇴각하는 척하며 수천 명의 조나라 군사를 흉노의 눈앞에 내버려두었다.

흉노의 선우(單于)는 이를 약탈하기 위해 대군을 이끌고 습격했지만, 이목은 흉노들이 듣도 보도 못한 기묘한 진세를 펼쳤다. 그는 미끼를 문 흉노군을 포위한 뒤 섬멸했다. 그 결과 흉노는 전투 한 번에 10만 명에 달하는 군사를 잃었고, 선우 본인도 간신히 목숨만 건져서 패퇴했다. 또한 북방의 이민족들 중 담람이라는 부족은 아예 전멸했고, 동호(東胡)는 궤멸당한 뒤 도주했다. 이를 본 임호는 항복했다. 이 전투에서 흉노를 포함한 북방 민족들이 입은 피해가 엄청나 이후 10년 동안 조나라 국경에 얼씬도 하지 못했을 정도였다.

이목의 엄청난 전과에도 불구하고 얼마 뒤 조나라는 망국의 길로 들어서 기록이 부실했다. 추측건대 기원전 272년을 전후하여 이목이 흉노를 물리쳤다고 볼 수 있는데, 전투가 벌어진 시기를 기원전 272~260년으로 추측하는 이유는 다음과 같다.

기원전 260년에 발발한 장평대전에서 조나라는 막대한 피해를 입었다. 이 시기 이후로는 아무리 이목이 훌륭한 장수라고 해도 흉노를 격퇴하는 데 있어 대규모로 군대를 동원하기는 매우 어려운 환경이었다. 반면 장평대전 발발 이전에는 조나라의 사정이 좋았고, 흉노를 격퇴하는 데 대규모의 군대를 동원할 수 있는 여력이 있었기 때문이다.

이목의 활약과는 반대로 조나라의 정계는 계속 부패해졌다. 장평대전의 참패로 조나라가 약해지자 연나라가 침략해 국력이 더욱 쇠퇴했다. 간신 곽개는 과거 자신을 비난한 명장 염파에게 앙심을 품고 그를 모함해 해임시켰다. 그 때문에 염파는 분노해 후임인 악승(樂乘)의 부대를 습격한 후 그대로 위나라로 망명했다. 거기에 도양왕(悼襄王)이 창씨라는 여자에게 반해 그녀를 후궁으로 받아들이려고 하자 이목이 '한 집안을 망하게 한 요녀'라며 극구 반대했음에도 도양왕은 이를 무시하고 그녀를 후궁으로 받아들였다.

조나라는 이목이 버티던 북쪽 방면을 제외한 대부분의 지역에서 국방력이 쇠락했고, 염파마저 잃었다. 설상가상으로 통일 대업을 시작하여 한나라를 멸망시킨 진나라의 대대적인 침공을 받기 시작했다. 이 당시 이미 조나라는 진나라의 왕전, 환의, 양 단화의 공격으로 업을 포함한 9개의 성을 빼겼고, 이후 조나라 장군 호첩이 환의에게 죽고 10만 명의 군사를 잃어 큰 피해를 본 상태였다. 결국 태행산맥 가운데 성들인 태원과 요양을 진나라에 점령당했다. 진나라군은 태행산맥을 넘어 수도 한단 북쪽을 공격할 수 있었다. 수도 한단에서 불과 50킬로미터밖에 떨어져 있지 않은 지역인 업도 진나라에 함락되었다. 업에서 한단까지는 험준한 지역이 아닌 완전한 평야지대였다. 이목은 이런 절망적인 상황에서도 진나라군의 침공을 연거푸 격퇴했다. 이목이 백기, 왕전, 염파와 같은 기전파목의 일원으로 불리는 이유가 결코 과장이 아니었다.

기원전 233년, 이목은 조나라 장수 호첩을 전사시킨 진나라 장수 환의와 맞붙었다. 그는 과거 흉노를 상대했던 때처럼 전투를 피하며 수비에 열중하는 한편, 장병들을 잘 먹이고 휴식을 제공하며 훈련시켰다.

환의가 의안에서 수성만 고수하던 이목을 끌어내기 위해 비하를 치러 출정했다. 이에 이목은 바로 환의군의 본진을 습격해 함락했다. 환의는 이 소식을 듣고 급하게 회군했으나 이목은 귀환하던 환의군을 일부의 병력으로 정면에서 저지하고 주력군을 양쪽으로 나눠 협공하는 기동 전술을 펼쳤다. 환의군은 사상자가 10만 명에 이를 정도로 큰 피해를 입었다. 이 전투를 비하 전투라고 하는데, 이는 전국 시대 말기 전투들 중에서도 손꼽힐 정도로 큰 전투였다. 이 비하 전투의 대승으로 이목은 조 유류왕으로부터 무안군의 칭호를 받았다.

왕전이 병사를 거느리고 조나라를 공격하길 1년 남짓, 진나라는 이목이 있는 이상 조나라를 멸망시키긴 힘들다고 판단하고 염파를 모함했던 간신 곽개를 매수해 이목을 모함했다. 조 유류왕이 곽개의 모함을 듣고 조총(趙蔥)과 안취(顔聚)를 보내 이목 대신에 군대를 지휘하도록 했다. 하지만 이목이 명령을 따르지 않자 유류왕이 사람을 보내 그를 정탐하다가 체포해 죽이고, 사마상까지 해임했다.

이목이 죽고 사마상마저 해임되자 방해물이 완전히 사라진 진나라는, 조나라를 대대적으로 침공해 3개월도 안 되어서 도읍인 한단을 함락하고 조 유류왕을 생포해 조나라를 멸망시켰다.

이목의 손자이자, 한신(韓信)도 경계할 정도로 뛰어난 전략가였던 조나라의 광무군(廣武君) 이좌거(李左車)가 초한 쟁패기에 재건된 조나라에 중용되었다는 점을 고려하면 이목의 집안이 조나라에 그대로 남아 있었을 가능성이 높다.

어떻게 이목이 처형당했는데 가족들이 연좌제로 처벌받지 않고 손자가 살아남았을까 의문이 들 수 있으나 이목이 죽자마자 진나라군이 바로 공세로 전환했고, 불과 3개월 만에 조나라가 항복한 것을 감안하면 조 유류왕이 이목의 가족까지 죽일 겨를도 없이 나라가 멸망했을 가능성이 높다. 이목은 활약이나 능력 및 위치로 보아 그야말로 조나라의 마지막 버팀목이었기에 이목이 내부의 적에 의해서 쓰러지면서 국가가 멸망의 길로 들어섰다. 또한 염파처럼 조국을 위해서 끝까지 싸우며 수차례 멸망의 위기에서 나라를 구했지만, 결국은 모함을 받고 참수당하니 조나라 역시 몰락하는 국가의 전형적인 길을 답습했다고 볼 수 있다.

범수(范睢, ?~BC 255)

범수(范睢)는 위(魏)나라 사람이다. 이름을 저(睢, 且)라고도 하고 장록(張祿)으로도 불렸다. 그는 집이 가난해 불우하게 살다가 위나라의 중대부(中大夫) 수고(須賈)를 섬기게 되었다. 수고가 위왕의 명을 받아 제나라로 사신으로 갈 때 범수도 동행했고, 일정상 그곳에서 수개월을 보내게 되었다. 이때 제양왕이 범수의 말이 마음에 들어 금 열 근과 소와 술을 하사했지만, 범수가 이것을 받지 않았다. 그런데 이를 지켜본 수고는 범수가 위나라의 비밀을 제나라에 흘린 대가로 선물을 받았을 것이란 의심을 품었다. 위로 돌아온 수고는 재상 위제(魏齊)에게 이를 보고했고, 재상 위제는 사인(舍人)을 시켜서 범수를 고문했다. 고문으로 범수는 갈비뼈와 이빨이 부러졌다. 범수가 죽은 척하자 그를 변소에 버린 뒤 술에 취한 빈객들에게 소변을 보게 해 욕을 보였다. 범수는 간수(看守)에게 "당신이 나를 나갈 수 있게 해준다면 나는 반드시 그대에게 후한 사례를 하겠소"라고 간곡히 부탁하자 간수는 위제에게 시체를 버리고 왔다고 거짓으로 고하고 범수를 놓아주었다. 범수는 정안평(鄭安平)의 도움으로 도망을 가서 숨었고, 장록(張祿)으로 이름을 바꾸었다. 진나라 사신 왕계(王稽)가 위나라에 왔을 때 정안평은 왕계에게 범수를 진나라로 도망가게 해달라 청했고, 왕계는 이에 응했다. 왕계는 진에 들어가 소양왕(昭陽王)에게 범수를 천거했지만, 등용되지 않았다. 당시 진나라의 재상은 양후(穰侯) 위염(魏冉)으로, 소양왕의 어머니인 선태후의 남동생이었다. 양후는 절대 권력을 자랑하며 명장 백기를 등용해 주위의 나라들을 여러 차례 토벌해 영토를 확장하고 있었다. 그러나 그 영토는 양후와 태후의 남동생인 화양군(華陽君), 혹은 소양왕의 남동생인 고릉군(高陵君), 경양군(涇陽君) 등이 취해서 그들의 재산이 왕실보다 많았다.

범수는 일 년 남짓을 보내고 소양왕에게 상소를 올렸다. 이에 응해 소양왕이 범수를 불러들였다. 범수는 왕을 알현하기 위해 후궁들이 왕래하는 영항(永港)을 통해서 들어갔다. 그때 진왕이 도착하자 화난 환관이 "대왕께서 행차하셨다."라며 쫓아버리려고 했다. 하지만 범수는 "진나라에 무슨 왕이 있느냐? 진나라에는 단지 태후와 양후가 있을 뿐인데"라고 말했다. 이에 소양왕은 범수를 맞아들이고 의견을 청했다.

범수는 소양왕에게 원교근공책(遠交近攻策)을 제안했다. 그의 건의대로 소양왕은 위나라를 공격하고 영토를 빼앗아 한나라를 압박했다. 이 전략은 큰 성과를 거두어 소양왕은 범수를 신임하게 되었다. 이후에도 범수는 소양왕에게 양후들을 배척하지 않으면 왕권이 위험하다고 말했고, 소양왕은 이 말을 듣고 선태후, 양후, 화양군, 고릉군, 경양군을 함곡관 밖으로 추방했다.

권력을 장악한 범수는 응(應) 땅의 후작으로 봉해져 응후(應侯)로 불리게 되었다. 이때 위나라에서 진나라가 한·위를 토벌하려 한다는 정보를 얻어 수고(須賈)를 진나라에 보냈다. 이 소식을 들은 범수는 초라한 모습으로 수고의 앞에 나타났다. 수고는 범수가 살아 있었던 것에 놀라며 범수에게 무엇을 하고 있는지 물었다. 범수는 "다른 사람에게 고용되어 일합니다."라고 대답했다. 범수의 초라함을 불쌍히 여긴 수고가 두터운 명주 솜옷을 범수에게 주며 "진나라 재상 장록이라는 사람을 만나고 싶다."라고 말했다. 범수는 자신의 주인이 장록을 알고 있어 대면시켜줄 수 있다면서 스스로 마부를 자청해 장록의 저택으로 들어왔다. 먼저 들어간 범수가 나오지 않자 수고가 문지기에게 물었더니 "아까 그분이 우리의 재상인 장 선생이십니다." 하는 대답이 되돌아 왔다. 범수가 장록이라는 사실을 안 수고는 몹시 당황하며 범수 앞에서 과거의 일을 사과했다. 범수는 수고를 비난했지만, 수고가 옛정을 생각해 두터운 명주 솜옷을 준 것을 감안해 살려주기로 했다. 그리고 수고에게 "위나라 왕에게 전해라. 즉시 위제의 머리를 가져오라고! 그렇지 않으면 대량성을 허물고 대량 사람들을 몰살시키겠다."라고 말했다. 귀국한 수고는 범수의 명령을 위제에게 전했다. 이를 들은 위제는 크게 놀라 조나라의 평원군에게 도망쳤다.

그 후, 범수를 추천해 준 왕계가 범수에게 "자신에 대한 보답이 없는 것은 아닌지"라고 은근히 불만을 얘기했다. 범수는 내심 불쾌했지만, 소양왕에게 청해 왕계를 하동 태수에 임명토록 했다. 또한, 정안국을 추천해 장군으로 임명했고, 재물을 나누어 가난하게 살 때 신세를 진 사람들에게 일일이 보답했다. 단 한 끼 식사에도 은혜로 보답했고, 한번 노려본 원한에도 반드시 보복했다.

소양왕은 범수가 원망하고 있는 위제가 평원군의 식객으로 있는 것을 알게 되었다. 어떻게든 범수의 원한을 풀어 주고 싶어서 평원군을 진나라에 불러 "위제를 죽이지 않으면 함곡관 밖으로 내보내지 않겠소"라고 위협했다. 그러나 평원군은 거절했다. 그러자 소양왕은 조나라 효성왕을 위협했다. 두려움을 느낀 효성왕은 군사를 내어 평원군 저택을 포위했다. 이 과정에서 위제는 조나라 재상 우경(虞卿)과 함께 도망가서 위나라의 신릉군에게 도움을 요청했다. 그러나 신릉군은 진나라를 두려워해 위제를 받아들이는 것을 주저했다. 하지만 식객의 말을 듣고 다시 생각해 국경까지 맞이하러 나갔다. 그러나 위제는 신릉군이 자신을 만나지 않으려 한다는 소식을 듣고 분노하여 자결했다. 이후 조나라 효성왕이 위제의 목을 진나라에 보내 평원군은 풀려났다.

시간이 흘러 범수는 명장 백기(白起)의 명성이 높아지는 것을 경계했다. 백기가 조나라 수도를 공격하려고 하는 것을 막고, 소양왕에게 중상모략해 백기를 죽이게 했다. 그리고 그 후임으로 정안평을 장군으로 앉혔다. 정안평은 조나라를 공격했으나 조나라 군사에게 포위당해 항복을 해버렸고, 왕계는 타국과 내통한 죄로 사형당했다. 이러한 일로 범수는 위태로워졌지만, 소양왕의 신뢰는 변함이 없었고, 추천자의 죄로 연좌되는 일도 없었다. 이 시기 유세가 채택(蔡澤)이 범수를 만나서 과거 상앙(商鞅)·오기(吳起)·문종(文種) 등이 몰락한 사례를 들며 은퇴할 것을 권했다.

범수가 언제 사망했는가는 문헌에 기록되지 않았다. 1975년에 발굴된 <수호지진간(睡虎地秦簡)>이라는 글의 내용 중 진나라 말기의 역사를 단편적으로 기록한 〈편년기(編年紀)>에 "소왕 52년, 왕계·장록이 죽었다."라는 기사가 있다. 이를 바탕으로 범수가 왕계와 같은 해인 기원전 255년에 사망했다고 알려지게 되었다. 혹은 범수가 왕계와 함께 처형되었다고 보기도 한다.

정국(鄭國, ?)

정국(鄭國)은 운하 기술자로서 요즘 식으로 보면 토목 건설의 일선에서 기획, 설계, 공사 감독까지 한 사람이다. 《사기》의 기록에 의하면 정국은 원래 한(韓)나라에서 진(秦)나라로 보낸 첩자였다. 그의 임무는 대규모 토목 사업을 통해 재정을 고갈시키고 인력을 소모하여 자기 나라를 공격하지 못하도록 하는 것이었다. 한(韓)나라는 비교적 작은 나라로서 늘 진(秦)의 위협에 시달렸다. 기원전 293년, 한나라는 진(秦)의 동진(東進)을 막으려 위(魏)와 연합해 24만 명의 군대를 동원했으나 진(秦)을 저지하는 데 실패했다.

기원전 246년, 한의 신하가 한 환공에게 진(秦)의 재정을 고갈시키고 피로하게 하는 전략으로 혼란을 유발해 관심을 다른 데로 돌리자고 건의했다.

한 환공을 이를 받아들여 정국(鄭國)을 진으로 파견했다. 정국은 진왕에 유세하며 경하(涇河)와 낙하(洛河)를 연결하는 거대한 수리(水利) 공사를 시행하자고 권유했다. 경수(涇水)의 물을 300리의 수로를 통해 낙하(洛河)로 끌어들여 황무지 110~280만 무(畝, 1무는 사방 100보 넓이)를 옥토로 바꾸게 되면 식량 걱정을 덜게 된다고 건의했다.

진왕은 정국의 구상에 흥분하여 신하들과 상의한 끝에 전략적인 각도에서 허리띠를 졸라매고 공사를 강행하기로 했다. 이에 따라 정국을 총감독으로 하여 수거(水渠)의 건설을 명하고 즉각 공사를 시행하다가 완성도 하기 전에 정국이 한(韓)나라에서 보낸 첩자라는 사실을 알게 되었다. 진왕은 매우 격노해 정국을 죽이려고 했으나 정국은 죽을 때 죽더라도 할 말은 해야겠다며 스스로를 변호했다.

"왕이 나를 죽인다면 이미 많은 공력을 들인 공사는 실패할 것이니 그것은 진(秦)에는 큰 손해가 되겠지만, 한나라에는 아무런 손실이 없을 것이다. 그러나 왕이 나를 살려준다면 지금 짓고 있는 수로가 완성되어 양전(良田)이 생겨나 엄청난 식량을 생산할 테니 그것은 진나라에 큰 행운이 될 것이다"라고 역설했다.

진왕은 한참을 생각한 끝에 정국의 그 말이 옳다고 인정하고 공사를 계속하도록 했다. 물론 감시는 붙였을 것이다.

정국은 그때부터 전력을 다해 공사를 진행했고, 결과는 대성공이었다. 정국에게는 아마 조국(祖國)보다 토목 기술자인 자신의 전공을 살려 일생일대의 프로젝트를 성공시키는 것이 더 중요했을 것이다. 관중(關中) 평원은 서북쪽이 다소 높았다. 정국은 이 지형의 표고 차를 교묘하게 이용해 동남쪽 낮은 지형으로 물이 저절로 흘러가도록 수로를 설계했다. 동시에 독특한 수중 설치 기술로 청곡하를 막아 곡하(曲河)의 물줄기를 수로로 유입시켜 수로 안에는 늘 충분한 양의 물이 흘러가게 했다. 그는 10년 만에 전후후무한 대공사를 완성했다.

이는 중국 수리(水利) 사업 중 시간과 비용이 많이 투입된 공사이긴 했으나 그 결과는 엄청난 이득으로 돌아와 진왕은 자신의 선택을 극히 만족해했다.

사서에는 구거(溝渠) 완성 후 홍수나 한해(旱害)를 없애고 염분을 제거한 4만 경의 옥토가 생겨났다고 기록되어 있다. 그래서 관중(關中)에 옥야(沃野)가 생겨나고 흉년을 없애 진이 매우 부유해졌다는 것이다. 관개(灌漑)가 가능한 토지는 4만 경으로 1,100만 무의 황무지가 논밭이 되었고, 무(畝)당 100근의 수확량을 기록하니 소출로 11만 톤의 양식이 늘어났다. 이는 당시 농업이 발달한 관동(關東) 지구에 비해 무(畝)당 75근이나 소출이 는 것이라 한다. 정국거는 수위 낙차가 커서 물속에 섞여 흐르는 진흙과 모래의 양이 많았는데, 그런 것이 오히려 염분을 제거하는 역할을 해 황무지가 양곡 생산지로 변한 것이다. 정국거는 매년 10만 톤의 양창(兩倉)이 되었고, 관중 평원은 기후 변화로 인한 재해를 사라지게 하고 식량 자급의 시대를 열었다. 이로써 진은 천하 통일의 견실한 경제 기초를 마련하게 되었다. 진시황은 정국의 공헌에 기뻐하며 새로운 인공 수로에 정국의 이름을 새겨 정국거(鄭國渠)라 명명해 그를 칭찬했다. 이 사업은 이빙(李氷) 부자가 촉땅에 세운 도강언(都江堰)과 함께 중국 역사상 최대의 관개 사업으로 평가되며, 모두 진(秦)의 천하 통일의 기초가 되는 농업 생산의 기반을 이루었다. 결과적으로 진(秦)을 망하게 하려고 시작한 일이 진(秦)나라 천하 통일의 밑거름이 되었으니 역사란 참 재미있다.

현재의 고고학자들은 정국거를 탐사한 후 실제 정국거로 인해 생긴 관개 면적은 118만 무로, 조금 정비하면 280만 무에 관개가 가능하다는 결론을 내렸다. 당시 가장 현안이었던 것은 관중 지구의 땅에 염분이 많아 농사가 안 되었던 것이다. 그러나 이러한 문제도 황하 강계의 진흙물을 인입시켜 관중 지구의 염도를 낮추는 데 성공하면서 해결되었다. 토지의 염도를 낮추어 경작이 가능한 논밭의 면적이 크게 늘어 농업 발전에 큰 공헌을 한 것이다. 원래 관중 지방은 지질 시대에는 바다였으나 인도 대륙이 부딪히는 거대한 힘에 의해 육지가 된 땅으로, 바닷물이 증발하고 염분이 남아 있었다. 그러나 정국거 건설 이후 관중(關中)은 옥토(沃土)가 되었고 진나라의 중요한 경제 기초 체력이 되었다.

농업 발전은 인구 증가를 가져왔고, 그것은 군사를 유지하거나 원활한 후방 보급을 가능하게 해 진은 대략 60만의 상비군을 운영할 수 있었다. 기원전 200년에 현재 대한민국만큼의 군대를 유지한 것이다.

촉(蜀)이라는 또 다른 곡창 지대의 도강언과 관중의 정국거는 진나라의 양 날개가 되어 후방의 보급 기지가 된다. 원래 진왕(후일의 진시황)은 정국이 첩자로 밝혀진 이후 축객(逐客)의 명령을 내리는데, 정작 정국은 제외시켰다. 그 후 이사의 상소를 받아들여 축객령을 멈추고 개방적인 인재 등용으로 각국의 인재들이 진으로 몰려들게 했다. 정국거로 인해 생긴 식량의 여유 때문에 천하의 인재를 활용할 기회가 생겼고, 국력과 전투력이 크게 늘어 진군은 무적의 군대가 되었다. 기원전 231년, 진은 가볍게 한나라의 남양 지구를 취한 후 한을 공략하는 전초 기지로 만들었다. 다음해에 진군은 한(韓)의 수도 신정을 공략하고 한왕 안을 포로로 잡는 등 한의 전 국토를 점령했다. 이로써 진은 대륙의 중심축을 차지하며 천하 통일의 제일보를 시작한다. 한왕 안은 정국을 첩자로 파견한 자신의 계책이 오히려 진을 강대하게 한 것을 알고 자책했지만, 그 후 겨우 10년 정도 버티다가 결국 멸망했다.

이후 역대 중국 왕조는 정국거의 기초하에 새로운 수로를 증설해 황하 연안의 농업 생산 기지를 형성했으니, 정국거의 영향은 길고도 오래 계속되었다. 1930년대 군벌 풍옥상은 정국거에서 가까운 곳에 신수거를 세우고 경혜거(涇惠渠)라 부르기도 했다. 이제 정국거는 가장 오래된 수로로 관광지로도 유명해져 유람객이 줄을 잇고 있다. 한 사람의 업적이 무려 2000년이란 긴 세월 동안 인근 주민들에게 경제적 이익을 주고 있으니 생각할수록 대단한 일이다.

우리 역사 기록에도 비슷한 설화가 있지만 결과는 정반대이다. 한성 백제의 개로왕이 바둑을 좋아한다는 사실을 알고 고구려 장수왕은 바둑에 능한 승려 도림을 간첩으로 보냈다. 도림은 바둑으로 접근해 수담(手談)을 통해 백제의 성벽이나 왕성이 고구려의 도성이나 왕궁에 비해 너무 초라하다는 이야기를 자연스럽게 건네며 개로왕을 자극했다. 이에 개로왕은 백제 도성과 왕궁의 증축 공사를 시행하여 예산과 인력을 낭비했고, 이를 틈탄 고구려군은 백제를 침략해 한성(漢城)을 둘러싼 전투에서 승리했다는 이야기다.

서불(徐市 또는 徐福, BC 255~?)

진시황을 위해 불로초를 찾으러 떠난 반사기꾼(?) 서불(또는 서복)도 기억할 만한 인물이다. 《사기》 권 6 진시황 본기 및 권 118 회남형산열전(淮南衡山列伝)에 따르면, 기원전 221년, 진시황은 불로장생을 위한 영약을 구하기 위해 신하들을 사방팔방으로 보냈으나 번번이 실패했다. 이에 소위 방사(方士)를 자처하는 자들이 만들어 온 환약(丸藥)을 복용했으나 별 효과를 보지 못했다. 당시 방사들이 만든 환약은 주로 몸에 좋다는 각종 약초나 약재들을 큰 솥에 넣어 끓이고 달여 경옥고(瓊玉膏) 스타일의 엑기스를 만드는 것이었다. 그런데 일부 방사들은 형질(形質) 변경의 비약(秘藥)이라며 수은(水銀)을 넣어 달이기도 했다고 한다. 나중에 진시황이 사망할 때의 몇 가지 행적을 보면 그 증상이 수은 중독의 전형적인 모습이라고 진단하는 의사들도 있다.

제(齊)나라 출신의 서불은 이때 자기가 불로초를 구하러 나서야 할 차례임을 알고 기원전 219년(진시황 28년)에 황제에게 상소를 올렸다. 서불이 글을 올려 말하기를,

"저 멀리 바다 건너 동해에는 봉래(蓬萊), 방장(方丈), 영주(瀛洲)의 삼신산(三神山)이 있다고 합니다. 그 산에는 신선이 사는데, 그들은 불로초를 먹고 영생(永生)하고 불사(不死)한답니다. 황제께서 허락하시면 제가 동남동녀를 데리고 가서 신선을 모셔오고 불로초도 얻어 오고자 합니다."

흥미를 보이는 진시황에게 그는 덧붙여 말했다.

"큰 배를 지어 주시면 그 배에 각 1,500명씩의 동남동녀를 태우겠습니다. 삼신산에 도착하면 젊은 그들을 이용하여 수색할 것이며, 설사 제가 늙어 죽는다 해도 그 아이들은 결국 불로초를 찾아 신선을 모시고 폐하께 돌아올 것입니다."

이에 진시황은 서불을 보내 동남동녀 수천을 뽑아 바다로 나가 신선을 찾아오게 했다. 그리하여 서불은 기원전 219년에서 210년 사이에 두 번에 걸쳐 불로초를 찾으러 다녔다. 그의 여행에는 60척의 배와 5,000명의 일행, 3,000명의 동남동녀와 각각 다른 분야의 장인들이 동반했다. 진황도를 떠난 서불이 일본이나 한국에 도래했다는 전설이 있지만, 사실성은 부족해 허구로 알려져 있다.

기원전 210년, 서불은 다시 진황도를 떠나 다시는 돌아오지 않았으며, 중국 남부로 도망친 것으로 알려져 있다. 그러나 전설에 따르면 당시 진시황의 명으로 불로초를 구하러 바다로 나온 서불이 제주도에 왔고, 제주도를 지나면서 "서불이 이곳을 지나간다(徐市過此)"라는 글자를 암벽에 새겼다고 한다. 제주에서 불로초를 구한 서불이 '서쪽(西向)을 향해 귀로(歸路)에 오른 포구(浦口)'라는 의미에서 '서귀포'라는 이름이 생겨났다고 전한다. 제주도 현지에는 이곳 서귀포에서 북을 두드리며 놀면 교룡이 나와 같이 춤을 춘다는 전설이 전하는 등, 서불 전설을 이용해 명승지를 홍보하기도 한다. 한편 서불이 맨 먼저 도착한 곳이 지금의 조천읍 조천포(朝天浦)였다는 설도 있다.

서불 전설은 일본 도착설 및 일본인 원조설로까지 번졌다. 즉 서불이 삼신산에서 불로초를 찾아 신선과 함께 돌아가겠다는 계획이 실패로 돌아간 뒤 최후로 망명한 곳이 일본이며, 현재의 일본인은 그가 태우고 간 1,500쌍의 동남동녀의 후손이라는 다소 황당한 전설이 그것이다. 임진왜란 후 쓰인 노계 박인로의 가사(歌辭) 〈선상탄(船上嘆)〉에도 이런 내용이 사실처럼 이야기되고 있다. 그는 왜구가 임진년에 쳐들어온 뒤 쓴 이 글에서 왜란의 근본적인 이유가 진시황 때문이다, 서불 때문이다 등의 원죄를 추궁하고 있다. 그러나 서불이 일본에 도착했다는 증거는 없으며 일본에서도 인정하지 않는다. 그럼에도 불구하고 중국에서는 서불 전설이 과대 포장되어 일본인들이 서불의 후예라는 잘못된 인식까지 퍼져 있다.

산둥반도 끝자락에 있는 펑라이시에 펑라이각이 있는데, 이곳은 여덟 신선이 바다를 건넜다는 전설이 서려 있는 곳이다. 즉 중국 신선 사상의 근원지라고 알려진 곳이다. 학자들은 이곳 산둥반도가 신선 사상의 근원지가 된 이유를 부단히 찾았는데, 근래 그 증거를 제시했다. 다소 아쉽기는 하지만 학자들이 제시한 증거는 신기루 현상이었다. 1988년, 한 시간 넘게 지속된 신기루 현상이 포착되었는데, 마치 커다란 궁궐이 서 있는 것처럼 보였다. 신기루는 해수면의 기온 차로 생기는 착시 현상인데, 옛날 신선을 신봉하던 중국인들에게는 이 신기루가 바로 신선들의 세상으로 비쳤다는 것이다. 진시황도 이곳 펑라이각에 세 차례나 올랐으니 신기루를 보고 신선이 동쪽 바다에 있다고 믿었을지 모른다. 그 일로 불로초를 더욱 갈망하여 서불로 하여금 삼신산에 갔다 오라고 명령했다는 것이다. 즉 신기루를 삼신산으로 착각했다는 설명이다.

자객 형가(荊軻, ?~BC 227)

《사기》를 쓴 사마천은 본기(本紀)에 이어 열전(列傳)을 붙여 영웅들의 이야기를 기록했다. 나라를 세우는 데 공헌한 영웅들의 이야기만이 아니라 뒤에 '화식(貨殖)열전'과 '자객(刺客)열전'이라는 편명(篇名)을 따로 두었다. 이는 역사를 구성하는 요소가 왕이나 영웅들뿐만 아니라 다양한 계층의 사람들이라는 그의 초보적인 민중 사관을 반영한 것으로 보인다. 그러한 관점에서 진시황 암살 미수범인 형가와 고점리의 이야기를 잠깐 해 보고자 한다.

이 사건의 배후 조정자는 연나라 태자인 단(丹)이었다. 애초 단은 연(燕)왕의 장자였지만 당시 약소국의 왕자가 그러했듯 어려서부터 조(趙)나라에 인질로 보내졌다. 그곳에서 그는 역시 진(秦)나라에서 보내온 인질이었던 자초(子楚)와 그의 현지 아내 조희(趙姬), 어린 아들 영정(瀛政)과 이웃해 살았다. 그러나 같은 인질이긴 하지만, 단은 장차 연나라의 왕이 될 태자의 신분이었고, 영정의 아버지 자초는 비록 강국인 진(秦)나라에서 왔지만 상대적 약소국에 보내진 인질로서 왕이 될 가능성이 거의 없는 별 볼 일 없는 존재일 뿐이었다. 드라마에선 몇 살 위의 단이 어린 영정을 데리고 놀기도 하고 괴롭히기도 하는 등 그때의 생활을 묘사한다. 어린 영정이 단에게 "내가 이다음에 왕이 되면 연나라는 공격하지 않겠다"라고 약속했다는 내용도 있지만, 그런 말을 믿는 사람은 아마도 없을 것이다. 두 사람은 그 이후 조(趙)나라의 손아귀에서 벗어나 귀국했지만, 그 후 상황은 전혀 딴판이 되었다. 확실한 왕위 계승자였던 단은 여전히 약소국의 태자였고, 어린 천덕꾸러기 영정은 여불위의 공작 정치 덕분에 얼마 뒤 진나라의 왕이 되었던 것이다.

기원전 242년, 진(秦)나라의 공세에 시달리던 연나라 왕 희희(姬喜)는 태자 단(丹)을 진나라에 사절로 보내 진(秦)의 공세를 막으려 했다. 그러나 여불위 등이 주도하는 조정에서는 오히려 조(趙)나라를 조종해 연나라를 공격하게 한 뒤 십여 개의 성을 빼앗았다. 뒤늦게 이 소식을 들은 진왕 영정은 자신이 함양에 있지 않아 몰랐던 사실이며 자신이 공격을 지시하지도 않았다고 변명했지만, 태자 단은 배신감에 치를 떨고 연나라로 돌아왔다. 의리를 저버린 것은 진왕 영정이었는지 모르지만 사태 파악을 하지 못한 것은 연나라 태자 단이었다. 단은 어렸을 때의 우정만을 생각했지만, 어린 영정이 이미 천하 강국 진(秦)의 왕이 되었다는 사실을 간과했다. 진왕이 자신을 낮춰 본다고 생각해 분노한 단은 기원전 233년 연(燕)으로 돌아와 복수를 결심했다. 그러나 진에 대한 그의 분노는 개인적인 원한에 불과했고, 연보다 진의 국력이 훨씬 강한 정세를 생각한다면 잘못된 선택으로 연(燕)이 진(秦)에게 멸망당할 수도 있었다. 국가 지도자가 사적인 감정에 휘둘리면 반드시 그런 정책은 실패하고, 심하면 망국의 길로 들어서게 마련이다. 태자 단의 분노가 그러하고, 후일 의형제 관우(關羽)를 잃은 슬픔에 제갈량의 만류를 뿌리치고 허둥지둥 오(吳)나라를 공격했던 유비(劉備)의 사례도 그러했다.

분노의 감정을 삭이지 못한 채 연나라로 돌아온 태자 단은, 진왕 영정에게 자객(刺客)을 보내기로 했다. 그러자 측근 전광(田光)이 형가를 추천했다. 돌아가는 전광에게 태자 단은 "이 일은 아무도 모르게 하라"고 지시했다. 전광은 형가에게 이 이야기를 전한 뒤, 태자가 비밀 엄수를 당부한 것은 자신이 신뢰를 주지 못한 불충(不忠) 탓이라며 스스로 목을 찔러 죽었다. 진왕 암살을 위한 자객으로 나서는 사람이 없는 상황에서 죽은 전광이 추천한 형가(荊軻)가 태자 단을 찾아와 말했다.

"태자께서 말씀하시지 않아도 신이 뵙고 말씀드리려고 했습니다. 지금 진왕을 죽이러 떠나봐야 신뢰를 줄 만한 것이 없으니 진왕에게 가까이 갈 수가 없습니다. 현재 번오기 장군은 진왕이 1천 근의 황금과 1만 호의 식읍을 상금으로 내걸고 찾고 있는 인물입니다. 만약 번장군의 머리와 진나라가 탐내는 연나라 독항(督亢) 땅의 지도를 얻어 진왕에게 바친다면 진왕은 반드시 기뻐하며 신을 만날 것입니다. 그러면 신은 비로소 태자님의 은혜를 갚을 수 있을 것입니다."

사실 진나라 장군 번오기는 그때 진나라군 10만을 이끌고 조나라를 공격했다가 이목 장군에게 대패한 뒤 처벌이 두려워 연나라로 도망와 있었다. 원래 어릴 때부터 진왕의 최측근이었지만, 술좌석에서 여불위가 진왕의 친부(親父)일지도 모른다는 말을 누설해 전전긍긍했다. 그러다가 전쟁에 패하고 여불위도 죽임을 당한 뒤 연나라로 망명했다. 이제 자객 형가가 진왕에게 근접하기 위해서 번오기의 목이 필요하다고 진언한 것이다. 태자 단이 말했다.

"번 장군은 곤궁에 처해 나에게 와서 몸을 맡겼는데, 내 사사로운 욕심으로 덕망 있는 자의 뜻을 해치는 건 차마 할 수 없으니 부디 그대는 다시 생각해 주시오!"

형가는 태자가 직접 그 일을 할 수 없다는 것을 알고 사적으로 번오기를 만나 말했다.

"진나라가 이미 당신의 부모와 친족을 모두 도륙했다고 들었습니다. 지금 듣기에 장군의 머리에 1천 근의 금과 1만 호의 식읍을 내걸고 구한다는데, 장군께서는 어찌하실 겁니까?"

번오기는 하늘을 우러러보며 탄식하고 눈물을 흘리며 말했다.

"나는 그 일을 생각할 때마다 항상 골수에 사무치도록 괴로운데, 어찌해야 하는지 그 방법을 모르겠습니다!"

형가가 말했다.

"지금 단 한 번에 연나라의 걱정을 해결하고 장군의 원한을 갚을 계략이 있는데 어떻습니까?"

어찌해야 하는지 번오기가 물었다. 그러자 형가가 말했다.

"부디 장군의 머리를 얻어 진왕에게 바치면 진왕은 분명 기뻐해 신을 만날 테니, 신이 왼손으로 소매를 잡고 오른손으로 가슴을 찌르면 장군의 원수를 갚고 연나라의 치욕도 씻길 것입니다. 장군은 어찌 생각하십니까?"

그러자 번오기는 "이는 신이 밤낮으로 이를 갈고 마음을 썩이던 일이니, 지금 가르침을 듣게 되었습니다!"라며 마침내 스스로 목을 찔렀다. 태자가 이를 듣고 달려와서 번오기의 시체에 엎드려 통곡하며 매우 슬퍼했다. 그러나 이미 어쩔 수 없는 일이었기에 마침내 번오기의 머리를 잘라 상자에 담고 봉했다.

형가는 전국 시대 위(衛)나라에서 태어났다. 《사기》 '자객열전'에 의하면 그의 선조는 제(齊)의 명족(名族)이었던 경씨(慶氏)이며, 위나라 사람들은 형가를 '경경(慶卿)'이라는 존칭으로 불렀다고 한다. 후에 연의 사람들로부터 '형경(荊卿)'이라 불리기도 했다. 그는 어려서부터 독서와 검술을 좋아했으며 젊어서는 여러 나라를 떠돌며 유세하는 방법을 배웠다. 귀국한 뒤에는 관료에 뜻을 두고 위왕을 비롯한 여러 군주를 찾아다니며 여행에서 배운 유세술을 가지고 국정에 대한 논의를 펼쳤지만, 받아들여지지 않았다. 이후 형가는 좌절하여 협객으로서의 삶을 택하게 되었다. 한 번은 검술 이론을 두고 갑섭(蓋聶)이라는 자와 다투게 되었다. 갑섭이 자신을 노려보자 형가는 바로 물러났다. 또한 한단(邯鄲)에서는 노구천(魯句踐)과 쌍륙을 하다가 그 규칙 때문에 길 복판에서 싸움을 벌였고, 노구천이 위협적인 태도로 형가에게 소리치자 형가는 이번에도 그냥 물러났다. 여러 사람은 형가를 겁쟁이라며 비웃었지만, 형가는 굳이 사소한 일로 목숨을 잃고 싶지 않았던 것이다.

그 후 연(燕)에 들어가 개백정 노릇을 하면서 고점리(高漸離)라는 당시 축(筑: 현악기의 일종)을 잘 타던 사람과 친하게 지냈다. 연의 저자에서 술을 마시다 취하면 고점리가 켜는 축의 반주에 맞추어 저자 한복판에서 노래를 부르다가 크게 통곡했다. 그 행동은 마치 자기 옆에 아무도 없는 것과 같았다고 한다. 훗날 이것은 고사성어 '방약무인(傍若無人)'의 유래가 되었다.

태자 단은 천하에 영을 내려 암살에 쓸 예리한 비수를 수소문했고, 조나라 사람 서부인(徐夫人)의 비수를 백금을 주고 사오도록 했다. 이 비수에 독을 바르고 시험 삼아 베어보니 모두 죽어 나갔다.

기원전 227년, 단은 자객 임무를 수행하도록 진무양(秦舞陽)이라는 자를 형가에게 추천했다. 진무양은 13세 때 사람을 때려 죽여서 장사로서 이름난 자였다. 그러나 형가는 진무양이 풋내기임을 알아채고 자신의 옛 친구를 불러 그와 함께 가겠다고 청했으나, 태자 단이 재촉하는 바람에 하는 수 없이 진무양을 데리고 갔다. 진으로 떠나던 날 태자 단을 비롯해 사정을 아는 모든 사람이 소복(素服)을 입고 역수(易水) 부근까지 전송하러 나왔다. 모두 눈물을 흘리는 가운데 형가의 친구 고점리는 축을 타고, 형가는 그의 심정을 노래했다.

風蕭蕭兮 易水寒(풍소소혜 역수한)	바람은 쓸쓸하고 역수 물은 차구나
壯士一去兮 不復還(장사일거혜 불부환)	장사 한번 가면 돌아오지 못하리

진의 수도 함양에 당도한 형가는 영토 할양의 증표인 독항 땅의 지도와 번오기의 목을 진왕에게 바친다고 보고해 진무양과 함께 왕궁으로 들어갈 수 있었다. 진왕 영정은 크게 기뻐하며 구빈(九賓)의 예로 형가 등을 맞아들이게 했다. 그런데 진무양이 진왕 양정 앞에서 그만 벌벌 떨기 시작했고, 지켜보던 군신들이 미심쩍어하며 이유를 묻자 형가는 웃으며 "북쪽의 촌놈이 천자를 뵈니 어쩔 줄을 몰라 저럽니다."라며 둘러댔다. 형가는 직접 진왕 영정에게 지도를 해석해주겠다며 가까이 접근했다. 두루마리로 된 지도를 풀자 두루마리 끝에서 미리 준비해 두었던 검이 나타났다. 형가는 비수를 잡고 진왕의 소매를 잡아 그를 찌르려 했지만, 아슬아슬하게 진왕의 옷소매만 끊어지고 진왕은 몸을 피했다. 그래도 형가는 계속 칼을 휘둘렀고 진왕

한나라 벽돌에 새겨진 형가의 진시황 암살 미수 사건 현장도

은 기둥 사이로 요리조리 피했다. 둘 사이의 숨바꼭질이 한동안 계속되다 진시황이 마침내 긴 칼을 뽑아 형가를 찔렀다. 애초 궁궐에선 황제의 명령 없이는 누구도 칼을 뽑거나 움직이지 못하는 법률이 엄격해 경호 병사들은 눈을 멀뚱멀뚱 뜨고 지켜만 보았고, 다급한 진시황도 명령을 내릴 겨를이 없었다. 결국 암살에 실패한 형가는 죽임을 당했다. 그러나 이 일은 그 후 수많은 사람의 입에 오르내리며 문학이나 미술 등으로 다양하게 표현되어 전하고 있다.

《사기》에 기록된 형가의 노래 외에도 《회남자(淮南子)》 태족훈(泰族訓)에는 다음과 같은 기록이 있다.

“형가가 진왕을 자살(刺殺)하러 갈 때, 고점리와 송의는 그를 위해 축을 타면서 역수가에서 노래했다.”

후대의 시인 도연명(陶淵明)은 형가를 위해 영형가(詠荊軻)라는 시 한 편을 지었으니 다음과 같다.

燕丹善養士(연단선양사)	언나라 태자 단, 훌륭한 선비 길러
志在報強嬴(지재보강영)	진나라 임금 영정을 죽이고자
招集百夫良(초집백부량)	수많은 용사를 찾다가

세모득형경
歲暮得荊卿 해 다할 무렵 형가를 만났네

군자사지기
君子死知己 군자는 알아주는 이 위해 죽는 법

제검출연경
提劍出燕京 칼 뽑아 들고 연나라 서울을 나서니

소기명광맥
素驥鳴廣陌 백마는 큰 길에서 울고

강개송아행
慷慨送我行 날 보내려니 모두가 원통하고 슬퍼하는데

웅발지위관
雄髮指危冠 머리칼 곤두서 관을 뚫고

맹기충장영
猛氣衝長纓 사나운 기세 갓끈을 당기네

음전역수상
飮餞易水上 역수가에서 이별의 술 나누니

사좌렬군영
四座列羣英 자리엔 뭇 영웅 즐비하고

점리격비축
漸離擊悲筑 점리는 슬퍼라 축을 타고

송의창고성
宋意唱高聲 송의는 목청껏 노래하네

소소애풍서
蕭蕭哀風逝 쓸쓸히 바람은 불어

담담한파생
淡淡寒波生 맑디맑은 찬 물결 이네

상음경류제
商音更流涕 슬픈 곡조에 다시 눈물 흘리고

우주장사경
羽奏壯士驚 장대한 곡조 장사도 놀라라

심지거불귀
心知去不歸 한 번 가면 못 돌아오는 걸 알지

차유후세명
且有後世名 이름만 후세에 덩그러니 남겠지

등거하시고
登車何時顧 수레에 타서 뒤돌아보지 않고

비개입진정
飛蓋入秦庭 날 듯이 진나라 궁궐에 드네

능려월만리
凌厲越萬里 만 리를 힘차게 훌쩍 넘고

위이과천성
逶迤過千城 구불구불 수많은 성을 지나

도궁사자지
圖窮事自至　　지도 펼치니 일은 벌어지고

호주정정영
豪主正怔營　　용맹한 진 임금도 혼비백산

석재검술소
惜哉劍術疏　　안타까워라 칼로 베지 못해

기공수불성
奇功遂不成　　공을 이루지 못했구나

기인수이몰
其人雖已沒　　그 사람 형가 비록 죽었으나

천재유여정
千載有餘情　　그 마음 천년을 이어 오네

제2장

통일 국가 중국의 출발

제11강

진(秦)의 천하 통일 과정과 빠른 멸망

통일 전쟁의 과정

조(趙)나라의 멸망

1. 열후(烈侯) - 2. 무후(武侯) - 3. 경후(敬侯) - 4. 성후(成侯) - 5. 숙후(肅侯) - 6. 무령왕(武靈王) - 7. 혜문왕(惠文王) - 8. 효성왕(孝成王) 단(丹) - 9. 도양왕(悼襄王) 언(偃) - 10. 유목왕(幽穆王) 천(遷) - 11. 대왕(代王) 가(嘉)

진시황은 본격 통일 전쟁을 시작하며 육국 겸병의 가장 큰 걸림돌인 조나라를 먼저 공격하기로 했다. B.C 236년 진나라는 조나라를 본격적으로 공략하기 전에 이사의 계략을 썼다. 간자(間者)를 이용해 조(趙)와 연(燕)의 관계를 이간질하여 양국이 전쟁을 일으키게 했다. 이 계책이 먹혀들어 조나라와 연나라는 전쟁을 벌이게 되었고, 진나라가 침공할 당시 조나라의 주력군은 연나라를 공격하고 있었다. 조나라가 연나라와 전쟁을 일으키자 연나라를 돕는다는 구실로 진나라는 대군을 일으켜 남과 북 양로의 길을 빌려 조나라로 진격했다. 번오기(樊於期)와 양단화(楊端和)의 남로군과 왕전(王翦)의 북로군은 주력군이 빠진 조나라의 군대를 격파하며 9개의 성읍을 점령했고, 조나라 영내를 파죽지세로 장악해 갔다. 남북에서 수도 한단(邯鄲)을 협공해 일거에 조나라를 멸망시키려고 했다. 예상치 못한 진나라의 침공으로 형세가 매우 위급해진 조나라는 설상가상으로 도양왕이 병사하고 그의 아들 유목왕 천(遷)이 뒤를 이었다. 조왕 천(遷)은 연나라 정벌에 나가 있던 조나라의 주력군에 귀환을 명령하고, 한단성 북쪽 험준한 태행산과 남쪽의 장수, 그 연안을 따라 축조된 장성을 이용하여 방어 태세를 갖추었다. 이에 따라 조나라와 진나라 군사들은 대치 상태로 들어갔다. 이때 진나라 내부에서 몇 가지 문제가 발생하여 회군(回軍)하게 되었다. 당시 노애(嫪毐) 반란 사건으로 승상직을 박탈당하고 하남의 봉지에 들어가 지내던 여불위에게 여러 제후들이 여전히 왕래한다는 것을 진시황이 알게 된 것이다. 이는 진시황이 여불위에 대한 경계심을 높이는 원인이 되어 여불위를 귀양 보내고 결국 자결하게 만들었기 때문이다.

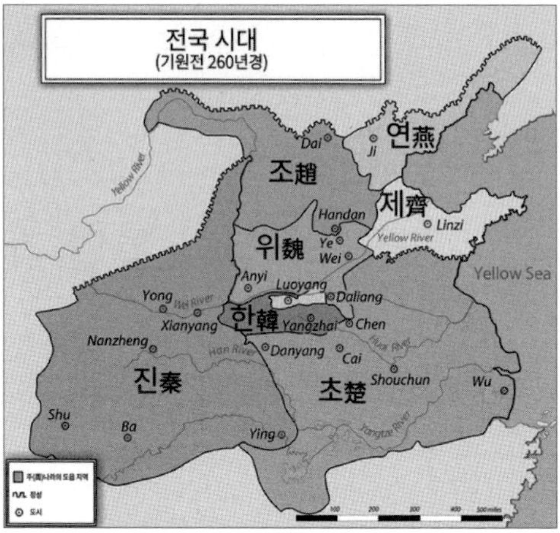

전국 시대 초기의 모습

B.C 234년, 번오기를 대장으로 10만의 진군을 동원하여 조나라 남부부터 공격을 개시했다. 번오기가 이끄는 진나라군은 조나라군의 방어망을 피해 장하(漳河)의 하류를 우회하여 한단의 남동쪽을 공격했다. 번오기의 진군은 호첩(扈輒)이 이끄는 조나라군과 회전을 벌여 10만 조나라군의 목을 베고 호첩을 참살했다. B.C 233년, 그전 해에 대승을 거둔 번오기가 다시 출격했는데, 상당에서 출발하여 태행산을 넘은 진나라군은 조나라 중부로 진군을

개시했다. 번오기는 조군의 주력을 격파하고 적려(赤麗)와 의안(宜安)을 공격해 점령한 다음 한단의 배후로 진격했다. 진군에 위기감을 느낀 조왕 천은 흉노군을 방어하고 있는 이목(李牧)을 대장군으로 임명하고 북방의 군사를 이끌고 내려와 진군을 공격하도록 명했다. 이목은 명령을 받자 대군의 5만 정병 가운데 1만 명만 남겨두고 나머지 병사들을 데리고 신속하게 남하했다. 한단의 조나라 군대와 합세한 이목의 군대는 의안(宜安)과 인근의 비하(肥下)에 도착해 보루를 높게 쌓고, 잇단 승리로 사기가 충만한 진군을 막아내며 싸움에 응하지 않았다. 이목이 의안의 성문을 걸어 잠그고 매일 소를 잡아 병사들을 배불리 먹이고 활쏘기 연습을 시켰다. 군사들은 오히려 진나라와 싸우게 해달라고 요청했으나 이목은 듣지 않았다. 번오기는 의안(宜安)까지 내려온 조군이 싸움에 응하지 않자 조바심을 냈다. 왜냐하면 진나라군은 먼 길을 돌아서 온 처지라 보급선이 길어 지구전을 펼칠 여력이 없었기 때문이었다. 진나라군은 어떻게 해서든 조나라군을 밖으로 끌어내 단기 결전을 유도해야만 했다. 이에 번오기는 주력 부대를 이끌고 비하(肥下) 땅을 맹공해 조나라군의 구원군이 나오도록 한 뒤 조나라군의 영채를 급습하려고 했지만, 번오기의 속셈을 꿰뚫고 있던 이목은 조군을 세 부대로 나누어 오히려 진나라의 진지를 기습 공격하여 점령했다. 진나라군은 주력 부대가 나가 있어 수비군이 적고 조군이 굳게 수비만 한 까닭에 갑작스러운 공격을 예상치 못했다. 방비가 허술해진 진나라군은 조군에게 쉽게 본채를 함락당했다. 비하(肥下)를 공략 중이던 번오기는 본채가 함락당했다는 소식을 듣고 크게 놀랐다. 이목이 보급선을 끊어버렸기 때문이다. 선택의 여지가 없었던 번오기는 다급하게 군사들을 되돌려 왔지만, 이것은 이목이 노리던 함정이었다. 이목은 미리 매복하여 진을 친 후 되돌아오는 진나라군을 정면에서 막았으며 주력 부대로 양쪽에서 협공하여 진나라군을 대패시켰다. 이로 인해 진나라군 10만 명을 섬멸했다. 이목이 번오기의 진나라군을 전멸시키자 본국의 처벌이 두려웠던 번오기는 연나라로 도주했다.

다음 해인 B.C 232년, 진나라는 다시 대군을 일으켰다. 군사를 양대로 나누어 남로군은 업성(鄴城)에 집결시키고 북로군은 태원(太原)에 집결시켜 남북에서 한단을 협공해 일거에 멸망시키려 했다. 조왕 천(遷)은 다시 이목을 불러들였다.

그런데 조나라는 그해 가뭄이 심해 곡물을 수확할 수 없었다. 게다가 진나라의 잦은 침공으로 국내는 혼란스러웠다. 기근이 덮친 데다 전쟁으로 인한 혼란이 가중된다면 통치 체계에도 균열이 올 것이 분명했다. 그래서 조왕 천(遷)은 이목에게 첫 번째 전투에서 최대한 빠르게 승리해줄 것을 요청했다. 이목은 남수북공의 계획을 세우고, 먼저 북로군을 집중적으로 공격하여 승리한 뒤 남로군을 공격하기로 했다. 결국 이목이 전투에서 승리했지만, 조나라의 손실 또한 막대했으며, 인력, 물자의 부족으로 추격전은 엄두도 내지 못해 진나라군을 섬멸하지는 못했다. 거의 매해 수십만 대군을 이끌고 진나라가 침공해 오니 물적, 인적 자원의 소모가 막심하여 조나라는 도저히 홀로 진나라의 침공을 저지할 수 없다고 판단했다. 초(楚), 위(魏)는 약화되고, 연(燕)과는 서로 불편한 관계였기에 제(齊)나라와 힘을 합한다면 가능하다고 생각했다. 이에 조나라는 제나라에 사신을 파견해 동맹을 도모했지만, 이를 눈치챈 진나라는 즉시 사람을 보내 제나라 조정에 수만에 달하는 황금을 뿌렸다. 결국 성사될 뻔했던 조나라와 제나라의 동맹은 무산되었고, 진나라 군대는 공격을 쉬면서 3년의 휴식 시간을 가졌다.

그동안 진나라도 가만히 있지만은 않았다. 기습적으로 한나라를 공격해 항복을 받아냄으로써 10만에 달하는 병력을 흡수했다. 잦은 전쟁으로 감소한 병력을 보충하고 호적 제도를 정비해 국가 통제력을 강화함으로써 동원력을 높였다. 그리고 다시금 정벌을 꾀하고 있었다. 한나라 멸망 후 다음 목표는 거리로 보나 국력으로 보나 위나라가 될 것이 분명했다.

한편 조나라는 몇 년 동안 천재지변에 시달렸다. 진나라도 관중 지방에 기근이 들어 고통받는 백성들이 많았다. 이로 인하여 진시황은 조나라 정벌을 미루려고 했지만, 울료, 이사를 위시한 강경파는 조나라를 육국 겸병의 가장 큰 적이라고 보고 서두르자고 했다. 그런데 조나라의 군사력을 결코 무시할 수 없었다. 일찍이 망명한 염파가 초나라의 장수로 있을 때, 초나라의 군사가 조나라의 군사만 못하다고 탄식할 정도로 조군은 질적으로 강했기 때문이다. 조나라가 진나라에 완강히 버틸 수 있었던 것은 조나라 병사 개개인의 역량이 강했기 때문이었다. 진(晉)에서 분리 독립한 후 조나라는 북방 유목민과 국경을 접하고 있어 그들의 침입에 대비한 강력한 군사력이 필요했다. 이들은 유목민과의 잦은 전투를 통해 유목민들의 기마 전술을 습득해 활용했다. 춘추 시대까지의 전투는 주로 전차끼리 충돌하거나 장군들이 일대일로 겨루는 과시적 명예 전쟁이 많았으나 전국 시대에 이르면 영토 장악을 위한 치열한 살상전으로 변했다. 조나라도 이 시기 말 타고 활 쏘는 기마 병사와 철기로 무장한 병사들이 주력을 이루고 있어 그리 만만한 대상이 아니었다.

진나라에도 기근이 들었음에도 불구하고 진나라 조정의 강경파는 국력이 약화된 지금이 아니면 조나라를 정벌할 수 없다고 주장하며 진시황에게 조나라 정벌을 강력히 건의했다. 진왕은 그 의견을 수용하여 대대적으로 군사를 일으켜 진격을 명했다.

B.C 229년, 진시황의 명령하에 진나라는 30만에 이르는 대군을 소집해 3로 방향으로 한단을 향해 진군시켰다. 3로 중 하나는 왕전(王翦)이 이끄는 20만의 주력군으로 태행산에서 출발해 정형을 점령하고 조나라의 중부를 공격해 들어갔다. 다른 하나는 양단화(楊端和)와 강외(羌瘣)가 이끄는 군으로 하내의 진군 8만을 이끌고 임장(臨漳)을 지나 조나라의 수도 한단을 향해 북상하여 포위하고, 강외는 한단의 주변부를 공략했다. 다른 하나는 이신이 이끌어 태행산에서 출발해 운중을 건너 대군을 공략하기로 했다. 진나라의 군대는 기근에도 불구하고 출정한 군대였기에 조나라를 장악하기 전에는 결코 물러설 수 없었다. 이번 전쟁에서 총동원한 양국의 총 병력은 45만 이상이었고, 병력의 수는 진나라가 조나라보다 많았다. 진나라의 전략적 목표는 왕전이 이끄는 주력군이 조나라의 중부를 공략하여 조나라를 남북으로 갈라놓아 조나라 북부로부터 한단으로 가는 지원을 차단하는 것이었다. 동시에 한단을 향해 남하하고, 양단화의 남로군은 왕전의 진나라군이 조나

라의 중부를 유린하며 한단을 향해 남진하는 사이 북상하여 병력이 열세에 놓인 조나라 남부의 방어선을 돌파한 후 한단을 공격하는 것이었다.

한편 조나라는 진나라의 공격에 대비해 여러 성의 성문을 걸어 잠그고 농성을 준비했다. 조나라의 대장 이목은 사마상(司馬尙)에게 업성을 지키며 양단화의 남로군을 막게 한 다음 자신은 10만이 넘는 주력군을 이끌고 북상했다. 왕전의 20만 진군이 한단을 향해 진군했지만, 이목은 이미 수십 리에 걸쳐 해자와 보루를 쌓아 방어 태세를 갖추어 놓았다. 진군은 수차례의 공세를 펼쳤지만 이목에게 격퇴당했으며 양군은 교착 상태로 들어가게 되었다.

태행산을 넘어 하북 평원으로 진입한 왕전의 군사는 근 20만에 달했다. 이목에 의해 발이 묶인 왕전은 우세한 병력을 바탕으로 군을 나누어 조나라의 요충지를 공략할 수도 있었지만, 그것은 오히려 이목이 바라는 것일 수 있었다. 왕전은 노련한 장수였기에 이목의 의도를 파악하고 성급하게 행동하지 않았다. 모든 조건은 왕전에게 유리했다. 이 사실을 잘 알고 있는 왕전이 할 수 있는 최선의 선택은 이목에게 기회조차 주지 않는 것이었다. 나아가 그는 이목이라는 강력한 벽을 무너뜨릴 다른 방법을 알고 있었다.

왕전은 대군을 이끌고 이목의 조군과 대치 상태에서 장병들에게 굳건히 지키라는 명령만 했을 뿐 아무것도 하지 않았다. 그리고 진나라 조정에 이목의 제거를 요청하는 파발을 보냈다. 막강한 국력과 국가 권력을 가지고 있는 진나라에 비해 상대적으로 약한 국력을 가진 조나라는 진나라의 계속되는 침공에 무너져 내리고 있었다.

조나라의 민심은 흉흉했다. 거듭된 전쟁과 재해로 민간에서는 조나라가 망한다는 요언(妖言)이 공공연하게 떠돌고 있었고, 조정 내부의 상황도 바깥의 민심과 크게 다를 바 없었다. 그럴 때 조정의 대신 중에는 자신의 안위만을 걱정하는 자들이 생겨나기 마련이었다. 이런 상황을 잘 아는 진나라는 반간계를 획책했고, 제거 목표는 조나라의 대장 이목과 사마상이었다. 진나라는 반간계를 펼치기에 앞서 조나라의 재상 곽개를 매수했다. 재상이었던 상인 출신의 곽개(郭開)는 아첨에 능해 조왕 천이 태자 시절부터 총애해

오던 대신이었다. 진나라는 곽개 주변에 있는 첩자들을 통해 일 만에 달하는 황금을 곽개에게 바치고 감언이설로 진나라 편으로 끌어들였다.

다른 한 사람은 조(趙) 태후였다. 도양왕은 이 기녀 출신의 여자를 총애했고 결국 그녀 소생 천을 태자로 세우고 그녀를 왕후로 세웠었다. 그때 이목은 그녀를 창기(娼妓)라 칭하며 반대해 모욕을 준 적이 있었다. 태후는 사치스러웠고 이목을 증오했다. 이런 역학 관계를 이용한 진나라의 공작은 성공했다. 곽개, 태후를 비롯한 조나라 조정 안의 반역자/현실주의자들은 계속해서 이목을 모함하기 시작했다. 곽개는 이목의 필체를 모방하여 서신을 조작했다. 조왕 천과의 자리에서 이목이 함양(咸陽)의 사람들, 진(秦)과 내통하고 반역을 모의했다고 주장했다. 조왕 천은 충직함과 간사함을 구별할 수 있는 능력이 없었기에 조작된 편지를 보고 크게 분노하여 즉시 이목을 파면하고 병권을 회수했다. 그리고 왕족인 조총(趙蔥)에게 군 통솔을 맡겼다. 하지만 이목은 전장의 장수는 왕의 명령조차 거부할 수 있다고 주장하며 병권을 반납하지 않았다. 이에 조왕 천은 비밀리에 자객을 보내 이목을 참살했다. 그것을 본 사마상은 스스로 고향으로 떠나버렸다. 조나라의 많은 장병 역시 그들이 존경하던 육군 원수의 비참한 죽음을 애통해했으며, 그로 인해 그들의 사기는 땅에 떨어지고 말았다. 그 뒤 이목과 사마상을 대신해 조총과 안취가 새로운 대장으로 부임했으나 본디 조총과 안취는 용렬한 자들이었다. 그들은 대군을 지휘할 능력이 없었다.

B.C 228년 봄, 왕전의 지휘하에 진나라군은 대대적인 공세를 펼쳐 조군을 공격했다. 조군은 대패해 대장 조총은 참살되었고 장군 안취는 패잔병을 이끌고 한단성으로 달아났다. 한단성에서 안취의 병력은 서둘러 방어에 나섰지만, 진나라 군대는 빠르게 조나라 영토를 점령하고 한단성에 도착했다. 조왕 천은 조나라군의 대패 소식과 조총의 전사 소식을 듣고 경악하며 급히 대신들을 불러 모아 대응책을 논의했다. 곽개는 강대한 진나라군에 더 이상 맞서도 소용이 없음을 주장하며 조왕에게 항복을 권유했다. 결국 조왕 천은 곽개의 주장에 따라 항복하고 말았다. 조왕 천은 상용(上庸)의 방릉(房陵)에 유배되었다.

한(韓)나라의 멸망

1. 경후(景侯) - 2. 열후(列侯) - 3. 문후(文侯) - 4. 애후(哀侯) - 5. 장후(壯侯) - 6. 소후(昭侯) - 7. 선혜왕(宣惠王) - 8. 양왕(襄王) - 9. 희왕(釐王) - 10. 환혜왕(桓惠王) - 11. 왕안(王安)

조나라를 정복하기 위해 수십만을 동원한 수차례의 원정이 조나라의 저항에 막혀버리자 진시황은 큰 고민에 빠졌다. 울료는 육국의 호신(豪臣)들을 매수해 육국을 내부로부터 붕괴시키는 방법으로 대응하자고 진시황에 건의했다.

"원건대 대왕(大王)께서 그 호신(豪臣)에게 뇌물을 주어서 지모를 어지럽힌다면 30만 금(金)으로 제후(諸侯)를 모두 얻을 수 있습니다."

30만 금은 진나라 국고의 거의 전부에 달하는 것이었지만, 울료의 계략은 30만 금보다 훨씬 큰 이익이 된다는 것을 알고 진시황은 이를 받아들였다. 아예 국고를 울료에게 넘겨주어 마음껏 쓰게 하고 어디에 썼는지 묻지 않기로 했다. 그리하여 울료는 본격적으로 사람을 보내 육국의 관리들을 매수하기 시작했다. 울료의 첫 번째 목표는 한(韓)나라였다. 한(韓)은 삼가분진(三家分晉) 이후 상당군과 삼천군을 점거해 강한 국력으로 위세를 떨쳤지만 6대 소후의 짧은 번영이 끝나고 곧바로 쇠락하기 시작했다. 당시 중요 지역인 남양 태수 등(騰)은 한나라의 명문 출신도 귀족도 아니어서 따돌림을 당했고, 그래서 충성도가 낮았다. 울료가 매수하려는 사람들이 바로 이런 사람들이었다.

B.C 231년, 한(韓)나라의 남양 태수 등이 남양 땅을 통째로 바치며 진나라에 투항하는 일이 발생했다. 진나라는 한나라의 남양 태수가 투항해오자 본래 조나라를 멸하려던 계획을 바꿔 한나라를 먼저 멸하기로 결정했다. 진나라는 남양을 접수한 뒤 등(騰)을 태수로 명하고 실제로 이곳을 전진 기지로 삼아 언제든 한나라를 공격할 만반의 준비를 마치도록 했다.

B.C 230년, 내사(內史)로 임명된 등(騰)이 진시황의 명을 받아 10만의 진군을 이끌고 조나라를 공격하는 척하다 기습적으로 남하해 황하를 건너 한나

라의 신정을 공격했다. 갑작스러운 공격이었지만, 설사 알았다고 해도 진군의 공격을 저지할 힘이 없었던 한나라는 속수무책으로 당할 수밖에 없었다. 진나라군은 빠르게 한나라 수도인 신정에 도착했다.

한나라의 조야는 경악했다. 등(騰)은 오랫동안 한나라의 관리로 있었고 내부 사정을 잘 알고 있었기에 그가 한나라 정벌 사령관으로 온 이상 한나라가 살아남을 가능성은 낮았다. 또한 내사(內史)라는 관직은 관중의 전체 방어 업무를 관장하는 진나라의 고위층이었다. 투항자인 등이 진나라에서 대우 받는 것을 본 한나라의 대신들과 한왕 안(韓王安)은 자신들도 투항할까 말까 망설였다. 이때, 울료는 한왕 안(韓王 安)에게 서신을 보내 항복을 권유하면서 후작 지위를 약속했다. 진나라의 철저한 준비하에 계획된 침공이었으니 한나라는 강력한 진나라군에 의해 막다른 곳에 몰렸고, 타국의 지원은 요원해보였다. 저항은 무의미했고, 멸망은 시간문제였다. 조정에서 짧게 논의한 후 한왕 안(韓王 安)은 항복을 선언해 한나라는 전국 7웅 중 최초로 멸망한 나라가 되었다. 진나라는 피 한 방울 흘리지 않고 한나라를 온전히 차지했지만, 진나라 치하에서 철저히 배제된 한나라 귀족들의 불만은 고조되었다. 그들 역시 피를 흘리지 않았을 뿐 아니라 심지어 세력도 온전했다. 점점 불만이 쌓이자 그들은 진나라가 다른 나라 정벌 전쟁으로 다소 소홀한 틈을 타 신정에서 집단으로 반란을 일으켰으나 참혹하게 진압당하여 결국 스스로 자멸하고 말았다.

연(燕)나라의 멸망

1. 소공(召王)…… - 35. 환공(桓公) - 36. 문공(文公) - 37. 역왕(易王) - 38. 왕쾌(王噲) - 39. 소왕(昭王) - 40. 혜왕(惠王) - 41. 무성왕(武成王) - 42. 환효왕(孝王) - 43. 왕희(王喜) - 태자 단(丹)

조나라 수도 한단이 함락되고 공자 가(嘉)가 대(代) 군으로 쫓겨 들어온 후에 얼마 지나지 않아 진나라군은 역수(易水)에 이르렀다. 한나라와 조나라를 멸망시킨 진군의 위용에 연왕 희(燕王 喜)와 군신들은 놀라 전전긍긍하며 진나라 대군이 머지않아 연나라로 쳐들어올 것임을 직감했지만, 그렇다고 막아낼 수도 없었다. 연나라 태자 단은 진의 침공을 받은 조나라가 풍전등화의 위기에 처한 형세를 보고 대단히 우려하여 스승인 국무(鞠武)에게 진왕을 암살하는 것이 어떻겠느냐고 의견을 물었다. 국무가 말했다.

"진나라 땅은 천하에 두루 퍼져서 한(韓)·위(魏)·조(趙)를 위협하고 있으며, 북쪽에는 감천산(甘泉山)·곡구(谷口) 같은 요새가 있고, 남쪽에는 경수(涇水)·위수(渭水)의 기름진 땅이 있습니다. 또한 파(巴)와 한중(漢中)의 풍요로운 땅을 차지하고 있으며, 오른쪽으로는 농서(隴西)와 촉(蜀)의 산지가, 왼쪽으로는 동관(潼關)과 효산(殽山)의 험난한 지형이 있습니다. 백성은 많고 병사들은 사나우며 병기도 남아돕니다. 이런 상황에서 먼저 병사를 끌고 출병한다면 장성(長城)의 남쪽과 역수(易水)의 북쪽은 안정될 수 없습니다. 그런데 어찌하여 업신여겨졌다는 개인적 원한으로 역린(逆鱗)을 건드리고자 하십니까!"

"그럼 어찌하는 게 좋겠소?"

국무(鞠武)는 태자 단에게 서쪽으로는 대(代), 남쪽으로는 제(齊)와 연합하고 초나라와 동맹을 맺은 다음, 북쪽으로는 흉노와 우호 관계를 형성해 진나라의 야욕에 공동으로 저항할 것을 건의했다. 하지만 태자 단은 관동 제후와 많은 관리가 이미 진나라에 복종하고 있어 합종군을 결성하는 것은 불가능하다는 것을 알고 있었다. 오직 진왕을 암살하는 것만이 진나라의 진군을 멈출 수 있다고 믿었다. 그러나 형가를 보낸 진왕 암살 작전은 실패하고 말았다.

암살 미수 사건 이후, 분노한 진왕 정은 즉시 대군을 일으켜 왕전(王翦)과 신승(辛勝)에게 연나라를 공격하게 했다. 연나라는 대왕(代王) 조가(趙嘉)가 이끄는 조나라의 잔여 세력과 연합하여 진나라군에 저항했지만, 진나라군은 역수(易水)의 서쪽에서 이를 물리쳤다. B.C 226년, 진왕은 왕전의 군에 수많은 병사를 증원해 왕전은 연나라군을 대파하여 수도인 계성(薊城)을 점령할 수 있었다. 연왕 희와 태자 단은 동군의 주도인 양평(襄平)으로 도주했다. 연왕 희가 동쪽으로 도망치자 왕전의 본대는 조가(趙嘉)의 후방 공격을 염려하여 연왕 희를 무리해서 추격하지 않았다. 그러나 이신(李信)의 별동대는 수천의 병마를 이끌고 후방에서 공격을 멈추지 않았다. 연왕 희를 계속해서 추격해 연수(衍水)에서 태자 단을 다시금 격파하여 연나라 주력군을 소멸시켰다. 태자 단은 양평에 도착한 후 부근의 연수(衍水)에 숨었다.

진나라 장수 이신이 연왕을 급히 추격하자 대왕(代王) 조가(趙嘉)는 연왕 희에게 서신을 전했다.

"진나라가 연나라를 다급하게 추격하는 이유는 태자 단 때문입니다. 지금 왕께서 단을 죽여 진왕에게 바치신다면 진왕은 반드시 마음을 푸실 것이며, 왕께서는 다행히도 사직에 제사를 지낼 수 있을 것입니다."

연왕 희는 대왕 가(嘉)의 말에 따라 태자 단이 몸을 숨긴 곳으로 사람을 보내 그를 죽이고 단의 목을 진나라에 바쳤다. 연왕 희가 단의 목을 바치고 평화를 구걸하여 진나라의 공세는 멈추었다. 그러나 사실 진나라는 위(魏), 초(楚) 두 나라에 병력을 집중했기에 연(燕), 조(趙) 양국의 잔존 세력에 대한 공격을 잠시 멈춘 것에 불과했다.

B.C 222년, 멸초(楚), 멸위(魏) 후에 진왕 정은 왕분(王賁)에게 명하여 군을 이끌고 요동을 공격하게 했다. 연왕 희는 포로로 잡혔고 연나라는 멸망했다.

위(魏)나라의 멸망

1. 문후(文侯) - 2. 무후(武侯) - 3. 혜왕(惠王) - 4. 양왕(襄王) - 5. 애왕(哀王) - 6. 소왕(昭王) - 7. 안리왕(安釐王) - 8. 경민왕(景緡王) - 9. 왕가(王假)

기원전 226년, 진나라군은 연나라의 수도 계(薊)를 점령하고 북방에서 결정적인 승리를 취한 뒤, 주 공격 라인을 남쪽으로 틀었다. 진나라 명장 왕전의 아들 왕분(王賁)은 10만의 군사를 이끌고 초나라의 북부 지역을 공략하여 열 개의 성을 점령해 초군을 위협하며 전선을 형성했다. 갑작스럽게 불의의 타격을 받은 초나라는 진나라군의 위세에 압도되어 감히 군을 움직이지 못했다. 그렇게 진나라는 초(楚), 위(魏)에 양 전선을 형성하며 위에 대한 초의 지원을 차단했다.

B.C 225년, 왕분이 이끄는 10만 진나라군은 북상하여 위나라를 기습적으로 공격해 빠르게 수도 대량(大梁)에 다다른 다음 성을 포위했다. 갑작스럽게 진나라의 침공을 받아 수도가 포위된 위왕 가(魏王 假)와 대량의 군민들은 요새화된 도시의 방어력에 의지하여 결사 항전했다. 유구한 항전의 역사를 가진 대량성이 왕분에 의해 이미 고립무원의 처지가 되었다.

대량성은 위 무후 시기에 건설되어 위 혜왕(魏惠王) 때 수도가 된, 주도면밀하게 계획되어 완성된 도시였다. 크기 자체도 거대한 데다 성벽도 높고 성 주위에 종횡으로 그물 같은 수운망도 가지고 있어 물자 공급이 원활하고 적의 공세를 저지하기에도 유리했다. 이와 같이 도시 전체가 유기적으로 돌아가는 방어 체계를 가진 대량성은 침략군에게는 골칫거리였다. 아무리 진나라의 군사가 용맹하다고는 하나 대량성의 견고한 방어 시설은 어찌할 도리가 없었다. 왕분의 진군은 여러 날에 걸쳐 대량성에 수차례의 맹공을 가했지만, 요새화된 성을 함락시키기는커녕 사상자만 늘어날 뿐 아무런 소용이 없었다. 대량성의 군사는 10만에 달했고, 성내의 군량과 양초(糧草)도 충분했으니 그대로라면 몇 년이 걸려도 함락은 불가능했다. 전황이 장기전으로 가면 불리해지는 것은 진나라였다. 진나라군이 착실히 관동 제후들의 영토를 잠식할수록 그에 상응하여 전선(戰線)이 늘어나 신경 쓸 것이 많아졌다. 북방에서는 조나라와 연나라의 잔여 세력이 버티고 있었고, 언제 터질지 모를 점령지의 반란도 대비해야 했다. 한해 전에는 한나라의 귀족들이 신정에서 집단으로 반란을 일으키기도 했다. 원교근공 정책과 진나라의 공작 정치에 힘입어 그동안 제나라는 진나라의 충실한 우방국을 자처하며 타국의 멸망을 방관해왔지만, 육국의 멸망이 실제적 위협으로 다가온 이상 제나라도 언제까지 방관만 할 수 없었다. 진나라의 대군이 계속해서 위나라에 묶인 채로 있다면 분명히 새로운 위협이 생겨 진나라의 통일 전략이 좌절될 상황이었다.

일찍이 신릉군이 한(韓)을 구원하자며 위왕에게 유세할 때 수공의 위험성을 경고한 바 있었다. 대량성이 세워진 곳은 선천적으로 지형지물이 부족했다. 대량은 오늘날의 허난성 개봉(開封)으로 황하의 거센 물줄기가 인접한 곳이며, 불과 몇 리 떨어진 곳에서는 황하의 물줄기가 천둥소리를 내며 흐르고 있는 곳이었다. 또한 대량성은 그 지세가 낮아 고도(高度)가 황하를 밑돌았다. 정공법으로 대량성을 함락시키기 힘들다고 판단한 왕분은 방법을 바꾸어 대량을 수몰시키기로 했다. 대량의 지세를 파악한 왕분은 군사들이 대량성 주위의 수운로를 장악하여 개조하게 하고, 대량성을 둘러싼 제방을 쌓고 대량성 서북쪽의 물길을 틀었다. 그리고 황하의 물을 끌어들여 그 하류를 막는 제방을 쌓도록 했다. 때는 초봄에 지나지 않았는데도 진나라군이 제방을 쌓자 열흘에 걸쳐 쉬지 않고 비가 내렸다. 둑에서 물살이 거세었다. 충분한 물이 모이자 왕분은 둑을 파괴하라고 명령했고, 대량성은 금방 물에 잠겼다. 시간이 지날수록 많은 사상자가 생겨났다. 구원군은 오지 않았고 한 번 덮친 물은 빠질 기미를 보이지 않았다. 성내가 물에 잠기자 물에 닿은 곡식은 썩어 갔고, 군민들의 피부마저 온전치 못했다. 우물마저 오염되어 물을 먹고 죽는 자가 속출했다. 석 달이 지나자 물에 잠긴 대량성의 성벽이 서서히 무너지기 시작했다. 그때 왕분은 대량성에 총공세를 명령했다. 수차례의 공방전 후, 위 왕가는 더 이상의 저항이 무의미하다고 판단해 성문을 열고 진나라에 항복했다. 그리하여 위나라는 멸망하고 위왕가는 살해당했다.

초(楚)나라의 멸망

1. 웅역(熊繹)…… - 22. 장왕(莊王)…… - 33. 숙왕(肅王) - 34. 선왕(宣王) - 35. 위왕(威王) - 36. 회왕(懷王) - 37. 경양왕(頃襄王) - 38. 고열왕(考烈王) - 39. 유왕(幽王) - 40. 애왕(哀王) - 41. 부추(負芻)

B.C 226년, 진왕 정은 신정에서 일어난 반란을 무자비하게 진압하고 영진(郢陳)에 있던 한왕 안을 사사(賜死)했다. 예상치 못하게 한나라 신정에서

반란이 일어나자 진왕은 점령지 군민들에 대한 경각심을 갖게 되었다. 당장은 진나라 세력이 강해 감히 반기를 들지 못했지만, 만일 진나라 형세에 균열이 일어난다면 반란을 일으킬 것으로 보았다. 그래서 진시황은 초나라의 공자 창평군을 초나라의 옛 도읍지였던 영진(郢陳)으로 보내어 초나라 군민들을 위무하게 했다.

진나라 장수 이신(李信)은 젊고 용감해 일찍이 병사 수천 명을 이끌고 연나라 태자 단을 연수(衍水)까지 뒤쫓아 적군을 무찌르고 단을 사로잡은 전적이 있었다. 진왕은 그를 현명하고 용감하다고 여겼다.

"내가 초나라를 빼앗으려고 하는데, 장군이 생각하기에 병사가 어느 정도면 되겠소?"

"20만이면 충분합니다."

이신이 답했다. 진왕 정은 거듭하여 왕전에게 물었다. 왕전은 "반드시 60만이 아니면 안 됩니다."라고 답했다. 진왕은 "왕 장군도 늙었구려, 무엇을 그리 겁 내시오? 이 장군이 과연 기세가 용맹하다더니 그 말이 옳소."라고 말했다.

진왕은 병사 20만과 함께 이신과 몽염(蒙恬)을 장수로 하여 초나라를 정벌하도록 하기 위해 남쪽으로 보냈다. 왕전은 자신의 의견이 채택되지 않자 병을 핑계 대며 빈양 땅으로 돌아가 노년을 보냈다.

진왕 정 22년, B.C 225년, 왕분이 이끄는 10만 진군이 위나라를 공격하는 동안, 진왕은 초나라에 대한 총공격을 명령했다. 그리고 용맹함과 과단성을 증명한 바 있는 이신을 대장에 임명하고 몽염를 부장으로 삼았다. 진나라군은 초나라군이 유리할 늪지와 물을 피해 진나라의 기병이 활동하기 편한 평원 지형을 주 공격 루트로 잡았다. 이신은 군사를 둘로 나누어 자신은 평여(平輿)를 공격하고 부장 몽염은 침구(寢丘)를 공격하도록 하여 초나라군을 대파했다. 또한 재차 언영(鄢郢)을 깨뜨리고 성부(城父)에서 몽염과 회합했다. 이신과 몽염이 지휘하는 진나라군은 영진부와 동남부에서 초나라군을 대파했다. 초나라 정벌은 순조롭게 진행되었다. 이신은 군을 합세하여 초나라의 수도인 수춘(壽春)으로 남하해 일거에 초나라를 멸망시킬 계획이었다.초나라는 몇 대에 걸친 용렬한 군주로 인해 국력은 취약해지고 쓸 만한 장수도 부족했다. 용맹한 장수는 항연(項燕) 한 사람뿐이었다. 초나라군이 진나라군에 연이어 패배하자 다급해진 초나라 조정은 계속해서 진나라에 땅을 떼어줄 것을 약속하며 강화를 요청했다. 불리한 전황으로 진나라의 초전 기세를 막지 못했지만, 초나라의 최정예 군단은 아직 보존된 상태였다. 항연군이 수도 인근에 도착했을 때 마침 창평군(昌平君)이 진나라를 거역하고 거병하여 영진 일대를 장악하고 이신의 퇴로와 보급을 끊었다. 그러자 진나라가 점령한 많은 지역에서 반란이 모의되었으며, 초나라의 옛 수도인 영진도 그와 다르지 않았다. 애초 진왕 정은 초나라를 정벌하기에 앞서, 창평군이 초나라의 공자라는 특수한 신분을 이용해 초나라의 군민들을 위무하여 영진의 시국을 안정시키길 원했다. 그러나 진나라의 천하 통일이 가시화되면서 초나라에 대한 공격이 피할 수 없는 일이 되었고, 이에 진나라의 재상을 지냈으나 초나라의 왕족이기도 했던 창평군 웅계는 초나라의 멸망을 두고만 볼 수 없었다.

초왕 부추의 이복동생이었던 창평군은 초나라의 공자라는 특수한 신분으로 반진 세력을 결집하여 진나라군의 후방에서 반란을 일으켰다. 본래 초나라의 땅이었던, 영진 일대의 한나라 인민들도 그에 호응하여 반란 세력은 순식간에 영진을 장악했다. 그들은 진나라의 후방 보급을 차단하며 진나라군의 퇴각로를 장악하여 이신군에 대한 포위 섬멸을 도모했다.

초나라 정벌을 진행하던 이신군은 예상치 못한 창평군의 반란으로 패할 위기에 처했다. 반란을 진압하기 위해 성부에서 물러나 일단 후방의 위협이 되는 창평군을 진압하고 퇴각하여 반란군과 전투를 벌였다. 결과적으로 본다면 20만의 진나라군은 초나라를 정벌하기에 부족한 숫자였던 것이다. 진나라군에 균열이 생기자 곧바로 초나라가 반격할 여지를 주었기 때문이다.

20만 대군을 이끈 초나라의 총사령관 항연은 성부에서 남하할 이신군을 대비하고 있었으나 갑자기 진나라군이 사라졌다. 이에 항연은 진나라군에 모종의 균열이 일어난 것을 짐작하여 진나라군을 추격하기 시작했다. 항연은 진나라군을 3일 밤낮 동안 추격한 끝에 창평군의 반란을 진압하기 위해 퇴각하던 진나라군을 후방에서 기습했다. 다행히 이신이 침착하게 지휘하여 초나라군을 막아냈으나 진나라의 상황은 좋지 않았다. 시간을 끌면 끌수록 적국의 포위망이 완성되어 진나라 본진의 전멸이 뻔했기 때문이었다. 얼마의 희생을 감수하더라도 빠르게 퇴각하는 것만이 최선의 선택이었다. 항연은 계속되는 추격전 끝에 진나라군의 뒤를 찔러 일곱 명의 도위와 무수한 군사를 죽였다. 이신은 패주해 패잔병을 이끌고 퇴각했다. 항연은 조나라 국경까지 추격했으나 보루에 막혀 할 수 없이 선회해 남군을 공략했다. 항연은 초나라의 옛 실지(失地)를 되찾고 계속해 서진하여 한나라의 경내로 들어섰다. 진왕 정은 초나라가 비록 쇠약해졌으나 땅이 넓고 인구가 많아 쉽게 멸망시킬 수 없음을 알게 되었다.

진왕이 이신의 패전 소식을 듣고 크게 후회하여 스스로 빈양 땅으로 달려가서 왕전을 만나 사죄하며 말했다.

"과인이 장군의 계략을 쓰지 않아 이신이 진나라 군대를 욕보였소. 지금 들으니 초나라 병사가 날마다 서쪽으로 진격하고 있다고 하니 장군께서 비록 병중이나 과인을 버리지 말아 주시오."

왕전은 "노신은 지치고 병들어 정신이 혼미하니 대왕께서는 부디 현명한 장수를 택해 주십시오."라며 사양했다. 진왕이 "그러지 마시오. 장군께선 다시는 그런 말을 하지 마시오."라며 간곡하게 말하자 왕전은 "대왕께서 어쩔 수 없이 신을 쓰고자 하신다면 60만 명의 병사가 아니면 안 됩니다."라고 말했다. 진황은 왕전의 계획을 따르기로 했다. 이에 왕전이 장수가 되어 병사 60만 명을 이끄니, 진왕이 몸소 파수(灞水)까지 나와 왕전을 전송했다.

왕전은 전쟁터로 향하면서 진왕에게 사신을 보내 훌륭한 논밭과 저택, 정원과 연못을 달라고 심할 정도로 거듭 요청했다. 그러자 진왕은 "장군은 전쟁터로 가면서 어찌 가난을 걱정하시오?"라고 의아해했다. 그러자 왕전은 "소장은 일찍이 대왕의 장수가 되어 공을 이루었음에도 끝내 후(侯)에 봉해지지 못했으니, 대왕의 관심이 신에게 쏠려 있는 이런 때를 이용하여 정원과 연못을 청해 자손들에게 남겨주기 위해서 입니다."라고 대답했다. 진왕은 이에 크게 웃었다. 왕전은 전투 현장에 가면서 다섯 번이나 사신을 보내어 좋은 논밭을 요구했다.

"장군께서 대가를 구걸하는 게 너무 지나치십니다."라며 누군가 말하자 왕전은 "그렇지 않다네. 무릇 진왕은 교만하며 사람을 믿지 않는 성격일세. 그런데 지금 진나라가 텅 빌 정도로 나라의 병사를 모두 나에게 맡기고 있으니, 내가 논밭과 저택을 요구해 다른 뜻이 없음을 알리지 않는다면 진왕께서는 가만히 앉아 나를 의심하지 않겠는가?"

노장군이 60만 대군을 지휘할 수 있었던 것은 그가 능히 군주의 신임을 얻어냈기 때문이었다. 60만의 군사는 진나라의 모든 병력을 동원한 것이었다. 만약 왕전이 전쟁에서 패배하여 초나라군이 북상한다면 삼진의 귀족들이 호응하여 진나라군을 몰아내었을 것이다.

B.C 224년, 왕전과 몽무는 60만 대군을 이끌고 초나라를 재차 공격하여 평여로 진출했다. 이에 초왕 부추는 전국의 병력을 동원해 항연에게 진나라군을 물리칠 것을 명령했다. 초나라 대장 항연은 본래 이끌던 20만의 군사와 초왕 부추에게서 증원받은 20만을 합친 40만 대군을 이끌고 평여에서 진군과 대치했다. 일전을 결심한 초나라군 앞에서 왕전은 10여 리에 걸친 진을 펼치고 지킬 뿐 전투를 하려고 하지 않았다. 초나라 조정에서는 진나라군의 이러한 행동에 대해 그 의중을 파악할 수 없었다. 어찌하여 진나라군은 나라 전체의 장병을 이끌고 왔으면서도 아무 행동도 하지 않는가? 진나라군이 견고한 요새를 쌓고 굳게 지키자 항연도 그에 맞춰 대치했다. 이후 초나라군이 진나라군을 도발하며 전투를 유도했지만, 진나라군은 대응하지 않았다. 진나라군은 60만에 달하여 그 수가 초나라군을 상회했지만, 대군의 전투는 한 번의 결전에 그 운명이 갈리는 것이다. 사실 진나라군의 수는 많았지만 신병이 많아 역량 부족으로 승리를 장담할 수 없었기 때문이기도 했다. 시간이 지나 왕전이 사람을 시켜 군사들을 보게 한 다음 물었다.

"군중에서 병사들이 무엇을 하며 놀더냐?"

"투석과 멀리뛰기를 하고 있습니다."라고 대답하자 왕전은 "이제야 쓸 만하겠구나!"라고 말했다.

왕전이 초나라 정벌에 대하여 진왕 정에게 간언한 것은, 국가 전체의 역량으로 초나라를 정벌하자는 것으로, 양국 군대만의 대결이 아닌 양국 정치력의 대결마저도 불사하자는 것이었다. 진(秦), 초(楚) 양국이 군사를 총동원하여 대치한 채로 시간이 흐르면 먼저 분열하여 틈을 보일 것은 분명히 경제력이 약한 초나라일 것이었다. 왕전은 그 틈을 헤집고 초나라를 무너뜨리겠다는 생각이었다.

평여에서 100만에 달하는 양국 군사가 대치 상태에 들어갔다. 삼진[三晉: 조(趙), 위(魏), 한(韓)]을 멸망시킨 진나라는 후방 걱정 없이 대량의 물자를 지원하며 장기전을 벌였다. 왕전은 매일 양과 소를 잡아 병사들과 식사를 하고 그들을 훈련시키니 병사들의 투지와 사기가 점차 높아져 갔다. 병사들은 당장에 나가서 싸워도 승기를 잡을 만큼 사기충천했다. 진과 초, 양국의 군사가 총동원된 대치 상태가 일 년을 넘기자 초나라는 농작물 수확에 차질이 생겼고 정치적으로도 균열이 생기기 시작했다. 초나라는 정치적으로도 군사적으로도 낙후돼 있었다. 군세(軍勢)를 진나라만큼 안정적으로 유지할 수 없었다. 장평에서 조나라가 조급히 군사를 움직여 패한 것은 대군이 여러 해를 대치함으로써 나라 전체가 피폐해져 더 이상 군비(軍費)를 감당할 수 없는 상황에 이르렀기 때문이었다.

대치가 일 년을 넘기자 항연은 초군에 동쪽으로 철군하라는 명령을 내렸다. 조용히 기회를 봐왔던 왕전은 즉시 암암리에 용맹한 용사들을 선봉으로 앞세워서 초나라군을 강타했다. 초나라군은 예기치 못한 공격에 다급히 응전했지만, 예봉이 꺾인 초나라군은 사기충천한 진나라군을 당해낼 수 없었다. 교활한 왕전은 항연이 이신을 무찌른 계책과 똑같은 방식으로 항연을 무찔렀다. 초나라군은 기(蘄)의 남쪽에서 대패하고, 왕전은 이를 추격하여 연달아 초군을 격파해 결국 대장 항연도 죽고 말았다. 이어 왕전은 수춘을 공격하여 초왕 부추를 포로로 잡았다. 초왕이 사로잡힌 이후 창평군은 강남으로 패퇴하여 회남에서 초왕으로 옹립되었다. 초는 오월(吳越)을 점거하고 장강의 지세를 경계로 삼아 진나라에 저항했으나 진왕 정 24년, B.C 223년, 진나라 왕전에 의해 회남을 공격당해 창평군은 죽고 나라도 끝내 멸망했다.

제(齊)나라의 멸망

전씨(田氏) 1. 태공(太公) - 2. 후염(侯剡) - 3. 환공(오)(桓公;午) - 4. 위왕(威王) - 5. 선왕(宣王) - 6. 민왕(湣王) - 7. 양왕(襄王) - 8. 왕건(王建)

제왕 건이 즉위한 이후 제나라는 40년 동안 출병하지 않았다. 제나라는 급격히 쇠퇴해 전성기 때의 강역을 회복하지 못했다. 현실을 파악한 제왕 건(建)은 신하들의 반대에도 불구하고 진(秦)에 입조하여 우호 조약을 맺었다. 이는 제나라의 국책 방향이 철저한 보신주의로 나아갔기 때문이기도 했다. 이로 인해 동방 국가와 진나라가 종횡으로 전개하는 정치 군사적 투쟁에 힘을 싣지 못하고 말았다.

제나라 사람들은 제왕 건이 육국의 합종에 참여하지 않았다고 불평했다. 제왕 건 16년, 후승(后勝)이 재상이 되자 진나라는 후승이 재물을 탐내는 것을 알고 신속하게 내응하는 활동을 전개하여 대량의 황금과 옥기를 후승에게 선물했다. 그 후 후승의 빈객들도 진나라로부터 자주 뇌물을 받았다. 그들은 제왕 건에게 진나라를 섬길 것과 다른 국가를 돕기 위해 출병하지 말 것을 강력하게 촉구했다. 제나라는 눈앞의 이익에 눈이 멀어 진나라에 좋은 정책을 폈고, 진나라의 공격을 받는 제후국을 지원하지 않았다. 이로써 진나라는 여유를 가지고 다른 국가들을 제압할 수 있었다. 제나라 승상 후승은 진나라에서 수많은 황금을 받아 매수된 뒤 진나라와 연맹하게 하고 합종에 참여하지 않도록 했으며 전시를 대비하지 않게 했다. 제왕 건은 전적으로 후승의 주장에 의존하여 국정을 운영해왔으나 진나라가 다섯 나라를 집어삼킨 뒤에야 다급하게 서부에 군사를 집결시켜 진나라의 공세에 대비하도록 했다. 진왕 정은 제나라에 항복을 권유하는 사신을 보냈으나 제왕 건은 이를 거부하고 진나라에 저항했다.

B.C 221년, 진왕 정은 제나라가 진나라의 사신을 거부했다는 핑계로 대군을 동원하고 몽염을 사령관으로 하여 제나라를 공격했다. 몽염은 제나라 서부의 제수(濟水)를 공격해 들어갔다. 몽염의 진나라군이 여러 차례 돌파를 시도했지만, 제나라의 방어선은 견고하여 전황은 교착 상태에 빠졌다. 그런데 북부에는 이렇다 할 장애물이 없었다. 이를 이용해 진나라는 허를 찌르는 전법을 구사하여 연나라에 주둔 중이던 왕분에게 제나라 북부로 남하하게 했다. 제나라 주력군이 서부에 묶인 사이, 왕분과 부장 이신은 연나라 남부에서 출정하여 제나라 북부를 무인지경으로 진군하며 제나라의 수도인 임치까지 진군했다. 곳곳에 제나라군이 주둔해 있었지만, 수십 년간 평화롭게 지내던 제나라군은 갑작스럽게 북부에서 나타난 진나라군에 감히 맞설 생각조차 하지 못한 채 지레 겁을 먹고 도망가기 바빴다. 진나라군은 신속한 남하로 순식간에 수도인 임치성을 포위했다. 임치가 포위되자 제나라의 지휘 통제는 마비되어 사실상 진나라에 격파될 일만 남았다. 임치의 군세가 수만에 달하고 수 년간 버틸 군량이 있었지만, 이미 육국이 모조리 멸망하여 제나라만이 홀로 남은 상태였다. 그러니 버틴다 한들 멸망의 시기만 늦출 뿐이었다.

왕분은 임치를 포위하고 섣불리 공격하지 않았다. 왕분의 군세로 임치를 함락시키기 힘든 것도 있었지만, 진나라군이 임치를 포위한 것만으로도 제나라가 내부적으로 붕괴하고 있음을 알았기 때문이다. 왕분은 임치에 사신을 보내 제왕 건에게 항복할 것을 제안했다. 진나라는 제왕 건에게 항복하면 오백 리의 봉토를 줄 것을 약속했다. 대세는 이미 기울었다. 제왕 건은 진나라가 약속한 오백 리의 봉토는 믿을 만한 게 못된다고 생각했으나 없는 것보단 나았다. 재상 후승마저 항복을 권하자 제왕 건은 항복을 결정하여 제나라는 멸망했다. 항복 후, 제왕 건은 압송되었고 더 이상 이용 가치가 없어진 후승은 처형되었다.

진왕 정은 곽개나 후승같이 자기 이익을 위해 조국을 좀 먹는 기생충 같은 인간을 좋아하지 않았다. 조나라를 멸망시키며 당장 곽개를 죽이지 않고 후대한 것은 육국을 통일하지 못한 상태에서 아직 이용 가치가 남았기 때문이었다. 그러나 제나라를 멸망시키니 더 이상 그들을 살려둘 필요가 없었다. 항복한 제왕 건에게도 처분이 내려졌다. 제왕 건은 500리의 봉지가 아닌 공성(共城)의 송백나무 숲에 연금되어 음식을 거의 제공받지 못해 결국 굶어 죽었다.

진시황의 최후와 마지막 신하

기원전 210년, 시황제는 승상 이사와 옥새를 관리하는 중거부령인 환관 조고 그리고 막내아들인 호해와 함께 전국 순행에 올랐다. 한여름인 7월이었지만, 사구(沙丘: 지금의 하북성 광종현 경내)에서 서쪽으로 통하는 대도(大道) 상에는 십여 리에 걸쳐 늘어진 일단의 대열이 힘차게 이동하고 있었다. 대열 앞에는 각양각색의 깃발을 앞세운 의장대가, 그 뒤로는 질서 있게 대열을 갖춘 기병과 보병이 보무도 당당하게 행진했다. 10여 대의 마차가 바로 기병의 뒤를 따랐고 양옆으로 위사(衛士)들이 창을 들고 마차를 보호했다. 행렬의 뒤로는 대오를 갖춘 보병이 방진(方陣)을 형성하고 행진했다. 먼지가 자욱하게 하늘로 솟아 오르고 햇빛에 반사된 창날이 무시무시하게 번득였다. 마차 행렬의 제일 앞에 가는 수레는 금벽(金碧)으로 휘장하고 수레를 끄는 말도 화려한 비단을 몸에 걸쳤다. 또한 수레의 크기도 나머지 수레와는 비교가 되지 않을 정도로 컸다. 뒤를 따르는 마차는 하늘에 덮개만 씌우고 사방은 훤히 뚫려 있지만, 제일 앞선 수레는 사면이 휘장으로 둘러쳐져 있어 마치 작은 방 같았다. 양옆으로 창이 있고, 앞쪽에는 문이 있었다. 창에는 주렴이 늘어지고 주렴의 끝에 달린 구슬이 바람에 서로 부딪히면서 아름다운 소리를 냈다. 정말로 이상한 것은 이렇게 무더운 여름에 주렴이 내려지고 문이 닫혀 있는 것이었다. 폭염이 계속되는 여름에 수레의 창문과 앞문을 모두 닫아 놓는 사람은 거의 없을 것이다. 이 수레는 황제 전용 수레였다.

진시황제는 천하를 평정하고 자신이 차지한 사방의 땅을 순행(巡行)하면서 전국의 통치권을 더욱 강화해 나갔다. 이번 행차는 양자강의 남북을 시찰한 다음에 동쪽으로 대해(大海)를 관망하는 것에 목적을 두었다. 진시황제는 오지(吳地: 지금의 강소성 남부)를 거쳐 북상하여 평원진(平原津: 지금의 산동성 평원현 경내)에 이르렀을 때 갑자기 병을 얻어 급히 서쪽 함양성으로 돌아가는 중이었다. 진시황제의 순행을 뒤따르는 관원은 수를 헤아릴 수가 없을 정도로 많았다. 대신들 중에서 관직이 제일 높은 사람은 좌승상(左丞相) 이사(李斯)였다. 이번 순행에는 장군인 몽의(蒙毅)도 따라나섰다. 하지만 진시황이 잡병으로 고생하자 산천에 제사를 지내고 신령에게 기원하는 임무를 맡아 대열에서 먼저 떠났다. 몽의의 가문도 이사와 비교가 될 만했다. 몽의의 조부인 몽오(蒙驁)는 제(齊)나라에서 진나라로 옮긴 이래 3대에 걸쳐 혁혁한 공을 세웠다. 몽오가 한(韓), 조(趙), 위(魏) 3국으로부터 탈취한 성채만도 100여 채가 넘었다. 몽오의 아들인 몽무(蒙武)는 초(楚)나라를 멸망시키는 데 공로를 세운 장수 중 한 명이었는데, 초왕을 포로로 잡은 사람이 바로 그였다. 몽무의 두 아들이 바로 몽염과 몽의이다. 장자인 몽염(蒙恬)은 30만 대군을 이끌고 황제의 장남 부소와 함께 장성(長城)을 수비했고, 차자인 몽의는 상경(上卿)의 직위에 있으면서 진시황제의 총애를 한몸에 받고 있어 승상도 함부로 하지 못하는 사람이었다. 황제의 아들인 호해(胡亥)는 이번 순행에도 따라나섰다. 호해는 산천을 주유하며 감상하기를 좋아했다. 그는 스무 살이었지만, 황제의 스무 명이 넘는 아들 중 가장 총애를 받고 있었다. 또한 성격은 온순하나 정신이 산만하며 결단력이 부족한 유약한 사내였다. 그는 본래부터 황제의 자리를 계승하는 서열에 있지 않았다. 자신도 황제의 자리를 꿈꾸지 않았다. 더욱이 진시황은 주(周)나라와는 달리 아들들에게 토지를 분봉(分封)하지 않고 중앙 집권제를 공고히 했기에, 그는 그저 세상을 돌아다니며 즐거움을 탐닉하는 데 만족했다.

당시, 황제의 곁에서 시중을 드는 환관 중에서 가장 으뜸은 중거부령(中車府令)에 있는 조고(趙高)였다. 그는 궁중 비서에 해당하는 직책을 갖고 있었으며, 황제의 문서를 기초하거나 황제의 옥새(玉璽)를 보관하는 막중한 임무를 맡고 있었다.

서녘에 황혼이 밀려오자 마차 행렬은 가던 길을 멈추었다. 대오가 멈추자 관원으로 보이는 사람이 제일 앞의 수레로 급히 달려와 이곳에서 밤을 지내는지 물어왔다. 수레 안에서 환관의 목소리가 황제께서 유숙을 허락하는 성지를 내렸다는 말을 전했다. 사구를 떠난 이래 황제는 한 번도 사람들 앞에 얼굴을 내밀지 않았다. 시종이 음식과 물을 수레 앞에 대령하면 수레에 타고 있는 환관이 가져갔으며, 대신들이 수레 앞에서 주청을 하면 바로 그 환관이 황제의 인가를 전했다.

진시황제를 수행하는 문무백관들은 매우 불안한 감정을 떨치지 못했다. 직접 신하들의 주청을 받아들이지 못할 정도로 황제의 병이 위중했기 때문이다. 더욱이 황제의 병세에 대한 판단이 서지 않은 데다 태자마저 책봉되지 않아 걱정은 더했다. 만일 후사를 정하지 않고 죽는다면 뒤에 벌어질 일은 누구도 예측할 수 없었다.

진시황은 중국 역사상 처음으로 황제라는 칭호를 사용했다. 수년간 각지에 사람을 보내 장생불사(長生不死)의 선약(仙藥)을 구했던 그는 사실 사구에서 이미 세상을 떠난 뒤였다. 그는 수레 안에 안치된 관 속에 누워 있었다. 그의 사망 원인으로 추정되는 것은 첫째는 과로(過勞)였다. 암살 미수 사건을 겪은 뒤 모든 사람을 믿지 못하게 된 진시황은 만기친람(萬機親覽)으로 모든 일을 자기가 직접 챙겼다. 대나무 두루마리로 된 죽간(竹簡) 보고서를 읽고 지시 사항을 쓰는 것에 모든 시간을 보내는 워커홀릭이었다. 둘째는 수은 중독으로 인한 사망이다. 장생불사를 꿈꾸고 미신에 혹했던 진시황의 비위를 맞추기 위해 전국의 술사(術士), 방사(方士)들이 바친 약에는 수은(水銀)이 많이 포함되어 있었다. 심지어는 수은을 환약으로 만들어 장복(長服)했다는 이야기가 전할 정도였다. 그가 순행의 마지막 날, 호숫가에 수레를 세우고 헛것을 본 듯 무언가 외쳤다는 기록도 있는데, 그것은 전형적인 수은 중독의 한 증상이라고 한다. 어쩌면 과로와 수은 중독이 겹쳐 순행 도중 수레 안에서 운명했을 수도 있다. 문제는 그가 남긴 그림자가 너무 크고 방대하다는 것이다. 그가 얻은 땅, 그의 권한이 너무 크고, 그가 남긴 법이 너무 엄격해 그를 대신할 사람이 없어 대혼란에 빠졌다. 어느 시대 어느 나라나 전권을 가진 독재적 권력이 갑자기 붕괴하면 세상은 대혼란에 빠지고 그 고통은 온전히 백성이 짊어지게 되는 것이다.

《사기》에 따르면, 황제가 순행에서 돌아오는 도중 평원진에서 유성이 떨어졌는데, 떨어진 운석에 '시황제사이지분(始皇帝死而地分)', 즉 '시황제가 죽고 천하가 갈라진다'라고 씌어 있었다는 것이다. 이에 충격을 받은 시황제는 병으로 쓰러졌으며 화가 나 그 지역 주민을 몰살했다고도 전해진다.

시황제가 사구 지방에 이르자 병이 매우 위독해졌다. 유언장을 조고에게 쓰라고 하고, 그 내용을 옥새를 가진 적장자인 황태자 부소에게 전달케 했다. 부소에게는 함양에서 자신의 장례를 주관하라고 명했다고 한다. 결과적으로 말하면 이사와 환관 조고 등이 음모를 꾸며 유언장을 조작했고, 이로 인해 부소가 자결했으며, 황자 호해가 이세황제(二世皇帝)로 즉위했다. 이세황제가 즉위한 후 진나라는 진승과 오광의 난, 유방과 항우의 반란 등 숱한 내란에 시달렸다. 호해는 결국 4년 만인 기원전 207년에 조고에 의해 강제로 자결했고, 이후 유방이 수도 함양에 입성하면서 진나라는 멸망하고 말았다. 시황제는 사후 자신이 조성한 여산릉에 묻혔다.

진시황릉은 2천 년 후인 1974년, 서안(西安)의 한 시골 마을에서 우물 공사를 하던 중 발견되었다. 땅속에서 도기 인형 조각과 쇳조각이 발견되면서 발굴이 시작되었다. 발굴이 시작되어 약 2만 5천㎡에 달하는 4개의 갱이 세상에 모습을 드러냈다. 이 갱에는 많은 사람이 순장되었다고 전해지나 실제로는 실물 크기의 흙 인형인 토용(土俑)이 6천 구 이상 발굴되어 당대의 군사 양식을 생생하게 보여주었다. 시황제는 거대한 중국 대륙을 통일하고 스스로 황제가 되었으며, 여러 가지 엄청난 치적을 쌓았다. 여러 악정(惡政)

에도 그는 오늘날까지 중국에서 가장 강력한 영향을 끼친 인물로 꼽히며, 그의 강력한 왕권 통치는 이후 왕조들과 주변국의 모범이 되었다.

진시황은 전국을 통일한 뒤, 강력한 나라를 만들기 위해 많은 노력을 기울였다. 먼저 중앙 집권 체제를 강화하기 위해 봉건제를 폐지하고, 군현제(전국을 군과 현의 행정 구역 단위로 나누고, 관리를 파견해서 다스리게 하는 제도)를 실시했다. 이사의 의견에 따라 전국을 36개 군(나중에 4개 군 추가)으로 나누고 그 밑에 현을 두어 통치했다. 각 군현의 우두머리는 모두 중앙 정부에서 뽑아 내려보냈고, 관직의 대물림은 허용하지 않았다. 이때부터 청나라에 이르기까지 약 2천 년 동안 왕조는 바뀌어도 진시황이 실시한 중앙 집권 체제는 계속 이어졌다.

진시황은 수도인 셴양을 중심으로 남북으로 폭 70미터에 이르는 두 개의 간선 도로를 만들어 전국을 연결했다. 이 과정에서 교통에 방해가 되는 각지의 성과 요새를 헐어 수도를 중심으로 하는 방사선 모양의 도로를 만들었다. 또 상업의 발달을 위해 도량형(길이, 부피, 무게의 단위)을 통일하고, 수레바퀴의 폭도 통일시켰다. 문자도 간편한 전서체로 통일하고, 화폐도 원형의 모양에 사각 구멍을 뚫는 반량전(半兩錢)으로 통일했다. 그는 또한 북방 흉노의 침입을 막기 위해 만리장성(萬里長城)을 완성했다. 만리장성은 춘추전국 시대에 연·조 등이 쌓아 놓았던 성벽들을 연결하여 완성한 것으로, 진시황이 모든 부분을 만든 것은 아니다.

황제가 죽은 사실을 아는 사람은 이사와 호해, 그리고 환관 조고와 측근에 해당하는 몇몇 시종들뿐이었다. 진시황제의 죽음을 잠시 비밀에 붙이자고 처음에 제안한 사람은 이사였다. 이사는 진시황제가 생전에 태자를 정하지 않았지만, 임종에 이르렀을 때 유조(遺詔)를 내렸다며 그 뜻을 전했다. 유조의 내용은 장성을 지키는 몽염(蒙恬 ?~서기전 210)군에서 감군(監軍)으로 활동하는 장자 부소(扶蘇 ?~서기전 210)를 함양성으로 불러들여 장례를 주관하게 하고, 대통을 잇게 하라는 것이었다. 이사는, 부소가 비록 진시황제의 유조를 받아 태자에 내정되었지만, 대통을 잇기 전에 진시황제의 죽음이 알려지면 스무 명이 넘는 공자 중에 누군가 병력을 동원해 난을 일으킬지 모른다고 생각했다. 이사는 함양성으로 돌아와서 부소가 친히 장례를 주도하도록 했다. 그래야 안심이 되었기 때문이다. 부소는 어차피 진시황의 장자이고, 또한 선황의 유조가 있기에 그 이후로는 아무런 문제가 없다고 판단했다.

이사(李斯: ?~BC 208)

이사(李斯)는 초나라 상채현(上蔡縣) 출신으로 말단 관리였다. 젊었을 때 초나라의 상채(上蔡)라는 작은 마을에서 창고를 관리하는 낮은 벼슬아치로 있었다. 그는 어느 날 측간(厕間)에서 비쩍 마른 서너 마리의 쥐들이 더러운 똥을 먹고 있는 모습을 보았다. 쥐들은 사람이 들어오자 구멍으로 피하기에 바빴다. 후에 창고에 들른 이사는 통통하게 살이 오른 쥐가 쌀가마 위에 앉아 사람이 와도 피하지 않고 찍찍거리는 광경을 목격했다. 그는 길게 탄식하면서 중얼거렸다.

"사람이 쥐와 다른 게 무엇인가? 문제는 측간에서 사느냐 창고에서 사느냐의 차이일 뿐…."

그 후 그는 법가 사상을 설파하는 순자의 제자로 7년간 제왕학을 공부했다. 초나라가 천하를 통일할 가능성이 없고 진의 영정이 천하를 통일할 재목이라고 생각한 그는, 기원전 247년 진나라로 들어가 당시 승상이던 여불위의 문객으로 들어갔다. 이사는 미관말직인 낭관으로 벼슬을 시작했는데, 낭관은 영정을 시중드는 직책으로 일종의 시종이었다. 이사는 이 기회를 놓치지 않고 어린 영정에게 "진나라의 국력과 현명하신 군주의 지도력이라면 여섯 제후국을 멸망시키고 천하를 통일할 수 있사옵니다. 그리해야 영구 평화를 이룰 수 있습니다. 만약 그 기회를 놓쳐 제후국들이 연합한다면 천하 통일은 멀어질 것입니다."라고 진언했다.

영정은 그를 신임하여 승상의 장사로 임명했다. 장사는 궁궐의 모든 일을 총괄하던 관직이었으므로 이사는 영정에게 구체적인 통일 전략을 제안했다. 이사가 진언한 계책은 '이간책'이었다. 영정은 이사의 계책에 따라 금은

보화로 제후국의 유력 인사들을 자기편으로 만들어 진나라에 복종하도록 했다. 뇌물을 거부하면 자객을 보내 죽이거나 군대를 파견해 공격했다. 이 공으로 이사는 타국 출신의 대신인 객경에 올랐다. 신임을 받은 뒤 영정 즉위 후 승상이 되어 통일 정책을 총괄했다. 애초 정국이 첩자로 판명된 뒤 외국 출신에 대한 축객령(逐客令)이 내려졌을 때 이사는 <간축객서(諫逐客書)〉를 올려 축객의 부당함을 호소하고 명을 철회해 달라고 요청했다.

“태산이 한 줌의 흙도 사양하지 않았기에 그만큼 클 수 있고, 바다는 작은 물줄기도 가리지 않았기에 깊을 수 있습니다. 왕은 한 사람의 백성이라도 물리치지 않아야 그 덕을 밝힐 수 있습니다. 지금 들어온 인재를 물리치고 외국의 관리를 추방하는 것은 적에게 무기를 빌려주고 도둑에게 식량을 주는 것과 무엇이 다르겠습니까? 진나라에서 생산되지 않는 물건이라도 보배로 삼을 만한 것이 많고, 진나라에서 태어나지 않아도 진에 충성을 다하고자 하는 사람은 많습니다. 지금 축객의 명은 안으로는 인재 부족을, 밖으로는 각 나라의 앙심을 사게 하는 것이니 어떻게 나라가 편안하길 바라며 천하의 패자가 되어 대업을 이루기를 바라겠습니까?”

결국 영정은 명령을 거두었을 뿐만 아니라 이사를 정위로 임명했다.

기원전 233년, 이사는 라이벌이었던 한나라 사신 한비(韓非)를 제거했다. 한비는 이사와 함께 순자 아래에서 동문수학한 사이로, 영정이 한나라를 공격했을 때 한나라의 사신으로 진나라에 왔다. 법가 이론의 집대성자인 한비의 《고분(孤憤)》과 《오두(五蠹)》를 읽은 영정은 그를 존경하여 진나라에 머물게 했다. 이사는 한비가 자신의 지위를 위협할 것이라 생각해 그를 모략하여 옥에 가두고, 독약을 건네 자살하게 했다. 그 후 독점적 지위를 유지했으며 통일 이후 진시황의 정책 대부분을 입안하고 시행했다. 이사는 본래 진나라 사람이 아니지만, 진나라가 통치 체제를 강화하고 6국을 통일하는 과정에서 숱한 건의와 정책을 내었고, 진시황제가 제왕에 오를 때 중요한 역할을 했다. 그의 아들들은 모두 진나라의 공주를 정부인으로 삼았고, 그의 딸들은 모두 진나라의 공자에게 시집을 갔다. 진나라에서 존귀를 비교한다면 그를 따를 사람은 몇 되지 않았다.

한자의 서체 변화 과정. 예시는 글 서(書) 자

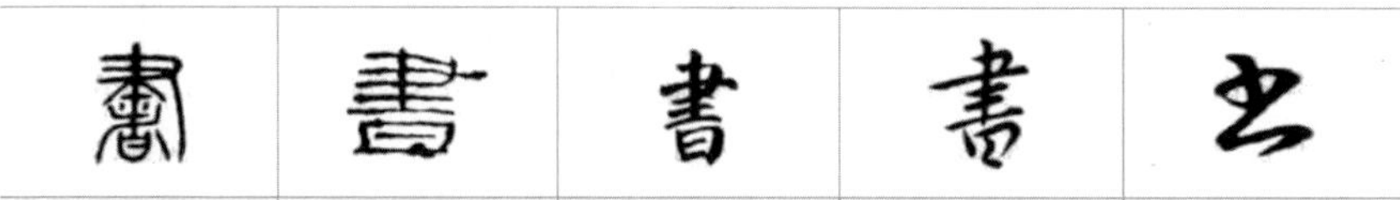

전서	예서	해서	행서	초서

기원전 221년, 영정은 중국 통일의 과업을 완성했다. 영정은 왕을 높여 '황제'라고 부르게 했으며 스스로를 최초의 황제라는 의미의 '시황제'라고 칭했다. 통일 후 시황제는 제도를 정비하는 데 착수했다. 당시 승상이던 왕관(王綰)은 봉건제를 채택하여 시황제의 황실들을 각 지방의 왕으로 봉할 것을 진언했다. 이사는 왕관의 의견에 격렬히 반대하며 군현제를 제안했다. 또한 이사는 도량형과 화폐를 통일하고 잡스러웠던 문자들을 전서체로 통일시켰다.

이로써 진나라는 중앙 집권적이면서도 대륙을 효율적으로 통치하기에 적절한 제도들을 확립해 나갔다. 그는 진시황제를 보좌하여 진나라가 천하 통일을 이룩하는 데 기여했으나 한편 분서갱유 사건 등을 주도하여 진시황제가 악명을 떨치는 데도 역할을 했다.

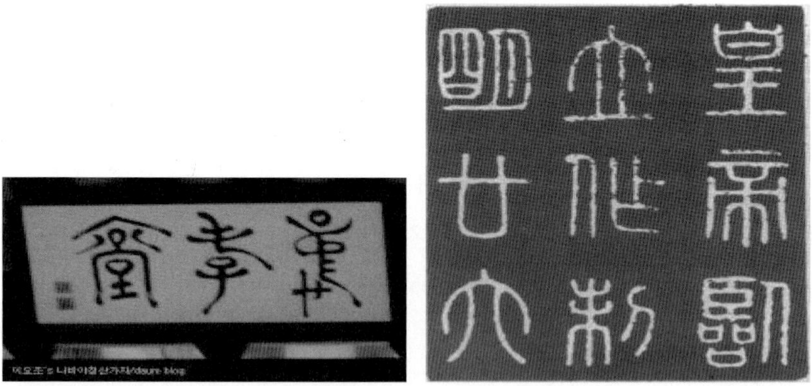

전서체(대전)로 쓴 허목의 하회 충효당 현판(좌)과 태산각석에 새겨진 이사가 만들었다는 소전체

기원전 213년, 분서(焚書) 사건이 발생했다. 제나라 출신의 순우월이라는 학자가 진나라의 군현제를 비판하고 주나라의 봉건제를 부활시킬 것을 간언한 일이 발단이 되었다. 이에 전국의 유생들이 봉건제를 예찬하며 부활을 주장하기에 이르렀다. 시황제는 이것을 조정의 공론에 부쳤다. 그러자 승상 이사는 순우월과 같은 유생들의 위험한 사상의 근원이 되는 학술, 시서(詩書), 백가(百家)를 금지시키고 30일 내에 진나라에 도움이 되는 역사와 의(醫), 약, 복서(卜筮), 농경 등에 관한 책 이외의 모든 책을 태워 버리라고 주청했다. 시황제는 이사의 의견을 받아들였다.

다음 해인 기원전 212년에는 시황제가 총 460여 명의 도사와 유생을 생매장한 갱유(坑儒) 사건이 벌어졌다. 시황제 만년에는 불로장생에 관심을 갖고 방사를 시켜 영약을 가져오라고 명령했는데, 방사 후생(候生)과 노생(盧生)이 시황제를 배신하고 오히려 그의 부덕함을 비판했다. 이에 격분한 시황제는 그들 모두를 함양 교외의 산골짜기 구덩이에 넣고 생매장해 버렸다. 이 두 사건을 합쳐 '분서갱유(焚書坑儒)'라고 한다. 이 사건은 시황제와 승상 이사가 엄격한 법을 시행함으로써 집권 초기의 불안정한 정국을 안정시키고 진나라를 막강한 국가로 성장시키고자 벌인 일이었다. 이사는 환관 조고와 함께 순행하는 진시황을 수행하다가 시황제의 죽음을 목격하고 유서 조작을 하는 조고를 방임하여 권력 분점을 노렸으나 결국은 더 교활한 조고의 덫에 걸려 죽었다.

기원전 208년, 이사는 조고에 의해 체포되었다. 이사의 아들이 농민 봉기를 일으킨 진승과 친분이 있다는 모함이 있었기 때문이었다. 결국 이사는 장남 이유(李由)가 초나라군과 내통하고 있었다는 거짓 죄목으로 요참형(腰斬刑)에 처해졌다. 그리하여 기원전 208년 진 제국의 최대 공신 이사는 수도 함양 거리에서 자신이 만든 법령에 의해 공개적으로 허리가 잘려 죽었다. 그의 가족도 몰살되었다. 일찍이 진효공 시절의 변법가 상앙이 걸었던 길을 그대로 걸었으니 어쩌면 그것이 '법에 의한 통치'라는 구호를 앞세운 딱딱한 법치주의가 가진 근본적인 한계인지도 모르겠다.

승상 이사가 죽고 얼마 후 진나라도 멸망했다. 이사는 말단의 자리에서 최고의 자리인 승상까지 올랐으나 대의를 지켜야 할 때 개인의 이익을 좇아 결국 자신을 망치고 국가를 패망의 길로 접어들게 했다. 그는 시황제를 도와 진이 중국 통일을 이룩하는 데 가장 큰 공을 세웠고, 낙후된 진나라에 법가 사상을 도입하여 강력한 중앙 집권 국가로 만들었지만, 결국 시황제의 유언을 위조함으로써 진나라를 멸망에 이르게 했다. 그의 인생의 성공과 실패는 곧 진의 흥망성쇠였다.

조고(趙高, ?~BC 207)

조고(趙高)는 출생 이래 인생이 매우 불행했다. 그의 부친이 죄를 범해서 그의 어머니는 관노(官奴)가 되었다. 이 일로 인해 그는 태어나자마자 노예의 신분이 되었다. 얼마 후 그와 그의 형제들은 모두 남근을 거세당하고 궁중에 들어갔다. 다행히 조고는 총명하고 눈치가 빨라 다른 사람들의 마음을 재빨리 알아차렸다. 그래서 비천한 잡무를 하는 처지에서 문서를 처리하는 환관으로 발탁되었다. 조고는 이때부터 독서를 게을리하지 않았고, 복잡하고 까다로운 궁중의 예법을 익혀나가는 한편 법률도 열심히 연구하여 정통하게 되었다. 진시황은 이런 조고를 한눈에 알아보고 그를 중거부령(中車府令)에 중용했다.

조고는 어린 시절에 귀인을 만나면 허리를 굽혀서 예를 다해야 했으며, 모든 일에 조심하지 않으면 안 되었고, 남이 웃으면 억지라도 따라 웃어야 했다. 갖은 수모와 치욕을 당해도 감수하지 않으면 안 되었다. 그는 무의식적으로 귀족 문벌의 사람에 대해 깊은 원한을 가졌다. 조고는 반드시 세상을 깜짝 놀라게 만드는 일을 저질러 귀족 문벌의 사람들이 자신의 면전에 머리를 조아리게 만들겠다고 다짐했다. 마치 주인 앞에서 꼬리를 흔드는 개처럼 만들겠다고 이를 악물었다. 자신의 목표를 실현하기 위해 그는 모험을 겁내지 않았다. 조고는 모든 사람에게 두려움이나 바람이나 약점이 있는데, 바로 그 목줄기를 잡고 있으면 그런 사람은 쉽게 상대할 수 있다는 사실을 잘 알고 있었다.

진시황이 갑자기 서거한 날 저녁, 조고는 편안하게 있을 수가 없었다. 그에게 호해는 사실 두려운 상대가 아니지만, 이사는 누구보다도 판단력이 뛰어나고 냉철한 사람으로 쉽게 상대할 수 없는 사람이었다. 그는 중대한 선택의 갈림길에 서 있었다. 진시황제가 내린 유조(遺詔)는 여전히 그의 수중에 있었지만, 발송을 해야 할지 말아야 할지 판단이 서지 않았다. 이 일은 조고의 영욕(榮辱)과 생사(生死)에 깊은 관련이 있는 문제였다. 왜냐하면 그는 비록 궁중에서 높은 지위에 있고, 공자 호해와 매우 친근한 사이지만, 그는 어디까지나 황실의 노예인 환관일 뿐이었다. 만일 유조를 보내지 않고 계획을 추진했다가 실패하면 곧바로 죽음이었다. 또한 유조를 보내 부소가 황제가 되어 친정(親政)을 강화하면 조정의 권력은 몽염과 몽의 형제에게 돌아갈 것이 분명했다. 몽염은 군사적 능력뿐만 아니라 정치적 인문학적 소양도 탄탄하여 부소가 권력을 쥐면 조고에게 두려움의 대상이 될 것이 자명했다.

후대인 당(唐)나라 말기 문장가 한유(韓愈)가 쓴 가전체 소설인 <모영전(毛穎傳)>에 기록된 바에 의하면 이사(李斯)가 전서(篆書)를 개량할 때 몽염(蒙恬)은 붓을 발명했다고 한다. 그러나 은나라 갑골문에도 붓으로 쓴 듯한 글자가 보이고 그 후 개발된 죽간(竹簡)에는 이미 붓으로 쓴 글자가 많으니 그리 믿을 만한 이야기는 아니다. 아무튼 붓을 나타내는 글자는 몽염 때 이후 처음은 율(聿) 자로 그 모습을 나타냈고, 그 후 서(書), 화(畵) 등으로 진화해 나갔다. 그 후 붓은 붓대를 대나무로 만들었다고 필(筆) 자 형태가 되어 오늘에 이르렀다고 한다.

게다가 몽염의 동생 몽의는 일찍이 조고가 저지른 죄를 심리할 때 그를 처형해야 한다고 주장했던 인물이었다. 당시에 진시황제가 조고를 총애했기에 겨우 사면을 받았다. 사실 몽의와 원한 관계가 있는 것은 사소한 일에 불과했다. 진정 두려운 것은 부소가 2세 황제가 되었을 때 궁중에서 자신의 지위를 보장받을 수가 없다는 사실이었다. 그는 결국 이사의 동의하에 유조(遺詔)를 위조해 정통 후계자 부소와 장군 몽염을 죽이고 그가 조종하기 쉬운 호해를 황제 자리에 올리는 작전에 성공했다.

호해는 황제가 되자 너무나 기뻐 어쩔 줄 몰랐다. 궁중에 있는 아름다운 궁녀들과 맘대로 어울려 놀 수 있었기 때문이었다. 어느 날, 호해는 낭중령(郎中令)으로 승진된 조고를 불러 말했다.

"사람이 한세상을 사는 일은 찰나의 짧은 시간에 불과하오. 나는 황제가 되었으니 이제 정말로 통쾌하고 시원한 즐거움을 누리고 싶을 뿐, 무슨 정사(政事)는 논하고 싶은 마음은 하나도 없소. 경도 나와 함께 그 즐거움에 동참하는 것이 어떻소?"

조고는 무거운 얼굴빛을 한 채 대답했다.

"현명한 군주는 정사를 대신에게 맡기고 즐거움을 추구합니다. 하지만 반드시 유념하셔야 할 일이 있습니다. 사구에서 발생한 일에 대해서 많은 공자와 대신들이 의심하고 있습니다. 공자들은 대부분 황제 폐하의 형장(兄長)들입니다. 대신들도 선황의 유조 때문에 복종하는 척하지만 내심으로는 따르지 않습니다. 이렇게 된다면 틀림없이 변고가 발생할 것입니다. 더욱이 몽염 장군은 죽었지만, 몽의 장군이 변방에서 병마를 거느리고 있어 항시 불안한 정세에 놓여 있습니다. 그런데 어찌 지금 폐하께서는 편안하게 즐거움만 추구하실 수 있겠습니까?"

호해는 갑자기 두려움에 온몸을 떨면서 말했다.

"어떻게 하면 좋겠소?"

조고가 시원스레 입을 열었다.

"사실은 폐하께서 걱정하실 일이 아닙니다. 단지 법률을 더욱 엄하게 바꾸고, 형벌을 가혹하게 다스리며, 죄인에게는 연좌제를 실시하여 화근을 아예 뿌리째 뽑아 버리면 문제는 쉽게 해결됩니다. 조정의 일에 공자(公子)들을 멀리하게 만들고, 선제(先帝)의 대신들은 서서히 하나씩 제거하십시오. 가세가 빈궁한 사람들을 등용하면 그들은 성은에 감격하여 폐하께 충성을 다 바칠 것입니다. 그렇게 된다면 천하는 안정을 찾게 되고 폐하께서는 오로지 즐거움만 찾으실 수 있습니다."

호해는 조고의 말에 고개를 끄덕이며 모든 업무를 조고에게 맡겼다. 이날 이후 함양성은 조고에 의해 도살장(屠殺場)으로 변하기 시작했다. 약간의 상금을 타기 위해 사람들은 너나 할 것 없이 공자들과 대신들의 죄상을 내궁부(內宮府)에 고발했다. 조고는 고발을 접수하면 곧바로 체포해 감옥에 넣고 가혹하게 고문하여 없는 죄상도 스스로 불게 했다. 이때 몽의 장군을 비롯하여 수십 명에 해당하는 선황제의 대신들과 호해의 12명 형제들이 피살되었고, 연루되어 함께 피살된 사람들은 수를 헤아릴 수 없었다. 더욱 가증스러운 것은 열 명의 공주(公主)들이 죄명도 모른 채 동시에 사지를 찢어 죽이는 거열형(車裂刑)에 처해졌다는 것이다. 거열형은 여섯 대의 수레에 각각 사지와 목과 몸통을 묶고 말을 힘차게 몰아 갈기갈기 찢어 죽이는 잔혹한 형벌이었다. 조고는 고귀한 신분의 공주들이 동시에 목이 땅에 떨어지고, 여린 몸통이 네 쪽으로 갈라져 하늘에 붉은 피를 뿌리는 장면을 물끄러미 바라보며 무척이나 즐거운 표정을 지었다고 한다. 아마도 생리적인 결함과 오랜 억압으로 조성된 야수(野獸)보다 더한 잔인성과 동물적 포악성이 그의 가슴에 극도의 만족감과 쾌락을 안겨준 듯하다.

언제나 그렇지만, 개인적인 한(恨)과 야욕이 강한 사람은 천하의 대세를 엉망으로 만든다. 진정한 권력자는 인내와 관용과 이해가 풍부해야 함에도 그런 자질이 없고 도량이 부족한 조고(趙高)가 최고의 권력자가 되자 강대한 통일 왕조는 뿌리째 흔들렸다. 조고는 황제를 죽이고, 왕자, 공주, 승상, 장군은 물론이고 숱한 공신과 귀족을 살상했다. 그는 다른 사람의 마음을 읽을 줄 알았고, 타인의 약점을 장악했다. 이러한 기지를 올바른 방향에 사용했다면 어진 재상이 되었겠지만, 그는 그렇지 못했다. 중국의 역사에서 환관(宦官)은 특수한 계층의 사람들이다. 그들은 본질적으로 야만적 사회제도의 희생물이다. 사실 가정이 빈곤하여 살기 힘들다거나 죄를 지은 사람이 아니라면 누구도 환관이 되려고 하지 않는다. 궁중에서 환관은 노예나 다름없는 신분이었고, 어떠한 권력도 보장되지 않았다. 그렇지만 전제정치 아래서 임금과 신하의 사이에는 넘을 수 없는 예절과 상하의 간격이 있었다. 이에 비해 환관은 가노(家奴)처럼 늘 제왕의 곁에서 시중을 들며 일거수일투족을 함께했다. 그 때문에 어떤 때는 쉽게 제왕의 신임을 받기도 한다. 호랑이의 위세를 빌린 여우처럼, 그러한 거짓의 권세도 오래되면 실제의 권력으로 변하는 것이 인간사이다. 특히 궁중 내부에서 심각한 충돌이 발생하면 환관의 역할은 매우 미묘한 작용을 한다. 권력의 공백이 생기거나 이전하는 결정적 순간에 그 현장에 있는 환관이 마음을 어떻게 먹느냐에 따라 세상은 달라지며, 어떤 음모를 꾸민다면 세상을 뒤엎는 결과를 만들기도 한다. 역사상 환관이 폐(廢)하거나 내세운 제왕이 어디 한두 명이었겠는가? 한(漢)나라 말기의 십상시(十常侍), 명나라를 망하게 한 환관들의 비밀 정보 기관 동창(東廠), 제정 러시아를 망친 괴승 라스푸친, 심지어 현대 한국에서 대통령 탄핵을 불러왔던 소위 '비선(秘線) 실세'나 '문고리 권력'도 현대판 환관으로 인한 변란이었다.

환관의 권력 탈취와 권력 행사에는 대체로 세 가지 기본적인 방식이 있다. 첫째, 환관은 정상적인 권력 구조의 구성원이 아니기에 그들은 제왕의 위세를 빌려 권력을 탈취하고 제왕을 조종하여 권력을 행사한다. 그들의 권력에는 당연히 음모가 따를 수밖에 없다. 둘째, 환관의 권력 탈취는 기본적으로 봉건 통치 질서의 파괴를 가져오고, 궁극적으로 황족(皇族)이나 사대부들의 용인(容忍)을 받을 수가 없다. 다시 말하면 환관은 자손 대대로 그들의 권력과 재산을 계승할 수 없기에 장기적인 안목에서 국가의 이익을 고려하지 않고, 자신의 일신에 관련한 쾌락만을 찾는 경향이 많다. 셋째, 환관의 심리는 거의 정상적이지 못하고 변태적이다. 그들은 남성으로서 성기능이 상실되었기 때문에 천성에 기초한 만족을 얻지 못한다. 비천한 신분에서 출발하여 고귀한 신분의 대신들 사이에서 생활하기 때문에 정신적인 압박감과 열등감이 심하다. 따라서 그들은 권세를 얻으면 오랫동안 눌렸던 원한과 비굴감, 열등감이 보복 행위로 변질되기 십상이고, 유혈을 오락으로 즐기는 잔인한 결과를 만들기도 한다.

이 세 가지 기본적인 관점에서 살펴보았듯이, 환관의 권력 탈취는 국가 파괴를 의미한다. 하지만 이것은 야만적인 사회 제도가 스스로 불러들인 징벌의 하나에 불과하다. 사대부들은 환관을 멸시하면서 어떻게 해서라도 환관들의 권력 행사를 막으려 했다. 하지만 그들은 남성의 성기능을 제거하고 궁중에서 평생을 살아가야 하는 비참한 환관 제도를 없애려는 시도는 하지 않았다. 이 또한 전통적인 사대부 문화의 비열한 면모의 하나이다.

환관들이 나라를 망친 역사는 봉건 통치가 시작되고 끝날 때까지 계속되었다. 그러나 첫 번째로 천지를 진동시키고 불 같은 유혈극을 불러일으킨 재난은 진나라의 조고(趙高)를 들지 않을 수 없다. 바로 진나라는 조고라는 인물 때문에 전국(戰國) 시대의 경쟁과 혼란을 극복하고 중국 최초의 통일 왕국을 세우고도 자신의 손에 그 운명을 마치는 비극을 연출했다.

조고는 2세 황제 호해를 옆구리에 끼고 사실상의 통치자가 되었다. 법령은 날이 갈수록 가혹해졌고, 형벌은 더욱 끔찍해졌다. 대신들은 점점 벼랑에 몰려 전전긍긍했고, 백성들의 시신은 산처럼 쌓여갔다. 호해는 조고가 정적을 제거하는 동안에 토목 공사를 더욱 강화했다. 그는 진시황이 조성하려다 미완으로 남겨둔 아방궁(阿房宮)의 공사를 넓고 화려하게 다시 수축하기 시작했고, 노역(奴役)으로 수만 명의 백성을 징발했다. 백성들은 생존을 위하여 가래나 삽을 어깨에 메고 산으로 도망가 초적(草賊)이 되었다. 서기전 209년에 진승(陳勝)과 오광(吳廣)이라는 사람은 대택향(大澤鄕)에서 대나무창을 높이 들고 봉기를 했고, 뒤이어 옛 6국의 귀족 후예들도 여기저기에서 병사를 일으켰다. 반진(反秦)의 봉화는 벌판을 태우는 불처럼 사방에서 일어나 진나라의 운명을 바람 앞의 촛불로 만들었다. 조고는 개인적인 은원으로 너무나도 많은 사람을 살상했기 때문에, 원한에 쌓인 대신들이 직접 호해에게 자신의 죄상을 폭로하는 주청을 하지 못하도록 호해에게 늘 권고했다.

"폐하! 천자(天子)가 늘상 대신과 얼굴을 맞대면 고귀함이 드러나지 않는 법입니다. 하물며 폐하는 나이가 어리기 때문에 대신들의 비판을 쉽게 받을 수 있습니다. 이것은 천자의 권위와 신명(神明)을 드러내는 방법이 아니옵니다. 폐하께서는 심궁(深宮)으로 물러나 편안하게 계시옵고, 조정의 잡다한 사무는 소신과 법령에 익숙한 시종들이 맡아도 충분합니다. 그렇게 하면 천하의 사람들은 폐하를 현명한 군주라고 칭송할 것입니다."

조고의 말은 호해의 생각에 꼭 들어맞았다. 호해는 모든 정사를 조고에게 맡기고 궁중 깊숙이 몸을 감추고 주연과 오락에 심취했다. 조고는 지위만 환관이었지 사실상 임금과 같은 권력을 행사했다. 황제가 모습을 보이지 않고 조고를 통해 통치하니 대신들은 어떻게 해볼 방법을 찾지 못했다. 승상 이사는 더욱 몸과 마음이 탔다. 그는 승상이면서도 환관 하나를 어쩌지 못하는 신세가 되었다. 진나라의 위기가 눈앞에 닥쳤는데 어떤 조치도 내리지 못하는 형편이었다. 조고는 이사가 황제의 알현을 여러 번 신청했다는 사실을 알고 있었다. 그는 진나라에서 이사의 공로가 지대하고, 지위도 자기보다 높기에 알현을 공개적으로 막을 수가 없었다. 그래서 조고는 어느 날 이사를 찾아가 황제께서 바쁘지 않은 날에 알현 의사를 전달하겠다고 말해놓고 음모를 꾸미기 시작했다.

서기전 208년, 2세 황제 2년에 이사는 반역죄로 체포되었다. 그때 이사의 나이는 60을 약간 넘긴 때였다. 중국 역사에서 걸출한 정치가이자 책략가이며, 경세가였던 이사도 음모와 술수가 뛰어난 조고를 이기지 못하고 끝내는 싸움에서 실패하고 말았다. 조고는 이사 이외에도 그의 모든 가족과 문객을 감옥에 가두었다. 신문이 얼마나 혹독했는지 이사는 감옥에서 반역 음모를 어거지로 실토했다. 하지만 이사는 약간의 환상을 가지고 있었다. 자살만 하지 않는다면 결백을 입증할 기회가 반드시 온다고 믿었다. 그는 옥중에서 호해에게 상서를 올려 자신의 공로와 충성심을 일일이 나열하면서 관용을 베풀어 사면을 해달라고 주청했다. 하지만 상서문은 호해에게 전달되지 않았다. 조고에게 매수된 관리들이 상서를 올리면 곧바로 그것을 조고에게 건네주었다. 조고는 관리들을 시켜 혹독하게 이사를 재차 고문하여 죄를 번복하지 못하도록 했다. 황제가 직접 중죄인을 심문하는 차례가 왔어도 이사는 죄를 번복할 힘과 용기조차 없었다. 호해는 얼굴에 웃음을 가득 띤 채 조고에게 말했다.

"만일 조군(趙君)이 없었다면 하마터면 승상에게 내가 당할 뻔했소."

그해 7월, 이사는 함양성의 저잣거리에서 허리를 잘라 죽이는 요참(腰斬)

이라는 형벌에 처해졌고, 그의 3족이 동시에 살해되었다. 옥문을 나설 때 이사는 형장으로 끌려가는 아들의 손목을 잡으며 울먹였다.

"옛날 상채에 있을 때 너는 누렁이를 끌고 상채성의 동문을 나가 토끼 사냥을 했었지. 지금 생각하니 그때의 즐거움이 가장 좋았구나."

이사는 형장의 이슬로 사라지면서 측간에서 똥을 먹으며 두려움에 몸을 피하는 늙은 쥐의 신세가 호의호식하다 처참하게 죽고 마는 살찐 쥐보다는 낫다고 생각했을 것이다. 이사가 죽은 후 호해는 환관 조고를 승상에 임명했다. 진나라의 권력은 이제 완전하게 조고의 수중에 떨어졌다.

2세 황제 3년 봄, 초 땅의 항우(項羽)가 기병하여 장한(章邯)의 진나라의 주력군을 대파했고, 장한은 20여만 병력을 이끌고 항우에게 투항했다. 유방(劉邦)의 군대도 함양성으로 통하는 길목인 무관(武關)을 깨고 돌진해 왔다. 호해는 경수(涇水)의 신에게 제사 지낼 준비를 하고 함양성의 교외에 있는 망이궁(望夷宮)에서 목욕재계를 하다가 천하가 도적들에게 반이 넘게 점령당했다는 사실을 처음 알았다. 그는 급히 궁중으로 돌아와 조서를 내려 빠른 시일 내에 반란을 진압하라고 명령했다. 하지만 음모에는 뛰어났을지라도 나라를 다스리고 병마를 이끄는 데 능력이 없는 조고가 무슨 방법과 수단으로 천하의 난리를 평정할 수 있었겠는가? 호해가 조고를 질책한 지 며칠이 지나지 않아 천여 명의 병사들이 망이궁에 쳐들어와 궁인들을 살상하기 시작했다. 무리를 이끌고 달려온 사람은 조고의 사위인 염락(閻樂: 수양딸의 사위임)이었다. 궁중 시위들과 환관들은 모두 사방으로 달아나기에 바빴다. 호해는 신변의 시위(侍衛)와 환관들이 자신을 보호하지 않고 모두 달아나자 대노했다. 그의 곁에는 오로지 한 명의 환관만이 지키고 있을 따름이었다.

"이 지경이 되도록 너는 어째서 나에게 이런 상황을 한마디도 말하지 않았는가?"

"감히 말을 할 수가 없었기 때문에 지금까지 목숨을 부지할 수 있었습니다. 만일 일찍 그런 사실을 말했다면 오늘의 저는 없었을 것입니다."

호해는 굵은 눈물을 떨구며 탄식을 내뱉었다. 호해가 탄식하는 사이에 조고의 사위인 염락이 들이닥쳐 호해 앞에서 큰 소리로 그의 죄상을 들추었다.

"귀하는 방자하고 교만하게 많은 사람을 마음대로 죽였소이다. 천하는 이에 모두 귀하에게 등을 돌렸으니 이제 스스로 결단을 내려야 하오."

염락은 호해를 이제 더 이상 황제로 보지 않고 그저 귀하라고 호칭했다. 호해가 고개를 들면서 "승상을 만나 보고 싶소." 하고 말했지만, 염락이 단호하게 거절했다.

호해는 염락에게 생명을 구걸했다. 일반 백성으로라도 좋으니 살려달라고 애원했지만 호해의 요구는 모두 거절당했다. 염락은 두려움에 떨고 있는 호해에게 소리쳤다.

"나는 승상 대인의 명을 받고 천하의 백성을 위하여 귀하를 죽이려 하니 더 이상 말하지 말라."

염락은 좌우의 병사들에게 호해를 꼼짝 못 하게 잡으라고 손짓했다. 호해는 몸을 부들부들 떨다가 패검(佩劍)을 빼 자신의 배를 찔러 자살했다. 그때 그의 나이는 겨우 스물셋이었다.

이후 조고는 스스로 황제를 자처하며 옥새를 가지고 대전(大殿)에 올라 군신들을 소집했지만, 한 명도 얼굴을 비치지 않자 할 수 없이 부소의 아들이자 호해의 조카인 자영(子嬰)을 내세운다고 공표했다. 그러나 자영이 진왕으로서 한 일은 조고를 죽인 일이었다. 조고는 3년이라는 짧은 기간 동안 한 나라를 멸망시키고, 황장자 1인과 황제 한 명을 죽였다. 또한 유능한 정치가이자 경세가인 승상 이사를 죽였으며, 진나라의 대들보인 장군 몽염과 몽의 형제를 죽였다. 아울러 진시황의 공자와 공주 30~40여 명, 수십 명에 달하는 대신과 수백 명이 넘는 그들의 가족을 죽였고, 수를 헤아릴 수 없을 정도로 많은 백성을 죽였다. 그가 정치 권력의 제일 꼭대기에 올라 한 일이라고는 사람을 죽인 일뿐이었다. 비천한 신분으로 겪은 굴욕과 열등감을 복수하기 위해 그는 희대의 살인광으로 역사에 등재되는 인물이 되었다.

망진자호야(亡秦者胡也)

진시황은 각 지방과 나라별로 다른 문자와 도량형을 통일하는 등 하나된 세계로서의 중국의 기틀을 다졌다. 그러나 흉노를 막고자 만리장성을 축조했고, 거대한 자기 능을 짓고, 전국의 도로망을 새로 구축하는 등 무리한 토목 공사를 일으켜 민심을 잃고 말았다. 전국 시대부터 전해온 궁궐인 함양궁보다 더 큰 아방궁을 지었다는 소문도 있지만, 아방궁의 실존은 의문이다. 진시황은 자기가 통일한 천하를 돌아보기를 좋아했는데, 그런 활동을 순수(巡狩)라고 했다.

순수(巡狩) 도중에 갑자기 찾아온 진시황의 죽음을 당분간 비밀로 하자고 처음 제안을 한 사람은 승상 이사(李斯)였다. 진시황은 생전에 태자를 정하지 않았지만, 임종에 이르렀을 때 유조(遺詔)를 내려, 장성을 지키고 있는 몽염의 군대에서 감군(監軍)으로 활동하는 장자 부소(扶蘇)를 함양성으로 불러 장례를 주관하고 황위를 계승하도록 명했다. 하지만 이사는 조고 등과 협의하여 조서를 조작했다.

조서(詔書)에는 부소와 몽염이 수십만의 대군을 이끌고 변방에서 쓸데없이 양식을 소모하고 사졸들을 손상시키며 하는 일 없이 국력을 소진하고 있다고 가혹하게 질책부터 하고 있었다. 계속해서 부소가 수차례 부황(父皇)을 비방하고, 함양으로 돌아와서도 태자가 되지 못하고 있음을 원망하고 있으니 불효한 부소는 스스로 목숨을 끊으라는 명령도 있었다. 그리고 몽염도 부소를 제대로 보필하지 못하고 부화뇌동하여 불충을 저질렀으니 역시 자진하라는 명령으로 끝을 맺었다.

유조를 전달받자 몽염은 대경실색한 표정을 지으며 부소를 지켜보았다. 아버지 진시황의 성격을 잘 알고 있는 부소는 조서의 내용을 의심하지 않았다. 부소는 눈물을 흘리며 장검을 지닌 채 방으로 들어갔다. 하지만 몽염은 그 내용을 믿을 수 없어 부소에게 잠시만 행동을 멈추어 달라고 간곡히 요청했다. 그러나 효성이 지극한 부소는 방으로 돌아오자 곧바로 검을 들어 자신의 목을 찔렀다. 몽염은 끝까지 사실을 증명하려고 두 번째 조서를 기다렸으나 결과는 두 죄인을 함양으로 압송하라는 조서가 다시 내려왔을 뿐이었다. 얼마 후 그도 끝내는 옥중에서 피살되고 말았다.

몽염과 부소를 제거하는 동안에도 호해와 조고, 이사 일행은 대오를 이끌고 밤낮으로 함양성으로 달렸다. 진시황은 이미 숨이 멎은 지 오래되었고, 날씨가 폭염이라 시체 썩는 냄새가 천지를 진동했다. 조고는 진한 소금에 절인 냄새나는 바닷고기를 수레에 가득 실어 시체 썩는 냄새와 구별하지 못하게 만들었다. 도중에 세 사람은 부소가 스스로 목숨을 끊었다는 회신을 받고 더욱 작전 승리의 확신을 가졌다. 함양성에 도착하자 세 사람은 국상(國喪)을 공고하고, 한편으로 위조된 진시황의 유조를 발표했다. 태자에 책봉된 호해는 진시황의 장례가 끝나고 곧바로 2세 황제의 자리에 올랐다.

B.C 209년에 진승(陳勝)과 오광(吳廣)이라는 사람은 대택향(大澤鄕)에서 대나무창을 높이 들고 봉기를 했고, 뒤이어 옛 6국의 귀족 후예들도 여기저기에서 병사를 일으켰다. 반진(反秦)의 봉화는 벌판을 태우는 들불처럼 일어나 진나라의 운명을 바람 앞의 촛불로 만들었다.

2세 황제 2년에 승상 이사는 반역죄로 체포되어 처형되었다. 중국 역사상 뛰어난 정치가, 책략가, 경세가로 통일 정책을 주도했던 이사도 조고의 음모와 술수를 이기지 못했다. 이사가 죽은 후, 호해는 환관 조고를 승상에 임

시안 곡강 근처에 있는 지록위마상

명했다. 진나라의 권력은 이제 완전하게 조고의 수중에 떨어졌다. 조고는 자신의 권위를 과시하기 위해 어느 날 호해에게 사슴 한 마리를 바치면서 좋은 말이라고 했다. 호해는 재미있다는 표정으로 조고에게 물었다.

"저건 사슴이 분명한데 어째서 승상은 말이라고 하는 것이오?"

승상 조고는 매우 엄숙한 표정을 지으며 대답했다.

"저건 분명히 말입니다. 폐하께서만 어찌하여 사슴이라고 하십니까?"

호해는 그저 신기한 표정을 지으며 좌우의 대신들에게 모두 물었다. 대신들은 조고의 눈치를 보면서 모두 말이라고 대답했다. 이것이 사슴을 가리켜 말이라고 했다는 고사성어 지록위마(指鹿爲馬)의 유래이다. 일본 사람들은 여기서 유래한 마록(馬鹿)이란 단어를 '바카야로', 즉 바보란 뜻으로 사용하고 있기도 하다.

이후 호해는 자신에게 귀신이 씌였다고 생각해서 곧바로 무당을 불러들여 푸닥거리를 벌였다. 황제 호해가 이렇듯 사리를 제대로 판단하지 못하고 바보처럼 국정을 운영하자 진나라는 수습할 수 없는 막바지 위기에 몰렸다.

B.C 207년 봄, 초(楚) 땅에서 항우(項羽)가 기병하여 장한(章邯)이 이끄는 진나라의 주력군을 거록(鋸鹿)에서 대파했고, 그해 7월 장한은 20여만 병력을 이끌고 항우에게 투항했다. 또한 그해 8월, 한중에서 일어난 유방(劉邦)의 군대가 중요한 길목인 무관(武關)을 깨고 물밀듯이 함양성으로 돌진했고, 지방의 관리들은 너도나도 그에게 투항했다. 그 사이 조고는 자신의 사위를 시켜 호해를 묶어 모욕했고, 호해는 몸을 부들부들 떨다가 패검(佩劍)을 빼어들고 자신의 배를 찔러 자살했다. 그때 그의 나이는 겨우 스물셋이었다.

호해를 핍박하여 죽인 조고는 자신이 황제가 되겠다고 옥새를 가지고 대전(大殿)에 올라 군신들을 소집했다. 하지만 신하들은 한 명도 얼굴을 비치지 않았다. 사실 환관이 황제가 되자 사람들은 모두 놀라지 않을 수 없었다. 자식을 낳지 못하는 환관이 어떻게 황제의 자리를 후대에 물려줄 수가 있겠는가. 대신들은 비록 조고가 무서웠지만 차마 얼굴을 내밀지 않았다. 조고는 대전에서 반나절이나 사람들을 기다리다가 아무도 오지 않자 호해의 조카이자 황장자였던 부소(扶蘇)의 아들 자영(子嬰)을 새 황제로 세운다고 공표하지 않을 수 없었다. 새로운 임금으로 즉위하게 된 자영은 예에 따라서 수일간 목욕재계하고 태묘(太廟)에 나가 옥새를 받고 정식으로 왕위에 올랐다. 자영은 진나라 왕실 자손 중에서 드물게 살아남은 왕손이었다. 하지만 그는 언제 죽을지 모르는 두려움에 매일 밤잠을 설쳤다. 어떻게 조고를 믿을 수가 있단 말인가. 목욕재계가 끝나고 태묘에 나아가 옥새를 받아야 하는 그 날, 자영은 병을 핑계로 궁에 머물고 밖에 나가지 않았다. 조고는 사람을 보내 수차례 재촉했지만, 자영은 요지부동이었다. 화가 난 조고가 참지 못하고 직접 자영을 찾아와 그를 질책했다.

"이렇게 중대한 일을 어째서 하지 않으려 하오?"

조고가 말을 마치고 몸을 돌려 나가려는 순간에 자영의 장검이 그의 등을 뚫고 지나갔다. 사방으로 선혈이 뿌려지고 조고의 참혹한 비명이 대전을 진동했다. 그로부터 3개월 후, 유방의 대군이 함양성을 포위하자 자영은 46일 동안 누린 임금의 자리를 포기하고 스스로 성문을 열고 나가 항복했다. 얼마 후 항우의 대군이 밀려오자 유방은 그의 상대가 되지 못한다고 판단하여 함양성에서 물러났고, 자영은 항우의 군중에서 피살되었다.

이렇듯 권위주의적 법치 국가 진나라는 권위 자체인 진시황이 죽으면서 급속하게 멸망이 진행되었다. 결국 진승 오광의 난을 필두로 한 대대적인 민란에 휩싸이게 되고, 항우와 유방이 그 세력 중 가장 큰 영웅으로 떠오르게 되어 결국 초한 전쟁이 시작되었다.

일설에 의하면 진시황은 취임 후 신통한 점술사에게 점을 쳤는데, 점괘의 내용은 "망진자호야(亡秦者胡也)"였다고 한다. 진나라를 망하게 하는 것은 호(胡), 즉 오랑캐라고 생각한 진시황은 북방의 유목민을 경계하여 만리장성을 쌓아 북방의 국경을 든든하게 하는 데 총력을 기울였다. 그러나 결과적으로 보면 진나라를 망친 호(胡)는 오랑캐가 아닌 자신의 아들 호해(胡亥)였으니, 점괘는 맞았으되 그 해석과 대처가 틀려 결국 단기간에 망하고 말았다는 이야기가 전해져 온다. 그러나 이런 것은 신기한 이야기를 좋아하는 호사가들이 지어낸 이야기일 가능성이 매우 높다. 언제나 말하지만 모든 예언과 참언(讖言), 나아가 왕이나 영웅에 대한 전설은 사후(事後)에 만들어진 이야기일 가능성이 거의 100%라고 보는 것이 합리적이다.

제12강

항우 유방의 초한 쟁패 이야기

인간 항우(項羽, BC 232~202)

사마천은 《사기(史記)》에서 제왕(帝王)의 행적만 서술한 본기(本紀)에 패장인 항우(項羽)의 이야기도 실었다. 이것은 항우를 대하는 중국인들의 일반적인 모습이 되었다. 그때나 지금이나 사람들은 승리한 유방(劉邦)의 한(漢)나라를 앞에 두지 않고 패자인 항우와 초(楚)나라를 앞에 두고 있다. 초한(楚漢)이지 한초가 아닌 것이다.

항우는 팽성에서 태어났다. 항우의 할아버지가 초나라 최후의 명장 항연(項燕)이었고, 그 집안인 항 씨는 항(項) 땅에 봉해져 대대로 장수를 지낸 명문이었다. 그러나 항우가 철이 들었을 때는 이미 조국이 멸망하고 난 후였다. 항우와 같이 살고 있던 숙부 항량(項梁)은 명장 항연(項燕)의 명성을 간직한 지방의 유지였다. 항량은 조카를 위해 공부를 시켰는데, 항우는 글공부도 검술에도 흥미를 보이지 않았다. 항량이 화가 나 항우를 꾸짖었지만, 항우는 이렇게 항변했다.

"글이라는 것은 본래 자기 성과 이름을 쓸 줄 알면 족할 뿐입니다. 검술 역시 한 사람과 싸워 지지 않을 정도면 충분합니다. 둘 다 배우기는 충분치 못하니, 만인(萬人)을 상대해서 이길 수 있는 학문을 배우겠습니다."

그래서 항량은 항우에게 병법을 가르쳤으나 그것도 금방 때려치웠다. 한마디로 뭐 하나 진득하게 끝까지 배운 것이 없었다. 훗날 전략의 차원에서 보여주는 항우의 역량 부족은 이게 원인으로 작용했을 수도 있다. 물론 공부 자체를 전혀 하지 않았던 유방이 뛰어난 안목과 판단력으로 최후의 승자가 된 것을 보면 항우가 단순히 공부를 중간에 접었다는 것을 실책의 원인으로 볼 수도 없다. 항우는 키가 8척을 넘었고 힘도 장사라 큰 솥을 번쩍 들어 일거양득(一擧兩得)이란 고사를 남길 정도였다. 역발산기개세(力拔山氣蓋世)라고 할 정도로 어마어마한 무력과 군사 지휘관으로서의 천부적인 능력은 고대사에서 적수가 없을 만큼 뛰어났다. 또한 몇천 명의 병사로 수십만 대군을 물리치거나 단신으로 기병 수백여 명을 쓸어버리기도 하는 초인적 능력을 보였다. 초기의 대표적 전투인 거록(鉅鹿)대전과 이어진 후기의 팽성(彭城)대전에서 고작 3만의 군사로 60만 대군과 정면으로 맞붙어 적을 초토화하고 적군 30만 명을 일방적으로 살육한 경우는 세계 전쟁사를 통틀어도 그 유례를 찾아보기 힘들다. 천부적인 군사적 능력을 바탕으로 항우는 거병 후, 고작 2년 만에 천하를 제패하고 패왕(霸王)으로 군림했다. 이는 인류 역사를 통틀어도 찾아볼 수 없는 대기록으로, 아마도 사마천은 그런 이유로 황제의 일을 기록하는 본기(本紀)에 항우의 행적을 적었던 것으로 보인다. 다른 모든 제후를 무릎 꿇리고 홍문연에서 마지막 라이벌인 한 고조 유방을 죽일 기회가 있었지만 그는 사나이답게 그리하지 않았다.

천부적인 군사적 능력을 가지고 있던 것과 달리 그는 통치자로의 능력은 부족했다. 그 결과, 온갖 실책을 반복한 끝에 한 고조에게 판세의 주도권을 완전히 잃고 압도적 열세에 처하게 되었다. 항우는 일생을 통틀어 해하(垓下) 전투를 제외하면 지휘관으로서 전장에서 패배한 적이 단 한 번도 없었다. 해하 전투에서도 자기 병력의 세 배가 훨씬 넘는 규모의 적을 상대로 초

반에 밀어붙이는 모습을 보여주었으나 결국 패하고 최후를 맞이했다.

몰락한 귀공자 출신에다 자신의 무용(武勇)과 카리스마로 순식간에 천하를 석권하고 정점에 올랐으나 남자다운 당당한 승리자가 되겠다는 순간적인 판단 미스로 몰락하는 드라마틱한 생애의 소유자였다. 우미인과의 짧고도 강렬한 로맨스, 역사를 통틀어 비교 대상이 없는 용맹(勇猛)성, 귀족적이고 인자한 모습과 광포한 학살자의 면모가 아무렇지도 않게 공존하는 인격 등 그 생애와 성격 자체가 전체 중국사에서 단연 눈에 띄는 강렬한 개성과 포스를 갖추고 있다. 그의 강렬한 삶과 죽음은 후대에 초한지(서한연의), 패왕별희 등 수많은 이야깃거리를 생산하고 무수한 예술가들에게 영감을 주었다. 중국사에서 평가의 절대 기준이었던 유교 이데올로기마저 거슬러 불후의 이채(異彩)를 발하는, 중국 영웅 열전 최대의 이단아였다. 관우나 제갈량, 악비 같은 충신도, 한 고조 유방이나 촉한 소열제 유비, 당태종 같은 명군도, 형가나 예양 같은 의협도, 공자나 굴원 같은 군자도 아니지만, 단지 무(武)와 카리스마만으로 그들과 나란히 중국을 대표하는 영웅호걸의 명단 최상단에 자리하고 있는 실로 이질적인 인물이다.

항우가 장성했을 당시인 기원전 209년, 진승(陳勝) 오광의 난이 발발했고, 진승 등은 "왕후장상(王侯將相)이 영유종호(寧有種乎)"(왕과 귀족, 장군, 재상이 어찌 씨가 따로 있겠는가?)라는 깃발을 세우고 장초(張楚)를 건국했다. 이 구호는 그로부터 약 1000년 뒤인 1198년 고려 무신 정권 시절 최충헌의 노비로 짐작되는 만적(萬積, ?~1198)이 노비 해방 운동의 구호로 사용하기도 했다. 진승과 오광의 이런 봉기에 폭정에 시달리던 여러 군현의 백성들도 모두 진나라 관리를 때려죽이고 봉기에 동참했다. 진승과 오광의 난은 진나라의 명장 장한의 활약으로 추진력을 잃었지만, 이미 진승이 휩쓸고 간 중원은 진나라의 통제를 벗어나 있었고, 이런 상황에서 진나라가 멸망시킨 옛 전국 시대 6국을 다시 세우려는 움직임이 각지에서 일었다. 옛 초(楚) 땅에서도 회계 태수 은통(殷通)이 지방의 유력자였던 항량을 회유해서 반란을 일으키려고 했다. 하지만 항량은 은통 따위의 인물이 품기에는 너무 거물급 인사였다. 제안을 받은 항량은 자신이 반란의 주역이 되기로 작정했다. 항량과 은통이 회담하는 도중 항량의 조카 항우가 갑자기 난입해서 은통의 목을 베어버렸고, 항량은 직접 회계의 전권을 장악하는 데 성공했다. 항우는 비장(裨將)이 되어 아직 복종하지 않은 관하의 현(縣)들을 돌아다니면서 복종시켰다. 그는 항량의 여러 전쟁에 함께 참여했는데, 이 무렵의 독자적인 전투로는 별동대를 이끌고 양성(襄城)을 공격한 일이 있었다. 이 전투에서 항우는 의외로 결사 항전하는 양성 주민들 때문에 상당히 힘들게 양성을 함락시켰다. 이에 분노한 항우는 전투가 끝난 후 분풀이로 성 내 사람 5,000여 명을 모두 구덩이에 파묻어 죽였다. 이 사건으로 항우의 잔인하고 참을성 없는 성품이 본격적으로 드러나게 되는데, 이후 항우는 출중한 군사적 능력에도 불구하고 사람들의 신뢰를 얻지 못하고 계속 견제를 받았다. 어찌 되었건 항우와 항량은 초나라를 부활시키고 숨어 살던 초 왕족인 초 회왕(楚懷王)을 찾아 옹립했다.

이때 진의 명장 장한(章邯)의 군대가 재건된 위(魏)를 멸망시키고 제(齊)를 압박하기 시작하자 항량은 북상해서 장한과 교전을 벌여 승리했다. 그 직후 항우는 패공(沛公) 유방과 함께 별동대를 이끌고 성양(城陽)을 공격하는 등 여러 성을 함락하며 많은 공을 세웠다. 그런데 정작 항량의 주력군은 이후 장한이 펼친 역습 때문에 박살이 나고, 항량마저 전사하고 말았다.

항량을 죽이고 북상한 장한 때문에 조(趙)나라는 최악의 형세에 몰렸다. 조나라가 무너지면 다음은 자신들의 차례가 될 수밖에 없기에 여러 제후들도 구원에 나섰다. 이때 초 회왕은 송의(宋義)를 상장군으로 임명한 후에 항우를 차장(次將)으로 삼아 조나라 구원에 나서게 했다.

그보다 앞서, 초 회왕은 "진나라의 중심지인 관중(關中)에 먼저 입성하는 사람이 그곳의 왕이 될 것이다"라고 엄포한 상황이었다. 다른 장수들은 관중으로 향하는 걸 꺼리고 있었는데, 항우만은 아버지나 마찬가지였던 항량이 진나라 군대에 살해된 일에 격분하여 유방과 함께 서쪽으로 향해 진(秦)군과 정면으로 싸우기를 원하고 있었다. 서쪽으로 향하고 싶었던 항우를 조나라로 향하게 만든 것은 여러 늙은 장수들이 잔인한 항우를 꺼린 탓이었다. 결국 서쪽 관중으로 먼저 향한 것은 항우가 아닌 유방이었다.

조나라에 도착한 송의는 아들을 제나라로 보내 교섭하여 제를 끌어들이려는 공작만 할 뿐 거록의 장한에겐 관심도 없어 움직이려 하지 않았다. 이에 항우가 항의하자 "칼이야 당신이 나보다 잘 다루겠지만 작전에 대해 나보다 더 잘 아시오? 상대가 지치면 그때 공격하면 될 일이오."라며 면박만 주었다. 하릴 없이 시간만 흘러 겨울이 닥쳐왔고, 월동 대비가 부족한 병사들은 오들오들 떠는 상황이 되었다. 하지만 송의는 자기 아들의 생일 축하연을 열면서 병사들이 추위에 떨도록 방치했다. 항우는 송의에 대한 불만이 폭발 직전인 병사들을 선동했다.

"모든 힘을 다해 진군을 공격해야 함에도 불구하고 기회를 놓쳤고, 이제는 세상에 기근이 들어 백성들은 굶주리고 군중에는 군량미마저 동이 났다. 이러한 데도 호화로운 자식의 생일 연회를 열어 음주가무를 즐기면서 '그들의 피로함을 엿보고 있다.'라고 말만 하고 있다. 무릇 강한 진나라가 새로 건국한 조나라를 공격한다면 아마도 그 세는 조나라를 압도할 것이다. 나라의 존망이 이 한 번의 출격에 달려 있음에도 오늘까지 사졸들을 돌보지 않고 사사로움만 구하고 있으니 송의(宋義)라는 자는 사직을 지킬 수 있는 신하가 아니다!"

병사들을 설득하는 데 성공한 항우는 송의를 기습하여 살해했다. 겉으로는 송의가 모반하려 했으므로 초 회왕의 명령으로 참했다는 명분을 내세웠다. 장수들은 감히 반박하지 못했다. 그러면서 본래 초나라는 항량이 일으켜 세운 것이니 항우가 주도하는 것이 옳다고 말했다. 항우는 초 회왕에게 이 결과를 통보했고, 초 회왕은 항우가 위험한 인물이라는 것을 알면서도 어쩔 수 없이 상장군직을 주었다. 항우는 출정하여 자신의 지휘 아래 있는 영포, 포장군과 함께 왕리(王離)가 이끄는 진나라 대군을 거록 지역에서 격파하고 중국 최강의 사나이로 등극했다. 이후 항우는 진 주력군의 장한(章邯)을 항복시켜 사실상 진나라의 멸망을 결정지었고, 곧바로 진의 수도 함양으로 진군하기 시작했다. 그러나 이때 항우는 매우 치명적인 실책을 했다. 당시 20만에 이르는 진군 포로들이 함양에 빨리 가는 데 방해가 된다는 이유로 낙양 신안(新安)에서 생매장해 죽인 것이다.

대학살 이후 다시 서쪽으로 진군한 항우는 함곡관(函谷關)에서 잠시 막혔는데, 유방이 이미 진나라의 항복을 받고 함양을 점령했다는 소식을 듣고 대노했다. 초 회왕의 약속대로면 중원의 알짜배기인 관중의 왕은 유방이 될 상황인지라 그는 영포를 시켜 함곡관을 뚫어버리고 관중에 들어와 희수(戱水) 서쪽에 주둔했다. 항우는 40만의 군사를 동원하여 유방을 박살내 버릴 생각이었으나 항백(項伯)이 유방 측의 장량과 중재를 시도해 일단 싸움을 멈추고 홍문(鴻門)에서 회담을 치르게 되었다. 항우의 책사 범증(范增)은 유방을 이 회담장에서 바로 암살할 심산이었다. 그러나 정작 항우는 명분 없이 죽일 생각까진 없었기에 범증은 뜻을 이루지 못했다. 결국 유방이 살아서 도망가자 분통이 터진 범증이 “어린애와 함께 거사를 도모할 수 없다! 이번 기회를 날려 먹었으니 이제 우린 유방한테 다 죽었다!”라고 항우에게 크게 소리쳤다.

유방은 앞서 진왕의 항복을 받았음에도 함양을 약탈하지 않고 두었으며, 진왕 자영의 안전도 보장했다. 항우의 대군이 도착한다는 소식을 듣고 그는 스스로 함양에서 물러났다. 늦게서야 들어와 유방의 자리를 강제로 뺏다시피 한 항우는 함양에 입성해서 성안의 백성들을 학살하고, 이미 항복했던 진왕 자영을 죽였으며, 진나라의 궁궐에 불을 지르고 모든 것을 불태워 버렸다. 나중에 항우가 관중을 버리다시피 한 이유 중 하나도 남은 게 폐허뿐이라 살기가 싫어졌기 때문이었다. 여러모로 항우의 전략적 무능함을 살펴볼 수 있는 사건이었다.

이후 항우는 중원을 다스리기 좋은 입지인 관중에 남을 것을 충고하는 간의대부 한생의 반대도 물리치고 귀향을 결정했다. 팽성으로 돌아가지 말라는 한생에게 “내 고향 팽성과 주민들을 모욕했다”라며 팽형(烹刑)에 처해 버렸다. 항우는 고향으로 돌아가서 출세한 자신의 모습을 주민들 앞에서 자랑해야 한다는 이유로 관중을 버리고 팽성으로 돌아간 것이다.

함양을 점령한 항우는 결국 잠깐이지만 중국을 무력으로 통일한 사내가 되었다. 이후 초 회왕을 왕에서 황제로 지위를 높여주고, 존호를 의제(義帝)로 올렸는데, 이는 회왕을 공경한다기보다는 자기가 초나라 왕이 되고 싶어서 행한 조치였다. 항우는 노골적으로 "의제는 아무런 공도 세운 게 없고, 진나라 멸망은 나와 장수들이 다 한 일"이라고 발언하며 자기를 따른 제후들을 각지에 분봉했다. 또한 자신은 서초(西楚)란 땅을 가지고 팽성(彭城)을 도읍으로 삼았다고 하여 스스로 '서초패왕(西楚霸王)'으로 칭했다. 의제는 남쪽 멀리 장사(長沙)로 보내고 의제의 주변 인물들을 서서히 제거해 나갔다.

이 무렵, 낭중(郎中)의 벼슬을 하고 있던 한신(韓信)도 초나라군에 있었다. 한신은 이미 그때부터 항우에게 몇 차례 제안을 올렸지만, 항우는 한신을 우습게 보고 이 제안들을 철저하게 무시했다. 이에 상심한 한신은 유방의 진영으로 달아나 버렸다. 유방은 당시 중국에서 서쪽 변방의 끝이라 할 수 있는 한중, 파촉 땅으로 물러나 한왕(漢王)으로 있었다. 그런데 한신을 얻어 대장으로 삼은 유방이 그해 여름도 되기 전에 파촉의 험지를 넘어 삼진을 뚫고 장안을 탈환했다. 이에 항우는 일단 정창(鄭昌)을 한왕(漢王)으로 삼아 유방을 저지하려 했으나 그와 동시에 제나라에서 변란이 일어나기 시작했다. 항우의 분봉 조치는 모든 제후의 요구 조건을 맞춰 주지 못했고, 특히 제나라의 전영(田榮)은 상당한 불만을 가지고 있었다. 전씨 일족이 재건한 제나라는 다른 나라들과는 달리 건국 과정에서 진승의 장초나 항량의 서초에 도움을 받지 않았다. 스스로 제나라 왕이 된 전영은 여기서 더 나아가 서쪽으로 진군해서 제북왕(濟北王) 전안(田安)까지 살해하여 삼제(三齊)를 망라한 세력이 되었다. 여기서 멈추지 않고 팽월(彭越)을 회유하여 양나라 땅에서 초나라를 혼란스럽게 만들고, 진여(陳餘)에게 군사를 주어 장이를 날려버리는 등, 항우가 세운 천하를 흔들었다. 항우는 소공각(蕭公角)을 파견해서 팽월을 상대하게 했으나 소공각은 팽월에게 격파당하고 말았다. 이후 "유방은 그저 관중을 먹으려 할 뿐이지, 더 욕심은 없다"는 장량의 기만책에 속아 유방을 일단 버려두고 전영을 먼저 제압하기 위해 북진했다. 이때 항우는 영포에게 지원을 요청했으나 영포는 병을 핑계로 수천 명의 병사만 부하에게 딸려 보내 지원하는 시늉만 보여주었다. 한편 항우는 의제(義帝)가 전씨 혹은 유방에게 내응할 것이 우려되었는지 기어코 사람을 시켜 장강 한가운데서 죽이고 말았다. 명분상의 군신 관계도 필요 없었던 것이다.

결국 제나라와 전쟁을 치르게 되었는데, 항우는 성양(城陽)에서 벌어진 단 한 번의 싸움으로 전영을 완전히 박살냈고, 전영은 도망치다 평원(平原)에서 백성들에게 잡혀 죽었다. 이렇게 해서 전영의 제나라 세력은 순식간에 물리칠 수 있었다. 그런데 문제는 장량의 말대로 가만히 관중에만 머무는 척하던 유방이, 항우가 제나라로 비교적 깊숙이 들어간 틈을 노려서 동진을 개시한 것이었다. 항타와 용저 등이 저지하려 했으나 격파당하고 사로잡히거나 도주하는 등 한나라와의 국경 상황은 급박하게 돌아갔다. 유방이 빠른 속도로 동쪽으로 진군하고 있을 때 항우는 제나라를 확실하게 정리하고 가기 위해서 북진을 계속했다. 항우는 제나라의 성곽과 가옥을 모조리 불살라 버리고 항복한 전영의 군사들은 생매장했으며, 힘없는 여자들이나 늙은이들을 밧줄로 묶어 포로로 삼았다. 이런 죽음의 행진은 북해(北海)에 이르기까지 계속되었고, 그 행진 동안 수많은 사람과 마을들은 초나라군의 진격 루트에 있다는 이유만으로 몰살되었다. 항우의 이런 만행을 목격한 제나라 사람들은 이래 죽으나 저래 죽으나 죽기는 매일반이라는 심정으로 필사적으로 저항했고, 죽은 전영의 동생인 전횡(田横)은 여기에 도망친 제나라 군사 수만 명을 수습해서 성양에서 저항을 계속했다. 항우는 성양을 깨기 위해 수차례 공격을 퍼부었으나 워낙 저항이 완강하여 도저히 함락되지 않았다.

그 무렵, 삼진을 완전히 평정한 유방은 관중을 지배 영역으로 확고하게 다지고 다섯 제후들을 모아 56만이라는 어마어마한 군세로 동진을 시작했다. 이를 가로막는 제후들이 없지는 않았지만, 연합군의 압도적인 군세 앞에 모조리 박살이 나버렸다. 연합군은 별다른 저항 없이, 모두가 제나라 공격을 나가 텅텅 빈 항우의 본거지 팽성을 장악했다.

사태가 이렇게 되자 항우는 부하 장수들에게 성양의 공격을 맡기고 정예 3만 명의 병력을 인솔하여 엄청난 속도로 남하해 야간에 팽성의 서쪽인 소현에 이르렀다. 그리고 그때부터 다시 동쪽으로 진군하면서 한군을 격파해 나갔다. 이때 연합군의 병력은 60만 명으로 양군의 전력 차는 무려 19배 정도였다. 그러나 북쪽으로부터의 기습에만 대비했던 한나라 연합군은 옆에서 공격해오는 항우군에게 무참히 살육당해 결국 참패했다. 그 결과 공포에 질린 연합군은 장수고 병사고 할 것 없이 미친 듯이 달아났으나 팽성의 동쪽인 곡수(穀水)와 사수(泗水)에서 10만여 명의 병사들이 떼죽음을 당했다. 남쪽으로 도망친 병사들도 수수(睢水)에서 무참하게 살육당하여 10만여 명이 물귀신이 되었다. 공황 상태에 빠진 병사들이 아예 수수에 몸을 던져 자살하기까지 해 수수는 한군의 시체 때문에 물이 흐르지도 못할 정도였다고 한다. 그러나 항우는 이 팽성의 싸움에서 유방을 완전히 끝장내는 데 실패했다.

이후 유방은 주려후(周呂侯) 여택(呂澤)의 군세와 합류하여 전력을 추스리고 형양(滎陽)으로 이동했다. 마침 소하가 신속하게 보급을 해주어 한고비를 넘길 수 있었다. 초군은 경읍(京邑)과 색읍(索邑)에서 후방 구원병으로 도착한 한신이 이끄는 한군에게 패배해 추격을 멈추어야 했다. 그 뒤로도 초군은 한군의 보급로를 심심찮게 약탈하긴 했으나, 팽성의 코앞에 있던 구강의 왕, 영포가 소하의 설득에 넘어가 항우를 배신하는 바람에, 항우는 꼼짝없이 초나라 본진에 묶였다. 그 사이 유방은 후방을 깔끔하게 정리한 뒤 형양에 방어선을 탄탄하게 굳혔다.

기회를 놓친 대가로 항우는 제나라와의 전쟁 때와 비교도 안 되는 늪에 빠지고 말았다. 결국 항우의 대승이라는 사실은 분명하지만, 항우는 '팽성의 수복' 외에는 목표를 완벽하게 달성하지는 못했다. 유방을 죽이거나 재기 불능으로 만드는 데 실패했고, 한군은 형양을 기점으로 계속 세력권을 형성하고 있으며, 후방에 관중과 파촉이라는 확고한 근거지가 있어 그 세력이 건재했기 때문이었다. 결정적으로, 항우가 직접 지휘하는 군대의 전투는 승산이 없지만, 그가 없는 초나라 병력을 상대로 해서는 승산이 있었기 때문에 양동 작전이나 게릴라전과 같은 전략을 좀 더 적극적으로 활용할 수 있는 여지가 생겼다. 또한, 항우가 남쪽으로 돌아간 틈을 타 전횡은 초나라의 세력을 제나라 땅에서 대부분 몰아냈고, 전영의 아들 전광(田廣)을 왕으로 추대하여 다시 한 번 제나라를 부활시켰다. 즉 제나라에서 벌인 그동안의 싸움이 거의 의미가 없게 되었다. 다만 이 싸움의 결과로 한(漢)에 붙었던 제후들을 다시 초나라의 세력으로 끌어들일 수는 있었다.

사실, 제나라는 항우군에 대하여 워낙 결사 항전했기 때문에 설사 제나라를 점령했더라도 결과적으로는 제나라가 다시 부활했을 가능성이 높았다. 제나라가 끝까지 저항한 이유는 명백했다. 항복하든 항전하든 결과적으로 죽는 건 마찬가지였기 때문이다.

유방은 형양을 중심으로 항우에 저항했다. 팽성대전 이후의 기세를 보자면 초군이 단번에 한군을 격파할 수도 있었지만, 의외로 한군을 시원하게 몰아내지 못했다. 이렇게 반년 동안 한군은 형양에서 농성하며 초군을 막아내었다. 그러나 초군이 한군의 군량 보급로를 차단하자 농성은 한계에 봉착했고, B.C 204년 5월, 형양은 거의 함락 직전에 이르렀다. 이에 유방 측의 진평(陳平)은 항우의 인색한 포상을 이용해 그간 공을 세웠는데도 왕 자리는커녕 봉토 한 줌도 받지 못한 종리매, 계포, 용저, 범증 등이 유방과 내통해 스스로 제후왕이 되려고 한다는 유언비어를 퍼뜨려 항우의 휘하 제장들과의 사이를 이간질하는 작전을 실행했다. 항우가 이들에게 눈총을 주며 분위기가 무거워지던 중, 한군 진영에서는 초나라의 사자가 오자 진수성찬을 차려 놓고는 일부러 깜짝 놀라는 체하며 "우린 범증의 사자가 온 줄 알았는데 항우의 사자구먼?" 하며 대접하려 차려 놓았던 음식을 모조리 치우고 소박한 음식을 내놓았다. 항우는 이런 간단한 수작에 넘어가 범증을 의심했고, 이를 눈치챈 범증은 항우에게 실망하고 분노해 사임하며 항우의 곁을 떠났다. 이후 범증은 얼마 되지 않아 몸에 등창이 나서 죽었다.

이후 유방의 수하인 진평은 여자들에게 갑옷을 입혀 병사로 위장한 뒤 성 밖으로 내보내 적의 눈을 속였고, 기신(紀信)이 스스로 유방 행세를 하여 성 밖으로 나가 초군에 항복하며 시선을 끄는 사이, 유방은 그곳을 탈출했다.

속임수를 알아차린 항우는 기신을 불태워 죽였다. 항우는 완읍에 주둔한 유방을 쫓아갔지만, 유방은 버티며 방어만 할 뿐이었다.

항우가 유방에게 붙잡혀 시간을 허비하는 사이, 팽월은 슬금슬금 초나라 지역으로 침투해 동아(東阿)를 공격하고 장수 설공(薛公)을 죽여 초나라 군대를 크게 무찔렀다. 급기야 수도인 팽성까지 들이닥칠 기세로 진격했다. 이런 상황을 방치할 수 없었던 항우가 팽월을 제압하러 떠나자 유방은 재빨리 형양을 탈환하고 그곳에 주둔했다. 하지만 얼마 못 가 팽월을 격파한 항우가 다시 돌아와 형양을 함락했다. 유방은 함락되기 전 도망쳐 한신의 군영으로 이동하여, 한신의 군대로 다시 항우를 상대하려 했다.

서쪽으로만 진격하면 유방과 한나라를 끝장낼 기회가 항우의 눈앞까지 찾아왔으나 그 시점에 초나라땅 안에서 벌어진 팽월의 활약으로 항우는 절호의 기회를 잃고 말았다. 유방이 항우와의 결전을 포기하는 대신 초나라 후방으로 잠입시킨 유가, 노관의 군대가 팽월과 합류하여 본격적으로 초나라 군대를 박살내며 무려 성 17개를 함락했다. 팽월 군대가 초군에게 입히는 피해가 막대해지자 항우는 승리가 코앞인 상황에서 어쩔 수 없이 팽월을 막기 위해 군사를 이끌고 동쪽으로 돌아갈 수밖에 없었다. 항우는 팽월을 추격하여 동쪽으로 공격했지만 적은 쉽게 함락되지 않았다. 그러다가 밤을 틈타 팽월이 도망치자 외황 사람들은 성문을 열고 항복했는데, 항우는 이들이 자신을 기만한다고 여겨 전에 그랬던 것처럼 성안의 장정들을 모조리 생매장해서 죽이려고 했다. 그때 13세 아이가 항우에게 이렇게 말했다.

"팽월이 우리를 죽이려고 하여 외황의 백성들이 두려움에 떨다가 짐짓 항복한 척하고 대왕이 오시기만을 기다리고 있었습니다. 그런데 대왕이 오시더니 외황의 백성들을 모두 구덩이에 파묻어 죽이려고 하십니다. 어찌 백성들이 대왕께 몸을 의탁하려고 하겠습니까?"

이 말을 들은 항우는 그럴 법하다고 여겨 항복을 받아들이기로 했다. 그런데 이전에 사람들을 죽일 때는 절대로 항복하지 않던 성들이 그 소문을 듣고 줄줄이 항복해 왔다. 그러나 때를 되돌리기에는 너무 늦어버렸다.

팽월을 물리친 항우는 다시 돌아와 형양 동쪽에서 포위당해 있던 종리매를 구하고 수개월 동안 광무에서 주둔했다. 그러나 산 위에 틀어박혀 꼼짝하지 않는 유방을 공격하기가 곤란했으며, 그 사이 또다시 후방에서 유격전을 벌이며 보급선을 끊어버리는 팽월 때문에 골머리를 앓을 수밖에 없었다. 항우는 큰 도마를 만들고 그 위에 유방의 아버지인 태공(太公)을 올려놓고 "항복하지 않으면 삶아서 죽이겠다!"며 엄포를 놓았다. 그러나 유방은 이런 제안에 "우리가 예전에 의형제를 맺었는데, 지금 우리 아버지를 죽이면 너는 네 아버지를 스스로 죽이는 것이다. 그래도 삶아 죽이려면 네놈 아비의 국물을 나한테도 한 사발 다오!"라고 응수했다. 이에 항우는 격분하여 정말 태공을 죽이려고 했다가 항백의 만류로 그만두었다. 항우는 여기서 멈추지 않고 "지금 천하가 혼란한 건 우리 둘 때문이다. 차라리 우리가 단판 승부로 끝내자"라고 제안했다. 유방은 "난 힘이 아니라 지혜로써 싸우려고 한다"라며 무시했다. 항우는 포기하지 않고 다시 나가 유방에게 말을 걸었고, 유방 역시 항우와 마주보면서 이야기를 나누었다. 유방은 항우가 지금까지 저지른 열 가지의 죄목을 열거하며 항우를 비판했다.

하나, 팽성에서의 약속을 위반했다. 당초에 초 회왕과 제후들은 먼저 관중에 입성한 자가 관중의 왕이 된다고 굳게 약속했지만, 자신의 욕심 때문에 이러한 제후들과 회왕의 맹약을 묵살하고 최초로 관중에 진입한 자신을 협박하여 파촉으로 쫓아버렸다. 둘, 주군인 초 회왕이 직접 임명한 송의를 왕명을 사칭하여 살해함으로써 윗사람에게 칼을 들이밀었고, 초 회왕과 그 군신들의 위엄을 무너뜨려 이를 갈게 만들었다. 셋, 초 회왕이 진나라에 들어가 폭행과 노략질을 하지 말 것을 엄명했음에도 불구하고 대학살로 함양성을 피로 물들였고, 아방궁을 불살라 파괴를 일삼았으며, 시황의 능묘를 파헤쳐 진나라의 보물을 착복하여 죽은 자마저 모독했다. 넷, 대의에 따라 명을 받고 조나라를 구원했으나 자신의 욕심으로 그 결과를 회왕에게 보고하지 않고, 제후들을 협박해 관내로 들어갔다. 다섯, 진왕 자영이 이미 투항했음에도 불구하고 이유 없이 멋대로 죽였다. 여섯, 투항한 진 병사 20만 명을 속여 하룻밤 사이에 신안 경내에서 생매장하는 유례 없는 대학살을 벌였다. 그리고 그들의 장수인 장한과 사마흔을 보란 듯이 왕에 봉하니 진나라 사람들에게 뼈에 사무치는 원한을 갖게 했다. 일곱, 자신에게 아부하는 사람에게는 사사로이 좋은 땅을 주고 왕에 봉하며, 공이 있는 사람들은 농락하며 유배지로 보냈다. 원래의 제후들은 벽지로 내쫓아버리고 그들의 장수들은 중요한 땅의 왕으로 삼아버리니 군신의 법도가 하루아침에 무너지고 모든 지역의 신하들이 다투어 반란을 일으키는 것을 당연한 것으로 만들어 버렸다. 여덟, 진의 도읍을 불태운 후 마음대로 팽성을 도읍으로 정하고 그곳에 초 회왕을 의제로 지칭하며 끌고 와 감금했다. 한왕의 봉지를 빼앗고 양나라와 초나라 땅을 마음대로 자신의 소유로 만들어 버렸다. 아홉, 의(義)로써 우리 모두가 초 회왕을 섬기기로 맹세했음에도 불구하고 추악한 성품으로 결국 강남에서 의제를 살해해 버리고 그 시체를 장강에 처넣으니 원통함이 하늘에 사무칠 지경이다. 열, 군주의 자리에 있으면서 정치에 공정함이 없고, 약속을 초개처럼 버렸다. 신하된 자로서 군주를 시해하고 이미 항복한 자를 죽였으며 가벼운 마음으로 신의를 저버리니 이야말로 천하가 용납하지 않는 대역무도함이다.

"나는 정의로운 군대를 이끌고 한낱 도적놈을 토벌하려는 것뿐이니 너 따위는 내가 직접 나설 것도 없다. 죄 지어 군역을 하는 천한 자들만으로도 충분하다!"

하나하나 다 사실이라 반박하기 어려운 공격을 받은 항우는 미리 숨겨 놓은 쇠뇌를 쏴 유방을 맞혔다. 가슴팍에 화살을 맞은 유방은 이를 참으며 한술 더 떠 "저 도둑놈이 내 발가락을 맞히네!"라고 능청을 떨면서 달아났다. 이때가 항우가 승리할 수 있었던 사실상 마지막 기회였다. 그리고 장량은 더 나아가 화살 후유증으로 누워 쉬려는 유방을 침대에서 끌어내서 군사들 앞에 세우고 한군의 사기를 진작시켰다. 결과적으로 말하자면 이런 막무가내 제안과 기습은, 역으로 당시 항우의 사정이 그리 좋지 못했다는 사실을 말해주는 것이다.

그때, 항우에게 재앙에 가까운 소식이 또 들려왔다. 바로 한신의 북벌(北

伐)이 거의 완수 직전이라는 것이었다. 유방이 항우를 상대로 시간을 끄는 사이 한신은 위, 대, 조, 연나라를 모두 평정하고 제나라마저 평정 직전에 있었다. 항우는 용저(龍且)에게 20만이라는 대군을 주어 제, 초 연합군을 결성해 대항하게 했다. 그러나 한신은 오히려 유수 전투에서 용저가 이끄는 제, 초 연합군을 격파하고 용저를 참살했다. 이로써 화북의 대부분이 한신의 통제하에 들어가게 되었고, 한신은 사실상 항우, 유방과 맞먹는 거대한 세력권을 가지게 되었다. 위기감을 느낀 항우는 무섭(武涉)을 보내 한신을 설득했지만, 한신은 "항우 그 자가 날 어떻게 대접했나? 유방은 밥 주고 옷 주고 장군 자리까지 주었다. 이제 와서 날 찬밥 취급한 항우의 편을 들겠는가?"라는 요지의 발언을 하며 거절했다. 한편 팽월은 이 와중에 또 튀어나와 양나라 쪽을 공격해 항우의 보급로를 끊어 놓았다.

서쪽에는 유방의 세력이 건재하고, 북방은 한신이 모조리 평정해 버린 상황이었다. 게다가 영포 역시 유방의 편을 들고 있고 남쪽 후방에서는 팽월이 계속해서 괴롭히고 있었다. 이렇다 할 패전도 없이 항우는 최악의 형세에 놓이고 말았다. 한군은 오창의 보급을 통해 군량이 풍부한 반면, 초군은 팽월의 지독한 후방 교란 때문에 보급도 충분하지 못했다. 이때 유방은 후공(侯公)을 보내 천하를 양분하여 홍구(鴻溝) 서쪽은 한나라의 영토로 하고 동쪽은 초나라의 영토로 하자는 협약을 맺자고 제안했다. 형양 포위 때는 이러한 제안을 거절했던 항우지만 이 시점에 이르러선 어쩔 수 없이 제안을 승낙했고, 사로잡았던 유방의 아버지 태공과 처 여치(呂雉)를 보내주었다. 협약을 맺은 후 항우는 자신에게 협력했던 제후들의 군사를 해산하고 팽성으로 되돌아갔다. 유방 역시 장안으로 돌아가려고 할 무렵, 장량과 진평이 유방을 만류했다. 지금이야말로 항우를 끝장낼 수 있는 최후의 기회라는 것이었다. 이 말에 수긍한 유방은 다시 군사를 모아 돌아가는 항우를 기습했지만, 오히려 고릉(固陵)에서 항우의 군대에 패배하고 말았다. 유방은 장량의 제안에 따라 팽월과 한신의 봉지를 넓혀 주기로 약속하고, 항우의 대사마 주은(周殷)을 회유했으며, 수춘을 공격하던 경포(黥布)와 유가(劉賈)

까지 합류시켰다. 한신과 팽월이 결국 유방의 제안을 뿌리치지 못하고 군대를 이끌고 오면서 영웅들은 마침내 해하(垓下)에서 모두 집결했다.

BC 202년, 해하에 집결한 연합군은 항우의 최후를 장식하기 위해 진격했다. 결국 이 마지막 해하 전투에서 항우는 패배했고, 항우는 산 위로 도주하여 농성하려 했다. 그러자 한군은 초나라 군을 포위하고 사방에서 초나라의 노래를 불렀다. 패배에 상심해 있던 항우는 이 사면초가(四面楚歌)의 노랫소리를 듣자 크게 놀랐다.

"한군이 이미 초나라의 모든 땅을 점령했단 말인가? 어찌하여 초나라 사람들이 이렇듯 그 수효가 많단 말인가?"

항우조차 이러니 대부분의 병사들과 심지어 항백, 종리매, 계포 등의 최측근들은 더는 가망이 없다 여기고 한밤을 틈타 탈영해 버렸다. 마음이 복잡해진 항우는 우미인과 남아 있던 신하들과 함께 밤중에 술을 마시면서 슬픔에 젖어 노래를 불렀으니 이것이 바로 〈해하가(垓下歌)〉이다.

역발산혜 기개세
力拔山兮氣蓋世 힘은 산을 뽑고 기개는 세상을 덮었도다
시불리혜 추불서
時不利兮骓不逝 시운이 불리하니 추(騅)도 나아가지 않는구나
추불서혜 가나하
骓不逝兮可奈何 추마저 나아가지 않으니 난 어찌해야 하는가
우혜우혜 내약하
虞兮虞兮奈若何 우희(虞姬)여, 우희여! 그대를 어찌하면 좋은가

항우가 노래를 부르자 우희(虞姬)도 답가를 불렀다.

한병이략지
漢兵已略地 한군이 이미 천하를 다 빼앗으매
사면초가성
四面楚歌聲 사방에서 들려오는 것은 초나라의 노랫소리
대왕의기진
大王義氣盡 대왕의 의기가 다하셨다면
천첩하료생
賤妾何聊生 천첩이 살아서 무엇하리오

결국 서초패왕 항우도 눈물을 흘리기 시작했다. 그 모습을 본 사람들도 모두 눈물을 흘리면서 차마 항우의 얼굴을 바라보지 못했다고 한다. 정사에는 이후 우미인에 대한 기록이 없다. 초한지에서는 우미인 자신이 항우의 걸림돌이 된다며 이 직후 자결했다는 내용이 나온다. 워낙 극적인 장면이어서 이 이야기를 모티브로 한 경극이 장국영 주연의 <패왕별희>라는 영화로도 만들어졌다.

항우는 그날 밤 말을 타고 자신을 따르는 병사 800여 명을 이끌고 한군의 포위망을 뚫었다. 날이 밝은 뒤에 항우가 달아났다는 사실을 알게 된 유방은 관영(灌嬰)을 시켜 5천여 기병으로 항우를 추격하도록 했다. 항우가 회수를 건넜을 때는 남은 수하가 겨우 100여 명밖에 없었다. 항우가 음릉(陰陵)에 이르렀으나 길을 잃었다. 항우가 밭 가는 노인에게 길을 물어보았지만, 노인은 일부러 길을 속여 왼쪽이라고 알려주었다. 이것은 민심이 항우를 이미 떠났다는 복선이었다. 항우는 결국 늪지대로 접어들어 한군의 추격군과 맞닥뜨리고 말았다. 항우는 100여 명의 군사로 5,000여 명의 군대를 뚫는 괴력을 발휘하며 천신만고 끝에 동쪽으로 길을 뚫었다. 동성(東城)에 이를 무렵에는 남은 병사는 고작 28명뿐이었다.

한군의 추격은 계속되고 있었다. 항우는 계속 도망쳐서 오강(烏江)에 이르렀다. 오강의 정장(亭長)은 배를 타고 기다리다가 항우에게 말했다.

"강동(江東)의 땅은 비록 협소하다고 하나 사방 천 리에 달하고, 백성들의 숫자는 수십 만에 이르고 있어 가히 그곳을 다스릴 만하다고 하겠습니다. 원건대 대왕께서는 속히 배에 오르시어 강을 건너시기 바랍니다. 이 강 안에는 오직 이 배밖에 없어 비록 한군이 쫓아오더라도 강을 건너지 못할 것입니다."

하지만 항우는 거부했다.

"하늘이 나를 망하게 하려고 하는데, 강을 건너서 무엇하겠는가? 옛날 내가 저곳 강동의 자제 8천과 함께 강을 건너 서쪽으로 나왔다가 모두 전사하고 오늘 단 한 사람도 돌아가지 못하게 되었다. 설사 강동의 부형들이 나를 불쌍히 여겨 왕으로 삼아 준다 한들 내가 무슨 면목으로 그들을 대하겠는가? 비록 그들이 아무 말도 하지 않는다 할지라도 이 항우는 혼자 부끄럽지 않겠는가?"

《사기》와 《자치통감》의 기록에 따르면 항우는 말에서 내린 후, 한나라 추격군과 최후의 싸움을 벌인다. 이때 항우 혼자서 수백여 명의 한군을 죽였다고 한다. 더군다나 추격군은 관영이 이끄는 5,000명의 정예 기병 부대였다. 결국 중과부적(衆寡不敵)인 상황에서 천하를 호령했던 패왕 항우는 자결하여 그 파란만장한 최후를 끝마쳤다.

항우는 죽기 전 "나를 망하게 한 건 하늘이지, 내가 싸움을 잘못한 것이 아니다"라는 말을 남겼다. 이 말을 놓고 항우가 자신이 죽는 순간까지 무엇을 잘못했는지조차 이해하지 못했다고 해석한다. 그런데 '민심이 곧 천심'이라는 맹자의 주장에 따르면 이는 오히려 매우 정확한 평가가 된다. 싸움은 잘했지만 민심을 잡는 데 실패하여 하늘로부터 버림받은 것이라고 해석하면 지금까지 살펴본 항우의 패인과도 들어맞기 때문이다. 주나라의 천명사상과 연관지어 해석한다면 이는 항우의 입을 빌려서 스스로의 부도덕함을 자인하는 일화라고 할 수 있다. 항우는 싸움은 잘했지만 천명을 잃은 탓에 하늘에 의해 망하고 말았다. 다른 말로 하면 천벌을 받은 것이다. 결론적으로 항우는 국지적인 전투에서는 수없이 승리했지만, 전체적인 국면에서는 유방에게 앞서지 못했다. 항우는 전투 전술에는 뛰어났지만, 전쟁 전략에 앞선 유방에게 패할 수밖에 없었다.

중국의 역사학자 이중톈은 다음과 같은 색다른 평을 남겼다.

항우 주변 인물은 청렴결백하고 강직하며 지조 있고 예의 바른 사람들이 대부분이었다. 반면 유방의 주위에는 이익만 밝히는 염치없는 인간들이 대부분이었다. 그들은 유방에게 기대어 작위(벼슬)를 구걸하고 식읍(재산)을 얻고자 했다. 이런 염치없는 인간들의 욕망을 잘 알고 있는 유방은 이들에게 적당히 벼슬과 재산을 주면서 잘 구슬려 이용했기에 이길 수 있었다. 유방의 한나라가 시작된 후 중국에서 항우처럼 바보 같고 순진하고 제멋대로인 영웅은 점점 줄어들고, 그 대신 음험하고 이익만 밝히는 비열한 음모가와 어리석고 진부한 서생들만 늘어났다. 항우가 자신의 실패를 통탄하며 "하늘이 나를 망하게 하는구나"라고 한 것도 틀린 말은 아니다.

항우의 죽음은 한 시대의 종말을 알리는 것으로, 이때부터 중국에서 호연지기를 가진 호랑이와 표범의 시대가 끝나고 주인 말을 잘 듣는 개와 양의 시대가 문을 열었다. 항우는 패자라고는 해도 짧고 굵게 살다 간다는 남자의 로망을 체현한 인물이라 그런지 후세 사람들에게는 인기가 높다. 역사의 박한 평가와는 다르게도 그의 연대기는 너무나도 드라마틱하며, 또한 개인적인 면모에서 비롯되는 일화도 많이 남겼기에 중국 본토에서는 역사적 평론과 관계없이 크게 흠모받는 인물이다.

사마천의《사기》에서는 한 고조에게 패배한 인물임에도 불구하고 제후를 다루는 세가(世家)나 신하와 반역자를 다루는 열전(列傳) 대신 천자의 기록을 수록하는 본기(本紀)에 항우의 전기를 수록했다. 이를 보면《사기》는 천자와 제후를 나누는 데 명분보다 실제 세력과 영향력을 중시했던 것으로 추정된다. 본기에서 유방 다음에 나오는 것도 명분상 천자가 아니라 태후로서 실제로 천하를 호령한 여후다.

당(唐)의 시인 두목(杜牧)은 항우가 죽은 오강에 와서 그를 기리는 시를 짓기도 했다.

승 패 병 가 불 가 기 勝敗兵家不可期	병가의 승패는 기약할 수 없으니
포 수 인 치 시 남 아 包羞忍恥是男兒	부끄러움을 참는 것도 남아의 일이다
강 동 자 제 다 재 준 江東子弟多才俊	강동의 자제 중에는 준재가 많았으니
권 토 중 래 미 가 지 捲土重來未可知	흙먼지 일으키며 다시 돌아올 수도 있지 않았는가

한고조 유방(劉邦, BC 256~195)

농부의 아들로 태어난 유방은 최초의 평민 출신 황제이다. 유방은 진의 하급 관리인 쓰수이[泗水] 지방의 정장으로 출발하여 경력을 쌓기 시작했다. 기원전 209년 진시황이 죽고 호해(胡亥)가 등극한 가을, 진승(陳勝)의 무리가 기현(蘄縣)에서 봉기하여 국호를 장초(張楚)라 하니 초(楚) 지방에 민족적 공감의 폭풍을 불러일으켰다. 각 군현의 여러 지방에서는 관리를 죽이고 이에 호응했다. 패현의 현령도 두려운 나머지 진승에게 호응하려 하자 성안의 어른들이 젊은 자제들과 힘을 합해 현령을 죽이고 유방을 패현의 현령으로 추대했다. 모반 후 그의 반군은 명목상 항우(項羽)의 지휘 아래 있었다. 항우는 진의 군대를 쳐부수고 많은 옛 귀족들을 복권시켰으며 자신의 장수들에게 토지를 나누어주면서 진나라 이전의 봉건 제도를 다시 시행했다. 그때 주요한 반군 지도자였던 유방은 지금의 쓰촨성[四川省]과 산시성[山西城] 남쪽, 즉 중국 서부 지역의 제후인 한왕으로 봉해졌다. 그러나 이들은 곧 적대관계가 되었다. 농민 출신의 경험과 영리함을 갖춘 유방은, 군사적으로 뛰어났지만, 정치적인 면에서 고지식했던 항우를 굴복시켰다. 유방은 학자들을 싫어하여 혐오감을 표시하기도 했으나 "마상에서 천하를 얻을 수는 있어도 마상에서 천하를 다스릴 수 없다"는 신하의 간언을 받아들여 유교의 예를 채택했다. 그는 농촌 경제를 부흥시키고 농민들의 세금 부담을 덜어주는 데 각별한 관심을 보였다.

한나라의 통치 체제는 관제의 경우 진나라의 제도를 답습했으나, 지방 통치의 경우는 군현제와 봉건제를 병용한 군국제였다. 그는 한나라 건설에 공이 큰 부하 장수들과 친인척들을 제후왕(諸侯王)·열후(列侯)로 봉해 각지에 내보냈다. 그러나 후에 그는 항우를 물리치고 천하를 통일하는 데 가장 공이 컸던 한신(韓信), 팽월(彭越), 영포(英布) 등의 공신 제후들을 모두 처형하고 제후왕은 한나라의 일족에 한한다는 규정을 만들어 왕조의 기초를 굳건히 했다. BC 200년, 스스로 흉노(匈奴) 원정에 나섰다가 백등산(白登山)에서 패하여 포로가 될 뻔한 적도 있었다. 이후 흉노에 대해서는 화친 정책을 취함으로써 대외 정책의 기본으로 삼았다.

유방은 콧마루가 오뚝하고 이마가 용의 이마처럼 튀어나왔으며 잘 생긴 수염이 아름다워 소위 '용안(龍顏)'이라 불리는 얼굴을 하고 있었다. 왼쪽 넓적다리에는 72개의 까만 점이 있었는데 이를 자랑스럽게 여겼다. 천성적으로 성격이 활달하고 명랑할 뿐 아니라 자신을 따르는 자에게 베풀기를 좋아했던 그는 일반 생산 직업에는 종사하려 하지 않았다. 다만 의협심이 강하고 용맹스러운 자라는 임협(任俠)의 무리로 천민이나 백정을 가리지 않고 어울리기를 좋아했다.

19세에 소하(蕭何, ?~기원전 193)의 덕으로 관리 임용 시험에 응시하여 사수(泗水)의 정장(亭長) 직무 견습으로 채용되어 봉급을 받는 신분이 되자 하루가 멀다고 술집을 공공연히 들락거렸다. 유방이 술값을 낸 것은 이 시절이 처음이자 마지막이었다. 패현의 정장에 취임해서는 통행세 비슷하게 받은 물품들을 자신의 것으로 취하지 않고 남이 원하기 전에 조건 없이 주어 인기가 높았다. 주모들도 그를 좋아했는데, 유방이 주막에 와서 술을 마시는 날이면 서로 술값을 내겠다는 사람이 많아 술이 평소보다 몇 배씩이나 팔렸기 때문이다. 일설에는 주막집 주모인 젊은 과부 조씨와 정을 통하여 아들까지 두었다고 한다. 이런 일들로 인해 "베푸는 것을 좋아하고 관인대도(寬仁大度)하다."는 평판이 패현을 넘어 사수군(泗水郡) 일대로 퍼졌다.

그런 소문을 들은 지방의 세력가 여씨 집안에서 자신의 딸을 유방에게 시집보내니 그녀가 바로 여치(呂雉), 즉 훗날의 여후(呂后)이다. 패현에서의 정장 생활은 유방의 세계를 단숨에 확대하는 계기가 되었다. 패현 지방은 원래 위·초·제 등 세 나라의 접경지였다가 진(秦)에게 연달아 패하여 일종의 권력 공백이 있는 곳이었다. 이곳의 현령 또한 진(秦)이 임의로 앉혀 놓은 인물에 불과하여 사실상의 권력은 지방의 호걸이나 난민들이 공유하고 있었다. 이런 상황에서 호걸들의 인기를 얻고 주변의 정보를 장악하며 지역의 치안 유지를 담당하는 정장은 자신의 무력 행사에 공적인 의미를 부여할 수 있어 사실상 지역의 실권자가 되는 자리였다. 이런 이유로 유방은 현의 관청에 나와 현령(縣令)이든 현승(縣丞)이든 안중에 없이 행동했다. 관아의 관리 중 그에게 짓궂은 놀림을 당하지 않은 자가 없었다는 것이다.

그런데 그에게는 남의 호감을 얻고 무리를 이끄는 특이한 자질이 있어 관료가 되자 순식간에 관록을 몸에 달고 두목 행세를 하고 다녔다. 이에 대해 호걸들이 그와 안면이 있음을 영광으로 여겨 자랑하고 다닐 뿐 아니라 나이 많은 관료들까지 고분고분한 태도를 보였다. 차차 그는 지역 사회에서 옹치, 왕릉, 소하, 조참, 조무상 등과 어깨를 나란히 하는 만만치 않은 인물이 되어 갔다.

유방이 23세 되던 시황제 32년(BC 215), 만리장성 축성이 개시되자 화북(華北)의 민중과 죄수가 동원되었다. 35년에는 아방궁과 여산(驪山)의 수릉(壽陵) 조성이 개시되어 화중(華中)에서도 동원되었다. 《사기》에는 그 수가 70만 명에 달했다고 기록하고 있다. 이에 따라 유민이 격증하고 사회 불안이 급격하게 확대되었다. 유방도 정장의 신분으로 죄수들을 이끌고 여산으로 압송하게 되었는데, 도중에 많은 죄수가 도주했다. 《사기》에 유방은 죄수들이 여산에 도착하기 전에 모두 달아날 것으로 예측하고 풍읍 서쪽 늪지대에 이르러 연회를 열고 인부들을 풀어준 뒤 자신도 도망쳤다고 기록하고 있다. 이때 도중에 길을 가로막고 있던 거대한 흰 뱀을 베었는데, 그 어미가 나타나 "내 아들은 백제의 아들인데 방금 적제의 아들이 죽였다."라는 말을 했다고 전해진다. 이후 유방은 지금 하남성(河南省)의 영성(永城)과 안휘성(安徽省) 탕산(碭山) 사이인 망(芒)·탕(碭)의 소택지에 숨어 지냈다.

부인 여치(呂雉)는 사람들과 함께 남편이 있는 곳을 금방 찾아냈다. 이를 이상히 여긴 유방이 어떻게 찾았느냐고 묻자 여치는 "당신이 숨은 곳 위에는 언제나 운기(雲氣)가 감돌고 있어 그 구름만 따라가면 당신을 찾아낼 수 있다."고 대답했다. 유방은 자신이 결코 범상한 사람이 아니라고 인식하게 되었고, 그를 따르는 사람들도 갈수록 점점 더 그를 경외(敬畏)하기 시작했다. 이때가 《사기》에서 시황제가 "동남 방향에 천자의 기가 떠오른다."며 이를 누르기 위해 동남쪽으로 유람을 계속했다는 시기다. 유방은 시황제가 없애려는 천자의 기운이 자신이라 의식하고 마지막 순수(巡狩)가 시작되던 시황제 37년 10월에도 소택지에 몸을 꼭꼭 숨기고 있었다.

유방의 아명이 유계(劉季)이다. 그의 형제 이름을 살펴보면 형제 간의 서열, 순서를 간편하게 나타내는 백중숙계(伯仲叔季)를 붙여서 이름을 지었다는 것을 알 수 있다. 실제로 유방의 형들로, 유백(劉伯)과 유중(劉仲)이 언급되는 것을 보면 유계(劉季)라는 호칭이 어째서 생겼는지는 분명히 드러난다. 이렇게 보면 유방은 본래 개별적인 이름은 없는 것이나 다름 없고, 그저 '유씨네 막내' 정도로 통용될 수 있는 '유계'라는 이름만 가지고 있었다. 그는 아랫사람을 돌보고 이끄는 타고난 지도자 기질, 목숨이 걸린 상황에서도 공황에 빠지지 않는 두둑한 배짱, 베풀 땐 화끈하게 베풀 줄 아는 배포, 한두 번 같이 행동한 사람의 됨됨이를 파악할 줄 아는 눈, 쓴소리를 들을 줄 아는 열린 귀, 그리고 무엇보다도 사사로운 감정의 문제가 있어도 실익을 잊지 않는 마음을 가진 사람이었다.

그는 최초의 평민 천자였고, 이전의 귀족들과 달리 혈통의 신화에 빚지지 않고 역사의 차원에서 스스로 새로운 신화가 된 인물이었다. 그의 등극은 중화의 천자가 '신성한 하늘의 대리인'이 아니라 '지상의 정치인'이라는, 오늘날의 우리에겐 너무나 당연한 사실을 만천하에 선포하는 사건이었다. 무결(無缺)의 군주라 칭송받는 요순 임금 이래 상고의 제왕들이 '군왕의 마땅한 덕'을 표현하기 위한 이상형, 즉 '왕도(王道)의 인격화'에 가까웠다면, 한 고조 유방은 사람이 살아 숨 쉬는 현실 조건 속에서 집단을 이끄는 정치 지도자의 성공적인 실례로서 후대 군주들에게 또 다른 의미의 전범이 되었다. 그는 스스로 좋은 발상을 떠올리는 등 창의력이나 상상력은 뛰어나지 않으나, 여러 의견 중 좋은 의견을 고르거나 자신의 잘못을 누군가 지적하면 금세 자신의 실수를 인정하고 수정할 줄 아는 사람이었다.

사람들이 정치력 하면 흔히 떠올릴 법한 모략가적인 면모가 있었던 것이 아니다. 의리를 중시했으며 그게 뜻하지 않게 명분상으로 많은 이점을 가져다주었던 것이다. 게다가 조언자의 쓴소리를 귀담아 들을 줄 알았다. 본인의 실익을 노린 행동은 나중에 가서야 조금씩 나타나지만, 그런 점을 덮고도 남을 인화력과 자기 감정에 솔직하면서도 사사로운 감정에 치우치지 않는 모습이 있었다.

유방에 대한 고전 문학 작품의 영향으로 유방을 능력이 없고 무식하며, 욕심만 많은 인물이라 생각하는 경우가 많다. 군사적인 능력은 다른 장수들의 방해만 되는 수준이며 판세를 읽는 능력도 부족하고 그저 운만 좋아서 천하를 얻은 인물이라는 것이다. 또한 호쾌하고 남자다운 면모가 있는 항우에 비해 부당하게 토사구팽이라는 누명을 씌워 공신을 숙청한 비열하고 추악한 인물처럼 여기는 사례가 흔하다. 하지만 이런 인식은 《초한지》 등의 소설에서 기인한 것이 대부분이다. 실제 《사기》나 《한서》, 《자치통감》 등의 정통 기록으로 살펴본 유방은 결코 무능한 인물이 아니었고 오히려 덕이 있는 군주 이미지가 강하며 인기도 매우 높았다. 애초에 유방에게는 군사적으로나 정치적으로 스승이 될 만한 인재도 많고 실제 경험도 충분했다. 게다가 유방은 다른 건 몰라도 실패와 조언을 수용하고 개선하는 자세만큼은 중국사의 수많은 군주 중에서도 최고라 할 수 있는 사람이다. 그런 조건을 갖추고도 군사적 능력이나 정치적 판단력이 성장하지 않았을 리가 없다. 실제로 유방은 당대 최고의 군 지휘관 중 하나였던 항우와 오랫동안 직접 맞선 유일한 지휘관이었다. 한신이나 영포, 팽월 등을 제외하면 유방보다 전선에서 많은 활약을 한 무장이 없고, 영포와 팽월은 하나의 전선을 맡아서 지휘하는 지휘관에 불과했으니 전체를 조망하는 유방보다 낫다고 하기 어렵다.

게다가 사람들이 남자답다고 여기는 항우는 실제로는 크게 베풀어야 할 때 아까워하는 쪼잔한 소인배였고, 그로 인해 무수한 실책을 저지르며 몰락했다. 원래 항우 밑에 있다가 유방에게 망명한 한신과 진평은 항우를 소인배라고 평한 바 있으며, 현대 이전에도 항우의 행적을 따져본 많은 학자들 역시 이러한 점을 지적했다. 오히려 '남자답고 대범하다'는 평가는 포용력이 넓은 유방에게 더 어울린다고 볼 수 있다. 유방은 크게 베풀어야 할 때는 설령 상대가 가장 미워하던 자라고 해도 망설이지 않고 후하게 베풀었고, 지존의 자리에 올랐음에도 가장 비천한 신분의 존재들도 신경 썼으며, 지체 높으신 사람이든 평범한 농부나 병사든 대하는 태도가 달라지지 않았다. 그러면서 더 중요한 것을 위해 사사로운 것에 휘둘리지 않고 숙일 때 숙일 줄 아는 태도를 지닌, 진짜 대인이었다.

사람들이 유방에 대해 가장 저평가를 하는 부분이 바로 군사적 능력이다. 이상하게도 보통 유방은 군사면에서는 무능하고 졸렬한 지휘관으로 인식되는 편이다. 이것은 불세출의 천재 지휘관인 한신과, 중국사 최강의 무용을 자랑하는 항우가 비교 대상이기 때문이다. 그러나 항우라는, 동시대 존재한 휘황찬란한 천재의 광채에 대비되어 상대적으로 어두워 보일 뿐, 동네 건달 두목으로 시작해 10년도 지나지 않아서 전 중국의 지배자가 된 유방의 위업은 그 자체로도 경이로운 것이다. 이런 인식은 유방에 대해서 군사적 지휘관보다는 정치적 지도자, 즉 장수가 아닌 군주로서의 이미지를 일종의 선입견으로 가진 결과이기도 하다. 그러나 유방은 분명히 반진(反秦) 연합군의 장수로서, 항량이나 초의제 등 연합군의 수뇌들에게도 장수로서의 능력을 인정받아 총애받았고, 항량 사후에는 사실상 항우와 더불어 반진 연합군의 양대 장수였다. 자기 심기에 거슬리면 포로든 민초든 부하든 상관이든 주군이든 다 죽여버리는 항우가 홍문연에서 유방을 죽이는 데 눈치를 보고, 벽지(僻地)라지만 한왕(漢王)이라는 왕의 작위를 줄 수밖에 없었던 까닭도 결국 진나라 토벌전에서 유방이 장수로서 거둔 전공을 무시할 수 없었기 때문이다.

실제 역사 기록에서 유방은 거병 후 대부분의 전투에서 직접 군대를 지휘했으며, 그 대부분의 전투를 승리로 이끌었다. 조참, 번쾌나 주발 등의 초반 행적을 살펴보면 이들은 전투에서 앞장 서 싸우는 장수였으며, 실제 군 전략을 지휘한 것은 유방이었음을 알 수 있다. 한신은 팽성 전투 이후로 마지막 해하 전투에서 선봉에 서기 전까지 항우와 전쟁터에서 만난 적이 없다. 사실 초한 전쟁 내내 항우와 직접 맞싸움을 한 사람은 유방밖에 없었다. 유방은 거병 초창기부터 황제가 되어 천하를 통일하고 난 뒤에 이르기까지, 당대 가장 풍부한 전투 지휘 경험을 가진 사령관 중의 한 사람이었다. 물론 정식으로 군인이 되어 병법을 익힌 것은 아니지만, 동네 밑바닥 패싸움을 이끄는 형님으로 시작해서 망탕산에서 들고 일어나 봉기하여 패현을 점거하고 크고 작은 공성전, 수성전, 야전을 두루 겪었다. 물론 항우와 붙기만 하면 도망친다는 이미지가 강하지만, 그건 상대가 항우였기 때문이었다. 기록을 빌리자면 유방이 참여한 전투는 큰 전투만 70회, 작은 전투는 40회에 달했다고 한다. 심지어 그 대부분의 전투에서 승리를 거두었다. 승리하지 못한 전투에서도 아군이 크게 피해를 입은 적은 없었으며 계속해서 다음 전투를 수행할 수 있는 상태가 유지되었다. 또한 항우와의 대결을 제외하면 유방의 패전은 대부분 공성전이었다. 즉 패배했던 전투라고 해봐야 공성에 실패해서 물러나는 식이었다.

물론 항우와의 교전에서는 최후의 해하 전투를 제외하면 유방은 항우를 상대로 이긴 적이 없다시피 하지만, 당대 최강의 군사를 이끌던 동양사 최강의 항우에게 진 걸 가지고 유방이 못났다고 할 수는 없다. 애초에 당대에 항우랑 겨뤄서 목이 멀쩡히 남아 있던 장수가 유방을 제외하면 몇이나 되는가? 따라서 항우가 이끄는 군대에게 패배했다는 이유만으로 졸렬하고 무능한 지휘관으로 보기는 힘들다.

초한 전쟁의 거의 대부분의 시간 동안 항우의 발목을 잡고 중원에서 버틴 것은 유방이었다. 항우가 패배한 건 정치적인 실책으로 인해 유방과 팽월이 앞뒤에서 자리를 잡고 무한 소모전을 벌이는 걸 막지 못해 끝내 돌파하지 못했기 때문이다. 이것은 단순히 정치적인 문제만이 아니라 유방의 군사적 성과이기도 하다. 군사적 능력 하나로 광활한 중국 대륙을 2년 만에 제패한 항우가 유방을 상대로는 그와 비슷한 기간 동안 변변한 전략적 성과를 거두지 못했다는 건 그만큼 유방의 수비 능력이 탁월했음을 보여준다. 어쨌든 이미 대치 시점에서 항우는 인질극이나 저격 등의 책략을 시도하는 등 초조한 심경을 드러냈고, 용저가 한신에게 격파 당하자 그간의 원한을 누르고 땅을 반으로 뗀 뒤 끝내자는 제안을 받아들이고 고향으로 돌아가려 했다. 이것은 항우의 자존심을 생각하면 반쯤 항복에 가까운 결정이었다.

또한 한나라가 천하를 통일하고 난 뒤 벌어진 여러 차례의 반란을 제압한 인물이 유방이라는 점을 생각해 볼 필요가 있다. 개국 초기의 반란들은 상당히 위험하기 마련인데, 유방은 이 반란들을 수차례 제압했다. 대전략의 개념이 없던 항우에 비해 유방은 중요한 순간마다 자신의 생각보다 더 옳은 전략을 제시하는 전략가가 있으면 지체 없이 그에 따랐다.

항우가 자신만 쫓는 틈을 타 한신을 파견해 하북을 평정케 했고, 영포를 회유하며 자신의 측근 유가와 노관에게 팽월을 지원하게 하여 항우를 고립무원 상태로 만들었다. 유방은 본인이 형양, 성고 등지에 버티고 있으면서도 한신과 장이, 팽월, 영포, 소하 등 제후들과 부하들을 독자 세력화해 드넓은 중국땅 전체를 활용했다. 반면 항우는 용저 정도를 제외하면 부하들을 단독으로 파견하는 일이 없었다. 그나마 용저도 유수 전투에서 참패했다. 이것은 항우라는 독보적 원톱이 존재했던 초군과, 유방이 아니더라도 역대급 지휘관들이 존재했던 한군의 차이라고 볼 수 있다. 유방은 이러한 지휘관들을 지원하여 전쟁의 범위를 항우 혼자서는 감당 불가능한 스케일까지 확장시켜 초나라의 대응 역량을 고갈시켰다.

정리하면 현령 시절부터 특유의 배짱과 함께 여러 소소한 전투를 직접 거치고, 실패를 인정하고 받아들이며 여러 사람의 말을 귀담아 듣고 자신의 것으로 만드는 과정에서 쌓인 경력은, 웬만한 지휘관과 견주어도 결코 밀리지 않는 군사적 역량을 갖추게 만들었다. 물론 이는 탁월한 참모들과 제장들의 공이 유방의 공으로 흘러들어간 결과이기도 하겠으나 모든 패배에 궁극적인 책임이 있는 군주이자 총사령관으로서 승리의 영광 또한 결정자인 유방에게 돌아가는 것이 그리 크게 문제될 것은 없을 것이다. 유방의 정치적인 능력은 당대 모든 사람을 통틀어서도 가장 고단수라고 평가받는다.

적어도 거시적인 식견이 없던 항우에 비해 유방은 몇 배나 앞선 인물이었다. 행적을 살펴보면 단 2년 동안 경구, 항량, 초의제로 라인을 갈아타며 그들 모두에게서 최대한의 실리를 뽑아내 제3세력으로 독립했다. 또한 비교적 늦게 합류한 항량의 기의군에서도 금세 주동적인 위치에 놓인 주요 인물이 되었다. 항우가 관중을 점령하러 갔을 때 초나라 의제의 신하들이 항우가 너무 난폭하다면서 그의 대항마로 생각했을 정도로 유방은 의제의 총애를 받았다. 그렇다고 유방이 신의 없이 굴었던 적은 한 번도 없었다. 부하로 있었을 때는 나름 성실하게 섬겼고 해야 할 일도 제대로 한 편이었다. 갈아타게 된 것도 유방의 책임은 아니었다. 또한 이를 바탕으로 군사력을 모아 함양에 입성한 후에 백성의 피해를 최소화하면서 민심을 손아귀에 넣을 수 있었는데, 이는 신안 대학살 후 함양에 입성하고 온갖 만행과 행패를 부려 민심을 잃어버린 항우의 태도와 대조되는 부분이다. 이후 관중은 유방의 지배 영역이 되었다. 진나라 사람들을 약탈하지 못하게 금하고 가혹했던 법을 폐지했으며 항복한 마지막 왕 영자영에게 조용히 여생을 누리게 자비를 베푼 유방과, 병사로 나선 진나라 젊은이들을 학살하고 영자영을 참살하며 궁궐을 노략질하던 항우 중 누가 이기기를 바랐을지는 너무나도 뻔하다. 실제 진나라 백성들에게 이세황제에 대한 반감과는 별개로 영씨 황족들에 대한 지지는 상당히 높았다. 그 예로 진승과 오광은 자신들을 진시황의 장남인 부소라고 자칭했고, 조고도 이세황제를 제거한 뒤 백성의 반발을 의식해 자영을 황제로 세울 수밖에 없었다. 기본적으로 유방은 항우보다 큰 그림을 그릴 줄 아는 인물이었다.

유방을 비판하는 데 사용하는 '토사구팽'이라는 표현도 사실과 다르다. 실제로 유방이 주도적으로 숙청을 한 경우는 별로 없었으며, 오히려 용서를 빌면 관대하게 용서해 주었다. 심지어 반역을 일으킨 공신을 처단한 것까지 싸잡아 토사구팽으로 왜곡한 결과다. 당장 유방 본인도 초가 임명한 제후왕으로 있다가 힘을 길러 천하를 얻은 인물이다. 그러니 언제 반란을 일으켜 자신의 자리를 탐낼지 모르니 불온분자를 견제하는 것은 어쩌면 당연했다. 견제하지 않는 것이 더 이상할 수 있다. 그리고 제거하더라도 주로 책임자와 그 가족들이 제거되는 정도에서 끝내 사건의 파장도 적은 편이었다. 시대적 차이가 있긴 하지만, 미천하게 태어나 통일 왕조의 황제 자리에 오른 명(明)의 주원장은 3족도 모자라 9족을 멸했을 정도로 유방과는 비교도 안 되게 공신들에게 가혹했다. 게다가 유방은 한신을 견제하고 실권을 빼앗기는 했지만 회음후 자리를 준 이후로는 더 이상 건드리진 않았다. 사실상 한신을 죽인 것은 여후였다. 팽월도 유방이 먼저 손을 댄 게 아니라 먼저 반역하여 처형당한 것이며, 그가 죽인 대상도 제후왕이지 부하나 백성들은 아니었다. 그 외에도 유방이 의심했던 인물은 있었겠지만, 적어도 유방이 살아 있는 동안에는 잘 먹고 잘 살았다. 또한 미앙궁 축조 등에 대해 비판적인 태도를 보였던 점에서 알 수 있듯이 사치만 부리면서 민생을 도탄에 빠뜨리는 군주와는 거리가 멀었다. 유방은 "지금 세금이 너무 높다고 생각한다"라고 말한 후 실제로 죽을 때까지 세금을 줄이려고 했고, 요역을 매우 싫어해서 건수만 생기면 가족 단위로 면제권을 뿌렸다. 애초에 진시황릉 만들 인원을 인솔하고 가다가 탈주하면서 모든 것을 시작한 사람이다.

전후 안정책으로, 아이 낳은 사람은 2년간 모든 요역을 면제했다. 또한 주위 사람들과 함께 얻은 재물과 권력을 골고루 나눌 줄 아는 사람이었다. 유방은 항우와 달리 따르는 이들에게는 그에 걸맞은 보상을 주었기 때문에 혼란기에 많은 인재를 수하에 두고 충성을 받을 수 있었다. 측근들은 말할 것도 없고 일개 병사로 시작했더라도 고참병들 역시 많은 이득을 보았다. 전쟁 통에 살던 곳을 잃어버린 유랑민들을 다시 고향으로 돌려보냈고 혼란 중에 노비가 된 사람들에게 노비 해방령을 내려 자유를 주었다. 또한 부하들 중에서 딱히 결격 사유가 없는 자들에게는 일괄적으로 대부 작위를 주었다.

유방의 능력 중에 가장 큰 능력은 사람을 모으고 적재적소에 쓰는 능력이었다. 애초에 유방은 동네 청년 회장으로서 마을 장정들을 모아 패싸움을 하며 허세를 부렸던 사람이었다. 거병했을 당시, 진나라의 관직 경력이 있는 소하와 조참 정도를 제외하면 제대로 된 인재라고 할 만한 사람이 거의 없었다.

장량은 원래 일국의 귀족으로서 진시황 암살 기도를 주도할 만큼의 거물이어서 한미한 촌동네 한량인 유방 아래에서 일할 사람이 아니었다. 한신은 원래 항우 휘하에 있었던 인물이었다. 그들을 모으고 포용하고 활용한 것은 결국 유방의 능력이라고 볼 수밖에 없다.

그에 비하면 항우는 초나라 귀족 출신으로서 가문의 지인들만 해도 넘쳐났고, 범증이라는 모사가까지 있었으나 그들을 제대로 쓰지 못했다. 유방이 사람을 쓰는 능력은 항우와 비교할 수 없을 정도로 뛰어났다. 대부분이 건달 출신인 공신들의 성격이 고분고분했을 리 없었다. 이들은 여후의 입을 통해 "저자들은 성격이 이리처럼 난폭해 양처럼 온순한 태자의 말 같은 건 따르지도 않을 것이니, 저 아이에게 맡길 바에야 아프신 황상께서 마차에 누워 있는 것이 더 나을 것입니다."라는 평가를 들었다. 유방은 이 말을 듣고 혜제에게 군사를 맡겨보려 했던 계획을 철회했다.

이 부분에 대해 유방 본인도 다음과 같은 평가를 내렸다. 낙양 남궁(南宮)에서 술자리를 마련하여 "제후들과 장수들은 짐을 속이지 말고 모두 마음을 이야기해보라. 내가 천하를 얻은 까닭이 무엇인가? 또 항씨(항우)가 천하를 잃은 까닭은 무엇인가"라고 물었다. 고기(高起)와 왕릉(王陵)이 이렇게 대답했다.

"폐하는 오만하셔서 사람을 업신여기지만 항우는 어질어서 사람을 사랑합니다. 그러나 폐하는 사람을 부려 성과 땅을 공략하게 하여 항복시키면 그것을 나누어 천하와 함께 이익을 함께합니다. 항우는 어질고 유능한 자를 시기하고 질투하여 공을 세우면 해치고 어질면 의심합니다. 싸워 승리해도 그 사람의 공을 인정하지 않고 땅을 얻어도 다른 사람에게 그 이익을 나누어주지 않습니다. 이것이 그가 천하를 잃은 까닭입니다."

고조가 말했다.

"공들은 하나만 알고 둘은 모른다. 군막 안에서 계책을 짜서 천 리 밖의 승부를 결정짓는 것이라면 나는 장량만 못하다. 국가를 안정시키고 백성을 다독거리고, 먹을 것을 공급하되 식량 운송로가 끊어지지 않게 하는 것은 내가 소하만 못하다. 백만 대군을 몰아 싸웠다 하면 승리하고 공격하면 반드시 취하는 것이라면 내가 한신만 못하다. 이 세 사람은 모두 인걸들이다. 내가 이들을 기용했고, 이것이 내가 천하를 얻은 까닭이다. 항우에게는 범증 한 사람뿐이었는데, 그마저 기용하지 못했다. 이것이 그가 내게 붙잡힌 까닭이다."

유방의 인재 파악 능력은 그의 유언에서도 잘 드러났다. 여태후가 죽어가는 유방에게 만약 소하와 조참이 죽는다면 그 후임 재상들을 어떻게 임명하면 좋겠느냐고 묻자 "왕릉(王陵)으로 하시오. 그러나 왕릉은 우직하므로 진평으로 하여금 돕도록 하시오. 진평은 지혜로운 사람이나 그렇다고 그에게 모든 것을 맡기지는 마시오. 또한 주발(周勃)은 행동거지가 무겁고 믿음직하오. 비록 배운 바는 부족하지만 장차 유씨 왕조를 지켜 안정을 찾을 수 있는 사람은 바로 주발일 것이오. 그를 태위(太尉)로 삼으시오."

유방 사후 왕릉은 실제로 여태후 일족의 전횡에 우직하게 항거했으며, 진평의 경우 여씨 일족과 적당히 타협하는 척하며 정국의 안정을 이끌어냈다. 그리고 여태후 사후 주발에게 군권을 넘겨주었다. 주발은 이 군권으로 여씨 일족을 일대 숙청하여 유씨 왕조를 안정시켰다. 죽어가는 마당에 부하들에 대한 평가를 한 치도 틀림없이 했던 것을 보면 그의 사람 보는 눈은 매의 눈과 같았다.

무엇보다 유방의 부하들은 그에게 강도 높은 직언(直言)을 퍼부었지만, 유방은 욕설은 해도 비판하는 사람의 말을 경청할 줄 알았다. 듣기 싫은 소리를 했다고 사람을 삶아 죽인 항우와는 정반대의 태도였다. 이런 유방의 성품을 가장 잘 보여주는 사례가 육가(陸賈)와의 대화이다. 유방이 "이 어르신(乃公)은 말 위에서 천하를 얻었다. 시서(詩書) 따위가 무슨 의미가 있는가?"라고 말하자 육생이 "말 위에서 얻은 천하를 말 위에서 다스릴 수 있겠습니까?"라고 대답했다. 유방은 기분이 좋지 않았지만, 부끄러운 표정을 짓고 말했다.

"나를 위해 진나라가 어떻게 천하를 잃었고, 내가 어떻게 천하를 얻었으며, 과거에 나라를 얻은 일, 잃어버렸던 일을 글을 지어 올려주시오."

위나라 공자 출신 서위왕 위표가 유방을 배신한 이유에 대해 "유방은 너무 욕을 많이 해댄다. 위아래도 없고 사람을 무슨 개나 소라도 되는 양 욕을 해대니 견딜 수가 없다."라고 말한 것이 사서에 기록될 정도로 무례한 성정은 사실인 듯하다. 그러나 이런 충고를 들을 줄 아는 태도는 유방의 가장 큰 장점이었다. 주위에 좋은 사람들이 많이 있다고 해도 그 충고와 제안을 써주지 않는다면 아무 의미가 없다. 한신도, 진평도 본래 항우의 군단에 있다가 의견을 들어주는 유방을 모셨다.

비판을 수용할 줄 안다는 것은 자신에 대해 정확하게 파악하고 있다는 뜻이다. 유방이 "나는 한삼걸보다 지략, 내정, 통솔 능력이 모두 부족하지만 이들을 쓸 줄은 알았다. 반면 항우는 범증 한 사람도 제대로 쓰지 못했다." 라고 한 말에서 알 수 있듯이 유방의 성격은 독선적인 지도자들이 자주 보이는 지독한 아집, 자만심과는 거리가 있었다. 즉, 자신의 부족한 부분을 참모들의 의견을 수렴해서 채우는데, 그 의견을 수렴하는 과정에서도 가장 적절한 의견을 수용할 줄 아는 식견을 가지고 있었다. 단순히 남의 말을 잘 들어주기만 한다면 그건 비판을 잘 수용하는 사람이 아니라 귀가 얇은 사람일 뿐이다.

기록을 보면 유방은 항상 올바른 건의만을 듣고 그대로 시행만 한 것으로 보일 수도 있지만, 지도자는 수많은 사람에게서 수많은 건의를 듣기 마련이다. 유방은 그중에서 더 바른 건의를 하는 사람의 말을 듣고 그대로 따랐기에 그러한 사례들만 기록에 남은 것이다. 결국 유방은 건의의 옳고 그름을 가리는 판단력, 날선 비판이라도 아주 쉽게 수용하는 도량, 옳다고 판단되면 그 즉시 실행하는 행동력을 가지고 있었다고 할 수 있다.

그는 반란 진압 중 고향 패현에 들러 부로(父老) 형제와 친구, 친척들과 함께 십여 일을 마음껏 마시며 지난 일을 화제로 삼아 담소했다. 취흥이 한창 무르익자 유방은 축을 켜며 자신이 지은 노래를 읊었다.

대풍기혜 운비양
大風起兮 雲飛揚　　큰 바람이 일어 구름이 흩날리듯

威加海內兮 歸故鄉(위가해내혜 귀고향)　천하에 위세를 떨치고 금의환향했네

安得猛士兮 守四方(안득맹사혜 수사방)　어떻게 용사를 얻어 천하를 지킬고

유방은 일어나 덩실덩실 춤을 추고 뜨거운 눈물을 흘렸다. 그가 떠나려 하자 패현 사람들은 현이 텅 비도록 물건을 들고 마을 서쪽까지 따라와 그에게 바쳤다. 그는 병들었을 때 이렇게 말했다.

"나는 일개 평민의 신분으로 세 척의 보검을 들고 천하를 얻었으니 이 어찌 천명이 아니겠느냐? 사람이 오래 살고 일찍 죽는 것은 모두 하늘에 달려 있는 법이거늘, 설사 편작이 온다 한들 무슨 소용이 있겠느냐."

그는 치료를 받지 않고 의원에게 황금 오십 근을 하사하고 돌려보냈다. 유방은 기원전 195년 4월 갑진일 장락궁에서 조용히 세상을 떠났다. 영국의 역사가 아놀드 토인비는 "인류 역사상 가장 선견지명이 있고 영향력 있는 정치인은 로마 제국을 세운 율리우스 카이사르와 한나라를 세운 유방이다."라는 말을 남겼다.

제13강

한(漢)의 천하 제패와 조력자들 이야기

유방의 군수 참모 소하

소하(蕭何, ?~BC 193)는 유방의 참모 중 특히 공이 많아 한신과 장량과 함께 한의 삼걸(三傑) 중에서도 으뜸으로 꼽힌다. 그는 젊어서부터 패현의 관리로 근무하면서 성실함과 능력을 인정받았다. 똑같이 훗날 전한의 개국공신이 되는 조참은 그의 부하였다. 진 말기의 동란기에 소하는 조참 등과 함께 패현의 성에서 쿠데타를 일으켜 진(秦) 정부가 파견한 현령을 죽이고 유방을 현령으로 앉혔다. 이후 유방 진영에서 내부의 사무 일체를 지휘했고, 유방이 항량과 항우를 중심으로 하는 반진(反秦) 진영에 가담해 각지를 전전하게 되었을 때는 군량 수송을 전담해 이를 끊어지지 않도록 하면서 병사들이 백성을 약탈하는 일이 없도록 했다. 유방이 진의 수도 함양에 입성했을 때 다른 사람들은 모두 진의 황궁에 쌓인 많은 보물에 눈이 팔렸지만, 소하만은 유일하게 승상부(丞相府)의 기록 보관소로 달려갔다. 진의 역사와 법률, 각국의 호적 대장 등을 항우가 파괴하기 전에 모두 수습하는 데 성공했다. 이것은 훗날 한 왕조의 기초를 다지는 데 큰 도움이 되었다.

BC 206년, 진이 멸망하고 유방이 항우에 의해 한왕(漢王)에 봉해지자, 소하는 승상으로서 내정 일체를 맡게 되었다. 얼마 지나지 않아 하후영이 한신을 천거해 오자 소하는 한신의 능력을 알아보고 그를 유방에게 천거했지만, 한신은 낮은 벼슬을 받았다. 한신이 한미한 직책에 불만을 품고 도망치려 하자 그를 잡아두기 위해 소하는 "이번에도 제대로 중용되지 못한다면 나도 한(漢)을 떠나겠습니다."라고까지 말하며 유방을 설득해 끝내 한신이 유방 진영의 대장군 지위에 오르게 했다. 한신은 이렇다 할 출신 배경도 없고 전장에서 세운 특별한 공적도 없었다. 그는 초나라 일개 졸병(卒兵)에 불과했고 한에서도 하급 무사에 지나지 않았으나 유방이 그를 크게 중용한 데에는 평소 소하를 매우 신뢰하고 의지했기 때문이었다. 유방이 군세를 거느리고 관중(關中)에 입성할 때 소하도 함께했다. 초한 전쟁이 격화되면서 유방이 전쟁터로 나가 관중(關中)을 비운 동안에 소하는 태자 유영을 보좌해 그곳을 지켰다. 관중에서도 소하의 행정 수완은 유감없이 발휘되었으며, 관중에서 전장으로 식량과 병사가 끊어지는 일이 없도록 후방에서 지원했다. 관중의 백성을 괴롭히는 일도 없어 명승상으로 칭송받았다.

BC 202년, 마침내 유방 진영의 승리로 초한 전쟁은 끝났다. 전공을 논하는 자리에서 여러 장수를 제치고 소하가 제1등 공신으로 천거되었다. 지속적이고 안정적인 군수 물자 보급, 근거지인 관중 땅의 안정 없이는 최종적인 승리를 거두지 못했을 것이라는 유방의 이해와 판단에서 나온 결단이었다. 이로 인해 소하는 남양군을 영토로 삼는 찬후(酇侯)로 봉해지고 식읍 7천 호를 하사받았으며, 그 일족 수십 명도 각각 식읍을 받았다. 유방이 황제에 즉위하고 전한이 성립된 뒤에도 소하는 승상으로서 정무를 맡아 오랜 전란으로 황폐해진 국가 안정과 부흥에 헌신했다. 승상으로서 소하의 업적 중 하나는 진의 법률을 취사(取捨)하여 《구장률(九章律)》을 편찬한 것이다.

BC 199년, 한 고조가 동쪽으로 출병하여 동원(東垣) 일대의 한신을 추종하는 잔병들을 토벌하는 동안 승상 소하는 새나라에 걸맞는 웅장한 미앙궁(未央宮)과 여러 궁궐을 축조했다. BC 196년에는 회음후로 강등된 한신이 모반을 꾸미고 있음을 알고 여태후와 함께 책모를 써서 제거했다. 당대의 명장으로 신중한 성격이었던 한신이었지만, 자신을 천거한 소하를 믿고 방심하다가 결국 소하에 의해 제거된 것이다. 한신을 제거한 공으로 소하는 신하로서는 최고위인 상국에 임명되었고, '칼을 차고 신발을 신은 채 전상에 오르는 것(劍履上殿)', '입조할 때 총총걸음으로 걷지 않는 것(入朝不趨)', '알현할 때 이름을 대지 않는 것(謁讚不名)' 등의 특권을 받았다. 그러나 이때부터 유방은 소하에게도 의혹의 시선을 돌리기 시작했다. 유방이 황제가 되면서부터 그러한 시기와 의심이 더욱 강해졌고, 한신을 비롯한 원훈들이 잇따라 반란을 일으키는 것을 보며 소하에 대해서도 같은 시각을 가지게 된 것이다.

오랜 세월에 걸쳐 관중을 지키며 민중의 신망이 두텁다는 점과 마음만 먹으면 쉽게 관중을 장악할 수 있다는 것도 소하를 경계하게 한 요인이었다. 소하는 여러 차례 부하의 조언을 받아들여 일부러 논밭을 사 모으거나 부정한 방법으로 돈을 버는 등 자신의 평판을 떨어뜨렸고, 자기 재산을 아예 국고에 귀속시켜 간신히 숙청을 피하는 데 성공했다. 이러한 사실에서 소하를 보신주의자로 해석하기도 하지만, 그보다는 신생 국가인 전한 왕조를 지키기 위해 쓸데없는 풍파를 일으키지 않으려 고심한 결과라고 생각하는 것이 타당하다.

유방이 죽고 2년 뒤, 소하도 뒤를 따르듯 숨을 거두었다. 소하는 죽기 직전 자신의 후임으로 조참을 지명했다. 조참은 정무를 소홀히 한다는 비난을 받을 때조차 "고조와 소하가 정한 법령은 명료하고 명백하게 세상을 다스리고 있으며 바꿀 필요가 없습니다. 우리는 너무 세세한 것까지 바꿀 필요 없이 그냥 지키기만 하면 됩니다."라고 황제에게 진언했고, 황제도 그 말을 납득했다. 여기서 다시 한번 소하의 행정 수완과 판단력이 얼마나 뛰어났던가를 알 수 있다.

영원한 오른팔, 작전 참모 장량

장량(張良, ?~BC 189)은 한나라 재상으로 명참모, 영원한 오른팔을 상징하는 '장자방(張子房)'의 주인공이다. 항우에게 세력이 밀리던 유방을 도와 함양을 돌파하도록 하고, 홍문연에서 유방의 목숨을 구하는 등 많은 공을 세웠으며 한(漢)의 건국 3걸 중 한 명이다.

그의 일생은 세 시기로 정리할 수 있다. 첫째는 유방을 도와 진나라를 멸망시킨 일, 둘째는 유방을 보좌해 한나라를 건국한 일, 마지막으로 한나라의 기틀을 마련한 일이다. 장량이 유방을 도와 한(漢)나라를 건국하는 데 일생을 바친 것은 오직 조국 한(韓)나라를 멸망시킨 진시황제에 대한 복수였다고 봐도 무방하다.

장량은 천 리 밖의 승패도 한눈에 들여다본다는 지략가로 알려져 있다. 한(韓)나라 명문가 출신으로, 한나라의 다섯 왕을 모신 재상 집안에서 태어났다. 그의 할아버지 희개지(姬開地)는 소후, 선혜왕, 양애왕 시절에 재상을 지냈고, 아버지 장평(張平)은 희왕, 도혜왕 시절에 재상을 역임했다. 이런 장량에게 한나라를 멸망시킨 진나라는 고국을 멸망시키고 자신의 인생을 망가뜨린 원수였다. 장량은 진나라에 복수하기 위해 시황제가 하남성 원양현(原陽縣) 동남방의 박랑사(博浪沙)를 지날 때 동해 창해군(滄海郡: 현재의 강릉 지방) 출신의 자객인 창해역사(倉海力士)를 고용해 시황제를 제거하려고 했다. 이 사건은 장량(張良)이 기획 연출하고 창해역사가 실전에 투입된 건이었다.

장량은 항상 조국 부흥을 이루겠다는 의무감을 갖고 있었고, 그것이 안 되면 원수라도 갚겠다는 마음을 품고 살았다. 그러나 장량은 힘과는 거리가 먼 사람이었다. 머리는 좋았으나 바위 하나 제대로 들 수 없었다. 그는 진시황 암살을 하고 싶었으나 자객(刺客)을 구하지 못해 고민하던 차에 동쪽 바닷가에 수많은 역사(力士)가 있다는 소문을 접했다. 장량은 만금(萬金)을 내놓으며 힘이 좋은 역사(力士) 한 명을 추천해주기를 청했고, 드디어 창해역사를 만나 암살을 도와달라고 설득했다. 결국 창해역사는 장량에게 감복하여 그 뜻을 따르기로 하고 박랑사 사막에 숨어들어 진시황이 순방하는 길가에 숨어 왕의 행차를 기다렸다. 장량은 전망 좋은 산 위에서 거울 쪼가리를 들고 신호를 주고 창해역사는 요즘 말로 하면 길 가의 하수구에 엎드려 기회를 엿보고 있었다.

마침내 진시황의 수레가 나타났다. 장량의 신호와 함께 벌떡 일어난 창해역사는 수십 근 철퇴를 휘둘러 왕이 탄 수레를 박살내어 버렸다. 왕의 수레는 산산조각이 났고 장량은 기쁨에 겨워 만세를 불렀다. 그런데 이게 어찌 된 일인가. 진시황은 혹시 또 있을지도 모르는 암살을 대비해 자신이 탄 수레 뒤에도 똑같은 수레를 따르게 하고 있었다. 벌써 두 차례나 암살 위기를 겪었던 진시황이었다. 그리고 우연인지 필연인지 진시황은 부서진 수레 속에 있지 않았다. 창해역사의 철퇴는 아쉽게도 빈 수레를 박살냈던 것이다. 다시 재차 공격하려 하자 진시황의 호위병들이 긴 창을 꼬나들고 벌떼처럼 달려 들었다. 암살에 실패한 킬러, 창해역사는 그 많은 진의 병사들에게 철퇴를 휘둘러 위협한 후 사막을 뚫고 30리를 달아나 10년 동안 진시황의 추격을 따돌리고 사라졌다고 기록은 전하고 있다. 상대적으로 현장에서 먼 곳에 있었던 장량은 강소성 하비로 도망가 잠적하다 한고조 유방의 참모가 되었다. 그 후 비록 남의 손을 빌리긴 했으나 그는 진(秦)나라를 멸망시키고 한(漢)으로 천하를 통일하여 한(韓)나라의 복수를 완성했다. 이 기록은 사마천의 《사기(史記)》 중 〈장량열전〉과 홍직필의 《창해역사 유허기》, 신채호의 《조선 상고사》에 전해오는 이야기이다.

중국 역사에 등장하는 최초의 한반도인(조선인)이 창해역사이고, 그의 고향이 필자와 같은 강릉이라는 사실이 매우 흥미로웠다. 그런데 홍만종의 기록을 보면 그는 키가 크고 얼굴이 검었다고 한다. 신라 헌강왕 때 처용이 서역인(이슬람 사람)이라 주장하는 학자들의 글은 보았지만, 그보다 훨씬 전에 현재의 우리와는 조금 다른 사람이 이곳에 살고 있었다는 것은 생각해 볼 여지가 많다. 고대에는 육로보다는 주로 바다를 통한 교류가 많았다는 점을 고려한다면 이 창해역사도 바다를 통해 들어온 외국계 강릉인이 아닌가 생각한다. 인도에서 왔다는 가락국 허황후나 바다에서 상자를 타고 나타났다는 신라왕 석탈해 이야기와 궤(軌)를 같이 하는 설화적 이야기로 전혀 근거가 없는 이야기는 아니라고 본다.

창해역사를 동원한 암살 시도가 실패한 뒤, 장량은 이름을 바꾸고 하비(下邳)로 숨어들었다. 이곳에서 그는 황석공(黃石公)이라는 노인에게 전국 시대에 편찬된 무장 선발 시험의 기본 교재 중 하나인《태공병법》을 배웠다.

BC 210년경 천하는 다시 혼란의 시기가 되었다. 진시황제가 죽자 어린 호해가 황제로 즉위하고 환관 조고가 전권을 휘둘러 진나라는 뿌리째 흔들렸다. 다음 해에는 진승과 오광이 농민 900여 명을 이끌고 반란을 일으켰다. 이후 전국 각지에서 진나라를 타도하자는 군사 봉기가 일어났다. 초나라 장군이던 항연의 아들 항량은 조카 항우를 데리고 회계에서 군대를 일으켰고, 유방 역시 군사를 일으켜 하비의 서쪽 교외에 주둔했다. 장량은 이 소식을 듣고 100여 명의 종을 데리고 유방을 찾아갔다. 장량은 유방의 얼굴에서 제왕의 기운을 느끼고 그를 돕기로 결심했다. 장량은《태공병법》을 토대로 유방에게 유세했고, 그 결과 유방의 참모가 되어 항우와 4년간의 치열한 결전을 승리로 이끌었다. 그리고 BC 206년는 유방이 요관(嶢關)과 남전(藍田)에서 진나라 군대에 승리하여 진왕 자영의 투항을 받도록 도왔다. 이로써 시황제가 세운 최초의 통일 국가 진이 멸망했다. 유방은 그때까지 항우에게 세력이 밀리고, 살해될 뻔한 위기를 겪기까지 했다. 최대 위기 순간에 그를 구해 주고, 훗날 영광의 자리를 마련해 준 사람은 다름 아닌 장량이었다. 유방은 평소 "군막에서 계책을 세워 천 리 밖에서 벌어진 전쟁을 승리로 이끈 사람이 장자방이다"라고 극찬했다. 유방이 서초패왕 항우를 꺾고 통일할 수 있었던 것은 장량과 소하, 한신 같은 유능한 신하들의 도움이 있었기 때문이었다.

BC 207년 10월, 유방은 항우보다 한발 앞서 무관(武關)을 돌파하여 함양을 평정하고 진나라 왕 자영의 항복을 받았다. 이에 격노한 항우는 단번에 함곡관을 돌파하여 12월에 홍문에 진을 쳤다. 항우는 유방이 스스로 황제가 되려 한다고 생각하고 유방을 죽이려고 했다. 장량은 항우의 당숙 항백을 매수하여 항우를 설득해 다음 날로 예정되어 있던 공격을 무마시켰다. 그리고 유방이 항우를 찾아가 그간의 상황을 보고하고 항우와 천하를 다툴 의지가 없음을 알리게 했다.

항우가 유방을 용서한 후 홍문에서 연회를 베풀었을 때 항우의 책사 범증이 심복 항장을 시켜 유방을 암살하려고 했으나 유방을 빼돌려 목숨을 구했다. 장량은 항우가 유방을 촉, 파, 한중의 왕으로 삼아 파촉의 산지에 가두려 했을 때도, 그곳으로부터 항우가 세운 도읍지로 들어가는 잔도(棧道)를 불태워 유방이 관중으로 진출할 의사가 없음을 나타냈다. 그러나 얼마 후 항우 몰래 군사를 일으켜 관중을 평정했다. 이처럼 장량은 유방을 여러 번 위기에서 구해 냈을 뿐만 아니라 천하 제패의 길을 닦아 주었다. 유방이 항우를 제거하고 완전하게 한(漢) 왕조를 세운 후에 장량은 정치에 일절 관여하지 않았다. 여기에서 또 한 번 장량의 처세술을 엿볼 수 있다.

유방은 황제에 등극하자 공신들을 제후왕에 봉해 그 공을 치하했다. 유방은 장량에게 제나라 지역의 3만 호를 주려 했지만, 장량은 이를 사양하고 전쟁의 피해가 가장 심해 남은 가구가 3천 호에 불과했던 하남성 중부의 유현(留縣)을 선택했다. 이때 장량은 망해가던 고을을 되살려내고 자신이 멋지게 재건한 유현에서 유방을 만났다. 이는 하늘의 뜻이었으며 한나라 건국과 유현(留縣) 재건에 자신의 공은 미미하다고 말하며 장량은 스스로 몸을 낮췄다. 권력에 초연한 모습을 보여 권력 다툼에서 생명을 보전하고자 함이었다. 또 장량은 BC 201년, 자신의 건의로 유방이 낙양에서 관중 지역으로 천도한 후부터는 항상 신병(身病)을 이유로 조정에 출석하지 않고 두문불출하여 권력의 중심에서 비켜서 있었다. 실제로 기원전 196년, 숙청의 칼바람이 불어 개국 공신 한신은 유방의 정부인인 여태후의 농간에 죽임을 당했고, 후에 소하는 수감되었으며, 함께 해하 전투를 치렀던 양나라 왕 팽월도 살해되었다. 이들 모두 개국 공신으로 한(漢) 개국 후 권력과 부의 중심에 있던 인물들이었다. 장량은 이 모든 것을 꿰뚫어 보고 있었다.

장량은 건국 후 단 한 번 정치에 개입한 적이 있었다. 바로 유방의 후계자 문제로 여태후가 장량을 닦달했을 때였다. 유방은 말년에 애첩인 척희(戚姬)를 사랑해 그가 낳은 아들 여의(如義)로 황태자 유영(劉盈)을 대신하려고 했다. 다급해진 여태후는 장량에게 해결책을 물었고, 장량은 유방이 존경해 마지않던 상산사호(常山四皓)에게 황태자의 보좌를 맡기면 유방이 황태자를 바꾸지 않을 것이라고 귀띔했다. 결국 사호의 조언을 들은 유방은 후계자를 바꾸지 않았고, 이로써 장량은 황태자와 여태후를 살린 은인이 되어 자신의 목숨을 보전했다.

BC 196년, 장량은 다시 관직에서 물러나 신선술을 배우겠다는 이유로 깊은 산속으로 숨어들어 두문불출했다. 그러나 이것 역시 한신과 팽월의 죽음에 공포를 느껴 일어난 경포의 반란 등 살벌한 세상에서 자신을 방어하기 위한 처세술이었다. 아니나 다를까 여태후가 장차 장량이 반란을 일으킬 것이라고 모함하자 유방은 장량이 신선술을 배우겠다고 숨어들어 머물고 있던 장가계(張家界)를 공격했다. 하지만 유방은 천연의 요새인 이 지역을 끝내 정벌하지 못했다. 장량은 유방이 세상을 뜨고 8년 후 세상을 떠났고 이곳에 묻혔다.

유방의 일선 사령관, 한신

한신(韓信, ?~BC 196)은 회음(淮陰: 江蘇省) 출생으로 한 건국 3걸 중 한 명이다. 진(秦)나라 말 난세에 처음에는 초(楚)나라의 항량(項梁)과 항우(項羽)를 섬겼으나 중용되지 못하다가 마침 장량의 권유를 받아 유방(劉邦)의 군대로 이적했다. 그 뒤 승상 소하(蕭何)에게 인정을 받아 대장이 되어 위(魏), 조(趙), 연(燕)을 차례로 멸하고 초 패왕(楚覇王) 항우를 해하(垓下)에서 격파하여 전한(前漢) 창건에 대공을 세움으로써 초왕에 봉함을 받았다. 유방 스스로도 황제 즉위식에서 소하의 행정력, 장량의 계책, 한신의 전략을 치하하며 이들의 공을 인정했다. 특히 후대의 사람들은 한신의 역할을 높이 평가하는데, 한신의 전투 전략이 유방의 천하 통일에 결정적으로 공헌했기 때문이다. 그러나 한 제국(漢帝國)의 권력이 확립되자 유씨(劉氏) 외의 다른 제왕(諸王)과 함께 차차 밀려나 BC 201년, 회음후(淮陰侯)로 격하되고, BC 196년 후에는 열후 억멸책(列侯抑滅策)과 함께 진희(陳豨)의 난에 통모(通謀)했다 하여 여후(呂后)의 부하에게 참살당해 토사구팽의 주인공으로 더욱 잘 알려지게 되었다.

그는 어린 시절 가난하여 빨래하는 여자에게 거두어져 밥을 얻어먹고 지냈는데, 길을 가던 도중 회음 소년이 그를 욕보이려고 앞을 가로막았다. "이 길을 가려거든 내 사타구니 밑을 기어 지나가라"하자 한번 쳐다 본 후 순순히 사타구니 밑을 기어 과하지욕(袴下之辱)이라는 고사를 남겼다. 이 일로 한신은 마을의 조롱거리가 되었으나 이 일화는 참된 용기를 드러낸 것으로 유명하다. 비록 마을의 웃음거리가 되었지만 큰 뜻을 잃지 않았던 한신은 항량의 군대를 찾아갔다. 그러나 항량은 한신의 능력을 알아보지 못했다. 항량이 전사하고 나서 항량의 군대는 조카인 항우가 이어받았다. 이에 한신은 항우의 휘하로 편입되었지만 역시나 발탁되지 못한 채 낭중이 되어 보초를 서는 등 하찮은 일을 맡았다. 한신은 항우에게 수차례 전략을 제시했지만, 귀족 출신이던 항우는 평민 출신인 한신을 무시했다. 한신은 자신의 능력을 알아주지 않는 항우에게 크게 실망했다.

BC 206년, 항우와 유방의 연합군은 진나라를 멸망시키고, 항우는 스스로 서초패왕이 되어 공신들을 각지의 제후왕으로 봉했다. 유방은 한왕에 봉해졌다. 항우 아래에서는 장래가 불투명하다고 생각한 한신은 한중으로 부임해 가는 유방의 진영에 합류하기로 결심했다. 유방의 진영에 편입했지만, 한신은 여전히 주목받지 못한 채 보급품을 관리하는 말단직인 치속도위에 임명되었을 뿐이었다. 그러나 유방의 진영에서 유일하게 한신을 눈여겨본 사람이 있었다. 바로 유방의 일급 참모 소하였다. 한신의 능력을 꿰뚫어 본

소하는 연신 유방에게 그를 천거했지만, 유방은 한신을 중용하지 않았다. 유방에게서도 희망을 발견하지 못한 한신은 기회를 틈타 유방의 진영을 벗어났다. 한신의 탈출에 가장 민첩하게 반응한 사람 역시 소하였다. 소하는 유방에게 보고도 하지 않고 한신의 뒤를 쫓아 그를 다시 데리고 왔다. 한신을 데리고 진영으로 복귀한 소하는 유방에게 한중의 왕으로 머물고자 한다면 한신을 내치고, 천하의 주인의 되고자 한다면 반드시 한신을 중용해야 한다고 간언했다. 유방은 소하의 조언을 받아들여 한신을 평범한 장군으로 임명하려 했으나 소하의 거듭된 청에 대장군으로 임명했다. 대장군으로 등용된 한신은 유방에게 전국의 객관적인 정세 분석과 패권을 차지할 전략을 내놓았다. 이후 한신은 진(秦) 명장 출신 옹왕 장한을 기습하여 제압했다.

유방이 항우에게 패한 후 검각산(劍閣山)에 잔도(棧道)를 놓고 촉(蜀)으로 들어간 뒤, 적의 추격을 막기 위해 잔도(棧道)를 끊어 중원 진출의 뜻이 없음을 알렸다. 그러나 한신은 대장이 되자, 자기가 대장이 못 되어 항시 불평만 하던 번쾌(樊噲)를 시켜 검각산의 잔도를 고치게 했다. 그것을 본 항우는 한군(漢軍)이 다시 그 길로 넘어올 계획인 줄로 짐작하고 서둘러 병력을 모두 검각산 쪽으로 집결시켜 놓았다. 그러나 한신은 땅이 곤죽같이 질고 좁아서 사람이 잘 다니지 않는 진창(陳倉)으로 빠져 나와 항우의 허를 찔러 크게 이겼다. 그 기세에 몰려 새왕 사마흔, 적왕 동예, 하남왕 신양, 한왕 정창, 은왕 사마앙 등도 그에게 투항해 왔다. 이로써 BC 206년, 8월 관중 지역을 평정한 유방은 서초패왕 항우가 초나라 회왕을 죽이자 BC 205년 반항우 세력과 연합하여 항우를 공격하기에 이르렀다. 유방과 연합군 60여만 명은 항우가 제나라를 공략하는 사이 초나라의 도읍 팽성을 공격하여 함락시켰다. 팽성 함락 소식을 들은 항우는 군사 3만을 이끌고 누구도 예상치 못한 진로로 유방을 공격했다. 방심하고 있던 유방은 항우에게 패해 쫓기게 되었다. 한신은 형양에 방어선을 구축하여 더 이상 항우가 유방을 쫓지 못하게 했다. 유방이 항우에게 패하자 연합군은 와해되기 시작했고, 제나라와 조나라는 다시 항우의 편으로 돌아섰다. 유방은 형양과 성고를 사이에 두고 항우와 대치하게 되었다. 이때 한신은 위기를 벗어나고자 배후를 공격하여 위나라부터 공격했다. 위나라 왕 위표는 임진관(臨晉)에서 강을 건너려는 한신을 방어했는데, 한신은 위표가 볼 수 있게 일부 병력은 임진을 건너려는 척 위장시키고 몰래 대군을 상류에 도하시켜 위나라의 안읍(安邑)을 공격하게 했다. 결국 한신은 위표를 생포하여 위나라를 멸망시켰다.

BC 204년, 한신은 3만의 군사를 이끌고 조나라를 공격했다. 조나라 왕 조헐(趙歇)과 성안군 진여는 군사를 정경 어귀에 집결시켰다. 한신은 정경에서 30리 정도 떨어진 곳에 야영장을 꾸리고, 한밤중에 기병 2천여 명을 선발해 산속에 매복시켰다. 다음 날 한신이 선발대 1만여 명을 보내 강을 등지고 진(陣)을 치자 조나라 군사들이 병법도 모르는 장수라며 그를 비웃었다. 전투를 벌이다가 한신이 거짓으로 퇴각하자 조나라 군사들이 추격해왔고, 그 사이 산속에 매복해 있던 기병대가 조나라군의 빈 진지를 습격하여 한나라군의 깃발을 세웠다. 한신은 이 전투에서 조헐을 사로잡고 성안군 진여는 참살했다. 이것이 '배수진(背水陣)' 전략이다. 한신이 "산을 우편으로 배후를 삼고, 물을 앞으로 왼편에 두라"라는 병법서의 내용과 반대로 진을 친 데는 이유가 있었다. 한신의 군대는 잘 훈련된 군대가 아니라 일반 농민들이었기 때문에 등 뒤에 땅이 있다면 자기가 살 땅을 찾아 모두 도망갈 것으로 생각한 것이다.

BC 203년, 한신은 제나라를 공격했다. 한신이 거듭 승리하자 유방은 제나라에 사신을 보내 투항을 권고했다. 그러나 이때 한신의 참모 괴통(蒯通)이 제나라를 함락시켜 공을 세울 것을 부추겼고, 한신은 제나라를 급습하여 크게 승리했다. 갑작스러운 공격에 제나라 왕은 초나라에 원군을 요청했고, 항우는 20만 대군을 지원해 주었다. 한신은 초나라와 전투 중에 패하고 달아나는 척하다 초나라 군사들이 유수에 이르렀을 때 둑을 터트려 초제(楚齊) 연합군을 대파해 결국 제나라를 멸망시켰다.

마지막으로 한신은 연(燕)나라의 항복을 받아냄으로써 항우를 완전히 고립시키는 데 성공했다. 한신은 그동안의 설움을 떨쳐내듯 뛰어난 전략들을 구사하여 유방을 천하의 패자로 만드는 데 결정적 역할을 했다. 위, 조, 제나라는 왕과 장수들 모두 한신을 과소평가한 덕에 멸망의 길을 걷고 말았다. 제나라를 멸망시킨 한신은 스스로 가왕(假王)에 올랐다. 유방은 허락도 없이 제나라 왕에 오른 한신이 괘씸했지만, 형양에서 항우와 대치 중인 긴박한 상황이었기 때문에 어쩔 도리가 없었다. 결국 유방은 장량과 진평의 조언에 따라 한신을 제나라 왕에 책봉했고, 초나라를 공격하도록 했다.

BC 202년, 마침내 유방은 해하에서 항우를 포위했다. 한신은 30만 대군을 이끌고 좌우 앞뒤로 항우의 10만 대군을 완전히 포위했다. 곧 항우의 진영에 군량미가 떨어지고 군의 사기가 떨어지기 시작했다. 이때 한신은 자기 군대에 초나라 노래(楚歌)를 가르쳐 부르게 했다. 초가를 들은 항우의 군사들은 고향 생각에 눈물을 흘리다 속속 진영을 이탈해 도망치기 시작했다. 항우는 결국 대패하여 오강(烏江)까지 후퇴한 후 그곳에서 자결함으로써 생을 마감했다. '사면초가(四面楚歌)'는 이때의 일을 일컫는 고사성어다. 사방이 빈틈없이 적에게 포위된 고립무원(孤立無援)의 상태를 가리키는 말이다. 이로써 유방은 천하의 주인공이 되었다.

유방은 한(漢) 고조로 즉위한 후 공신들을 각지의 제후왕으로 책봉했다. 그러나 그는 막강한 군사력과 뛰어난 지략을 지닌 한신을 경계했다. 한신은 제나라 왕에서 초나라 왕으로 임명되었다.

BC 201년, 초나라 왕으로 책봉되어 임지로 떠난 지 9개월 만에 한신은 반란죄로 체포되었다. 한신이 반란을 꾀한다는 밀고가 들어오자 유방은 대신들을 모아 놓고 의견을 물었다. 진평은 한신의 군사력이 유방의 군사력보다 강하고, 한신이 뛰어난 장수이기 때문에 그를 토벌할 수 없다고 진언했다. 대신, 유방에게 운몽(雲夢)을 순시한 후 한신의 영지 근처인 진현에서 제후들을 소집하여 한신을 참석시켜 체포하라고 조언했다. 결국 체포된 한신은 "날쌘 토끼를 사로잡으면 사냥개는 잡아먹히고, 높이 나는 새를 잡으면 활은 곳간에 처박히고, 적국을 멸하고 나면 충신은 죽임을 당한다더니, 천하가 평정되니 내가 잡혀 죽게 되는구나!"라며 울분을 토했다. 그러나 한신의 반란죄는 입증되지 않아 목숨을 건졌지만, 초나라 왕에서 회음후(淮陰侯)로 강등되었다. 그 후 한신은 병을 핑계로 조정에 나가지 않았다.

BC 196년, 소하가 한신을 찾아왔다. 소하는, 유방이 거록(鋸鹿) 태수 진희의 반란을 평정했으니 입궁하여 여태후에게 축하의 인사를 올리라고 전했다. 이 말을 의심하지 않고 입궁한 한신은 곧 매복 중이던 무사들에게 포박되어 살해되었다. 후대 사람들은 한신의 죽음을 '토사구팽'에 비유하여 그의 억울한 죽음을 위로했다. 하지만 한신에게도 천하의 주인이 될 기회가 있었다. 한신의 참모 괴통은 앞서 한신에게 그의 공적과 지도력은 항우와 유방에 못지 않으니 그들과 천하를 삼분하여 다스릴 것을 조언했다. 그러나 한신은 괴통의 조언을 물리치고 유방을 도왔고, 결국 유방에 의해 목숨을 잃었다. 한신은 죽음을 앞둔 상태에서 괴통의 조언을 따르지 않은 것을 후회했다. 한신의 가솔들은 삼족을 멸하는 형을 받았다. 한 고조가 한신을 포박한 뒤 한신에게 장군으로서 자신의 자질을 평가해 달라고 하자 한신은 이렇게 답했다.

"폐하께서는 십만 명을 넘지 않는 규모를 지휘할 수 있습니다."

고조가 다시 물었다.

"그러면 공은 어떻소?"

그러자 "저는 많으면 많을수록 좋습니다."라고 답했다. 고조가 웃으면서 "많으면 많을수록 좋다면 어째서 나에게 사로잡힌 것이오?"라고 묻자 한신은 "폐하께선 병사를 거느리지는 못해도 장수들을 잘 거느리시니, 이것이 저 신(信)이 폐하께 사로잡힌 까닭입니다. 또 폐하는 이른바 '하늘이 내리신' 것이니, 이는 사람의 힘이 아닙니다."라고 말했다. 한신이 '많으면 많을수록 좋다'고 한 데서 다다익선(多多益善)이란 말이 유래했다.

유방의 시골 친구 번쾌(樊噲)와 노관(盧綰)

번쾌(樊噲, ?~BC 189년)는 사천군 패현(沛縣) 사람으로 유방의 장인인 여문의 둘째 딸과 결혼해 유방과 동서지간이기도 했다. 항우와 비교될 만큼 괴력의 소유자로 유방의 거병 이후 유방을 따라 무장이 되었고, 선봉에 서서 수많은 공을 세웠다. 유방이 즉위한 뒤 좌승상, 상국이 되었으며, 그 뒤 여러 반란을 평정했다. 공신 서열 다섯 번째, 무양후에 봉해지고 식읍 5000호를 하사받았다. 그는 원래는 개 도축업자였는데, 유방이 거병하자 유방을 따라 패현을 함락했다. 유방이 패공이 되자 사인(舍人)이 되었고, 사수와 패수 싸움에서 전공을 세워 국대부의 작위를 받았는데, 늘 공격의 선봉에 서서 적의 성벽에 먼저 올랐다. 이런 공적들로 봉읍이 더 늘어났다.

기원전 206년, 유방이 관중에 들어가 함양을 점령하고 궁궐에 들어가 쉬려 하자, 번쾌는 장량과 함께 간해 성내의 약탈을 막았다. 유방이 함곡관을 닫아 항우를 분노시켜 벌어진 홍문의 연회에서, 범증이 유방을 암살할 계획을 세우자 번쾌는 급박한 상황임을 듣고 방패를 들고 영채로 들어가 유방을 호위했다. 번쾌의 호위 덕분에 유방은 연회장을 빠져나와 몰래 달아나 목숨을 지킬 수 있었다. 항우가 진나라를 멸하고 유방을 한왕으로 봉하자, 번쾌는 열후에 봉해져 임무후의 호를 받았고, 낭중이 되었다. 한왕 유방이 삼진으로 진격할 때, 번쾌는 별도로 군사를 이끌고 서현승을 공격했으며, 장한의 경기병과 경전차를 무찔렀다. 이후에도 옹태, 장평에 있는 호치를 격파하고 가장 먼저 적진에 올랐다. 그러나 팽성 전투에서 패배하면서 번쾌의 점령지는 모두 항우에게 탈환당했다. 이후 번쾌는 광무를 수비했고, 유방이 항우를 추격할 때 양가(陽夏)를 함락했다. 또한 항우를 진에서 포위해 격파했고, 호릉을 도륙했다. 항우가 죽자 전공을 인정받아 식읍 8백호를 더 받았다.

초왕 한신이 반란을 모의하자 다시 고조를 따라 한신을 사로잡고 초나라를 평정했다. 번쾌는 열후에 봉해지고 무양을 봉읍으로 받았다. 진희와 만구신의 군대를 공격해 격파했고, 청하에서 상산까지 이르는 27현을 항복시켰다. 이 공으로 상국이 되었다. 계속해서 진희의 별장 왕황과 한왕 신을 공격했고 부하가 한왕 신을 죽였으며, 대나라 장군 조기를 베고 승상, 풍량(馮梁) 등 10여 명을 포로로 잡았다. 연왕 노관이 모반하자 번쾌는 영포의 난 진압에서 중상을 입어 임종을 눈앞에 둔 고조 유방을 대신해 상국으로 반란군 진압의 대장을 맡았다. 그는 노관의 승상 저를 계남에서 격파하고 열여덟 현을 평정했다. 영포의 난을 진압하고 중상을 입은 고조가 침상에 누운 채 주발, 관영 등 모든 신하의 접견을 금했다. 하지만 번쾌는 직접 궁문을 밀치고 들어가니 대신들도 그 뒤를 따라 함께 고조를 알현하고 다시 접견하기를 청했다. 그 후 노관의 난을 진압하기 위해 고조가 번쾌를 상국으로 봉해 군을 이끌도록 했는데, 그 사이 번쾌가 황후의 친정이자 자신의 처가인 여씨와 결탁해 고조가 총애하는 첩 척부인과 그 소생 유여의를 죽이려고 했다는 참소가 들어왔다. 고조는 이를 믿고 주발과 진평을 보내 주발에게는 번쾌를 대신하게 하고 진평에게는 번쾌를 처형하라고 명했다. 그러나 진평은 황후의 보복이 두려워 번쾌를 죽이지 못하고 장안으로 압송했다. 장안에 도착했을 때에는 이미 고조가 죽어서 번쾌는 석방되었다.

기원전 189년(혜제 6년)에 번쾌는 사망했으며, 시호를 무후라 했다.

노관(盧綰, BC 256~194)은 유방과 같은 마을 사람으로, 노관의 아버지와 고조의 아버지가 친한 데다 본인들도 같은 해 같은 날에 태어나 함께 자라나 매우 친했다. 유방이 아직 거병하기 전부터 출입을 같이했고, 유방이 뜻을 세우자 노관은 객으로서 항상 따랐다. 유방이 한왕이 되자 노관은 장군이 되어 항상 곁에서 보좌했다. 항우에게 몇 차례 패배한 유방은, 한신의 군사를 얻어 지구전을 펼치면서 노관과 종형 유고에게 따로 군사를 주어 팽월을 도와 항우의 근거지인 서초의 물자와 군량을 불태우게 했다. 유방은 다른 신하보다 노관을 더 총애했다. BC 202년, 항우가 격파당하자 노관은 유고와 함께 임강왕 공위를 공격해 임강을 멸망시켰으며, 돌아와서는 연왕 장도의 반란을 진압하는 데 종군했다. 유방은 노관을 왕으로 세우고 싶었으나 신하들의 반발을 우려해 망설였다. 마침 장도가 노관에게 항복하자 유방의 마음을 짐작한 신하들의 추천으로 노관은 장도를 대신해 연왕이 되었다.

고조 11년(BC 196년), 진희(陳稀)가 반란을 일으키자 고조와 노관은 협력하여 진희를 협공했다. 이때 노관과 진희는 각각 흉노에 자기편을 들어달라고 청했는데, 노관의 사신인 장승은 흉노에 망명한 옛 연왕 장도의 신하들로부터 한나라를 위기에 빠뜨려 연나라를 안정시키라는 권유를 받고 흉노에게 진희를 편들게 했다. 노관은 장승이 흉노와 짜고 반란을 일으킨 줄 알고 장승을 주멸하도록 상주했으나, 막상 장승의 말을 듣고 그의 말이 옳다고 판단해 흉노와 사신을 교환하고 진희에게도 범제(范齊)를 보내 은밀히 손을 잡았다. 이후 진희의 장수가 투항해 노관이 진희와 내통하고 있음을 알리자 고조는 노관을 소환했다. 그러나 노관은 병을 핑계로 나가지 않았다. 이때 측근에게 한 말에 따르면, 노관은 당시 고조가 병들자 황후가 성이 다른 제후왕(한신, 팽월, 경포 등)들을 토벌하고 있는 것을 두려워하고 있었다.

고조는 노관에게 보낸 심이기와 흉노에서 투항한 사람들이 각각 노관의 계획을 전해오자 노관의 반역을 확신하고 분노하여 번쾌를 보내 연나라를 공격하도록 했다. 그런데 번쾌는 중도에 모함을 받아 소환되었고 주발이 번쾌를 대신해 노관을 공격했다. 주발은 노관의 백관들을 사로잡고 여러 차례 노관의 군사를 격파하며 장성까지 이르렀다. 노관은 자기 사람들과 함께 성 아래로 나와 고조가 쾌차하면 투항하겠다고 했으나 고조는 병세가 악화되어 4월에 죽고 말았다. 고조 사망 후 혜제가 즉위하니 노관은 결국 흉노에 투항했다. 흉노 추장 묵돌은 노관을 동호(東胡)의 노왕(盧王)으로 삼았으나, 노관은 늘 한나라로 돌아올 생각을 품고 있다가 1년 후에 죽었다. 한편 노관이 흉노에 투항하자 연나라 사람 위만은 조선으로 망명했는데, 이는 훗날 위만조선의 기초를 이루었다. 노관의 처자는 흉노에서 한나라로 도망쳤다. 마침 병든 황후는 노관의 처자를 용서하고 병이 나으면 연회를 베풀려 했으나 끝내 호전되지 못하고 사망했다. 노관의 아내도 이내 병들어 생을 마감했다.

유방의 여인 여태후와 척부인

여태후의 본병은 여치(呂雉)이다. 아버지 여공에 의해 패현에서 건달 노릇을 하던 유방과 반강제로 결혼을 했다. 당시 유방은 과부인 술청 주인 조씨와 정을 통하여 훗날 제나라 왕이 되는 유비(劉肥)를 낳은 상태에서 여치를 본처로 맞아들인 것이다. 《사기》 한고조 본기와 여태후 본기를 통해 그려지는 여태후의 파란만장한 삶을 보면 평민의 여식으로 태어나 한나라 황제의 아내가 되어 그 누구도 가지지 못할 부귀영화를 누렸으나 한왕으로 등극하는 시점부터 한 고조와 부부로서의 관계는 소원해졌다. 본인이 누렸어야 할 여자로서의 행복을 척부인(戚夫人, ?~BC 194)과 박 부인 그리고 여러 후궁들에게 빼앗겨 버린 것이다. 한 고조와 여태후 사이에는 적장자 유영(劉盈)과 노원 공주를 두었다. 이 유영이 훗날 효 혜제가 된다.

사마천이 후대 역사학자들에게 욕을 먹는 이유 중 하나가 여태후를 본기에 올린 것이다. 본기는 제왕의 역사 기록임에도 불구하고 여태후를 본기에 올렸던 것이다. 이는 사마천이 15년간 실질적으로 황제의 권력을 행사한 여태후의 역사적 위치를 평가한 것이라고 볼 수 있다. 그리고 공교롭게도 이 당시 정치적 변란은 심했으나 한나라의 국부(國富)와 민간 경제는 엄청난 발전을 했는데, 사마천은 이를 높이 평가한 것이다. 이를 바탕으로 한 문제와 경제로 이어지는 한나라의 태평성세 '문경지치(文景之治)'를 이룰 수 있었던 것은 어찌 보면 역사적인 아이러니이다.

유방은 원래 자유분방한 사람으로 전장을 누비며 곳곳에서 여러 여자를 품었다. 사마천의 기록에 나오는 척부인이 세 번째 여자이고 그다음이 위나라 왕 위표의 아내였던 박(薄) 부인이다. 그 후로도 많은 여자를 맞아들여 《사기》에는 제희(諸姬)로부터 여러 아들을 얻었다고 기록되어 있는데, 그는 여덟 명의 아들을 두었다. 그중 척부인에 대한 총애가 깊어 여태후를 멀리 했으니 그로 인한 여후(呂后)의 상실감과 원망은 깊어 갔다. 한 고조 유방이 말단 관리인 정장 시절부터 시작하여 항우와 천하를 쟁패하던 당시, 인질 생활의 고초를 겪으면서도 시아버지 태공과 집안 식구를 돌본 사람이 여후이다. 그러나 유방은 그 전란 중에도 척부인과 많은 후궁을 거느리고 다니며 고향에 두곤 온 본처 여후를 멀리했다. 이러한 고조 유방의 여성 편력은 여후 여치를 질투의 화신으로 만들었다.

한 고조는 죽기 전 태자였던 유영을 폐하고 척부인의 아들인 유여의를 태자로 세우려 했다. 이를 안 여후는 장량의 지혜를 빌려 상산사호(商山四皓)를 초빙해 태자 폐위 시도를 무력화시켰다. 이러한 척부인과 한 고조의 시도가 여후를 가족 간의 피비린내 나는 권력 투쟁의 화신으로 만들어버렸다. 여후의 성정을 잘 알고 있는 고조 유방은 여의를 조나라 왕으로 봉하고 개국 공신 주창을 여의의 신하(相)로 딸려 보냈다. 주창의 성정은 고지식하나 그의 충성스러움은 여의를 여후의 음모로부터 지켜낼 적임자였다.

한 고조 유방이 죽고 아들 효혜제가 황제 자리에 오르자 여태후의 시기심은 잔악한 성정으로 바뀌어 갔다. 그 첫 번째 타깃이 척부인과 여의였다. 먼저 척부인을 죄 지은 시녀들이 있는 영항(永巷)으로 보냈고 조왕 여의를 궁으로 불러들여 죽이려 했다. 그러나 이를 알아챈 신하들이 반대하여 세 번이나 사자를 돌려보냈다. 이에 여태후는 여의의 경호 대장격이었던 건평후 주창을 불러들여 주창이 없는 틈을 타 조왕 여의를 궁으로 소환하는 데 성공했다. 그러나 여태후의 의도를 간파한 효 혜제는 이복동생인 조왕 여의를 끼고 살다시피 하며 어머니 여태후의 살해 시도를 적극적으로 막아섰다. 그러다 혜제가 잠시 긴장의 끈을 놓고 사냥을 나간 사이 여태후는 결국 조왕 여의를 독살했다. 얼마 후 척부인도 인간 돼지(팔다리 사지를 자르고 눈을 파내고 귀를 멀게 하고 벙어리로 만들었다 함)로 만들어 측간(厠間)에 버리고 그 모습을 혜제에게 보여주었다. 동생 여의의 죽음으로 받은 충격이 채 가시기도 전 척부인의 모습을 본 혜제는 그 충격이 이루 말할 수 없었다. 그는 대성통곡하며 여태후를 원망하고 자신의 핏줄을 탓했다. 그 뒤로 마음에 큰 병을 얻은 혜제는 1년이 지나도록 일어나지 못했고, 사람을 보내 여태후에게 말했다.

“이는 사람이 할 짓이 아닙니다. 이 몸은 잔혹한 태후의 아들이니 더 이상 천하를 다스리지 못하겠습니다.”

결국 그 트라우마를 견디지 못해 정사는 돌보지 않고 술과 향락에 빠져 재위 7년 만(BC 188)에 생을 마감했다. 이 이야기는 그 후 김동리의 소설 ‘등신불’의 만적의 이야기로 등장하기도 한다.

하나뿐인 아들 혜제가 황제가 된 지 7년 만에 죽자 여태후는 망연자실했다. 《사기》 본기의 내용 중 혜제의 상중에 여태후는 곡(哭)은 했으나 읍(泣)은 하지 않았다는 기록이 있다. 이를 본 장량의 아들 시중(侍中) 장벽강이 좌승상 진평에게 여태후의 심정을 일러 말했다.

“태후께서 저리 하시는 것은 돌아가신 혜제가 장성한 아들을 두지 않으셨으니 대신들이 어찌 나올지 몰라 불안하기 때문입니다. 좌승상(진평)께서는 친정 인척인 여태, 여산, 여록 등을 장군으로 삼아 남군과 북군을 통솔하게 하시고 여씨들을 궁으로 불러 벼슬을 내린 뒤 조정의 일을 맡기겠다 청하십시오. 그리하면 태후마마께서 안심하실 것이고 대신들도 화를 면하실 것입니다.”

이에 진평은 장벽강이 건의한 대로 처리했다. 여후는 그제서야 안심하고 슬퍼하며 울기 시작했다. 결국 유씨의 한나라에서 연결고리가 없어진 여태후가 곡(哭)은 하고 읍(泣)은 하지 못했던 것은 권력에 대한 불안감 때문이었다.

이때부터 여태후는 여씨 일가의 한나라를 꿈꾸었다. 소제 유공(劉恭)이 즉위했지만 여태후가 섭정하면서 여씨 일가로 권력이 하나둘씩 넘어가기 시작했다. 애초 소제는 혜제의 장남으로 태어났으며 생모는 미인(美人) 품계에 있던 후궁으로 알려져 있다. 《사기》 ‘여태후본기(呂太后本紀)’에 따르면, 혜제의 정비(正妃)인 효혜황후(孝惠皇后) 장씨(張氏)는 아들을 얻지 못하자 거짓으로 임신한 척하며 미인이 낳은 아이를 데려다가 자기가 낳은 아들이라고 속였다. 그리고 생모를 죽이고, 그 아이를 태자로 삼았다. 그 시어머니에 그 며느리라고 할 만하다.

여태후가 그 후 여씨들을 제후로 봉하려 하자 우승상 왕릉이 눈치 없이 반대했다. 반대의 명분은 한 고조 유방이 유씨 성을 가진 자 외에 왕(王)을 만들지 말라는 유언을 남긴 것이었다. 그러자 여태후는 우승상 왕릉의 관직을 빼앗아버리고 태부의 자리로 좌천시켰다. 왕릉은 병을 핑계삼아 낙향했다. 그 뒤 여후는 진평을 우승상에, 자신의 최측근 심이기를 좌승상에 앉히고 전횡을 시작했다. 그 첫 타깃이 서자(庶子)이지만 유방의 장자였던 제나라 도 혜왕 유비(劉肥)였고, 그를 독살하려 했다. 그러나 그의 신하가 기지를 발휘해 노원 공주에게 제나라 성 일부를 바치고 겨우 살아서 제나라로 돌아갔다. 조왕 유여의는 독살되고, 이어 왕위에 오른 유왕(幽王) 유우도 장안으로 불러 굶겨 죽였다. 연나라 영왕(靈王) 유건(劉建)이 죽자 여후는 사람을 보내 유건의 하나뿐인 아들마저 죽여 후사를 없애버렸다.

그녀의 악행은 계속되었다. 그녀가 세운 허수아비 황제 소제가, 친모가 살해되었다는 진실을 알고 복수를 다짐하자 소제를 영항(永巷)에 가두었다. 신하들에게는 황제가 병이 심하다는 이유로 접견을 막다가 결국 소제를 모함하여 폐위시키고 독살했다. 그런 다음 상산왕 유의(劉義)를 황제로 세우고 이름을 유홍(弘)으로 개명시켰다. 남편에 대해 뼛속 깊이 사무친 원한이 16년 권력의 정점에서 유씨의 제후 왕들을 하나하나 제거토록 한 것이다. 유씨 후손 제후들의 제거 작업은 애초에는 한 고조 유방에 대한 복수심으로 시작되었지만, 여태후의 권력욕은 점점 유씨 왕족에 대한 권력 찬탈로 이어졌다.

여태후는 유씨 성의 왕족들과 여씨 성을 가진 이들을 결혼시켜 여씨 성을 가진 제후들을 본격적으로 만들어 나갔다. 왕(王)과 후(侯)로 책봉한 인사들만 아홉 명에 달했고, 병권을 장악하기 위해 남부군과 북부군의 장군을 여씨 일가로 채웠다. 그러나 16년 동안 정권을 장악했던 여태후는 결국 병으로 죽었다. 죽기 전 여태후는 여산, 여록 등에게 유언을 남겼다.

"나는 곧 죽을 것이다. 황제가 어리니 대신들이 정변을 일으킬지도 모른다. 반드시 병권을 장악하고 황궁을 지켜야 한다. 영구 행렬을 따른답시고 궁을 비워서는 절대로 안 되며 다른 사람에게 궁을 맡겨서도 안 된다."

그러나 기원전 180년 여태후가 죽자마자 그녀의 염려대로 원로 공신과 유씨 제후들이 연합하여 여후 세력을 제거해 버렸다. 파란만장한 여태후의 생은 이렇게 마감했다.

사마천(司馬遷)은 《사기(史記)》 '여태후 본기(呂太后 本紀)'에서 그녀의 치적을 다음과 같이 긍정적으로 평가했다.

"혜제와 여태후 시절에 백성들은 전국(戰國) 시기의 고통에서 벗어날 수 있었으며, 군신(君臣)들은 모두 무위(無爲)의 경지에서 안식(安息)하려고 했다. 그러므로 혜제는 팔장만 끼고 아무 일도 하지 않았고, 여태후가 여성으로서 황제의 직권을 대행하여 모든 정치가 안방에서 이루어졌지만, 천하는 태평하고 안락했다. 형벌을 가하는 일도 죄인도 드물었다. 백성들이 농사에 힘을 쓰니 의식(衣食)은 나날이 풍족해졌다."

척부인(戚夫人, ?~B.C 194)은 정도(定陶: 현 산둥성) 출신이다. 유방의 측실이며 유여의의 생모다. 초한 전쟁(楚漢戰爭) 중에 한나라 군사를 위로하는 연회에서 상체를 뒤로 해서 추는 초나라 춤을 잘 추었기에 유방의 눈에 띄어 그 총애를 한몸에 받고 유여의를 낳았다. 그 영향으로 대왕(代王)에 이어 조왕(趙王)에 봉작된 아들 여의도 유력한 황태자 후보가 되었다. 그녀는 유방이 친정(親征)할 때마다 따라다녔고, 기회 있을 때마다 여의를 태자로 세울 것을 간청했다. 당시의 황태자 유영에 대해 아버지인 고조 자신이 그 자질을 의심하고 불안해하고 있었던 것을 알았기 때문이었다. 착하고 내성적인 유영과는 대조적으로 여의는 성격이 활발해서 고조도 서서히 영을 폐립하고 여의를 황태자로 세울 생각을 했다. 고조가 황태자 교체 의사를 중신들에게 언급하자 중신들은 전원이 반대했다. 고조의 신뢰가 두터운 장량의 계책을 받은 유영이, 유명한 학자인 동원공(東園公), 하황공(夏黃公), 녹리선생(鹿里先生), 기리계(綺里季) 등 이른바 상산사호(商山四皓)를 불러 왔다. 고조가 여러 번 초청해도 오지 않던 그들이 산에서 내려와 태자를 그대로 유지할 것을 고조에게 설득하니 고조는 황태자를 바꿀 계획을 철회했다. 그러나 이때부터 척부인 모자는 유영의 생모인 여태후에게 미움을 받았다.

BC 195년, 고조가 죽고 영(혜제)이 즉위하자 척부인에게 고통이 시작되었다. 황후의 끔찍한 유혈 보복극이 시작된 것이다. 우선 척부인을 잡아 영항(永巷: 궁녀들 감옥)에 감금하고 하루 종일 쌀을 찧는 형벌을 주었다. 척부인이 자신의 처지를 슬퍼하며 읊은 노래 영항가(永巷歌)는 《한서(漢書)》에 기록되어 있다.

장안에 입조(入朝)한 여의는 혜제의 보호 아래 목숨을 보전했으나 혜제가 잠시 사냥으로 자리를 비운 사이 여태후에게 짐주(짐새라는 독조의 깃털로 빚은 술)의 독으로 독살당했다. 이어 척부인에게 약을 먹여 벙어리, 귀머거리로 만들고 눈을 도려낸 다음 두 손과 두 발을 잘라 변소(厠)에 던졌다. 이것을 '사람 돼지(人彘)'라고 칭했다고 한다. 며칠 후, 여후는 이것을 혜제에게 보여주었고, 이것을 목격한 전한 혜제는 충격을 받아 병이 생겨 1년 이상 정무를 볼 수 없게 되었다. 이후 혜제는 정무를 보는 대신 주색에 빠져 정치의 대권이 여태후에게 넘어가게 되었다.

기타 중요 인물들

팽월(彭越, ?~BC 196)

팽월(彭越)은 창읍 출신으로, 거야택에서 도적떼를 이끌다가 진승과 오광이 진나라의 폭정에 맞서 봉기했을 때 1년 동안 장초와 진나라의 싸움을 지켜보며 판세를 읽은 뒤에야 세력을 일으켰다. 이때 거야택의 1백여 소년들이 팽월에게 거병하도록 권했다고 한다. 패공 유방이 창읍을 공격했을 때 유방을 도왔으나 창읍은 함락되지 않았고, 유방이 관중으로 방향을 돌렸을 때도 팽월은 그대로 남았다. 그 전에 위나라는 진나라와의 싸움에서 패해 왕 위구가 자결했는데, 팽월은 이 위나라의 패잔병들을 긁어 모아 세력을 키웠다. 그러나 팽월은 항우가 진나라를 멸하고 각지의 영웅들을 제후로 봉할 때 아무것도 받지 못했다. 그런 불만 때문에 BC 205년 한왕 유방이 여러 제후와 함께 서초를 치러 오자, 자기 군사 3만여 명과 함께 한나라에 귀순했다. 옛 위나라 땅의 10여 성을 가지고 있다 하여 유방으로부터 위표의 재상으로 임명됐고, 옛 위나라 땅이었으나 서초에 편입된 양나라 일대를 평정했다. 그러나 한왕이 팽성 전투에서 대패하자 가지고 있던 모든 성을 잃고 황하 유역을 떠돌다가 세력을 다시 모아 한나라 편에서 유격전을 펼쳐, 양나라 주변에 있는 초나라 군대의 군량을 끊었다. 이후 서초패왕의 공격에 패했으나 그가 시간을 끌어주는 틈에 한왕은 잃은 성고를 회복하고 광무까지 진격했다. 서초패왕이 다시 전선을 한왕으로 돌려 초한 군사들이 광무에서 대치할 때 팽월은 다시 일어나 초군의 양도(糧道)를 여러 차례 끊었다. 그 때문에 서초패왕은 근심하여 사로잡은 한왕의 일가족으로 한왕을 협박하기도 했다. 팽월의 유격전은 상당히 성공적이어서 결국 서초패왕은 군량 부족으로 한왕 5년(기원전 202년)에 한왕과 협정을 맺고 양하로 철수했다. 그러자 팽월은 창읍 일대 20여 성을 빼앗고 군량 10여 만 석을 얻어 한왕에게 주었다.

이때 한왕은 서초군이 피폐해졌다고 판단하고, 협약을 깨고 추격하면서 팽월과 한신에게 도움을 청했다. 그러나 팽월은 위나라 병사들이 서초를 두려워한다는 핑계로 출전하지 않았고, 한신도 출전하지 않아 유방의 한나라 군대는 고릉에서 서초패왕에게 패했다. 한왕은 기분이 좋지 않았지만 형식상 팽월을 왕으로 삼겠다고 약조하자 그제야 팽월은 군사를 내어 해하 전투에서 한나라 본대와 합류하여 마침내 서초를 멸망시켰다.

서초패왕이 죽은 해 봄에 팽월은 한왕 유방에 의해 양나라 왕으로 봉해졌고, 서울은 정도에 두었다. 한 고조 10년, 진희의 반란을 평정하러 고조가 친히 출정하면서 양나라에도 출병하라는 명령을 내렸으나 팽월은 병을 핑계로 휘하 장수를 보냈다. 고조가 화를 내자 부하 장수 호첩(扈輒)이 팽월에게 모반을 권했으나 거부했다. 그러던 중 팽월이 잘못을 저지른 부하 태복을 죽이려 했는데, 태복이 달아나 양왕이 모반할 것이라고 고조에게 참소했다. 팽월은 손도 못 쓰고 사로잡혀 낙양으로 호송됐으나 고조가 사면하여 촉으로 유배를 갔다. 유배 가던 중에 여후를 만나 무죄를 읍소하며 고향 창읍으로 갈 수 있게 해달라고 청했다. 황후는 이를 허락하고 함께 낙양으로 데리고 갔다. 그러나 정작 황후는 고조에게 양왕은 위험하니 죽여야 한다고 진언했고, 사인들을 시켜 양왕이 또 모반하려 한다는 증거를 꾸미게 해 팽월은 삼족과 함께 모두 처형당했다. 그의 시신은 젓갈로 담가져 각 제후국들에 내려졌다.

진평(陳平, ?~BC 178)

진류자(陳留子) 진평(陳平)은 하남성 난고현(蘭考縣)에서 가난한 농민의 아들로 태어났다. 결혼하기 전까지 형 진백(陳伯) 내외에게 얹혀살 정도로 가난하고 별 볼 일 없는 생활을 했다. 진승과 오광의 난 당시 그는 위나라 왕구(咎)의 신하가 되었으나 중용되지는 못했고, 구가 죽은 후 항우에게 투항하여 책사가 되었다. 진평은 항우가 진나라를 격파하는 데 공을 세워 높은 벼슬에 임명되기도 했지만, BC 206년 유방이 관중을 차지하고 동쪽으로 진출하는 것을 방어하지 못해 항우의 분노를 샀다. 이때 진평은 생명의 위기를 느끼고 위무지(魏無知)의 도움으로 유방에게 투항했고, 호군중위에 임명되었다.

BC 205년, 유방은 60만 대군을 이끌고 항우의 본거지인 팽성을 공격하여 함락했지만, 항우의 반격으로 많은 군사를 잃고 형양으로 퇴군했다. BC 205년부터 203년까지 유방과 항우는 홍구를 경계로 2년 5개월간을 대치하면서 공격과 화친을 반복했다. 이에 진평은 무력만으로는 항우를 물리치기 어렵다고 판단하고 반간계(反間計)를 수립했다. 먼저 진평은 귀족들로부터 황금 4만 근을 마련해 항우 진영의 장수들을 매수하고 첩자를 파견하여 종리매(種離昧)를 비롯한 항우의 장수들이 반란을 계획한다는 소문을 냈다. 그러자 다소 즉흥적이고 의심이 많던 항우는 자기 장수들을 의심하기 시작했다. 항우 진영에서 유방에게 사자를 파견했을 때 유방은 호화로운 연회를 베풀어 주었다. 그런 다음 사자의 얼굴을 보면서 제법 놀란 듯이 "범증의 사자인가 했더니 항우의 사자인가?"라고 말하며 산해진미를 모두 물리고 형편없는 요리를 가져오게 했다. 항우의 진영으로 돌아온 사자는 이 일을 빠짐없이 전했고, 항우는 그 후부터 범증을 믿지 않게 되었다. 결국 항우는 자신의 최고 참모이자 최고 전략가였던 범증을 내치는 우를 범했고, 그로 인해 유방에게 역전당하고 말았다.

형양성에 고립되었을 때도 유방은 진평의 계책으로 관중으로 돌아갈 수 있었다. 진평은 장군 기신을 유방으로, 부녀자 2천여 명을 병사로 위장시킨 다음 형양성의 동문으로 나가 항복하는 척했다. 항우의 관심이 그쪽으로 쏠리자 진평은 서문으로 유방을 탈출시켰다. 관중으로 돌아온 유방은 군대를 정비하여 다시 항우를 공격했지만, 진평의 반간계로 뛰어난 장수와 전략가를 잃은 항우는 수세에 몰려 결국 해하에서 패하여 죽게 되었다.

BC 195년, 유방이 개국 공신 경포의 반란을 진압하던 중에 입은 상처로 세상을 떠나자 태자 유영이 혜제로 즉위했다. 여태후는 혜제의 후견을 맡아 정권을 장악했다. 이후 여태후는 그동안 황태자 자리를 놓고 경쟁했던 측실 척희 소생의 여의를 독살하고, 척희는 잔인하게 살해했다. 이때 진평은 여태후를 거스르지 않았으며, BC 189년 상국 조참(曹參)이 사망하자 뒤를 이어 좌승상에 임명되었다.

BC 188년, 혜제가 세상을 떠나자 모후인 여태후가 정치적 실권을 완전히 장악했다. 여태후는 혜제의 후궁 소생 소제를 황제로 세우고 본인은 태황태후가 되었다. 그리고 여씨 일족과 개국 공신 주발, 장벽강의 협력으로 정국을 안정시켰으며, 당연히 진평도 이에 참여했다.

한편 태후는 "유씨가 아닌 자를 지방의 왕으로 삼으면 토벌하라."라는 한고조 유방의 유언을 무시하고, 각 지방의 제후왕으로 있던 유방의 서자들을 제거하고 그 자리에 여씨 일족을 봉했다. 당시 우승상인 왕릉(王陵)은 여씨를 제후왕에 임명하는 것은 고조의 유언에 어긋나는 일이라고 아뢰었지만,

진평은“고조 황제께서 권좌에 계실 때 유씨를 제후왕에 봉했듯, 지금은 여후께서 권좌에 계시니 여씨를 제후왕에 봉한다 하여 안 될 것이 없습니다.” 라는 말로 여태후의 처사에 동조했다. 여태후가 전권을 행사하고 있는 상황에서 진평은 여태후에게 영합하여 그녀의 처분에 반대하지 않았다. 여태후는 이에 우승상 왕릉을 파직하고 진평을 우승상에 임명했다. 진평은 여태후의 집권 기간 주색에 빠지는 등 최대한 관심 밖의 인물이 되려 했고, 여태후가 하는 대로 내버려 두었다. 그러나 여씨 일족의 전횡은 더욱더 심해졌다.

BC 184년, 여태후는 자신에게 반항적이던 소제 유공(恭)를 죽이고, 고조의 후궁 소생인 소제 유홍(弘)을 옹립했다. 이후 여태후는 죽을 때까지 정권을 장악하다가 BC 180년 병으로 사망했다. 여태후가 죽기 전 그녀의 배려로 여씨 일족이 권력을 쥐었지만, 그들은 군을 지휘할 만한 역량을 갖추지 못했다. 반면 우승상 진평과 태위 주발 등 고조를 따르던 충신들의 힘은 여전히 그대로였다. 공신들은 고조가 죽자 고조의 손자 주허후 유장과 협력하여 군사를 일으켰다. 이들은 여산, 여록, 여통 등 여씨 일족을 모두 주살하고 소제홍을 폐위한 뒤 고조의 넷째 아들 유항을 새로운 황제로 추대함으로써 유씨 천하를 회복시켰다. 여태후가 죽은 지 2개월 만의 일이었다. 여씨 일족의 난은 자칫 내전으로 발전할 수 있었으나 진평과 주발은 국력을 거의 소모하지 않고 여씨 일족을 몰아냄으로써 정권을 안정시켰다.

BC 180년, 유항이 문제(文帝)로 즉위했다. 진평과 주발은 여씨 일족을 타도한 공을 인정받아 주발은 우승상, 진평은 좌승상에 임명되었다. 문제 1년 주발이 물러나자 진평은 혼자서 승상을 맡아 국정을 지휘하여 ‘문경의 치’의 토대를 닦는 데 크게 기여했다. 기원전 178년 진평이 세상을 떠나자 문제는 그에게 ‘헌후(獻候)’라는 시호를 내렸다.

조참(曹參, ?~BC 189)

조참(曹參)은 자는 경백(敬伯)이며 사천군 패현(沛縣) 사람이다. 원래 진나라의 관리로 소하 밑에 있었으나 고조 유방과 뜻을 같이했다. 한신과 더불어 군사면에서 활약했다. 진나라와 항우를 공략하여 한나라의 통일 대업에 이바지한 공으로 건국 후에는 공신 서열 두 번째, 평양후(平陽侯)로 책봉되고 식읍 10,600호를 하사받았으며 구강왕 경포의 반란을 평정하기도 했다. 제나라의 재상을 지내다가 혜제 시절에는 소하의 추천으로 상국이 되었고, 황로지학(黃老之學)에 의거해 나라를 다스렸다.

조참은 원래 진나라에서 패현(沛縣)의 옥리(獄吏)로 있었으며 소하와 함께 패현의 관리였다. 진승 오광의 난이 일어나고 각지에서 반란이 발생하자 패현의 현령도 이에 호응하려 했다. 조참은 소하와 함께 망명자들을 불러들이도록 조언해 현령이 이를 받아들이니 망탕산에서 숨어 지내던 유방 일행이 내려왔다. 도중에 현령이 진나라를 배신한 것을 후회하고 성문을 잠그고 소하와 조참을 죽이려 하자 소하와 함께 유방에게로 달아났다. 유방이 패현 사람들의 도움을 받아 패현 현령을 죽이고 패성을 손에 넣었으나 현령의 직책을 사양했는데, 소하와 조참이 자신과 일족을 보호하고자 유방을 설득해 결국 받아들이게 했다. 유방이 거병하자 중연(中涓)으로 따랐다. 유방을 따라다니며 전장에서 활약해 마지막 무관·요관을 돌파해 마침내 진왕 자영의 항복을 받는 데까지 함께했다. 유방이 한왕으로 봉해지면서 조참은 건성후(建成侯)에 봉해졌고 장군으로 삼진 정벌에 종군해 각종 전투에서 공을 세웠다. 한신이 진(陳)으로 가 유방의 본진에 합류해 서초패왕 항우를 무찌를 때, 조참은 제나라에 남아서 아직 복종하지 않는 지역을 평정했다. 마침내 유방이 황제가 되자 제나라를 폐지해 군으로 삼고, 제나라 왕이던 한신은 초나라 왕으로 옮겼다. 이에 조참도 한나라로 돌아와서 재상의 인수를 반납했다. 고조 6년에는, 제나라를 복국하고 제도혜왕을 봉하면서 조참은 제나라의 상국으로 부임했다. 또 같은 해 공신들을 후작으로 봉하면서 조참은 평양에 1만 630호를 받아 새로 하동군의 평양 땅을 영토로 삼는 평양후가 되었다.

조참은 전장에서 일흔 곳에 창상을 입었으며, 그의 군공은 제장 중 제일이었다. 이에 공신의 차례를 정할 적에 모두 조참을 제일로 하자고 했으나, 고조는 소하가 후방을 맡아 군자와 병력을 충실히 한 것을 으뜸으로 여겨 소하를 제1위로 삼았고 조참은 제2위에 올렸다. 조참은 제나라 상국으로서 진희의 난 진압에 참여해 진희의 장수 장춘(張春)을 무찔렀다. 또한 영포의 난에서는 제도혜왕을 따라서 고조와 합류하여 영포를 무찌르고 난을 평정했다.

혜제 원년(BC 194년), 제후국의 상국을 폐지하면서 조참은 제나라 승상이 되었다. 도혜왕이 아직 어리고 중국이 통일된 지 얼마 안 됐으므로, 조참은 장로들과 선생들을 불러서 사람을 모으고 나라를 안정시킬 방법을 논의했다. 그러나 제나라의 백여 유생들은 서로 주장하는 바가 달라 무엇을 할지를 정할 수 없었다. 그러다 교서(膠西) 땅의 갑공(蓋公)이 황로의 법에 능하다는 말을 듣고 조참은 갑공을 초빙했다. 갑공은 청정을 귀히 여기면 백성들이 스스로 안정될 수 있다고 조언했다. 조참은 갑공에게 관사를 마련해주고 그의 조언에 따라 황로의 술법으로 나라를 다스렸다. 제나라 재상으로 9년 재임하는 동안 그가 원하던 대로 사람이 모여들고 나라가 안정되니 제나라에서는 조참을 '어진 재상[賢相]'으로 평가했다.

혜제 2년(BC 193년), 한나라의 상국 소하가 죽었다. 조참은 이 소식을 듣고 짐을 꾸려 후임 상국으로 부임할 준비를 했고, 곧 사자가 찾아왔다. 원래 조참은 비천할 때에는 소하와 친했으나 출세한 뒤로는 사이가 벌어졌는데, 소하는 죽을 무렵에 혜제에게 후임 승상으로 조참을 천거했다. 조참은 상국으로 부임해서는 소하가 만들어 놓은 것을 전혀 바꾸지 않고 그대로 따라갔다. 그러다 조회에서 혜제가 게으르다고 조참을 꾸짖자, 조참은 "이미 고조와 소하가 천하를 안정시키고 법을 밝히 정했으니 그들보다 못한 우리는 그들이 한 대로 따라가면서 실수하지 않으면 된다."고 말했다. 혜제는 조참의 말에 수긍했다. 역사에서는 이를 "소하가 법을 만들고 조참이 이를 따른다"는 뜻으로 '소규조수(簫規曹隨)'라 한다. 조참은 상국으로 재임한 지 3년 만에 세상을 떠났으며, 시호는 의(懿)로 정해졌다.

조참이 죽은 후, 그의 아들 조줄이 평양후를 계승했고, 그 후손들의 평양후 세습은 《한서》가 집필될 때까지 후한에서 계속됐다.

후한말에 등장한 조조의 가문은 조참을 선조로 하고 있다. 그러나 조조의 조부 조등은 환관이었다. 조등은 가문의 존속을 위해 조참의 동료였던 하후영의 자손 조숭을 양자로 입양하여 조씨의 성을 계승시켰다. 그리하여 조조는 족보상 조참의 후손으로 되어 있지만, 혈통적으로는 조참의 자손이 아니라 하후영의 자손이다.

영포(英布, ?~BC 195) / 경포(黥布)

영포(英布)는, 성은 영(英)이고 이름은 포(布)인데, 경형(黥刑)을 받았다 하여 경포(黥布)라고도 불렀다. 항우가 세운 18제후왕 중 구강왕이었고, 한에서는 회남왕이 되었다.

영포는 육현(현 안휘성)의 평민 출신으로 어린 시절에 "형벌을 받을 운명이나 후에 왕이 된다."는 예언을 들었다. 그 뒤에 법을 어겨 경형(얼굴에 죄목을 문신으로 새기는 형)을 받자 스스로 예언이 이루어졌다 여기고 기뻐하자 사람들의 비웃음을 샀다. 이 때문에 경포(黥布)라는 별명이 붙었다. 영포는 형벌로 노역에 동원되어 여산에 끌려갔다가 여산에서 같이 노역하는 죄수들을 모아 달아나 양자강에서 도둑 집단을 만들었다.

진승과 오광의 난이 일어나자 영포와 도적 패거리들은 진나라에 반기를 들었고, 영포는 오예의 신임을 받아 그 사위가 되었다. 장한의 진나라 군대가 진승, 여신을 차례대로 무찌르자 영포는 이에 대항하기 위해 군대를 북진시켜 청파 지역에서 진나라의 좌우 교위를 무찌른 뒤 동쪽으로 진격했다. 이 시기 항량이 회계와 강동을 평정하고 양자강을 넘어오자 동양현의 민란군 수장 진영이 항량에게 합류하는 일이 있었고, 영포도 포장군과 같이 항량의 군대에 합세했다.

이후 영포는 항량의 부하로 경구, 진가 등을 공격할 때 참전해 선봉에 서서 싸웠고, 항량이 초 의제를 왕으로 옹립하면서 당양군이 되었다. 그 후 항량이 장한의 공격을 받아 정도에서 죽자 초 회왕의 명령에 따라 당양군 영포도 장수들과 함께 천도한 수도 팽성에 모였다. 얼마 뒤 장한의 진나라 군대가 조나라의 거록성(巨鹿城)을 포위하자 초나라는 조나라 구원군을 편성해 상장군 송의를 대장으로 삼고 거록으로 출진했다. 영포도 장군으로 구원군에 배속되어 거록으로 향했다. 거록으로 향하던 중 대장인 송의와 차장인 장안후(長安侯) 항우 사이의 갈등으로 항우가 상관인 송의를 살해했고, 영포를 포함한 초나라 군사들은 모두 항우를 따랐다. 당양군 영포는 항우의 지시로 선발대를 이끌고 먼저 거록에 가서 장한의 진나라 군대를 공격했다. 이후 항우의 본대와 같이 거록을 포위한 진군을 격파하고 조나라를 구원했으며, BC 207년 은허에서 장한의 항복을 받아 대승을 거두었다. 영포는 항우를 따라 초나라 군대와, 장한을 따라 같이 항복한 진나라 군대과 같이 진나라의 본토로 쳐들어가던 도중, 신안에서 항우의 명령을 받아 진나라 병사 20여만 명을 밤중에 생매장했다.

같은 해 12월, 함곡관에 도달한 항우의 군대가 함곡관을 막은 패공 유방에게 저지돼 넘어가지 못하자, 영포는 별동대를 이끌고 함곡관을 우회하여 기습해 함곡관을 함락하고 진나라의 수도 함양으로 들어갔다. BC 206년 항우는 각지에 제후들을 분봉했는데, 영포도 그 공적을 인정받아 옛 초나라 영역을 넷으로 나눈 제후국 중 하나인 구강의 왕에 봉해졌다. 그 해 8월 항우의 밀명으로 형산왕 오예, 임강왕 공오와 같이 장사로 천도하던 초 의제를 공격했고, 영포는 10월 침현에서 초 의제를 살해했다. 그 후 항우는 자기가 임명한 제나라의 제후왕을 몰아내고 제나라의 실권을 장악한 전영을 공격하기 위해 구강왕 영포를 포함한 측근들을 소집했다. 그러나 영포는 병을 핑계대고 장수와 수천 명의 군사들만 보내면서 본인은 참전하지 않았다. 이후 한왕 유방이 60만의 제후 연합군을 이끌고 서초의 수도 팽성을 함락한 후 다시 항우가 반격하는 과정(팽성 전투)에도 영포는 참전하지 않았다. 이 때문에 항우의 노여움를 사 꾸짖음을 듣고 소환령을 받았으나 두려움에 응하지 않았다. 서초패왕 항우도 당장 자신을 도울 자가 구강왕뿐인데다 영포의 재능을 아껴 공격하지는 않았다. 그러다 서초의 항우쪽 사자가 구강왕을 찾아와 군사를 내도록 독촉하려고 하다가 수하가 구강왕 영포의 변절 사실을 밝혀내는 바람에 결국 영포는 초나라 사자를 베고 서초를 공격하게 되었다. 항우는 항성과 용저를 보내 회남을 공격하게 하고, 본인이 직접 하읍을 공격했다. 몇 달 못 가 영포는 용저와 항성에게 격파당하고 결국 한왕에게로 달아났다. 영포는 조금 단순한 인물인지라 한왕이 자신을 무례히 대하자 분노하며 후회해 자결할 생각까지 했으나 한나라에서 제공한 관사의 대접이 매우 융숭해 기뻐했다.

옛 구강의 병사 중 수천 명이 다시 구강왕 영포의 밑으로 돌아오자 한왕은 이들을 성고 수비군에 합류시키는 한편 구강왕을 회남왕으로 봉했다. 회남왕이 된 영포는 구강으로 들어가 서초의 대사마 주은을 회유했다. 이들은 함께 구강의 병사를 이끌고 한의 본대와 합류해 해하에서 초나라를 격파하는 데 공을 세웠다.

항우가 죽고 한왕이 온 중국을 평정하면서 영포는 계속 회남왕으로 통치했다. BC 196년, 여후가 한신을 죽이자 영포도 두려웠다. 그해 여름, 고조가 팽월을 죽이고 팽월의 살로 젓갈을 담가 제후들에게 주었는데, 이를 받고 영포는 더 큰 두려움을 느껴 은밀히 병사를 모아 경계를 강화했다.

그즈음 회남왕 영포의 애첩이 의원에게 자주 치료를 받으러 다니다가 의원 곁에 사는 중대부 비혁(賁赫)의 시중을 받고 영포에게 비혁을 칭찬했다. 영포는 비혁이 애첩과 간통했다고 의심하고 사로잡으려 했으나 비혁은 장안으로 달아나 한고조 유방에게 달려가 회남왕이 모반을 일으키려 한다고 고변했다. 이에 상국 소하는 일단 비혁을 묶어두고 회남왕의 모반 혐의에 대해 진실을 제대로 알아보아야 한다고 진언했다. 그러나 영포는 비혁이 자국의 기밀을 이미 흘렸고, 한나라의 사자도 이미 자신의 수상한 동태를 알아챘으리라고 여기고 비혁의 일가족을 몰살하며 진짜 모반을 일으켰다. 영포는 기현 서쪽의 추(甀)에서 황제 유방이 친히 이끄는 진압군과 대치하게 되었다. 이때 영포는 과거 항우와 비슷한 방식으로 군진을 폈는데, 고조는 이를 보고 눈살을 찌푸렸다. 고조가 멀리서 말했다.

"무엇이 괴로워서 반역을 일으켰는가?"

"그저 황제가 되고 싶었을 뿐이다!"

영포가 이끄는 반군과 한 고조의 진압군이 마침내 크게 맞서 싸웠다. 고조가 싸움 중에 날아온 화살에 맞아 상처를 입었고(결국 고조는 이 상처가 악화되어 죽었다) 반군은 패주해 화이허를 건너며 여러 차례 싸웠으나 불리해지자 장강을 건너 달아났다. 그때 영포의 장인 오예는 이미 죽고 그 아들 오신이 뒤를 이어 장사왕이 되었다. 영포는 함께 월나라로 망명하자는 오신의 말을 믿고 함께 파양으로 갔다가 거기서 지역 주민들에게 죽었다.

범증(范增, BC 278~204)

범증(范增)은 초나라의 장군이자 참모이다. 그는 70세가 될 때까지 은거생활을 하다가 진나라 말기에 초나라를 재건하기 위해 반란을 일으킨 항량의 휘하에 들어갔다. 명분을 세우기 위해서는 초 의제를 옹립하는 것이 필요하다고 건의했다. BC 208년, 항량은 정도(定陶)에서 진나라의 장군 장한에게 격파당하고 전사했다. 항량이 죽은 후에 범증은 항량의 조카인 서초패왕 항우의 참모로 활동하면서 한왕 유방을 견제하려 했으나 끝내 실패했다.

한편 초 의제는 송의를 상장군(上將軍)으로, 항량의 조카인 노공(魯公) 항우와 범증을 각기 차장(次將)과 말장(末將)으로 삼아 진나라 군대에 포위당한 조나라를 구원하도록 했다. 초나라 군대를 지휘하게 된 송의는 조나라를 구원하러 가던 중에 안양(安陽)에 이르러 46일 동안 움직이지 않았는데, 이에 불만을 품은 항우가 송의를 살해하고 대신 상장군이 되어 초나라 군대의 지휘권을 장악해 진나라 군대에 포위당한 조나라의 거록을 구원하고 진나라 군대를 크게 격파했다. 이후 범증은 항우 진영에 본격 합류했는데, 항우는 그를 아보(亞父)라는 별명으로 불렀다. 아보(亞父)라는 말은 곧 아버지 다음으로 존경한다는 뜻으로, 춘추 시대의 재상 관중이 제 환공으로부터 중보(仲父)라는 호칭으로 불린 것과 같은 것이다.

초 의제는 앞서 송의에게는 북쪽으로 가서 조나라를 구원케 하고, 유방에게는 서쪽으로 가서 함곡관(函谷關)을 공략하라고 하면서 먼저 관중을 평정하는 자를 그곳의 왕으로 삼겠다고 약속했다. 그런데 항우가 장한이 지휘하던 진나라 군대를 격파하고 그의 항복을 받아내던 와중인 BC 207년 9월,

유방이 항우보다 앞서 관중에 들어가 진왕 자영으로부터 항복을 받아냈다. 이 소식을 듣고 화가 난 항우는 함곡관으로 진군했다.

한편 유방은 관중에 입성한 후에 함곡관에 장수를 보내 관문을 지키도록 했는데, 그 장수는 항우를 함곡관 안으로 들여보내주지 않았다. 당시 범증은 항우 휘하에서 대장군을 맡고 있었다. 함곡관에 들어갈 수 없게 되자 범증은 격분하여 "패공(沛公)은 반역을 하려 하는가? 곧 집집마다 땔감을 한 다발씩 징발해서 관문을 불태워 버리겠다."라고 위협하여 관문을 열게 했다. 이에 항우는 함곡관을 돌파하여 희수 서쪽에 이르렀다. 그리고 40만 대군을 거느리고 홍문(鴻門)에 도달했는데, 이때 유방은 10만 군사를 거느리고 패상(霸上)에 주둔하고 있었다. 범증은 항우에게 이렇게 고했다.

"패공이 산동에 있을 때만 해도 재물과 여색을 탐냈는데, 지금 관중에 들어가서는 재물에는 손도 대지 않고 여자도 가까이하지 않고 있습니다. 이는 그 뜻이 작지 않다는 것입니다. 제가 사람을 시켜 그 기운을 보게 했더니 모두 용과 호랑이에 오색인 것이 천자의 기운이었습니다. 때를 놓치지 말고 서둘러 공격하셔야 합니다."

그런데 유방의 참모였던 장량은 평소에 항우의 숙부 항백과 친분이 두터웠다. 덕분에 유방과 장량은 항백에게 부탁하여 항우를 찾아가 용서를 빌 기회를 마련했다. 유방은 100여 명의 기병만을 거느리고 홍문(鴻門)으로 가서 항우의 연회에 참석해 자신의 잘못을 말하며 용서를 구했다. 범증은 연회 자리에서 수차례 눈짓을 던지고 옥결(玉玦)을 들어보이며 항우에게 유방을 죽이라는 신호를 보냈으나 명분에 집착한 항우는 범증의 말을 듣지 않았다. 그러자 범증은 자리에서 일어나 밖에 있던 항우의 종제 항장(項莊)을 불러 검무를 추는 척하며 유방을 찔러 죽이라고 지시했다. 그러나 이를 눈치챈 항백이 칼을 뽑아 항장과 함께 검무를 추며 유방 앞을 가로막아 암살을 막았다. 상황이 나빠지자 장량은 번쾌를 불러 목숨을 걸고 유방을 호위하도록 했다. 분위기가 험악해진 것을 눈치챈 유방은 술이 취했다는 핑계로 측간에 가는 척하며 홍문을 빠져나갔다.

한편 유방은 홍문으로 오면서 백벽(白璧) 한 쌍과 옥두(玉斗) 한 쌍을 가져와 각기 항우와 범증에게 선물하려 했으나 범증이 분노한 것을 보고는 그럴 엄두를 내지 못했다. 유방이 빠져나가고 나자 장량이 선물을 대신 항우와 범증에게 전해주었다. 항우는 백벽을 받아두었으나 범증은 옥두를 땅바닥에 놓고 검을 뽑아 그것을 내리치며 소리쳤다.

"어린 놈과는 일을 도모할 수 없다! 항왕의 천하를 빼앗을 자는 패공이다! 이제 우리는 모두 그에게 사로잡히고 말 것이다!"

유방을 제압하고 관중에 입성하여 자영을 죽여 진나라를 멸한 항우는 땅을 나누어 함께 진나라를 공격한 18명의 제후들에게 분봉했다. 이때 항우와 범증은 유방을 의심했으나 이제 와서 약속을 저버릴 수 없었다. 또한 여러 제후가 이로 인해 자신들을 배반할까 두려웠다. 그래서 관중을 4개의 나라, 즉 한(漢), 옹(雍), 새(塞), 적(翟)으로 분할하고는 그중에서도 길이 험해 유배지로나 여겨지던 파촉(巴蜀)을 유방에게 주어 한왕(漢王)으로 봉했다. 또한 진나라의 옛 장수들인 장한, 사마흔, 동예 등을 각기 옹왕(雍王), 새왕(塞王), 적왕(翟王)으로 봉하여 유방이 파촉에서 빠져나오지 못하도록 견제했다.

분봉이 끝난 지 불과 8개월 후인 BC 206년, 유방이 한신 등의 인재를 기용하여 불시에 함곡관을 빠져 나와 방심하고 있던 관중의 세 나라를 공격하며 항우와 맞서기 시작했다. 이로부터 세상의 패권을 건 초한 전쟁이 시작되었다.

BC 204년, 항우는 형양(滎陽)으로 달아난 유방을 추격하여 그 식량 보급로를 끊으려 했다. 곤궁에 처한 유방은 항우에게 강화를 요청하며 형양을 기점으로 서쪽은 한나라가 차지하고 동쪽은 초나라가 차지하는 방안을 제안했다. 항우는 아직 제나라의 반란을 완전히 진압하지 못한 상태였기 때문에 유방의 제안을 받아들이려 했다. 그러나 범증은 이에 반대하며 유방을 먼저 쳐야 한다고 주장했고, 항우는 범증의 의견을 받아들여 범증과 함께 형양에 주둔한 유방의 군대를 포위했다. 범증의 방해 때문에 형양의 포위를 푸는 데 실패한 유방은 진평에게 대책을 물었다. 진평은 항우와 그 신하들의 사이를 이간질한 후에 초나라를 치면 이길 수 있다고 주장했다. 유방은 진평의 계책을 받아들였다. 일부러 호화로운 식사인 태뢰(太牢)를 준비해 두었다가 항우의 사자를 맞이할 때 대접하는 척하다가 "아보(亞父, 범증)의 사자가 아니라 항왕의 사자였군."라고 말하며 태뢰를 도로 물리고는 형편없는 식사를 대접했다. 이 일을 알게 된 항우는 범증이 유방과 밀통을 하는 게 아닌가 의심하여 점차 그의 권한을 빼앗아갔다. 이에 분노한 범증은 "천하의 일이 크게 정해졌으니 군왕께서 스스로 알아서 하십시오. 저는 고향으로 돌아가 늙어 죽고자 합니다."라고 말하며 물러났다. 항우가 이를 수락하자 범증은 팽성(彭城)으로 돌아가던 중에 등창이 나서 죽고 말았다. 범증의 죽음으로 이제 항우 진영에는 아무도 직언하는 사람이 없었고, 그것은 초(楚)의 패망으로 이어졌다.

종리매(鍾離眛, ?~BC 201)

종리매(鍾離眛)는 초한 전쟁 시기 초나라의 장수로《사기》,《한서》등의 사서 원문 등에는 말(眛)로 기술되어 있다. 그는 항량이 회계에서 3천의 장정을 모아 거병할 때부터 그들을 따랐다. 원래는 전 회계 태수 은통 밑에서 계포와 같이 있었다. 후에 초 회왕이 된 양치기 미심을 수소문 끝에 찾아내어 명성이 높아졌다. 종리매는 장수로서의 능력도 뛰어났는데,《초한지》에서는 주로 항우가 위기에 몰렸을 때 구원군을 몰고 와서 구해주는 역할이었다. 그러나 실제로는 유방을 여러 차례 사지로 몰아넣은 적이 있어 한(漢) 통일 후 그와 한신이 몰락하는 빌미가 되었다.

종리매는 "세운 공은 많지만 지급된 영지가 없어 불만이 많다"는 식의 헛소문이 돌아서 한때 항우의 의심을 사기도 했지만, 종리매의 충성심은 변함이 없어서 해하 전투까지 항우를 보필했다. 그러나 종리매도 사면초가의 상황에서는 살아남아서 도망치는 쪽을 택했다. 이후 그는 한때 유방의 부하로 같이 있었던 한신에게 의탁했다. 유방이 적장이었던 종리매를 끝까지 찾아 죽이라는 포고령을 내린 상황에서 한신은 과거 초나라 졸병 시절 직속 상관으로 자신을 잘 돌봐 준 옛정을 생각해서 종리매를 보호해주었다. 그런데 난데없이 한 초나라 사람이 나타나 한신이 모반하려 한다고 유방에게 고했다. 한신이 발을 동동 구르며 고심하던 중 누군가 "종리매를 죽여서 바치면 황제가 봐줄 것"이라고 말한 것에 혹해 종리매에게 조심스럽게 말했다. 이 말을 들은 종리매는 격분하여 "내가 사람을 잘못 봤구나! 너 같은 놈은 장자가 아니다! 날 죽이면 너라고 성할 것 같냐?"라는 저주 서린 유언을 남기며 한신이 보는 앞에서 칼로 목을 찔러 자살했다. 이후 한신의 말로를 보면 종리매의 말이 별로 틀린 말이 아니었음을 알 수 있다.

항백(項伯, ?~BC 192)

항백(項伯)의 백(伯)은 자이며 이름은 전(纏)이다. 그는 명장 항연(項燕)의 아들이며, 항량(項梁)과 형제로 항우의 숙부이다. 항백은 성품이 온화했다고 전해진다. 아버지의 뒤를 이어 초나라 부흥 운동에 참여했으나 실패하여 한때 장량에게 의탁했다. 그 후 장량과 친구가 되었으며 한 고조의 딸과 혼인 관계를 맺어 사돈 관계가 되었다. 홍문연에서 항우가 자존심 때문에 유방을 죽이지 못하고 망설이자 범증이 항장을 시켜 칼춤을 추다가 유방을 죽이는 작전을 썼다. 이를 눈치챈 항백이 유방을 보호하며 칼춤의 상대가 되어줌으로써 친구 장량이 번쾌를 부르는 시간을 버는 데 성공했다. 이후의 일을 본다면 항백의 행동은 결국 조카인 항우가 천하를 잡는 데 방해를 한 셈이다.

소설 《초한지》에서는 범증 이후 최측근 참모였던 것으로 묘사된다. 또한 항우가 유방의 아버지 태공을 삶아 죽인다고 협박하자 이에 맞대응한 유방의 말에 당황한 항우를 설득하여 협박을 취소하게 만든 것을 보면 측근 참모 역할을 했을 가능성이 크다. 그러나 항우가 해하 전투로 패하기 직전, 항백은 망설임 없이 이탈하여 유방에게 항복했다. 유방은 홍문연에서 죽을 뻔한 본인을 살려준 은인이자 아버지까지 살려준 은인이기에 항백을 두 팔 벌려 환영했다. 이후 한나라 개국 공신으로 등재되었으며 심지어 항씨 성을 버리고 유씨 성을 받아 개명할 정도로 대우를 받았다. 그는 유방에 의해 사양후(射陽侯)에 봉해졌다.

제14강

한 무제와 전한 이야기

문제와 경제의 문경지치(文景之治)

한 5대 황제 효문제, 유항

문제(文帝) 유항(劉恆, BC 180~157)은 5대 황제이다. 고조 유방의 4남이자 혜제의 이복동생이다. 여태후의 죽음과 함께 형제들에 의해 황제로 추대되었다. 그는 아들 경제(景帝)와 함께 유교를 통치 철학으로 확립하고, 소모적인 대외 원정을 피하는 한편 경제(經濟)를 안정시켜 문경지치(文景之治)를 이룩했다. BC 180년, 여태후가 죽고 주발 진평 제애왕 성양경왕(당시 주허후) 등이 여씨 세력을 토벌하면서 황제로 추대되었다. 원래는 제애왕을 황제로 세우기로 했으나 유택 등의 대신들이 제애왕의 외가 사씨가 여씨와 같이 될 것을 꺼려 어머니 박(薄)씨의 세력이 약한 대왕(代王), 문제(文帝)가 추대되었다.

문제는 인군(仁君)으로 안정과 검약을 실천했다. 후세의 황제들이 자신의 통치를 점검하려 할 때 "나의 정치가 과연 한의 문제(文帝)만 한가?"라고 자문할 정도로 근검절약을 실천에 옮긴 현군이었다. 특히 문제의 통치 철학은 한나라 초에 유행했던 황로학(黃老學)의 영향을 받아 무위자연 사상이 정치에 그대로 반영되었다. 그는 진의 시황제(始皇帝)를 반면교사 삼아 인위적이고 무리한 정치를 피하고, 민생을 안정시키며 순리에 따른 정사를 펴나갔기 때문에 진시황제 이래 혹독하게 시달려 오던 백성들이 안정을 취할 수 있었다.

특히 유교주의 정치가인 가의(賈誼)가 건의한 치안책(治安策)은 문제의 통치에 큰 영향을 주었다. 경제 정책면에서는 고조(高祖) 시대의 지조(地租)인 15분의 1세를 30분의 1로 감세했고, 만년에는 토지세를 폐지했다. 또한 백성의 요역을 경감하고 진(秦) 이래의 악법인 연좌제와 신체에 고문을 가하는 육형(肉刑)을 폐지했으며, 언론의 자유를 보장했다. 이를 통해 문제 시대는 이전과는 다른 보다 민본적인 사회로 나아갈 수 있었다.

가의(賈誼)는 고작 20세의 나이에 박사가 된 한나라의 최연소 학자였다. 그는 시문에 정통하고 제자백가에 능통해서 한 문제의 신임을 받았다. 박사가 된 후 1년 만에 태중대부가 되어 진(秦)나라 때부터 내려온 율령, 관제, 예악 등의 제도를 개정하고 전한의 관제를 정비하기 위한 많은 의견을 제시했다. 하지만 주발 등의 미움을 받아 좌천되었고, 스스로의 처지를 굴원에 비유하며《조굴원부》등을 쓰기도 했다.

4년 뒤 복귀하여 문제의 막내아들 양회왕(梁懷王)의 태부가 되었으나 양회왕이 낙마하여 급서하자 이를 애도한 나머지 1년 후 33세로 죽었다. 저서에는《신서(新書)》10권이 있으며, 진의 멸망 원인을 추구한《과진론》이 있다. 그는 미래에 있을 제후왕과의 다툼을 예상하고 상소를 올려 개혁을 요구했다. 가의의 개혁 내용은 일단 군국제 제후왕들의 세력을 약화시키자는 것이었다. 왕들을 오히려 수십 명을 더 봉하여 작게 갈라놓은 후, 힘이 약해진 이들을 조정이 관리하자는 것이었다. 그러나 문제는 이 개혁에 동의하지 않았다. 그러자 가의는 문제의 아들인 회양왕(淮陽王) 유무(劉武)를 죽은 양회왕을 대신해서 양왕으로 삼으라고 주청했다. 이는 황태자 유계(劉啓)가 훗날 황제가 될 때 큰 도움이 되리라는 판단에서였다. 문제는 이 말을 따라 유무를 양왕으로 삼고 40여 개의 성을 지배하게 했다. 이 유무(劉武)는 훗날 오초칠국의 난에서 대활약을 함으로써 한 경제(景帝)가 제후왕들을 물리치는 데 큰 힘이 되었다.

문제의 통치는 중국 역대 절대군주가 자신의 치적을 내세우기 위하여 대외 원정이나 대토목 사업을 일으킨 것과 같은 인위적인 정치가 아니라, 무위의 정치로 백성을 쉬게 한 안정화 정책이었다. 일례로 BC 174년에 있었던 회남왕 유장의 모반 사건을 계기로 박사 가의와 조조(鼂錯)는 중앙 정부를 강화하고 지방 세력을 약화시키는 강간약지정책(強幹弱枝政策)을 내세워 제후왕의 영지를 삭감할 것을 강력히 주장했다. 그러나 문제(文帝)는 그것이 제후국과의 힘 겨루기로 이어져 애써 이룩한 민생의 안정을 흔들 것으로 판단했다. 이에 제후왕과의 대결을 피하고 종래의 군국제(郡國制)를 유지했다.

문제의 뒤를 이은 경제(景帝)도 대체로 부친의 정책을 그대로 답습했다. 이리하여 문제 · 경제 재위 40년간(BC 180~BC 141)의 안정화 정책으로 황폐한 농촌 사회는 휴식을 취하면서 생산력을 증가시켰고, 국력이 회복되어 번영을 누리게 되었다. 이와 같은 문경 시대의 사회적 번영과 경제력의 회복은, 다음에 오는 무제(武帝) 시대의 막대한 대외 원정을 감행할 수 있었던 재정과 군사비 조달의 배경이 되었다.

문제는 모두 아홉 필의 준마를 얻었는데, 모두 세상에서 제일가는 명마들이었다. 말의 이름은 각각 부운(浮雲), 적전(赤電), 절군(絶群), 일표(逸驃), 자연(紫燕), 녹이총(錄離驄), 용자(龍子), 인구(驎駒), 절진(絶塵)이었다. 이 아홉 필의 말들을 문제는 구일(九逸)이라고 불렀고, 말을 모는 사람은 왕량(王良)이라고 불렀다. 이후 천리마 확보가 국방력 강화라고 생각한 무제(武帝)는 이런 명마들을 대량 확보하기 위해 장건을 서역으로 파견하는 등의 적극적인 정책을 폈다.

전한 문제의 황후, 효문황후 두의

두의(竇猗, BC 205~135)는 전한 경제의 어머니이다. 조(趙)나라 청하(淸河) 사람으로, 그녀의 집안은 본래 명문가였으나 일찍 부모를 여읜 탓에 오라비 두건(竇建), 동생 두광국(廣國)과 함께 불우한 어린 시절을 보냈다. 두씨가 자라 시집갈 나이가 되었을 때, 미색이 뛰어난 탓에 궁녀로 입궁하여 여태후(呂太后)를 섬기게 되었다. 후에 여태후는 궁녀들을 내보내 여러 제후왕에게 하사했는데, 두씨 또한 이 출궁 행렬에 이름이 올랐다. 두씨는 조나라(趙)가 고향에서 가까워 궁녀의 송환을 주관하는 환관에게 "저를 반드시 조왕(趙王)에게 보내주십시오."라고 간청했다. 하지만 환관이 이 부탁을 잊어 그녀의 명부를 대국(代國)으로 가는 궁녀의 대오 가운데 놓았다. 뒤늦게 이 사실을 알게 된 두씨는 흐느껴 울면서 가지 않으려고 했으나 어쩔 수 없이 따라야 했다. 그러나 이 일은 그녀의 인생을 바꿔놓은 천운(天運)이었다. 두씨는 대국에 오자마자 대왕 유항(代王 劉恒)의 눈에 들어 그의 후궁이 되었다. 대왕의 총애를 독차지하게 된 두씨는 곧 딸을 낳았고, 이름을 표(嫖, 관도공주)라고 했다. 잇달아 두 아들 계(啟, 경제)와 무(武, 양왕)를 내리 낳으며 궁 안에서의 자신의 위치를 굳건히 했다.

BC 180년, 여태후가 죽자, 대왕(代王) 유항(劉恒)이 황제의 자리를 계승했으니 이가 바로 문제(文帝)였다. 이즈음 대왕후(代王后)는 이미 중병에 걸려 세상을 떠났고, 왕후가 낳은 네 명의 아이들도 모두 병으로 죽고 없었다. 문제가 즉위한 지 몇 달이 지나자 대신들은 태자 책봉을 주청했다. 문제의 아들들 가운데 두씨가 낳은 황자 계(啓)가 가장 연장자였으므로 태자로 세워졌다. 이후 경제가 즉위하였고, 두씨는 황태후가 되었다. BC 141년, 경제가 세상을 떠나고, 태자 철(徹, 무제)이 황제가 되자 두태후는 태황태후(太皇太后)가 되었다.

무제(武帝)가 즉위했을 때는 16세의 어린 나이였다. 따라서 그가 즉위하고 난 뒤 정치는 자연스레 조모인 태황태후의 감시와 견제하에 이루어졌다.

그 때문에 두태후는 무제와 정치적으로 충돌하게 되는데, 그 대표적인 것이 바로 유학과의 충돌이다. 무제는 즉위하자마자 곧바로 유학자들을 높은 자리에 앉혀 정치 쇄신을 도모했지만, 이내 두태후의 반대에 부딪혔다. 태후나 문제는 무위(無爲)를 주장하는 도가(道家) 사상을 중시했고, 경제는 법률 만능인 법가(法家) 사상을 주장하는 조착(晁錯)을 등용했다. 따라서 중국 역사상 유학자가 실무를 담당하는 고관의 자리에 본격적으로 등용된 것은 무제 때가 처음이었다.

문제(問題)는 황제의 조모인 태황태후가 열렬한 노장(老莊)의 신봉자였다는 점이다. 두태후가 황제(黃帝)와 노자(老子)의 술(術)을 좋아했다는 것은 이미 널리 알려진 사실이었다. 그 당시 두태후 자신이 《노자》를 읽고 그 술책을 숭상했을 뿐만 아니라 경제와 모든 두씨 자제들까지도 《노자》를 읽고 이른바 '황노지술(黃老之術)'을 받들게 했다. 그러니 두태후가 무제의 유학 진흥책을 지지할 리 만무했다. 어린 황제가 안거포륜(安車蒲輪, 바퀴를 부들 풀로 싸서 편안하게 탈 수 있는 수레. 현사를 우대한다는 뜻으로 쓰임)의 예로 당대의 저명한 유학자들을 초빙하자 두태후는 이러한 조치에 크게 노하여 황제가 등용한 유학자들을 모두 죽였다. 그러다 같은 해 건원(建元) 6년, 그토록 위세당당하던 두태후는 시력을 잃고 고생하다 노환으로 세상을 떠났다. 두태후 사후, 드디어 무제는 친정을 선포하고 한나라의 최전성기를 열게 되었다.

제6대 황제 경제, 유계

경제(景帝, 劉啓, BC 157~141 재위)는 관대한 정치를 폈던 아버지 문제 때에 봉토를 나누어 받았던 강대한 봉건 제후들의 세력을 축소시키려 했다. BC 154년, 이에 반발한 제후들이 7국의 난을 일으켰으나 평정되었다. 그 뒤로 제후들은 자신들의 봉국 내에서 대신들을 임명할 수 있는 권리를 박탈당했고, 영토는 그들의 자식들에게 분할되었다. 이러한 조치는 중앙 정부의 권력을 강화시켰고 경제의 아들, 즉 유명한 무제의 빛나는 통치로 이어지는 길을 닦았다. 경제(景帝)는 문제(文帝)의 장남이며 어머니는 효문황후(孝文皇

后)이다. 아버지와 마찬가지로 한 왕조의 기반을 다지고 선정을 행하여 '문경지치(文景之治)'라 불리는 성세를 닦았다. 후한 왕조의 창시자인 광무제와 삼국 시대 촉의 창업자 유비는 자신들의 조상을 경제의 태자라고 칭했다.

《사기》 '외척세가(外戚世家)'에 따르면 경제는 문제의 다섯째 아들로 태어났다. 그러나 형 네 사람이 모두 문제가 대나라 왕으로 있을 때에 일찍 사망하고, BC 180년 아버지가 황제에 즉위하면서 생모 두씨가 문제의 정실로 승격되면서 경제는 문제의 적자(嫡子)가 되었다. 그는 유학을 배우면서도 한편으로 어머니 두씨로부터 도교를 배웠다.

황태자 시절, 경제는 오왕(吳王) 비(濞)의 세자 현(賢)과 바둑을 두다가 자신이 지게 되자 한 수 물려달라고 했다가 세자가 거절하자 홧김에 바둑판을 집어던져 그를 죽인 일이 있었다. 이 문제로 한의 중앙 정부와 오왕의 관계가 냉랭해졌으나 문제(文帝)의 정치적 배려로 사태는 겨우 수습되었다. 하지만 훗날 오초칠국의 난의 한 원인이 되었다.

경제의 정치는 기본적으로 아버지 문제의 정치를 이어받아 소극적인 외교 정책과 검약에 힘썼다. 또한 중농 정책을 펼치고 세금을 줄이는 등 사회 안정을 실현시켰다. 기본적으로 아버지 문제의 방침을 이어받으면서도 분국 문제에 대해서만은 어사대부 조조(鼂錯)의 헌책을 받아들여 제후왕의 권력을 줄이는 데 착수했다. 제후왕의 사소한 과실을 빌미로 그들의 영지를 몰수하는 등 중앙 집권 체제를 구축해 나갔다. 이에 반발한 제후왕이 몰래 연계하여 BC 154년 오왕 비를 중심으로 오초칠국의 반란을 일으켰다.

그러나 경제는 현실적인 정치 대응력과는 반대로 내세와 불로불사에 대한 관심이 커지게 되었다. 경제의 능묘에서 발굴된 호화로운 부장품은 한나라 공식 기록에 나오는 '질소검약(質素儉約)'과는 상반되는 것으로, 사망자에 대한 경제적 지출이 허용되었던 사치스러운 시대였음을 방증한다.

경제에게는 황후 박씨에게서 태어난 적자가 없었다. 이에 태후 두씨는 경제의 아우인 양왕 무를 다음 황제로 세울 것을 청했으나 경제는 거절했다. 조모인 태황태후 박씨가 죽자 BC 151년, 경제는 황후 박씨를 '황실을 번성시키지 못한 죄'로 폐하고, 다음 황후로 가장 총애하던 후궁 율씨(栗氏)가 아닌 다른 후궁 왕씨를 황후로 간택하고 그녀의 소생인 철을 황태자로 삼았다. 원래 율씨의 아들 유영이 황태자였으나 관도 공주(경제의 누이, 효문황후의 딸)의 방해로 왕씨 부인이 황후가 되고 그의 소생 유철이 태자가 되었다.

한 무제 유철의 치세

한 무제의 등극과 유교 국가화

경제(景帝)가 세상을 떠난 후 아들인 유철(劉徹, BC 140~87)이 뒤를 이었다. 한(漢) 왕조에서 한 무제(漢武帝) 유철은 고조 유방을 제외하면 가장 유명한 인물이다. 만약 업적만 갖고 논한다면 무제의 위업은 오히려 유방을 능가하며, 역사적으로 필적할 인물이 드물 정도이다. 따라서 무제 시대는 군사, 경제, 사상, 문화 등 여러 방면에서 서한(西漢) 왕조의 극성기라 할 수 있다.

중국 역사상 오랫동안 재위한 황제를 꼽자면 청나라 건륭제(乾隆帝, 1736~1795)와 강희제(康熙帝, 1662~1722)를 이어 54년간 통치한 한 무제가 3위이다. 말이 쉬워 50년이지 한 사람의 황제가 반세기가 넘도록 안정적으로 국정을 이끈다는 것은 여간 어려운 일이 아니다. 진나라 이후 등장했던 수많은 역대 왕조 중에서 50년 이상 집권한 황제는 이들 3명에 불과하다.

무제 시대는 한(漢) 대의 사상사, 문학사는 말할 것도 없고 사회사, 경제사, 정치사의 영역에서도 획기적인 시대였다. 무제 시대의 한나라는 단순히 중국 역사뿐만 아니라 전 세계적으로도 가장 강력한 대국(大國)이었으며, 중국 문화도 이때부터 주변 여러 나라에 널리 퍼지기 시작했다. 무제는 또한 새로운 제도를 만들고 이전보다 부강한 나라를 만들었을 뿐만 아니라 자신의 업적을 화하(華夏) 민족의 전통 속에 깊이 스며들도록 했다. 한마디로 말하자면 무제는 후대 황제들의 전형을 수립한 인물이다.

사실, 역사학자들이 흔히 일컫는 '한당성세(漢唐盛世)'에서 한(漢)이란 엄밀히 말해 한 무제 시기라고 할 수 있다. 특히 일찍이 진시황이 꿈꿨던 강력한 중앙 집권 국가를 완성하고 황제 권력을 절대적으로 강화했다는 측면에서 보자면 무제의 통치는 진시황과 닮은 점이 많다. 그 때문에 일부 학자들은 '진황한무(秦皇漢武)'라 하여 진시황과 한 무제의 업적을 서로 비교하기도 한다. 《한서(漢書)》의 저자인 반고(班固)는 한 무제에 대해 '걸출한 재주와 웅대한 계략(雄才大略)'이 있었다고 극찬했다.

후대에 끼친 무제의 영향 중 한 가지를 들자면 연호의 사용을 들 수 있다. 이전까지는 설사 제왕이라 할지라도 따로 독자적인 연호(年號)를 사용하지 않았다. 하지만 무제 시대에 최초로 연호를 사용하기 시작했고 이후의 황제들도 모두 따라 했다. 즉 무제가 즉위한 첫해를 건원(建元: 연호를 처음 세웠다는 의미) 원년으로 삼아 연호를 사용하기 시작했다. 명청(明淸) 시대 이후에는 아예 연호로 특정 황제의 시대를 지칭하게 되었다. 가령, 영락제(永樂帝), 강희제(康熙帝), 건륭제(乾隆帝)라고 할 때, 영락, 강희, 건륭의 호칭은 연호에서 유래한 것이다. 이외에 현재 중국인의 주류를 지칭하는 한족(漢族)이란 단어도 은하수를 뜻하는 '천한(天漢)'에서 온 것인데, 이는 한 무제가 사용한 연호의 일종이다. 그 외에도 무제는 이전보다 영토를 크게 확장해 지금의 복건(福建), 광동(廣東)에서부터 사천(四川), 귀주(貴州), 운남(雲南) 및 신강(新疆)의 일부 지역 및 흑룡강(黑龍江), 길림(吉林), 요녕(遼寧)에까지 이르렀다. 제국(帝國) 체제뿐만 아니라 제국을 방어하는 일종의 완충 지대도 설치했는데, 한사군(漢四郡)이라고 하여 북쪽, 서쪽, 남쪽에 설치했으며, 이 강역은 이후 약 2천 년간 중국 국경의 기본적인 틀을 제공했다.

경제가 황위에 오른 해 태어난 유철은 아버지 경제가 특별한 태몽을 꾸어 남다른 관심을 받았고, 그 기대에 걸맞은 총명함도 갖추었다. 이런 남다른 비범함과 총명함이 있었기에 유철은 열한 번째 왕자임에도 불구하고 일곱 살의 나이에 많은 경쟁자들을 물리치고 황태자로 간택되었다. 유철은 태자가 된 후 더욱 학습에 분발했다. 그의 학습 범위는 매우 넓었으며 단순히 경학(經學)이나 문학(文學)뿐만 아니라 기마와 궁술 등 실용적인 학문까지 두루

섭렵했다. BC 140년 경제가 승하하자 16세의 유철이 제위(帝位)를 이었다. 어릴 때부터 남다른 능력과 웅대한 포부를 품었던 무제는 즉위 초부터 과감한 개혁을 시도했다. 하지만 초기에는 일부 좌절도 겪어야 했다. 주요 원인은 태황태후(太皇太后) 두(竇)씨 때문이었다. 두 태후는 문제(文帝)의 황후로 무제에게는 친할머니였다. 무제가 즉위할 당시 두 태후는 이미 약 40년간 황실의 어른으로 군림했기 때문에 조정에서는 두 씨 일족의 세력이 막강했다. 게다가 두 태후와 무제의 치국(治國) 사상은 서로 큰 차이가 있었다. 두 태후는 문제와 마찬가지로 무위(無爲)의 다스림을 중시했다. 이는 한나라 개국 초기 일관적으로 지켜온 '백성들과 함께 휴식하는' 기본적인 국책 방향이기도 했다. 그 결과 백성들의 생활은 편해졌고 경제가 빠른 속도로 회복되고 발전되어 '문경의 치'란 태평성대가 나타나게 되었다. 하지만 무제 시대에 이르자 전에 분봉되었던 제후왕들이 중앙 정부에 대항하는 일이 많아졌기 때문에 중앙 권력을 강화해 지방 세력을 견제할 필요성이 제기되었다.

평소 도가 사상을 신봉했던 두 태후는 유학자들을 달갑게 여기지 않았다. 두 태후가 얼마나 유학을 싫어했는지 알려주는 유명한 일화가 있다.

일찍이 경제 때 원고생(轅固生)이란 유학자가 있었다. 어느 날 황태후의 어전에 불려가 노자에 관한 질문을 받았다. 그런데 원고생은 대담하게도 "노자를 말씀하셨습니까? 그런 책은 노예들이나 읽는 책이 아닙니까?"라고 대답했다. 이 말은 두태후를 격노하게 했다. 화가 잔뜩 난 태후는 그를 사나운 멧돼지 우리에 가뒀다. 멧돼지 밥이 되라는 의도였다. 원고생은 다행히 태후의 눈을 피해 미리 창을 넣어준 경제 덕분에 가까스로 멧돼지를 죽이고 살아남을 수 있었다.

노자를 비방한 유학자가 멧돼지 우리에 감금된 이 사건은 경제 시대에 이미 유학을 숭상하는 세력과 도가 사상을 중시하는 세력 사이에 국정 운영을 둘러싼 다툼이 있었음을 반영한다. 이쯤 되면 웬만한 인물이라면 태황태후가 돌아가실 때까지 얌전히 시기를 기다렸을 것이다. 하지만 무제는 달랐다. 그는 즉위하자마자 곧장 자신의 정책을 추진했다. 무제는 우선 전국 관리들에게 명령을 내려 현명하고 어진 인재들을 조정에 추천하도록 당부했다. 널리 새로운 인재를 선발해 자신의 정치를 해보려는 시도였다. 또 자신이 신임하는 사람들을 중용해 조정의 대권을 맡겼다. 외삼촌인 전분(田蚡)을 태위(太尉)에 임명해 군권을 장악하게 했고, 그 외 많은 유생을 중용했다.

당시 무제가 얼마나 인재를 중시했는지 알려주는 고사성어가 있다. 바로 '안거포륜(安車蒲輪)'이란 말이다. 직역하면 바퀴를 부들로 싸서 편안하게 탈 수 있게 만든 수레라는 뜻이다. 이는 초빙되는 인재가 도중에 승차감에 불편을 느끼지 않도록 푹신한 쿠션을 넣어 특수 제작한 고급 수레를 태워 모셔왔다는 말이다. 말하자면 최고급 리무진이나 전용기를 동원해 고급 인재를 초빙한 것이다.

한대 유학의 대가 동중서(董仲舒)도 이때 추천된 인물이다. 무제는 그를 불러 접견한 후 나라를 다스리는 대책에 대해 물었다. 동중서는 유가의 치국(治國) 사상을 정리해 무제에게 상주했다. 당시 동중서가 주로 건의한 내용은 국립 대학인 태학(太學)을 세워 백성을 교화할 선비를 양성하고, 천하를 효율적으로 통일하고 다스리기 위해 제자백가 중 오직 유가(儒家)만을 남기고 다른 것은 배척해야 한다는 내용이었다. 무제는 동중서의 의견을 높이 평가하고 그의 건의를 좇아 실행에 옮겼다.

해학(諧謔)으로 유명한 동방삭(東方朔)도 이 시기에 발탁된 인물이다. 그가 처음 무제에게 올린 상서는 한간(漢簡: 죽간이나 목간) 3천 개에 달하는 방대한 분량이었다고 한다. 무제는 꼬박 두 달이 걸려서야 그 내용을 읽었다고 전해진다. 나중에 그는 중대부에 임명되었다. 그는 40여 년간 조정에서 무제를 가까이 모시며 군신(君臣) 간에 돈독한 우의(友誼)를 나눴다. 그는 한 무제가 새로운 계획을 꾸밀 때마다 지혜주머니 역할을 했다.

이외에도 당시 천거된 유명한 인물들은 장조(莊助), 주매신(朱買臣), 사마상여(司馬相如), 매고(枚皐), 종군(終軍), 오구수왕(吾丘壽王) 등이 있다. 이중 사마상여는 문장에 아주 뛰어난 재주가 있어 황제의 총애를 받았고, 매고는 해학에 뛰어났다. 이들은 정통 유가의 입장에서 당시 행해지던 여러 가지 불합리한 제도에 대한 개선을 요구했다. 유가 관료들은 황제에게 글을 올려 제후로서 봉지로 떠나지 않고 장안에 머물러 있는 사람들과 두태후의 친족 중 난폭한 자들을 황실 족보에서 제명할 것을 요청했다. 이들이 겨냥한 것은 주로 두태후를 중심으로 한 황실의 친인척들이었다. 이렇게 되자 자연스레 두태후를 중심으로 한 보수파와 젊은 유학자들을 중심으로 한 개혁파의 갈등이 발생했다.

그러다 양자의 대립이 격화된 사건이 발생했다. 어사대부 조관이 예전부터 관례적으로 유지해왔던 두태후에 대한 정무 보고를 거부하며 황제의 친정을 건의한 것이다. 두태후는 격노했다. 세상 물정 모르는 유생들이 어린 황제를 끼고 자신을 압박하자 무제에게 압박을 가했다. 두태후는 우선 막 실행에 옮겨진 일련의 개혁 조치들을 중단시키고, 조관 등 유가 관료들은 물론이고 승상과 태위마저 전부 파면시켰다. 두태후의 눈 밖에 난 조관과 왕장은 결국 심한 압력을 받고 감옥에서 자살로 생을 마감해야 했다. 태후는 또 자신이 신임하는 인물들을 승상과 태위에 임명하고 자신의 명령을 따르도록 했다. 태후의 이런 조치는 무제의 개혁을 무위로 돌아가게 했고, 황제의 권위에도 적지 않은 타격을 주었다. 하지만 무제는 이 일에 의기소침해지는 대신 힘을 축적하며 때를 기다렸다. 4년 후인 BC 135년, 마침내 두태후가 서거했다. 무제는 기다렸다는 듯이 두씨 세력을 숙청하고 전분을 다시 승상에 임명한 후 자신의 개혁을 추진했다.

문경의 치 이후 안정된 상태에서 황제가 된 무제(武帝)는 정치뿐만 아니라 사회 경제적으로도 중앙 집권 체제 구축을 원했다. 이를 위해 그는 한나라 초기의 군국제가 제후왕들이 세력을 확장하는 기반이 된다고 판단하고 군현제를 실시하여 제후왕들의 세력을 약화시켰다. 또 중앙에 평준관(平準官)을 설치해 물가 안정을 담당하게 했으며, 지방 현에 균수관(均輸官)을 설치해 지방의 물자 유통을 관리했다. 더불어 화폐 오수전을 제조하여 유통시키고, 소금과 철을 전매하여 중앙 정부의 재정을 확보했다. 대외적으로는 북방 흉노와의 화친 정책을 과감히 포기하고, 적극적인 선제 공격을 펼쳐 흉노를 몰아내고 서역 지배권을 성공적으로 확보했다.

아울러 한 무제는 자신의 강력한 중앙 집권 체제를 공고히 하기 위해 통일된 사상 체계를 만들었다. 한나라가 건국되면서 법가 외의 사상들이 다시 고개를 들기 시작했고, 특히 진나라의 법가를 대신해 유가와 도가의 영향이 커지기 시작했다. 일찍이 한 고조 유방은 숙손통(叔孫通)의 의견을 받아들여 의례를 제정하는 등 유가를 받아들였고, 도가는 황로 사상에 녹아들어 있었다. 하지만 오직 강력한 중앙 집권 통치 체제에만 관심이 있었던 한 무제에게 황로 사상은 적합하지 않았다. 한 무제는 유가 사상이 국가의 권위와 위엄을 세워 주고, 전제주의적 중앙 집권제에 부합한다고 여겼다. 특히 그는 춘추공양학(春秋公羊學)을 중심으로 한 유가 사상에 주목했다. 춘추공양학은 공자의 《춘추》를 해석한 <춘추공양전(春秋公羊傳)>을 주로 연구하는 학파로, 동중서(董仲舒)와 공손룡(公孫龍)이 중심 학자였다.

동중서는 광천 출신으로 경제 때 박사가 된 인물이었으나 중용된 것은 한 무제 때였다. 그의 유가 사상은 법가와 도가 사상을 수용한 매우 새로운 것이었다. 그가 주장했던 유가 사상을 천인감응(天人感應)설이라고도 하는데, 천재지변의 원리에 의해 음양이 서로 바뀌며 운행하는 이치를 추론하여 정치와의 상관관계를 밝힌 것이다. 즉 하늘과 인간은 긴밀한 유대 관계를 가지고 있어 인간이 하늘의 평가를 받는다는 것이다. 그리하여 황제가 선정을 베풀면 하늘이 상서로운 징조를 내려 주고, 그렇지 않을 때 일식, 월식 같은 징조와 지진, 산사태 등의 자연재해로 경고를 내린다고 했다. 또한 황제의 지위는 하늘이 부여했기 때문에 절대적이며, 당연히 추앙받아야 마땅하다고 주장했다. 따라서 백가 사상들을 배척하고 오로지 유가 사상만을 독존시켜야 한다는 것이다. 이러한 동중서의 유가 사상은 한 무제의 관심을 독차지하기에 충분했다.

한 무제는 동중서의 건의를 받아들여 다른 학설들을 물리치고 오직 유가의 학술만을 국교로 인정했다. 그 일환으로 그는 BC 136년 장안에 오경박사(五經博士)를 설치했다. 오경박사는 유교 경전인 오경, 즉 《시경(詩經)》, 《서경(書經)》, 《춘추(春秋)》, 《주역(周易)》, 《예기(禮記)》를 연구하는 학자 관리들로, 한 무제는 문제, 경제 시대에 '시', '서', '춘추'를 연구하던 삼경박사를 오경박사로 확대시켰다. 또 국립대학 격인 태학(太學)의 설치를 명해 귀족 자제와 지방에서 선발된 인재들에게 유교 경전을 가르쳤다. 그리고 이들을 지방 정부의 관원으로 임명하기도 했다. 황실은 유가의 의례와 관습을 실행했으며, 진나라 때 분서갱유로 유실된 유가의 서적들을 수집하여 정리했다. 또 효렴과(孝廉科)를 실시하여 관리 임용에도 유가 사상을 적용했다. 한 무제는 표면적으로 유가 사상을 국교로 인정했지만, 실질적으로는 법치주의를 실시하여 법가적 통치도 포기하지 않았다. 그 때문에 한 무제 시대에 완전한 유가의 국교화가 성립되었다고는 볼 수 없다. 유가가 진정한 국교로 정착된 것은 무제 사후 선제(宣帝)와 원제(元帝) 시대에 이르러서였다. 특히 원제 시대에는 유가 관료가 관료계를 장악하여 정치에서 주도권을 잡았고, 원제는 유가를 맹신하여 화폐 경제와 염철 전매 제도를 폐지하기도 했다. 유가가 완전한 우위를 점령한 이때부터 유가는 중국 역사에서 2천여 년 동안 다양하게 변화하며 중국 봉건 시대의 정통 사상으로 자리 잡았다.

무제 시대 대외 관계 및 주변 소수 민족들과의 관계에서 가장 중요한 것이 흉노와의 전쟁이었다. 흉노는 일찍이 문제와 경제 시대에도 끊임없이 한나라 국경을 침범해왔다. 하지만 무위(無爲)의 다스림을 강조했던 문제와 경제는 백성들에게 전쟁의 고통을 주지 않기 위해 방어 위주의 화친법(和親法)을 위주로 유지했다. 즉 적이 공격해오면 맞서 물리치지만 적진 깊이 추격해 들어가거나 원정(遠征)에 나서지는 않았다. 이런 소극적인 방법으로는 당연히 흉노 문제를 근본적으로 해결할 수 없었다. 그 때문에 흉노는 여전히 북쪽 국경을 제멋대로 넘나들며 한나라를 공격했다. 그러나 무제 시대에 이르자 한나라의 재정은 이미 대외 원정 전쟁을 벌이기에 충분할 정도로 안정되어 있었다.

무제가 본격적으로 흉노 정책을 바꾸기 시작한 것은 두태후가 사망한 건원 6년(BC 135년)부터이다. 당시 한나라는 서역과의 교역을 위하여 실크로드를 개척한 상태였고, 계속해서 흉노족을 방관한다면 어렵게 개척해놓은 실크로드는 흉노족의 손아귀에 들어갈 게 뻔했다. 결국 한무제는 BC 129년부터 위청과 곽거병을 등용하여 원정군을 서쪽으로 파견해 흉노를 공격하기 시작했으며, 나아가서 서역 일대를 정벌하며 실크로드를 통제해 흉노족의 수입원을 막기 시작했다. 위청과 곽거병은 흉노족을 상대해 큰 전공을 세웠고, 이로 인해 흉노족의 세력은 크게 위축되었다. 또한 장건을 서역 월지국(신장 위구르) 지역으로 보냈다. 그 후 오르도스 고원, 하서주랑, 고비 사막 등에 대규모 원정군을 파견하여 전쟁을 벌여 승리했고, 흉노족의 영향력을 그 지역에서 제거하며 흉노족을 축출하기 시작했다.

시간이 흘러 기원후 60년, 흉노에서는 선우 자리를 놓고 내분이 일어나 수십 개의 부족으로 분열되었고, 세력이 크게 약화되었다. 이로 인해 한나라는 중앙아시아 여러 곳에 남아 있던 흉노족의 잔당들을 처치해 영향력을 제거했다. 결국 흉노족은 분열하여 동흉노와 서흉노, 북흉노로 나누어졌다. 후한에 이르러 동흉노는 한나라에 손을 내밀어 한나라와 함께 서흉노를 처치했으며, 남흉노는 후한의 광무제 시대에 이르러 결국 한나라에 항복했다. 하지만 북흉노는 한나라에 공격적인 자세를 취하다 기원후 87년부터 시작되어 온 선비족의 공격과 기근에 시달리며 점점 세력이 약해져 89년부터 후한의 공격으로 서쪽으로 밀려났다. 이후 약 반세기 동안 타림 분지의 영향력과 지배권을 놓고 싸웠다. 하지만 2세기 중엽에 이르러 북흉노는 서쪽의 키르기스 초원 지대로 이동하며 동북아시아에서 사라졌다. 그들의 이동 때문인지 4세기경 유럽에서 훈족이 출현하여 게르만 민족의 대이동을 야기시켰으며 이는 로마 제국의 멸망을 불러오기도 했다.

무제의 여인

무제의 첫 번째 부인은 고모인 관도 장공주의 딸인 진(陳)황후였다. 하지만 어릴 때부터 남부러울 것 없이 자라난 진 황후는 자존심이 몹시 강해 무제의 비위를 자주 거스르곤 했다. 게다가 두 사람 사이에는 아이가 생기지 않았다. 이때 무제의 가정사에 개입한 여인이 있었으니 바로 무제의 큰 누나인 평양(平陽) 공주였다. 평양 공주는 무제와 진 황후의 틈이 벌어진 것을 보고 아름다운 여인들을 선발해 자신의 집에 머물게 했다. 무제의 나이 18세 때 장안 동쪽 근교에서 불제(祓除)를 올리고 돌아오는 길에 잠시 평양 공주의 집에 들렀을 때 평양 공주는 미리 준비한 절세의 미녀들을 황제에게 소개했다. 그러나 이들 중 누구도 황제의 눈에 들지 못했다. 그런데 주연(酒宴)이 열리고 가희(歌姬)와 무희(舞姬)들이 등장하자 무제의 시선을 사로잡는 여인이 있었으니 바로 위자부(衛子夫)였다.

위자부는 본래 평양 공주의 시녀인 위(衛)씨가 낳은 사생아로 부친을 모르는 까닭에 모친의 성을 따라 이름을 지었다. 무제는 첫눈에 위자부의 뛰어난 미모에 반해 그녀를 수레에 태우고 궁궐로 돌아왔다. 위자부는 황궁에 들어온 후에도 무제의 총애를 받아 잇달아 세 명의 황녀(皇女)를 낳았다. 이 와중에 그녀를 시기하던 진 황후가 폐출되고 BC 128년 위자부가 새로운 황후가 되었다. 위자부는 오라비 위장군과 동생 위청(衛靑)을 불러들여 시중이 되게 했다. 위자부는 그 후로도 큰 총애를 입어 딸 셋과 아들 하나를 낳았는데, 아들 이름은 거(據)였다. 위청은 장군이 되어 오랑캐를 물리치는데 공을 세워 장평후(長平侯)에 봉해졌다. 한편 평양 공주는 혼자 지내고 있었으므로 위청을 평양 공주의 짝으로 삼으라는 조서가 내려갔다. 황후가 언니라고 부르는 위소아는 아들 곽거병을 낳았는데, 군공이 있어 관군후(冠軍侯)에 봉해져 표기장군(驃騎將軍)으로 불렸고, 위청은 대장군으로 불렸다. BC 130년, 위청은 거기장군(車騎將軍)이 되어 흉노를 정벌하기 위해 출병했고, 거기서 참수하거나 포로로 잡은 자가 수백 명에 달했다.

동중서(董仲舒, BC 179~104년경)

동중서는 한 무제 시대의 유학자로 유가 사상을 국교로 삼는 데 이바지했고, 특히 유교 철학과 음양 사상을 통합한 새로운 학문을 탄생시켰다. 주요 저서로는 《동자문집》, 《춘추번로》 등이 있다. 동중서는 한나라 초기 사상계가 혼란스럽고 도가 사상이 유행할 때 유교의 터전을 굳건히 한 대표적인 유학자였다. 그의 의견은 무제에 의해 수렴되어 유교 사상이 국학으로 채택되면서 교육과 정책에 반영되었다. 이후 중국의 사상계에 큰 영향을 미쳤다. 당시에는 유교 경전 중 한 가지를 깊이 공부하던 풍조가 있었는데, 동중서는 《춘추(春秋)》를 전공했다. 그러나 그는 그 밖에도 다수의 유교 경전을 연구하여 학문의 깨달음이 매우 깊었다. 그의 행동은 도덕군자와 같았으며, 배움과 행동이 일치하여 많은 사람이 제자가 되기를 희망했다.

동중서는 한나라 경제 때 박사가 되어 활동했다. 제자를 가르칠 때는 장막을 치고 그 안에서 강의한 후 장막 안에서 그에게 강의를 들은 제자가 다음 제자에게 그 내용을 다시 강의하는 독특한 방식으로 가르쳤다. 그래서 스승의 얼굴을 한 번도 보지 못한 제자도 있었다고 한다. 《사기》에는 그가 3년 동안 장막 안에 머물며 자신의 정원을 돌보지 않을 정도로 강의에 열의를 다했다고 기록되어 있다. 동중서는 사람들에게 '한대(漢代)의 공자'라고 불릴 정도로 명망이 높았다. 그러나 경제 시절에는 크게 중용되지 못했는데, 이는 문제와 경제 시대에 유교가 환영받지 못했기 때문이다.

한편, 무제는 즉위하자마자 각지에 인재들을 추천하라는 조서를 내렸다. 그때 추천된 인재가 100여 명에 달했는데, 무제는 직접 그들을 시험하여 10명을 선발했다. 무제는 그들에게 나라를 올바르게 통치할 대책을 올리도록 했고, 동중서와 공손홍(公孫弘)이 주목을 받으면서 결국 유가 사상이 채택되었다. 《춘추번로(春秋繁露)》에는 동중서의 사상이 잘 나타나 있다. 그는 유가, 법가, 음양가(陰陽家) 사상을 적절히 버무려 새로운 학문을 탄생시켰다.

먼저, 동중서는 하늘이 자연과 인간을 주관하며, 개인이나 나라의 길흉화복은 모두 하늘에 의해 결정된다는 천인감응설(天人感應, 하늘과 인간이 교감한다)과 음양오행설을 전적으로 받아들여 유가 사상을 종교화했다. 특히 개인이 교화되기 위해서는 공자와 맹자의 행실을 보고 그들을 도덕적 완성체로 삼아야 한다고 주장했다. 황제의 권력에 대해서는 하늘에서 비롯된 것이므로 모든 백성은 황제의 명령을 따라야 한다는 논리를 폈다.

한편 황제의 권한에도 제약을 두었다. 황제는 현명하고 유능해야 하며 백성을 사랑과 은혜로 다스려야 한다고 강조하며, 이것이 하늘의 뜻을 지키는 것이라고 주장했다. 만약 황제가 이런 천명을 저버린다면 왕권은 상실되고 백성들의 반란을 불러일으킨다고 했다. 그리고 공자의 "군왕은 군왕다워야 하고, 신하는 신하다워야 하고, 아비는 아비다워야 하고, 자식은 자식다워야 한다."라는 주장을 "임금은 신하의 근본, 아버지는 아들의 근본, 남편은 부인의 근본"이라는 지배와 종속의 관계로 변경했다.

동중서에 의해 새롭게 탄생한 유교의 목적은 왕권을 강화하는 데 있었다. 그러나 동중서는 계속되는 전쟁과 노역 그리고 지배 계층의 사치와 낭비로 고통받는 백성들을 위한 정책도 건의했다. 동중서는 귀족들이 사유 경작지를 지나치게 확대하는 행위를 억제하고, 소금이나 철 등에 대한 권한을 백성들에게 주며, 세금과 노역을 줄여 백성들이 생업에 종사할 수 있도록 해야 한다고 주장했다. 또 관리들이 백성들을 함부로 착취하지 못하도록 엄격히 제재하고, 관리는 백성들과 이익을 다투어서는 안 된다고 강조했다.

동중서는 중앙 관리로서는 크게 중용되지 못했는데, 이는 그와 함께 발탁되어 승상이 된 공손홍과 반목했기 때문이다. 공손홍은 학문이 동중서에 미치지 못하자 그를 시기했으며, 동중서 역시 공손홍을 아첨하는 자라고 여겼다. 공손홍은 무제를 설득하여 동중서를 교서국의 재상으로 임명했다. 당시 교서국의 왕은 무제의 형 유단(劉端)이었는데, 그는 성격이 포악하고 방탕하기로 유명했다. 하지만 유단은 동중서의 군자다운 모습과 학식에 반해 그를 존중했다. 말년에 동중서는 병을 핑계로 더 이상 벼슬길에 나가지 않고 고향에서 저술과 제자 양성에 전념했다. 그러나 조정에 중대한 일이 있으면 무제는 정위 장탕(張湯)을 동중서의 집에 보내 의견을 물었다고 한다. 무제는 동중서의 유교 사상을 수렴하여 유교 숭상을 천명했다. 그러나 무제는 유교 경전을 이용하여 백성들을 교화하면서도 한편으로는 진나라의 강력한 법치주의를 함께 구사했다. 무제는 유교를 표방한 철권 통치, 전쟁 준비를 위한 소금과 철의 국영화 등의 경제 정책과 유교적 색채를 띤 문화 교육 사업 등을 함께 추진했다. 무제의 시대는 동중서의 사상을 받아들여 이를 정책화함으로써 유교가 중국의 국학으로 자리매김할 수 있는 계기가 되었다. 이후 유교는 2천 년 동안 국교의 지위를 굳건히 지켰다.

동방삭(東方朔, BC 160~93)

동방삭의 자는 만천으로 기언 기행으로 무제(武帝)의 총애를 받아 수십 년간 측근으로 있으면서 태중대부급사중까지 올랐다. 재산을 모두 미녀들에게 탕진해 광인이라고도 불렸다. 한때 부국강병책을 상주했으나 받아들여지지 않자 이를 자조하여 《답객난(答客難)》, 《비유선생지론(非有先生之論)》을 비롯한 약간의 시문을 남겼다. 걸출한 외모, 익살스러운 언변과 거침없는 행동 때문에 동방삭은 생존할 당시부터 이미 무성한 소문을 만들어냈다. 전설에 의하면 서왕모의 천도복숭아를 훔쳐 먹어 대단히 오래 살았다고 한다. 민간에서는 흔히 3천 갑자(甲子) 동방삭이라 불렸다.

위청(衛青, ?~BC 106)

위청은 한 무제 시기의 군인으로, 평양현(平陽縣) 사람이며 작위는 장평후(長平侯)였다. 누나는 위자부로 무제의 황후가 되니 바로 무사황후이다. 위청은 생질 곽거병과 함께 무제 시기 흉노를 공격해 한나라가 우세한 국면으로 전환되도록 한 결정적 계기를 마련한 대표적인 장군이었다. 위청은, 하급 관리 정계(鄭季)가 평양후 조시(조참의 증손) 집에서 일할 적에 정계와 평양후의 노비인 위온(衛媼)의 사생아로 태어나, 평양후 집에서 가인(하인 신분)으로 있다가 어려서 아버지에게 돌아갔다. 그래서 원래 성은 정(鄭)이었다. 위청은 아버지에게서 양 치는 일을 배워 맡았고, 아버지의 본처 자식들로부터는 형제가 아니라 종 취급을 받았다. 장성한 뒤에는 평양후의 기사가 되어 평양후의 부인 평양 공주를 모셨으며, 출세한 이후에는 한 무제의 지시로 평양 공주와 결혼했다.

BC 139년, 셋째 누나 위자부가 평양 공주의 가수(歌手)로 있다가 우연히 무제의 눈에 들어 승은을 입고 궁중으로 들어가면서 자신도 입궁해 건장궁에서 일하게 되었다. 당시 무제의 황후였던 진황후는 아들이 없고 질투가 심했는데, 위자부가 임신했다는 말을 듣고 진황후의 어머니 대장 공주(관도

장 공주)가 질투해 사람을 보내 위청을 잡아 가두어 죽이려 했다. 그러나 친구 기랑 공손오가 장사들과 함께 구출해 위기를 벗어날 수 있었다. 위청의 동복 형제들도 함께 출세했다. 큰형 장군(長君)은 시중이 되었고, 큰누나 유(孺)는 태복 공손하의 아내가 되었다. 또한 둘째 누나 소아(少兒)의 애인 진장도 신분이 높아졌다. 위자부가 무제의 후궁이 되면서 자신의 동복 남동생 보광(步廣)도 함께 성을 위(衛)로 고쳤다. 위자부가 왕후가 되자 위청은 태중대부가 되었다.

BC 134년, 무제는 대행 왕회의 제안을 받아들여 흉노와의 화친을 깨기로 했다. 무제는 마읍의 노인 섭일(聶壹)에게 흉노를 유인하게 하고 군사를 매복시켜 흉노를 치려했다. 그러나 이 계획이 흉노에게 들통나 무제의 작전은 실패했고, 흉노는 한나라의 변경을 다시 약탈하기 시작했다.

마읍 전투 실패 5년 후, 무제가 다시 흉노와의 싸움을 개시하면서 위청은 거기장군이 되어 흉노와 싸우러 상곡에서 출진했다. 이때 공손하는 운중에서, 공손오는 대군에서, 이광은 안문에서 각각 1만 기를 이끌고 출전했는데, 나머지 셋이 다 성과가 없거나 대패한 반면 위청만 홀로 공을 세웠다. 위청은 흉노의 후계자를 선정하는 회의인 용성 회의가 열리던 용성(籠城)까지 진격해 수백 명의 머리를 베었다.

BC 128년, 누나 위자부가 아들 태자 유거를 낳아 황후가 되었고, 자신은 같은 해 가을에 3만 명을 이끌고 안문(雁門)에서 출진해 수천 명의 적을 베었다. 그러나 이때에 흉노가 쳐들어와 요서 태수를 죽이고 어양 태수도 무찌른 후 어양을 노략질했다. 또한 어양군에 주둔한 위위 재관장군 한안국도 격퇴했으며, 안문에서도 사람을 죽이고 약탈했다. 이에 한나라도 반격을 시작했다.

위청은 이식과 함께 흉노 원정을 맡아 이식은 대(代)에서, 자신은 운중(雲中)에서 출진했다. 서쪽으로 고궐(高闕)에 이르러 황하 이남의 허타오 지역을 흉노로부터 빼앗았고, 더 나아가 농서(隴西)까지 진격했다. 여기서 포로 수천 명과 가축 수십만 마리를 얻었으며, 흉노의 두 왕 백양왕(白羊王)과 누

번왕(樓煩王)을 패주시켰다. 이 승리로 획득한 허타오 지역에 한나라는 삭방군을 설치했다. 위청은 이 공적으로 3,800호를 받아 장평후에 봉해졌고, 휘하 교위인 소건과 장차공도 각각 평릉후, 안두후에 봉해졌다. 이때 위청은 소건을 시켜 삭방성을 쌓았다.

BC 127년, 흉노의 선우 군신선우가 죽자 동생 이지사선우가 태자 연제어단을 쫓아내고 즉위했다. 다음 해 여름에는 흉노 수만 기가 쳐들어와 대군(代郡) 태수 공우(恭友)를 죽였고, 대군, 정양, 상군으로 쳐들어와 수천 명을 죽이고 노략질했다. 그리고 흉노의 우현왕이 허타오 지역을 빼앗긴 것에 분노해 자주 쳐들어와 도둑질했다.

BC 124년 봄, 위청은 거기장군으로서 다시 흉노 원정의 대장을 맡아 3만 기를 이끌고 고궐에서 출진했다. 위청이 거느린 여섯 장군 중 위위 유격 장군 소건, 좌내사 강노 장군 이저, 태복 기장군 공손하, 대상 경거 장군 이채, 이 넷은 삭방에서 출진했고, 대행 장군 이식, 안두후 장군 장차공은 우북평에서 출진했다. 우현왕은 한나라 군대가 오지 못하리라고 여기고 술에 취해 있었기에, 한나라 군대는 밤을 틈타 우현왕을 포위했고, 우현왕은 애첩 한 명과 친위군 수백 기만 거느리고 포위망을 빠져나갔다. 경거교위 곽성(郭成) 등이 쫓아갔으나 잡지 못했고 대신 우현왕의 비왕(裨王) 십여 명과 남녀 만오천여 명, 가축 수백만 마리를 얻어 돌아왔다. 귀환 도중 국경 요새에 이르러 무제의 사자를 만나 대장군에 임명되었고, 이후 장군들을 거느리게 되었다.

BC 119년에는 표기 장군 곽거병과 함께 대규모 원정군을 이끌고 출진했다. 각각 거느린 기병만 5만 명씩에, 개인 물품을 지고 가는 군마만도 총 14만 필, 보급을 맡은 보병은 수십만 명에 달했다. 이 원정은, 흉노에게 투항한 조신이 고비 사막 북쪽에 진을 치면 한나라 군대가 거기까지 오지 못할 것이라고 선우에게 말하자 선우가 이를 받아들여 계책을 짰는데, 이를 간파하고 나선 것이었다. 원래는 곽거병이 정양에서 출진해서 선우와 싸우기로 했지만, 포로가 말하길 선우가 동쪽에 있다고 하여 무제는 곽거병을 동쪽의 대군에서 출진시키고 위청이 서쪽의 정양에서 출진하게 했다. 또한 용감한 병사들도 곽거병에게 배속시켰다. 흉노의 선우 이지사선우는 조신의 계책에 따라 한나라 군대가 멀리 행군해 지치게 하려고 고비 사막 북쪽으로 물러나서 진을 치고 한나라 군대를 기다렸다.

위청의 군대는 국경 요새를 나와 천 리를 가서 선우의 진을 발견했다. 위청은 병거의 일종인 무강거로 진영을 둥글게 에워싸고 5천 기병을 출진시키니, 흉노도 1만 기병으로 맞섰다. 마침 날이 저물고 자갈을 포함하는 모래바람이 크게 일어 양측이 서로 볼 수 없었다. 이를 틈타 한나라 군대는 양익을 벌려 선우를 포위했다. 선우는 불리하다고 판단해 친위 기병 수백 기만 거느리고 탈출해 서북쪽으로 달아났다. 양측이 서로 얽혀 싸워 죽인 수효가 비슷했다. 흉노 포로가, 선우가 달아났다고 알려주어 날랜 기병을 보내 동틀 때까지 200여 리를 추격했으나 선우를 잡지는 못했다.

흉노 군사들은 뿔뿔이 흩어져 달아났고, 한나라는 흉노군 1만 9천여 명을 죽이거나 사로잡았다. 한나라군은 전안산(闐顔山)의 조신성(趙信城)에 이르러 흉노의 군량을 먹었고, 하루 쉰 후 남은 군량은 불사르고 돌아왔다.

한편, 이광과 조이기의 군대는 따로 동쪽으로 보냈는데, 이들은 길라잡이도 없이 행군하다가 흉노와의 교전에는 참여하지도 못하고 고비 사막 남쪽으로 본대가 내려오고서야 합류했다. 이는 무제가, 이광의 운수가 사나워서 같이 가면 낭패를 볼까봐 밀명을 내렸기 때문이었다. 이를 알지 못한 위청은 이광과 조이기의 군대를 만나자 왜 늦었는지를 묻고 무제에게 보고하려 했다. 이광이 대답하지 않자 직접 이광의 막부로 가서 이광을 꾸짖었고, 이광은 치욕을 느껴 자살했다.

나중에 이광의 셋째 아들 이감이 위청 때문에 아버지가 죽었으므로 원한을 품고 위청을 공격해 상처를 입혔으나 위청은 이를 숨겼다. 그러나 생질 곽거병이 이를 알고 이감을 활로 쏴 죽였다. 그 사건 때문이었는지 귀환한 후에는 곽거병과 그 부하들만이 포상을 받았고, 위청과 위청의 부하들에게는 포상하지 않았다. 또한 두 장군의 원정으로 동원한 말 14만 필 중 돌아온 것은 3만 필에 불과했다. 무제는 이후 대사마 관직을 신설해 곽거병을 임명하고 곽거병의 품계와 봉록도 위청과 같게 했다. 이로 인해 위청은 쇠퇴하고 곽거병의 위상은 높아졌다. 그 뒤 위청의 친구와 문하 사람들도 위청을 떠나 곽거병에게 가서 벼슬과 작위를 얻었다.

사람들은 위청에 대해 사대부를 예의 있게 대하고 은덕이 있으며 말을 잘 탄다고 평가했다. 알자 조랑은 "군령이 분명하고, 전쟁에서 진격할 때는 앞장서고 후퇴할 때는 맨 뒤에 서는 솔선수범하는 장군이며, 태후가 하사하는 물건들도 사졸들에게 나눠주어 옛 명장들보다도 낫다"고 했다. 그러나 무제는 이후 흉노 원정에서 위청을 중용하지 않았다. 사랑하는 위자부의 동생이라는 이유로 위청을 중용했듯 당시 총애하는 이부인의 동생 이광리를 중용했다. 위청은 다시 전쟁에 참여하는 일 없이 마지막 전쟁이 있은 지 14년 후, 태초 원년에 죽었다. 위청이 죽고 10여 년이 지나 무제가 병석에 있을 때 판단력이 흐려져 무고(誣告)에 의한 '무고(巫蠱)의 화'가 발생했다. 위청의 누나 무사황후와 그 소생 여태자는 물론, 큰아들 위항까지 주살되었다. 다행인지 불행인지 위청은 집안의 멸망까지는 보지 못했다. 위청의 분묘(墳墓)는 곽거병의 묘 인근, 무제 분묘인 무릉(茂陵)의 근처에 남아 있다.

곽거병(霍去病, BC 140~117)

곽거병(霍去病)은 전한 중기의 군인으로, 하동군 평양현(平陽縣) 사람이었다. 이름을 거병이라고 지은 것은, 어렸을 때 몸이 약해 건강하라고 그렇게 작명했다고 한다. 아버지는 곽중유(霍仲孺)이고, 이복동생은 무제 사후 정권을 장악한 곽광(霍光)이다. 작위와 시호는 관군경환후(冠軍景桓侯)였다. 하지만 신나라에 의해 사로잡혀 곽(霍)씨 가문과 곽거병 그리고 곽광의 후손들은 노비와 기생으로 전락했다.

곽거병은 평양현의 관리인 곽중유(霍中孺)와 평양후 집안의 여종인 위소아의 사생아로 태어났다. 곽중유가 평양후 조시(조참의 증손)의 집에서 일할 때 위소아를 만나서 곽거병을 낳았는데, 곽중유는 관리를 마친 후 집으로 돌아가서 결혼했기 때문에 곽거병과 곽중유의 관계는 끊어졌다.

곽거병의 이모인 위자부가 무제의 총애를 받아 여태자를 낳고 황후에 오르면서 총명했던 곽거병 역시 무제의 총애를 받게 되었다. 위소아는 이후 한나라 개국 공신 진평의 현손 진장(陳掌)과 밀통하고 있었는데, 위자부가 무제의 후궁이 되면서 진장도 신분이 상승했다. 곽거병은 나중에 자기 아버지가 곽중유인 걸 알았지만 찾아가지는 않았다.

란주(蘭州)의 곽거병 장군상. 만지면 병이 낫는다는 속설이 있다

표기장군이 되어서 출진할 무렵 하동군을 지나게 되었는데, 하동 태수가 직접 마중을 나왔고, 전사에서 관리를 보내 곽중유를 맞이했다. 곽중유가 종종걸음으로 나아와 배알하자, 곽거병은 절하고 무릎을 꿇어 말했다.

"거병은 일찍이 대인께서 저의 생부이심을 몰랐습니다!"

곽중유도 부복하고 고두하면서 대답했다.

"노신이 장군에게 목숨을 의탁할 수 있음은 하늘의 뜻입니다."

이에 곽거병은 곽중유에게 밭과 집과 노비를 사주고 떠났다. 돌아오면서 다시 들러서 이복동생인 곽광을 데리고 갔다.

곽거병은 18세가 되자 무제의 총애로 입궁해 시중이 되었다. 말타기와 활쏘기에 능해 흉노와의 싸움에서 여러 차례 이긴 외삼촌 위청을 따라 여러 번 흉노 정벌에 나섰고, 씩씩한 용사로 인정받아 표요교위(剽姚校尉)가 되었다. BC 123년 원정에도 종군했으나 원정 자체는 조신과 소건 두 장군의 군대가 괴멸되는 등 성공적이지 못했다. 곽거병 본인은 빠르고 용감한 기병 8백 명을 거느리고 본대를 떠나서 몇백 리를 추격해 많은 적을 죽이고 사로잡았다. 무제는 조서를 내려 흉노의 상국과 당호와 선우의 큰아버지뻘인 적약후(籍若侯) 산(産)을 베고 작은아버지 나고비(羅姑比)를 사로잡은 공로가 군중(軍中)에서 가장 뛰어났다고 평가했다. 이에 남양군 양현의 노양향(盧陽鄕)과 완현의 임조취(臨駣聚)를 떼어 1600호 규모의 관군후국(冠軍侯國)을 만들어 곽거병에게 하사했다.

무제는 곽거병을 표기장군(驃騎將軍)에 임명했는데, 곽거병이 초대 표기장군이었다. 이때 곽거병은 21세였으며, 군문에 몸을 담은 지 고작 3년밖에 되지 않았다. 표기장군이라는 관직은 처음 만들어졌지만, 대장군 바로 다음 자리였다. 2년 뒤에는 아예 대장군과 같은 녹봉을 받았는데, 이는 중국 역사상 유례가 없는 파격적 인사였다. 날고 긴다 하는 중국의 대장군들도 21세에 이런 대우는 받지는 못했다. 춘추 전국 시대와는 달리 나라가 많고 전쟁이 빈번한 시절도 아니었으므로 더욱 전례가 없었다. 곽거병에 대한 대우가 이처럼 파격적이었으나 후에 곽거병이 세운 막대한 공을 생각하면 오히려 부족했다고 할 수 있다.

표기장군이 되기가 무섭게 곽거병은 농서(隴西)에서 1만여 병력을 이끌고 출정하여 오려산(烏戾山)을 넘고 호노하(狐奴河)를 건너, 엿새 동안 다섯 부족을 지나 무려 1천 리를 진격해 백병전을 벌인 끝에 적을 모두 격퇴했다. 이 전투에서 흉노의 절란왕과 노호왕을 참수했으며, 죽이거나 사로잡은 무리가 무려 8천여 명이 넘었다. 또한 흉노 휴저왕이 하늘에 제사를 지낼 때 쓰던 금인(金人)까지 탈취했다. 당시 기록에서 특히 눈에 띄는 부분은, "우리 군은 갑옷 하나 잃지 않고"라는 식의 표현이었다. 과장일 수 있으나 대체로 흉노 원정에 대한 기록이 "우리가 흉노 놈 10명을 족쳤다. 그런데 우리 병사 3명이 죽었다."는 식의 내용의 연속임을 생각하면 묘사가 특이하다. 그만큼 완벽한 승리였을 수 있다는 뜻이다. 이때 세운 공훈으로 곽거병은 2천 호를 추가로 하사받아 식읍이 3,600호가 되었다. 이 정도면 평생 놀고 먹어도 될 법하나 그는 "흉노를 아직 멸하지 못했는데, 좋은 저택이 무슨 필요가 있겠습니까?"라고 말하며 다시 전장으로 떠났다.

그해 여름, 한 무제는 표기장군 곽거병과 합기후(合騎侯) 공손오(公孫敖)를 북지에서 출발시키고, 다른 쪽으로는 장건과 이광을 파견하여 흉노를 공략코자 했다. 이광은 4천여 명, 장건은 1만여 명, 도합 1만 4천의 병력을 끌고 출진했으나 흉노 수만 대군에게 포위당했다. 이광은 홀로 분전해서 4천여 명 가운데 2천여 명이 전사했지만 버텼고, 장건이 도착하자 간신히 포위를 풀 수 있었다. 그러나 장건이 늦게 도착한 탓에 참형을 받을 처지가 되지만 속죄금을 내어 서민이 되는 것으로 끝났다. 그런데 이런 상황은 북지에서 출발한 곽거병과 공손오의 군대에서도 마찬가지로 일어났다. 곽거병은 이미 흉노 땅 깊숙이 진격했지만 뒤따르던 공손오가 길을 잃어 한참을 지체하게 되었다. 연락이 끊겨 공손오가 언제 도착할지 알 수 없는 상황에서도 곽거병은 그야말로 과감한 행동을 취했다. 공손오를 기다리지 않고 혼자서 흉노 땅 한복판으로 진격한 것이다.

곽거병은 배를 타고 거연수(居延水)를 건넌 후, 소월지(小月氏)까지 나아가 흉노의 중심지 기련산을 공격했다. 그리하여 흉노 추도왕과 2,500여 명을 사로잡았고 적들을 3만여 명 넘게 참수했다. 그뿐만이 아니었다. 흉노의 왕 중 다섯 명과 그들의 어머니, 선우의 연지, 왕자, 상국에 장군, 당호, 도위 등 수백여 명을 사로잡았고, 맞붙었던 흉노군의 7할을 분쇄하는 경이적인 전과를 올렸다. 이에 곽거병은 5,000호를 더 받아 식읍이 8,600호가 되었다. 곽거병을 따라왔던 조파노(趙破奴) 같은 장수들도 짭짤한 보상을 받았다. 반면에 공손오는 참형을 당할 위기에 처했지만, 속죄금을 내어 간신히 목숨만을 건졌다.

이 전투의 결과는 흉노에게 있어서도 매우 뼈아픈 패배였다. 《사기》의 '흉노전 색은(索隱)'조에 '서하구사(西河舊事)'란 흉노 민요 한 수가 있는데, 그 내용 중에는 "기련산 잃으니 육축이 번식할 수 없게 되고(失我祁連山 使我六畜不蕃息)"라는 내용이 있다. 여기서 육축(六畜)은 유목 기마 민족인 흉노인들에게 중요한 여섯 가지 가축, 즉 말, 소, 양, 닭, 개, 돼지를 말한다. 유목민들에게 이런 동물들, 특히 말을 대규모로 키울 기련산을 잃어버린 것은 정말 어마어마한 피해였다.

흉노의 선우는 혼야왕이 서쪽에서 계속 한나라 군대에 패하는 것이 곽거병 때문임을 알고 매우 화를 내며 혼야왕을 죽이려 했다. 위기에 몰린 혼야왕은 곽거병을 이길 자신도 없고 선우도 무섭고 하니 차라리 한나라에 투항해버리자는 쪽으로 휴저왕과 모의했다. 한 무제는 이 소식을 들었지만, 만약 항복하는 척하면서 공격하면 큰 피해가 우려되었기에 이 일을 곽거병에게 맡겼다. 곽거병은 군대를 이끌고 혼야왕의 부대와 대치했다. 혼야왕의 비장들 중 항복을 원하지 않는 사람들을 공격해서 8천여 명을 죽이고 수만여 명에게 항복을 받아내었다. 이에 한 무제는 근심거리가 없어졌다면서 크게 치하하고 곽거병에게 1,700호를 더 하사했다. 이 모든 전투의 승리는 단 1년 만에 거둔 것이었다.

BC 119년, 위청과 곽거병은 고비 사막을 가로질러서 현재 몽골에 있는 흉노의 본거지에 도착했다. 역사가들은 위청이 옹긴강의 하류까지 간 것으로 생각하고 있다. 곽거병은 대담하게 외몽골 툴라강과 오르콘강 상류까지 1천 킬로미터를 쳐들어갔다. 그는 80명 이상의 흉노 수령을 잡았고, 그들의 땅에 있는 산에서 신성한 희생 의식을 거행했다. 곽거병은 귀환 직후인 BC 117년에 죽었다. 큰 공로와 무제의 총애, 그리고 젊은 나이로 권세를 가졌던 곽거병이었지만 불과 24세의 나이로 병사했다. 산시성의 셴양(咸陽)에 있는 이 위대한 장군의 무덤에는 흉노를 짓밟고 있는 한 마리의 말을 표현한 커다란 조각상이 그를 기리기 위해 세워져 있다.

곽거병의 전공은 그 당시 일반적인 상식을 뛰어넘는 것이었다. 중국은 조나라 무령왕의 시기부터 기병 전술을 확립하긴 했지만, 기마대는 유목 민족의 전매 특허였다.중원의 군사가 성을 쌓거나 혹은 평원에서 방진을 펼쳐 기마대를 상대해서 이기는 경우는 많아도 기병 전력을 중심으로 하여 이긴 경우는 많지 않았다. 더구나 유목민족이 자신들의 땅 깊숙한 곳으로 적을 끌어들인 뒤 포위하여 격퇴하는 것은 그들의 주특기였다. 유방이 묵돌에게 패배했던 백등산 포위전 때의 상황도 그러했다.

하지만 한 무제 때부터 정예 기병을 육성한 한나라는 곽거병의 지휘 아래 놀라운 성과를 거두었다. 정주 민족의 군대가 오히려 자진해서 흉노 땅 깊숙이 들어가 완전히 휩쓸어버리고 격파한 것이다. 이는 특기할 만한 사실이었다.

곽거병은 병법을 그렇게 중요하게 생각하지도 않았다. 한 무제가 곽거병에게 병법에 대해 묻자 그가 대답하기를 "지금 쓸 전략이 무엇인가만 생각하면 됩니다. 옛 병법을 체득할 필요는 없습니다."라고 말할 정도였다. 즉 정상적인 범주의 용병술보다는 임기응변에 능했다.

곽거병이 이런 성과를 올릴 수 있었던 이유는 그의 타고난 능력도 있겠지만, 그보다도 한 무제가 적극 지원한 덕분이라는 주장도 있다. 권력자가 지원한다고 해서 아무나 성공하는 것도 아니다. 역사적으로도 입증되지 않은 졸장을 밀어줬다가 처참한 결과로 돌아오는 경우는 많았다. 대표적으로 전국 시대 조나라는 조괄을 중용했다가 장평대전에서 대패해 국력이 반토막이 나는 대참사를 낳았다.

곽거병은 처음 출전했을 때는 후원의 덕을 보았지만, 결국 실력으로 자신의 가치를 증명했다. 한 무제는 훗날 이광리를 곽거병처럼 밀어주었지만, 그 결과는 곽거병에 비할 바가 못 되었다. 결국 곽거병의 전공은 한 무제의 든든한 지원 덕분이기도 하지만, 가장 큰 원인은 본인의 넘치는 재능과 타고난 운 등이 결합된 결과로 봐야 할 것이다.

곽거병은 고작 18세부터 엄청난 전공을 세워 오만할 정도로 자신감이 넘쳤고, 행동에 거리낌이 없었다. 행동에는 기백이 넘쳤고, 속내의 말을 숨기는 바가 없었다고 한다.

곽거병과 위청은 동시대에 활약했고 혈연이기도 하여 종종 비교의 대상이 되었다. 위청은 소년기에 노예로 살았던 경험이 있기에 사람들을 겸손하게 대했고, 항상 아랫사람을 챙겼다. 반면 곽거병은 철이 들었을 때 이미 일족은 황제의 외척이었으며, 외숙부가 흉노 정벌에 큰 공을 올리고 있었다. 그래서 그는 위청과는 대조적으로 오만했다. 병사가 굶고 있을 때에도 자신은 호화로운 막사에서 연회를 열었다. 그러나 궁정의 병사 사이에서는 곽거병이 더 인기 있는 인물이었다고 한다.

원래 군인들은 지휘관이 누구냐에 따라 목숨이 왔다갔다 하다 보니 성격보다는 '이기는' 지휘관을 선호할 수밖에 없었다. 또 무인들 성향상 남자답고 호쾌한 성향에 끌리기 마련이었다. 무제가 죽으라면 죽는 시늉까지 하는 예스맨에다 매사 듣기 좋은 말만 하는 위청은 아부꾼에 사내답지 못하다는 평을 듣기 쉬웠다. 무제도 성격이 적극적인 곽거병을 더 아꼈다고 전해진다. 전설에 따르면 곽거병이 한 무제에게 술을 하사받았는데, 이것을 샘물에 뿌려 버리더니 "황제께서 하사하신 술이다. 양이 적으니 물을 타서 모두 같이 마시자!"라고 했다는 이야기가 있다. 이것이 바로 중국 깐수성 주취안(酒泉)시의 이름이 탄생하게 된 배경이다.

일설에는 곽거병에게 패하여 투항한 흉노 중 투후 김일제의 후손이 왕망 이후 신라로 와 김알지의 조상 성한왕이 되고, 그 후 신라 왕족이 되었다고 하는 주장도 있으나 그리 믿을 만한 것은 아니라는 것이 역사학계의 정설이다.

장건(張騫, ?~BC 112)

장건(張騫)은 BC 139년 장안을 출발하여 두 차례 서역행을 추진하며 실크로드를 개척했다. 이후 한나라에는 서역의 각종 문물이 전파되었고, 동서양 문물 교류가 활성화되었다. 실크로드를 통한 동서 간의 교역은 BC 2세기 중엽까지 간간이 이루어지기는 했지만, 공식적으로 이 길이 개척되어 무역로로 사용된 것은 한나라 무제 때였다. 정확히는 장건이 월지(月氏)와 동맹을 맺으러 파견된 이후부터였다.

한 고조 유방이 한나라를 건국한 이래로 북방의 흉노족은 한나라에 가장 위협적인 존재였다. 유방은 직접 흉노족 정벌에 나서기도 했지만, 끝내 정벌하지 못했고, 한나라 공주를 흉노에게 시집보내거나 조공을 하는 조건으로 화친을 맺곤 했다. 한 문제와 경제 시대에도 이러한 정책은 지속되었다. 무제는 흉노와 화친 관계를 유지하는 한편 선대 황제들이 이룩한 탄탄한 경제력을 바탕으로 불안 요소였던 흉노 정벌을 도모했다. 당시 흉노에서는 내분이 일어나 전성기 때만큼 강성하지는 못했으나 여전히 군사력에서 한나라를 압도하고 있었다. 무제는 일리(오늘날의 카자흐스탄 지역)강 유역에 있던 유목 민족 월지(月氏)와 연합하기로 계획을 세웠다.

월지는 북아시아와 중앙아시아 지역에서 활약했던 튀르크계 유목 민족으로, 늘 흉노의 압박에 시달렸으며, BC 176년경에는 흉노에 패해 서쪽으로 쫓겨나 일리강 유역으로 옮겨 갔다. 월지는 그 후 계속된 흉노의 침입에 오늘날의 아프가니스탄 지역을 향해 서쪽으로 이동하여 왕국을 건설했다. 특히 흉노의 선우가, 패배한 월지 왕의 두개골로 술잔을 만든 이후 월지와 흉노의 관계는 극도로 악화되었다. 무제는 월지와 흉노의 적대 관계를 이용하여 월지(月氏)와의 동맹을 계획했고, 이를 위해 파견된 인물이 바로 장건이었다.

장건은 한중 출신으로 출생연도는 불분명하나 무제가 즉위했을 당시 이미 낭관직을 맡고 있었다. BC 139년, 장건은 100여 명의 사절단을 이끌고 흉노 출신 감부(甘父)를 데리고 목숨을 건 여정을 시작했다. 하지만 장건 일행은 월지의 정확한 위치를 알지 못했고, 그저 흉노의 영역인 서쪽을 향해 걸어 나갈 수밖에 없었다. 장안(長安)을 출발한 장건 일행은 흉노의 영역을 통과하던 중 하서(河西) 지역에서 흉노에게 붙잡혀 포로가 되었다. 장건 일행의 목적을 안 흉노의 군신(軍臣) 선우(單于)는 장건을 억류시켰고, 장건은 10여 년간 포로 생활을 하며 흉노족 출신의 여인을 아내로 맞아 아들까지 두었다. 흉노가 한나라의 공격을 받아 어수선해진 틈을 타 장건은 부하 몇 명만을 데리고 탈출해 서쪽으로 도망쳤다. 흉노에 의해 한나라로 가는 길이 막혀 다시 서쪽으로 향한 장건 일행은 월지(月氏)와 인접해 있는 대완(大宛)에 도착했다. 대완의 왕 역시 흉노의 압박을 받고 있는 상황이었기 때문에 그는 장건 일행에게 호의적이었다. 장건은 대완에서 길 안내와 통역을 제공받으며 드디어 BC 129년 월지에 도착했다. 월지에 도착한 장건은 월지왕에게 무제의 동맹 의지를 전했다. 그러나 흉노에 복속되어 있기는 하지만 주변국 대하(大夏)를 항복시키고 평화를 누리던 월지왕은 동맹을 거부했다. 임무를 완수하지 못한 장건은 귀국을 잠시 뒤로 미룬 채 월지의 지배하에 있던 대하 주변, 즉 서역 여러 나라의 지리, 정세, 물산 등의 정보를 수집했다.

BC 126년, 흉노의 군신 선우가 세상을 떠났다. 장건은 흉노의 내분을 기회로 귀국길에 올랐다. 장건은 귀국길에 다시 흉노에게 잡혀 포로가 되었으나 흉노의 왕위 계승을 둘러싼 내분을 틈타 탈출에 성공했고, 결국 BC 126년에 장안으로 돌아올 수 있었다. 장건은 무제에게 13년간의 서역 생활을 보고했다. 비록 월지와 동맹을 맺는 데는 실패했으나 서역의 정세를 상세히 알 수 있게 된 무제는 그의 공을 인정하여 태중대부에 임명했다. BC 123년 무제는 장건의 보고를 바탕으로 흉노 정벌 계획을 세웠다. 교위로 참전한 장건은 서역 체험을 바탕으로 한나라 군대를 여러 번 위기에서 구했고, 그 공으로 박망후에 봉해져 제후 반열에 올랐다. 그러나 BC 121년 위위에 임명되어 비장군(飛將軍) 이광(李廣)을 따라 나선 전투에서 본진과 합류하는 기일을 맞추지 못해 직위를 박탈당하고 목숨까지 위태로워지는 지경에 이르렀다. 하지만 무제가, 서역에 대해 박식한 지식을 가진 장건을 우대하여 장건은 목숨을 구할 수 있었다.

BC 119년, 흉노의 세력은 많이 약해져 있었고, 무제는 흉노와의 세 번째 대결을 준비했다. 장건은 일리 지역에 있는 오손(烏孫)과 동맹하여 흉노를 협공하기 위해 오손으로 파견되었다. 300명의 사절단과 막대한 재물을 가지고 오손에 도착한 장건은 오손왕 곤막에게 협공 동맹을 제안했다. 그러나 곤막은 오손의 불안한 국내 사정과 흉노에 대한 두려움으로 동맹을 거절했다. 장건은 포기하지 않고 대원, 강거(康居), 월지, 대하 등 주변 여러 나라에 부사(副使)들을 파견했다. BC 115년 장건은 오손의 사신 수십 명과 대원의 명마 수십 필을 데리고 귀국했다. 장건은 대행령에 임명되어 외국 사신을 접대하는 일을 맡아 보다가 BC 114년에 생을 마감했다.

장건의 두 차례 서역행의 목적은 흉노를 견제하기 위해 주변국과의 동맹을 체결하려는 것이었다. 비록 군사적, 외교적으로 동맹을 맺는 데는 실패했으나 그는 한나라와 서역의 여러 나라가 교류할 수 있는 물꼬를 텄다. 서역에 대한 장건의 전문적인 지식을 바탕으로 무제는 이광리(李廣利) 장군을 파견하여 명마를 얻어 유목 민족인 흉노에 비해 약했던 기병을 보강하여 흉노와의 서역 패권 다툼에서 승리할 수 있었다.

한나라는 서역을 지배하기 위해 둔전(屯田) 정책을 실시했고, 무제 사후에는 서역도호부를 두어 서역을 한나라의 지배하에 두었다. 이러한 상태는 전한 시대 말기까지 지속되었다. 당시의 동서 양쪽 지역을 주름잡던 한나라와 로마는 서로를 상상의 나라라고만 생각했다. 그러나 장건의 서역 개척으로 인해 두 나라는 서로의 존재를 인식했으며, 이후 서역과 한나라는 군사적, 외교적, 정치적 교류를 넘어 상업적 교류를 시작했다. 중국의 비단, 철기, 동기, 칠기 등이 서역으로 수출되고 향료, 옥 같은 사치품과 우수한 말, 서역의 동식물들이 중국으로 유입되었다. 또한 중국의 우수한 야철 기술과 우물 파는 기술이 중앙아시아로 전파되기도 했다.

소무(蘇武, ?~BC 60)

소무(蘇武)는 중국 한나라의 충신으로 자는 자경이다. 그는 두릉(산시성 시안 동남쪽) 사람이다. 아버지 소건은 대장군 위청 휘하에서 공신이 되었고, 소무는 어려서 낭이 되었다. BC 100년, 흉노의 선우 저제후는 전한과의 관계 개선을 위하여 과거 흉노가 억류했던 전한의 사자 노충국(路充國) 등을 돌려보냈다. 무제 또한 이에 호응하여 전한에 억류했던 흉노의 사자들을 돌려보내기로 했다. 그리하여 송환 업무를 맡은 소무는 부절을 갖고 장승(張勝), 상혜와 함께 흉노로 파견되었다.

과거 흉노에 투항한 위율이라는 인물이 있었다. 흉노의 구왕(緱王), 우상(虞常) 등이 공모하여 위율을 죽이려다가 발각되어 구왕은 죽고 우상은 사로잡혔다. 이에 선우 저제후는 위율에게 사건을 심리하게 했다. 그런데 장승은 소무 몰래 구왕 등의 계획을 돕고 있었는데, 우상의 입에서 자기들의 이름이 나올까 봐 염려하여 소무에게 그 사실을 보고했다. 소무는 이 사실을 알고 스스로 목숨을 끊으려 했으나 장승과 상혜의 제지로 그만두었다. 결국 소무 일행은 연좌되어 문초를 받게 되었다.

문초 과정에서 소무는 저제후의 귀순 권유를 뿌리치고 칼로 자신을 찔렀고, 저제후는 소무의 절개를 가상히 여겨 치료해주었다. 소무가 낫자 선우 저제후는 다시 귀순을 권했으나 소무가 끝까지 듣지 않아 창고에 가두고 음식을 주지 않았다. 소무는 하늘에서 내리는 눈과 깃발의 털을 삼켜가며 며칠을 버텼다. 이에 저제후는 다시 소무에게 북해(北海: 바이칼호)의 황무지에서 양떼를 쳐서 숫양에게서 젖이 나오면 돌려보내주겠다고 조롱했다. 상혜를 비롯한 다른 관속들 또한 각지로 보내졌고, 장승은 이미 흉노에 귀순했다.

북해에 도착한 소무는 땅을 파서 들쥐를 잡아먹고, 풀의 열매를 따먹으며 연명했다. 전한의 부절을 지팡이 삼아 양떼를 쳤는데, 항상 몸에 지니고 다니니 부절의 깃털이 다 떨어지고 말았다. 이렇게 대여섯 해를 지내다가 저제후의 동생 눈에 들어 원조를 받으며 생활했다. 또한 흉노에 귀순한 옛 동료 이릉의 회유를 뿌리쳤으나 이릉은 대신 소무를 원조했다. 한편 전한에서는 무제가 붕어하고 소제가 즉위했다. 전한과 흉노는 다시 화친했는데, 전한에서 소무의 안부를 물으니 흉노에서는 이미 죽었다고 대답했다. 그러나 상혜가 전한에서 온 사자에게 소무의 생존 사실을 알렸고, 결국 소무는 전한으로 돌아가게 되었다.

BC 81년, 전한에 도착한 소무는 전속국에 임명되었다. 돌아와 보니 어머니는 이미 죽었고, 아내는 다른 남자와 혼인한 상태였다. 소무는 절개를 지킨 노신(老臣)으로 조정에서 명망이 드높았고, 좨주(祭酒)라고 불리며 예우를 받았다. 소제 붕어 후 선제 옹립에 공을 세워 관내후에 봉해졌고, 장안세의 추천으로 우조(右曹) 전속국이 되었다. BC 60년, 소무는 80세가 넘은 나이로 병들어 죽었다. 선제는 소무의 아들 소원이 죽어 소무의 대가 끊긴 것을 안타깝게 여겨, 소무가 흉노 여자와 낳은 아들 소통국(蘇通國)을 불러들여 낭(郎)으로 임용했다.

왕소군(王昭君, BC 52~AD 19)

왕소군은 한나라 원제(元帝) 때의 궁녀였으나 흉노와의 친화 정책을 위해 BC 33년 흉노왕 호한야선우에게 시집가서 아들 하나를 낳았다. 그 뒤 호한

야가 죽자 흉노의 풍습에 따라 왕위를 이은 그의 정처 아들에게 재가하여 두 딸을 낳고, 그곳에서 생을 마쳤다.

한나라는 흉노에 대해 정벌과 화친의 양면 정책을 구사했다. 화친의 방법으로 흉노의 선우와 종실의 공주를 정략 결혼시켜 평화를 유지하려 했다. 원제(元帝)는 날을 택해 호한야 선우와 궁녀 왕씨를 공주로 분장시켜 장안에서 결혼시키고 그녀에게 '한나라 황실과 황제를 빛내라'는 의미가 담긴 '소군'이라는 칭호를 내렸다. 왕소군이 흉노족 차림의 붉은 옷을 입고 말을 타고 떠날 때, 원제는 왕소군이 단아하면서도 우아한 절세미인임을 그때야 알아차렸다. 왕소군의 미모를 알아차린 원제는 자신의 결정을 크게 후회했지만, 어쩔 도리가 없었다. 원제는 궁으로 돌아와 궁녀들의 초상화를 대조해 보고 왕소군의 초상화가 실물과는 전혀 다르게 그려진 데다 얼굴에 커다란 점까지 있는 것을 발견했다. 이에 분노한 원제는 초상화 제작 과정에서 뇌물이 왕래했음을 간파하고 자신을 기만한 화공 모연수를 참수했다.

왕소군에 대한 이야기는 전설화되어 후대에 많이 윤색되어 전해졌으며, 많은 문학 작품에서도 다루어졌다. 진(晉)의 석숭(石崇)이 작사·작곡하여 기녀에게 부르게 했다는 〈왕명군사(王明君辭)〉는 매우 유명하다. 두보(杜甫)와 이백(李白)을 비롯해서 당대의 시인들도 이 이야기를 즐겨 썼다. 원(元)·명(明)대에는 희곡으로도 각색되었는데, 특히 원대 마치원(馬致遠)의 희곡 〈한궁추(漢宮秋)〉가 최고의 걸작으로 꼽힌다.

왕소군은 중국 역사상 4대 미인으로 꼽히는 인물이다. 4대 미인을 비유한 표현으로 '침어낙안 폐월수화(沉魚落雁 閉月羞花)'라는 말이 있는데, 월나라의 서시(西施), 한나라의 왕소군(王昭君), 후한 삼국지 시대의 초선(貂蟬), 당 현종의 양귀비(楊貴妃)를 각각 지칭한다. 침어(侵漁)는 빨래하는 서시의 미모에 취한 물고기가 지느러미 놀리는 것을 잊어 가라앉았다는 이야기이고, 낙안(落雁)은 왕소군이 흉노족에게 시집갈 때 날아가던 기러기도 그녀의 미모에 취해 날개짓을 멈추고 떨어졌다는 이야기이다. 폐월(閉月)은 초선의 미모에 달도 구름 뒤에 숨었다는 말이고, 수화(羞花)는 양귀비의 미모에 꽃도 자신을 부끄러워했다는 의미이다. 이들 표현은 중국인 특유의 허풍과 과장이 잔뜩 담긴 미인 평어(評語)이다. 그중 왕소군은 흉노의 호한야(呼韓耶) 선우에게 화친을 목적으로 시집 보내진 비극성으로 인해 중국 문학의 소재로 자주 애용되었다. 왕소군은 장안을 떠나던 날 '출새부인'이라는 별칭을 얻었다. 홀로 먼 북쪽으로 떠나는 자신의 처지를 한탄하며 왕소군이 〈출새곡(出塞曲)〉을 노래했기 때문이다.

호 지 무 화 초
胡地無花草　훈의 땅에는 꽃도 풀도 없으니
춘 래 불 사 춘
春來不似春　봄이 와도 봄 같지 않겠구나

왕소군이 노래하자 마침 남쪽으로 날던 기러기가 왕소군의 미모에 취해 날갯짓하는 것을 잊고 땅으로 떨어졌다고 한다. 그러나 이는 당나라 시인 동방규(東方虯)가 왕소군을 생각하며 지은 〈소군원(昭君怨)〉의 한 구절로, 그의 표현이 매우 적절하여 후대에 왕소군이 직접 부른 것처럼 잘못 전해진 것이다.

BC 20년 복주루 선우가 사망하자 왕소군은 홀로 생활하다 흉노 땅에서 사망했다. 그녀는 지금의 내몽골 자치구 소재지 후허하오터(呼和浩特)시에서 남쪽으로 10킬로미터 떨어진 곳에 묻혔다. 그녀의 무덤은 가을에 북방의 풀들이 모두 누렇게 시들어도 오직 그 무덤의 풀만은 늘 그 푸름을 잃지 않았다고 해서 '청총(青塚)'이라고 불린다. 왕소군은 흉노로 시집가서 길쌈과 같은 중국 문물을 전파했으며, 흉노와의 우호 관계를 유지하는 데 힘써 60년이라는 오랜 세월 동안 전쟁이 일어나지 않도록 했다. 후대인들은 이 때문에 왕소군의 출가를 흉노 정벌에서 큰 공을 세운 한의 명장 위청(衛青)과 곽거병(霍去病)에 비견된다고 평가하기도 한다.

소 군 불 옥 안
昭君拂玉鞍　소군이 옥으로 만든 말안장을 잡고
상 마 제 홍 협
上馬啼紅頰　말 위에서 울어 빰이 붉어졌구나

금 일 한 궁 인
今日漢宮人　오늘은 한나라 궁궐의 사람인데

명 조 호 지 첩
明朝胡地妾　내일 아침이면 오랑캐 땅의 첩이 되는구나

이 시는 시선(詩仙)이라고까지 불리는 당나라의 시인 이태백이 쓴 〈왕소군(王昭君)〉이라는 시이다.

제15강

후한의 흥망성쇠 이야기

신(新)나라를 세운 외척 왕망

왕망(王莽, BC 45~AD 25)의 시호는 가황제(假皇帝), 섭황제(攝皇帝)이며 중국 역사에서는 '찬탈자'로 기록되어 있다. 아버지의 이복동생, 즉 고모가 한나라의 왕비가 되면서 권력을 잡고 신나라를 세웠다. 그가 황제로 재위한 동안의 자료는 빈약한데, 그 이유는 아마도 그가 주류 역사학계에서 도외시된 것이 원인인 것으로 보인다.

냉정하게 살펴보면 그는 타락한 한 왕조를 개혁하고자 노력한 사람이었다. 학자들에 따라 상반된 평가를 하는 것도 그 때문인 듯하다.

그에게 부정적 측면만 있었던 것은 아니다. 그는 유능한 정치가로서 독실한 유학자였으며, 법을 어긴 아들과 손자까지 처형할 정도로 공정한 사람이었다. 그의 대외 정책은 성공을 거두었다. 만약 그의 힘으로는 막을 수 없는 자연재해만 아니었더라면 그의 나라는 한동안 더 지속되었을 것이다. 황하강이 범람하는 등 여러 번에 걸친 수해와 인구 감소, 기근, 전염병 등으로 사회 불안이 증가하면서 반란이 일어났고, 이로 인해 그의 제국도 순식간에 몰락해 역사에서 지워진 존재가 되었다.

왕망은 지체 높은 가문 출신이었다. 그가 태어나기 3년 전, 아버지의 이복동생인 왕씨(王氏)가 한(漢)나라의 왕비가 되었다. 왕씨는 남편 원제(元帝)가 사망하자 황태후가 되었고, 이로 인해 황태후 자신과 문벌은 더 큰 권위와 영향력을 갖게 되었다. 왕황후의 아들이자 왕망의 사촌인 성제(成帝)는 인품은 좋았으나 유약하고 무책임하여 정사(政事)에는 별 관심이 없었다. 성제는 외척 가운데 4명이나 되는 사람들을 한 사람씩 돌아가며 섭정하도록 했고, 이들 가운데 마지막 네 번째 섭정을 한 사람이 BC 8년에 은퇴했다.

그 사이 왕망은 아버지를 일찍 여의고 후원자가 없는 상태였기 때문에 그의 관직 운은 불투명했다. BC 22년, 왕망은 궁중에서 비교적 낮은 지위의 직책에 임명되었고, BC 16년 큰아버지 봉(鳳)의 추천으로 신도공(新都公)이라는 귀족 작위를 받았다. BC 8년, 비로소 왕망은 섭정직에 임명되어 정치적으로 좋은 기회가 온 듯했으나 불과 1년 만인 BC 7년, 성제의 조카인 애제(哀帝)가 등극하여 정치적 상황이 일변했다.

신임 황제 애제는 왕씨 가문과 관련 없는 임금이었기에 왕망을 섭정직에서 파면했다. 그는 BC 5년 여름까지 장안(長安)에 남아 있다가 그 뒤 자신의 영지로 돌아왔다. 그런데 BC 1년 갑자기 애제(哀帝)가 사망했다. 만약 그가 죽지 않았더라면 왕망의 정치적 생명도 거기서 끝났을 것이다. 애제가 사망한 날 그의 고모이자 궁내 최고 어른인 왕황 태후가 왕망을 수도로 불러 다시 섭정직에 임명했다. 그는 재빨리 조정 안의 반대파들을 제거하고, 자신의 딸을 신임 황제인 평제(平帝)의 황후로 책봉하여 정권의 기반을 잡았다.

평제가 AD 6년, 14세의 나이로 갑자기 죽자 왕망의 정치적 입지도 불안정해졌다. 게다가 그의 반대파들은 그가 평제를 독살했다는 죄를 뒤집어씌웠다. 그는 섭정직을 이용하여 발빠르게 50명에 달하는 후계자 가운데 겨우 2세인 영(嬰)을 황제로 선임함으로써 후계 문제를 자신에게 유리하게 해결했다.

그는 AD 6년에 가황제의 직위를 수여 받았다. 이때 황족과 일부 지지자들이 왕망의 가황제 수여에 반대했으나 대세는 이미 왕망이 장악하여 그들을 손쉽게 제압했다. 왕망은 고문(古文) 경학의 대가였던 유흠(劉歆)을 비롯한 유학자들을 많이 끌어들여 유학과 서상(瑞祥), 부명(符命: 일종의 예언서)에 근거한 정책을 실시했다. 또한 민중의 지지를 획득하기 위해 수단을 가리지 않고 자신의 차남 왕획을 잡아 노복(奴僕)을 죽인 죄를 묻는가 하면 장남 우(宇)도 모략죄를 물어 감옥에 가두었다가 모두 자결하게 했다. 이런 방식으로 그는 민중의 신뢰를 얻어 갔다.

그가 황제로 재위한 동안의 자료는 빈약하다. 이는 신(新)이 붕괴되고 한(漢)이 복원된 후 당시의 역사가들이 그를 사악한 찬탈자로 매도했기 때문이다. 오늘날 일부 학자들은 그와는 정반대의 입장을 취하고 있다. 왕망은 이상주의자이며 사리사욕이 없는 사회 개혁가였다고 주장한다. 그러나 사실상 왕망은 그 어느 쪽에도 해당하지 않는다. 그는 유능한 정치가이자 독실한 유생(儒生)이었으며, 그 당시의 모든 사람이 그러했듯이 미신을 믿는 일종의 현학자(衒學者)였다.

그의 재정 농업 정책은 한대의 관습과 유교의 가르침을 따른 것이었다. 그는 법을 철저히 지키는 사람이었으며 법을 어겼다고 하여 아들 셋, 손자 하나, 조카 하나를 처형했다. 그는 면학과 폭넓은 지식의 수용을 권장했다. 주(周) 시대의 치세를 이상으로 삼은 왕망은 《주관(周官)》이라는 책을 바탕으로 국가 정책을 실시했다. 그러나 현실성이 부족한 각종 정책은 단기간에 파탄나고, 화폐 유통과 경제 활동도 정지되어 민중의 생활은 나날이 곤궁해졌다.

기원후 2년, 5년, 11년 등 세 차례 이상 황허강이 진로를 바꾸어 최고의 농업 생산력을 가진 인구 조밀 지역으로 범람했다. 계속되는 수해로 인구 감소, 기근, 전염병 등이 생겨 사회 불안이 증가하고 반란이 터지면서 사람들이 식량을 찾아 남하하기 시작했다. 농민 봉기는 그 규모가 점차 커졌으며, 이 같은 농민군의 하나인 적미(赤眉)는 18년부터 규모가 커져 왕망의 관군을 격파할 정도가 되었다.

남양에서 옹립된 유현을 토벌하러 보낸 신(新)의 100만 군대도 곤양(昆陽) 전투에서 경시제 휘하의 유수에게 패배했고, 이 여파로 각지에 군웅이 할거하여 대혼란에 빠졌다. 수도권 지역을 포함하여 전국 각지에서 반란이 일어났으며, 23년 10월 4일 반란군은 수도의 동쪽 성벽을 뚫고 침공해왔다. 몇 시간에 걸친 시가전 끝에 반란군들은 저녁 무렵 성벽을 돌파하여 황궁에 도착했다. 그다음 날인 10월 5일 아침, 수도의 백성들이 반란에 가세하여 황궁으로 들어와 불을 질렀다. 불은 점점 더 번져나갔고 싸움은 그날 내내 계속되었다.

왕망은 자줏빛 의복을 입고 제왕의 인장(印章)을 흔들며 마법의 힘을 빌려 황궁을 지키려고 했다. 그는 음식도 전혀 먹지 않아 점점 더 쇠약해져 갔다. 10월 6일 새벽에 그는 직접 전차(戰車)를 몰고 미앙궁(未央宮)으로 옮겨 가 그곳에서 1,000명 이상이나 되는 측근과 마지막 저항을 벌였다. 그들은 화살촉이 다 떨어질 때까지 싸웠고, 그 후에는 단검을 뽑아들고 육탄전을 벌였다. 마침내 전세가 불리해지자 그의 신하들도 배신하거나 투항하고, 장안에는 경시제의 군대가 입성해 왕망은 그 혼란 중에서 두오(杜吳)에게 살해당했다. 그의 수급은 경시제가 있던 성으로 보내졌으며, 시신은 공을 세우려는 사람들이 달려들어 마구 찢어지고 흩어졌다.

찬탈(簒奪)을 저지른 인물이라는 이유로, 왕망에 대해서는 정치면에서뿐 아니라 인간성까지 포함한 냉혹한 평가가 뒤따랐다. 《한서》의 저자 반고는 〈왕망전(王莽傳)〉에서 다음과 같이 왕망을 평했다.

왕망은 입이 큰데 턱이 짧고, 퉁방울눈에 눈이 빨갛고 크고 걸걸한 목소리였다. 키는 7척 5촌(약 173센티미터)으로 바닥이 두꺼운 신발과 높은 관을 좋아했고, 북실북실하고 생기 있는 털을 옷에 넣어 가슴을 젖혀 높은 곳을 보고, 먼 곳을 바라보듯 좌우의 눈을 보았다. 왕망은 외모나 대인 관계에 특히 집착을 보여 의식 때는 수염이나 머리를 검게 물들여 젊게 보이려 노력했고, 부명(符命)이나 서상(瑞祥) 같은 신비주의적인 도참설을 이용해 자신의 등용과 즉위를 정당화시키려 했다. 그때에도 자신이 주위의 추천에 못 이겨 제위를 마지못해 받는 시늉을 하는 등 간계와 지모에도 능했다.

기록을 보면 그의 인간성 문제를 들어 간신의 대표자로 간주하고 있다는 것을 알 수 있다. 달리 말하면 그가 실시한 정책적 판단은 그리 틀리지 않았다는 것을 말하며, 그 대표적인 것이 토지 개혁이었다. 그에 대한 긍정적인 기록은 별로 없지만, 그는 토지를 재분배하여 경자(耕者) 유전(有田)의 원칙을 지켜나가려 했으나 그만 천재지변으로 그 성과를 거둘 수 없었던 것으로 보인다. 또 학(學) 혹은 교(校)라는 유학 교육 기관을 전국에 설치하고 유학 공부를 장려한 것도 왕망의 치세하에 이루어진 일인데, 이로 인해 결과적으로 후한 시기에는 유학을 배우는 사람이 많아졌다고 한다.

한국에서는 고려의 왕건이 후백제의 견훤에게 보낸 답서에서 "기회를 엿보아 한(漢)을 도모했으니 왕망과 동탁의 간계(姦計)만 보일 뿐이었다."라며, 견훤이 신라의 수도 서라벌로 쳐들어가 약탈을 저지르고 경애왕을 죽게 한 행동을, 왕망이 한나라 조정을 어지럽히고 애제를 독살한 전적에 빗대어 비난했다. 《중종실록》에도 조광조의 정책에 반대하는 훈구파들이 "주초(走肖)의 무리가 저지른 간사함이 왕망이나 동탁 같아 온 나라의 인심을 얻고 백료(百僚)들이 우러러보는 바가 되었다."며 조광조를 왕망에 빗대어 비판했다.

왕망에 의해 새로 제정된 것도 있다. 한의 조신으로 있던 시대에 왕망 자신이 정한 황제의 즉위 의식은 광무제 이후의 역대 황제들에게 그대로 계승되어 황제의 즉위식에 즈음해서는 왕망이 정한 대로 모든 의례를 행했다. 아마도 왕망은 미우나 그가 제정한 즉위 의식이 엄정하고 권위가 있었기 때문인 것으로 보인다. 그것은 마치 히틀러가 베를린 올림픽을 개최하면서 시도한 새로운 제도가 오늘날까지 그대로 사용되는 것과 같으며, 인간은 미워도 그 제도는 미워할 수 없다는 것을 보여준다. 실제로 올림픽 개막식은 저녁에 시작한다. 어두컴컴한 가운데 성화(聖火)가 들어와 화려하게 점화하고, 비둘기가 날아오르며 합창 속에 올림픽기가 게양된다. 여기에 더해 승자에게 올리브관을 수여하는 등의 제도는 전부 베를린에서 처음 시작되었다고 한다.

사학자 신채호는, 왕조 교체가 빈번했던 중국 역사에서 '혁명'이라는 이름으로 새로운 왕조가 이전 왕조를 대신할 때마다 일시적으로 요역을 면제하고 부세를 감해주는 고식적인 시혜를 베푸는 척하다가, 다시 옛 왕조의 규정을 되살려서 폭정으로 폭정을 대신하는 내란만 되풀이했을 뿐 진정한 혁명은 이루어지지 않았다고 보았다. 그러나 왕망만은 고대 사회주의적인 정전법(井田法)을 실행하고, 한(漢) 문화로 세계를 통일한다는 일종의 공산적 국가 건설을 시도하여 토지를 평균하게 나누어 빈부의 계급을 없애자는 생각을 대담하게 실행하려고 했다며, 왕망의 찬탈을 "동양 고대의 유일한 혁명으로 볼 수밖에 없다."고 칭찬했다.

후한 광무제, 유수

AD 25년, 전한의 황족 유수(劉秀, 광무제, BC 4~AD 57)가 왕망 정권을 무너뜨리고 후한을 세웠다. 광무제는 각지의 반란 세력을 진압하고 36년 중국을 재통일했다. 광무제는 남양 지방의 호족이었고, 중국을 통일하고 운영하는 과정에서도 여러 호족 가문의 힘에 의존했다. 따라서 후한의 건국은 호족 세력의 승리를 의미했다.

후한은 처음부터 호족들의 연합 정권이었으므로 황제가 호족들을 견제하기는 쉽지 않았다. 호족들은 더 많은 땅을 사들였고, 호족과 농민 사이의 빈부 격차가 커졌다. 지방에서 기반을 다진 호족들은 중앙 정계에도 대거 진출해 후한의 정치를 장악했다. 한나라의 관리 선발 제도는 주로 추천이나 평판에 의존했는데, 이는 지방의 유력자들이 중앙 정계에 진출하기 좋은 환경을 만들었다. 고위 관직에 오른 호족들은 서로 결혼을 통해 인맥을 구축하면서 기득권을 착실하게 다져 나갔다.

광무제가 재건한 왕조를 후한 또는 동한(25~220)이라고 한다. 광무제는 황실 유씨 가문의 일원으로, 한 왕조의 창시자인 고조(BC 206~195)의 후예로 추정된다. 전한 경제의 아들인 장사정왕 유발의 5세손으로, 남돈군(南頓君)에 추증된 유흠의 아들이다. 어렸을 때부터 몹시 신중하고 차분한 성격으로, 평범한 종실의 한 사람이었다.

14년, 낭야에서 여모(呂母)라는 노파가 현령에게 살해된 아들의 복수를 위해 사재를 털어 수천의 무리를 모아 반란을 일으킨 적이 있었다. 여모는 현령을 죽인 뒤에 사망했지만, 일단 모여든 군세는 가혹한 법과 무거운 조세에 항거한다는 이유로 해산하지 않았다. 이들은 18년 동향 사람인 번종(樊宗)의 거병에 합류해 거대한 세력을 이루어 갔다. 이들 반란군은 피아 식별을 위해 눈썹을 붉게 칠하여 적미군(赤眉軍)이라고 불렸다.

22년 왕망의 급진적인 개혁 조치로 신나라에 대한 평판이 나빠지자, 그해 겨울, 유수의 형 유인(劉縯)이 먼저 거병했다. 처음에는 생각처럼 병사가 잘 모이지 않았지만, 신중한 성격에 평판도 좋았던 동생 유수가 합류하자 반란에 참가하는 사람이 늘어났다. 이 반란군을 용릉군(舂陵軍)이라 불렀다. 타고 다닐 말도 구하지 못할 정도로 가난했던 유수는 반란군을 지휘할 때 소를 타고 다녔으며, 또 다른 반란군인 녹림군(綠林軍)이 합류한 뒤에야 조정의 군대로부터 노획한 말을 타게 되었다고 한다.

녹림군은 군내에 역병이 만연하면서 남양을 거점으로 하는 신시군(新市軍)과 남군을 거점으로 하는 하강군(下江軍)으로 나뉘었다. 신시군은 남양 호족이었던 유수의 본가 혈통 유현(劉玄)이 이끌던 평림군(平林軍)이나 유수의 형 유인이 이끌던 용릉군과 연합했다. 이후 이들은 다시 하강군을 흡수했으며, 유인은 육양(淯陽)에서 관군을 격파했다. 녹림군이 다시 연합군을 형성한 뒤, 그들은 완성(宛城)을 포위하고 혁명의 중심이 될 새로운 황제를 옹립하기 위해 협의를 했다. 하강군과 남양 호족을 중심으로 유인(劉縯)을 옹립하려는 움직임도 있었으나 만약 유능한 인물을 옹립하면 자신의 세력이 약화될 것을 두려워한 평림군과 신시군의 부장들이 이를 반대했다. 결국 다소 평범한 인물인 유현(劉玄)을 황제로 옹립했으니 그가 곧 경시제였다.

기원후 23년 여름, 경시제 토벌을 계획한 왕망은 낙양(洛陽)에서 100만(전투병 42만, 나머지는 수송병)이라는 대군을 출진시켰다. 그러나 왕망은 군사 지식과 경험이 부족했고, 군대는 63파나 되는 병법가(兵法家)를 동행시키고 맹수를 거느리는 등의 고약한 편제로 이루어져 있었다. 왕망의 대군은 유수가 거점으로 삼고 있던 곤양성(昆陽城)을 포위 공격했다. 그러나 유수는 밤을 틈타 단 13기만을 거느리고 곤양성을 탈출해, 가까운 현에서 3천의 원군을 모아 곤양을 포위한 왕망의 군사를 후방에서 공격했다. 왕망군은 총대장 비진후(丕進侯) 왕심(王尋)이 수천 명을 거느리고 유수의 군대를 요격했지만 유수와 그 부하들의 전략에 말려들어 대패했으니 이것이 곤양 전투였다. 곤양에서의 승리를 전후해 유수의 형 유인도 완성(宛城)을 함락시켰다. 이로 인해 유인, 유수 형제의 명성은 천하에 알려지게 되었다.

두 형제의 명성이 높아지는 것에 두려움을 느낀 경시제는 두 사람에 대한 견제에 나섰다. 앞서 경시제의 즉위에 반대했던 유인의 부하이자 친척인 유직(劉稷)이 경시제의 벼슬을 사양하자 경시제는 그를 반역으로 몰아 죽이려 했다. 이에 유인이 자신의 부하인 유직을 옹호하고 나서자 경시제는 이를 트집 잡아 유수의 형 유인을 처형했다. 이 사건에 즈음해 유수는 완성에 도착해 경시제를 만나 오히려 형의 결례를 사과했다. 형을 위해 상복도 입지 않았으며 조문하러 온 사람들에게도 사건에 대해서는 일체 언급하지 않는 등 재앙에 휘말리지 않기 위해 애를 썼다.

곤양(昆陽)과 완성(宛城)에서의 전승이 알려지자 그때까지 상황을 관망하던 호족들이 차례대로 경시제의 군에 합류했다. 그 결과 단기간에 큰 세력으로 성장한 경시제의 군사는 파죽지세로 낙양과 장안을 함락시키고 낙양으로 천도했다. 낙양이 도성(都城)으로 정해질 때까지 유수는 경시제와 측근들로부터 위험 인물로 지목되어 중앙 정계에 나서지 못했다. 그러나 당시 격전지인 기주와 연주 등 황하 이북으로 파견할 마땅한 무장도 없던 상황에서, 대사도(大司徒) 유사(劉賜)가 "여러 집안의 자제 중 문숙(유수)이 쓸 만하다(諸家子獨有文叔可用)"고 추천했다. 이에 따라 유수는 하북 부임을 명받았고, 아울러 감시에서도 풀려났다. 이후 경시제의 정치가 혼란해져 민심을 잃게 되자 유수에게도 기회가 찾아왔다.

기원후 23년 겨울, 유수는 임지(臨地)인 하북으로 향했다. 유수가 하북에서 한단을 떠나 북상할 무렵, 한단에서 왕랑(王郎)이라는 자가 성제의 숨겨진 아들인 유자여(劉子輿)라고 자칭하며 유림(劉林), 이육(李育) 등과 함께 거병했다. 왕랑은 유수의 목에 10만 호의 상금을 걸고 수배에 나섰다. 그래서 유수는 가까운 부하 몇 명만 거느리고 하북을 떠돌게 되었다. 그것은 고난의 행군이었다. 맹추위 속에서 가까스로 땔감을 모아 불을 지펴 콩죽이나 보리밥으로 연명하며 추위와 굶주림을 견뎠다. 그런 와중에도 유수는 기품을 잃지 않았다. 이러한 소문이 퍼지자 유수의 인품에 반한 여러 장수들이 유수 휘하로 모여들었는데, 나중에 그들은 운대 28장(雲臺二十八將)으로 불리게 되었다.

유수는 왕랑의 부하로 10만여 명의 병사를 거느리고 있던 진정왕(眞定王) 유양(劉楊)에게 결혼 공작을 펼쳐 자기편으로 끌어들였다. 왕랑과 대치하는 와중에 오환족(烏桓族)의 정예 돌격기병도 유수군에 합류했다. 기세가 더해진 유수군은 드디어 왕랑의 군대를 격파하고 이듬해 여름에 한단을 함락시켰다. 왕랑은 도주하던 중에 잡혀 죽었다.

경시제가 왕이 된 2년 5월, 유수의 세력을 두려워한 경시제는 유수를 소왕(蕭王)으로 봉하여 군사를 해산하라고 명하고 장안으로 불러들였다. 하지만 유수는 부하 경감(耿弇)의 조언을 받아들여 하북의 평정이 아직 완료되지 않았다는 핑계로 이를 거부하고 자립하는 길을 택했다. 그 뒤 동마군(銅馬軍)이라는 지방 세력군을 끌어들여 유수의 군사는 수십 만이 넘는 세력으로 성장했다.

기원후 25년, 하북의 실력자가 된 유수는 부하들로부터 황제로 즉위하시라는 상주를 받았다. 유주에서 개선하는 도중에 두 번이나 사양했지만, 세 번째 요청에서 "생각해 보겠다"고 대답하고, 네 번째 요청에 즉위를 수락했다. 유수는 그 해 6월에 즉위하여 연호를 건무(建武)라 했다. 같은 해에 경시제는 서쪽으로 진격해온 적미군에게 항복한 뒤 살해되었다.

적미군도 장안 및 그 주변을 약탈하다 식량이 떨어지자 산동으로 귀환하려 했지만, 건무 3년(27년), 광무제가 파견한 대사도 등우와 정서대장군(征西大將軍) 풍이가 적미군을 공격했다. 처음에는 풍이가 패배했지만, 군사를 정비해 적미군을 격파하고 서쪽으로의 퇴로를 끊었다. 한편 동쪽 의양(宜陽)에서 기다리고 있던 광무제의 군은 군량(軍糧)이 다한 적미군을 전투 없이 항복시켰다. 36년, 광무제는 마지막 저항자인 촉 땅의 공손술을 멸함으로써 왕망 이후 혼란하던 중국의 재통일을 달성했다.

광무제는 낙양을 첫 도읍으로 정하고 장안을 함락시킨 뒤에도 황폐한 장안으로 천도하는 대신 낙양을 그대로 도성으로 유지했다. 한 왕조를 화덕(火德)이라 여겼던 광무제는 낙양의 낙(洛) 자에 들어간 수(水) 자 변을 싫어해서 낙양의 이름을 낙양(雒陽)으로 바꾸었다. 통일을 전후해 노비를 해방하고 죄인들을 석방했으며, 조세를 경감하고 군사를 귀농시켰다. 또한 수리 사업을 일으키는 등의 정책을 통해 왕조의 기초가 되는 백성의 생활 안정을 도모하는 한편, 통치 기구를 정비하고 지배 체제를 확립했다. 전한 말 이래의 혼란으로 중국은 피폐해져 전한의 전성기에는 약 6천만 명에 달하던 인구가 광무제 시대에는 2천만 명 정도로 감소했다. 광무제는 이에 대한 대책으로 노비 해방 및 대사면령을 몇 차례에 걸쳐 실시하고, 자유민을 늘려 농촌 생산력 향상과 민심 확보에 힘썼다. 징병제를 폐지하고, 평소에는 농업 생산에 종사시키다가 유사시에 군사로 동원하는 둔전병(屯田兵)을 운용해 생산과 수요의 균형이 무너져 발생한 기근이나 변경으로의 식량 수송 문제를 완화시켰다.

백성의 신분에 대한 정책으로는 노비 해방령 외에도 건무 11년(35년)에는 "하늘과 땅의 존재 중에 인간이 가장 귀하다"는 문구로 시작하는 조(詔)를 내려 노비와 양민의 형법상 평등을 선언했다. 또한 이보다 앞선 건무 7년(31년)에는 매인법(賣人法), 13년(37년)에는 약인법(略人法)을 공포하여 인신매매를 규제했다. 조세에 대해서는 여지껏 왕조의 군사 재정 부족을 이유로 수확량의 1/10을 거두던 것을 건무 6년(30년)에 전한의 제도와 같은 1/30로 하여 인민의 불만을 완화했다. 이러한 감세가 가능하게 된 배경에는 둔전 시행으로 병사의 식량을 확보할 수 있게 된 것이 한몫했다.

건무 15년(39년)에는 징병된 병사들을 귀농시킨 뒤, 경지 면적과 호적에 대한 전국적인 조사를 시행하여 인민 통치의 기초를 다지고 국가 재정을 확립했다. 그러나 이때의 경지 및 호적 조사에서는 수도가 있던 하남이나 황제의 고향이기도 한 남양에서 부정 신고가 행해졌는데, 이는 해당 군의 호족들이 가지고 있던 권세를 보여주는 사건이었다. 조사에 불만을 품은 지방 호족이 농민을 규합해 반란을 일으키는 일도 있었다.

왕망이 화폐 제도를 뒤흔든 바람에 후한 초기까지 조악한 화폐가 유통되고 있었으나 건무 16년(40년)에는 과거 한 무제 이후의 오수전 주조가 다시 시작되어 화폐 제도도 정비되었다. 이러한 제도를 통해 후한 왕조는 통일 제국으로서의 기반을 갖추었다.

후한은 전한의 통치 기구를 답습해 군국제(郡國制)를 채용했고 제후왕(諸侯王) 열후(列侯)의 봉읍은 전한에 비해 줄였다. 제후왕의 봉읍은 1개 군을 넘지 못했고, 공신(功臣)을 후(侯)로 봉하는 일은 많았지만, 그것도 몇 개 현(縣)만을 봉해줄 뿐이었다. 광무제의 치세에 제후왕으로 봉해진 것은 황제의 동족이었던 남양 용릉 유씨 일족과 황자뿐이었다.

중앙 정부에는 대사도(大司徒), 대사공(大司空), 대사마(大司馬)의 삼공(三公)

을 정치의 최고 책임자로 두었다. 실무상에서는 황제의 비서격인 상서(尙書)가 중용되었다. 그밖에 관제나 군제에서는 역소(役所)를 통폐합하고 필요 없는 관직의 삭감을 실현하여 건무 7년(31년)에는 지방 상비군이었던 재관(材官), 기사(騎士) 등을 없애고 노동력 부문의 민간 전환을 실현했다. 혼란기에 임명되었던 장군도 대부분 해임하고 소규모 상비군만을 두어 재정 부담의 경감을 도모했다. 대사농 직속이었던 국가 재정의 중요한 기관인 염관(鹽官), 철관(鐵官)을 지방 군현에 속하게 하여 지방 재정의 자립을 도왔다.

광무제의 시책은 정치적 사상적 특색의 하나로서 유교를 진흥하고 학제(學制)와 예제(禮制)를 정비했다는 데에 있다. 건무 5년(29년) 낙양에 태학(太學)을 설치하여 유학을 강론하게 하고 14명의 오경박사(五經博士)를 두었으며, 비슷한 시기에 각지에 사학(私学)이 마련되어 현지의 학자가 문하생을 모아 경서를 강의하게 했다. 또한 관리 등용 제도인 향거리선(鄕擧里選)에서 효행, 청렴, 결백을 취지로 하면서도 특히 효렴(孝廉)이 중시되어 건무 12년(36)에는 삼공 등이 매년 일정한 수의 효렴을 천거하도록 하는 규정이 마련되었다. 광무제가 통치의 근거로 삼은 유교는 전한 후기 이래 성행했던 참위설(讖緯說)과도 결합되어 있었는데, 참위설을 비판한 유학자는 등용되지 못했다. 만년인 건무중원 2년(57년)에는 도참(圖讖)을 천하에 선포할 것을 명했다.

광무제는 대외 관계에서도 새로운 시책을 시행했다. 동쪽으로는 고구려의 대무신왕이 멸망시켰던 한반도 북부의 낙랑국(樂浪國) 지역을 건무 6년(30년)에 다시 쳐서 평정하고 군현제를 통해 직접 지배했다. 한편으로 한반도 동쪽의 수장들을 현후(縣侯)로 봉했으며 반도 남부로부터 조공하러 온 사신들을 받아들여 낙랑국에 속하게 했다. 왕망이 후(侯)로 격하시켰던 고구려가 건무 8년(32년)에 후한 조정에 조공하자 광무제는 다시 왕호(王號)를 부활시켰다고 한다. 명제(明帝) 등극 직후인 중원 2년(57년)에는 왜(倭)의 노국(奴國)에서 온 사신에게 금인(金印)을 하사하기도 했는데, 에도 시대에 시가섬(志賀島)에서 한위노국왕인(漢委奴國王印)이 실제로 발견되기도 했다.

서쪽으로는 건무 11년(35년)에 침략해온 강족(羌族)을 마원(馬援)을 시켜 물리치고 항복한 자들은 천수(天水), 농우(隴西), 우부풍(右扶風) 내의 군으로 이주시켜 군현 관할 아래 두었다. 남쪽으로는 건무 16년(40년)에 교지(交趾)에서 일어난 쯩(徵) 자매의 반란을 마원을 보내 진압하게 했다. 마원은 무력 행사와 함께 성곽 복원, 관개 수로 정비를 통해 농업을 진흥시키고 현지의 관습법을 존중하는 등 후한의 군현제 정비에서 현지의 습속을 존중했기에 쉽게 민심을 정비할 수 있었다. 북쪽에서는 과거 왕망의 강경 외교 정책에 반발한 흉노가 세력을 키워가고 있었는데, 건무 6년(30년)에 광무제는 화친 사자를 보냈지만 흉노의 침략은 그치지 않았다. 그러던 중 건무 24년(48년) 흉노가 내부 항쟁을 겪어 남북으로 분열되고 이 중 남흉노(南匈奴)가 후한에 귀순했는데, 이 분열로 오환과 선비족도 흉노에서 이탈했다. 광무제는 이듬해인 건무 25년(49년)에 오환의 추장을 후왕(侯王)에 봉하고 선비족으로부터 조공을 받았다. 북흉노(北匈奴)는 건무 27년(51년)에 후한에 사자를 보내 남흉노와 화친하겠다고 했지만, 광무제는 화친을 인정하지 않았다. 광무제는 또한 북흉노를 토벌할 방안도 인정하지 않은 채 비단 등을 주어 회유하는 선에서 그쳤다.

훗날 제갈량은 조식과 논쟁하면서 쓴 글에서 "한나라 고조의 개국 공신들이 광무제의 개국 공신들보다 능력이 뛰어나다는 평가가 있지만, 그것은 사실이 아니다. 광무제가 너무나 위대한 군주였기 때문에 공신들이 능력을 발휘할 만한 위기 상황이 적었던 것뿐이다."라고 했다. 중국사에서 적의 사정도 적당히 봐주면서 전쟁한 황제는 광무제가 유일했다. 한 예로 유림이라는 사람이 광무제에게 "적미군이 황하 동쪽에 진을 치고 있으니 재빨리 수공(水攻)을 쓰면 이들을 전부 물고기 밥으로 만들 수 있을 것입니다."라고 하자 그런 잔인한 방법은 쓰지 않겠다면서 거절했다. 그 때문에 위기에 몰렸던 적도 있었지만, 그런 상황에서도 시종일관 여유롭게 문제를 해결했다.

광무제의 뛰어난 인격은 무엇보다 '웬만하면 사람을 죽이지 않겠다'는 인간적 태도와 감화력에 있었다. 그가 천하 통일에 성공할 수 있었던 이유는 몇 번씩 배신하고 반란을 일으켜도 여간해선 죽이지 않았고, 반란을 주도한 자의 처자식도 여간해선 죽이지 않는 방법을 생각하며 고심하는 뛰어난 인간적 품성에 있었다.

광무제의 공신 중 대표적인 인물은 베트남을 원정한 마원이었다. 이 사람은 '노익장' 고사의 유래가 된 인물이다. 그 밖에도 광무제의 명참모인 등우와, 동료들과 공적 다툼을 할 때마다 큰나무 뒤로 숨어버려서 '큰나무 장군(대수장군)'이라는 별명이 있었던 풍이가 있었다. 그런 장군들을 '운대 28장'이라 하여 나라를 세우는 데 공을 세운 28명 공신들의 초상화를 그려 걸어 놓기도 했다. 훗날 당 태종도 이를 본받아 능연각에 24공신의 초상을 걸었다.

광무제에 대해 비판하는 입장에서는 보통 후대에 우환이 될 실책을 남겼다는 점을 지적한다. 대표적인 것이 바로 호족 견제의 실패였다. 광무제는 본래 남양 출신의 호족으로 그가 세력을 일으킨 남양 지역은 비옥한 토지로 인해 많은 호족이 있었다. 그가 천하를 통일하는 과정에서 도움을 준 이들은 대부분 전한 시기에 중앙 권력에서 밀려나거나 오래전부터 이 지역에 거주하면서 세력을 키운 대토지 소유 호족들이었다. 즉 후한 정권은 시작부터 어느 정도 호족 연합 정권의 색채를 갖고 있었고, 이러한 이유로 광무제는 호족에게 강경한 정책을 쓰지 못했다. 이리하여 후한의 호족들은 자신들이 소유한 대토지를 바탕으로 소작농을 부리고 사병을 키우는 등 점차 세력을 키워나갔다.

후한 말기에는 이러한 호족들이 사실상 중앙 관리를 능가하는 힘을 가지게 되어 환제 대에는 호족들이 사람을 마음대로 죽일 정도로 그 횡포가 극에 달하게 되었고, 자연히 후한 정권의 지방 통제력은 크게 약화되었다. 다만 후한 멸망의 직접적인 원인이 호족 때문은 아니었다. 실제로 후한 멸망의 직접적 원인에는 외척과 환관의 전횡이 있었다.

반초와 그의 형제들

반초(班超, 32~102)

반초는 33년 섬서성 함양에서 태어났다. 그의 아버지는 역사가 반표(班彪)이며 형은 《한서(漢書)》의 저자로 유명한 반고(班固)이고, 여동생은 시인 반소다. 반초는 키가 크고 체구가 컸으며 언변이 뛰어났다. 어려서부터 형 반고와 함께 아버지 반표에게서 학문을 익혔으며 난대영사(蘭臺令史: 한나라 왕실문고)의 교서랑(校書郎)으로 임용된 형 반고를 따라 어머니를 모시고 낙양(雒陽)으로 진출했다.

반초는 어려운 집안 형편 때문에 어쩔 수 없이 말직 문관이 되어 관아에서 문서를 베껴 쓰는 일로 힘겹게 살아갔다. 그러나 가슴속에는 항상 큰 뜻을 품고 있었다. 《후한서》에는 그의 포부를 알 수 있는 말이 기록되어 있다.

일찍이 반초는 이상적인 인물로 비단길의 개척자 장건을 꼽았는데, 어느 날 문서를 베끼다 화가 난 그는 붓을 던지며 "남자라면 마땅히 장건을 본받아 이역만리로 나가 공을 세워야 한다!"라고 외쳤다고 한다. 여기서 나온 고사성어가 바로 '붓을 던지고 무인이 되다.'는 뜻의 '투필종융(投筆從戎)'이다.

한 무제의 명으로 서역을 다녀왔던 장건에 의해 개척된 실크로드를 통해 전한은 서역 여러 나라와 교류하고 흉노를 제압해 왔다. 전한은 서역 지배를 위해 둔전 정책을 실시하고 서역도호부를 설치했다. 그러나 왕망이 전한을 무너뜨리고 신 왕조를 세우면서 서역 교류는 일시적으로 중단되었다. 왕망의 대외 정책은 남방을 정벌하여 영토를 확장하는 데 그 목적을 두었다. 이에 서역의 여러 나라가 기회를 틈타 한나라를 배신하고 흉노의 지배 아래로 들어갔으며 중국과의 교역은 뜸해졌다.

광무제가 도읍을 낙양으로 정하고 후한을 건국한 이후, 3대에 걸친 황제의 통치 아래 번성하여 비로소 대외 정책을 본격화할 수 있게 되었다. 그 시절 흉노는 심각한 내분으로 남흉노와 북흉노로 나뉘었다. 남흉노가 후한에 항복한 반면, 북흉노는 후한의 서북방 쪽으로 이주하여 내내 후한의 근심거리가 되었다.

73년, 흉노가 변경에 침범하여 백성들을 약탈하고 살상하는 일이 빈번하게 발생하자 후한의 제2대 황제 명제는 두고(竇固)를 총대장으로 삼아 흉노를 정벌할 결심을 했다. 이에 반초는 두고가 이끄는 흉노 원정군의 별장으로 출정했다.

두고는 반초를 36명의 수행원들과 함께 서역에 사신으로 파견했다. 반초가 처음으로 도착한 나라는 타림 분지 남동쪽에 있던 오아시스 국가로, 동서 무역의 요충지였던 선선국(鄯善國)이었다. 그러나 선선국에는 이미 흉노의 사자들이 들어와서 동맹 외교 전략을 구사하고 있었다. 반초는 "호랑이 새끼를 잡으려면 호랑이 굴에 들어가야 한다"라며 수행원들을 독려하여 흉노의 사자들을 무력으로 제압하고 선선국과 동맹을 맺는 데 성공했다. 다음으로 반초는 우전국(于闐: 호탄)으로 향했다. 선선국에서 반초의 명성을 전해 들은 우전국의 왕은 곧 반초에게 투항했다. 이어서 반초는 부하 전려(田慮)를 시켜 소록국(카슈가르)의 항복을 받았다. 이것을 시작으로 반초는 2년여 동안 서역의 수십 나라들을 평정하여 오랫동안 단절되었던 한나라와 서역 교류 부활의 서막을 열었다.

75년 서역 정책에 소극적인 제3대 황제 장제가 왕위에 오르면서 반초에게 귀환 명령이 떨어졌다. 반초는 어명을 어길 수 없어 귀국길에 올랐다. 하지만 흉노의 보복이 두려웠던 서역의 동맹국들은 반초의 귀국을 극심하게 반대했다. 반초 역시 자신이 귀국하면 흉노가 서역에서 세력을 회복할 것을 우려했다. 그는 장제에게 서역을 평정하는 임무를 계속하게 해 달라고 허락을 구하는 동시에 군사도 요청했다. 그 결과 반초는 다시 흉노의 손에 넘어갔던 소록국뿐만 아니라 강거(康居: 키르키스스탄)를 격파하고 서역 남부 지역을 확보했다. 또한 그는 사차국(莎車: 쿠차)을 평정하는 데 성공했으며 월지(月氏) 원정군도 대파했다. 반초는 89년부터 91년까지 남북으로 세력이 양분

되어 있던 흉노를 크게 무찌르고 서역 대부분의 지역을 장악하기에 이르렀다. 반초는 91년에 쿠차에 서역도호부를 설치하고 서역도호가 되었다. 반초의 서역 원정은 여기에서 멈추지 않아 94년에는 언기(焉耆: 카라샤르), 위수(危須), 위리(尉犁) 등도 정복했다. 이에 서역의 50개국이 후한에 복속되었다.

97년, 정원후에 봉해진 반초는 부장 감영(甘英)을 대진에 사신으로 파견했다. 대진은 로마 제국이지만 지금의 이탈리아반도라기보다는 로마 제국이 다스리는 영토라고 보는 것이 옳을 듯하다. 《후한서》에는 "감영은 서역을 통해 안식국(安息國: 페르시아)에 도달했고, 커다란 바다(페르시아 만)의 기슭까지 갔는데, 그곳에서 그는 대진을 볼 수 있었다."라는 기록이 있는데, 이를 통해 감영이 페르시아까지 도달했음을 알 수 있다. 하지만 감영은 부족한 모험심과 파르티아인의 방해 등 여러 가지 이유로 더 이상 나아가지 못했고, 대진과의 직접 교류는 성사시키지 못했다.

100년, 반초가 고향을 떠나 서역에 머문 지 거의 30년이 다 되었다. 반초는 후한의 제4대 황제 화제에게 귀국 탄원서를 올렸으나 받아들여지지 않았다. 102년 반초는 다시 상소를 올렸고, 이번에는 여동생 반소의 애절한 탄원서에 힘입어 마침내 귀국할 수 있게 되었다. 그해 8월 낙양으로 돌아온 반초는 채 한 달이 지나지 않아 71세의 나이로 병사했다.

반초에 의해 다시 열린 실크로드를 통해 후한은 수십 년간 빼앗겼던 서역에 대한 지배권을 흉노에게서 찾아올 수 있었다. 반초의 서역 원정을 통해 후한은 비로소 서역은 물론이고 서아시아, 중앙아시아, 인도 등과 활발하게 문화를 교류하며 자국 문화를 발전시켰고, 이때 중국에 불교가 유입되는 계기가 마련되었다. 후한의 명제는 꿈속에 나타난 불상을 얻기 위해 월지로 사신을 보냈으며, 이 사신들이 귀국길에 불상, 불화, 불경 등을 가져왔다. 이에 명제는 중국 최초로 백마사(白馬寺)라는 절을 지어 그것들을 안치했다.

실크로드 개척은 중국사뿐만 아니라 인류사에도 지대한 영향을 끼쳤다. 반초로 인해 후한은 서역 지방을 30여 년간 지배했으나 그 세월이 무색하게도 그가 죽은 후 후한은 서역 지배권을 곧바로 상실했다. 그 후 123년 반초의 아들 반용(班勇)이 서역장사(西域長史)로 임명되어 서역 지배권을 되찾았다. 장건으로 시작되어 반초, 반용에 이르는 한의 서역 지배를 '3통 3절(三通三絶)'이라고 일컫는데, 이는 한의 서역 지배가 세 번 이어졌다가 세 번 끊어졌다는 의미다.

반고(班固, 32~92)

반고는 기전체 역사서의 모범이 된《한서》의 저자로 유명하다. 기전체는 역사적 사실을 본기, 열전, 표, 지 등의 체제를 갖추어 서술하는 방식을 말한다. 반고의 아버지인 반표(班彪: 3~54)는 호고적(好古的) 취미가 강한 지식인으로서 한 황실이 재건되었을 때 광무제(光武帝)에 의해 서령(徐令)에 제수되었다. 그러나 건강상의 이유로 관직을 사퇴하고 독자적으로 역사 연구에 몰두했다. 삼황오제(三皇五帝)로부터 시작하여 전한 시대 중간에서 끝을 맺은 사마천(司馬遷)의《사기》를 계승할 역사서를 쓰기 위해 자료들을 수집했다. 반표가 죽은 뒤 반고는 그의 뒤를 이어 역사편찬 작업을 계속했다.

《한서(漢書)》는 철저한 고증과 완벽한 객관성이 돋보이는 정사류의 전형이 되었다. 이 책은 비록《사기》를 모범으로 삼았지만, 이 광범위한 역사서의 단순한 보완물이라기보다는 한 제국이 일어난 뒤부터 왕망이 AD 9년 신나라를 세울 때까지의 시기를 다룬 새롭고도 포괄적인 역사 기록이었다. 사실상 그는 역사가라기보다는 사료 편찬가 정도로 인식될 수도 있다. 그는 기존의 사료들을 잘 정리하고 요약함으로써 한나라 황실과 제국 전체를 가능한 한 사실적으로 보여주려고 했다. 그가 쓴《한서》는 이후 기전체(紀傳體) 역사서의 모범이 되었다. 그러나 이 과정에서 국사(國史)를 함부로 개작했다는 이유로 옥에 갇히게 되었다. 그러나 그 후 공을 많이 세운 무장이었던 동생 반초의 탄원으로 옥에서 풀려났을 뿐만 아니라 관직까지 얻었다. 이후 반고는 16년에 걸쳐《한서》를 편찬했다.

반고는 한대 초로 거슬러 올라가면서 사마천이 그 시기를 다룰 때 사용한 대부분의 사료를 섭렵했다. 또한 장황한 부분을 삭제하고, 어색하고 모호한 부분을 단순명료하게 바로잡았다. 그 당시 교육의 보급, 관료 기구의 확대, 문서 기록 기술의 향상, 서체의 통일 등으로 인해 그는 더 많은 양의 최근 자료들을 활용할 수 있었다. 약 200년간의 역사를 다룬 《한서》는 3,000년을 망라했다고 하는 《사기》보다도 분량이 훨씬 많다. 사마천과 반고는 둘 다 사관(史官)이었으므로 불가피하게 관찬(官撰) 기록들을 사용했다. 이를 통해 황제와 황족의 생활(그들의 민정·군정상의 중요한 활동을 포함)을 인물별, 연대기별로 기술했다. 이것이 《한서》의 첫 번째 부분인 본기(本紀)이다. 반고는 다른 부분에 대해서도 사마천의 《사기》 체제를 따랐다. 두 번째 표(表)에서는 사건, 가계, 인물 등에 관한 도표를 만들었다. 세 번째 지(志)에서는 교사(郊祀), 예악(禮樂), 식화(食貨) 등과 같은 광범위한 주제들을 다루었다. 네 번째 열전(列傳)에서는 황제 이외의 중요한 인물들에 대해 한 명씩 또는 몇 명을 1전(傳)으로 묶어 서술했다. 그는 지에 새로 천문지(天文志), 지리지(地理志), 예문지(藝文志)를 추가했다. 특히 황실 도서관인 난대(蘭臺)에 보관된 서적들에 대해 자세히 기술한 예문지는 후대의 학자들이 문헌의 진위성이나 가전을 밝힐 때 반드시 참조하는 매우 중요한 자료이다.

그는 중국이 당시에 더이상 제후 분립의 상태가 아니라는 의미에서 사기의 편찬 체제 중 세가(世家)를 없앴다. 반고는 기본적인 작업이 완성되었다고 느낀 다음 당시의 정치에 더욱 적극적으로 참여할 뜻을 굳힌 것으로 보인다.

40대 중반에 그는 더욱 모험적인 일에 뛰어들었다. 《한서》의 퇴고는 특출한 학자였던 여동생 반소(班昭)에게 맡기고, 장군 두헌(竇憲)을 따라 흉노(匈奴) 정벌에 나섰다. 변경으로부터 1,600킬로미터 가량 떨어진 곳에서 그는 다음과 같은 비문을 남겼다.

"우리 정병(精兵)은 오랑캐 무리를 정벌하러 이곳에 왔다. 우리는 서역인들의 무례함을 응징했고 먼 이역인 이곳을 평정했다. 그들은 이 거대한 평원을 지나 북쪽 고향으로 돌아갔고, 장한 우리 군대는 이 전승 기념비를 세우니 위대한 천자(天子)의 업적이 앞으로 만대에 길이 빛나리라."

그러나 두헌의 조카이며 아직 14세에 불과했던 화제(和帝)는 두헌의 자만심을 경계하고 그의 지나친 야심을 우려해 그를 고향 땅으로 유배시켰다. 반고도 상관의 몰락에 연루되어 투옥되고 문초를 당했으며, 60세에 옥에 갇힌 채 죽었다. 반고의 여동생인 반소는 예정대로 《한서》의 초고를 완성하고 그 내용을 다른 학자들에게 가르치도록 공식 승인을 얻었다.

역사가 반고의 업적을 논할 때는 그의 선배인 사마천이나 1,000년 뒤에 태어난 사마광(司馬光)과는 다른 각도에서 평가해야 한다. 사마천과 사마광은 해석과 논평을 가하기를 좋아했기 때문에 그들의 글은 훨씬 다채롭고 때로는 흥미롭게 보인다. 반면에 반고는 철저한 고증과 완벽한 객관성이 돋보인다. 그래서 사실상 반고는 역사가라기보다는 사료 편찬가 정도로 인식될 수도 있다. 그는 기존의 사료들을 잘 정리 요약함으로써 한나라 황실과 제국 전체를 가능한 한 사실적으로 보여주려고 했다. 따라서 《한서》라는 제목도 문자 그대로 '한나라에 관련된 문서'라는 뜻이다. 반고는 책 중에 삽입한 문건들도 자기 문체로 다소 가필했는데, 그의 문체는 단순명료하고 기교나 분식(粉飾)이 없었다. 간결하면서 수식이 없는 그의 문체는 사마천의 경우보다 더 절제되어 있지만, 당시 그가 속한 사대부 계급에서 사용하던 구어체 중국어에서 크게 벗어나지 않았다. 수세기 후 당나라 말기에 이르러 문체가 지나치게 기교적으로 흐르는 데 대한 반동으로, 고문으로 돌아가자는 움직임이 일기 시작했을 때, 반고의 문장은 소위 고문체(古文體)의 모범이 되었다. 그러나 반고도 그 시대의 주된 문학 형태로서 운율이 있는 산문인 부(賦)를 지을 때는 당시의 다른 문인들과 마찬가지로 화려하고 기발하며 과시적인 문장을 사용했다.

한반도로 건너온 김일제

김일제(金日磾, BC 134~86)는 전한 중기의 관료로, 자는 옹숙(翁叔)이다. 본래 흉노 출신으로 전한에 포로로 끌려왔다. 이후 무제의 신임을 받아 전한의 관료로 일하면서 김씨(金氏) 성을 하사 받았으며, 곽광·상관걸과 함께 소제의 후견인이 되었으나 병들어 투후(秺侯)에 봉해지고 곧 죽었다.

김일제는 휴저왕의 장남으로 태어났다. BC 150년경, 이치사 선우의 번왕이었던 휴저왕과 혼야왕(昆邪王)이 계속하여 전한에 패배하자, 이치사 선우는 그들을 송환하여 사형으로 그 죄를 물으려고 했다. 혼야왕은 이치사 선우에게 끌려가면 목숨이 위험하다고 판단하고 휴저왕을 설득하여 전한에 투항하려고 했다. 혼야왕은 휴저왕이 반대하자 그를 죽이고 투항했으며, 휴저왕의 부인과 두 아들을 곽거병에게 포로로 넘겨주었다.

곽거병은 휴저왕의 부인 연지(閼氏)와 장남 일제 및 어린 동생 윤(倫)을 사로잡아 장안으로 돌아왔다. 말 기르는 노예가 된 일제는 우연히 무제의 눈에 띄어 노예에서 해방되고 마감(馬監)으로 임명되었으며, 이어 시중(侍中), 부마도위, 광록대부에 올랐다. 일제는 망하라(莽何羅) 등의 무제 암살 시도를 마굿간에서 듣고 고변하여 참변을 막은 공로로 거기장군이 되었고, 김씨 성을 하사받았다. 김(金)이란 황금을 뜻하는데, 휴저왕이 금인(金人)을 가지고 천주(天主)에 제사 지냈던 일에서 비롯하여 성씨로 삼았다고 한다.

김일제에게는 두 명의 아들이 있었는데, 둘 다 무제의 총애를 받아서 무제의 농아(弄兒)가 됐다. 농아란 어린아이들을 귀여워하는 황제 옆에서 같이 놀아주는 역할을 맡은 아이들을 말한다. 그러나 무제의 목을 뒤에서 껴안고 궁녀를 희롱하자 그 행동이 매우 불순하다고 생각하여 일제는 자신의 장남을 우선 죽인 뒤 무제에게 보고했다. 무제는 화를 냈지만 김일제가 자초지종을 고하자 슬퍼하면서도 김일제의 충성심에 더욱 감명했다.

BC 87년, 무제가 죽으면서 김일제는 곽광, 상관걸과 함께 소제를 보필했다. 당초 무제가 곽광에게 보필하게 하자 곽광이 김일제에게 양보했는데, 김일제 역시 사양해 김일제는 부섭정이 되었다. 그리고 김일제의 아들 김상과 곽광의 딸이 혼인했다. 무제는 죽으면서 옥새로 봉한 조서를 내려 망하라 일당의 반란을 평정한 공으로 김일제를 투후에 봉하고 곽광과 상관걸도 열후에 봉했는데, 무제 사후 조서의 봉인을 풀어 시행하려 하자 당시 황제 소제가 어리다며 사양했다. 김일제가 몸져 누우니 소제는 작위를 다시 내렸고, 김일제는 인수를 받은 지 하루 만에 죽었다. 작위는 아들 김상이 이었으나 김상이 죽은 후 아들이 없어 봉국이 폐지되었고, 이후 김일제의 증손 김당(金當)이 다시 투후에 봉해졌다.

김일제의 무덤은 무릉의 배장묘 가운데 하나로서 곽거병의 묘 오른쪽에 있는데, 오늘날 감숙성 흥평현(興平縣) 남귀향 도상촌에 있다. 감숙성 무위시에 김일제의 동상이 세워져 있으며, 이 지역에서는 마신(馬神)이라 전해져 내려온다. 김일제의 자손들은 신나라 때 왕망의 외가로서 주요 관직에 올랐지만, 후한 광무제가 왕망을 토벌할 때 역사에서 사라지고, 봉국도 몰수되었다. 중국 산둥성 하택시 성무현 옥화묘촌은 김일제가 봉지로 받은 투현으로 현재 입구에 이 사실을 알리는 표지석이 남아 있다. 투후 유적지에는 김일제를 기리던 사당(祠堂)인 투후사(秺侯祠)가 있었다고 하나 현재는 존재하지 않는다. 김일제의 자손들은 대대로 벼슬하여 후한 때까지 가문이 이어져, 김선과 김의 등을 배출했다.

신라 문무왕릉비(文武王陵碑)에는 "투후(秺侯) 제천지윤(祭天之胤)이 7대를 전하여"(5행), "15대조 성한왕은 그 바탕이 하늘에서 신라로 내려왔고"(6행)라는 구절이 있다. 또한 당나라에 살았던 신라인 김씨 부인의 업적을 기리는 대당고김씨부인 묘명에도 신라 김씨의 뿌리가 투후 김일제라고 기록되어 있다. 이러한 기록을 볼 때 신라 김씨 왕족은 자신의 조상을 중국 한나라 때 투후를 지낸 김일제라고 생각했다는 것을 알 수 있다. 이러한 기록에 대해서 역사학자들은 7세기 후반 들어 형성된 신라 김씨의 관념적인 시조 의식의 소산이지 실제로 김일제가 김씨의 시조인 것은 아니라고 판단하고 있다. 전근대에는 자신들의 가계(家系)를 신성시하기 위해 고대의 전설적인 제왕 또는 유명한 위인들을 시조로 간주하는 일이 많았으므로 김일제 후손설은 사실로 보기 어렵다는 것이다.

대한민국의 일부 역사 다큐멘터리나 재야 사학자들은 김일제가 신라 김씨의 선조라는 주장을 하고 있다. 문헌 기록 외에 돌무지덧널무덤(적석목곽분) 및 부장품이 일부 북방 민족 계통과 유사하다는 사실도 증거로 거론된다. 하지만 2000년대 이후 고고학 발굴 성과의 누적을 통해 돌무지덧널무덤과 부장품의 발전 단계가 모두 밝혀지면서 4세기 신라 묘제의 북방 민족 유래설도 역사학계 및 고고학계에서 인정되지 않고 있다.

제3장

삼국지의 시대

제16강

삼국지 이야기

우리 동양 3국 사람들이 가장 좋아하는 소설은 당연 《삼국지연의》이다. 이 작품의 원전은 촉(蜀)나라 출신으로 나중에 진(晉)의 역사가가 된 진수(陣壽, 233~297)의 역사서 《삼국지(三國志)》이다. 이 역사서는 후대에 여러 시대의 관련 설화들이 첨가되면서 이야기로 꾸며졌고, 이것을 종합하여 정리한 사람은 원말(元末) 명초(明初)의 소설가, 극작가, 강담사(講譚師)였을 것으로 보이는 나관중(羅貫中)이다. 그가 종합 정리한 상태로 기록해 엮은 책이 《삼국연의(三國演義)》로 보인다.

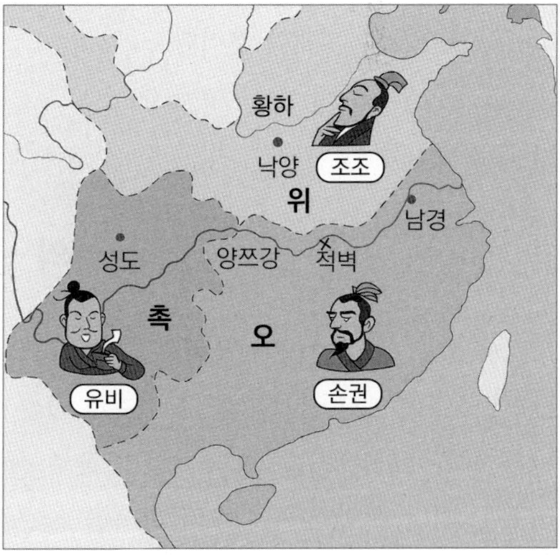

위 · 촉 · 오 분포도

나관중의 《삼국연의》는 진수의 정사 《삼국지》처럼 비교적 삼국을 균형감 있게 서술했으나 그 후 명말(明末) 청초(靑初) 모종강(毛宗崗)

이 유비(劉備)에게 정통성을 부여하고 조조(曹操)를 깎아내린 내용으로 재해석한 것이 우리가 흔히 읽은 《삼국지연의》이다. 연의(演義)라는 것은 쉽게 말하면 이해하기 쉽게 좀 더 구어체로 된 연극적 형태로, 통속적으로 각색한 것으로 보면 될 것이다.

《삼국지연의》의 내용이 이렇게 변한 것은 짐작건대 중국인들의 정서적 태도의 변화, 구체적으로 말하면 시간이 흐르면서 독자들이 바라고 원하는 바대로 내용이 변해 간 때문으로 보인다. 역사적으로는 정통인 조조보다는 민중들이 좋아한 유비를 앞세우고 그들의 활약에 다소간의 과장과 치장을 하여 보다 극적인 재미를 가미해야 더 많이 읽혔기 때문일 것이다. 그런 특징은 생활의 현장에서 구연(口演)을 중심으로 발달한 구비(口碑) 문학의 일반적 현상으로, 공연자들은 관객들이 흥미로워하거나 좋아하는 부분은 더 늘리거나 과장하고, 그렇지 않은 부분은 생략하거나 분량을 줄이거나 건너뛰는 방식으로 관객들의 흥미를 공연의 전개 과정에서 반영하기 마련이다. 우리나라의 판소리가 그런 방식으로 발전해 왔고, 요즘의 소위 '막장 드라마'들도 그때그때 시청률의 변화 양상에 따라 줄거리를 바꾸기도 하고 인기 있는 캐릭터의 분량을 늘이기도 한다. 그러나 이 책은 소설 강독이 아닌 역사 이야기이므로 정사 《삼국지》를 기준으로 했다. 물론 이야기의 시작은 《삼국지연의》와 함께할 것이다.

황건적의 난

후한(後漢) 말이 되면서 외척이나 환관의 전횡으로 정치는 더욱 부패했고, 그런 정치 속에서 백성들은 더 곤궁한 삶을 강요받게 되었다. 이와 같은 절박한 상황에서는 신라 말 궁예의 미륵불 신앙이나 조선 말 동학(東學)이 그러했듯 민간 신앙이 사람들의 마음을 사로잡아 현세구제(現世救濟)의 종교가 유행하는 것은 자연스러운 추세였다.

황건적의 난은 후한 말기, 호족 지주에 의한 토지 독점으로 위기에 직면해 있던 농민들이 머리에 누런 수건을 뒤집어쓰고 황건적(黃巾賊)이 되어 일으킨 반란이다. 이후 중국은 군웅(群雄)이 할거하며 삼국 시대가 개막되었으며, 300년간의 긴 분열기인 위진 남북조의 배경이 되었다. 이런 혼란 속에서 중국 전체 인구는 3분의 1만 남아 최대 2천만 명에 불과했다는 것이 학자들의 연구 결과였다. 그 시기 소위 '영웅'이라 불린 자들의 권력을 둘러싼 싸움에 휘말린 민중들의 삶이 얼마나 고단했을 것인가는 불문가지이다.

후한 영제 때에 거록(鋸鹿)의 장각(張角)은 스스로 대현량사(大賢良師)라고 호를 짓고 '황천(黃天) 신(神)의 사자(使者)'라고 일컬으며 병으로 고통을 겪는 사람들을 치료하기 시작했다. 장각은 아홉 마디가 나 있는 지팡이를 짚고 설교하고 다녔는데, 170년대 초 무렵부터는 제자를 사방에 파견하여 포교(布敎)에 힘썼다. 이 같은 교리는 빈곤 속에서 질병에 대한 공포와 불안을 품고 있던 민중의 마음을 사로잡아 10여 년 사이에 화북(華北)의 동쪽에서 양쯔강(揚子江) 유역에 걸쳐 수십만 명의 신도를 갖게 되어 거대 교단(敎團)으로 성장했다. 이 교단의 이름이 태평도(太平道)이다. 태평도는 주술(呪術)에 의한 요병(療病)을 중심으로 하고, 한대(漢代)에 유행한 참위설(讖緯說), 음양오행설 등과 잡다한 민간 신앙을 가미하고 다시 도가(道家)의 설로 윤색한 뒤 이름 붙인 것이었다.

장각은 이 신도들을 36개의 방(方)으로 조직했다. 이 조직은 빈민의 반(反)권력적인 성격과 결합하여 군사적인 조직으로 변모해갔다. 즉, 장각은 천공장군(天公將軍)이라 호를 지어 최고위에 앉고, 두 명의 동생 중에서 장보(張寶)는 지공장군(地公將軍), 장량(張梁)은 인공장군(人公將軍)이라 불렀다. 1만 명 전후의 신도로 이루어지는 방(方)의 책임자는 장각의 제자들이 맡았는데, 이들은 신도로부터 사(師: 스승)라 불림과 동시에, 방의 이름도 그대로 장군의 이름으로 불렀다. 이러한 태평도는 후한 정부로서는 커다란 위협이었다. 정부는 탄압책으로 해산 명령을 내렸으나 오히려 신도의 단결과 교단의 조직을 강화시키며, 반(反)권력적인 성격을 강화시키는 결과를 가져왔다.

184년 장각은 한 제국(漢帝國)의 창천(蒼天) 대신 황천(黃天)의 세상을 실현해야 한다면서 민중을 선동하여 봉기를 일으켰다. 당초 반란이 일어난 이유는 고위층의 부패와 민생의 어려움 때문이었으나 장각은 얼마 후 스스로 천공장군을 자칭하며 천자가 될 야심을 품었다. 그리고 백성들을 약탈했다.

황건적의 난은 후한 전국 13곳에서 일어났다. 이에 후한 황제 영제는 외척이자 대장군인 하진과 대책을 의논했다. 유비의 스승이었던 노식과 황보숭, 주준 등 3명이 황건적 진압 부대의 장수가 되었고, 조조도 기도위에 임명되어 황건적 토벌에 나섰다. 한편 강동의 손견도 하비에서 부하 황개, 한당, 정보, 조무와 함께 1,500명의 군대를 이끌고 토벌에 참여했다. 유주의 탁현에서는 유비가 장비, 관우와 함께 의형제를 맺고 장정들을 모집해 용사 500명을 이끌고 황건적 토벌에 나섰다.

유비와 주준이 양성에서 장보와 대치하고 있는 동안 황건적의 우두머리 장각이 병으로 사망해 황건적의 사기는 크게 떨어졌다. 장각의 뒤를 이어 동생 장량이 황건적을 이끌지만, 관군 대장 황보숭과 거록 태수 곽전은 황건적의 본거지 곡양을 기습 공격하고 기도위 조조를 앞세워 일곱 번 싸워 일곱 번 모두 승리했다. 결국 장량은 곡양에서 전투 중 전사하여 목이 베이고 말았다. 조정에서는 공을 세운 황보숭과 조조에게 큰 벼슬을 내렸고, 황보숭의 상소로 노식을 다시 중랑장으로 임명했다.

손견과 유비는 성벽을 넘어 황건적들을 무찌르고 손견이 조홍을 사살했다. 손중 역시 동문으로 도망가다가 유비의 화살에 맞아 전사했고, 한충도 남양 태수 진힐에게 죽고 말았다. 10월, 마지막 황건군마저 괴멸당하면서 남양군 10개의 고을이 평정되었으나 완전 소탕되지는 않았다. 188년이 되자 황건적과도 관계있는 백파(白波)의 적(賊)이 산시성(山西)에서 일어났고, 산둥성(山東) 방면에서는 칭조우(淸州)와 쉬조우(徐州)의 황건적이 연달아 맹위를 떨쳐 전국을 전란과 무질서 상태에 빠뜨렸다.

십상시

십상시(十常侍)의 난(亂)은 후한 189년 9월 22일에 발생하여 무려 2,000명에 달하는 환관과 사람들이 목숨을 잃었다. 동탁이 이 사건을 이용해 권력을 잡았으며, 이때 권력을 휘두르던 대장군 하진이 죽었다. 당시 후한의 정치와 권력은 십상시라 불리는 10명의 환관들이 장악하고 있었다. 후한 12대 황제 영제는 무능하고 병약해 십상시들의 말을 따랐고, 그 결과 많은 충신이 죽었다. 십상시는 장양, 조충, 건석, 곽승, 단규, 후람, 조절, 하운, 정광, 봉서로로 이 중 봉서로는 184년 황건적의 난과 연루되어 옥에 갇혀 처형되었다.

189년 후한 영제는 병이 깊어지자 십상시 중 한 명인 건석과 후계자 자리를 논의하여 유협을 차기 황제로 염두에 두고 유변의 후원자인 하황후의 오빠인 대장군 하진을 죽일 계획을 세웠다. 그러나 건석의 계획은 사마 반은에 의해 하진에게 발각되었고, 후한 영제가 곧바로 승하하자 하진은 자신의 조카 유변을 황제로 세우기 위해 사예교위 원소에게 5,000명의 군사를 주어 궁궐로 끌어들였다. 뒤이어 전군교위 조조와 신하 하옹, 순유, 정태 등 대신 30명도 궁궐로 들어와 태자 유변을 후한 13대 황제 소제로 즉위시켰다. 한편 건석은 원소의 군사들을 피해 도망가다가 십상시들 중 한 명인 곽승에게 살해당했다. 이후 하진과 하황후는 경쟁자였던 진류왕 유협의 어머니 왕미인을 내쫓아 독살하는 만행을 저질렀다.

원소는 주부 진림과 노식의 반대에도 불구하고 각지의 영웅들을 불러모아 십상시들을 죽일 계획을 세웠다. 이에 맞서 십상시의 수장 장양은 하진을 죽일 계획을 세웠다. 한편 이 소식을 들은 서량자사 동탁은 20만 대군을 이끌고 올라와 민지에 주둔했다.

189년, 십상시들은 하태후의 명령을 위조해 하진을 장락궁으로 불러들였다. 하진은 결국 십상시들과 상방감 거목에 의해 살해당했다. 하진이 죽자 하진의 부하 오광이 청쇄문 밖에 불을 질렀고, 진군교위 조조와 사예교위 원소는 500명의 군사를 이끌고 궁궐로 쳐들어갔다. 원소의 동생 원술도

1,000명의 군사를 이끌고 참여하면서 사태는 더욱 커졌다. 취화루 아래에서 조충, 정광, 하운, 곽승 등이 목이 베였고, 군사들은 십상시의 가족들까지 모두 몰살시켰다. 환관들도 모두 죽였는데, 이 때문에 수염 없는 사람들도 환관으로 오해받아 살해당하는 일도 발생했다.

장양과 단규는 소제와 유협을 데리고 피신하다가 하남 중부연리 민공의 습격을 받아 장양은 연못에 뛰어 들어 자결하고 단규, 후람, 조절은 소제와 유협을 잃어버려 뒤쫓아온 민공에게 죽임을 당했다. 이후 소제와 유협은 선비 최의의 도움으로 구출되어 원소와 조조, 왕윤, 양표, 순우경, 조맹, 포신 등의 신하들을 만나 낙양으로 향했다. 이때 낙양 인근 민지에 주둔하던 서량자사 동탁이 사위 이유, 동생 동민과 함께 대군을 이끌고 낙양으로 쳐들어와 동탁은 궁궐을 범하고 병권을 장악하여 원소를 발해 태수로 내쫓았다. 또한 하진의 어머니 무양군을 비롯해 하씨 일족을 모두 멸족시키고, 하진을 죽게 했다는 혐의로 죽은 하묘의 무덤을 파헤쳐 시체를 절단하여 길에다 아무렇게나 버렸다.

동탁은 진류왕 유협을 황제로 세우려 했으나 병주자사 정원이 양아들 여포를 내세워 동탁을 막으려 했다. 하지만 도리어 동탁의 부하인 중랑장 이숙의 음모로 양아들 여포에 의해 살해당했다. 동탁은 반대하던 신하 정관을 죽이고 황제 유변과 하태후를 폐위시켜 살해했으며 진류왕 유협을 후한 14대 황제 헌제로 즉위시켰다. 이후 한나라는 반동탁 연합군을 거쳐 군웅할거 시대로 접어들었다. 한편 하진의 며느리 윤(尹)씨는 이후 조조에게 재가했으며, 어머니가 조조에게 재가함에 따라 손자 하안도 자연스럽게 조조의 양자가 되었다.

동탁(董卓, 132~192)

동탁(董卓)은 후한 말의 무장(武將)이자 나름 정치력도 갖춘 자였다. 그는 영제 사후 십상시의 난 등 정치적 혼란의 기회를 틈타 정권을 잡았다. 소제를 폐하고 헌제를 황제로 세운 뒤 실권을 장악하여 부패, 살인, 약탈, 도굴, 방화, 축재 등 온갖 폭정을 휘둘렀다. 관리들의 대규모 항명 사태로 결성된 반동탁 연합군에 의한 각종 암살 시도가 있었지만, 결국 왕윤 여포에게 죽임을 당했다. 이후 동탁은 중국사에서 대표적인 악인으로 두루 회자(膾炙)되었다.

그는 젊어서부터 강(羌)족 지역을 유랑하며 유력자와 친분을 맺었다. 고향으로 돌아와서 농사를 지었는데, 친했던 강족 무리가 찾아오자 밭 갈던 소를 잡아 연회를 베풀고 같이 즐겼다는 이야기가 전할 정도로 화통한 측면도 있었다. 그러자 강족들이 감격하여 말과 소를 제외한 가축 1,000여 마리를 선물로 주었다.

환제의 말년인 167년, 동탁은 양갓집 자제로서 우림랑(羽林郎)으로 뽑혀 흉노 중랑장 장환(張奐) 밑에서 사마로 종군하여 한양(漢陽, 천수군)에서 자신이 잘 아는 강족을 쳐부수는 데 큰 공을 세웠다. 이 공으로 낭중(郎中)이 되고 비단 9,000필을 받았는데, 그 비단을 부하들에게 모두 나누어 주었다. 이민족으로부터 변방을 지키며 여러 공을 세워 광무 현령, 촉군 북부도위, 서역 무기교위(西域 戊己校尉), 병주 자사, 하동 태수 등을 거쳤다. 그 후 소소한 전투를 거치며 기회를 노리던 동탁은 십상시를 제거하기 위한 병력으로 소환된 뒤 그 틈을 놓치지 않았다.

영제가 죽은 후 대장군 하진과 원소가 십상시 환관들을 제거하려 했지만 하태후가 반대했다. 이에 여러 호걸과 그 군대를 불러와 태후를 협박할 계획을 세우고 정태의 반대에도 불구하고 동탁까지 불렀다. 그러나 동탁이 미처 낙양에 도착하기 전에 하진은 암살되었고, 호분중랑장 원술과 사례교위 원소가 환관들을 몰살했다. 환관 장양과 단규 등은 소제와 진류왕 유협(훗날 헌제)을 데리고 소평진(小平津)으로 도주했으나 상서 노식과 하남중부연(河南中部掾) 민공이 쫓아가 죽였다. 이후 동탁은 북망산에서 황제 일행을 영접하여 낙양으로 들어왔다.

원래 동탁의 병사는 불과 3,000명뿐이었지만 사오일 간 밤마다 몰래 성 밖으로 군사를 보내고 다음 날 아침 북을 울리며 입성시키기를 반복하여 대군인 양 꾸며서 위세를 떨었다고 한다. 이 과정에서 죽은 하진, 하묘 형제의 병력을 자연스레 흡수했을뿐만 아니라 여포를 부추겨 집금오 정원을 제거하고 그 군대까지 흡수하니 정말로 대군이 되었다.

동탁은 가뭄을 이유로 사공 유홍을 면직시키고 대신 그 자리에 올랐다. 당시 즉위해 있던 소제는 어리석은 데 반해 유협은 비교적 똑똑했고 자신과 같은 성씨인 동태후가 길렀으므로 폐립(廢立)할 뜻을 품었다. 먼저 원소에게 그 뜻을 내비치니 원소가 반대하기에 "유씨(劉氏)는 남겨둘 수 없다"며 화를 냈다. 원소 역시 발끈하여 "천하에 강한 자가 어찌 동탁뿐이겠는가!"라고 호통쳤지만 이내 기주로 달아났다. 이후 동탁은 대신들과 폐립을 의논했는데, 오직 노식만이 반대했을 뿐 아무도 감히 나서지 못했다. 결국 소제를 폐위하여 홍농왕으로 강등시키고 유협을 제위에 앉혔으며, 하태후와 그 어머니 무양군(舞陽君)을 죽였다. 동탁은 이내 태위로 옮겼다가 헌제를 옹립한 공이 있다 하여 스스로 상국에 오르고, 자신은 미후(郿侯), 어머니는 지양군(池陽君)에 봉했다. 그는 황제를 배알할 때 자신의 이름을 부르지 않았으며, 칼을 찬 채 전각에 올랐다. 동탁과 그 휘하 군대는 살인, 약탈, 겁탈, 축재 등 온갖 전횡을 저질렀다. 이렇게 명목뿐인 천자를 앞세워 놓고 실권자가 옥새를 마음대로 활용하여 실질적 통치를 하는 것을 '협천자영제후(挾天子 令諸侯)'라고 하는데, 이것은 천자를 옆구리에 끼고 제후들에게 명령한다는 뜻이다. 동탁이야말로 이 말에 가장 부합하는 인물이었다.

환관들이 충성스럽고 어진 이들을 주살했던 사실을 모두 기억하고 있었기에 동탁은 선비들을 발탁했다. 그러나 발탁된 선비들은 사실상 모두 동탁을 몰아내려고 공조하고 있었고, 마침내 190년 발해 태수 원소를 맹주로 반동탁 연합군이 결성되었다. 그렇지 않아도 황건적이었던 곽태(郭太) 등의 백파적(白波賊)이 서하군에서 봉기하여 그 규모가 10여만 명이었는데, 반동탁 연합군까지 일어나자 동탁은 난감해졌다. 결국 이유를 시켜서 홍농왕을 독살하고 장안 천도를 강행했다.

낙양 사람 수백만 명을 군대로 몰아치며 강제 이주시키니 짓밟히거나 굶어 죽은 시체가 거리를 메웠고, 낙양의 궁궐, 관청, 민가는 모두 불태워서

200리 내에는 남은 것이 아무것도 없었다. 또한 여포를 통해 황제와 대신들의 묘까지 도굴했다. 그 과정에서 원소의 숙부 원외와 원술의 동복형 원기 등 낙양에 남아 있던 원소 일가를 멸족했다. 이후 손견이 흩어진 군사를 수습하고 다시 양인(陽人)으로 진격해오자 호진을 대독(大督), 여포를 기독(騎督)으로 삼아 요격했다. 호진과 여포는 서로 사이가 좋지 않아 내분으로 패했고, 손견이 낙양 가까이 진군해와 동탁이 친히 맞붙었지만 패하여 낙양 입성을 허용하고 말았다. 다만 낙양은 이미 황폐해져 보급이 어려웠기에 손견은 곧 노양으로 돌아갔다.

동탁은 장안으로 들어오기 전 스스로를 태사(太師)라 칭했다. 황태자급의 수레와 복식을 사용했고, 동생 동민(董旻)에게는 좌장군과 호후(鄠侯), 큰조카 동황(董璜)에게는 시중과 중군교위를 주는 등 동탁의 가문 사람은 어린애라도 모두 한 자리씩 맡았다. 동탁은 여포를 매우 신임해서 그를 양아들로 삼고 경호를 맡겼다. 어느 날 동탁은 사소한 일로 화가 나서 여포에게 수극(手戟)을 던졌다. 민첩하게 피했기에 망정이지 죽을 뻔한 여포는 이 일이 앙금으로 남았다. 거기다 여포는 동탁의 계집종과 몰래 정을 통한 일도 있어 발각될까 두려웠다. 왕윤은 상서복야 사손서와 동탁 주살을 모의하고 있었는데, 여포가 수극(手戟)에 죽을 뻔한 일을 듣고는 여포를 회유했다. 여포는 처음에는 부자 사이에 어떻게 그럴 수 있느냐고 펄쩍 뛰었지만, 왕윤이 "친부도 아니잖느냐. 진짜 아버지라면 아들에게 수극을 던지겠느냐"라고 설득하니 결국 동참했다.

192년 4월, 동탁이 여포 등 호위병을 거느리고 궁궐로 들어가다가 기도위 이숙 등 10여 명의 습격을 받았다. 동탁은 속에 갑옷을 입은지라 팔에만 부상을 입고 수레에서 떨어졌다. 큰 소리로 여포를 찾자 여포는 오히려"조서를 받들어 역적 동탁을 치노라"라고 외쳤고, 동탁은 "개 같은 놈, 네가 어떻게 이럴 수가 있느냐"란 마지막 말을 남기고 죽었다. 동탁이 죽은 사실을 만방에 알리니 사졸들은 만세를 부르고 사람들은 거리로 뛰쳐나와 노래하고 춤추며 잔치를 벌였다. 요새인 미오는 황보숭이 점령하였으며 동탁의 시체는 거리에 내버려지고 그 일족은 멸족되었다.

동탁의 생모인 지양군도 왕윤의 면전에 끌려왔다. 나이가 많다는 이유를 들어 살려달라고 애원했으나 왕윤은 이를 묵살하고 지양군을 '동탁을 낳은 죄'란 죄목으로 참수했다. 동탁은 매우 뚱뚱하여 시체에서 기름이 흘러 이를 지키는 관리가 그 배꼽 위에 심지를 놓고 불을 붙였더니 며칠씩이나 계속 탔다는 이야기도 전하는 것을 보면 그가 얼마나 미움을 받았는지 알 수 있다. 그러나 청류 지식인인 채옹(蔡邕, 132~192)이 동탁의 죽음을 슬퍼하다 사도 왕윤에게 죽임을 당한 것을 보면 우리가 기록으로만 알고 있는 것과는 다른 동탁의 또다른 인간적 측면도 있었을 것이라 짐작해 볼 수 있다.

《삼국지연의》(이하 연의라 함)에서는 조조가 왕윤의 전가(傳家)의 보도(寶刀)인 칠보도(七寶刀)를 빌려 동탁 암살을 시도하다가 실패하는 장면이 추가되었다. 또 왕윤이 양녀 초선(貂蟬)을 이용한 미인계로 동탁과 여포 사이를 이간질하는 것도 가미되었으며, 죽는 날 동탁이 선양 받는 줄 알고 궁궐로 들어간 것 등도 모두 창작된 내용이다.

조조(曹操, 155~220)

조조(曹操)는 사실상 위(魏)나라를 창건한 후한 최고의 정치가이자 무장이며, 시인이다. 조조의 자는 맹덕(孟德), 아명은 아만(阿瞞)으로 패국(沛國) 초현(譙縣) 출신이다. 원래 성은 하후돈, 하후연과 같은 하후(夏侯)씨인데 부친 조숭(曹嵩)이 후한의 대환관인 조등(曹騰)의 양자가 되면서 조씨가 되었다. 조등은, 전한 시대 유방(劉邦)의 심복으로 재상을 지낸 조참(曹參)의 후손으로 환제 때 중상시를 맡았고, 조조의 아버지를 양자로 맞았다. 조조는 황건적의 난을 평정하면서 두각을 드러내기 시작했고, 196년 후한 헌제의 후견인이 되어 정권을 장악했다. 병법과 임기응변에 능해 난세의 간웅(奸雄)이라 불렸고, 아들 조비가 황제에 오르면서 위나라 태조 무황제로 추존되었다.

2세기 중엽부터 외척과 환관의 세력 다툼으로 흔들리기 시작하던 후한의 정치는 폭정으로 치달았다. 184년 민중들의 생활이 황폐해지자 장각(張角)이 민중을 선동하여 '황건적의 난'이라는 반란을 일으켰다. 이것이 기폭제가 되어 후한 말기의 불안정한 정국 속에서 각지에서 할거하던 군웅들이 들고 일어나 패권 다툼을 시작했다. 이 천하의 싸움은 손권(孫權), 유비(劉備), 조조(曹操)가 위, 촉, 오로 천하를 삼분하여 다스리는 것으로 정리되었다. 결국 후한(後漢)은 막을 내리고 삼국 시대가 시작되었다.

후한 말기 각지에서 일어난 국가 중 가장 강성했던 나라는 화북 지역의 위나라였다. 위나라의 기초를 닦은 인물이 바로 조조다. 그는 탁월한 군사 전략과 뛰어난 인재들을 규합하여 삼국의 영웅 중 단연 독보적으로 두각을 드러냈다. 손권은 강동 지역 명문가의 후손으로 주유(周瑜), 노숙(魯肅) 등의 보좌를 받아 오(吳)나라를 세웠다. 유비는 전한 경제의 아들 유승(劉勝)의 후손임을 내세우며 의형제 관우(關羽), 장비(張飛)와 도원결의를 맺고 제갈량(諸葛亮)을 등용하여 사천성 지역에 촉한(蜀漢)을 건국했다.

조조는 어린 시절부터 영특하고 기민했으며 임기응변에 능했다. 그러나 다소 방탕하고 제멋대로인 성격이라 사람들은 그가 뛰어난 인물이 되리라고는 생각지 못했다. 다만 양나라 출신의 태위 교현(橋玄)이 조조를 만난 후 "나는 세상의 인재들을 많이 만나 보았지만, 자네처럼 뛰어난 인물은 아직 보질 못했네."라고 했다.

조조는 흔히 '난세의 간웅'으로 일컬어진다. 이 말은 조조가 당대 명망을 떨쳤던 인물 비평가인 허소(許昭)에게 자신이 어떤 인물인지 묻자 그가 "치세의 능신, 난세의 간웅"이라고 답했다는 일화에서 유래했다. 이때 보통 사람이라면 벌컥 화를 냈겠지만, 조조는 오히려 어느 쪽이든 결국 천하를 움직이는 것이 자신이니 이름 없이 죽어갈 바에야 간웅(奸雄)이 낫다면서 웃었다고 한다.

174년, 조조는 스무 살의 나이에 효렴(孝廉, 효자를 특채하던 제도)으로 천거되어 낭관이 되었고, 곧 낙양 북부위를 역임하게 되었다. 조조는 이때부터 여러 서적을 공부했는데, 특히 병법을 열심히 연구했다. 낙양 북부위로 일할 때 조조는 엄격하게 법을 집행하기로 유명했다. 야간 통행 금지령을 실시하여 위반하는 자에게는 10대의 태형을 내렸고, 죄질이 나쁜 자는 때려죽이는 형에 처했다. 당시 큰 권력을 휘둘렀던 환관의 숙부가 이를 어겼을 때도 조조는 지위 고하를 막론하고 법을 집행하여 결국 그를 때려 죽이게 했다.

184년, 외척과 환관의 전횡에 생활이 곤궁해진 백성들은 스스로 황건적이 되어 난을 일으켰다. 후한 영제는 황후의 오빠인 하진(何進)과 대책을 논의하고 각지에서 군대를 모집했다. 조조는 기도위에 임명되어 영천(潁川)에서 황건적의 장수 파재(波才)를 물리치는 공을 세워 제남(濟南) 지역의 상(相, 지방관)으로 승진했다.

189년, 후한의 영제가 승하하고 하황후 소생의 황자 유변이 소제로 즉위했다. 이에 하황후와 하진 일파는 후궁인 왕씨 소생의 황자 유협과 그를 둘러싸고 있던 시어머니 동태후, 당시 최대 실권자였던 환관 건석과 대립하게 되었다. 하진은 건석을 제거했고, 얼마 지나지 않아 동태후가 병사하면서 투쟁은 일단락되었다. 원소는 그다음으로 여러 대에 걸쳐 선비와 지방 호족 세력을 억누르던 환관 세력들을 모조리 제거하려고 했으나 섭정인 하황후의 반대에 부딪혔다. 이에 이들은 각지의 호족들을 끌어모으고자 했으나 위기를 느낀 환관들의 계책으로 하진이 살해되고 말았다. 하진의 죽음에 원소는 사촌 동생 원술(袁術), 부장 오광과 함께 환관들을 모두 죽였다. 이 틈에 황제 형제는 십상시 장양, 단규와 함께 궁궐을 빠져나왔지만, 추격을 받는 도중에 장양과 단규가 자결하고, 어찌할 바를 모르고 있던 황제 형제는 정세를 관망하다 낙양으로 오던 동탁과 마주치게 되었다. 이로써 동탁의 시대가 열렸다.

189년, 동탁은 소제를 폐위시키고 황제의 동생 협을 헌제로 옹립하고 승상에 올랐다. 원소는 낙양을 떠났고, 원술도 남양으로 갔으며, 조조는 진류로 갔다. 동탁의 위세는 황제를 넘어섰고, 폭정과 독재에 백성들은 물론 지배 계급 내부에서도 동탁에 대한 불만의 목소리가 하늘을 찌르게 되었다. 조조는 조인(曹仁), 하후돈(夏侯惇)을 중심으로 군대를 조직하여 원소를 맹주로 한 반동탁 연합군에 분무장군(奮武將軍)으로 동참했다.

190년, 조조는 군대를 이끌고 서쪽의 형양에서 동탁의 군대와 싸웠으나 수가 많고 강한 동탁의 군대에 밀려 산조(酸棗)로 퇴각했다. 그러나 동탁을 격파하고자 했던 조조와는 달리 반동탁 연합군은 동탁을 토벌하겠다는 의지가 부족했고, 나아가 내분까지 발생하기에 이르렀다. 조조는 장막(張邈)과 힘을 합쳐 형양에서 동탁군과 싸웠고 적장 서영의 부대를 물리는 데 성공했다. 산조로 돌아온 조조는 군사를 움직이지 않고 있는 제후들에게 동탁을 격파할 전략을 제시했지만, 이는 연합군의 모든 제후가 유기적으로 협력한다는 점이 전제되어야 했다. 반동탁 연합군은 단지 유력자들의 이합집산일 뿐이었으며 심지어는 맹주인 원소조차 연합군 내부의 견제로 수송로가 차단당해 꼼짝할 수 없었을 정도였으니 애초 연합군에게는 조조가 수립한 작전을 수행할 능력조차 없었다.

연합군의 맹주 원소는 손쉬운 방법으로 동탁을 견제하고자 했다. 바로 기존 황제를 시해하고 동탁에게 옹립되었다는 명분적 약점을 가지고 있는 헌제의 정통성에 도전하여, 명망이 높았던 유우(劉虞)를 새로운 황제로 추대하려는 것이었다. 그러나 원술(袁術) 등이 중심이 되어 이에 반대했고, 이때 조조도 원소와 일시적으로 대립했다. 결과적으로 이 계책은 유우 본인의 거절로 실패하게 되었고, 이후 구심점을 잃은 반동탁 연합군은 사실상 해산되고 말았다.

이에 조조는 동탁 토벌군에서 나와 자신만의 세력을 형성하기로 결심했다. 예전 조조가 장막과 함께 형양에서 동탁군을 공격한 것이 사람들에게'자신이 패할 것을 뻔히 알고도 오직 황제를 구출하기 위해 홀로 뛰어들었다.'는 좋은 이미지로 받아들여져 인망(人望)이라는 무형의 자산을 얻었기에 가능한 일이었다.

독자적인 행보를 결심한 조조는 먼저 인재 확보에 나섰다. 당시에는 후한의 정치 세력이던 환관들을 반대하는 관료, '청류파(淸流派)'가 존재했는데,

그중 대표적인 인재가 순욱(荀彧)이었다. 191년, 조조는 순욱을 군사(軍師)로 영입했고, 순욱을 따르던 청류파의 우수한 인재들도 조조 휘하에 모이게 되었다. 순욱(荀彧)이, 그를 그토록 예우하던 원소를 따르지 않고 굳이 조조를 따른 것은, 황실의 권위에 정면으로 도전하며 노골적인 패권주의를 보여온 원소와 달리, 조조가 황실의 권위를 회복시킬 인물이란 기대 때문이라고 추측할 수 있다.

192년, 조조는 청주(靑州) 지역의 황건적을 격퇴하고 30만 대군의 청주군을 창설함으로써 급속도로 세력을 확장했다. 그 해 전권을 휘두르던 동탁이 왕윤(王允)의 사주를 받은 여포(呂布)에게 살해되었고, 왕윤 역시 동탁의 잔당에게 목숨을 잃는 등 혼란이 계속되었다. 같은 시기 원소와 원술의 분쟁이 다시 시작되었다. 원소는 형주의 유표(劉表)와 연합했고, 원술은 유주의 공손찬(公孫瓚)과 서주의 도겸(陶謙)과 손잡아 서로를 견제했다. 이때부터 원소의 영향 아래 있던 조조는 인접해 있던 도겸과 싸우기 시작했다. 또 조조는 원소와 연대해 각지에서 원술 연합군을 격파하여 마침내 원술이 본거지를 버리고 양주로 도망가게 만들었다. 이 직후에 도겸은 재차 연주 동쪽 태산군을 침공했는데, 이때 조조의 아버지 조숭이 살해되었다. 이 소식을 접한 조조는 193년부터 194년에 걸쳐 2차례 도겸 정벌에 나서 서주 땅을 정벌하면서 지나가는 모든 곳에서 잔인한 살상을 했다. 《후한서(後漢書)》는 "주민 수십만 명을 살해하고 개와 닭 등 가축도 가차 없이 도살하였다. 이 때문에 사수(泗水)는 흐름을 멈추고 말았다."라고 전한다. 이 사건은 이후 조조에게 잔인하다는 세평을 얻게 하는 요인이 되었으며, 그 후 《연의》에서도 악역을 담당하게 했다.

조조가 서주(徐州)를 공격하는 사이에 친구였던 장막과 연주를 지키던 진궁은 조조에게 반기를 들고 여포를 연주 목(牧)으로 내세웠다. 조조가 지나치게 잔인하여 의절했다고 전해졌지만, 그들의 속내는 알 수 없었다.

조조는 복양에서 궁지에 빠졌다. 게다가 전국을 휩쓴 메뚜기의 피해로 타격을 입지만, 2년에 걸친 공방 끝에 마침내 연주를 평정하는 데 성공했다. 실제로 흉년을 만나 병사들이 먹을 것을 찾아 뿔뿔이 흩어져 남은 병사는 고작 1천도 안 되었다고 하니 피해의 정도가 극심했다는 것을 짐작할 수 있다. 그러나 조조는 이 부대로 여포가 이끄는 진궁의 구원군 1만을 격파하고 치중(輜重)을 획득했다. 《손자병법》 주석에 따르면 논밭 근처 제방에서 적에게 도발하여 역습하는 작전을 펼쳤다고 한다. 헌제는 난을 피해 달아났지만, 다시 동탁의 잔당에게 붙잡혔다. 196년, 조조는 순욱 등 참모들의 의견을 받아들여 이름만 남아 있던 헌제의 후견인을 자청했다. 조조는 헌제의 명의를 빌려 각종 조칙을 반포하고 제후들을 호령하는 등 후한의 정치적 실권을 장악했다.

삼국 시대의 세 영웅들은 각각 천시(天時), 지리(地利), 인화(人和)를 나누어 가졌다고 일컬어지는데, 조조는 천시를, 손권은 지리를, 유비는 인화를 가졌다고 평가된다. 헌제를 수중에 넣은 조조는 후한의 수도를 낙양에서 자신의 근거지인 허창(許昌)으로 옮기고, 사마의(司馬懿) 등 참모들의 의견을 수렴하여 둔전(屯田)제를 실시했다. 그리고 오랜 전쟁으로 피폐해진 농민들의 생활을 복구시키기 위해 일정 규모의 토지와 농기구, 씨앗 등을 원조하여 그들이 농사에 전념할 수 있도록 했으며, 군인들도 평화 시에는 농사를 짓게 하여 군량을 안정적으로 공급할 수 있도록 했다. 이것으로 조조는 경제적인 안정을 꾀함과 동시에 군비를 안정적으로 조달할 수 있는 기반을 마련했다. 이때 유비(劉備)가 여포에게 하비를 빼앗겨 조조 밑으로 도망을 왔다. 참모 정욱은 "유비는 끝내 남의 밑에 남아 있을 인물이 아니다"라고 말하면서 제거할 것을 진언했지만, 조조는 오히려 유비에게 먹을 것을 하사하는 등 우대했다.

197년, 조조는 완(宛)에 출진하여 장수(張繡)를 항복시키지만, 오히려 실수를 저질러 패배했고, 이 전투에서 맏아들 조앙(曹昻)과 조카 조안민, 부하 전위(典韋)가 전사했다. 이때 조조는 맏아들 조앙의 죽음보다 부하 전위의 죽음을 더 슬퍼했다는 이유로 아내에게 미움을 사 이혼을 당하게 되었다고 전한다. 그러나 사실은 조조가 적장의, 미모의 여인에 반하여 저지른 실수 때문에 맏아들을 잃었기 때문이라고 한다.

198년, 정치적 경제적으로 안정적인 기반을 구축한 조조는 장수, 유표의 연합군을 안중에서 격파하고, 하비에서는 여포를 사로잡아 처형했다. 다음 해에는 원술을 토벌하고 장수를 다시 굴복시켜 받아들였다. 이로써 화북 지역에서 조조에게 대항할 수 있는 세력은 원소만 남게 되었다. 그러나 원술 토벌에 유비를 파견한 일이 문제가 되었다. 서주자사 차주(車冑)가 유비의 반란군에 습격을 당하고 만 것이다. 이에 조조는 별일 없었다는 듯이 친히 출진하여 유비를 격파하고 버림받은 그의 처자식을 사로잡는 동시에 관우(關羽)를 항복시켰다. 이후 원소는 자기 밑으로 도망쳐온 유비에게 거처를 마련해 주었고, 조조는 마침내 원소와 천하를 놓고 자웅을 겨루게 되었다.

200년, 조조는 1만 군사로 원소의 10만 대군과 대치했다. 대군(大軍)인 원소군이 조조군을 포위했지만 조조는 유인책과 매복 작전으로 원소군을 크게 물리쳤다. 전세를 가다듬은 원소군은 조조군을 다시 공격했고, 둘은 관도(官渡)에서 다시 대치했다.

원소와 천하 패권을 다투는 전초전은 먼저 백마에서 벌어졌다. 여기서 조조는 관우의 활약으로 원소의 부하인 맹장 안량(顏良)과 문추(文醜)를 죽이는가 하면, 유엽의 진언에 따라 원소의 궁수 부대에는 투석기로, 굴자군에는 참호로 대응하는 등 천재적으로 활약했다. 하지만 날이 갈수록 점차 전황이 불리해지고 아군이 군량과 병참 부족에 시달리게 되면서 대담한 조조도 마음이 약해졌다. 조조는 순욱에게 허도로 귀환하고 싶다는 편지를 보내 상담을 구했지만, 순욱은 격려의 답장으로 그곳에서 버티게 했다. 마침내 원소의 모사(謀士)인 옛 친구 허유가 투항하여 고시와 오소에 있는 원소의 심장부인 병참 사령부를 습격하라고 진언했다. 조조는 오소 기습전에 앞서 원소의 본진 습격에 대비해 방비를 단단히 한 다음 원소군으로 위장한 5천의 특공대를 이끌고 잠입해 오소의 식량과 군수 물자들을 모조리 불살라버렸다. 그 후 형세는 역전되어 원소군은 완전히 무너지고 말았다. 이때 몰수한 전리품 중에서 원소와 내통하고 있었던 조조 부하의 편지가 무더기로 나왔다. 좌우에서 그들을 죽이라는 진언에 조조는 “원소의 대군이 강했을 때는 나조차도 어찌 될지 알 수 없어 마음이 흔들렸다. 내가 그러했는데 하물며 다른 사람들은 어떠했겠느냐?"라며 편지를 읽지 않고 모두 소각하고 내통한 자들은 용서한 뒤 그 일에 대해서는 다시 묻지 않았다고 한다. 이 일은 조조의 사람 됨됨이를 보여주는 좋은 사례였다. 조조는 그 후에도 북진을 계속하여 원씨 잔당 세력을 철저히 격파해 명실상부한 화북 지역의 권력자가 되었다. 조조는 이 관도 전투에서의 승리를 바탕으로 207년 원소의 아들 원상(袁尙), 원담(袁譚), 원희(袁熙) 세력을 전멸시키고 중국 북쪽 지역을 완전히 제패했다.

208년, 북방을 통일한 조조는 승상이 되어 천하 통일의 대업을 이룩하고자 형주의 유표(劉表)와 강동의 손권에게로 진격했다. 조조군이 신야(新野)에 이르렀을 때 형주의 유표가 마침 숨을 거두었다. 유표의 뒤를 아들 유종(劉琮)이 이었지만, 그는 조조군과 싸워 보지도 않고 항복해 버렸다. 이때 유표에게 의탁하여 번성(樊城)에 머무르던 유비는 남쪽으로 도망쳤고, 다급해진 그는 강동의 손권에게 동맹을 제안했다. 강릉(江陵)을 탈취한 조조가 강동으로 진격해 오자 유비와 동맹을 결성한 오나라의 손권은 주유에게 군사 5만을 주어 조조군에 대항하게 했다. 조조군에 비해 수적으로 열세였던 촉오 연합군은 반간계(反間計), 고육계(苦肉計), 연환계(連環計) 등의 책략을 구사했다.

적벽(赤壁)에 진을 친 조조군은 모두 북방 출신이라 수전(水戰)에 익숙하지 못해 심한 뱃멀미를 앓고 있었다. 이때 조조는 병사들의 고통을 덜어 주고자 배들을 전부 쇠고리로 연결하고 널빤지를 깔아 흔들림이 거의 없는 함선을 만들도록 했다. 하지만 이것이 조조의 가장 큰 실책이 되고 말았다. 조조군의 함선이 하나로 묶여 움직임이 자유롭지 못하다는 것을 파악한 주유의 부장 황개(黃蓋)가 화공(火攻) 전략을 제안했다. 황개의 제안대로 주유는 배 10척에 마른 섶과 갈대를 가득 싣고 기름을 부어 만발의 준비를 갖추었다. 노장(老將) 황개는 고육지계(苦肉之計)로 조조에게 거짓으로 투항하고 섶과 갈대를 실은 배로 조조의 함대에 접근하여 불을 붙였다. 조조군의 함대는 순식간에 잿더미가 되었다. 이것이 그 유명한 전투, 적벽대전이다. 적벽대전에서 유비와 손권의 연합군에게 대패한 조조는 천하 통일의 꿈을 접어야만 했다. 이로 인해 조조의 위나라, 유비의 촉한, 손권의 오나라가 서로 대립하는 삼국 정립(鼎立)의 국면이 형성되었다. 아시다시피 《연의》에서는 제갈량과 주유가 각기 화공 전략을 수립하고, 제갈량이 안개를 이용하여 화살을 얻고 동남풍을 불게 하는 등의 창작적 요소가 무수히 더해졌다. 이런 창작적 요소는 조선 시대 《적벽가》라는 판소리에서 더욱 과장되고 해학적인 요소로 민중들에게 전해지게 된다.

210년, 조조는 역사적으로 유명한 구현령과 술지령을 공포했다. 구현령(求賢令)이란 신분의 고하를 막론하고 재능 있는 사람이면 인재로 등용하는 것이다. 술지령은 공로로 받은 4현 3만 호 가운데 3현 2만 호를 황제에게 반환하고, 제위 찬탈 등 야망이 없다는 사실을 공개적으로 밝히는 제도였다. 조조는 213년 위공(魏公)으로 책봉되었고, 자신이 가진 어마어마한 재산을 모두 기부했다. 그는 가난한 백성들을 위해 자신의 많은 재산을 기부하여 훌륭한 지도자라는 이미지를 구축했다. 그 영향을 받아 조조를 섬기고 있던 고위 관료들도 자신들이 저축한 재산을 모두 가난한 백성들을 위해 나누어주었다.

216년, 조조는 위왕(魏王)에 봉해져 훗날 위나라의 건국이 이루어지는 기초를 마련했다. 이 무렵, 헌제는 사실상 허수아비였고 후한의 실권자는 조조였다. 그러나 조조는 끝내 황제의 자리에 오르지 않고 주공(周公)을 따른다는 신념을 확고하게 지키며 위왕의 신분으로 생을 마감했다.

217년, 조조는 손권과 다시 전쟁을 벌였다. 218년 1월 길본과 그의 일당들이 허도에서 반란을 일으켰다. 이들은 헌제를 장악한 후 조조가 역적이라는 조칙을 내리게 한 후에 궁궐에 불을 지르고 유비를 불러들이려 했다. 어떻게 보면 이들의 동기는 도덕적으로 순수한 애국 충정에서 비롯되었으나 결국 실패로 돌아갔다. 조조는 문무백관의 절반 이상을 숙청했다. 그는 백관들을 모아놓고 반란 시 궁궐의 불을 껐던 자는 왼쪽에, 그렇지 않은 자는 오른쪽에 서게 명했다. 사람들은 불을 끈 자가 무죄일 것이라고 생각해 모두 왼쪽에 섰다. 그러나 조조는 “불을 끄러 나오지 않은 자는 난을 돕지 않은 자들이고, 불을 껐던 자가 실제로는 적이다.”라며 왼편에 선 자들을 모두 죽였다.

219년에는 유비와의 한중(漢中) 전투가 벌어졌다. 조조는 아끼던 장수 하후연을 잃고 상처를 입은 채 물러났다. 이후 유비가 한중왕에 즉위하자, 분노했지만 사마의의 권유로 오의 손권과 동맹을 맺었다. 관우가 양양을 빼앗고 번성을 포위하자, 우금과 방덕을 보내 구원하게 했다. 하지만 우금은 사로잡히고 방덕은 처형당했다. 이에 조조는 손권에게 형주를 공격하게 유도하고 2차 구원병으로 서황 등을 보냈다. 서황의 활약으로 번성의 포위는 풀리고 양양 역시 탈환되었다. 그 후, 조조는 서황에게 양양을 수비하게 했다.

그해 여몽과 육손의 전략으로 관우를 죽인 손권은 관우의 목을 조조에게 보냈다. 그러나 노회한 조조는 관우를 왕후의 예로 제사 지냈다. 220년, 조조는 낙양에서 향년 66세의 나이로 서거했다. 그는 끝내 황제의 자리에는 등극하지 않았다. 조조가 죽고 얼마 지나지 않아 아들 조비(曹丕)가 위 문제로 등극했고, 조조는 태조 무황제로 추증되었다.

조조는 정치와 군사뿐만 아니라 문학 방면에서도 뛰어난 업적을 남겼다. 손자병법 전문의 주석 작업을 끝마치고 난 그는 소박한 민요였던 악부(樂府)를 공식 문학의 한 장르로 정착시켰고, 당대 최고 시인 중 한 명으로 꼽히고 있다. 현재까지 전해지는 작품으로는 <단가행(短歌行)>, <구수수(龜雖壽)> 등과 주석 형태로 남아 있는 <동도가사> 등 수십 편이 있다. 조조에게 발탁된 종요(鍾繇)라는 인물은 조조 밑에서 여러 관직을 맡았는데, 그 바쁜 와중에서도 글씨 쓰기에 정진하다 병까지 얻었지만, 조조가 보내준 명약(名藥)을 먹고 살아났다고 한다. 그 후 종요는 선배인 조휘, 채옹, 유덕 등의 서체를 고루 본받아 보기 좋은 해서(楷書)체를 개발하게 되었다고 한다. 그는 예서(隸書)에서 해서(楷書)로 변해가는 첫 기틀을 닦아 후대인 진(晉)의 왕희지와 함께 종왕(鍾王)이라 불리기도 했으며, 당나라 안진경, 구양순 등이 그의 서체를 완성시켰다.

조조가 간웅이냐 영웅이냐에 대한 논의는 과거부터 현재까지 계속되고 있다. 조조와 동시대 인물이었던 교현은 그를 두고 '난세의 영웅'으로, 허소는 '치세의 능신이자 난세의 간웅'으로 상반된 평가를 내렸다. 조조는 송(宋)대 이후부터 간웅으로 폄하되기 시작하여 나관중의 《삼국지연의》 이후부터 악인의 부정적인 이미지를 갖게 되었다. 하지만 현대에 이르러 중국 현대문학의 거장 루쉰과 마오쩌둥(毛澤東), 곽말약(郭沫若) 등에 의해 '재능이 뛰어난 영웅'으로 재평가되고 있다. 어떤 평가를 받든 조조가 변화무쌍한 당대 상황 속에서 임기응변과 처세에 강한 유능한 정치가였으며 동시에 용병과 병법에 능했던 전략가였다는 객관적인 사실만은 인정되어야 한다. 조조는 군사, 학문, 무예, 내정 모두에 탁월한 재능을 가졌을 뿐만 아니라 시문, 그림, 노래 등 풍류에도 매우 뛰어났다. 또 조직을 이끄는 통솔력도 강했고, 무엇보다도 수하들을 장악하는 리더십에서는 가히 타의 추종을 불허했다. 인격 면에서도 감정에 치우치지 않고 당시로는 가히 파격적이라고 할 만큼 철저하게 능력만을 가지고 인재를 선발했다. 한(漢)나라에서는 효자를 발탁하여 등용하는 효렴(孝廉)이라는 제도가 있었다. 이 제도 때문에 자신의 효심을 과시하기 위해 화려한 장례(葬禮) 등이 유행했는데, 조조는 이런 허례의식을 금지시키는 조칙을 내리기도 했다. 인재 등용에 있어서도 분야를 막론하고 한 가지 분야에 뛰어나기만 하면 신분이 미천하더라도, 자신과 악연이 있다고 해도 조조는 크게 인정해주었다. 심지어 아내를 고를 때도 능력을 보고 정했다. 최하급 신분인 기녀 변씨도 능력을 인정받아 아내가 되었다. 조조 휘하의 많은 인물이 과거에는 조조에게 대적했던 인물이었다. 조조는 그들을 포섭한 것은 물론 과거 자신들의 주인 아래에서 활약했던 것보다 몇 배의 활약상을 펼칠 수 있게 능력을 끌어냈다. 이것 역시 조조의 대단한 지도력을 잘 보여주는 것이다.

정치적 감각도 뛰어났다. 다양한 인재와 파벌들을 교묘하게 조율하는 정치 공학적 능력과 시대의 흐름을 정확히 잡아내어 최적의 결단을 내리는 시대적 선구안을 겸비한 인물이었다. 특히, 초토화된 중국의 경제를 재건하고 다른 어떤 군웅들보다도 앞서 정예화된 강병을 조직하는 데 성공하는 등, 그의 행정적인 능력 역시 후한 말 등장한 군웅 중 가장 큰 실적을 남긴 것으로 평가된다.

조조는 또한 '난세의 간웅'이라는 별명답게 임기응변의 대가이기도 했으며 심리전의 달인이었다. 이러한 지략은 아군을 결속시키고 사기를 높일 때도, 적을 교란하고 분열시킬 때도 모두 빛을 발했다. 그는 비록 천하 통일을 이루진 못했지만, 고대 중국의 정치적 경제적 중심지였던 북중국을 장악했는데, 이는 당시 중국의 인구와 재화의 약 7할을 지배했다고 할 만했다. 실제로 오와 촉은 그 국력을 합쳐도 위나라만 못했는데, 이러한 위나라의 우위는 삼국 시대가 끝날 때까지 단 한 번도 역전되지 않았다.

조조의 가장 큰 단점은 잔혹하다는 점이었다. 조조 일생일대의 오점으로 남은 서주 대학살을 비롯하여 여포군이나 원소군의 포로들을 무차별적으로 학살한 사건 등은 그가 군사와 민간인을 가리지 않고 엄청난 수의 사람들을 학살한 인물임을 보여준다. 그 외에도 여백사 사건이나 황제의 아이를 밴 동귀인을 반란 혐의로 처형한 사건, 복 황후 살해, 그리고 길본의 난 때 불을 껐다는 이유만으로 관료들을 반란군으로 몰아 죽인 사건 등 생애 전반에 걸쳐 상당히 잔혹한 행보를 보여주었다.

특히 여백사(呂伯奢) 집안의 몰살 사건이 유명하다. 《연의》에서 묘사된 내용을 보면 다음과 같다.

동탁에게 쫓기던 조조가 아버지 친구인 여백사의 집에 들르게 되었다. 여백사는 조조의 친구 진궁이 조조를 구해 같이 도망간다는 정황을 듣고 진궁을 칭찬하며 식사라도 하고 가라고 붙잡았다. 여백사는 술을 사러 외출하고 식구들은 저녁 준비를 했다. 그때 방 안에서 들으니 칼 가는 소리와 함께 "묶어서 죽이자"라는 말이 들려 생명의 위협을 느낀 조조는 밖으로 뛰쳐나가 여백사의 식구들을 도륙했다. 정신을 차리고 보니 조조에게 대접하려고 돼지를 잡는 중이었다. 그러나 이미 엎질러진 물이라 둘은 급히 길을 나섰다가 마침 술을 사가지고 돌아오는 여백사를 만났다. 여백사가 왜 벌써 가느냐고 묻자 조조는 어물거리다가 여백사가 돌아보는 사이 여백사마저 베어 버렸다. 진궁이 놀라자 조조는 쫓기는 중인데 이들이 신고하면 골치가 더 아파진다며 아예 증거를 없앤 것이라고 말했다. 그런 다음에 그가 내뱉은 말이 유명하다.

"寧敎我負天下人(영교아부천하인), 休敎天下人負我(휴교천하인부아) 내가 천하 사람들을 저버릴지언정, 천하 사람들이 나를 저버리게 하지는 않겠다"

그 뒤 진궁은 잔혹한 조조와 결별하고 여포군에 합세했다. 이 기록에 대해서는 사실무근이라는 설과 정당방위라는 설이 있으나 정사 《삼국지》의 주석에서도 언급되는 것을 보면 완전한 허구는 아닌 것 같다. 이런 일련의 사건들이 《연의》에서 조조를 악인으로, 요즘 말로 바꾸면 최고의 빌런으로 만든 요인이 되었을 것이다.

조조는 서주에서 대규모 학살을 감행했으나 도겸의 세력은 무너지지 않았다. 오히려 학살에 몰두하는 사이 조조는 본거지 연주 전체를 상실하기 직전까지 몰렸다. 이후 이 지역은 유비, 여포를 거치면서 10년 가까이 조조의 후방을 위협하는 세력이 되어버렸다.

한편 조조는 자주 감정적인 모습을 보여주는데, 요즘 말로 하면 일종의 분노 조절 장애가 있었다. 연주에서 장막과 여포가 반란을 일으켰는데도 학살에 집중하다가 연주가 거의 함락되기 직전에야 학살을 멈추고 돌아왔다. 그 외 동귀인을 죽일 때도 원소와 전쟁 중인 상황에서 적대 세력들이 지켜보고 있는 가운데 황제를 무시하고 황제의 아이를 임신한 동귀인을 무참히 살해했다. 길본의 난 때는 한나라의 관료들을 깃발 놀이로 처형시키는 등 감정적이고 비이성적인 행동을 상당히 자주 보여주어 큰 피해를 초래한 경우가 많았다.

그의 또다른 결함은 의심이 지나치게 많다는 것이었다. 인재 주불의에게 자신의 사위가 되어 줄 것을 요청했다가 거부당하자 장차 주불의가 위협이 될 것이라고 판단했다. 그래서 막내아들 조충이 죽은 이래로 주불의를 부릴 자가 없다는 억지 이유를 들어, 조비가 주불의를 자기 사람으로 쓰게 해 달라고 간청했음에도 불구하고 주불의를 제거했다.

조조는 철저히 겉과 속이 달라서 그의 진정성을 이해하는 참모나 신하는 극소수였을 정도였다. 순욱이나 곽가, 사마의 같은 책사들 말고는 쉽사리 조조의 본성을 제대로 이해하는 인물이 드물었다. 이것이 조조 자신의 권위를 드높이고 그의 패업 성취에 크게 기여하기도 했지만, 한편으로는 진실성이 너무 없다는 혹평도 피할 수 없었다.

혹자가 말하듯 조조는 '존경할 수는 있으나 좋아하긴 어려운 인물'이었다. 그가 포악한 면모가 있었고, 하지 말아야 할 일을 한 것은 부정할 수 없다. 원인이야 어찌 되었든 조조는 선과 악이 공존한 매우 복합적인 캐릭터였다.

조조에게는 잔혹한 면모뿐만 아니라 매우 인간적인 측면도 있었다. 그는 어느 날, 지방 군벌 장수(張需)의 항복을 받아들였다. 그런데 장수의 숙모이자 과부인 여인의 미모에 혹하여 그녀를 무리하게 탐하다 기습을 받고 죽을 지경에 처했다. 이때 그의 큰아들 조앙(曹昻)이 아버지를 구하려다 목숨을 잃게 되었다. 조조는 가까스로 위기를 벗어나 수도인 허도로 돌아왔다. 허도로 돌아와 군영을 떠나자 큰아들을 잃은 애통함이 뼛속까지 사무쳐왔다. 그는 물에 빠져 지푸라기라도 잡는 심정으로 집으로 달려갔다.

조조의 첫 부인은 정(丁) 부인이고 후에 유 부인 등을 첩으로 두었다. 유 부인은 일남 일녀를 두었는데, 조앙은 유 부인 태생이었다. 유씨가 일찍 죽자 정씨는 자기 아들이 없는지라 조앙을 친아들처럼 애지중지 길렀다. 애끓는 심정으로 아내의 위로를 기대하며 가정으로 돌아온 조조에게 정씨는 냉담하기만 했다. 그녀는 등을 돌리고 아무런 말도 하지 않았다. 자신의 잘못을 아는 조조로서는 그저 침묵하며 정씨의 눈치를 볼 수밖에 없었다. 그러다 조조가 말이라도 붙이면 그녀는 그야말로 송곳으로 가슴을 후비는 말만 내뱉었다.

"애비가 자식 대신 죽었어야지 자식이 애비 대신 죽어야 했단 말이오?"

"여보! 나라고 그러고 싶었겠소? 아들을 잃은 내 심정인들 오죽하겠소?"

조조가 하소연하자 정부인은 고함을 질렀다.

"닥치시오! 아이가 죽을 때 옆에 없었던 것처럼 말하는군요."

정 부인은 통곡했다. 조조는 더 이상 말을 못 붙이고 방을 나가 마치 집에서 쫓겨나온 사람처럼 집 주위를 뱅뱅 돌았다.

'아내라는 것이 어찌 저 모양인가. 남편이 괴로움에 빠져 있을 때 따뜻이 감싸주는 것이 아내가 할 일이 아닌가. 큰아들을 잃은 애비의 심정은 오죽하겠는가. 아무리 친자식처럼 키웠다고 해도 친아들은 아니지 않는가!'

정부인은 조조의 그런 심정은 아랑곳하지 않고 통곡을 멈추지 않았다. 마침내 조조는 그런 아내에 대한 사랑이 원망으로 변해 그녀를 친정으로 쫓아내버렸다.

사람의 심리에는 묘한 면이 있다. 앙탈을 부리는 아내만 없으면 마음이 좀 편해질 것 같았는데, 실상은 그렇지 않다. 오히려 허전함이 열 배 백 배 밀려온다. 막상 그녀마저 없어지자 죽은 아들에 대한 생각이 견딜 수 없게 밀려왔다. 조조에게는 첩도 있고 다른 아들딸도 있었으나 정(丁) 부인과 큰아들 앙(昂) 때문에 뻥 뚫린 가슴은 무엇으로도 채울 수 없었다. 허전함을 견디지 못한 조조는 부인을 찾아 나섰다. 정 부인은 친정에서 베틀에 앉아 베를 짜고 있었다.

"조공(曹公)이옵니다!"

조조가 오는 것을 본 집안 식구들이 정 부인에게로 달려가 그렇게 알려주었다. 그러나 그녀는 고개도 돌려보지 않고 베만 계속 짰다. 조조는 베를 짜는 그녀 등 뒤에서 한참을 서 있다가 등을 어루만지며 사정했다.

"여보! 나 좀 쳐다보구려. 이제 그만 우리 같이 집으로 돌아갑시다."

정씨는 여전히 쳐다보지도 않고 베만 짜고 있을 뿐이었다. 조조는 할 수 없이 무거운 발걸음을 옮겨 밖으로 나갔다. 대문에 이르자 발걸음이 더 이상 떨어지지 않았다. 조조는 돌아서서 정씨를 바라보았다.

"정말로 안 갈 거요?"

그녀는 여전히 고개도 안 돌리고 베만 짰다. 이에 조조는 할 수 없이 집으로 돌아갔다. 집으로 돌아온 그는 첩 변(卞)씨를 정부인(貞夫人)으로 삼고 정(丁)씨 집으로는 사람을 보내어 정 여인을 다른 남자에게 개가(改嫁)시키라고 통고했다. 그러나 그런 조조의 권고에도 정씨 집에서는 감히 개가시키지 못했다.

건안(建安) 25년 정월 깊은 밤, 몸의 이상을 느낀 조조는 의생을 불러 약을 먹었지만 효과가 없었다. 늙은 조조로서는 버틸 여력이 없었다. 조조는 죽음이 다가왔음을 알았다. 병상에는 처첩과 자식들이 지켜보고 있었다. 이제 큰아들이 된 조비와 셋째아들 조식은 업성에 있고 둘째 아들 조창은 장안에서 대군을 인솔하고 있어 그 자리에 없었지만, 조조에게는 그들 외에도 많은 아들이 있었다. 죽음의 시각이 다가오자 조조는 자신이 죽인 큰며느리 최씨에 대한 죄책감이 밀려왔다. 며느리 최씨는 비단옷을 입지 말라는 조조의 명을 거역해 사약을 받고 죽었다. 그가 탄식하여 가족들에게 말했다.

"나는 그동안 법 집행을 정확하게 했다. 그것은 조금이라도 어긋남이 있으면 돌이킬 수 없는 큰 실수로 이어지기 때문에 그러했던 것이다. 그러나 너희들은 그런 나를 본받을 필요는 없다."

조조는 죽기 직전 다음과 같은 매우 인간적인 유언을 남겼다.

군영에서 보낸 30년, 나는 군대를 떠날 수 없었다. 셀 수 없이 많은 싸움을 하면서 이기기도 하고 지기도 했다. 나는 법에 따라 군을 다스려 왔다. 나는 원소에게 사적인 원한이 없었다. 그가 너무 편협하고 이기적이어서 나라에 충성을 다하고, 조정에 힘을 보태기로 한 맹세를 어긴 것이 유감스러울 따름이었다.

나는 화도 잘 내고 큰 잘못도 저질렀다. 연주 싸움, 서주의 참혹한 혈전, 적벽에서의 패배, 한중에서의 실패 등을 겪으며 너무 많은 사람을 죽였고, 병사들을 벌판에 묻어야 했다. 이런 싸움들에서 배울 것은 없었다. 너무 머리가 아프고 바람이 무서워 두건을 써야만 했다. 화타와 진림이 이 세상 사람이 아니니 병을 고칠 수 없다. 내가 죽으면 지금 입고 있는 옷을 입혀주기를 바란다. 몇 년이나 입어서 깁고 누볐지만 몸에 익숙하고 편하다. 절대로 다른 옷을 입히지 말고 꼭 이 옷을 입혀주어야 한다. 모든 신하들은 조문을 하고 한번 울어주면 족하다. 나의 시신은 업성 서쪽 언덕에 묻어 서문표와 이웃이 되게 하라. 금은보화를 부장품으로 넣지 말라. 안장을 하면 장례는 끝난 것이다. 예교와 명분에 너무 구속되지 말기 바란다.

나의 비첩과 광대들을 잘 보살펴주기 바란다. 그들은 동작대에 머물게 하라. 내 위패를 모신 곳에는 6척 길이의 침상을 놓고, 장막을 설치하고, 아침 저녁으로 곡식과 고기 등의 제수를 바치기 바란다. 초하루와 보름에는 아침부터 점심때까지 가무를 해서 나를 기쁘게 하라. 자주 동작대에 올라 나의 묘지를 둘러보기 바란다.

부인들은 할 일이 없으면 비단 띠 만드는 법을 배워 시간을 보내라. 천하가 아직 안정되지 않은 것이 내 평생의 한이 되었다. 세상이 태평하면 관리들이 청렴하고 왕이 현명하고 재상과 신하들이 충성스럽다. 3년 농사를 지으면 9년 동안 창고가 풍성한 법이다. 내가 죽은 후 군대들은 주둔지를 떠나지 말도록 하라. 천하가 어지럽지만 평화로울 때가 반드시 올 것이다. 순욱은 전쟁이 끝나면 예학을 숭상하고 백성을 교화시켜야 한다고 말했다. 천자를 모셔 하북을 평정하면 천하를 안정시킬 수 있다고 믿었건만 지금까지도 꿈을 이루지 못했구나. 유비와 손권이 호시탐탐 노리고 있으니 안심할 수 없구나!

유비는 영웅임에 틀림없다. 손권도 마흔이 되어 가는데, 나는 그 나이에 전쟁을 하느라 여념이 없었다. 그런데 그는 강동을 반석과 같이 굳게 지키고 있으니 대단하다고 할 수밖에 없구나. 아들을 낳으면 손중모(중모는 손권의 자)와 같은 인물로 키워라. 손권은 나에게 황제의 자리에 오르라 했지만, 속으로는 딴 마음을 먹고 있다. 나는 큰 세력을 이루고도 작은 사람(헌제)을 섬겼노라. 내가 닮고자 한 사람은 주공이니 손권이 나를 변화시킬 수는 없다. 나의 아들들아, 내 옷을 잘 간수해라. 그렇지 않으면 형제들이 의가 상해 딴 길을 가게 될 것이다.

유비(劉備, 161~223)

유비(劉備)는 중국 삼국 시대 촉한의 초대 황제(재위: 221~223)이며 자는 현덕(玄德)이다. 유비는 탁현이 고향인 사람으로, 한나라의 황손으로 알려져 있어 황제로 즉위하기 전에는 유황숙(劉皇叔)이라고도 불렸다. 《연의》에서의 표현이지만, 유비는 팔이 길어 그대로 뻗어 무릎까지 닿았고, 귀도 남달리 커서 거울을 사용하지 않고도 자신의 귀를 볼 수 있었다고 한다. 이러한 상은 삼국 시대 이후 기나긴 세월 동안 민중의 바람이 만들어낸 영웅의 모습이다. 팔은 사람들을 보듬고 만지는 존재의 상징으로, 불교 신앙을 통해 알려진 천수천안(千手千眼)을 가졌다는 자애로운 관세음보살의 모습을 형상화한 것으로 보이며, 귀가 크다는 것은 많은 사람의 말을 귀담아 듣는 민중 영웅의 모습을 형상화한 상징적인 모습으로 볼 수 있다.

유비는 어려서 아버지 유홍을 여의었고, 어머니와 함께 짚신과 멍석을 만들어 생계를 꾸려나갔다. 집안 어른 유원기(劉元起)의 지원으로 그는 열다섯 살에 노식의 문하에서 수학했다. 이때 공손찬도 유비와 함께 공부했다. 그러나 유비는 독서를 그다지 즐겨하지 않았고 개나 말 같은 동물들을 좋아했으며 화려한 의복을 걸치거나 음악을 듣는 일에 관심을 보였다. 그러나 그는 소싯적부터 명마(名馬)를 감별할 줄 알았고, 항상 말수가 적었으며 늘 남을 공손히 대했다. 그는 감정을 겉으로 드러내지 않았다고 한다. 유비는 천하의 호걸들과 교류가 많았는데, 황건적의 난이 일어난 후한 말의 혼란스러웠던 시기가 되자 사람들이 앞다투어 그의 밑으로 모여들었다. 그중에서도 관우, 장비는 같은 침대에서 함께 잘 정도로 유달리 친하여 그 은혜가 형제와 같았다.

영제 말, 황건의 난이 일어나자 유비는 관우, 장비와 함께 주군(州郡)에서 모집한 의병들을 이끌고 교위인 추정의 군대에 가담해 장순, 장거의 난을 진압하여 그 공적으로 중산국(中山國) 안희현위(安喜縣尉)에 임명되었다. 그러나 이내 감찰 나온 독우(督郵)가 유비를 쫓아내려 하자, 유비는 그를 현의 경계까지 끌고 가 곤장 200대를 내린 뒤 관직을 버리고 떠났다. 이후 단양에서 도위(都尉) 관구의(毌丘毅)의 모병에 응하여 함께 행동하다가 하비에서 적을 무찌른 공로로 유비는 하밀의 현승에 제수되었지만, 이내 그는 다시 관직을 버렸다. 그 뒤 유비는 고당의 현위에 임명되어 현령으로 승진했지만, 적에게 격파되어 공손찬에게로 달아났다.

공손찬은 유비의 동문으로 형제가 없었던 유비에게는 거의 친형이나 다름없을 정도로 친밀한 존재였다. 공손찬은 유비를 조정에 천거하여 별부사마(別部司馬)에 제수되도록 조치하였고, 청주자사 전해(田楷)와 함께 기주목 원소(袁紹)와 싸우도록 했다. 유비가 자주 전공을 세웠으므로 공손찬은 조정에 이를 보고하고자 표를 올렸다. 덕분에 유비는 평원의 상(相)으로 임명되었다.

이윽고 조조가 서주를 정벌하자 서주목 도겸(陶謙)이 전해에게 구원을 요청해 왔다. 유비는 전해와 함께 도겸을 돕게 되었다. 이때부터 유비는 전해 밑을 떠나 도겸에게 몸을 의지하여 예주자사에 임명된 후 소패에 주둔하였으며, 도겸이 죽은 후에는 도겸의 유지를 받들고 주위의 권유를 받아 서주를 지배하게 되었다. 그러나 하비의 모든 호족이 유비를 반겼던 것은 아니었기 때문에 이 일은 훗날 유비가 여포에게 하비를 빼앗기는 결과를 초래했다.

196년, 유비는 조조로부터 진동 장군에 임명되어 원술(袁術)과 대치하게 되었고, 그 때문에 하비성을 비우게 되었다. 그 사이에 하비의 호족들 중 한 명이었던 성문도위 조표가 여포 연합 세력의 일원인 진궁과 내통하여 배신했다. 여포는 하비를 기습하여 유비의 처자를 사로잡았다. 유비가 여포에게 화친을 구하자 여포는 유비의 처자를 돌려보내고, 유비를 소패(小沛)로 내몰았다. 이후 원술 휘하의 기령(紀靈)이 소패를 공격했을 때 유비가 소패에서 1만여 명의 병사를 모집하여 대항하자, 여포가 이를 꺼림칙하게 여겨 공격을 감행했다. 유비는 패주하여 반원술 진영인 조조에게 귀부했는데, 조조는 유비를 후대하여 예주목으로 삼고, 유비가 소패에서 군사를 모아 여포를 견제하는 것을 지원했다. 이에 여포는 고순을 보내 소패를 공격했고, 조조는 하후돈(夏侯惇)을 지원군으로 보냈으나 결국 유비와 하후돈은 고순에게 패배하여 유비의 처자는 다시 사로잡혀 여포에게 보내졌다. 이에 조조는 친히 여포를 정벌하기 위해 유비와 함께 하비를 포위했다. 이때 여포의 부장 후성, 송헌, 위속 등이 배신하여 여포를 포박한 뒤, 조조의 군세를 성안으로 맞아들였다.

당시 조조는 인재를 끌어모아 천하 통일을 꿈꾸기 시작했다. 이런 조조의 속내를 안 여포가 자신을 살려 이용하라고 말하자 조조가 솔깃하여 처형을 망설였다. 이에 유비는 여포가 앞서 행했던 패악을 귀띔했고, 이를 잘 알고 있던 조조도 유비의 말에 동의했다. 결국 조조는 여포를 교수형에 처했다. 자신은 유비의 처자를 살려주었으나 유비는 모른 척하자 여포가 죽어가면서 원망했다.

"은혜를 모르는 이 귀 큰 놈아"

유비는 조조와 함께 허도(許都)로 귀환해 좌장군에 임명되었고, 조조로부터 후한 대우를 받았다. 조조의 참모 정욱(程昱) 등은 "유비는 영웅의 자질이 있고 민심을 얻고 있으므로 남을 섬길 사람이 아니다"라고 말하여 조조에게 제거할 것을 권했지만, 조조는 받아들이지 않았다. 그 무렵 헌제의 국구(國舅)인 거기장군 동승(董承)이 조조를 주살하라는 헌제의 밀칙을 받았는데, 유비도 은밀히 이 계획에 가담했다. 어느 날 조조는 유비를 식사에 초대해 "지금 천하에 영웅이 있다면 그대와 나뿐이다."라고 말했다. 유비는 이 말을 듣고 놀라 들고 있던 젓가락을 떨어뜨렸다. 이때 천둥이 쳤기 때문에 유비는 천둥 탓으로 돌렸는데, 이것은 《연의(演義)》에서도 마찬가지로 기술되었다. 즉 스스로 용렬(庸劣)함을 드러내 살아남기 위한 할리우드 액션이었다는 것이다. 유비는 조조 주살 계획이 탄로 나기 전에 원술 토벌을 빙자하여 서둘러 조조 밑을 떠났다. 그리고 원술을 멸한 후 조조가 준 증표를 이용하여 피 한방울 흘리지 않고 하비를 점령했다. 그는 곧 서주자사 차주(車胄)를 죽인 뒤, 관우를 하비에 남겨 성을 수비하도록 명하고 소패로 돌아갔다. 이때 다수의 군현들이 조조를 배반하여 유비의 군세는 수만 명에 이르렀다.

유비는 세력을 키우면서 동시에 손건을 원소에게 사신으로 보내 조조에 대항하는 원소 세력과 밀접한 관계를 맺었다. 《연의》에 따르면 유비가 군웅이던 시절, 어느 날 헌제가 유비를 만나게 되었다. 헌제는 유비가 자신과 성이 같음을 알고 그의 가계도를 조사했고, 그가 경제의 아들인 중산정왕 유승의 후손이라는 것을 알게 되었다. 헌제 역시 경제의 아들인 정발왕의 후손이었다. 유비가 자신의 황친인 것을 알게 되자 헌제는 그를 '유황숙'이라 부르며 매우 아꼈다. 유비 역시 헌제를 위해 군사를 일으키기도 했고, 후한 멸망 후 헌제가 죽은 것으로 착각하여 촉한 건국 후 친히 상복을 입고 제사를 지내 헌제에게 '효민황제'라는 시호를 내렸다. 이때 조조는 왕충(王忠)과 유대(劉岱)를 보내 유비를 공격했으나 패배했다.

200년, 조조는 대군을 이끌고 친정하여 유비를 토벌했는데, 군세가 약한 유비는 패배하여 수하 장수들은 흩어지고 홀로 청주(青州)로 달아났다. 당시 청주자사 원담은 유비가 과거에 무재(武才)로 조정에 천거한 사람이었으므로, 이에 보답하고자 군사를 보내 유비를 맞이하고 원소에게 유비의 도착 사실을 알렸다. 원소는 장수를 보내 유비를 영접했고, 업(鄴)에서 2백 리 떨어진 곳까지 나아가 유비를 요란하게 환영했다.

한편 전투에서 승리한 조조는 유비의 처자와 관우를 사로잡아 허도로 귀환했다. 이로부터 원소와 조조는 관도(官渡)에서 대치하게 되었는데, 여남의 황건적 유벽 등이 조조에게 반기를 들고 원소에게 호응하자 원소는 유비와 유벽를 파견하여 공략했다. 이때 조조 휘하의 관우는 원소 측 장군인 안량과 문추를 베고 공을 세운 뒤 달아나 유비에게 돌아왔다. 조조가 조인을 보내 유비를 공격하자 이내 유비는 원소에게 돌아갔다. 유비는 원소 밑을 벗어나고자 원소에게 형주의 유표(劉表)와 협공하도록 진언했다. 이리하여 원소는 유비를 여남에 파견하여 황건적 공도의 무리와 합쳐 수천 명의 병사를 이끌고 여남에 진을 쳤다. 조조는 채양(蔡陽)을 시켜 유비의 군세를 공격하도록 했지만, 채양은 패배했고 난전 중 전사했다. 조조는 원소를 격파한 뒤 몸소 남하하여 유비를 공격했다.

《연의》에서는 관우가 조조의 곁을 떠나 유비에게 갈 때 주변에서는 관우를 죽여야 한다고 주장했지만, 조조는 묵살했다. 이후 관우가 진기를 죽이자 하후돈이 조조에게 거듭 관우를 추격할 것을 허락해달라고 요청했지만, 또 묵살되었다. 한편 조조의 명으로 여남으로 가던 채양은, 관우가 장비가 있는 고성으로 들어가 있는 것을 알게 되자 멋대로 고성으로 진로를 바꿔 싸움을 걸었다고 전한다. 이후 유비는 유표에게 귀의했다. 유표 역시 교외에서 직접 유비를 영접하는 등 유비를 상빈으로 대우했다. 유표는 유비에게 군사를 주어 신야에 주둔하도록 했다. 유표 휘하에서 유비는 모처럼 편안하고 평화로운 날을 보냈다.

《삼국지》에 인용한 주석 가운데, 이 시기에 관한 두 가지 이야기가 있다. 주연(酒宴) 중 유비가 잠시 변소에 들렀다가 허벅지에 살이 붙은 것을 보고 눈물을 흘렸다. 유비의 얼굴에 남겨진 눈물 자국을 본 유표가 그 이유를 묻자 유비가 답하기를 "저는 말안장을 떠나본 일이 거의 없어 허벅지에 살이 찌지 않았습니다. 그런데 말을 타지 않은 지 일곱 해가 되니 어느덧 허벅지에 살이 붙었습니다. 세월이 흘러 몸은 늙어가는데, 아무런 공적도 세우지 못하고 있는 것이 한탄스러워서 눈물을 흘린 것입니다."라고 했다. 이것이 유명한 '비육지탄(髀肉之嘆)'이란 고사다.

또 유표의 부하 괴월(蒯越), 채모(蔡瑁) 등이 연회 중에 유비를 살해하려고 하자, 유비는 적로(的盧)를 타고 도망했다. 도망하다 강가에서 높은 단계(丹溪)를 만나자 유비는 힘을 내라며 적로를 다그쳤는데, 놀랍게도 적로는 물에서 세 길이나 뛰어올라 유비가 단계를 무사히 벗어날 수 있었다고 한다.

거의 혈혈단신이 된 유비에게 서서(徐庶)는 제갈량을 추천했다. 이에 유비가 그를 세 번 찾아간 끝에 만날 수 있었다. 이것이 지금도 자주 인용되는 삼고초려(三顧草廬)이다. 유비를 맞이한 제갈량은 당시 지식인들 사이에 널리 알려져 있던 '천하삼분지계'에 대한 자신의 견해를 유비에게 피력했는데, 이를 들은 유비는 크게 기뻐했다. 그 후 유비는 제갈량을 시험해보고자 그가 형주를 취했을 때 제갈량에게 군수 물자 조달 임무를 맡겼는데, 제갈량이 이를 훌륭하게 해내었다. 관우와 장비가, 유비와 제갈량이 지나치게 가까워지는 것에 불만을 품자 유비는 제갈량을 얻은 것을 물고기가 물을 만난 것에 비유하며 그들을 달랬다. 이것이 곧 수어지교(水魚之交)라는 고사의 유래이다.

한편 조조는 하후돈과 이전에게 유표를 공격하라고 명을 내렸지만, 유비가 박망 지역에서 이들을 막아냈다. 유비는 자기 진영을 불태우고 도망가는 것처럼 꾸미고 복병(伏兵)을 써서 그들을 완전히 격파했다. 《연의》에는 제갈량이 지휘한 것으로 나오지만, 이는 사실과 다르다. 박망파 전투는 205년으로 당시에는 제갈량이 합류하기 전이므로 유비가 지휘하여 하후돈을 격파한 것이다.

208년, 조조가 북쪽에서 내려오니 형주 주민의 상당수가 퇴각하는 유비를 따라나섰다. 많은 인구가 이동하다 보니 유비의 부대는 하루에 겨우 10리 정도밖에 행군하지 못했다. 그때 "먼저 행군하여 요충지 강릉을 지켜야 한다"라고 진언하는 자도 있었다. 그러나 유비는 "지금 사람들이 나만 의지하고 있는데, 어찌 이들을 버리고 갈 수 있겠는가?"라고 말했다. 유비의 이런 여민(與民) 의식은 민간인들 사이에서 조조와 뚜렷하게 대비되어 부각되었다. 바로 이런 점이 《연의》 등의 소설에서 유비가 삼국의 중심 인물로 묘사되고 비중이 높아진 중요한 원인으로 보인다.

그러나 조조가 정예 기병 5천 명을 급파하자 유비는 당양의 장판교에서 추격당해 크게 패하고 말았다. 유비는 유표의 큰아들 유기(劉琦)가 있는 하구로 도망쳤다. 그 후 유비는 손권(孫權)과 동맹을 맺어 적벽에서 조조의 대군을 격파했다. 그리고 유기를 형주자사로 천거하는 한편, 무릉, 장사, 계양, 영릉 등 4군을 평정했다. 그 후 유기가 죽자 군신들은 유비를 형주자사로 추대했다. 손권은 유비를 두려워해 자기 여동생인 손부인(孫夫人)과 결혼시켜 유비와의 관계를 돈독하게 하려 애썼다.

211년, 익주자사 유장(劉璋)이 조조의 침공을 두려워하자 유장의 별가종사였던 장송(張松)은 유비에게 장로(張魯)를 토벌하게 하자고 진언했다. 유장이 이를 받아들여 법정(法正)을 유비에게 파견했다. 그러나 실은 장송이나 법정 모두 유비를 익주의 새 주인으로 맞으려는 숨은 의도를 가지고 있었다. 특히, 장송은 촉의 지형, 병기, 인마의 적고 많음 등의 정보와 지도를 유비에게 제공하며 그 속내를 드러냈다.

마침내 유비는 부군사 중랑장 방통(龐統)과 함께 익주로 들어섰고, 유장은 몸소 마중 나와 맞이했다. 유장은 유비를 행대사마 겸 사례교위로 천거하고 병사를 증강시켜 백수의 주둔군을 지휘하도록 했다. 유비는 곧바로 장로를 토벌하지 않고 은혜를 베풀어 민심 장악에 힘을 썼다.

211년, 조조가 손권을 토벌하려 하자 손권은 유비에게 구원을 요청했다. 이에 유비는 유장에게 1만 명의 병사와 군수 물자를 요청했지만, 유장은 늙은 병사 4천 명과 유비가 요구한 군수 물자의 절반만 보내 유비가 이에 격노했다.

때마침 장송은 "지금 촉(蜀, 익주) 공략을 눈앞에 두고 어찌해서 떠나려는 것인가?"라는 내용의 편지를 유비에게 보내려다 형 장숙(張肅)이 이 사실을 유장에게 알려 장송이 처형되고 말았다. 이때부터 유비와 유장의 사이는 악화되어 내란 상태로 접어들었다. 유비는 백수관을 지키는 양회(楊懷), 고패(高沛)를 참살했다. 그리고 지름길로 관중에 이르러서 여러 장수들과 군사, 처자들을 인질로 잡고, 황충(黃忠), 탁응 등과 함께 진격해 부성(涪城)에 도착하여 그 성을 점거했다. 유장은 여러 장수들을 보내 유비를 저지하려 했지만, 모두 패했다. 이에 유장은 물러나 면죽(緜竹)을 보전했다. 유장이 다시 이엄(李嚴)을 보내 면죽의 군사를 지휘하게 했지만, 이엄은 부하들을 끌고 유비에게 항복했다. 유비의 군대는 더욱 강해지면서 장수들을 나누어 파견해 군 아래의 현들을 항복시켰다. 제갈량, 장비, 조운(趙雲) 등은 병사를 거느리고 강을 거슬러 올라 백제(百帝)성과 강주, 강양을 평정하였으며, 오직 관우만이 남아 형주를 지켰다. 유비는 낙성으로 진군하여 포위했고, 성 안에서는 유장의 아들 유순(劉循)이 성을 1년째 지키고 있었다. 214년, 마침내 낙성이 격파되자 유비는 제갈량, 장비, 조운을 이끌고 성도(成都)를 포위하고 유장의 항복을 받아냈다. 유비는 익주자사를 겸하게 되었고, 유장의 옛 신료들도 그대로 고관으로 취임시켰으며, 백성들에게는 전답과 집을 돌려주는 등 익주 주민들의 인심을 얻으려 했다. 《자치통감》에 따르면 유비의 이런 조치로 인해 익주 사람들이 화목해졌다고 하며, 이로써 유비는 촉한의 기반을 구축했다.

215년, 유비는 형주를 둘러싸고 손권과 대립했다. 양측의 긴장이 고조되었으나 결국 형주 동부의 강하, 장사, 계양을 오나라에 양보하는 것으로 매듭지었다. 218년 유비는 마초(馬超)와 장비를 시켜 무도의 하변을 취하게 하고 그곳 이민족들과 연계하여 무도를 혼란스럽게 만들었다. 이에 조조는 조홍(曹洪)에게 군사를 주어 마초를 물러나게 했다. 이후 유비는 양평관에 주둔했고, 219년 봄, 군대를 이끌고 정군산에 진지를 구축해 하후연(夏侯淵)과 치열한 쟁탈전을 벌였다. 유비는 황충에게 명해 높은 곳에 올라 북을 크게 치게 하고 적군이 혼란에 빠진 틈을 이용해 공격하여 하후연을 죽였다. 이에 조조가 대군을 이끌고 한중으로 나섰지만, 유비가 한중을 끝까지 사수하며 상용까지 공략했다. 그리고 같은 해 7월, 유비는 위왕 조조에 맞서 한중왕에 올랐다.

같은 해에 형주에 있던 관우는 위의 조인(曹仁)이 지키는 번성을 무리하게 공격하다가 손권의 오나라 군대에게 배후를 공격당해 참수당했다. 결국 촉한은 오나라에게 형주를 빼앗기고 만다.

220년, 위왕 겸 대장군 대승상이었던 조비(曹丕)가 한 헌제에게 강제로 선양 받아 황제가 되었다. 《촉서 선주전》과 《화양국지》에 따르면 헌제가 선위한 후 조비에게 살해당했다는 소문이 촉에 전해졌다고 한다. 촉은 와전된 소문을 바탕으로 220년 효민황제(孝愍皇帝)라는 시호를 헌제에게 올렸다. 그러나 실제로 헌제는 234년까지 생존한 뒤 자연사했다.

이러한 상황 속에서 제갈량은 유비에게 황제로 즉위하도록 권했고, 221년 4월, 마침내 유비는 황제로 즉위했다. 연호를 장무(章武)로 하고, 유선(劉禪)을 황태자로 세웠다. 대부분의 신하들이 칭제(稱帝)를 권하는 도중, 전부사마 비시는 상소를 올려 "강대한 적을 아직도 이기지 못하고 있는데, 즉위하는 것은 오히려 사람들의 의심을 사지 않겠습니까? 옛날 한 고조께서는 초와 약정을 맺어, 진나라를 격파시킨 사람을 왕으로 칭했습니다. 그런데 어찌 전하께서는 문밖에 나가지도 않고 황제에 오르려 하십니까?"라고 하였다. 이에 유비는 비시를 좌천시켰다.

한편, 유비는 손권이 관우를 죽인 것에 분노하여 오나라를 정벌하려고 했다. 그 와중에 장비마저 범강과 장달에게 살해당했다. 결국 유비는 황제에 오른 이후 직접 오나라 정벌에 나섰다. 위(魏)나라의 동향을 염려한 조운(趙雲)이 출전을 말렸으나 유비는 이를 듣지 않았다. 222년, 유비는 친히 제장들을 이끌고 자귀에서 진군하여 무릉에 다다랐다. 유비는 시중 마량(馬良)을 보내어 오계의 소수 민족을 회유하고, 진북 장군 황권(黃權)에게 장강 북쪽의 제군을 통솔하게 하여 이릉에서 오군과 맞섰다. 《연의》에서는 유비가 75만 대군을 이끌었다고 말하지만, 실제 정사의 기록으로 추정해 볼 때, 당시 유비가 이끌었던 촉한의 군세는 4~8만 명 규모의 익주 본대와 형주 유랑군, 이민족의 연합군으로 총합 10~12만 가량으로 추정된다.

그해 6월, 오나라 육손은 병사들에게 띠풀을 소지하도록 하여 화공을 감행했고, 이에 힘입어 촉군을 각개격파했다. 그는 장남(張南), 풍습 등 촉장의 머리를 베고 40여 곳의 진영을 격파했다. 그리고 마인산에 포진된 유비의 군대를 포위하여 공격해 유비군의 진영을 붕괴시켰다. 촉군은 이 전투에서 대패하여 죽은 군사가 8만이 넘었다고 기록되어 있다.

오나라 정벌에 실패한 유비는 겨우 달아나 백제성으로 들어갔다. 육손은 군사들을 이끌고 촉군을 계속 추격했지만, 조비가 이를 알아채고 오나라 강동 땅이 비어 있는 틈을 타 오나라 본국을 공격하여 육손은 군사를 돌릴 수밖에 없었다. 8월, 유비는 군사를 거두어 무현으로 돌아왔다. 10월, 손권은 위나라에게 침공을 당하자, 백제성에 머물고 있는 유비가 다시 공격할 것을 우려해 사신을 보내 화친을 청했고 이에 유비가 응답했다. 223년 4월 관우, 장비의 사망과 이릉 전쟁으로 인해 병이 심해진 유비는 제갈량에게 후사를 부탁하고, 이엄을 보좌로 삼은 뒤 영안궁에서 63세의 나이에 붕어(崩御)했고, 8월에 혜릉(惠陵)으로 이장되었다.

263년, 촉한은 멸망했다. 유비의 아들, 유선과 그의 일곱 후손들은 모두 위나라 내지(內地)로 옮겨졌다. 그 후, 유선의 6남인 유순(劉恂)이 안락공직을 이었으나 영가의 난에 휘말려 유비의 자손들은 모두 죽었다.

《삼국지》를 쓴 진수(陣壽)는 유비를 다음과 같이 평가했다.

"선주는 포부가 크고 굳세며, 너그럽고 후하고 사람을 알아볼 줄 알아 선비를 잘 대우하니, 한 고조의 풍도와 영웅의 그릇을 갖추었던 것 같다. 나라 전체를 제갈량에게 부탁했으나 마음에 두 갈래가 없었으니 실로 군신(君臣) 관계의 지극히 공정하고도 아름다운 본보기이다. 그러나 기지와 임기응변, 재능과 모략은 위 무제(조조)에는 미치지 못하여, 결과적으로 그 영토는 협소했다. 그러나 꺾일지언정 굽히지 않고 끝내 남의 아래에 있지 않았다. 그로 인해 타인의 그릇된 기량에 스스로 맞추어 굽히기보다는 이익만을 다투지 않고 해로움을 피하려는 길을 택한 것이라 할 수 있겠다."

손권(孫權, 182~252)

손권(孫權)은 중국 삼국 시대 오나라의 초대 황제다. 자는 중모(仲謀)이며 양주(揚州) 오군 하비군(下邳郡) 사람이다. 손견(孫堅)의 차남이며, 손책(孫策)의 동생이다.

200년, 강동(江東)의 맹주인 형 손책이 급사하자 손권은 어린 나이에 오후(吳侯)의 자리에 올라 강동을 다스렸다. 조조(曹操)와 유비(劉備)의 침공을 방어하여 삼국 정립에 기여했으며, 수성(守成)의 명수로 널리 평가되고 있다.

192년, 부친 손견이 유표와의 전투에서 전사하자, 손책은 원술 휘하에 몸을 의탁했다가 강동에서 궐기했고, 손권은 형을 따라 각지를 전전했다. 손권은 명랑하고 도량이 넓었으며, 생각이 깊으면서 동시에 결단력도 있었다. 그 때문에 손책은 책략을 세울 때 항상 손권과 상의했고, 그의 의견을 높이 평가하여 손책 자신도 동생에게 못 미친다고 말했다. 196년, 손권은 겨우 15세에 양선현의 수장이 되었고, 그로부터 얼마 뒤 추천을 받아 봉의 교위대행이라는 직무를 맡았다. 그러나 200년에 손책은 허공(許貢) 휘하의 자객에게 습격을 당해 26세의 젊은 나이에 죽음을 맞았다. 장사(長史), 장소

(張昭)는 후계자로 손견의 3남 손익(孫翊)을 추천했지만, 손책은 죽기 전 19세의 손권에게 후사를 부탁했다. 손권은 형의 죽음을 슬퍼해 울음을 그치지 않았는데, 장소가 그를 격려해 상복을 벗게 하고 말에 태워 진영을 시찰하도록 했다.

당시 오나라가 지배하던 지역은 회계, 오군, 단양, 예장, 노릉 등이었지만, 험준한 오지까지는 복종시키지 못하고 있었다. 또 군신 관계도 제대로 정착되지 않아 항상 사태를 주시하면서 주군(主君)을 물갈이하던 시대였다. 그러나 주유와 장소는 손권이 장차 대업을 이룰 수 있는 인물이라고 예견하고 정성을 다해 그를 섬겼다. 손권은 장소를 스승으로 예우하고, 주유, 정보, 여범 등을 군사 지휘관에 임명하며, 노숙과 제갈근 등 우수한 인재를 불러들였다. 그런 다음 그들을 각지에 파견해 불복종 지역을 토벌할 것을 명했다.

조조는 손책의 죽음을 기회로 삼아 손권을 공격하려 했지만, 오나라의 사자로 허도에 머물고 있던 장굉은 오히려 은혜를 베풀어야 한다며 조조를 설득했다. 그래서 조조는 손권을 토로 장군에 임명하고 회계 태수를 겸임시켰다. 202년 원소(袁紹)를 격파한 조조는 손권에게 편지를 보내 자식을 인질로 보내도록 요구했다. 그러나 손권은 주유와 어머니 오씨 부인과 상의한 뒤, 결국 인질을 보내지 않았다.

같은 해 오씨 부인이 서거했다. 203년, 손권은 황조를 토벌하러 나서 그 수군을 격파했다. 하지만 거성을 함락시키지 못한 사이에 산악 지대의 불복종민이 불온한 움직임을 보이자 회군해 진압했다. 207년에도 황조를 공격해 많은 사람을 포로로 끌고 왔다.

208년 봄, 손권은 또다시 황조를 공격했다. 황조는 수군으로 손권의 침공을 저지하려 했지만, 여몽에게 격파되었다. 그리고 능통, 동습 등이 정예병을 이끌고 공격했기 때문에 거성은 마침내 함락되었고, 황조는 병사 풍칙에게 죽임을 당했다. 이로써 손권은 아버지의 원수를 갚게 되었다. 손권은 이 과정에서 황조의 부장이었던 감녕을 얻어 등용했다.

같은 해, 형주목 유표가 죽자 조조는 형주를 침공했고, 유표의 후계자 유종은 조조에게 항복했다. 이로 인해 남쪽으로 도망 온 유비는 제갈량을 손권에게 사자로 보냈다. 손권은 개전과 항복을 놓고 결단하지 못하다가 제갈량에게 설득당해 유비와 동맹을 체결하여 조조와 싸우기로 결정했다.

그 무렵 조조로부터 "이번에 수군 80만의 군세를 정비하여 그대와 오나라 지역에서 사냥을 하고 싶다"라는 편지가 당도했다. 군신들은 사실상 항복하지 않으면 토벌하겠다는 조조의 최후 통첩으로 알고 두려워했다. 장소 등이 항복할 것을 주장하며 신료들 간에 논의가 길어지자 손권도 차츰 마음이 약해지기 시작했다. 하지만 항전파 주유의 한마디로 분위기가 일신하여 싸우기로 결의했다. 손권은 책상 모서리를 칼로 자르며 "앞으로 항복을 입에 담는 자는 이 책상과 같은 운명이 될 것"이라며 단호한 의지를 표명했다. 이후 전황은 조조 진영에서 역병이 돌고 황개의 거짓 항복이 먹혀들어 싸움이 우세하게 전개되어 갔다. 결국 적벽에서 오·촉 연합군은 조조군을 완전히 격파했다.

209년, 주유는 1년간의 공방 끝에 조인을 남군에서 퇴각시키고 그 지역을 평정했다. 손권은 주유를 남군태수로 임명하고 좌장군 유비가 형주목을 맡아 공안에 근거지를 구축했다. 그러나 손권은 조조를 같이 견제할 수 있는 동맹 세력을 얻고자 여동생 손부인을 부인과 사별한 유비와 혼인하게 함으로써 우호 관계를 공고히 했다. 여동생 손부인은 무술을 즐기고 생각이 민첩하며, 성격이 강맹(强猛)한 여걸이었다. 그런 까닭에 그녀는 많은 드라마와 애니메이션 등에서 캐릭터화되었다.

211년, 손권은 자신의 본거지를 말릉으로 옮기고, 다음 해 그 지명을 건업(建業)으로 개칭했다. 213년, 조조가 유수를 침공하자 손권은 이를 저지하며 1개월 넘게 서로 대치했다. 당시 조조는 몸소 배에 올라타 손권의 진영을 시찰하러 나섰다고 한다. 손권의 군대는 무기나 대오 등 어느 것 하나 흐트러짐 없이 완벽히 정돈된 상태였다. 그 모습을 본 조조는 "자식을 낳는다면 손권과 같은 자를 원한다"라고 칭찬하며 군사를 퇴각시켰다고 한다.

214년, 유비가 익주를 평정하자 손권은 형주의 반환을 요구했다. 유비는 양주를 손에 넣으면 돌려주겠노라 답했다. 이에 화가 난 손권은 여몽을 파견해 장사, 영릉, 계양 세 군을 무력으로 탈취해 형주를 지키는 관우와 대립하게 되었다. 그러나 조조가 한중을 침공해 왔으므로 유비는 익주를 잃을 것을 두려워하여 손권과 화해하였다. 이리하여 형주를 동서로 분할하여 동쪽은 손권이, 서쪽은 유비가 다스리게 되었다. 그 후 손권은 합비를 10만 군세로 포위했는데, 성을 함락시키지 못하고 퇴각하다가 장료에게 기습당했다. 손권의 군사는 뿔뿔이 흩어졌지만, 능통의 분전으로 겨우 궁지에서 벗어났다. 이 과정에서 진무가 전사하니 손권은 애통해하며 친히 장례를 치르고 진무의 애첩을 순장시켰다.

217년, 손권은 조조에게 항복했다. 이는 형주를 둘러싼 유비와의 불화 때문인 것으로 여겨진다. 219년 관우가 공안(公安)과 남군(南郡)에 어느 정도 수비 병력을 남긴 채 조인이 지키는 양양을 포위했다. 형주를 노리던 손권은 이를 기회로 보고 여몽이 병에 걸렸다며 소환하는 척하면서 은밀히 전쟁 준비를 했다. 관우가 여기에 속아서 전군을 번성으로 동원하여 상관(湘關)의 군량을 터니 마침내 손권이 배후를 쳐 형주를 평정하고 관우를 처형했다.

220년 조조가 죽자 그의 아들 조비가 헌제를 폐하고 스스로 황제(위 문제)로 즉위하였으며, 다음 해에는 촉한의 유비도 제위에 올랐다. 손권은 계속하여 위나라에 신하의 예를 갖춰 문제로부터 오왕으로 봉해졌다. 같은 해 7월, 유비가 군사를 이끌고 오나라를 침공하자 손권은 육손을 총지휘관에 임명해 방어케 했다. 그리고 위나라로부터 침략받지 않도록 대비하기 위해 자주 사자를 파견했다. 당시 위 문제가 상아, 진주, 공작 등 귀한 진상품을 헌상할 것을 요구하자 가신들이 일제히 분개하며 거절할 것을 요구했다. 그러나 손권은 "백성들의 목숨이 나 한 사람의 결단에 달려 있다"라며 이를 물리치고 바라는 물품을 모두 보내주었다고 한다.

222년, 육손은 화공으로 유비군을 격퇴시켰다. 그러나 이 무렵부터 손권과 위나라의 관계도 악화되었다. 문제가 손권의 자식을 조정 관직에 등용하겠다는 명분으로 인질을 요구했고, 손권이 이를 거부했기 때문이었다. 이에 분노한 위나라는 조진과 하후상을 지휘관으로 삼아 오나라를 침공했으나 이를 반장이 크게 무찔렀으며, 손권은 이 공로로 반장을 우장군으로 진급시켰다.

이릉 대전이 끝난 이후 오나라는 촉한에 사자를 파견해 다시 우호 관계를 회복했다. 229년, 손권은 여러 신하들의 권고로 마침내 황제에 즉위했다. 233년에는 요동(遼東)의 공손연이 사자를 파견해 손권에게 번국(藩國)의 예를 갖추었다. 손권은 답례로 병사 1만 명을 이끌고 금은보화를 공손연에게 보내고 배를 타고 요동으로 향하게 했다. 장소는 아직 공손연이 신뢰할 만한 인물인지 알 수 없다며 반대했지만, 손권은 이 말을 듣지 않고 사자를 파견했다. 결국 공손연은 손권의 사자를 죽여 그 목을 위나라로 보내고, 오나라의 군대와 재물을 탈취했다. 그제야 손권은 장소의 집을 찾아가 나올 것을 권했으나 장소는 손권이 자신의 말을 무시하며 함부로 대한 것에 마음이 상해 끝내 나오지 않았다. 화가 난 손권은 대문 밖에서 흙담을 쌓았고, 이에 기가 막힌 장소도 안쪽에서 흙담을 쌓으며 응수했다. 손권은 장소가 나오지 않자 그의 집에 불을 질렀고, 그래도 장소가 나오지 않자 황급히 불을 끄고 장소를 수레에 태워 귀빈으로 모셔왔다.

241년, 황태자 손등이 죽자 오나라 조정에서는 후계 선정을 둘러싸고 내분이 일어났다. 손권은 본처의 아들인 손화를 황태자로 삼았지만, 서자인 손패도 아껴 그를 노왕에 봉하고 황태자와 동등하게 대했다. 그래서 신하들은 손화파와 손패파로 분열되었다.

고옹의 뒤를 이어 승상이 된 육손은 "적자와 서자의 대우에는 차별을 두어야 한다"라고 자주 상소했다. 손패를 지지하던 무리들은 육손의 죄를 날조하여 모함해 육손은 결국 유형(流刑)에 처해졌다. 게다가 초년의 냉정함을 잃은 손권이 문책하는 사자를 보내 추궁하자 육손은 분함을 이기지 못해 죽음을 맞이했다. 그런 과정에서 후계 싸움은 더욱 격화되어 갔다.

250년, 손권은 양쪽 모두를 처벌하기로 하고, 손화를 황태자에서 폐하고 손패에게는 자결을 명한 뒤 그 일당을 모조리 처형했다. 그리고 막내 손량을 황태자로 삼았다. 이 과정에서 손화 폐위를 간언한 신하 수십 명을 처형하거나 유배보냈다. 손권은 252년 4월, 제갈각에게 후사를 부탁하고 71세의 나이로 서거했다.

정사《삼국지》저자 진수는 손권을 "시기심이 많고 살육하는 데는 과감했으며 말년에 이르러서는 그런 모습이 더 심해졌다"라고 평했다. 그는 불교를 숭배하여 강남에 건초사, 보은사, 용화사, 감로사 등을 지었다. 역경(譯經) 승려(僧侶) 강승회의 설법에 감화되어 불교에 귀의한 기념으로 247년에 건초사를 지었다. 이후 보은사는 어머니의 명복을 빌기 위해, 용화사는 부처의 사리를 봉안하기 위해 건립했다. 이로 인해 중국의 강남 지역에 불교가 널리 전파되기 시작했다.

제17강

삼국의 명신 명장들

촉의 명신 명장

제갈량(諸葛亮, 181~234)

제갈량(諸葛亮)은 중국 삼국 시대 촉한의 승상이자 정치인이다. 자는 공명(孔明)이며 자를 포함해서 제갈공명이라고도 한다. 서주 낭야국 양도현(陽都縣) 출생이다. 별호는 와룡(臥龍) 또는 복룡(伏龍), 시호는 충무(忠武), 작위는 무향후(武鄕侯)이며 후한 말 군웅인 유비를 도와 촉한을 건국하는 제업을 이루었다. 형주 남부 4군을 발판으로 유비의 기반을 만드는 데 기여했다. 221년 유비가 제위에 오르자 승상에 취임했고, 유비 사후 유선을 보좌하여 촉한의 정치를 주도했다. 227년부터 지속적인 북벌(北伐)을 일으켜 8년 동안 다섯 번에 걸쳐 위나라의 옹·양주 지역을 공략했다. 234년 5차 북벌 중 오장원(五丈原) 진중에서 54세의 나이로 병사했다. 제갈량은 중국 역사상 지략과 충의의 전략가로 많은 이들의 추앙을 받았으며, 그가 위나라 토벌을 시작하면서 유선에게 올린 출사표는 현재까지 전해 내려온다. 동진 시기 제갈량은 무흥왕(武興王)으로 추존되었다.

제갈량은 양양(襄陽) 인근의 융중이란 마을에서 학문(學文)과 농사로 소일했는데, 이 시기에 지었다는 양보음(장송곡의 일종)은 현재까지 전하고 있다. 그는 양양 지역의 유명한 문인이었다. 당시 형주는 전란을 피해 온 명망 높은 문인들이 많았는데, 제갈량은 이들과 활발히 교류했다. 그 결과 20대 중반의 나이에 이미 재야의 현인(賢人)으로 상당한 명성을 얻게 되었다.

당시 유비는 여남에서 조조에게 패한 후 유표(劉表)에게 의탁하고 있었는데, 제갈량의 명성을 듣고 융중으로 직접 찾아와 제갈량을 자신의 모사(謀士)로 두었다. 이때 만들어진 고사가 유명한 삼고초려(三顧草廬)이다. 이후 제갈량은 화북 일대를 석권한 조조가 형주를 공격해오자 남쪽으로 퇴각하는 유비를 수행했다. 이 과정에서 유비는 조조군의 추격을 받아 당양에서 패주하는 등 위기에 몰리지만, 유표의 장남 유기의 구원으로 강하 지역에 둔병하여 한동안 소강 상태를 이루었다. 이후 조조가 동진하자 제갈량은 손권에게 사신으로 가서 반 조조 동맹을 성사시켰다.

208년 11월, 손권·유비 연합군이 적벽에서 조조군을 격파했다. 《연의》에서는 제갈량이 조조군의 화살을 소진시키거나 제사를 지내 동남풍을 불러일으켰다는 등의 이야기가 있지만, 이는 허구이다. 정사 《삼국지》에는 유비가 패주하는 조조군을 남군까지 추격했다는 기록이 있기 때문에 이 과정에서 참모로 종군하거나 병참 등을 담당했던 것으로 보인다. 이후 유비가 형남 4군(장사, 계양, 무릉, 영릉)을 정벌할 때 제갈량은 군사중랑장에 임명되어 행정(行政)과 병참(兵站)을 담당했다. 이는 제갈량의 내정 능력이 유비에게 인정받고 있음을 보여준다. 형주 남부를 장악한 유비는 이후 서촉(西蜀)을 차지할 계획을 세운다. 211년 한녕의 장로가 유장을 공격하자 유비는 이를 구원한다는 명목으로 서천으로 출병했다. 결국 212년 유비와 유장 간의 전쟁이 발발하자 형주 병력을 이끌고 서촉으로 진격했다.

《연의》에서는 방통(龐統)이 죽자 군대를 이끌고 참전한 것으로 되어 있으나 실제로는 유비와 방통이 부수관을 공격하자 제갈량이 바로 서촉으로 진군했다. 214년 유장(劉璋)이 항복한 후 제갈량은 군사 장군(軍師將軍)에 임명되는데, 이후 유비가 황제로 즉위할 때까지 이 직위에 머물러 있었다. 군사장군이란 잡호직(雜號職)에 속하므로 이 시기에는 유비 정권 내에서 제갈량의 위상이 높지 않았다는 평가도 있다. 하지만 정사 《삼국지》 〈가후전〉에서 조조가 제갈량의 정치가 뛰어나다고 평가한 기록이 있기 때문에, 그 권한이 상당했으리라 주장하는 이도 있다. 이 시기에 제갈량은 새로운 법률인 촉과(蜀科)를 제정하고 익주의 국가적 구조 조정에 참여했다.

219년, 유비와 조조 간의 일생일대의 격전인 한중(漢中) 공방전이 발발했다. 반년간에 걸친 전쟁은 유비의 승리로 끝났다. 《연의》에서는 제갈량이 갖가지 계책을 펼쳐 조조군을 격파한 핵심 브레인으로 묘사되어 있지만, 실제 한중 공방전에서 유비를 수행한 참모는 법정(法正), 황권(黃權)이었다. 이 시기 제갈량은 성도에 있었으며, 병참과 보급을 담당했다. 이후 유비가 한중왕이 된 후에도 계속 군사장군 직에 있었고, 221년 유비가 황제에 오르자 조정의 수장인 승상(丞相)에 취임했다.

222년, 유비는 손권의 공격으로 전사한 관우의 복수를 위해 동오를 공격했다. 이때도 제갈량은 성도에 머물며 내정과 병참을 관장했다. 223년 이릉대전에서 패한 유비가 백제성에서 병사하자 제갈량은 상서령(尙書令) 이엄(李嚴)과 함께 탁고(託孤)를 받아 후주(後主) 유선을 보좌할 고명대신이 되었다. 유비가 죽고 후주가 즉위하자 제갈량은 승상(丞相), 녹상서사(錄尙書史), 익주목(益州牧) 및 사례교위(司隸校尉)를 겸하며 대권을 장악했다. 이후 12년 동안 촉한의 재상으로 실권을 행사했다.

223년 당시 익주 남쪽의 호족이었던 옹개(雍闓), 고정(高定), 주포(朱褒) 등이 손권의 은밀한 지원을 받아 반란을 일으켰다. 제갈량은 일단 내부 사정을 안정시킨 이후 직접 남정(南征)에 나섰다. 촉의 남중(월준, 건녕, 장가, 영창)은 유언(劉焉)과 유장 부자가 익주를 장악하던 기간부터 이민족과 토착 호족들이 결탁하여 세력을 형성하고 있었으며, 한중 공방전 기간에도 반란이 일어나 이엄을 출전시켜 진압한 전례가 있었다. 제갈량의 남정은 225년 봄부터 같은 해 겨울까지 계속되었으며, 칠종칠금(七縱七擒)의 고사를 남기며 성공적으로 반란이 진압되었다. 칠종칠금의 고사는 《자치통감》 등에 기록되어 있으나 학자들은 이 사건의 신빙성을 의심한다.

《연의》에는 맹획(孟獲)이 반란의 주모자로 등장하지만, 맹획은 촉한과 친화적인 인물이었다. 남정의 성과 중 하나는 구리 광산의 개발이었고 그것은 북벌을 위한 무기 준비 과정이었다. 제갈량의 북벌 계획들은 익주 북부의 중심지인 한중에서 출발한다.

3세기 당시 한중은 원시림에 둘러싸인 상대적으로 한적한 지역이었다. 그러나 한중은 한강 유역의 비옥한 평야가 북쪽의 진령산맥과 남쪽의 대파산맥으로 둘러싸인 군사적 요충지로서, 남쪽으로는 풍요로운 쓰촨 분지의 평야에 닿았고, 북쪽으로는 위수를 넘어 북서쪽의 서량(오늘날의 감숙성) 하서주랑 건조 지대로 통할 수 있었다. 진령산맥은 장안과 한중 사이의 막강한 자연 장벽으로 존재하는데, 산맥 자체가 여러 개의 평행한 산줄기가 겹쳐 있는 데다가 온갖 계곡이 나뭇가지처럼 펼쳐져 미로처럼 얽혀 있었다. 게다가 잦은 지진으로 인한 구조 파괴로 지형학적으로는 매우 어지럽고 복잡했다. 남쪽에서 북쪽으로 나갈 수 있는 길은 소위 잔도라고 불리는 매우 좁은 험준한 길들 뿐이었다. 제갈량의 북벌에서 주요 전투들과 거점 탈환전은 이 잔도들을 중심으로 그 주위에서 벌어졌다.

227년, 제갈량은 유비의 유조(遺詔)를 명분으로 위(魏)나라를 상대로 북벌을 일으켰다. 출진하기에 앞서 그가 올린 상주문이 바로 유명한 출사표이다. 출사표는 350자로 되어 있으며, 유비에 대한 충성과 후주에 대한 당부가 담겨 있다. 북벌은 227년부터 234년까지 8년간 다섯 번 이루어졌다. 제갈량은 북벌 기간 전쟁이 없는 상황에도 한중에 상주했는데, 이 기간 촉한은 준전시 체제로 운영되었던 것으로 보인다.

228년 봄, 제갈량은 사곡(옹주 서부)과 기곡(장안의 서쪽)으로 동시에 진격했다. 이 때 사곡의 본진은 제갈량이 지휘했고, 기곡에 파견된 별동대는 조운이 지휘했다. 위의 명제(明帝)는 조진(曹眞)을 도독으로 삼아 방어하게 했고, 조진은 장안과 가까운 기곡에 전력을 집중시켰다. 제갈량이 사곡에 진출하자 옹주 일대의 호족들이 일제히 호응했으며, 남안, 천수, 안정 3군을 점령하게 된다. 이 과정에서 훗날 제갈량의 후계자로 평가받는 강유(姜維)가 귀순했다.

이때 위연(魏淵)은 1만의 병사로 진령산맥을 넘어 장안(長安)을 급습하는 자오곡 계책을 진언했다. 당시 장안은 무능하다고 알려진 관중(關仲) 도독 하후무(夏候楙)가 지키고 있었다. 이에 위연은 열흘 동안 신속하게 행군하여 자오곡을 지나 장안을 기습하면 하후무가 도주할 것이고, 이를 통해 장안을 점령하면 위군은 사례주 쪽으로 이동할 것이라고 예상했다. 즉, 전선이 동쪽으로 이동하여 촉한이 옹양주를 장악할 수 있게 되는 것이다. 하지만 제갈량은 각종 위험 부담을 이유로 이를 거부했다. 이후 명제는 자신이 직접 관중으로 출병하는 한편, 당시 위나라 제일의 용장으로 꼽히던 장합(張郃)에게 5만의 군사로 제갈량의 본진을 상대하게 했다. 장합은 사곡과 한중을 잇는 가정으로 진격하여 촉군의 보급로를 차단하고자 했고, 제갈량은 마속(馬謖)에게 방어하게 했다. 하지만 마속은 협곡을 막아 방어하라는 제갈량의 지시를 무시한 채 제 판단으로 산 위에 둔병했다가 장합의 포위전술을 맞아 고전했다. 왕평(王平)과 고상(高翔)이 분전했으나 중과부적으로 대패했다.

보급로가 끊긴 제갈량의 촉군 본대는 한중으로 퇴각했고, 기곡 전선에서도 조운이 이끄는 의군 별동대가 조진에게 밀려 한중으로 퇴각했다. 이로써 1차 북벌은 실패하고 말았다. 이후 제갈량은 마속에게 패전의 책임을 물어 처형했는데, 이 과정에서 읍참마속(泣斬馬謖)이라는 고사가 생겼다. 제갈량은 후주에게 표를 올려 북벌 실패에 대한 사죄의 의미로 스스로 우장군(右將軍)으로 지위를 낮추었지만, 재상의 권한은 유지했다.

같은 해 가을, 제갈량은 진창으로 진격해 2차 북벌을 감행했다. 진창(陳倉)은 조진의 부하 장수인 학소(郝昭)가 불과 1천 명의 병력으로 수비하고 있었는데, 학소는 20일에 걸친 촉군의 공격을 막아내는 저력을 보였다. 이후 조진이 낙양에서 구원군을 이끌고 출병했고, 촉군은 식량까지 떨어지자 제갈량이 한중으로 귀환시켰다. 철수 도중 제갈량은 복병전을 통해 조진군의 장수인 왕쌍(王雙)의 추격군을 격파했다.

229년, 제갈량은 3차 북벌을 단행했다. 이때 위나라 조진의 본진은 사곡에서 한중을 공격하고, 사마의(司馬懿)와 장합의 2로군은 각각 상용과 무도를 공격했다. 이에 제갈량은 성고에 본진을 두고 방어했다. 하지만 이후 계속된 여름 장마로 도로가 유실되고 보급이 어려워지자 위군은 퇴각했다. 제갈량은 231년 다시 기산으로 4차 진격을 했다. 이때 위나라에서는 조진이 병사했고, 사마의가 대촉 전쟁을 주관하는 진서대도독으로 기용되었다. 4차 북벌부터 제갈량은 목우유마(木牛流馬)를 사용하여 보급의 수송력을 높이고, 둔전(屯田)을 강화했다.

234년, 제갈량은 5차 북벌을 재개했다. 기존의 북벌이 7~8만 정도의 병력으로 이루어진데 반해, 5차 북벌은 10여 만의 병력이 투입된 최대 규모였다. 촉군은 오장원에 둔병하여 위군과 대치했다. 제갈량이 양염을 시켜 무공수를 건너게 하자 사마의가 이를 저지하려 공격했고, 제갈량이 무공수를 직접 건너오자 위군이 퇴각했다. 이후 제갈량은 두 번의 기만(欺瞞) 기동으로 위군의 허를 찔렀지만, 곽회만이 이를 간파하여 오히려 촉군이 위급한 상황에 처하게 되었다. 그 사이 촉군은 위빈 일대 오장원 지역에서 식량을 비축하고 해당 지역 주민들과 친화력을 높여 가면서 주변을 장악했다. 이 와중에 위군 총수인 사마의는 견벽거수(堅壁拒守) 전략을 고수했다. 이에 제갈량은 위군이 전투에 나서도록 하기 위해 도발했으나 사마의는 수비로만 일관하며 움직이지 않았다. 결국 4개월 간의 대치 끝에 그해 10월, 제갈량은 진중에서 병사했다. 그의 나이 54세였다.

제갈량이 죽자 촉군은 양의(楊儀)의 지휘 아래 한중으로 퇴각했다. 이 소식을 들은 사마의는 촉군을 추격해 격퇴하려 했으나 촉군이 바로 공격할 것처럼 태세를 전환하니 곧바로 군사를 물려 퇴각했다. 이후에도 다시 촉군을 핍박할 생각을 하지 못했다. 촉군이 완전히 퇴각한 후에야 사마의는 자신이 속았다는 것을 알고 추격하려 했으나 실패했다.

《연의》에 나오는 "죽은 공명이 산 중달을 물리쳤다"는 이야기나, 제갈량이 스스로 운명을 알고 기도하는데, 위연이 잘못 촛불을 꺼 기도가 무효가 되었다는 이야기는 사실이 아닌 것으로 알고 있다. 제갈량의 시신은 성도로 운구되어 유언대로 한중의 정군산에 매장되었다. 그가 남긴 재산으로는 뽕나무 800그루와 척박한 농토 15경이 있었다고 한다.

제갈량에 대한 가장 일반적인 평가는 정사 《삼국지》에 실린 진수의 평이다. 제갈량은 백성들을 안정시키고, 가야 할 길을 제시하고, 시대에 맞는 정책을 내고, 마음을 열고 공정한 정치를 행했다. 그리하여 영토 안의 사람들은 모두 그를 존경하고 사랑했다. 형벌과 정치가 엄격했는데도 원망하는 자가 없었던 것은, 그의 마음가짐이 공평하고 상벌이 명확했기 때문이었다. 그러나 매년 군세를 동원하면서 성공을 거둘 수 없었던 것은, 생각하건대 임기응변의 군략은 그의 장기가 아니었기 때문이 아닐까. 진수는 제갈량을 정치가 및 행정가로써 높이 평가했지만, 군사적 능력은 이에 미치지 못했다고 기술하고 있다.

《연의》에서는 제갈량을 화공(火功) 및 반간계(反間計)의 명수로 묘사하고 있다. 그러나 실제 역사 속 제갈량은 8년간의 북벌 동안 화공을 사용한 적이 없으며 반간계의 활용 빈도 역시 낮았다. 또한 위연이 제안한 자오곡 계책을 거부한 것으로 볼 때 속공이나 야습과 같은 위험 부담이 있는 작전 역시 선호하지 않은 듯 하다. 즉, 전반적으로 정적(靜的) 스타일의 작전을 사용한 것으로 보이며 임기응변의 군략이 장기가 아니었다는 진수의 평은 상당한 설득력을 가진다. 그럼에도 불구하고 제갈량은 의외로 동적(動的)인 측면도 있었다. 복병 전술을 자주 구사했고, 이를 이용해 여러 차례 승리했다. 혈혈단신의 유비가 자신의 오두막을 찾아왔을 때 세 번 망설이다가 그를 돕기로 결심한 것은, 유학을 공부한 선비로서의 바른 몸가짐을 보여준다. 당시 유비는 현실적으로 약세(弱勢)였지만, 명분과 의리 그리고 백성을 사랑하는 인의(仁義)를 갖춘 지도자였다. 그런 유비를 도와 제대로 된 세상을 만드는 데 진력을 다한 그의 '투신(投身)'은, 오랫동안 동양 선비들에게 감동을 주었다. 현명한 자라면 이미 실패를 예감했을 것임에도 불구하고 자신의 온몸을 던졌다는 것이 감동의 원천이라 할 수 있다.

제갈량은 지식인답게 냉정한 인물평을 남기기도 했다. 예를 들면 관우(關羽)에 대해 "탁월한 장수이지만 자부심이 넘쳐 오만한 점이 가장 위험 요소가 될 수 있다"고 했고, 장비(張飛)는 "술을 지나치게 좋아하고 분노 조절이 잘 안 되어 울컥하는 성격을 잘 다스려야 한다"고 했다. 오의 주유(周瑜)에 대해서는 "모든 것을 다 갖추었으나 승부사 기질이 지나치게 강함을 경계해야 한다"고 평가했다.

젊어서 출사표를 읽고 눈물을 흘려본 경험이 없는 자와는 같이 일을 도모하지 말라는 말이 있듯이, 그가 북벌을 떠나면서 유선에게 올린 표(表)는 만고의 명문으로 남아 있다.

출사표(出師表) – **제갈량**(諸葛亮)

신 량 언 선 제 창 업 미 반 이 중 도 붕 조 금 천 하 삼 분 익 주 피 폐
臣亮言 先帝創業未半, 而中道崩殂, 今天下三分, 益州罷弊,

차 성 위 급 존 망 지 추 야
此誠危急存亡之秋也.

신 제갈량이 아룁니다. 선제(유비)께서 왕업을 시작하신 지 아직 반에도 미치지 못하였는데 중도에 붕어하셨습니다. 지금은 천하가 셋으로 나뉘었고 익주가 오랜 싸움으로 지쳐 있으니 진실로 존망이 갈리는 위급한 때입니다.

연 시 위 지 신 불 해 어 내 충 지 지 사 망 신 어 외 자 개 추 선 제 지 수 우
然侍衛之臣, 不懈於內, 忠志之士, 忘身於外者, 蓋追先帝之殊遇,

욕 보 지 어 폐 하 야
欲報之於陛下也.

그러나 모시고 지키는 신하들이 (궁중)안에서 게으르지 않고, 충성스러운 뜻이 있는 무사들이 밖에서 자기 몸을 돌보지 않고 애쓰는 것은, 모두 선제께서 베푸신 특별한 은혜를 기리며 이를 폐하께 갚고자 함입니다.

성의개장성청 이광선제유덕 회홍지사지기 불의망자비박 인유실의
誠宜開張聖聽, 以光先帝遺德, 恢弘志士之氣, 不宜妄自菲薄, 引喩失義,
이색충간지로야
以塞忠諫之路也.

진실로 마땅히 성스러운 폐하의 귀를 활짝 열어 선제가 남긴 덕을 빛나게 하여 뜻 있는 선비의 의기를 넓고 크게 해야 합니다. 망령되이 스스로 덕이 없다고 여겨 쓸데없는 비유로 의리를 잃고, 충간의 길을 막아서는 안 됩니다.

궁중부중 구위일체 척벌장부 불의이동 약유작간범과급위충선자
宮中府中, 俱爲一體, 陟罰臧否, 不宜異同. 若有作奸犯科及爲忠善者,
의부유사 논기형상 이소폐하평명지리 불의편사 사내외이법야
宜付有司, 論其刑賞, 以昭陛下平明之理, 不宜偏私, 使內外異法也.

궁중과 승상부가 모두 일체이니 선과 악을 척벌함을 달리해서는 안 될 것이요, 만일 간사한 짓을 하여 죄과를 범하는 자나 성실하고 선량한 일을 한 자가 있으면, 마땅히 담당자에게 넘겨서 그 형벌과 상을 논하여 그것으로써 폐하의 공정하고 밝은 다스림을 밝혀야 할 것이요, 사사로움에 치우쳐 내외(궁중과 승상부)로 하여금 법을 달리해서는 안 됩니다.

시중시랑 곽유지 비위 동윤등 차개량실 지려충순 시이선제간발
侍中侍郎, 郭攸之.費禕.董允等, 此皆良實, 志慮忠純, 是以先帝簡拔,
이유폐하
以遺陛下.
우이위궁중지사 사무대소 실이자지 연후시행 필능비보궐루
愚以爲宮中之事, 事無大小, 悉以咨之, 然後施行, 必能裨補闕漏,
유소광익
有所廣益.

장군향총 성행숙균 효창군사 시용어석일 선제칭지왈능
將軍向寵, 性行淑均, 曉暢軍事, 試用於昔日, 先帝稱之曰能.
시이중의거총위독 우이위 영중지사 사무대소 실이자지
是以衆議擧寵爲督. 愚以爲, 營中之事, 事無大小, 悉以咨之,
필능사행진화목 우열득소야
必能使行陣和睦, 優劣得所也.

시중과 시랑인 곽유지, 비위, 동윤 등은 모두 성실하고 신중하며, 충성과 사려가 순수합니다. 이들이 선제의 신임을 받아 특별히 발탁되어 폐하께 맡겨진 이

들이니, 궁중의 모든 일은 크고 작음을 막론하고 이들과 상의한 후에 실행하시면 반드시 부족한 점을 보완하고 큰 도움이 될 것입니다.

장군 향총은 성품이 어질고 평형하며, 군사에도 능통합니다. 예전에 그를 시험해 본 결과 선제께서 “유능하다”고 칭찬하셨으며, 이에 여러 사람의 추천으로 그를 지휘관으로 삼았습니다. 제가 생각하건대, 군영 내의 모든 일도 크고 작음 없이 그에게 상의하시면 반드시 부대 간 화목이 이루어지고, 유능한 자와 부족한 자가 각자 마땅한 자리를 얻게 될 것입니다.

친현신원소인 차선한소이흥륭야 친소인원현신 차후한소이경퇴야
親賢臣遠小人 此先漢所以興隆也, 親小人遠賢臣, 此後漢所以傾頹也.
선제재시 매여신론차사 미상불탄식통한어환영야
先帝在時, 每與臣論此事, 未嘗不嘆息痛恨於桓靈也.

어진 신하를 가까이하고 소인을 멀리한 것은 전한(前漢)을 융성하게 만든 요인이고, 소인을 가까이하고 어진 이를 멀리한 것은 후한(後漢)을 쇠퇴하게 만든 원인입니다. 선제께서는 생전에 매번 이 일을 저와 논의하셨고, 한 번도 환제와 영제의 실정을 탄식하지 않으신 적이 없었습니다.

시중상서 장사 참군 차실정양사절지신야 폐하친지신지 칙한실지륭
侍中尚書.長史.參軍, 此悉貞亮死節之臣也. 陛下親之信之, 則漢室之隆,
가계일이대야
可計日而待也.

시중, 상서, 장사, 참군, 이들은 모두 곧고 어질며 죽음으로 절개를 지킬 신하들이오니, 원컨대 폐하께서는 이들을 가까이하시고 이들을 믿어 주시면 곧 촉한의 황실이 다시 흥륭해질 날을 세며 기다릴 수 있을 것입니다.

신본포의 궁경남양 구전성명어난세 불구문달어제후
臣本布衣, 躬耕南陽, 苟全性命於難世, 不求聞達於諸侯,
선제불이신비비 외자왕굴 삼고신어초려지중 자신이당세지사
先帝不以臣卑鄙, 猥自枉屈, 三顧臣於草廬之中, 諮臣以當世之事.
유시감격 허선제이구치 후치경복 수임어패군지제 봉명어위난지간
由是感激, 許先帝以驅馳. 後値傾覆, 受任於敗軍之際, 奉命於危難之間,

이래이십유일년의 선제지신근신 고임붕 기신이대사야 수명이래
爾來二十有一年矣. 先帝知臣勤愼. 故臨崩, 寄臣以大事也. 受命以來,

숙야우려 공부탁불효 이상선제지명
夙夜憂慮, 恐付託不效, 以傷先帝之明.

신은 본래 미천한 백성으로 남양에서 밭을 갈며, 어지러운 시대에 구차하게 생명을 보전하고 제후들 사이에 이름을 알릴 뜻도 없었습니다. 그러나 선제께서는 신이 미천하고 어리석음을 탓하지 않으시고, 외람되게도 몸소 몸을 낮추시어 초가집 안으로 세 번이나 찾아와 시대의 정세에 대해 물으셨습니다.

이로 인해 감격하여 선제께 헌신할 것을 맹세했고, 그 뒤 국운이 기울고 패군의 때에 임무를 받았으며, 위급한 상황에서 명을 받들었습니다. 그렇게 시작한 지 벌써 21년이 되었습니다. 선제께서는 신의 근면성과 신중함을 아시고, 돌아가시기 직전에 큰일을 맡기셨습니다. 그 명을 받은 이후, 신은 밤낮으로 근심하고 두려워하며, 혹여 그 뜻을 이루지 못해 선제의 명성에 누가 될까 늘 염려했습니다.

고오월도로 심입불모 금남방이정 병갑이족 당장솔삼군 북정중원
故五月渡瀘, 深入不毛. 今南方已定, 兵甲已足, 當獎率三軍, 北定中原,

서갈노둔 양제간흉 이부흥한실 환우구도 차신소이보선제
庶竭駑鈍, 攘除姦凶, 以復興漢室, 還于舊都, 此臣所以報先帝,

이충폐하지직분야
而忠陛下之職分也.

그래서 지난 5월에 노수를 건너 황폐한 땅에 깊숙이 들어갔고, 지금 남쪽은 이미 평정되었으며, 병력과 무기도 충분합니다. 이제 삼군을 이끌고 북으로 중원을 정벌하여, 비록 재능이 부족하더라도 힘을 다해 간사하고 흉악한 무리를 제거하고, 한의 황실을 다시 일으켜 옛 도읍으로 돌아가는 것이 신이 선제께 보답하고 폐하께 충성을 다하는 본분이라 하겠습니다.

지어짐작손익 진진충언 즉유지 위 윤지임야
至於斟酌損益, 進盡忠言, 則攸之.禕.允之任也.

원폐하 탁신이토적흥복지효 불효칙치신지죄 이고선제지령
願陛下, 託臣以討賊興復之效, 不效則治臣之罪, 以告先帝之靈.

약무흥덕지언칙책유지 위 윤등지구 이창기만
若無興德之言則責攸之.禕.允等之咎, 以彰其慢.

나라에 손해와 이익을 짐작하고 나아가 충성스러운 말을 다하는 것은 곽유지, 비위, 동윤의 임무입니다. 원컨대 폐하께서는 신에게 도적을 토벌하고 (한실을) 부흥시키는 데 실효를 거둘 일을 맡기시어 효과가 없으면 곧 신의 죄를 다스리어 선제의 영혼 앞에 고하십시오.

만약 한실 부흥에 관한 방안을 제대로 고하지 못하면 곽유지, 비위, 동윤 등의 허물을 꾸짖어 그것으로써 그 태만을 밝히십시오.

폐하역의자모 이자추선도 찰납아언 심추선제유조 신불승수은감격
陛下亦宜自謀, 以諮諏善道, 察納雅言, 深追先帝遺詔. 臣不勝受恩感激,
금당원리 임표체읍 부지소운
今當遠離, 臨表涕泣, 不知所云.

폐하께서도 또한 스스로 깊이 숙고하시어 좋은 도리를 구하고, 고결한 의견을 살펴 받아들이며, 선제의 유지를 깊이 새기소서. 신은 받은 은혜에 감격하여 차마 이별을 견딜 수 없습니다. 이제 멀리 전장으로 떠나며, 이 표를 올리는 순간 눈물이 흘러 말을 잇지 못하겠습니다.

관우(關羽, ?~219)

관우(關羽)는 삼국 시대 촉나라의 무장으로 유비, 장비와 도원결의로 의형제를 맺고, 유비를 보좌하여 손권의 연합군과 함께 적벽대전에서 조조의 대군을 격파했다. 그는 충신의 전형으로 여겨져 후대에 무신으로 숭배되었다. 공자와 함께 '문무이성(文武二聖)'으로 일컬어진다. 그러나 지금은 뜬금없이 재산을 지켜주는 재물신이 되어 중국 곳곳에 관제묘(關帝廟) 등의 사당에 모셔지고 있다. 한 마디로 죽어서 신이 된 남자이다.

관우는 하동군 해현(解縣)에서 농민의 아들로 태어났고, 자는 운장(雲長)이다. 본래의 자는 장생(長生)이었으나 어린 시절 소금으로 폭리를 취하던 호족 염상(塩商)을 죽이고 탁현(涿縣)으로 도망쳐 성과 이름을 바꾸어 관우라고 했다. 그는 그곳에서 유비와 장비를 만나 형제의 의를 맺고 그들과 평생을 같이할 것을 약속했다.

184년, 전국 각지에서 농민들이 황건적이 되어 봉기를 일으키자 후한 영제는 각지의 군대를 소집하여 반란을 진압하고자 했다. 이에 유비는 장정 500여 명을 모아 모집에 응했고, 관우도 그를 따라 황건적 진압군에 가담했다. 얼마 지나지 않아 유비는 황건적에 패해 유주를 다스리던 공손찬에게 몸을 의탁했다. 그 후 유비가 공을 세워 190년 평원군(平原郡)의 현령으로 임명되면서 관우는 별부사마가 되어 군대를 통솔했다. 관우는 194년 조조군, 196년 원술군, 198년 여포군과의 전투에 참가했으며, 199년에는 유비의 명령으로 서주자사 거주(車胄)를 죽여 유비가 서주를 차지할 수 있도록 하고, 하비(下邳) 태수가 되었다. 유비가 서주를 차지하자 200년에 조조는 유비를 공격했다. 유비는 조조에 패하고 도망쳐 하북의 원소에게 몸을 의탁했다.

이때 하비에 있던 관우는 유비의 가솔들과 함께 조조에게 생포되었다. 관우는 이때 조조에게 세 가지 조건을 내세우고 항복했다.

"한(漢) 왕조에는 항복하나 조조에게 항복하는 것이 아님을 분명히 한다. 유비의 두 부인을 비롯한 다른 사람들의 생명을 보장한다. 주군인 유비의 행방이 알려지면 즉시 그에게 돌아가겠다."

관우는 편장군으로 임명되어 조조에게 지극한 대우를 받았지만, 관우는 예만 갖추었을 뿐 진정으로 그의 사람이 되지는 않았다. 조조가 보낸 모든 선물을 다 거부했는데, 다만 여포가 타던 적토마만은 받았다고 한다. 이 당시 헌제가 관우를 보고 수염이 아름답다고 미염공(美髯公)이라고 한 말은 그 후 그의 별칭이 되었다. 관우는 자신을 지극한 예로 대하는 조조에게 보답하기 위해 조조와 원소의 싸움에 출전했다. 200년의 이 백마 전투에서 관우는 원소 휘하의 장군 안량(顔良)의 목을 단칼에 베어 공을 세웠고, 복수하러 달려 나온 문추(文醜)도 죽여 조조군은 대승했다. 조조는 후한 헌제에게 글을 올려 관우를 한(漢) 수정후에 책봉토록 했다. 이는 관우가 황제에게 받은 최초의 작위였다.

같은 해 7월, 유비가 원소 휘하에 있다는 것을 알게 된 관우는 조조에게 유비 품으로 돌아가겠다는 의사를 표명했다. 관우의 뜻을 안 조조는 일부러 관우를 피했지만, 관우는 사의를 표하는 편지, 조조에게 하사받은 귀중품, 한 수정후의 인(印)을 남겨 두고 유비의 두 부인을 호송하여 황급히 조조의 진영을 떠났다. 조조는 쫓아와 갖은 선물을 주고 작별했다. 그 과정에서 관우 혼자 조조 진영의 장수 6명을 베었다는 단기천리(單騎千里), 오관참장(五關斬將)의 고사는 나관중이 창작한 이야기다.

유비와 다시 만난 관우는 형주의 유표에게 의지하면서 신야(新野)에 머물렀다. 207년 유비는 사마휘(司馬徽)로부터 복룡(伏龍)과 봉추(鳳雛) 중 하나만 얻으면 천하를 호령할 것이라는 조언을 들었다. 이후 서서(徐庶)의 도움으로 융중에 은거 중이던 제갈량, 곧 와룡(臥龍)을 세 차례 찾아가 군사(軍師)로 영입했다.

208년, 조조는 형주의 유표를 공격했다. 이로부터 약 한 달 후 유표가 병사하자 그의 차남 유종이 조조에게 항복하고 말았다. 형세가 불리해진 유비는 번성(樊城)에서 강릉으로 달아났다. 관우는 수군을 통솔하여 유표의 장남인 유기(劉琦)에게 원군을 요청한 후 유비와 합류했다. 제갈량은 오나라로 찾아가 유비에게 호의적이었던 노숙(魯肅)의 도움으로 손권을 설득하여 동맹을 맺었다. 유비와 오나라 연합군은 적벽에서 조조의 대군을 격파했다. 사실 연합군이라 하지만 유비의 군세는 초라하기 이를 데 없었다. 그러나 적벽대전의 승리로 유비는 형주 남쪽의 4개 군을 점령하게 되었고, 209년에는 형주 북쪽의 군도 다스리게 되었다. 관우는 양양(襄陽) 태수에 임명되고 탕구(蕩寇) 장군이라는 칭호를 받았다.

211년, 유비는 익주(益州)를 평정하기 위해 출정했고, 형주는 제갈량과 관우가 수비했다. 하지만 유비는 익주에서 군사 방통(龐統)을 잃고, 유장(劉璋)의 군대에게 고전을 면치 못했다. 이에 214년 제갈량은 장비, 조운(趙雲)과 함께 유비를 구원하기 위해 형주를 떠났고, 관우 혼자 형주를 방비했다. 유비가 익주를 평정한 후 관우는 형주의 도독형주사무에 임명되었다. 215년 손권은 유비에게 형주를 반환할 것을 요구했지만, 유비는 여러 핑계를 대며 미루었다. 결국 손권은 장사(長沙), 영릉(零陵), 계양(桂陽)에 관리를 파견했지만, 관우의 군대에 밀려 후퇴할 수밖에 없었다. 이에 손권은 다시 여몽(呂

蒙)에게 장사와 계양을 급습하게 했고, 유비와 관우가 각각 5만과 3만의 군사를 이끌고 여몽이 이끄는 오군(吳軍)과 익양(益陽)에서 대치하게 되었다. 이때 관우는 오나라 군사들이 함부로 강을 건너지 못하게 하기 위해 땔나무를 엮어 진영을 만들었는데, 이것을 관우뢰(關羽瀨)라 한다.

그런데 이때 조조가 한중을 공격해 왔다. 중심 근거지인 익주(益州)를 잃을 것이 두려웠던 유비는 손권과 다시 동맹을 맺기로 하고, 강하, 장사, 계양을 오나라에 넘겨 주면서 일시적으로 오나라와의 갈등을 해소했다.

219년, 유비는 조조를 공격하고 한중을 점령하여 한중왕이 되었다. 관우는 전장군에 임명되었다. 같은 해 여름 관우는 손권과 조조가 대치하는 틈을 이용하여 대군을 이끌고 위(魏)의 방어 중심지였던 번성을 공격했다. 관우는 적장 방덕(龐德)을 죽이고 우금(于禁)을 생포하는 등 큰 승리를 거두었다. 이때 관우는 팔에 화살을 맞았는데, 《연의》에서는 명의 화타(華佗)에게 상처를 보이고 치료하는 장면이 나온다. 화타는 "화살촉에 묻어 있던 독이 스며들고 있으므로 뼈를 깎아 독을 제거하지 않으면 안 된다"라고 진단하고 절개 수술을 행했다. 관우는 수술 중에도 술을 즐기며 마량과 바둑을 두는 한편, 뼈를 깎고 피가 가득 쏟아져 나와도 태연하게 담소했다. 그러자 화타는 "군후(君侯)께서는 진정 천신(天神)입니다"라고 칭찬했다고 기록되어 있다. 하지만 사실 화타는 그때 이미 조조 측에 의해 죽은 뒤이기 때문에 그 또한 나관중의 창작일 가능성이 높다.

219년 가을, 오(吳)의 여몽이 형주를 습격하여 점령했다. 당시 촉과 오는 서로 연합하여 위(魏)와 대치하는 상황이었다. 그러나 217년 오나라가 위에 항복하고, 그나마 촉에 우호적이었던 오나라 노숙이 죽으면서 촉과 오의 동맹 관계에 금이 가기 시작했다. 그 뒤 오나라에서 병권을 장악한 반(反)촉한파 여몽이 형주를 공격할 것을 주장하자 위나라에 충성심을 보여야 했던 손권이 이를 받아들였다. 당시 관우는 번성에서 철수하여 형주 탈환을 시도했지만, 오나라의 기습으로 형주로 돌아가지 못하고 맥성(麥城)으로 퇴각했다. 손권은 강릉에 이르러 관우에게 투항을 권고했으나 관우는 이를 거절했다. 그러나 수하 장병들이 모두 도망치자 관우는 어쩔 수 없이 맥성에서 퇴각하기로 했다. 오나라 군대는 관우의 퇴로를 차단하고 맥성 북쪽의 임저(臨沮)에서 관우와 그의 아들 관평(關平)을 생포하여 여몽에게 호송했다. 관우 부자는 참수되었고, 관우의 머리는 함에 담겨 손권에게 보내졌으며, 손권은 다시 그것을 조조에게 보내어 이것이 모두 조조의 지시에 의한 것이라는 암묵적 메시지를 전달했다. 이것은 관우의 복수를 위해 공격할 것이 분명한 유비의 예봉(銳鋒)을 피하기 위한 것이었다. 그러나 노회한 조조는 오히려 관우를 후하게 장사지내어 유비에게 나름 우의를 보였고, 유비는 오나라를 공격하게 되었다.

관우는 중국 역사상 매우 특수한 인물로, 유일하게 신(神)으로 대접받으며 숭배된 인물이다. 그는 의리의 화신(化身)으로 중국의 민담이나 민간 전승, 전설에서 널리 등장했고, 나중에는 신격화되어 중국 곳곳에 관제묘(關帝廟)가 세워졌다. 관우는 오늘날에도 중국인들이 가장 숭배하는 대상 가운데 한 사람이다. 생전에는 장수, 후작으로, 사후에는 공(公), 왕(王), 제군(帝君), 대제(大帝)로 계급이 올랐고, 후에는 '무묘(武廟)'의 주신이 되어 공자 문묘와 같은 제사를 받았다.

관우에게 왕이라는 작위가 붙기 시작한 것은 송나라 때부터다. 관우를 황제로 높여 부르기 시작한 것은 명나라 때부터로, 1402년 정변을 일으켜 황제가 된 영락제는 자신의 행동을 정당화하기 위해 관우의 영검한 도움을 받아 황제가 되었다고 했다. 이에 따라 명의 신하와 백성들도 관우를 신으로 숭상했다.

임진왜란에 참전한 중국 군사들이 전쟁 중 관우의 혼이 나타나 왜적을 물리칠 수 있었다고 하여 지은 관우의 사당이 종로에 있는 동묘(東廟)이다. 그 이후에 조선 스스로 서묘도 지었다고 하니 관왕묘의 효험이 대단했던 모양이다. 관우에 대한 이런 숭배는 청나라 때도 계속되었다. 관우의 묘를 부르는 관제묘는'관림(關林)'이라고도 하는데, '림(林)'자는 오직 성인의 무덤에만 붙였던 글자다. 중국 역사상'림' 자가 붙는 무덤은 단 두 개뿐이다. 바로 유학의 시조 공자의 무덤인 공림(孔林)과 관우의 무덤인 관림(關林)이다. 관림이 세워진 곳은 모두 세 곳으로 관우의 목이 안장된 낙양 관림, 그의 시신이 묻힌 당양 관림, 그의 고향에 세워진 운성 관림이다.

관우는 중국 역사에 등장하는 수많은 무장 중에서 순수한 충성심, 의리, 뛰어난 용맹, 기묘한 무예, 당당한 성품 등이 두드러져 사람들에게 신으로 숭배되었으며, 공자와 함께 '문무이성(文武二聖)'으로 일컬어진다.

도교(道敎)에서는 관우를 신격화하여 전쟁의 신인 관성제군(關聖帝君)이라 부른다. 관제묘가 사당 형식으로 처음 세워진 것은 명나라 말기인 1594년으로, 명나라가 임진왜란에 출정하여 이긴 것을 '관 장군의 덕'이라고 한 것이 그 배경이다. 그로 인해 중국 대륙 각지, 나아가 대만, 홍콩, 한국, 일본 등지에도 관제묘가 세워졌다. 우리나라에서는 이를 관왕묘나 혹은 관제묘라고 하며 주로 충청도, 경상도 지방에 있다. 앞에서 얘기한 종로구 숭인동의 동묘가 바로 이 관왕묘 중 하나이다. 대한제국 시절, 고종은 관우를 황제의 시호인 현령소덕의열무안관제(顯靈昭德義烈武安關帝)로 추존했다. 판소리 12마당에 속하는 《적벽가(赤壁歌)》에는 조조를 살려주는 너그러운 관운장의 모습이 묘사되며, 관우를 덕장(德將)으로 칭송하는 대목이 나온다. 중국을 여행하다 보면 곳곳에 관왕묘가 보이며, 주로 상공인들이 참배하며 향을 사르는 모습을 많이 볼 수 있다. 자본주의가 도입되면서 관우는 충성의 상징에서 의리와 신용의 상징으로 변한 듯하다.

《연의》에서는 관우의 최후 장면이 극적으로 묘사되고 있다. 관우는 손권에게 투항하지 않고 유비에게 돌아가려다 미리 매복하고 있던 반장의 부하 마충에게 사로잡히고, 뒤따르던 관평 또한 반장의 부하들에게 사로잡히게 된다. 관우는 손권에게 끌려가 항복을 권유받지만, "옥은 깰 수 있으나 그 흰빛을 바꿀 수 없고, 대나무는 태울 수 있으나 그 곧음을 꺾을 수 없소이다"라며 떳떳한 죽음을 원했고, 결국 관우와 관평은 참수되었다. 관우 사망

후 손권의 축하를 받던 여몽은 관우의 혼이 씌어 몸의 일곱 구멍에서 피를 흘리며 죽는다. 손권은 관우를 죽인 것에 대한 유비의 보복을 두려워하여 관우의 머리를 조조에게 보냈다. 조조는 관우의 머리를 받아 인사를 올리며 예를 갖추었지만, 관우가 갑자기 눈을 떠 크게 놀랐다. 이에 조조는 나무를 깎아 관우의 머리를 정성스레 붙여주었다고 한다. 그리고 공교롭게도 그때 죽은 조조의 사인(死因)이 죽은 관우 때문인 것처럼 해석하고 있다.

《연의》에서 관우는 9척(약 2m 7cm)의 키, 2자(약 46cm)나 되는 수염, 홍시처럼 붉은 얼굴, 기름을 바른 듯한 입술, 붉은 봉황의 눈, 누에가 누운 듯한 눈썹 등의 풍모로 묘사된다. 여기에 대장간에서 특수 제작한 무게 82근(18kg가량)의 청룡언월도가 추가되어 오늘날의 관우상이 완성되었다. 그러나 청룡언월도는 나관중이 관우의 무기로 소설 속에서 만들어낸 것이다. 말 위에서 관우가 청룡언월도를 휘두르는 것으로 묘사되지만, 그건 인간이 할 수 있는 일이 아니다. 정사 《삼국지》 등을 참고해 보면 관우의 무기는 청룡언월도가 아닌 일반적으로 큰 칼, 즉 대도(大刀)와 삭(槊, 자루가 달린 창), 모(鉾, 끝이 뾰족한 칼) 등이었던 것으로 보인다.

조조가 여포로부터 몰수한 적토마를 관우에게 하사했다는 이야기도 전한다. 그때 받은 적토마는 관우가 패하여 생포 당하자 먹지도 마시지도 않다가 관우와 같이 죽었다고 한다. 그러나 사료(史料)에는 적토마의 행방에 대한 구체적인 언급이 없으며, 실제로 조조가 관우에게 주었다고 해도 말의 평균적 수명을 고려했을 때 그리 오래 살았다고 보기 힘들다. 더구나 전마(戰馬)는 경주마처럼 전성기가 불과 몇 년에 불과하기 때문에 몇십 년을 여포, 관우와 같은 덩치 큰 장군들을 태우고 전쟁에 참가하여 활약한다는 것은 비현실적이라고 보아야 한다. 제갈량이 말하길 관우가 가진 가장 위험한 요소는 바로 그가 가진 자신감에서 오는 오만함이라고 했는데, 결과적으로 보면 그것은 맞는 지적이었다.

장비(張飛, ?~221)

장비(張飛)의 자는 익덕(益德)이며 탁군 사람이다. 의형제인 유비, 관우와 생사고락을 함께 하며 이름을 떨쳤다. 무용이 뛰어나서 관우와 함께 만인적이라 불렸다. 특히 장판 전투, 서촉 공방전, 한중 공방전에서 활약했다. 관우 사후 그 복수를 위해 오나라로 출진을 준비하던 도중 원한을 품은 부하 범강과 장달에게 암살당했다. 장비는 젊어서부터 관우와 함께 유비를 섬겼다. 유비가 평원 상(相)일 때 별부사마(別部司馬)를 했다. 196년, 서주목이었던 유비가 원술을 치러 간 사이 장비는 도겸의 옛 부하이자 하비의 상(相)인 조표와 같이 하비를 지키다가 서로 다투어서 조표가 여포를 끌어들이게 되었다. 그 바람에 장비는 유비의 처자식을 남겨둔 채 패주하기도 했다. 198년 여포가 토벌된 이후 조조는 장비에게 중랑장이라는 관직을 주었다. 200년에는 유비가 조조에게 패배하여 하북의 원소에게 귀의할 때 장비도 동행한 것으로 추정된다.

역사서 《위략(魏略)》에는 장비가 도주 중 조조의 조카딸을 아내로 맞았다는 이야기가 전한다. 하후연의 열서너 살 된 조카딸이 땔감을 모으고 있던 중 장비가 그녀를 발견하고, 양갓집 규수임을 알고는 처로 삼았다고 기록되어 있다. 그러나 《위략(魏略)》 자체가 신빙성이 부족한 기록이 많고 기록상으로도 사건이 벌어진 200년에 장비는 유비를 따라 서주와 화북으로 도주하던 시기라 하후씨가 납치되었다는 고향(예주 초현)에 들렀을 가능성이 매우 희박하다. 또한 조조의 친인척이 땔감을 모으는 잡일을 하는 등 기록 자체가 신빙성이 매우 부족하다. 그 때문에 이 기록은 날조되었거나 혹은 정략결혼을 뒤에 왜곡한 것으로 추정된다.

208년, 조조가 형주를 공격하여 유비가 강남으로 달아날 때 빠르게 추격해온 조조군을 당양(當陽)의 장판(長阪)에서 20기만을 거느린 채 다리를 끊어 막았다. 고리눈을 부릅뜨고 창을 비껴 잡고 "나는 장익덕이다. 나와 맞설 자 있으면 나서라."라고 크게 외치니 아무도 감히 접근하지 못했다. 적벽대전

후 마침내 유비가 강남을 평정하자 장비는 의도 태수 겸 정로장군(征虜將軍)에 임명되었고, 신정후(新亭侯)에 봉해졌다. 이후 남군 태수로 전임되었다.

212년, 익주로 가 있던 유비가 유장과 전쟁을 벌이자, 장비는 제갈량, 조운과 함께 형주에서 장강을 거슬러 올라가 각 군현을 점령했다. 그는 강주(江州)에서 파군태수 엄안을 격파하고 산 채로 사로잡았다. 장비가 항복하지 않은 엄안을 꾸짖자 엄안이 "유비군이 무도하게 익주를 침탈했으니 머리가 잘릴지언정 항복하는 장군은 없다."라고 답했다. 이에 장비가 노하여 참수를 명했다. 그래도 엄안이 안색 하나 변하지 않고 "머리를 자르면 자르는 것이지 어찌 화를 내는가!"라고 하니 장비가 그를 오히려 장하게 여겨 풀어주고는 빈객으로 삼았다고 한다.

215년, 조조가 장로로부터 한중을 손에 넣고 하후연과 장합을 남겨둔 채 본국으로 돌아갔다. 이후 장합이 파서군으로 내려와 그 주민을 한중으로 옮기려 하기에 탕거현(宕渠縣)에서 장비와 서로 대치하게 되었다. 양군은 50여 일을 대치한 끝에 장비는 정예병 1만여 명을 이끌고 다른 길을 따라 와구(瓦口)를 공격했다. 장합군은 산길이 좁아서 지원이 어려워 전열이 무너졌다. 장합은 부하 10여 명과 같이 말을 버리고 산을 타 퇴각한 후 패잔병을 수습하여 남정(南鄭)으로 돌아갔다.

219년, 비로소 유비가 한중을 정복하고 한중왕에 올라 장비에게 우장군 가절(假節)의 직위를 주었다. 221년 유비가 촉한의 제위에 오르고 장비는 거기장군 겸 사례교위로 임명되었고, 서향후(西鄕侯)에 봉해졌다. 그 이후 관우가 죽고 유비가 오나라 정벌에 나서자 장비는 낭중(閬中)에서 1만 명을 끌고 나와 강주에서 합류하기로 했다. 그러나 장비는 그 준비 과정에서 부하인 범강, 장달에게 암살당했다.

《연의》에서는 장비를 백정 출신으로 무식하고 과격한 인물로 묘사하며, 술을 먹고 부하들에게 상습적으로 폭력을 가한 모습이 강조되었으나 실제로는 3형제 중 가장 교육을 많이 받은 인물이라고 한다. 방통이 뇌양현령으로 부임하여 매일 술에 취해 있는 것을 장비가 감찰하러 갔다가 그곳에서 방통의 재능을 알아보고 유비에게 방통을 추천한 일화는, 인재를 알아보는 장비의 안목을 시사한다. 장비의 후사는 차남 장소가 이었으며, 260년에는 관우, 마초, 방통, 황충과 함께 시호를 받아 환후(桓侯)라 했다.

조운(趙雲, ?~229)

조자룡은《연의》에서 가장 인기 있는 인물 중의 한 사람이다. 그는 상산군(常山郡) 진정현(眞定縣) 출신으로, 자는 자룡(子龍)으로 중국인들에게 충의로 대표되는 인물이다. 그는 8척의 큰 키에 준수한 외모를 지녔고 무예에 뛰어났는데, 특히 창을 잘 썼다고 한다. 다만 우리나라에서는 창이 칼로 바뀌어 지금도 "조자룡이 헌 칼 쓰듯 한다"는 속담이 남아 있을 정도이다. 관우, 장비, 황충(黃忠), 마초(馬超)와 함께 촉의 '오호대장군(五虎大將軍)'으로 불렸으며, 유비를 도와 촉한을 건국하는 데 큰 공을 세웠다.

184년, 황건적의 난이 토벌되고 조운은 원소로부터 별군무군이라는 작은 관직을 받았다. 그러나 조운은 원소의 도량이 좁은데다 그의 수하에 훌륭한 장수들이 많아 중용될 기회를 얻지 못할 것이라고 생각하고 원소의 군영을 떠나기로 결심했다. 당시 북평태수 공손찬도 원소와 함께 황건적을 토벌할 의병을 일으켰는데, 그의 명성을 익히 들어왔던 조운은 그를 찾아가 스스로 수하가 되었다. 이후 조운은 공손찬이 당시 골칫거리였던 북부 유민족 오환(烏丸) 토벌에 나섰을 때도 참여했다.

189년, 동탁이 국정을 전횡하자 각지의 제후들이 모여 원소를 맹주로 한 동탁 토벌 연합군을 결성했는데, 여기에 공손찬과 유비도 참가했다. 191년에는 공손찬이 동탁을 토벌한다는 명분으로 기주의 한복(韓馥)을 격퇴했다. 이에 기주에서 내란이 발생했고, 원소가 이 내란을 잠재우면서 한복을 협박해 기주를 양도받았다. 공손찬은 원소가 기주를 얻는 데 자신을 이용했음을 깨닫고 그와 대립하기 시작했다. 이에 더해 공손찬의 사촌 동생 공손월이 원소에 의해 죽는 사건이 발생했다. 이에 격분한 공손찬은 대군을 일으켰으나 계교에서 원소군에게 패하고 말았다. 계교 전투 이후 별다른 활약을 보이지 못한 조운은, 이 무렵 공손찬에게 의탁하고 있던 유비를 만난 뒤 그의 영웅적 기개에 반하게 되었다. 기회를 노리던 조운은 유비의 부하가 되고자 형의 죽음을 핑계로 공손찬을 떠났다.

200년, 조조가 서주를 정벌하자 서주를 잃은 유비는 원소에게 의탁했다. 201년 조운은 조조에게 패해 여남(汝南)에 머물던 유비를 찾아와 부하가 되기를 자청했다. 이때 유비는 조운과 같은 침대에서 자는 등 절대적인 신뢰를 보여 주었고, 이에 조운도 자연스럽게 유비에게 충성을 다하게 되었다. 조운은 유비에게서 전장군의 직책을 받았다.

208년, 형주 자사 유표가 죽자 내분이 일어났고, 이 기회를 놓치지 않고 조조가 공격을 시작했다. 조조를 피해 10만여 명의 백성과 함께 피란길에 오른 유비는 당양현(當陽縣) 장판교에서 조조군의 습격을 받아 대패했다. 유비는 조조에게 쫓겨 부인 감씨와 아들 유선(劉禪)을 버리고 남으로 도망쳤다. 조운은 홀로 적진 속으로 들어가 품에 유선을 안고 감부인을 보호하며 혼란 속을 돌파했다.

《연의》에서는 조운이 조조 휘하의 장수 하후은을 처치하고 그로부터 청강검(青釭劍)을 손에 넣어 사용했다고 서술되어 있다. 이후 조운은 유선을 가슴에 품은 채 적군 한가운데에서 홀로 분전했고, 그것을 본 조조가 조운에게 활을 쏘지 말고 반드시 생포하라고 명령한 덕분에 그가 위기에서 벗어날 수 있었다고 한다. 《연의》에서 조금 과장은 했겠지만, 조운이 홀로 적진을 뚫고 탈출한 것은 사실인 듯하다. 조운이 유비 가족을 구출해 유비에게 인계하자 유비가 자신의 아들 아두를 땅에 던지면서 "이 녀석 때문에 하마터면 훌륭하고 용맹한 장수를 잃을 뻔했다"라고 말해 조운이 크게 감동했다는 일화가 전해진다. 어떤 사람은 유선이 이때 땅에 던져진 후유증으로 머리가 아둔해졌다고 조크하기도 하지만, 조운은 그 공로를 인정받아 아문장군(牙門將軍)으로 승진했다. 장판 전투 후 조운은 계양 태수로 임명되었다.

211년, 조조가 익주를 침공할 것을 두려워한 익주 자사 유장(劉璋)은 유비를 맞아들이기로 했지만, 막상 유비가 익주에 입성한 후 두 사람의 관계가 틀어져 마찰이 생겼고, 그 와중에 유비의 군사 방통이 전사했다. 결국 위기에 몰린 유비를 구원하기 위해 제갈량, 장비, 조운 등이 나섰고, 조운은 건양과 건위를 평정하고 유장의 항복을 받아 내어 익군 장군에 임명되었다.

219년 유비는 조조와 한중을 놓고 쟁탈전을 벌였다. 조운은 황충과 함께 조조가 북산에 쌓아 놓은 군량미를 빼앗으러 갔다. 황충이 돌아올 때가 되었음에도 나타나지 않자, 조운은 기병 수십 기만 이끌고 황충을 찾아 나섰다. 이때 조조의 대군이 나타나 조운을 압박해 오자 조운은 공영계(空營計)로 조조군을 물리쳤다. 공영계는 영채를 비워서 적을 치는 계책으로, 조운은 군영의 문을 활짝 열고 깃발을 흔들며 북을 쳐서 조조군을 혼비백산시켜 스스로 무너지게 했다. 유비는 "자룡의 온몸이 담(膽)이구나!"라는 말로 그의 용맹을 극찬했다. 그는 강직하고 이치에 맞는 행동을 했다. 주변인들에게 오만한 면이 있었던 관우, 장비와 달리 조운은 주변 사람들에게 순후하고 후덕하다는 평가를 받았으며 유비에게도, 제갈량에게도 인정받았다.

219년, 강동의 손권이 형주를 공격해 관우가 사망했다. 이어 221년에는 장비의 부하 범강(范疆)과 장달이 장비를 죽여 그의 목을 가지고 오나라로 달아나는 일까지 발생했다. 크게 노한 유비는 대군을 이끌고 손권을 치려고 했다. 하지만 이는 승산이 없는 전투였다. 조운은 유비에게 "우리 나라의 적은 조조이지 손권이 아닙니다. 먼저 위나라를 멸망시키면 손권의 오나라는 자연히 멸망할 것이니 위나라를 그대로 둔 상태에서 오나라와 먼저 싸워서는 안 됩니다."라고 간언했다. 조운은 무장이면서도 지혜가 풍부하며 통찰력이 뛰어났다. 관우가 사망할 당시 후한 헌제는 조비에게 갓 선양한 상태였으며, 이 때문에 황실을 지키자는 명분으로 조비를 공격하면 충분히 승산이 있다고 판단했다. 조운은 위나라로 진격하는 형세만 취해도 위나라 내부에서 황실을 추종하는 무리들이 봉기를 일으킬 가능성이 높다는 점을 노린 것이었다. 한마디로 조운은 국제 정세에 매우 밝았다. 정세를 올바르게 보고 올린 충언이었으나 유비는 이를 무시하고 동쪽 오나라로 진군했다. 강주에 남아 후방을 지키고 있던 조운은, 유비가 자귀에서 패했다는 소식을 접하고 구원에 나섰으나 이미 늦었다. 223년 유비가 죽고 아들 유선이 황위를 계승했을 때 조운은 촉한 건국의 공로를 인정받아 중호군, 정남장군이 되었고, 다시 영창정후, 진동장군으로 임명되었다.

227년, 제갈량이 처음 위나라 정벌을 위한 북벌을 시작했을 때 조운이 선봉이 되어 기산(箕山)으로 출병했다. 조운은 기곡을 지키면서 위나라 대장군 조진(曹眞)을 상대했지만 병력 면에서 크게 열세였던 터라 결국 기곡을 내주게 되었다. 1차 북벌이 실패로 끝나자 제갈량을 포함하여 참전했던 모든 장수들이 강등되었으며, 조운도 진군장군으로 강등되었다. 228년 조운은 위나라 장수 하후무의 20만 대군을 크게 무찌르는 등 일흔 살이 넘은 나이에도 크게 활약했다. 그러나 이듬해 병으로 죽고, 261년 대장군 순평후(順平候)라는 시호를 받았다.

진수는《삼국지》에서 조운을 일컬어 황충과 함께 유비의 조아(爪牙, 손톱과 어금니란 뜻으로 흔히 심복 부하를 말함)가 되었다고 평가했다. 그는 학식, 통찰, 무예를 모두 갖춘 인물이었다. 그의 창술은 당대 최고 수준이었으며 그 덕분에 크고 작은 수많은 전투에서 맹활약했다.

황충(黃忠, ?~220)

황충(黃忠)의 자는 한승(漢升)이며 형주 남양군 사람이다. 오호대장군 중의 한 명이다. 처음에는 형주목(荊州牧) 유표(劉表)가 그를 중랑장(中郎將)으로 삼아 유반(劉磐)과 함께 유현(攸縣)을 수비하게 했다. 이후 조조(曹操)가 형주를 점령하자 황충은 비장군(裨將軍)직을 임시로 대행하며 장사태수(長沙太守) 한현(韓玄) 휘하에 속하게 되었다. 그 후 관우가 장사를 공략할 때 황충과 대적했고, 오랜 공방 끝에 황충의 말이 부상을 당해 그가 낙마했다. 하지만 관우는 어디까지나 정정당당하게 승부하기로 마음먹고 그 허를 찌르지 않고 황충이 말에 다시 올라탈 수 있도록 도와주었다. 이 일 이후 관우에게 감동받은 황충은, 태수 한현이 그에게 "그대의 백발백중의 활 솜씨로 관우를 쏘아 죽이라"는 명령을 내렸으나 다음 날의 대결에서 그의 장기인 활로 관우의 투구만을 쏘아 전날의 빚을 갚았다. 그 결과 황충은 명령 위반죄로 한현에게 체포되어 처형될 위기에 놓였지만, 동료 위연이 "장사(長沙)의 공신을 처형하는 것은 당치 않으며 오히려 태수의 학정이야말로 그 죄를 물어야 한다"라고 민중을 선도하고 옥문을 열어주어 처형을 면했다. 그 후 황충은 주군 한현에 대한 의리를 지키기 위해 병을 핑계로 누구와도 만나지 않았으나 유비가 직접 찾아가 도와달라고 요청했다. 이에 황충은 유비의 신망과 인덕을 인정해 충성을 맹세했다. 유비(劉備)가 남쪽으로 여러 군(郡)을 평정하자 황충도 그를 수행해 촉(蜀)으로 들어갔다. 가맹(葭萌)에서 임무를 받아 군대를 돌려 유장(劉璋)을 공격할 때, 황충은 늘 앞장서서 적진을 함락시켰는데, 용맹하고 굳셈이 삼군(三軍)의 으뜸이었다. 황충은 익주(益州)가 평정된 뒤 토로 장군(討虜將軍)에 임명되었다.

유비의 촉 공략 작전에서 위연이 공을 세우려고 몰래 빠져나가 독단적으로 출전했다가 위기에 처한 상황을 구원함으로써 황충은 아군이 궁지에 빠지는 상황을 미리 막았다. 또 한중 쟁탈전에서는 같은 노익장으로 불리는 엄안(嚴顏)과 짝을 이루어 활약했다.

219년, 황충은 정군산(定軍山)에서 하후연(夏侯淵)을 공격했다. 하후연의 군대는 매우 정예했으나 황충은 적의 예봉을 꺾기 위해 징과 북소리로 하늘을 울리고 환성을 질러 골짜기를 뒤흔들었다. 그리하여 한번 싸움으로 하후연을 크게 무찌르고 죽였다. 같은 해 유비가 한중왕(漢中王)이 되어 황충을 후장군(後將軍)으로 임명하려 하니 제갈량(諸葛亮)이 유비를 말렸다.

"황충의 명망은 본래 관우(關羽), 마초(馬超)와 동등하지 않았는데, 곧바로 동렬에 두려고 하십니까? 마초와 장비(張飛)는 가까이에서 황충의 공을 직접 보았으므로 그 뜻을 이해할 수 있으나, 멀리 떨어져 있는 관우는 필시 달가워하지 않을 것이니 이는 불가한 일이 아니겠습니까?"

그러자 유비는 관우를 직접 타이르겠다고 하며, 결국 황충을 관우 등과 더불어 나란한 지위에 두고 관내후(關內侯)의 작위를 내렸다.

222년, 이릉 전투에서 황충은, 유비가 "노인이 나서 봤자 소용없다"라고 중얼거리는 것을 듣고 분기탱천해 적은 군세에도 불구하고 오나라 진지를 공격해 사적을 죽이고, 반장(潘璋)과 힘겹게 싸웠다. 그리고 주위에서 말리는 것도 듣지 않고 무모하게 적진 깊숙이 침입해 들어가다 어깨에 마충(馬忠)의 화살을 맞아 부상을 당했다. 유비는 "내가 그런 서운한 말을 해서 그대가 이런 일을 겪고 말았다"라며 사죄했고, 황충은 유비가 지켜보는 가운데 숨을 거두었다. 황충의 시호를 강후(剛侯)라 했다.

마초(馬超, 176~222)

마초(馬超)의 자는 맹기(孟起)이며 사례 우부풍 무릉현(茂陵縣) 사람이다. 마원의 후손이자 마등의 장남으로 그 세력을 물려받았다. 그는 아버지의 뒤를 이어 관서(關西)에서 독자적 영향력을 행사하여 관중 십장(十將) 중 한 명이라 불렸다. 조조에게 처절할 정도로 대항했으나 결국 실패하고 가문만 몰살당했다. 그 후 유비에게 망명하여 좌장군을 거쳐 표기장군까지 올랐다. 마초의 아버지 마등은 정서 장군으로서 관서 지역에서 독자 세력을 구축한 세력가 중 한 명이었다. 마등이 양주에서 관중 십장 중의 한 명인 진서장군(鎭西將軍) 한수와 전쟁을 벌였을 때 한수의 장수 염행도 마초와 마찬가지로 이름이 났기에 서로 겨루게 되었다. 염행이 창으로 마초를 찌르려 했는데, 창이 부러졌다. 염행이 당황하지 않고 부러진 창으로 마초의 목을 가격해 마초는 죽음의 문턱을 다녀왔다. 그 후 사례교위 종요가 관중으로 부임해 한수와 마등을 화해시켜 염행과 마초도 그에 따랐다.

202년, 원담과 원상 형제가 곽원과 고간을 보내 하동군을 공격했을 때 마초는 종요의 독군종사(督軍從事)가 되어 그 토벌을 도왔다. 평양현(平陽縣)에서 맞붙어 유시에 맞은 다리를 자루로 싸매면서까지 분전한 끝에 격파했다. 곽원의 머리는 마초의 부장 방덕이 베어 가져갔다. 그 이후 마초는 서주자사를 거쳐 간의대부(諫議大夫)에 임명되었으나 취임하지는 않았다. 208년 마초의 아버지 마등이 위나라의 벼슬을 받아 조정으로 들어가며 동생 마휴와 마철도 각기 봉거도위(奉車都尉)와 기도위에 임명되었고, 그에 따라 가족들이 업으로 이주하자 관중에는 마초만이 남았다. 마초는 편장군(偏將軍)에 도정후(都亭侯)를 받고 아버지 마등의 병력을 통솔했다.

211년, 조조가, 장로가 다스리던 한중으로 군사를 움직였다. 관서에서 각자의 영역을 점유하고 있던 관중 십장은 자신들을 노리는 것은 아닌지 술렁거렸다. 마초가 한수에게 "예전에 종요가 저더러 장군을 치라고 했을 정도로 관동 사람들은 믿을 게 못 됩니다. 저는 아버지를 버리고 장군을 아버지로 여기겠으니 장군도 자식을 포기하고 저를 자식처럼 대하십시오."라며 설득했다.

그 해 9월 마초는 조조군이 도강해오는 것을 기병으로 저지했다. 강가엔 모래도 많아 조조군은 보루를 쌓지 못했는데, 누군가 "날씨가 차니 모래에 물을 붓자"라고 하여 하룻밤 만에 위수의 남안에 성을 축조하고는 기어이 넘어왔다. 이에 마초 등이 여러 번 싸움을 걸었으나 조조군은 자리만 지킬 뿐 응전하지 않았다. 마음이 풀어진 관서군은 조조에게 자신들의 영토만 보전해준다면 강화하겠다는 의사를 밝혔다. 그 과정에서 한수 마초가 조조와 필마단기로 회담했다. 마초는 자신의 힘을 믿어 그 자리에서 조조를 붙잡을 생각이었는데, 허저가 조조 곁에서 눈을 부릅뜨고 노려보고 있었기에 계획된 행동을 하지 않았다. 마침내 조조와 벌인 전투에서 대패하여 마초는 서융으로 달아났다. 그 와중에 아버지와 형제들은 212년 모두 처형당했다. 그때부터 마초는 장로를 의지했다. 장로가 마초를 도강좨주(都講祭酒)로 삼고 자신의 딸을 주려다가 "피붙이도 사랑하지 않는 자가 다른 이를 사랑할 수 있겠냐"는 얘기가 나와 혼사는 틀어졌다. 214년에는 장로로부터 병사를 받아 출동했으나 명을 받고 철수했다.

마초는 장로와는 더 이상 큰일을 이룰 수 없다고 답답해했고, 양백 등 장로의 다른 장수들은 그런 마초를 싫어했다. 그 후 유비가 성도의 유장을 포위했다는 소식을 듣고는 유비에게 밀서를 보내 망명을 청하고 무도군을 통해 촉나라로 들어갔다. 마초는 유비의 환영을 받으며 평서(平西)장군에 임명되었고 남군 임저현(臨沮縣)을 수비했으며, 작위는 도정후를 유지했다. 마초가 유비에게 망명한 이후에도 첩 동씨, 아들 마추, 부장 방덕이 장로의 세력에 남아 있었는데, 장로가 조조에게 귀순한 이후 조조는 방덕을 데려다 장수로 삼고, 마초의 첩 동씨는 염포에게 하사했으며 아들 마추를 장로에게 넘겼다. 장로는 마추를 참수한 반면 염포는 동씨를 자신의 첩으로 삼았다. 방덕은 조위의 장수가 되어 훗날 관우와 맞서게 되었다.

219년, 유비가 한중왕에 오른 뒤 마초는 좌장군의 가절(假節)을 받아 관우, 장비, 황충과 나란히 사방장군이 되었다. 221년에는 표기장군으로 승진하고 양주목을 겸했으며, 태향후(斄鄕侯)로 진봉되었다. 222년, 마초는 47세의 나이로 세상을 떠나며 유비에게 "가문의 제사가 끊기지 않도록 마대 등 얼마 남지 않은 일족을 잘 부탁한다"는 유언을 남겼다. 관우, 장비, 방통, 황충과 함께 시호를 받아 위후(威侯)라 했다.

《연의》에서도 마초는 마등의 용맹무쌍한 장남으로 나오는데, 미남(美男)이라는 설정이 추가되었다. 마등과 한수가 이각, 곽사, 장제, 번조 4인방과 싸울 때 17세의 소년 장수로 첫 등장하여 왕방을 찔러 죽이고 이몽을 생포했다. 마등이 가공의 인물 황규와 손잡고 조조에 대한 반란을 기도하다 처형되자 그 원수를 갚기 위해 조조와 싸움을 벌이기도 하고, 허저와 일대일로 격돌했다. 사자 투구와 은 갑옷, 하얀색 도포를 갖추고 가맹관(葭萌關)에 이르니 그 비범한 패션 감각과 재주에 유비가 "사람들이 금마초(錦馬超)라 부른 게 허명이 아니었다"라며 감탄했다. 이후 마초는 장비와 호각지세로 한판 승부를 벌인 뒤 이회의 설득에 응해 귀순했다. 한중왕으로 등극한 유비는 관우, 장비, 조운, 황충과 함께 그를 오호대장군에 봉했다.

오(吳)나라의 맹장들

주유(周瑜, 175~210)

주유(周瑜)의 자는 공근(公瑾)이며, 태위 주충의 조카로 고조부 주영 이래로 대대로 고관을 지낸 명문가 출신이다. 190년, 손견(孫堅)이 동탁(董卓)을 치고자 거병하던 시절, 같이 참전한 동년배인 손견의 아들 손책과 서로 집을 옮기면서 잘 정도로 친교를 맺어 단금(斷金), 즉 금속을 끊을 만큼 굳건한 우정을 보여주었다. 손견이 죽고서 원술(袁術)은 주유의 종부 주상을 단양태수로 임명했고, 주유도 이를 따라갔는데, 원술 휘하에 있던 손책이 강동을 치러가면서 편지로 주유를 불렀다. 주유는 망설임없이 자기 병사를 이끌고 손책을 찾았고, 이후 손책을 따라 여러 전투에 종군했다. 손책은 회계(會稽)로 가면서 주유에게 단양군을 지키도록 했다. 이후 원술은 단양태수를 원윤(袁胤)으로 교체하고 주상과 주유를 수춘(壽春)으로 불러들였다. 원술은 주유를 장군으로 임용하려 했으나 주유는 원술을 이미 낮추어보고 있었으므로 언젠가 손책에게 가고자 낮은 지위인 거소장을 자청해서 맡았다. 주유는 거소장 시절에 노숙(魯肅)에게 군자와 식량을 청했고, 노숙이 가진 곡식의 절반인 3천 곡(斛)을 흔쾌히 내어준 일을 계기로 노숙과 깊은 친교를 맺었다.

198년에 주유가 드디어 원술 휘하를 벗어나 오(吳)로 달려오자 손책은 환영하며 건위중랑장으로 임명했다. 손책은 형주 지역을 정벌할 계획을 세우고 주유를 중호군 겸 강하태수로 삼았다. 이때 교공의 두 딸 가운데 언니 대교(大橋)를 손책이 아내로 삼았고, 주유는 여동생 소교(小橋)를 아내로 삼았다.《연의》에서 이교는 교현(橋玄)의 딸로 '강동 이교'라고 알려져 있고, 언니는 대교, 여동생은 소교로 불려 절세미녀로 묘사되고 있다. 199년, 주유는 손책을 따라 종군하여 원술 사후 독립 세력을 유지하던 여강태수 유훈(劉勳)을 무찔러 여강에서 쫓아냈고, 유훈을 돕는 강하태수 황조(黃祖)도 격파했다. 여강태수 유훈이 손책의 꾐에 빠져 상료로 군대를 보낸 사이, 손책은 손분(孫賁), 손보(孫輔) 형제에게 팽택에서 유훈을 기다리게 하고, 자신은 주유와 함께 유훈의 본성인 환성을 쳐 이겼다.

200년, 손책이 급사하고 동생인 손권이 그 뒤를 잇자 주유는 중호군으로서 장사 장소(張昭)와 함께 어린 주군을 위해 온갖 업무를 관장했다. 이 무렵에는 손권과 그에게 의탁한 사람들 사이에 군신의 상하 관계가 확실히 정립되지 않았는데, 장소와 주유 등이, 손권이 대업을 이룰 만하다고 하며 앞장서 충성을 맹세했으므로 사람들이 손권을 섬기게 되었다.

202년, 조조(曹操)는 전년에 원소(袁紹)를 무찌른 위세를 앞세워 손권에게 볼모를 보내도록 요청했다. 장소나 진송(秦松) 등은 우물쭈물하여 결단하지 못했는데, 손권의 뜻은 볼모를 보내지 않는 것이었다. 그래서 주유가 나서서 반대 의견을 밝히자 손권의 모친도 찬성하여 결국 볼모를 보내지 않았다. 이것은 가장 강력한 정권인 조조와 불화하며 결국 전쟁을 피하지 않겠다는 의미이자 남방의 정체성을 지키겠다는 뜻이었다.

206년, 주유는 마둔과 보둔을 쳐 그 지역의 우두머리를 효수하고 많은 포로를 잡아왔다. 이후 황조가 등룡(鄧龍)을 보내 시상현을 공격하자 이를 쳐 등룡을 사로잡아 오나라로 압송했다.

208년, 봄에 손권이 황조를 칠 때 주유는 대독(大督)이 되었다. 그해 9월, 하북을 통일한 조조가 군대를 인솔해서 남하해 유표의 아들 형주자사 유종(劉琮)을 항복시켜 그 병사를 흡수하면서, 수병과 보병을 아울러서 80만 대군이 되었다. 이 시기 손권 진영에서는 조조가 후한의 승상으로 대의명분을 갖추고 있고, 형주를 얻고 유표(劉表)의 수군을 얻는 바람에 장강의 지리적 이점도 없어졌으므로 항복하자는 의견이 다수를 차지하고 있었다. 그러나 주유는 노숙과 함께 싸울 것을 주장했다. 주유는 조조를 후한의 적으로 규정하여 조조의 대의명분을 부정했고, 또 조조군에 있는 많은 불리한 점과 대항하는 자국 군사들의 이로운 점 등을 설명했다. 이에 뜻을 얻은 손권은 조조에게 대항하기로 결단했다.

손권은 3만 군사를 주유와 정보(程普) 등에게 주었다. 이때 형주로부터 피해 온 유비(劉備)와 협력해 조조군과 적벽에서 대치했다. 조조군은 싸우기 전에 이미 전염병(풍토병) 등을 안고 있어서 단 한 번의 교전에서 패배하여 장강 북안에 주둔했다. 주유는 남안에 진을 치고 황개(黃蓋)의 화공책을 채택했다. 또한 사항계(詐降計)라는 기만 계책을 고안해내어 황개로 하여금 고육책(苦肉策)을 이용해 조조군에 거짓 투항하게 만들어 조조군 함대 내에서 화공을 실행하도록 계획했다. 이후 투항을 위장해 조조군 선단(船團)에 접근한 황개가 조조군의 선단에 불을 질렀다. 불은 금세 다른 배에 번져서 거의 모든 배가 타들었다. 피해가 아주 컸기 때문에 조조군은 스스로 무너졌고, 조조는 도망쳤다.

주유는 유비 등과 함께 조조를 추격했다. 이때 조조는 조인(曹仁)에게 강릉성(江陵城)의 수비를, 악진(樂進)에게는 양양의 수비를 맡겼고, 자신은 북쪽으로 도망쳐 갔다. 적벽에서 조조를 격파한 주유는 유비와 함께 남군까지 조조를 추격해 강릉에서 조인과 대치했다. 그는 감녕(甘寧)에게 명하여 이릉을 점령하게 하지만 감녕이 조인에게 패하여 포위당해 위태로워지자 이 사실을 주유에게 알렸다. 주유는 본대를 이끌고 강을 건너 조인과 전투를 치르지만 화살에 맞아 부상당했다. 주유는 유비에게 원군을 요청했고 유비와 함께 조인을 공격했다.

조인의 부대는 군량이 부족하고 부상당한 병사들도 많아 싸울 수 있는 상태가 아니었다. 유비는 군을 이끌고 남군을 포위했고, 주유는 부상을 당한 상태에서도 말을 타고 군을 통솔했다. 급기야 조인은 성을 버리고 후퇴했다. 이후 유비군의 관우(關羽)와 함께 후퇴하는 조인군을 격파하려 했으나, 관우가 이통에게 당해 결국 조인을 잡진 못하고 1년여에 걸친 전투 끝에 강릉을 점령했다. 그러나 주유는 결국 치료의 때를 놓쳐 이때 맞은 화살의 후유증으로 36세의 나이로 요절했다.

주유는 어렸을 때부터 음악에 정통했다. 술에 많이 취했어도 연주한 음악의 음이 틀리면 그것을 알아채어 뒤를 돌아보았다. 그래서 당시 사람들은 "곡에 잘못된 점이 있으면 주랑(周郞)이 돌아본다."라고 말했다. 명문가의 자제답게 총명하고 미남에다 자신감이 넘치는 인물이었다. 당초 적벽대전 전에 주유는 손권에게 5만의 군사를 청했지만, 손권은 3만을 주었다. 이에 유비가 "조조를 격파하기에는 군사가 모자라다."라고 말하자 오히려 주유는 "격파하기 충분한 숫자이니 유공께서는 지켜보기만 하십시오."라고 말한 것은 그의 성격을 대변해주는 일화이다.

《연의》에서는 주유가 제갈량을 시기하여 거듭 죽이려 하다 실패하고, 나중에 제갈량이 주유의 화를 돋구어 화살독이 퍼져 주유가 죽는 것으로 설정되어 있다. 그러나 정사에서의 주유는 제갈량에 대해 어떠한 생각을 했는지 알 수 없다. 주유는 위의 사마의, 촉의 제갈량과 함께 전쟁에서의 전술과 전략, 심리전 등을 이용한 측면에서 삼국을 대표하는 지장(智將)인 것만은 사실인 듯하다. 《연의》에서 그는 죽기 전에 "하늘이 이미 주유를 내었는데 어찌 또 제갈량을 내었단 말인가(旣生瑜 何生亮)"라는 유명한 탄식을 남겼다. 이 대사는 영화 <아마데우스>에서 살리에리가 했다는 말과 흡사하긴 하지만 사실 여부는 알 수 없다.

노숙(魯肅, 172~217)

노숙(魯肅)의 자는 자경(子敬)이다. 《연의》에서는 결단력이 없고 사람만 좋은 것으로 되어 있으나 실제 노숙은 강동의 부유한 집안의 자손으로 빈민을 구제하고 명사들과 교류한 통 큰 남자였다. 젊은 시절 주유가 거소장이 되어 노숙에게 자금과 군량을 요청하자 그는 집안 창고 하나를 통째로 내주어 주유의 환심을 샀다. 이후 노숙은 주유의 소개로 손권을 만날 수 있었다고 한다. 손권이 처음으로 강동을 장악했을 때, 노숙은 주유의 추천을 받아 모사(謀士)로 초빙되었는데, 손권에게 천하를 삼분하여 강동을 차지한 다음 서서히 제왕의 대업을 도모하라는 방략(方略)을 바쳐 손권의 존경을 받고 나중에 크게 쓰이게 되었다.

208년, 조조가 남방 정벌에 나서 형주를 탈취하고 강동을 위협했다. 노숙은 주유와 함께 결연히 나가 싸울 것을 주장하면서 유비와 연합하여 조조를 물리치자는 건의를 했다. 이때 그는 손권에게 간곡히 설득했다.

"나 같은 별 볼 일 없는 사람은 조조에게 항복해도 삶을 유지해 나갈 수 있습니다. 그러나 이 강동의 주인인 손권 당신은 조조에게 굴복하면 그것은 곧 죽음입니다"

이 발언으로 손권은 조조와의 항전을 결심하고 이후 노숙을 찬군교위(贊

軍校尉)로 임명했다. 노숙은 유비(劉備)와 결탁하여 형주를 점령하고, 조조와 항전하자고 홀로 주장했다. 그 의견이 채택되자 노숙은 당양으로 가서 유비와 동맹을 맺고, 주유를 도와 적벽에서 조조를 대패시켰다. 210년 주유가 죽은 뒤에도 노숙은 대도독의 직책을 이어받아 강동의 군권을 거느리고 유비와의 우호 관계를 지속시켰다. 노숙은 217년 여몽(呂蒙)을 후임으로 선정하고 병사했다. 손권은 그의 죽음을 슬퍼하며 장례식에 참석했다. 제갈량 또한 노숙을 위한 추도식을 열었다.

여몽(呂蒙, 178~219)

여몽(呂蒙)의 자는 자명(子明)이다. 여몽은 바닥에서부터 치고 올라온 무인이었는데, 나중에는 손권의 권유로 공부를 시작하여 일취월장해 노숙이 놀랐다고 한다. 노숙이 여몽의 지적 성장에 감탄해 '눈을 씻고 보아야 할 사람'이라고 평가한 데서 괄목상대(刮目相對)라는 고사가 생겨났다. 여몽은 관우가 지키던 형주를 손에 넣은 것으로 유명하다. 원래 화북 출신이었으나 어릴 적에 남쪽으로 내려와 손책 휘하에 있던 매형 등당을 의지하며 성장했다. 열대여섯 살 때 등당이 산월을 정벌하러 나설 때 몰래 따라갔다가 등당이 뒤늦게 발견하여 크게 꾸짖었음에도 멈추지 않았다. 돌아오니 어머니가 벌을 주려 하기에 "가난하고 천하면 살기 어렵고, 공을 세우면 부귀영화를 누릴 수 있습니다. 호랑이 굴에 들어가지 않고 어떻게 그 새끼를 잡을 수 있겠습니까?"라고 포부를 밝혔다. 이를 전해 들은 등당 휘하의 관리가 여몽은 한낱 어린아이일 뿐이라며 "그 풋내기가 무얼 한다고... 이는 호랑이에게 먹이나 던져주는 꼴이다."라고 비웃었다. 다른 날 면전에서 더욱 심하게 모욕하자 여몽은 그를 죽이고 도피했다가 교위(校尉) 원웅(袁雄)에게 자수했다. 이를 전해 들은 손책이 여몽을 불러 그 기상을 기이하게 여겨 옆에 두었다. 여러 해가 지나 등당이 죽자 장소의 천거로 별부사마(別部司馬)를 이어받았다.

200년, 손책의 뒤를 이은 손권이 군대를 통폐합하려 했다. 여몽은 자기 앞으로 외상(外償)을 달고 병사들에게 진홍색의 멋진 새 옷을 지어 입혔다. 사열하는 날 그의 부대는 화려하면서도 질서 정연하게 움직이니 손권이 매우 기뻐하며 그의 휘하 병사 수를 늘려주었다고 한다.

208년, 강하 태수 황조를 정벌할 때도 여몽은 참전했다. 진취가 수군을 이끌고 맞서오자 선두에서 돌격하여 직접 베었다. 이에 손권의 오군이 승세를 타고 진격하여 성을 점령했다. 손권이 이 승리는 진취를 먼저 잡은 덕분이라며 여몽에게 횡야중랑장(橫野中郎將)직과 천만 전을 주었다.

209년, 주유와 정보를 따라 오림(烏林)에서 조조를 격멸하고 조인이 있는 남군을 포위했다. 주유가 앞서 감녕에게 이릉(夷陵)을 점거하게 하자 조인도 병력 일부를 떼어 감녕을 공격했다. 감녕이 구원을 청했지만 장수들은 병력을 나누기에는 부족하다며 난색을 표했다. 이와 달리 여몽은 "능통이라면 능히 10일은 버틴다고 장담합니다. 그 사이에 우리가 감녕을 구하러 가면 됩니다. 따로 300명은 나무를 잘라 퇴로까지 막아놓으면 적들은 패주할 때 말을 버릴 수밖에 없어 그 말들마저 노획이 가능합니다."라고 진언했다. 주유가 여몽의 의견을 수용했다. 이릉에 다다른 날 여몽은 바로 교전하여 절반 이상을 죽였다. 적들은 밤을 틈타 달아났고 주유군은 내버린 말 300필까지 노획했다. 사기가 치솟은 주유의 오군은 장강을 건너 조인을 격퇴하고 남군에 깃발을 꽂았다.

210년, 주유 사후 그 뒤를 이은 노숙이 육구(陸口)로 가던 길에 혹자가 이르기를, "여몽의 공명이 나날이 높아져 예전같이 대해서는 안 된다"며 꼭 들렀다 가라 하므로 노숙은 여몽의 집에 들렀다. 한창 술을 주고받는데 문득 여몽이 "군께서는 중임을 맡아 관우와 접하는데 미연의 사태를 방비할 어떤 계책을 세우셨습니까?"라고 물었다. 노숙이 황망히 "그때그때 적절히 대응할 것이오."라고 답하자 "지금 유비와 동오가 한 집안이라 하더라도 관우는 실로 곰과 호랑이 같은 자이니 미리 대비하지 않을 수 있겠습니까?"라며 몇 가지 방책을 제시했다.

노숙이 자리에서 일어나 여몽의 등을 두드리며 "경의 재략이 이 정도까지 오른 지 몰랐소."라 말했다. 노숙은 여몽의 어머니에게도 절하며 여몽과 친구가 되었다. 이전에 손권은 여몽과 장흠이 요직을 담당하는 만큼 학문도 닦기를 바랐었다. 여몽은 소싯적에 경전을 익히지 않아 매양 글보다는 말로 대신하던 터였다. 손권의 권유와 훈계에 마음을 고쳐먹고 학업에 정진하여 그 경지가 옛 학자들을 뛰어넘었다. 노숙이 여몽에게 "단지 무용(武勇)만 있는 줄 알았는데 이제 와 보니 참으로 박학다식하오. 예전의 그 동오의 아몽(阿蒙)이 아니구려."라고 하자 "선비란 사흘만 떨어져도 눈을 비비며 다시 대해야 합니다.(士別三日卽 刮目相對)"라고 답했다. 여기서 학식이나 업적이 크게 진보한 것을 뜻하는 괄목상대(刮目相對)라는 말과 진보가 없는 사람을 의미하는 오하아몽(吳下阿蒙), 그리고 손에서 책을 놓지 않고 정진한다는 수불석권(手不釋卷) 이란 한자성어가 생겼다.

212년, 여몽은 조조가 남하한다는 소식에 손권에게 여러 방안을 내고 유수구(濡須口)를 방어할 유수오라는 일종의 작은 벙커도 구축했다. 장수들이 "뭍에 올라 적을 습격하고 잽싸게 배로 돌아오면 그만인데 오(塢)가 무슨 소용이냐"라며 의문을 제기했다. 이에 "싸움이란 날카로울 때가 있으면 무딜 때도 있듯이 항상 이길 수는 없는 법입니다. 만에 하나 물로 돌아올 겨를도 없이 적들의 보병과 기병이 닥쳐온다면 어떻게 배에 오를 수 있겠습니까?"라고 답했다.

213년, 조조는 오군의 탄탄한 방어 준비에 어떻게 해보지 못하고 물러났다. 214년 조조 휘하의 여강태수 주광(朱光)이 환을 중심으로 대규모의 논을 개간하고 장강 이남의 좀도둑패들과 통했다. 환의 토질은 기름지기 때문에 한 번 수확할 때마다 그만큼 병력도 많이 지탱할 수 있어 그대로 몇 년이 지나면 매우 강력해질 것이었다. 여몽은 이를 조기에 제거해야 한다고 주장했고, 손권도 이를 받아들여 장수들과 작전을 수립했다. 여몽은 수비가 견고하지 않은 이때에 전군이 사방에서 몰아치면 금방 무너트리고 물길로 귀환 가능하다고 주장했다. 덧붙여 감녕을 승성독(升城督)으로 추천하여 선봉에 세우고자 건의했고, 손권이 그대로 실행했다. 새벽을 기해 총공세를 펼쳐 여몽이 손수 북을 치며 독려하니 사졸들도 분전하여 아침 무렵 성을 정복했다. 합비의 장료는 이제 협석(夾石)에 닿았던 터라 되돌아갈 수밖에 없었다. 여몽은 이 공으로 많은 상을 받고 다시 심양으로 왔다. 이후 많은 장수가 수차례 출동했으나 근절하지 못하던 여릉(廬陵)의 도적들도 진압하여 수괴만 베고 나머지는 석방했다. 그동안 유비는 유장을 굴복시켜 익주를 차지했는데도 약속을 어기고 형주를 내어주지 않았다.

215년, 분개한 손권이 여몽에게 2만 명을 붙여주고 장사, 영릉, 계양 세 군을 취하게 했다. 노숙은 1만 명을 이끌고 파구(巴丘)로, 손권은 육구로 나아갔다. 장사와 계양은 여몽의 편지에 바로 항복했으나 영릉 태수 학보만은 항전 태세를 갖추었다. 그 시각 유비도 5만 명을 동원하여 공안(公安)으로 진군하고, 관우는 세 군을 향해 남하하고 있었다. 손권은 노숙을 익양(益陽)으로 보내 관우를 저지하고 여몽에게도 영릉은 포기하고 급히 노숙과 합류하라는 명령을 내렸다. 여몽은 회군하기 전에 영현(鄢縣)에서 데려왔던 학보 친구 등현지(鄧玄之)를 이용해 학보에게 낚시를 해보기로 마음먹었다. 그날 밤 북상하라는 명령을 숨긴 채 영릉 공성전에 대한 작전 회의를 하며 등현지에게 거짓말을 했다.

"학보는 충의를 행하고 싶어하지만, 지금은 때가 좋지 않습니다. 유비는 한중에서 하후연에게 포위당했고, 관우는 남군에서 우리 주군과 싸우고 있습니다. 영현을 구하려던 움직임은 손규에게 박살났습니다. 저들조차 극도로 위태로운데 영릉을 신경쓸 여력이나 있겠습니까? 우리 군은 정예인데다 사기도 높고 후속 지원병은 끊이지가 않습니다. 학보는 목숨이 경각에 달렸는데 가망 없는 구원을 기다리고 있습니다. 만약 학보가 영릉의 사람들을 일치단결시켜 고립무원의 성을 지켜낼 수 있다면 그래도 됩니다. 그러나 제가 보건대 금세 무너질 것이 뻔하고 그러면 자신은 물론 그 노모까지 죽을 테니 어찌 애석하지 않겠습니까? 이게 다 외부 사정을 못 들었기 때문입니다. 군께서 그를 만나 잘 설명해주셨으면 합니다."

과연 학보는 꾀임에 넘어가 성문을 열고 등현지를 따라 나와 항복했다. 여몽이 그 손을 잡아 환영하고는 실제 명령서를 보여 주며 박장대소했다. 학보는 속았다는 부끄러움에 땅속으로 숨고 싶었다. 여몽은 후속 조치를 신속히 취하고 곧바로 익양으로 올라갔다. 익양에서의 대치는 조조가 한중으로 내려오면서 종료되었다. 익주를 잃을까 염려한 유비가 손권에게 화의를 청했고 결국 장사군과 영릉군의 중앙을 흐르는 상수를 경계로 그 동쪽은 손권이, 서쪽은 유비가 점유하여 관할하기로 합의했다. 여몽은 심양현과 양신현(陽新縣)을 봉읍(奉邑)으로 받았다. 그해 8월 손권이 합비로 쳐들어갔다가 철수하는 길에 장료의 기습을 받았고, 이를 능통, 감녕 등과 함께 필사적으로 막았다. 217년 조조가 또 유수구를 넘봤다. 전에 축성한 유수오에 막강한 파괴력을 가진 강노(剛弩) 10,000장을 배치하여 대항하고 그 선봉을 무찔렀다.

노숙이 죽자 여몽은 그 군대 1만여 명과 한창태수(漢昌), 식읍으로 하전(下雋)·유양(劉陽)·한창·주릉(州陵) 4현을 물려받고 육구에 주둔했다. 노숙은 조조가 존재하는 한 관우와 협력해야 한다고 주장한 반면에 여몽은 관우가 효웅(梟雄)으로 오나라를 칠 마음이 있는 데다 장강 상류까지 점유하고 있어 관계가 오래갈 수 없다고 여겼다. 그러나 겉으로는 관우와의 우호 관계를 더욱 증진했다.

219년, 관우가 공안과 강릉(江陵)에 병력을 남겨두고 위(魏)의 번성(樊城)으로 북진했다. 여몽은 "관우가 번성을 공격하면서도 수비병을 많이 남겨놓은 것은 제가 그 뒤를 덮칠까 우려했기 때문입니다. 저는 항상 병(病)에 시달리므로 그 요양을 핑계 삼아 건업으로 귀환한다면 관우도 수비병을 거두어 몽땅 양양의 번성 공격에 투입할 것입니다. 그 틈에 우리가 밤낮으로 진군하면 텅 빈 남군과 관우까지도 손에 넣을 수 있습니다."라고 상소를 올리고 스스로는 위독한 척 연기했다. 손권이 병든 시늉을 하는 여몽을 공개적으로 중앙으로 소환하고 몰래 형주를 칠 계획을 짰다. 과연 관우가 안심하고 주요 지점에 봉화 연락병만 남기고 전 병력을 번성 공격에 투입했다. 더욱이 관우는 강릉에서 우금 등 포로 3만 명의 식량이 부족하다며 손권이 소유한 상관(湘關)의 쌀을 멋대로 취했다. 그러자 여몽이 이 식량 약탈을 빌미로 즉시 출격했다. 여몽은 심양에서 상선(商船)으로 위장한 배에 정예병들을 태워 재빠르게 나아가 은밀히 접근해 강변의 관우군 초병과 봉화병들을 포박했다. 이후 공안의 사인, 강릉의 미방도 항복시켰다. 미방은 진작에 손권군과 내통하고 있었고, 봉화 통신만 믿고 있던 관우는 남군이 순식간에 넘어가는 것을 알지 못했다. 여몽의 군사들은 관우의 가속들을 예로써 대하고 군기를 확립하여 인가에 해를 끼치지 않았다. 여남군 출신 부하가 삿갓 하나를 취하자 여몽은 동향 사람이라도 봐줄 수 없다며 참수(斬首)하고 눈물을 흘리기도 했다. 그의 군사들은 길에 떨어진 것도 줍지 않았다. 아침저녁으로 노인들에게 부족한 것은 없는지 위문하고, 병자에게는 의약품을, 춥고 배고픈 자에게는 옷과 양식을 베풀었다. 뒤늦게 관우가 내려오면서 수차 탐문을 벌였으나 관우의 장병들은 가족이 무탈함을 넘어 평시보다도 대우가 좋다는 소식에 이미 싸울 의지를 상실한 상태였다. 손권도 강릉에 이르렀으며 육손은 의도군을 접수했다. 사면초가에 빠진 관우는 맥성(麥城)을 버리고 십여 기만을 거느린 채 탈출을 시도했으나 주연과 반장이 퇴로를 끊어놓았다.

12월 마침내 관우와 관평 부자는 임저현(臨沮縣) 장향(漳鄉)에서 반장의 사마 마충에게 포획되어 죽고 관우가 통치하던 땅은 오나라로 넘어왔다. 이 작전 이후 여몽은 그 공로를 인정받아 손권으로부터 성대한 대접을 받아 남군태수에 잔릉후(孱陵侯), 1억 전, 황금 500근 등 어마어마한 상을 받았다. 돈과 금은 한사코 사양했지만 허락되지 않았다. 그러나 채 봉작(封爵)이 완료되기도 전에 병이 들었다. 손권은 여몽을 공안의 내전에 들여 만방으로 치료책을 찾았고, 치료에 성공하는 자에게는 천금을 주겠다고 했다. 또 여몽의 안색을 수시로 확인하고 싶었지만, 여몽이 자신을 맞기 위해 힘들게 몸을 일으키는 것을 걱정하여 벽에 구멍을 뚫어 살펴보았다. 여몽이 조금이라도 음식을 들면 기뻐하며 웃었고, 그러지 못하면 한숨을 내뱉으며 잠을 이루지 못했다. 잠깐 차도가 있어 사면령을 내리기도 했지만 이내 위중해져 여몽은 결국 향년 42세로 사망했다. 손권의 슬픔은 이루 형용할 수 없었다. 손권은 항상 찬탄하기를 "여몽과 장흠처럼 나이를 먹고도 수양을 해 발전하는 것은 아마 그 누구도 따라가지 못할 것이다. 부귀를 누리며 명성을 떨쳤으면서도 마음을 고쳐먹고 학문에도 뜻을 두어 여러 서적을 탐독했다. 재물을 가벼이 여기고 의를 숭상하여 가히 타인의 모범으로서 나라의 뛰어난 선비가 되었으니 이 얼마나 훌륭한가!"라고 했다. 진수는 용맹하면서도 지략에 능했으니 무장으로 여몽만 한 인물은 없었다고 평했다.

육손(陸遜, 183~245)

육손(陸遜)의 자는 백언(伯言)이며 원래 이름은 육의(陸議)이다. 그의 집안은 대대로 강동 지역을 다스려온 호족이었다. 어린 시절 아버지를 일찍 여의고 종조부인 여강 태수 육강에게 양육되었다. 그러나 육강이 당시 크게 세력을 떨치고 있던 원술과 대적하게 되자 육강은 친족의 안전을 육손에 맡겨 오나라로 피신시킨다. 오나라에서 육손은 관직으로 진출하여 현의 관리가 되어 가난한 사람들에게 시혜를 베푸는 등 백성들의 생활을 개선하는 데 진력했다. 또 오나라는 당시 이민족의 잦은 습격으로 하루도 평안할 날이 없었는데, 육손은 주민들 가운데 지원병을 모집해 쳐들어오는 이민족을 하나하나 격파하고, 투항하는 자는 자기 군대에 포함시켰다. 육손의 그러한 활동에 주목하던 손권은 그에게 형 손책의 딸을 시집보내어 친분 관계를 맺고 종종 정치적 문제에 대해 조언을 구했다. 육손의 "이민족을 하나둘씩 평정하여 그 가운데서 정예병을 선발해 강력한 군대를 조직해야 한다"는 주장을 들은 손권은 그의 의견에 동의하여 그 실행을 육손에게 맡겼다. 그래서 각지의 이민족은 육손에 의해 점차 토벌되어 상대적으로 인구가 적은 오(吳)의 정예병으로 흡수되었다.

219년, 여몽과 함께 형주를 습격할 계책을 세우고 육손은 편장군(偏將軍) 우부독(右部督)에 임명되어 여몽 대신 육구(陸口)를 수비하게 되었다. 그는 관우의 경계심을 마비시켜 여몽이 큰 공을 세우도록 했다.

당시 오나라와 촉한 간에 형주를 둘러싼 대립이 일어나고 있었다. 그 가운데 전선 사령관이었던 여몽이 병에 걸려 귀환길에 오르게 되자 여몽은 전선을 이탈하면 조만간 그를 경계해 북쪽으로의 진격을 망설였던 관우가 필시 방심하여 쳐들어 올 것이라고 여겼다. 여몽은 육손을 몰래 자기 진영으로 불러들여 관우가 방심한 틈을 노려 형주를 빼앗으라고 지시했다. 여몽은 오나라로 돌아와 손권에게 그 작전을 진언하고, 자기 대신 형주 수비를 맡을 사람으로 육손을 추천했다.

222년, 병사한 여몽의 뒤를 이어 육손은 대도독에 임명되어 이릉(夷陵)에서 촉군과 대치했는데, 상대방이 피로를 느낄 때를 기다려 화공을 펼쳐 대승을 거두었다. 관우가 오군에게 잡혀 죽었다는 소식을 들은 유비는 관우의 원수를 갚기 위해 약 5만 혹은 8만의 대군을 거느리고 오나라를 침공했다. 육손은 손권의 명을 받아 이이, 유아와 함께 무현, 자귀현을 지켰으나 이이 등이 무현에서 촉한군 선봉장 오반, 풍습에게 격파되자 자귀현으로 옮겨 주둔하게 허용했다. 그는 지난 패배를 교훈삼아 전군에게 수비를 단단히 하고 절대 방심해서는 안 된다고 명령을 내렸다. 그 때문에 육손을 향해 겁쟁이라며 불평하는 병사들이 많자 육손은 손권이 친히 내린 보검을 뽑아들고 "지금은 한 치의 땅이라도 취할 수 있다면 어떤 욕됨이라도 참아야 할 것이오! 그대들은 각처의 요지를 지키는 데에 전력을 기울이시오! 만약 함부로 움직인다면 군령을 어긴 죄로 처형할 것이오."라고 경고하여 그들을 설복시켰다.

마침내 오랜 대치 상태로 촉한의 대군을 친히 이끌었던 유비가 제갈량의 충고를 무시하고 진(陣)을 들에서 숲으로 바꾸자마자 육손은 즉시 화공을 가하여 격파했다. 유비가 원정 중 병으로 죽자 오나라와 촉한은, 촉한의 사신인 등지의 의견을 받아들여 우호 관계를 회복하고 함께 위나라에 대항하기로 했다.

손권은 육손을 군사면에서 매우 중요한 존재로 여겼고, 덕분에 위나라가 오나라를 침공해 올 때마다 육손의 전략으로 가까스로 저지시켰다. 228년에는 위의 대사마 조휴를 석정(石亭)에서 격파했다. 이듬해 손권이 황제의 자리에 오르자 육손을 상장군으로 삼고 태자를 보좌하게 할 정도로 두터운 신임을 받았다.

244년, 육손은 고옹의 뒤를 이어 승상에 임명되었다. 손권의 두 아들 손화와 손패의 후계자 분쟁에서 육손은 태자인 장남 손화를 지지했다. 이에 손패파의 핵심 인물인 전기를 그 아버지 위장군 전종이 옹호하자 이를 비판하는 편지를 보내 전씨 일족과 사이가 벌어졌다. 육손은 손권에게 상소를 올려 태자를 폐하지 않기를 여러 차례 말했으며, 또 직접 수도 건업으로 가서 손권을 알현하기도 했다. 그러나 마침내 전종 부자는 육손과 함께 태자를 지지하는 고담, 고승, 요신 등을 참소하여 유배 보냈고, 또 육손과 편지를 주고받은 오찬은 그로 인해 하옥되어 주살 당했다. 이에 그치지 않고 손권은 육손을 질책했다. 육손은 자신의 충정을 이해하지 못한 서러움에 이듬해 63세의 나이에 화병으로 분사했다.

육손이 죽은 뒤에도 손권은 양측이 상소한 육손에 대한 20가지 조문을 들어 아들 육항을 심문했다. 육항이 모두 조리 있게 대답하자 그제서야 손권은 육손에 대한 의심을 풀었고, 251년에 손권은 육항에게 참언으로 육손 부자를 공격한 것을 사과했다. 경제 대에 이르러 육손은 소후(昭侯)의 시호를 받았다.

위의 장수들

사마의(司馬懿, 179-251)

사마의(司馬懿)의 자는 중달로 흔히 사마중달이라고 불린다. 조조의 위, 유비의 촉, 손권의 오가 대립한 삼국 시대는 수많은 영웅들이 명멸했던 시기로 약 60여 년간 이어졌다. 하지만 천하 통일을 위한 별들의 전쟁의 최대 수혜자는 조조도, 유비도, 손권도 아니었다. 《연의》에는 노회하고 적당히 비겁하고 늘 제갈량에게 농락 당하는 존재로 그려지지만, 실제로 삼국 시대의 최고 수혜자는 바로 사마의였다. 그는 위나라의 조조, 조비, 조예, 조방 등 4대를 보필하며 자신의 세력을 확립했고, 결국 쿠데타를 통해 정권을 장악하고 그의 손자 사마염(司馬炎)이 삼국을 통일하여 진(晉) 왕조를 수립할 수 있는 기초를 마련했다. 그는 중국 역사상 가장 오랜 시간 몸을 웅크리고 때가 오기를 기다린 인물로 《연의》에서 유비에게 "용이 여의주를 품고 때를 기다린다"라고 했던 표현은 사실 사마의에게 더 어울리는 표현이다. 그러나 그는 대권을 손에 쥐었음에도 불구하고 스스로 제위에 오르지 않고 신하로서의 의리를 지켰다는 점에서는 조조를 닮은 측면도 있었다.

사마의는 179년 하내(河內)에서 낙양령, 경조윤, 상서우승을 역임했던 사마방(司馬防)의 아들로 태어났다. 사마방은 후한 영제 때 조조를 낙양 북부위로 추천했던 인물이다. 사마의는 사마방의 둘째 아들로 그를 포함한 사마 가문의 여덟 형제는 '사마팔달(司馬八達)'이라고 불릴 정도로 유명했다. 사마의는 이들 중 가장 비범했다고 전해진다. 그는 명문가의 부유한 환경에서 병법과 무예를 익혔으며, 특히 유학의 가르침을 가슴 깊이 새겼다고 한다.

사마의의 유명세는 인재 등용에 열을 올리고 있던 조조에게까지 전해졌다. 조조는 당장 그를 영입하려고 했지만, 명문가 자제였던 사마의는 환관 가문 출신인 조조의 휘하에 들어가는 것을 마뜩잖게 생각해 쉽게 몸을 움직이지 못하는 풍비(風痹)병에 걸렸다는 핑계로 거절했다. 하지만 조조는 사마의를 쉽게 포기하지 않고 그의 병이 사실인지 시험했다. 어느 날 사마의의 침소에 자객이 난입했다. 자객은 사마의의 목에 칼을 들이댔지만, 사마의는 마치 중풍 환자처럼 꿈쩍도 하지 않았다. 그 자객은 조조가 보낸 사람으로, 사마의는 조조의 시험을 무사히 통과하여 조조의 부름을 피할 수 있었다고 한다.

208년, 중국 북방을 통일하여 최강자가 된 조조는 승상에 올랐고, 천하 통일의 대업을 위해 더 많은 인재를 끌어모으기 시작했다. 조조는 다시 한 번 사마의를 생각했고, 대세를 거스를 수 없다고 판단한 사마의는 교육 담당인 문학연으로 임명되었다.

215년, 조조가 한중을 평정했을 때 사마의는 여세를 몰아 익주의 유비를 공격할 것을 건의했으나 조조는 받아들이지 않았다. 결국 익주의 민심을 수습하고 군사를 정비한 유비가 한중을 점령하여 조조에게 큰 우환을 안겨 주었다. 이처럼 사마의는 강압으로 조조에게 등용되었지만, 크게 신임을 받지는 못했다. 조조는 사마의가 마음속에 다른 뜻을 품고 있다고 생각하여 그를 완전히 믿지는 않았다고 한다. 사마의는 조조의 의심을 거두기 위해 하급 관리의 직무로 밤을 새우기도 하고, 가축을 기르는 하찮은 일까지도 기꺼이 하여 조조를 안심시켰다.

216년, 조조는 위왕(魏王)에 올랐고, 사마의는 태자중서자가 되어 태자 조비(曹丕)를 보좌했다. 사마의는 조조에게 둔전제(屯田制)를 실시하여 백성들이 농업에 전념할 수 있게 하고, 군인들로 하여금 농사를 짓게 하여 경제를 안정시키고 군비를 확충할 것을 진언했다.

219년, 사마의는 형주의 관우가 번성을 공격하여 우금(于禁)을 생포하고 방덕을 참수하는 등 조조가 수세에 몰렸을 때 정확한 정세 파악으로 조조를 위기에서 구해냈다. 조조는 관우의 위세가 두려워 도읍을 옮기려 했으나 사마의는 손권의 군사를 이용하자는 계책을 내놓았다. 사마의는 손권에게 강남 소유권을 인정한다는 조건을 내세워 관우의 후방을 공격하도록 하면 번성의 포위를 풀게 될 것이라고 조언했다. 이는 적중하여 조조는 천도(遷都)하지 않고도 위기에서 벗어날 수 있었다. 그러한 공적에도 불구하고 조조는 사마의가 마음속에 큰 뜻을 품고 있음을 알아채고 늘 경계했다. 조조는 사마의가 낭고상(狼顧相: 늑대처럼 몸을 움직이지 않고 머리만 돌려보는 얼굴)이란 소문을 듣고 사마의를 오게 하여 뒤에서 갑자기 불러 고개를 돌려보게 했다. 그러자 사마의가 몸을 움직이지 않고도 똑바로 얼굴을 돌려 뒤를 보았다. 중국에서는 이리나 늑대의 동작과 같은 이런 행동을 관상학적으로 '반역의 상'으로 보는 경향이 있었다. 또 조조는 세 마리의 말이 한 구유(槽: 조씨의 曹와 음이 같다)에서 먹이를 먹는 꿈을 꾸어 이를 매우 언짢게 여겼다고 전해진다. 세 말은 훗날 위나라를 멸망의 길로 들게 하는 사마의, 사마사, 사마소를 뜻하는 것으로 해석된다. 조조는 죽기 전 조비에게 "사마의는 다른 사람의 신하가 될 사람이 아니다"라며 필요할 경우 등용하되 항상 경계할 것을 충고했다.

220년, 조조가 죽자 아들 조비가 위왕의 자리를 이어받았고, 같은 해에 후한 헌제에게 선양받아 위나라의 황제로 즉위했다. 사마의는 '조비에게 황위를 선양해야 한다'는 내용의 상소를 헌제에게 올려 조비가 황제가 되는 데 큰 공을 세웠다. 224년 사마의는 위나라의 상서가 되었다. 조비는 사마의를 무군대장군에 봉하고 원정 때는 사마의에게 내정을 맡겼다. 조비는 사마의와 평시 도움을 주고 받았었는데, 조조의 말 때문에 그를 늘 경계했다.

226년, 병을 얻은 조비는 임종할 때 조진(曹眞), 진군(陳群), 조휴(曹休) 등과 함께 사마의를 보정대신으로 삼고, 태자 조예의 보필을 부탁했다. 조예는 위나라 2대 황제 명제로 즉위했고, 사마의는 표기대장군이 되었다. 227년, 사마의는 오나라의 공격을 막아내고, 완성(宛城)에서 머물며 촉나라와 오나라를 감시했다. 같은 해 말 그는 제갈량의 1차 북벌로 발생한 신성(新城) 군수 맹달(孟達)의 반란을 성공적으로 진압했으며, 228년에는 위나라와 오나라의 전투에서 홀로 승리하여 군사적 능력을 인정받았다. 230년 조예는 사마의를 대장군 정부대도독으로 임명하여 조진과 함께 촉나라를 공격하고자 했으나 자연재해로 인해 곧 퇴각했다. 퇴각 도중 사마의는 기곡에 진을 치고, 조진은 사곡에 진을 쳤다. 촉나라의 공격을 받은 조진은 대패하여 231년 화병으로 사망하기에 이르렀다. 이에 조예는 사마의에게 복수를 명했고, 조진을 대신하여 전선에 도착한 사마의는 촉군의 도발에도 지구전을 고수하여 결국 양식이 떨어진 촉군이 퇴각하도록 만들었다.

제갈량의 북벌은 227년부터 장장 8년 동안 5차례에 걸쳐 행해지는데, 1차 북벌을 제외하고는 모두 사마의가 나섰고, 총지휘한 것은 두 번이다. 첫 대결은 231년으로, 조진이 죽은 뒤 촉군의 전선(前線)이 길어 식량 보급에 애로가 있음을 간파한 사마의가 지구책을 쓰고, 그 전략이 효과를 발휘해 촉한군이 퇴각했다, 그러나 장합의 진언을 무시하고 추격했다가 장합을 잃었다. 234년, 두 번째 대결은 제갈량이 장기전을 예상해 3년에 걸쳐 준비했는데, 오장원으로 출진한 제갈량에 대해 사마의가 또다시 지구전을 펼쳤다. 제갈량은 부인용 옷과 여러 여성 장신구들을 사마의에게 보내며 비웃었지만, 사마의는 제갈량의 조급성에서 온 도발임을 눈치채고 오히려 가지고 온 사자에게 제갈량의 안부를 묻는 등 여유를 부렸다. 이때 사마의는 제갈량이 조급한 이유를 알고자 수시로 촉한군의 진영을 염탐해 제갈량의 죽음이 임박하고 있음을 깨달았다고 한다.

《연의》에서는 제갈량의 죽음을 안 사마의가 즉시 전군에 공격 명령을 내렸으나 제갈량의 목상을 보고 아직 살아 있는 줄 착각하고 놀라 도망쳤다고 한다. 이 때문에 사공명주생중달(死孔明走生中達), 즉 죽은 제갈공명이 산 사마중달을 물리쳤다는 유명한 고사가 탄생했다. 촉한군이 퇴각한 뒤 진영을 살펴본 사마의는 제갈량을 '천하의 귀재'라고 평가했다. 사마의는 스스로 제갈량의 지략에 비해 모자람을 인정하고 수비에만 전념했다. 마침내 제갈량이 병으로 쓰러져 진중에서 숨을 거두자 촉군은 스스로 퇴각했고, 방어에 성공한 공을 인정받아 사마의는 태위에 임명되었다.

239년, 조예가 35세의 젊은 나이로 죽자 태위 사마의와 대장군 조상(曹爽)은 그의 유언을 받들어 조방(曹芳)을 보좌했다. 종친인 조상은 사마의를 태부로 임명해 우대하는 듯했으나 실제로는 그의 군권을 박탈했다. 사마의는 병을 핑계 삼아 귀향해 정쟁을 피하고 정변을 구상했다. 사마의는 아들 사마소(司馬昭)를 시켜 다른 나라로 망명한 지지자들을 몰래 소집했다. 3천여 명의 사람이 모였고, 사마의는 이들을 낙양 인근에 분산 배치시켜 비상사태에 대비한 출동 준비를 했다. 248년 조상의 측근 이승(李勝)이 형주 자사로 임명되어 떠나면서 사마의의 상태를 염탐했다. 사마의는 두 하녀의 부축을 받아 간신히 몸을 가누고, 손을 떨어 죽을 흘리고, 이승의 말을 알아듣지 못하는 등 노쇠한 노인 연기를 하여 조상이 방심하도록 했다. 이로써 사마의는 조상의 경계에서 벗어날 수 있었다.

249년, 조상은 성 밖으로 나가는 것을 자제하라는 책사 환범의 간언을 무시하고 호위병 몇 기만을 거느리고 조방을 수행하여 명제의 묘인 고평릉을 알현했다. 사마의는 조상과 조방이 성을 비운 사이 준비해 둔 개인 병사들로 정변을 일으켰다. 그는 태후의 명을 빌려 조상의 관직을 박탈하고 그 무리들을 제거했다. 사마의는 70세의 나이로 다시 승상이 되었고, 정변 이후 조정은 사마씨 세력이 장악했다. 이로부터 14년 후 그의 손자 사마염이 진(晋)나라를 건국하면서 삼국 시대는 종말을 맞았다. 그 후 사마의는 진고조 선황제(晉高祖 宣皇帝)에 추존되었다.

조인(曹仁, 168~223)

조인(曹仁)의 자는 자효(子孝)이며 조조와 6촌 형제이다. 어려서부터 궁술, 마술, 수렵을 좋아했다. 193년 원술군을 상대로 많은 이를 베거나 사로잡았고, 서주의 도겸군을 상대로도 기병을 이끌며 선봉에 섰다. 200년 조조가 관도(官渡)에서 원소와 대치했을 때 원소도 유비를 보내 지원하기에 조인이 기병을 운용해 모두 쳐부수고 각 현들을 안정시켰다. 206년 조조가 호관을 치면서 성을 함락하면 깡그리 파묻으라 명했는데, 여러 달이 지나도록 무너트리지 못했다. 이에 조인이 건의하기를 "성을 포위하면 반드시 살 길을 열어주는 법입니다. 그런데 공께서는 필히 죽이라 하셨기에 사람들이 오히려 스스로를 지키고 있습니다. 더구나 성은 견고하고 식량도 많아 사졸들만 상하고 시일도 오래 걸립니다. 포로를 몰살하는 것은 좋은 계책이 아닙니다."라고 했다. 조조가 이를 수용하니 성이 항복했다.

208년, 형주가 평정된 후 정남장군(征南將軍)직을 대행하여 남군 강릉현(江陵縣)을 서황과 같이 수비했다. 이때 오나라의 주유가 적벽대전의 기세를 몰아 수만 명으로 침입해왔다. 조인은 먼저 도착한 오군의 선봉 수천 명을 향해 부장 우금(牛金)과 자원자 300명을 출격시켜 싸움을 걸었는데, 되레 궁지에 몰리고 말았다. 조인이 분연히 말을 타고 나아갔고, 좌우가 말리는 것도 뿌리치며 수십 명만으로 급히 달려나갔다. 위나라 진영에서는 조인이 나서더라도 적들과 백여 보 떨어져서 우금을 돕는 형세를 취하리라 여겼지만, 조인은 단숨에 해자를 지나 포위망 속으로 뛰어들어 우금을 구했다. 이어 미처 빠져나오지 못한 이들도 있었으므로 또다시 그 속으로 돌진해 구출했다. 전군이 그 용기에 감복했으며, 조조도 장하다며 안평정후(安平亭侯)로 올려 봉했다.

그러나 이후 이릉(夷陵) 방어에 실패하면서 전황은 좋지 않게 흘러갔다. 결국 209년까지 이어진 격전 끝에 성을 포기하고 퇴각했다. 211년 마초 등 관중십장(關中十將)이 조조에 대항하자 안서장군을 대리하여 조조의 "관서의 군사들이 정예하니 기다리라"는 지령에 따라 동관(潼關)에서 대치하다, 위수의 남쪽에서 마초 등을 분쇄했다. 217년 3월에는 하후돈, 장료 등과 거소(居巢)에 머물며 손권의 공격에 대비했다. 218년, 조인은 가절(假節)을 받고 번성(樊城) 주둔 군사들의 지휘를 맡았다. 그때 관우가 번성과 양양을 포위했다. 8월에 들어 한수(漢水)가 범람하여 좌장군 우금이 인솔해온 원군(援軍)은 궤멸되고, 성벽은 물을 먹어 쉽게 허물어졌다. 관우군은 배를 타고 수겹의 포위망으로 압박해오는데, 번성은 남은 병사가 수천 명에 양식마저 바닥나려 했다. 그런 불리한 조건에도 불구하고 조인이 결사 항전의 의지를 내보이며 독려하니 장졸들이 두 마음을 품지 않았다. 10월에는 재차 원군으로 파견된 서황에 힘입어 기어코 관우를 물리쳤다.

220년, 조조가 세상을 떠나고 조비가 위왕을 계승한 뒤 조인은 거기장군에 임명되고 작위는 진후(陳侯)로 승급되었다. 조인은, 손권이 형주 남부로 진출해 왔을 때 조비의 지시를 이행하여 시설들을 불질러 철거하고 완(宛)으로 철수했다. 그러나 다음 해 진소(陳邵)가 점거한 양양을 서황과 함께 탈환하고, 한수 이남으로 넘어간 주민들도 고천(高遷) 등을 시켜 되찾았기에 대장군으로 승진했다.

222년, 조비가 세 방향에서 오나라로 밀고 내려갔다. 조인은 보병과 기병 수만 명으로 유수(濡須) 방면을 맡았다. 일단 동쪽의 선계(羨溪)로 간다고 거짓 선전하여 오의 유수독 주환의 병력을 분산시키고는 곧바로 유수로 진군했다. 비록 행군에 지친 상태였지만, 얼핏 유수엔 군세도 적고 방비도 허술해 보였으므로 장제의 간언에도 불구하고 그대로 들이쳤다. 조인의 아들 조태(曹泰)는 성을 공략하고, 상조는 소가죽에 기름칠한 배[油船]에 승선하여 5천 명을 거느리고 오나라 유수독 주환군의 사병 가족들이 살고 있는 섬을 타격했다. 조인은 1만 명으로 탁고(橐皋)에 머무르며 조태의 뒤를 받쳐주었다. 그러나 사실은 주환의 유인에 걸려든 것이었고 반격을 받아 모두 격퇴되었다. 상조는 효수당하고 왕쌍은 생포되었으며 본진은 합비로 물러났다. 223년 3월, 조인은 56세로 숨을 거두었다. 시호는 충후(忠侯)라 했다.

그는 어릴 적에는 품행을 닦지 않았으나 장성해 군을 이끌게 된 이후부터 엄정하게 법령을 준수하여 항상 조문을 옆에 두고 살피며 업무를 보았다. 218년, 태자 조비가 오환 정벌을 떠나는 언릉후(鄢陵侯) 조창에게 '법을 받드는 것은 조인처럼 해야 한다'며 그 모범으로 언급할 정도였다. 《연의》에서도 조조가 거병할 때부터 등장하여 여러 전장에 모습을 드러낸다.

허저(許褚, 170~230년 추정)

허저(許褚)의 자는 중강(仲康)이며 호치(虎癡)란 별명이 있다. 우월한 완력과 우직한 성품으로 조조의 신임을 받아 그 측근에서 신변 경호를 맡았으며 용맹을 떨쳤다. 후한 말 수천 명으로 자경단을 조직해 마을을 습격하는 도적을 방비했을 때 여남군갈피(葛陂)의 도적 1만여 명이 쳐들어오니 비록 적은 숫자였지만, 극한에 다다를 때까지 사력을 다해 싸웠다. 자경단이 화살이 떨어지자 돌을 던지며 저항하니 도적이 감히 접근하지 못했다. 식량마저 동나자 일단 강화하고 소를 주는 대신 먹을 것을 받기로 했다. 도적이 와서 소를 몰고 가려 했는데 소가 자꾸 도망치는 바람에 쉽지 않았다. 이에 허저가 한 손으로 소꼬리를 잡고는 약 100보를 끌고 갔다. 도적들이 놀라서 소도 취하지 않고 줄행랑쳤다. 일대에 이 소문이 퍼져 모두 그를 두려워했다고 한다.

197년, 허저는 무리를 이끌고 조조에게 귀순했다. 자신은 도위(都尉)가, 자신을 따르는 협객들은 호사(虎士)가 되어 조조의 호위를 맡았다. 199년 관도대전에 종군했을 때는 조조를 곁에서 모시던 서타(徐他) 등의 무리가 조조 암살을 모의했는데, 허저가 항상 좌우에서 호위해 두려워 감히 실행에 옮기지 못했다. 허저가 쉴 때만을 노리다가 마침내 칼을 품고 조조의 장막에 난입했으나 밖에 있던 허저가 수상함을 느끼고 즉시 돌아왔다. 서타 등은 허저를 보고는 얼굴색이 변할 정도로 경악했고 그 자리에서 죽임을 당했다. 그 사건 이후 조조의 신임은 더욱 두터워졌고 언제나 자기 곁을 떠나지 못하게 했다. 업성 전투에서도 힘껏 싸워 공을 세웠으므로 관내후(關內侯)에 봉해졌다.

211년, 조조가 동관(潼關)에서 관중십장인 한수와 마초를 격퇴하려 했다. 군대를 이끌고 강의 북쪽으로 도하하던 중 조조와 허저의 호사 100여 명이 미처 건너지 못했는데, 마초가 보병과 기병 1만여 명으로 습격하여 화살이 비처럼 쏟아졌다. 허저가 급히 조조를 부축하여 배에 올랐지만 마초군도 달라붙었다. 허저는 이들과 격렬하게 싸우며 왼손으로 말 채찍을 들어 내리치며 조조를 보호했다. 난전 속에 뱃사공까지 유시(流矢)에 맞아 죽자 허저는 오른손으로 배를 저어 간신히 빠져나왔다. 이후 조조가 한수, 마초와 말을 탄 채 회담할 때 아무도 따르지 못하게 하고 달랑 허저만 데려갔다. 마초는 다른 계획이 있었으나 조조가 고개로 허저를 가리키자 허저는 눈을 부릅뜨고 마초를 노려보았다. 마초는 헛된 행동을 하지 않았고 각자의 진영으로 돌아갔다. 며칠 후 벌어진 교전에서 조조는 마초군을 크게 무찔렀고, 허저는 무위중랑장(武衛—)으로 승진했다.

조조가 죽었을 때 허저는 피를 토하며 통곡했다. 조비가 황제에 오르자 허저는 만세정후(萬歲亭侯)에 봉해지고 무위장군(武衛將軍)에 임명되어 여전히 근위병을 맡았다. 허저를 따랐던 자들도 공이 높아 제후에 오른 자가 수십 명이요, 도위나 교위가 된 자는 100여 명이었다. 조예는 즉위하며 허저를 모향후(牟鄕侯)에 봉하고 식읍 700호를 주었으며, 그 아들에게는 관내후의 작위를 내렸다. 허저가 죽자 시호는 장후(壯侯)라 했다. 그는 키가 크고 허리도 굵은 거구였다. 씩씩하고 굳셌으며 용맹함과 힘이 남보다 아주 뛰어났다. 몸가짐이나 언행을 항상 조심하여 말수가 적었고 미련하다 싶을 정도로 고지식하게 법규를 준수하며 수수했다. 그래서 미련한 호랑이라고 호치(虎癡)라고 불렸다. 한번은 조조의 종실이자 조정의 중신인 정남(征南)

장군 조인이 형주에서 조조를 보러 왔다. 조조가 아직 전각에서 나오지 않아 일단 허저와 만나 대화하려 했다. 그러나 허저는 조인이 예를 갖추었음에도 조조가 곧 나온다는 말만 남기고 들어가 버렸다. 이에 조인이 불쾌히 여겼다. 어떤 사람이 허저를 질책하자 "그는 아무리 충신이라 해도 외번(外蕃)입니다. 왕을 바로 가까이서 모시는 자가 어찌 사사로이 얘기를 나눌 수 있겠습니까?"라고 대답했다. 조조가 이 얘기를 듣고 허저를 더욱 아끼고 의지했으며 중견장군으로 승진시켰다.

《연의》에서는 허저가 보다 영웅적으로 묘사된다. 허저는 원소 측에서 망명해 온 허유가 관도대전 종료 후 조조를 업신여기며 매우 오만하게 굴자 죽여 버린다. 동관 전투에서 마초와 마상(馬上)에서 일대일 대결을 벌여 웃통을 벗고 몇백 합을 겨룬다. 장로가 항복했는데도 끝까지 저항하는 장위를 죽이는 장면도 있다.

하후돈(夏侯惇, ?~220)

하후돈(夏侯惇)의 자는 원양(元讓)이며 조조가 거병할 때부터 도왔고 조조와 같은 해에 죽었다. 주로 후방에서 거점 방어를 맡아 조조가 안심하고 친정할 수 있게 했다. 그는 여포의 부하 조성의 화살로 인해 한쪽 눈을 잃은 것으로 유명하다. 그는 한나라 개국 공신 하후영의 후손이다. 190년, 조조가 반동탁 연합군의 일원으로서 분무장군(奮武將軍)을 칭하고 하후돈을 그의 사마로 삼았다. 조조가 형양(滎陽)으로 진격했다가 서영에게 깨져 병사가 부족해지자 하후돈이 양주(揚州)로 가서 모병하여 조조를 도왔다.

194년, 장막이 여포를 불러들여 난을 일으키고 연주를 장악했다. 조조의 가족이 있는 견성(鄄城)에서 순욱이 다급히 불러서 하후돈은 적은 병력을 이끌고 달려가 여포와 싸웠다. 그러자 여포는 군을 물려 복양을 점거하고 그 물자를 확보했다. 하후돈은 견성으로 들어와 장막과 연동하려던 자들을 처단했다. 그 과정에서 몇몇이 항복하는 척하다가 하후돈을 사로잡고 보화를 요구했다. 하후돈의 부하 한호가 동요하는 군을 진정시킨 후 인질범의 협박에도 아랑곳하지 않고 공격하여 하후돈을 구출했다. 조조가 서주에서 돌아와 여포를 칠 때 하후돈은 유시(流矢)에 맞아 왼쪽 눈을 잃었다. 그래서 맹하후(盲夏侯)란 별명이 생겼다. 하후돈은 이를 싫어해서 거울을 볼 때마다 화를 내며 땅에 내던졌다고 한다. 그는 조조가 하북으로 출진할 때 후방을 지켰다.

202년 조조가 여양(黎陽)에서 원담과 원상 형제와 일진일퇴를 거듭할 동안 유표에게 의탁하던 유비가 섭현(葉縣)까지 치고 올라왔다. 하후돈이 이를 막으러 가니 유비가 자기 진지를 불태우고 박망(博望)으로 퇴각했다. 촉군의 매복이 있을지 모른다는 이전의 만류에도 불구하고 우금과 함께 쫓았다가 복병에 당했다. 진영에 남아 있던 이전이 구하러 달려온 덕분에 유비가 후퇴했다.

216년, 하후돈은 유수구 전투에 종군한 후 다음 해 조인, 장료, 장패 등 26군을 거느리고 거소(居巢)에서 손권을 방비했다. 조조가 "위강(魏絳)은 융과 화평한 공으로도 종(鐘)과 경(磬)을 받았는데, 하물며 장군은 어떠하랴!"라고 말하며 기악명창(伎樂名倡)을 주었다. 이후 하후돈은 전장군에 올라 소릉(召陵)에 주둔했다. 220년, 조조가 죽고 조비가 위왕에 올라 하후돈을 대장군에 임명했으나 그해 4월에 죽었다. 시호는 충후(忠侯)라 했다.

하후돈은 매우 충성스러웠고 조조의 신임도 남달랐다. 조조의 수레에 동승했고 다른 장수들보다도 특히 중하게 대우받아 조조의 침실까지도 출입했다. 말년에 다른 장수들이 모두 위나라 관직을 받을 때 하후돈 혼자만 여전히 한나라 관직이었다. 일부 대신들은 이것이 신하의 예에 어긋난다며 상소했다. 조조가 "듣건대 신하란 스승 같은 자가 최선이요, 벗 같은 자가 차선이라 했으니 무릇 그 덕만 귀히 여기면 되오. 어찌 구구한 위나라 관직에 연연하시오?"라고 했지만, 고집스레 청하여 전장군에 임명됐다. 하후돈은 출정할 때도 스승을 모셔서 학문을 익혔다. 청렴하고 검소하여 조금이라도 재물이 생기면 주위에 나눠주었고 다른 경제 행위는 하지 않아 관청에서 타다 썼다. 14세 때 스승을 모욕한 사람을 죽일 정도로 강직한 성품으로 알려지기도 했다.

《연의》에서 하후돈은 많은 전투에 참여해 최전선에서 활약하는 맹장으로 연출했다. 그는 서영, 변양, 교유 등을 직접 베는 맹장으로 묘사된다. 눈을 잃는 장면에서는, 고순과 싸우다가 조성이 쏜 화살에 왼쪽 눈을 맞아 "아버지의 정기와 어머니의 피로 된 것을 버릴 수는 없다"고 말하며 눈알을 삼키고는 조성을 죽이는 것으로 그렸다. 그는 관우가 벌인 오관참육장을 막으려 하지만, 장료가 말려 싸움은 벌어지지 않았다. 박망파 전투에서는 제갈량에게 당해서 스스로를 포박해 죽기를 청하는데, 조조가 풀어준다. 죽을 때는 조조처럼 복황후, 동귀인(董貴人), 두 황자, 복완, 동승의 귀신을 보고 놀라 병이 드는 것으로 처리했다.

장료(張遼, 169~222)

장료(張遼)의 자는 문원(文遠)이며, 그의 선조는 전한 무제 때의 섭일(聶壹)이다. 섭일이 흉노를 유인하여 섬멸하려 했던 일 때문에 원한을 피하여 성씨를 고쳤다. 장료는 젊어서 군의 관리가 되었으며 병주자사 정원이 그를 종사(從事)로 삼아 군을 이끌고 수도로 가게 했다. 대장군 하진은 장료를 하북으로 보내 병사 1,000여 명을 모으게 했다. 그 사이 하진은 십상시에게 암살당하고 동탁이 조정과 중앙군을 장악했으므로 장료도 동탁의 지휘를 받았다. 192년 여포가 동탁을 죽이고 집권하면서 장료는 기도위로 승진했다. 다시 한 달 만에 정권은 이각에게 돌아갔고 장료는 패망한 여포를 좇아 서주까지 가서 28세에 노국상(魯國相)과 북지태수(北地一)를 겸했다. 198년 장료는 고순과 함께 하후돈을 깨트리고 유비의 패성(沛城)을 점령했다. 여포가 토벌당하자 조조에게 부하들을 이끌고 항복하여 중랑장과 관내후(關內侯)를 받았다.

200년, 원소가 남진하면서 안량이 백마(白馬)를 공격했다. 조조는 연진(延津)에서 도하하는 척해서 원소군의 본대를 분리하고 백마를 기습했다. 장료와 관우가 선봉이 되어 안량을 베었다.

208년 조조가 형주로 남하하기 직전 장료는 영천군 장사현(長社縣)에 주둔하고 있었다. 밤중에 누군가가 난을 일으키고 불을 지르니 모두 동요했다. 장료는 주동자가 소수임을 간파하고 난에 가담하지 않은 자는 침착하게 앉아 있으라 명했다. 이후 장료는 측근 수십 명을 데리고 주동자만을 처단했다.

214년, 손권이 여몽, 감녕 등을 이끌고 환성으로 쳐들어왔다. 장료가 원군으로 달려갔지만, 협석(夾石)에 다다랐을 때 성이 함락당해 돌아왔다. 장료는 악진, 이전과 함께 7,000명으로 합비를 지켰다. 215년 조조가 장로를 토벌하러 떠나면서 호군(護軍) 설제에게 "적이 침입하면 뜯어보라"라고 밀봉한 교서를 보냈다. 8월 손권이 정말로 합비를 포위했는데, 병력이 무려 10만 명이었다. 열어본 교서에는 '장료, 이전은 나가 싸우고 악진은 수비하고 설제는 참전하지 말라'고 씌어 있었지만, 전력 차이가 너무 심했기 때문에 많은 장수가 회의적이었다. 장료만이 주장하기를 가만히 농성해봤자 무너질 것이 뻔하고 손권군이 태세를 미처 갖추기 전에 급습하여 예봉을 꺾어놔야 병사들의 사기를 다스리고 성을 지켜낼 수 있다고 말했다. 여기에 이전이 평소 장료와의 불화에도 불구하고 행동을 함께 하기로 결정했다. 두 사람은 밤중에 정예병 800명을 모아 소를 잡아 배불리 먹이고 동트기를 기다렸다. 날이 밝자마자 장료와 이전이 돌격했다. 장료는 자신의 이름을 크게 외치며 병사 수십 명과 장수 2명을 베고 손권의 지휘 막사까지 유린했다. 손권과 좌우가 깜짝 놀라 근처 언덕으로 도주했다. 손권은 장료의 군세가 적은 것을 보고는 겹겹이 에워싸도록 했으나 장료는 이를 뚫어냈다. 아직 빠져나오지 못한 남은 병사들이 "장군님은 우리를 버리십니까?"라고 부르짖으니 다시 포위망에 뛰어들어 모두를 구출했다. 손권군은 짓밟혔고 사기는 완전히 바닥으로 떨어졌다. 장료가 합비로 복귀해서 방비를 굳건히 하자 성에 있는 자들이 안정되고 장수들은 경탄을 금치 못했다. 손권은 10여 일 정도만 찔러보고는 역병까지 겹쳐 회군했다. 여몽, 장흠, 능통, 감녕, 그리고 1,000명의 근위병만이 손권을 호위했다. 장료가 이를 놓치지 않고 즉시 출격했다. 피 튀는 난전 속에서 손권은 가까스로 몸을 피했다. 전투 종료 후 장료가 항복한 오나라 사람에게 물었다.

"말을 능숙하게 타고 활을 잘 쏘는 상체가 길고 하체가 짧은 자줏빛 수염의 장군이 있던데 그게 누구요?"

오나라 사람이 손권이라고 대답하자 장료가 잡지 못한 것을 아쉬워했다. 조조가 장료를 매우 장하게 여기고 정동 장군(征東將軍)을 주었다. 장료는 217년 유수구 전투에서 장패와 선봉이었고, 하후돈 등과 함께 거소(居巢)를 지켰다. 219년 관우가 번성(樊城)의 조인을 포위하자 조조는 장료를 보내 조인을 구하게 했다. 장료가 도착하기 전에 서황이 먼저 관우를 물리치고 포위를 풀었다.

220년, 조비가 위왕을 이으면서 장료를 도향후(都鄉侯)에 봉하고 다시 합비에 주둔케 했다. 조비는 장료의 어머니에게는 수레를 하사하고 병마(兵馬)를 보내 그 가족을 전송했으며 합비의 모든 장수와 관리들은 길가에 정렬하여 절하며 맞이하도록 했다. 보는 이들이 이를 명예로운 일로 여겼다.

그 후 조비는 한 헌제로부터 선양의 형식으로 황제에 올라 위(魏)의 초대 황제가 되었다. 조비가 황제가 되면서 장료도 진양후(晉陽侯)로 올랐다. 221년, 조비는 장료에게는 저택을, 장료의 어머니에게는 특별히 전각을 지어주고, 장료의 모집에 응해서 오나라를 쳐부쉈던 병사들은 호분(虎賁)으로 삼았다. 222년 조비가 오나라에 대한 남정을 시작하여 장료와 조휴는 해릉(海陵)으로 갔다. 손권이 이를 매우 두려워하여 장수들에게 장료가 아무리 병들었어도 주의할 것을 당부했다. 장료는 여범을 상대로 선전했으나 결국 강도에서 병사했다. 조비가 눈물을 흘리며 시호를 강후(剛侯)라 했다.

장료는 담력이 남달랐다. 몇 달 동안 서로 전투를 벌였던 창희가 장료의 설득에 응해 투항하자 그 답례로 혼자 창희의 본거지인 삼공산(三公山)에 올라 그 가족에게 예를 갖추었다. 창희가 감격하여 장료를 따라 허창까지 와서 조조를 배알했다. 창희가 돌아간 후 장료는 조조에게서 "적의 소굴에 단독으로 들어가는 것은 대장이 해서는 안 되는 행동"이라는 주의를 받았다. 합비 전투에서는 조조에게 직접적으로 지명되어 나가 싸우라는 교서까지 받을 정도였으며, 장료는 손권군을 상대로도 종횡무진했다. 216년, 조조는 장료의 격전지를 둘러보며 매우 감탄했다. 오나라 사람들에게는 장료가 극한의 공포감으로 남아서 "울던 아이 장료 온다는 말에 울음 그친다."는 말까지 생겨났다고 한다.

관우가 잠시 조조에게 의탁하고 있을 때 장료가 조조의 명을 받아 관우의 의중을 물었다. 관우는 유비와 함께 죽기로 맹세했다며 조조에게서 받은 은혜를 갚는 대로 떠날 것이라고 했다. 장료는 고민 끝에 사실대로 고했고, 조조는 관우를 의롭게 여겨 그렇게 해주었다. 이 일은 이후 신하의 바른 자세로서 회자되었다.

조조는 206년 헌제에게 올리는 표(表)에서 우금, 악진, 장료를 이렇게 표현했다.

"이들은 무력이 걸출할 뿐더러 계략까지 능합니다. 충성심도 한결같아 절의를 지킵니다. 싸울 때마다 병사를 지휘하여 어떠한 강한 적이라도 분격하여 물리치고 스스로 북을 쳐 지치지도 않습니다. 원정을 가면 군대를 어루만져 화합하게 하고 법을 받듭니다. 적을 만나면 과감하게 결단하면서도 실수가 없습니다.'

그래서 우금은 호위장군(虎威), 악진은 절충장군(折衝), 장료는 탕구장군에 임명되었다. 조비는 225년 장료와 이전을 추념하며 "800명으로 10만 명을 깨뜨리는 미증유의 용병술은 지금까지도 오나라 사람들의 전의를 상실하게 만들고 있으니 실로 우리나라의 발톱과 어금니이다."라고 말했다.

정사《삼국지》에서 진수는 조조 휘하의 훌륭한 장수로는 장료, 악진, 우금, 장합, 서황 5명이 으뜸으로, 가히 명장이라고 했다. 장료는 그 중 가장 맹장이었다. 오와의 전투에서 실수가 없었고 전선에 나가 장수급을 수없이 베고 승리를 이끌어서 오나라에서는 어린 아이들도 장문원 이름만 들어도 벌벌 떨 정도였다고 했다. 서주군 전투 때는 관우와 전투 중에 수십 합을 겨뤄도 밀리지가 않았고, 관우가 힘겨워하자 도와주러 온 부장 장익, 마상, 주원 등을 죽였다. 이때 관우는 후퇴했고 조조군에 포위된 관우는 잠시 항복하여 몸을 의탁하게 되었다.

《연의》에서는 장막이 여포를 끌어들여 연주에서 거병할 때부터 여포의 부하로 등장하여 각종 전투를 수행하다가 여포가 죽은 후 조조에게 귀순한다. 서주에서 독립한 유비가 조조에게 깨진 뒤, 하비성에 고립된 관우를 세 가지 죄를 들어 설득하여 항복하게 한다. 관우가 유비를 찾아 오관참육장을 벌이고 하후돈과 싸우려 할 때 장료는 조조의 명을 알리며 둘의 싸움을 말린다. 그는 하북, 적벽에서 활약하고 합비 전투에서는 손권군 태사자의 계략을 간파하여 역습하고 중상을 입혀 결국 죽인다. 장료는 조비가 오나라에 대한 친정에 실패하고 퇴각하는 것을 호위하다가 정봉(丁奉)의 화살에 맞아 허창에서 죽는 것으로 묘사되고 있다.

제18강

위와 서진 이야기

위(魏)나라

조비(曹丕, 187~226)

조비(曹丕)는 후한 헌제로부터 선양(禪讓)의 형식으로 왕위를 물려받아 위(魏)의 초대 황제가 되었으며 자는 자환(子桓)이다. 실제로는 찬탈(簒奪)이지만, 외형적으로 선양의 형식을 취해 왕위에 오른 최초의 사례로 볼 수 있다. 그는 헌제의 두 딸을 왕비로 삼아 요임금으로부터 선양 받은 순임금의 방식을 그대로 따르기도 했다. 시호는 세조 문황제(世祖 文皇帝)로 220년 12월에 황위에 올라 226년 6월에 졸했으며 후임 황제는 조예이다.

조비는 조조의 측실이었던 황후 변씨의 몸에서 출생한 서자였다. 태어날 때 하늘에 푸른 뭉게구름이 피어올라 후광처럼 머리 위를 감쌌다고 한다. 또한, 본인의 저서인 《전론(典論)》에 따르면 어릴 때부터 조조의 영재 교육을 받고, 6세 때 궁술을 마쳐 좌우 어느 쪽으로도 자유자재로 쏠 줄 알았으며, 8세 때는 말에 올라탄 채 활을 쏠 수 있었다. 검술도 좋아해 여러 스승을 사사하고 모든 검법에 숙달했고, 문학적 소양도 뛰어나 이미 8세에 붓을 들면 그대로 훌륭한 문장이 되고, 고금의 경서와 그 주석, 제자백가 등에 완전히 통달하여 읽지 않은 것이 없었다고 한다. 다만 이것은 객관적인 내용이 아니라 자신의 저서에 나오는 내용일 뿐임을 고려해야 한다.

조조에게는 25명의 아들이 있었다. 측실 유씨 부인이 낳았으나 본래 정실인 정씨 부인의 양자로 들어가 적자(嫡子)로 입적된 장남 조앙은 197년에 장수(張繡)와의 전투에서 전사했으며, 역시 적자로 입적된 차남 조삭은 조앙이 죽기 전에 병으로 사망했다. 그 후 변씨 부인이 정실이 되었으므로 조비의 후계 지위는 굳건해 보였다. 그러나 환씨 부인과의 사이에 태어난 조충(曹沖)이 어릴 때부터 총명하여 조조는 그를 매우 예뻐했다. 그러나 조충은 208년에 13세의 어린 나이로 병사하고 말았다. 조충이 죽자 조조는 다른 아들들에게 "조충이 죽은 것은 나에게는 불행이지만 너희들에게는 행운이다."라고 말했다고 한다.

204년, 조비는 아버지의 큰 경쟁 상대였던 원소(袁紹)의 세력을 공격하는 데 종군한다. 거기서 원소의 둘째 아들 원희(袁熙)의 아내인 견씨를 약탈하여 처로 삼았고, 견씨는 이듬해 조예(曹叡)를 낳았다. 211년, 조비는 오관중랑장 겸 부승상으로 오르지만, 조조는 다섯째 아들 조식(曹植)의 재능을 아꼈으므로 조비는 후계자로 확정되지 못했다. 하지만 문학적 재능이 넘쳤던 조식이 술로 말미암아 조조의 노여움을 사 총애를 잃었고, 217년 조조가 위왕에 오르자 조비가 그의 나이 31세 때 왕세자로 책봉되었다. 이 과정에 사마의의 도움을 많이 받았다고 한다. 조비는 행동이 가볍고 감정 표현을 자제하지 못하는 면도 있었다고 한다. 조비는 220년 정월 조조의 죽음으로 위왕의 자리를 이어받았고, 결국 후한 왕조를 무너뜨리고 황제에 올랐다. 그리고 수도를 허창에서 낙양으로 옮겼다.

《연의》에는 조비가 헌제를 협박하여 제위를 넘겨 받는 것으로 묘사하고 있지만, 정사에는 그런 묘사는 나오지 않는다. 그러나 학자들은 헌제(민제)가 스스로 양위를 주도한 게 아니라 조비가 선양이라는 평화로운 형식적

절차를 통해 한나라 4백 년 사직을 찬탈했다고 판단한다. 이리하여 조비는 황제로 즉위하고, 헌제는 산양공에 봉해져 하내군 산양현 1만 호를 받았다. 한때는 헌제가 피살되었다는 소문도 퍼졌는데, 촉한에서는 이 소문을 유비가 황제로 즉위하는 명분으로 삼았다. 실제로 헌제는 살해되지 않았고 평화롭게 잘 살다가 이후 조예 대에 죽었고 시호도 추증받았다.

황제에 즉위한 이후 조비는 내치에 힘썼다. 조비는 제도의 확립과 민심의 안정 그리고 유학의 부흥에 힘쓰는 등의 면모를 보여주었다. 제도적인 면에선 행정 구역을 재정비하고 지방에 중정(中正)이라는 관리를 파견하여 사대부를 조사 및 평가하게 한 뒤 이를 바탕으로 인재를 추천받아 선발했다. 이 과정에서 관직을 9개의 관등으로 구분해 등용하고 배치하는 구품관인법(九品官人法)을 중국 역사상 최초로 실행했다. 또한 조비는 구휼책이나 사면령을 종종 내려 민심의 이반을 막고자 노력했으며, 일부 지역 한정으로 세금 면제책을 시행하기도 했다. 다만 이러한 구휼책들은 시대와 왕조를 막론하고 어느 때나 존재했던 제도로 조비만이 시행한 제도도 아닐 뿐더러 현대적인 복지 제도와는 거리가 멀다.

유가 부흥책 또한 사회의 안정과 전통적인 향촌 질서를 부활시키고자 한 정책이었다. 그는 유학의 부흥을 위하여 공자의 묘당(廟堂)을 다시 세우고 주변에 그를 관리하게 하는 한편 제사 규칙을 정하고, 더 나아가 장례 제도를 개선했다. 그뿐만 아니라 유교 경전 저술에도 힘썼기 때문에 조비가 유가 진흥에 기울인 이런 노력은 그 의미가 크다고 할 수 있다. 하지만 이런 유가 부흥책으로 도덕성의 향상을 기치로 삼았음에도 스스로는 이에 반하는 패륜적 행위를 거듭 자행했기 때문에 결과적으로 지도 계급의 도덕성 향상에는 아무런 영향을 미치지 못했다. 또한, 구품관인법의 제정은 사대부 계층의 문벌 귀족화를 초래해 수많은 폐단을 낳았다. 그뿐만 아니라 이때 문벌 귀족화된 사대부 계층들이 이후 고평릉의 변으로 위나라의 정권을 찬탈하게 된다.

한편 조비 시대에는 법률이 너무 가혹하여 백성들의 원성이 컸다. 인구를 골고루 배치하여 농토 개간을 통해 농업 생산력을 증대시키기 위한 정책으로 백성들을 계속 이주시켜 불만이 많았다. 농민들을 강제 이주시키는 것은 예사였으며 심지어는 척박하기 이를 데 없는 자신의 고향에 백성들을 이주시켜 강제로 개간하려 하자 노육은 이를 반대했다. 그러자 조비는 그 의견은 수렴하는 듯 하다가 곧 노육을 좌천시켰다. 또 군사들의 사기를 북돋아 주기 위해 백성의 딸이나 심지어는 유부녀까지 병사들과 강제로 혼인시키기도 했다. 이것은 원래 조조 때부터 있었던 제도이지만, 조비 대에는 지방 관리들까지 나서서 일반 여성을 강제로 다른 남자와 결혼시키는 경우가 많아 백성들의 울음이 그치지 않았다고 한다. 이처럼 민심을 잃었기 때문에 위가 망한 이후 육조 시대 때 이미 각종 야사나 민담에는 조비를 비판하는 내용이 범람하게 되었다.

군사적으로는 이릉 대전을 앞두고 위와 촉의 협공을 우려한 손권(孫權)이 거짓으로 순종의 뜻을 밝히며 항복해오자 그 항복을 받아들였다. 유엽은 손권의 속마음을 알고 항복을 받아주는 대신 촉과 함께 오(吳)를 먼저 정벌할 것을 건의했지만, 조비는 받아들이지 않고 손권을 오히려 오왕으로 책봉했다. 이에 유엽은 오의 단결력이 커진다며 반대했지만, 조비는 듣지 않았다. 이릉 대전에서 승리하자 유엽의 예상대로 손권은 즉시 태도를 바꾸어 태자를 인질로 바치겠다는 약속을 거절했다. 분노한 조비는 신하들의 반대에도 불구하고 대군을 동원해 매년 손권을 공격했지만, 아무런 성과도 내지 못하고 국력만 낭비했고, 이는 난세를 연장하는 결과를 낳았다. 또 이로 인해 오나라를 적대하는 동시에 이릉 대전의 여파로 촉나라가 오히려 상대적으로 국력을 회복하는 계기가 되었다. 조비의 뒤를 이은 조예 대에는 촉의 제갈량이 북벌을 할 정도까지 국력을 신장했다. 아버지 조비 덕분에 조예는 재위 기간 내내 양 국가의 협공을 막아내야 했다.

조비의 군사적 재능은 아버지인 조조나 동생인 조창과는 달리 그리 대단한 수준은 아니었다. 이릉 대전 당시에 조비는 스스로 유비가 병법을 몰라 패했다고 비판했음에도 불구하고 정작 그 자신이 오나라를 침공했을 때 서성이 급하게 만든 가짜 성(城)에 속아 후퇴했을 정도였다.

226년, 평소 주색에 탐닉하던 생활로 병을 얻은 조비는 병세가 위독해지자 아들 조예를 황태자로 책봉한 후 조진(曹眞)과 조휴(曹休), 사마의(司馬懿), 진군(陳羣)에게 후사를 부탁하고 사망했다. 그가 제위에 오른 지 7년, 향년 40세 때의 일이었다. 아버지 조비의 횡포를 어렴풋이 알고 있던 조예는 조비가 사사로운 이유로 피해를 준 모든 사람을 찾아내어 사면하고 복권했다.

조비는 여러모로 인간성에 문제가 많았다. 조비는 자신을 지지하는 사람에 대해서는 논공행상을 폈지만, 과거에 사사로운 원한이 있는 자는 육친이라도 용서하지 않았다. 후계 경쟁의 대상이었던 조식의 측근들은 조비의 즉위 직후 몰살되었으며, 조식은 모친 변 태후의 만류로 간신히 목숨만은 건졌지만, 그 후 지방으로 쫓겨나 철저한 감시 속에서 다시는 중앙으로 복귀하지 못한 채 몇 번이나 영지를 옮기면서 쓸쓸히 죽었다. 조비가 조식에게 즉석에서 시를 지을 것을 강요하자 조식이, 일곱 걸음 안에 시를 완성하지 못하면 죽이겠다는 조비의 위협 속에서 지은 시가 전해진다. 소위 칠보시(七步詩)는 형제 간의 갈등을 소재로 하여 유명하다.

자 두 연 두 기 煮豆燃豆萁	콩대를 태워 콩을 삶으니
두 재 부 중 읍 豆在釜中泣	콩은 솥 속에서 운다
본 시 동 근 생 本是同根生	본래 한 뿌리에서 났건만
상 전 하 태 급 相煎何太急	어찌 급하게 삶아 대느뇨

또 다른 동생인 조창도 비슷한 냉대를 받았다. 《세설신어(世說新語)》에 따르면 조창은 조비에 의해 독살되었다고 기록되어 있다. 조강지처인 견(甄) 황후도 질투가 심하다는 핑계를 대고 사사했다. 조비는 아버지인 조조에게도 패륜적인 행위를 자행했다. 220년, 고향인 초에 가서 관원은 물론 백성들과 함께 날이 저물도록 축제를 벌였는데, 이때는 조조가 죽은 바로 그 다

음 해로 조조의 삼년상 기간이었다. 당시에도 삼년상을 온전히 지내는 것은 힘들었지만, 그 기간 동안 행동을 조심하는 것이 정치적으로도 유리한 상황이었다. 그런데도 조비는 고향에서 축제를 벌이며 패륜적 행위를 벌였다. 다음 해인 221년에는 당시 위나라의 종묘가 있던 업(鄴)으로 가지 않고 자신이 있던 낙양에서 조조의 제사를 지냈는데, 민간의 제사 수준으로 치렀다. 조조는 죽을 당시 위왕이었고 조비는 황제로 오른 뒤 조조를 태조 무황제로 추증까지 했으니 제왕의 격식에 맞는 제사를 지내야 하는데도 평민과 같은 방식으로 제사를 지내 버린 것이다. 아마도 자신에게 왕위를 물려주기 망설였던 것에 대한 소심한 뒤끝(?)이었을 것이다. 조비는 그런 인간이었다.

한편 조비는 사냥에 광적으로 집착했다. 그는 조조의 상중에도 계속해서 사냥을 나가려 했다. 그러자 부마도위였던 포훈이 조조의 상중에는 사냥을 자제해달라고 수레를 멈추고 표(表)를 올렸는데, 조비는 표를 직접 찢어버리고 사냥길을 떠났다. 가는 도중에 조비가 수레를 멈추고 수렵과 음악 중에 무엇이 좋으냐고 신하들에게 의견을 묻자 유엽이 수렵이 좋다고 하자 포훈이 그것을 반박하니 조비는 노하여 사냥을 멈추고 궁으로 돌아와서 포훈을 좌천시켜 버렸다. 황제가 수렵을 좋아한다는 것은 단순히 정사를 돌보지 않는 것을 넘어 백성들에게 심각한 폐를 끼치는 일이었다. 한 번 사냥하러 갈 때마다 수천 명이 동원되는 건 예삿일이라 적지 않은 예산이 소모되었고, 사냥터는 대개 도읍 주변의 민가와 논밭을 없애고 만들었기 때문이다.

조비의 비인간성은 절친한 친구에게도 적용되었다. 조비의 절친한 친구였던 하후상은 조씨 일족의 여자와 결혼했는데, 조씨인 정부인을 놔두고 다른 애첩을 총애하자 조비는 그 애첩의 목을 졸라 죽여버렸다. 하후상은 슬픔을 못 이겨 애첩의 무덤을 파 시체를 껴안는 등 우울증 증세를 보이다 죽었다. 정작 조비 본인은 조강지처인 견황후에 대한 사랑이 식자 그녀를 내팽개쳐 죽였다는 점에서 그의 이중성을 엿볼 수 있다. 이 밖에도 과거의 원한으로 사소한 트집을 잡아 신하들을 처형한 일이 많았다.

조비는 인재를 보는 안목 역시 좋지 않았다. 맹달은 촉나라에서 관우의 죽음에 연루되어 위나라로 도피해서 귀순하자 유엽과 사마의의 반대에도 불구하고 얼굴이 잘생겼다는 이유 하나만으로 상용태수에 임명하는 등 매우 극진히 대우했다. 이후 맹달은 자신을 아끼던 조비가 죽자 다시 위나라를 배신하고 촉으로 귀순하려 했지만, 계획이 들통 나 사마의에게 죽었다.

진수는 "조비(曹丕)는 천부적인 문학적 소질은 갖추었을지 모르지만, 도량도 작고 마음 씀씀이도 공평하지 않았으며, 도의를 지키는 데 노력을 기울이지 않았고 덕망도 없었으니 고대의 현군과는 거리가 멀었다."라고 평가했다.

조예(曹叡, 205~239)

조예(曹叡)는 위 2대 황제이며 자(字)는 원중(元仲)이다. 조비의 아들로 진(견, 甄) 씨 소생이다. 시호는 열조 명황제(烈祖 明皇帝)로 226년부터 239년까지 재위했고 중국의 역대 황제 중 나라를 세우지 않고 조(祖) 자의 묘호를 얻은 최초의 황제이며, 묘소는 고평릉(高平陵)이다. 221년 그의 모친이 사약을 받고 죽자 곽황후(郭皇后)가 그를 아들로 삼아 길렀다. 처음에 조비는 조예를 좋아하지 않아 다른 부인(徐姬)의 아이 조례(曹礼)를 태자로 세우려 했기에 조예는 장기간 태자가 될 수 없었다. 그러던 어느 날, 두 부자가 우연히 함께 사냥을 하던 중, 조비가 어미 사슴을 쏘아죽인 뒤 아들에게 새끼 사슴을 죽이라 시키자 조예가 울며 말했다.

"폐하는 이미 그 어미를 죽였으나 신은 도저히 어린 사슴을 죽일 수 없습니다."

조비는 그 말에 가엾은 마음이 들어 즉시 활과 화살을 내던지고 조예를 기특하게 여기게 되었고, 이 일로 인해 조예는 황태자로 낙점되었다고 한다.

226년 여름, 조비가 죽은 뒤 조예가 제위를 계승했다. 조예는 즉위 후 가장 먼저 어머니 견씨가 명예 회복을 할 수 있도록 문소황후(文昭皇后)로 추존했고, 235년에는 어머니를 모함하여 죽게 만든 문덕황후를 사사했다. 그 후 조예의 총애는 황후 모씨에서 부인 곽씨로 옮겨갔다. 조예가 한번은 모씨를 빼놓고 연회를 열고 주위에 이를 함구토록 했는데, 모황후가 이를 알게 되었다. 모황후가 조예를 만나 비꼬자 비밀이 새어나갔음을 알게 된 조예는 주위의 측근들을 살해하고, 모황후도 죽인 것으로 전해진다. 미워하면서 닮는다는 말이 있듯이 조예 역시 자신의 아내를 살해한 아버지와 같은 행동을 하게 된 것이다.

238년 요동 정벌을 완료한 후, 조예는 수도 낙양에서 병을 얻어 태자 조방의 후견인을 누구로 할지를 모색했다. 조예는 재위 중에 오·촉과 균형을 이루면서 정치에 직접 관여했다. 그러나 종실에 나라의 기둥이 될 만한 인재가 없어 결국 조상과 사마의를 후견인으로 다시 세우고, 239년 1월, 36세의 나이로 붕어하여 고평릉에 묻혔다.

《위서 명제기(魏書 明帝紀)》 등에 따르면 군대를 출동시키거나 논의를 통해 중대한 일을 결정할 때에는 지략이 있는 신하, 장군, 대신들이 모두 조예의 계략에 따랐으며, 뛰어난 결단력과 전황을 정확하게 예측하는 면모를 보여주었다고 한다. 226년, 오의 손권이 강하를 공격했을 때 신하들은 군사를 내어 구원하려 했지만, 조예는 “수전에 익숙한 손권이 감히 육지를 공격하고 있는 것은 기습을 노리고 있기 때문이다. 그러나 문빙이 강하를 고수하고 있기 때문에 전선은 이미 교착 상태에 빠져 있고 오래 머무르려 하지 않을 것”이라고 예측했다. 이에 앞서 조예는 어사 순우를 보내 병사들을 위로하도록 했다. 순우가 도착하여 강하군에서 지나가는 현마다 군사를 징발하고 보병과 기병 1천 명을 이끌고 산에 올라 횃불을 들며 병사가 많은 것처럼 위장했다. 그 결과 조예의 예측대로 손권은 퇴각했다.

228년, 신성 태수 맹달이 촉한의 제갈량과 내통했다는 것을 알게 되자 조예는 사마의를 그 진압의 책임자로 임명하여 맹달의 목을 베었다. 이로써 촉한이 신성을 통로로 삼아 위나라를 협공하려는 시도를 사전에 차단했다. 이는 결과적으로 촉한의 1차 북벌 때 위가 가정(街亭)에서 승리하는 것에 간접적으로 기여했다. 이후 제갈량의 다섯 차례에 걸친 침공 때 황족인 조진, 사마의와 장합 등 할아버지 조조대부터 활약한 장군들을 이용하여 이들을 막아내었다. 또한 1차 북벌 때는 친정하여 장안 방면의 동요를 진정시켰다.

234년에는 오나라가 동쪽에서 촉의 북벌에 호응하여 협공했다. 이때 만총은 합비(合肥)의 수비는 포기하고 수춘에서 손권에게 맞서자는 계획을 세웠다. 조예는 이를 따르지 않고 "옛날 후한 광무제는 군대를 파견하여 멀리 약양을 점거하고 외효를 격파했으며, 선대 황제는 동쪽에 합비를 두고 남쪽에 양양을 지키게 하고 서쪽에는 기산을 지키게 했는데, 땅에는 반드시 싸워야 할 곳이 있는 법이다."라고 결전의 의지를 보였다. 그 후 "여러 장수들에게 명령하니 수비를 굳게 하면 내가 장차 직접 가서 그들을 정벌할 것이지만, 내가 도착할 때면 손권은 아마도 도주했을 것이다."라고 예측하며 동쪽으로 친정했는데, 그 예측대로 손권은 조예가 미처 도착하기도 전에 도주했다. 만총의 의견을 따르지 않은 조예의 예측으로 인해 위나라는 합비를 지켜낼 수 있었다. 한편, 오장원에서 제갈량과 대치하는 사마의에게 "결전을 회피하고 지구전에 돌입하며 후퇴 시에는 추격하라"는 조서를 내려 제갈량의 진군을 방어하는 데 실절적 역할을 했다.

238년, 요동의 공손연이 위(魏)에 반란을 일으키자 조예는 신하들의 반대를 무릅쓰고 정벌을 결행했다. 그는 사마의의 판단을 전적으로 신뢰하고 전권을 위임한 결과, 반란의 조기 진압에 성공했다. 또한 요동의 공손씨를 제거하여 촉한 침입 때 후방에서 공손씨가 호응할 가능성을 차단하게 되었다. 이렇게 조예는 중앙에 있으면서도 현장에서 일하는 장군들보다 뛰어난 군사적 전략을 발휘했다. 조예는 아버지 조비의 유조를 받아 정무에 있어서 대신들에게는 각 지방의 실무를 맡기고 중앙 정치는 황제 자신이 주도하는 체제를 구축했다. 특히 법리에 관심이 많아 가혹한 형벌을 줄였으며, 사형에 관한 법령 조문을 검토하고 많은 부분을 삭제했다. 그는 재판에도 관심을 보이며 큰 재판이 있을 때마다 방청했다. 229년에는 진군과 유소 등에게 한(漢) 대의 법률을 정비하여 신법률을 제정하게 했다.

조예는 왕이 친경(親耕)하는 적전(耤田) 의식을 행하여 농업을 권장하고 적전에서 스스로 밭을 갈았으며, 관의 창고를 열어 자립할 수 없는 백성들을 구제했다. 233년에는 자립할 능력이 부족한 사람들에게 세금을 면제해 주었다. 여러 번 영토를 순시하며 과부, 고아와 아들 없는 노인을 위문하고 곡물과 흰 비단을 하사하며 그들을 보살폈다. 하지만 말년에는 수차례의 궁전 건축을 실시했고, 그 비용으로 인해 위나라의 재정은 크게 기울었다. 또한 농번기의 농민들을 많이 징용했기 때문에 농촌의 황폐화를 초래했다.

조예는 아버지 조비와 달리 간언한 인물들이 마음에 들지 않는다고 해서 그들을 꺾어버리거나 죽이지 않고 관용적인 태도로 대했으며, 곧은 소리를 적극 수용했다. 또 예를 가지고 대신들을 우대했다. 조예는 공적을 세운 자나 유능한 자를 선발했으며, 우아한 말투와 고상한 자태를 뽐내는 실속 없는 무리들을 증오했는데, 이는 《위지 노육전(魏志 魯毓傳)》에서 확인할 수 있다.

노육이 "관리 평가가 명성에만 의존하다 보니 진위가 혼란스럽게 섞여 있고, 허실이 서로 구분되지 않은 것입니다."라 상소하자 조예는 즉시 관리의 성적을 평가하는 제도를 만들도록 조서를 내렸다. 이에 따라 실속 없는 허황된 무리들을 모두 면직시키고 다시는 등용하지 말라고 엄명을 내렸다. 하지만 이들은 조예가 죽은 후에 조상의 도움으로 다시 출세가도를 걷다가 이후 고평릉의 변으로 정권을 잡은 사마의의 손에 제거되었다. 조예는 할아버지인 조조가 마련한 위 왕조를 완성하고 명성을 높이는 데 주력한 명군이었지만, 말년에 궁전 건축 등의 사치를 일삼고 어린 황제를 보위할 친위 세력을 굳건히 하지 않아 사마씨 일가에게 정권을 찬탈당한 것으로 평가받고 있다.

진수는 《삼국지》에서 다음과 같이 평하고 있다.

"명제(조예)는 침착하고 굳세며 결단력과 식견을 갖추었고, 마음에 임하여 행동하며, 군주의 지극한 기개를 지녔다. 그 당시 백성들은 생활이 피폐하고 온 천하는 분열되었으나 명제는 선조의 빛나는 대업을 먼저 생각하거나 왕업의 기틀을 다지지 않았다. 그가 진시황이나 한 무제를 급히 모방하여 궁전을 지었으니 나라를 다스리는 원대한 관점으로서 헤아리면 이는 아마도 중대한 결함이 아닐 수 없다."

조방(曹芳, 232~?)

조방(曹芳)은 조위(曹魏)의 제3대 황제로 자는 난경(蘭卿), 시호는 소릉여공(邵陵厲公)으로 다른 칭호로는 제왕(齊王), 소제(少帝), 애제(哀帝), 폐제(廢帝)로 불리기도 한다. 그는 조예가 어디선가 데려온 양자이며, 형제로는 조순이 있었다. 어릴 때 조방은 황태자가 되었으며 조순은 진왕(秦王)에 봉해졌다. 이에 대해 정사에는 애초에 황실만의 출생의 비밀이라 근본을 알 수 없다고만 했다.

비록 조방이 명제 조예의 친자(親子)가 아니더라도 출신이 명확한 양자(養子)라면 아무런 문제가 없었을 것이다. 야사에 적힌대로 정말로 임성왕 조해의 아들이라면, 조해는 조창의 아들이며, 명제 조예에게는 사촌이기 때문에 오촌 조카인 조방을 입양하는 것이 된다. 어차피 아들 없는 사람이 친척의 아들을 입양하는 게 흔했던 시대였다. 그러나 조방의 경우에는 아무리 황제인 조예의 양자가 되었다 해도 결국에는 누구의 아들인지도 모른다는 점에서 정통성에 심각한 문제를 가지고 있었다.

조예가 239년, 재위 14년 만에 36세의 나이로 사망하자 조방이 9세의 나이로 황제가 되었다. 조방의 나이가 너무 어려 조예의 황후이자 조방의 양모인 명원황후(明元皇后) 곽씨가 대신 수렴청정을 했다. 또한 조예의 탁고대신인 조상과 사마의가 어린 황제를 곁에서 보필했다. 하지만 이후 친족인 조상과 사마의 간의 분쟁이 암암리에 격화되면서 조상은 사마의 측 인사들을 전부 배제하고, 자신과 동생, 지인 등으로만 권력 구조를 독점하면서 황제 조방조차 무시한 채 전횡을 일삼았다. 물론 사마의도 가만히 두고 볼 사람은 아니었다. 그는 그 뒤 두 아들인 사마사와 사마소를 데리고 고평릉 사변을 일으켜 조상 일파를 모두 제거했다. 이로써 사실상 위(魏)의 전권은 사마씨 가문에게 넘어가게 되었다. 그러나 사마의는 건국에 대한 의지가 없었다. 아마도 조조가 생전에 역성 혁명을 일으키지 않았던 점을 본보기로 삼았을 가능성도 있었다. 사마의는 위나라의 실세로 만족하며 위의 사직을 보존했다. 그런데 사마의의 두 아들들은 이런 사마의와 달랐다. 조방이 10세도 안 되는 나이에 황제가 되었다는 것 때문에 사마의가 어린 조방을 꼭두각시로 만들었다는 이미지가 있지만, 사마의가 고평릉 사변을 일으켰던 때는 조방 재위 10년인 249년이었다. 즉 조방의 나이 19세이므로 어리다면 어리지만 당시 기준으로는 성인에 속하며, 거기다가 10년 동안이나 황제였으니 단순한 어린아이로 보기에는 무리가 있었다.

사마의의 뒤를 이은 사마사가 권력을 잡자 조방은 외척인 장집, 중서령 이풍, 황문감 소삭, 영녕서령 악돈, 항종복야 유현, 태상 하후현 등과 함께 사마사와 그 일당들을 주살하고 하후현을 대장군으로 대신 삼으려고 했다. 그러나 이 음모는 발각되어 실패했고 이풍, 하후현 등은 처형되었다. 이후 황후인 장씨도 사마사에 의해 폐출되는 등 조방의 측근이 모두 정리되었다.

몇 달 뒤 수세에 몰린 조방은 사마사를 없애려 했으나 계획만 세우고 실행치 않았다. 정확하게는 강유가 농우로 침범하자 허창에 주둔하고 있던 안동 장군 사마소에게 강유를 공격하라고 수도로 부른 다음 그를 죽이고 그 군대를 탈취하고 사마사도 몰아낸다는 계획이었지만, 막상 사마소가 들어오자 조방은 이를 두려워하며 실행하지 못했던 것이다. 사마소는 군대를 이끌고 수도로 들어왔고 사마사는 이 계획을 알고 황제의 계획을 황태후에게 말하며 황제를 폐위시킬 작정을 했다. 그리고 사마사는 황태후인 명원황후를 통해 조방을 폐위시켰다.

가을 9월, 대장군 사마사는 황제 폐위의 계획을 황태후에게 말했다. 황태후가 다음과 같이 명령했다.

"황제 조방은 이미 성년이 되었지만, 국가의 정무를 직접 처리하지 않고 여색에 빠져 매일 추한 유희를 즐기고 있소. 또한 여자들을 궁 안에 들여 내전에 머물게 하여 인륜의 질서를 파괴하고 남녀의 정절을 혼란스럽게 하고 있지요. 공손함과 효도하는 마음은 날마다 줄어들고, 도리에 역행하는 오만함만이 점점 심해져 하늘이 명한 대업을 잊고 종묘를 받들 수 없게 되었소. 겸태위(兼太尉) 고유에게 간책(簡策)을 받들어 종묘에 제사지내 보고하고 조방을 제나라로 돌려보내 옛날대로 번왕을 담당하도록 하여 황제의 자리에서 물러나도록 하시오."

이날 황제는 다른 궁전으로 옮겨졌는데, 이때 그의 나이 스물셋이었다. 사자가 부절을 갖고 조방을 호송했다. 하내군(河內郡) 중문(重門)에 제왕의 궁궐을 만들었고, 제도는 모두 번국(藩國)의 예식과 같았다. 이로써 조방은 사마사에 의해 폐위되었다. 조방은 제왕(齊王)이라는 작위를 받고 하내군(河內郡) 중문(重門)으로 쫓겨났다. 폐위 후 일생은 알려진 것이 없지만, 정사에서는 폐위된 후 곧바로 조모(趙髦)를 옹립하는 것으로 끝난다. 《진서(晉書)》에 따르면 265년 서진이 세워진 후 사마씨 황족이 아니었던 그는 제왕에서 소릉공(邵陵公)으로 격하되었다고 전한다. 그 후 사마씨에 의해 추대된 조모(曹髦)는 정권 회복을 꿈꾸다 살해당하고, 조환(曹奐)이 이름뿐인 황제 자리에 잠시 앉았으나 그의 역할은 왕위를 진(晉)왕조를 세운 사마염에게 바치는 것이었다.

서진(西晉)

사마사(司馬師, 208~255)

사마사(司馬師)는 위(魏)의 권신으로 자(字)는 자원(子元)이고 사마의의 장남이다. 그는 젊었을 때부터 부친을 따라 정벌 전쟁에 나섰다. 아버지 사마의는 대장군 조상과 함께 선황제 조예로부터 황제 조방의 고명을 받았으나 부하들의 부추김을 받은 조상에게 의도적으로 조정에서 배제당했다. 사마사는 아버지와 함께 조상을 죽일 비책을 세웠는데, 동생 사마소조차도 알지 못할 정도로 비밀스러운 계획이었다. 조방 즉위 10년(249년) 사마사는 아버지를 따라 거사를 일으키고 출병하여 조상과 그 일족을 제거했다. 이른

바 고평릉 쿠데타 사건이다. 이로 말미암아 조씨의 위(魏) 왕조는 몰락하게 되었다. 251년 사마의가 죽자 사마사는 무군대장군(撫軍大將軍) 녹상서사(錄尙書事)가 되어 국정을 농단했다. 이후 아버지보다도 더 많은 권세를 누렸고, 그 권력은 황제를 뛰어넘었다. 254년 위 3대 황제 조방이 하후현(夏侯玄) 등과 모의하여 사마사를 죽이려고 하자 오히려 그는 하후현 등을 죽이고 조방을 폐위한 다음, 고귀향공(高貴鄕公) 조모(曹髦)를 황제로 세웠다. 다음 해인 정원 2년(255년), 진동대장군 관구검이 양주자사 문흠 등과 함께 황제 폐위에 대한 죄를 묻고자 태후의 명령을 칭하고 군사를 일으켰다. 사마사는 직접 출병했으나 왼쪽 눈에 갑작스러운 통증이 찾아왔다. 결국 눈 위의 혹이 악화되어 얼마 뒤 진중에서 48세의 나이로 사망했다. 동생 사마소가 진왕이 되자 경왕의 시호를 받았다. 후에 조카 사마염이 진(晉)나라를 건립하고 황제가 되어 그를 시호 경황제(景皇帝)로 추존했다.

사마소(司馬昭, 211~265)

사마소(司馬昭)의 자(字)는 자상(子尙)으로 사마의의 차남이다. 그는 젊어서부터 부친을 따라 정벌 전쟁에 나섰다. 위 정시(正始) 10년(249), 조상 집단을 주살하는 데 참여하여 부친 사마의, 형 사마사와 함께 고평릉 사변을 통해 정권을 잡았다. 사마의는 모든 계획을 장남 사마사와 함께 도모했는데, 이 과정에서 차남인 사마소는 완전히 배제되었다. 아버지와 형이 그의 능력을 믿지 못했는지는 알 수 없지만, 사마소가 아버지와 형에게 사건의 전말을 듣게 된 것은 거사 바로 전날이었다. 덕분에 사마사는 모든 준비를 끝내놓고 거사 전날에 마음 편히 잠을 잔 반면, 사마소는 심적 동요를 감추지 못했다고 전한다. 이후 그의 형 사마사가 조정을 전횡할 때는 군사를 이끌고 정벌에 나섰다. 위 정원(正元) 2년(255) 사마사가 대군을 이끌고 회남(淮南)에서 관구검과 문흠 등을 공격할 때, 사마소는 중령군(中令軍)으로 낙양을 맡아 지키고 있었다. 사마사가 죽자 자신이 대장군 겸 녹상서사(錄尙書事)가 되어 국정을 전담했다.

위 감로(甘露) 5년(260), 조모(曹髦)가 친히 숙위군과 노복들을 거느리고 사마소를 토벌하려 하자, 심복 가충을 시켜 조모를 죽이고는 상도향공(常道鄉公) 조환(曹奐)을 황제로 세웠다. 위 경원(景元) 4년(263) 군사를 일으켜 대대적으로 촉을 공격했는데, 이때 그 공으로 진공(晉公)에 봉해지고 상국(相國)이 되었다. 촉이 멸망한 후에는 진왕(晉王)에 봉해졌다. 사마소는 265년에 사망했으며, 그의 아들 사마염이 황제가 되어 진(晉)나라를 세운 뒤 그를 문제(文帝)로 추존했다.

정사에 따르면 사마사는 관구검과 문흠의 반란을 진압하고 회군 중에 사망했기에, 사마소가 대신 군을 이끌고 회군했다고 한다. 당시 황제였던 낙양의 조모(曹髦)는 군을 수도 밖에 머무르게 하고 사마소 혼자 입궐할 것을 명령했으나, 종회의 건의를 채용한 사마소가 이를 무시하고 그대로 낙양으로 진군했다. 이 때문에 조모는 사마소에게 사마사가 생전에 가졌던 모든 직위를 그대로 물려주게 되었다.

257년, 제갈탄의 난이 일어나자 사마소는 종회, 가충을 참군으로 삼고 왕기, 주태, 석포, 호분를 이끌어 난을 진압했다. 이때 토벌군 소속인 만위, 만장무가 병을 이유로 토벌군에서 빠지려 하자 만위를 서민으로 강등하고 만장무를 몽둥이로 때려 죽였다. 제갈탄이 죽고 난이 진압되자 제갈탄을 따르던 병사들이 그를 따라 순절하겠다고 했으나 사마소는 이들 모두를 죽이는 등 잔혹한 면모를 보여주었다. 260년 4월, 사마소는 진공, 상국의 지위와 구석을 조모(曹髦)로부터 하사받았으나 거부하고 받지 않았다. 이는 조모가 사마소를 권력의 정점에 올려놓음으로써 동탁이나 훗날의 환씨 일가처럼 '찬탈을 노리는 자'라는 인식을 국민과 조정에 각인시키려는 고도의 정치적 술책이었기 때문이다. 그러니 이 상황에서는 겸손을 가장하여 황제의 권위를 무너뜨리는 술수가 더 적합했다. 조모(曹髦)는 사마소의 행위에 분노를 느꼈다. 258년 동오의 실권자 손침이 황제 손휴에 의해 제거된 것에 자극을 받았을 가능성도 있었다. 이로 인해 조모는 사마소를 제거하기로 결심했다.

조모는 5월에 갑자기 조정 대신들을 불러 다음과 같이 말했다.

"사마소의 마음은 행인들도 알고 있소.(司馬昭之心, 路人皆知) 짐은 계속 치욕을 감당할 수 없소. 오늘이야말로 경들과 함께 사마소를 치러 나가겠소"

조모는 사마소를 참살하고 정권을 되찾기 위해 상서 왕경, 시중 왕침, 산기상시 왕업을 불러 품 안에서 조서를 꺼내며 친위 쿠데타를 시도했다. 조모는 이들을 믿었기에 자신의 계획을 털어놓았지만, 왕침과 왕업은 아무 말도 하지 않았고 왕경은 홀로 말렸다. 그래도 조모는 꿋꿋하게 강행했으나 병권이 이미 사마씨에게 장악된 상황이라 변변한 병사들을 모을 수 없었고, 조모가 부릴 수 있는 병력은 노복이나 환관들뿐이었다.

왕침과 왕업은 왕경에게 자신과 함께 사마소에게 알리러 가자고 제안했지만, 왕경은 거절했다. 이에 둘은 사마소에게 고했고, 계획은 누설되었다. 그런 사실을 모른 채 조모(曹髦)는 소수의 부하들을 데리고 친히 북을 울리며 사마소를 치러 출병했다. 도중에 둔기 교위 사마주를 만나자 고함을 질러 물리치고 운룡문과 지거문을 나섰다. 그러나 동화문 앞에서 사마소가 보낸 가충이 지휘하는 정예 병력에 가로막히고 겁먹은 병졸들이 흩어지자 스스로 검을 빼들고 싸웠다. 하지만 병사들은 감히 황제를 공격할 수 없어 이러저리 몸을 피하기에 급급했다. 이때 가충의 부하였던 성제가 망설이자 가충이 "사마공께서 너희들을 보살펴 주신 것은 오늘을 위해서였다. 뭘 망설이는가?"라며 다그치자 병사들은 그제서야 공격했다. 이때 성제가 조모를 창으로 찌르고 칼로 등을 꿰뚫었고 조모(曹髦)는 연(輦)에서 떨어져 죽었다. 사태는 수습되었지만, 황제를 시해한 사건으로 인해 사마소의 입장은 매우 난처해졌다. 과거에도 천자를 강제 폐위시키거나 독으로 암살하는 일은 있었지만, 이처럼 무력을 동원하여 직접 살해한 일은 전례가 없었다. 이를 무마하고자 사마소는 조모가 명원황후를 시해하려 했다고 둘러대며 조모 시해의 책임을 모두 성제, 성시 형제에게 떠안겼다. 이후 그는 다음과 같은 장계를 올렸다.

"신이 듣기로 신하의 절조는 죽을지언정 두 마음을 품지 않는 것이고 군주를 섬기는 도의는 감히 재난에서 도망치지 않는 것이라고 합니다. 신은 부끄럽게도 신하의 우두머리이고 대의는 국가를 편안하게 하는 것에 있는지라, 끝없이 경고를 하며 황제의 수레에 가까이 가지 말도록 했습니다. 성제가 망령되이 진중에 들어가 이로써 커다란 변고가 발생하게 됐으니 신은 슬프고 고통스러워 오장육부가 찢어질 것 같습니다. 성제는 국군을 범하고 국가의 기강을 어지럽혔으니 죽여도 부족하므로 그의 가족들을 잡아다 정위에게 넘겨야 합니다"

명원황후는 이 말을 듣고 성제의 삼족을 멸했다. 그리고 공경들과 함께 의논하여 연왕 조우의 아들 상도향공 조환을 황제로 세웠다. 하지만, 성제가 단지 실행자에 불과하고 실제 주동자는 가충과 사마소란 걸 사마소 본인을 비롯한 모든 이들이 다 알았으므로, 이후 선양의 정당성이 크게 떨어져 서진의 건국은 촉한 정벌이란 업적을 세운 이후로 미뤄질 수밖에 없었다. 이후 사마소는 조환(趙奐)을 황제로 옹립한 뒤, 오(吳)보단 촉(蜀)을 먼저 쳐야 한다고 판단했다. "한중을 습격하여 병력을 분산시키고 검각과 관두의 험한 요지를 떨어뜨리면 유선은 우매하므로 항복할 것"이라고 하면서 등애와 종회로 하여금 촉한을 정벌하도록 명령했다. 이러한 사마소의 예상은 결과적으로 적중했다. 사마소가 이렇게 나올 것은 강유도 알고 있었기에 고립을 피하기 위해 음평과 양안 교두에 지원군을 요청했지만, 유선이 이를 거부했다. 등애와 제갈서는 강유를 붙잡는 데 실패했고, 위군의 주력이 결국 검각을 돌파하지 못했지만 유선의 항복은 사마소가 정확히 예측했다. 사마소는 촉한을 멸한 후 곧바로 진왕(晉王)이 되었다. 사마씨 일가는 정통 왕조로부터 천자의 자리를 선양받는 명분만으로 정권 장악의 정당성을 확보할 수 없을 정도로 이미 지나치게 많은 권력 남용과 범죄를 저질렀다. 적어도 조조는 헌제의 주변 황족들이나 신하들을 많이 숙청했어도 황제 자체는 건드리지 않았고, 오히려 헌제와 자신의 딸을 결혼시키며 국구(國舅)가 되었다. 하지만 사마씨는 황제 한 명은 폐위하고 다른 황제 한 명은 백주 대낮에 처참하게 살해해버린 전대미문의 패역을 저질렀다. 천하 악당으로 유명한 동탁과 비교해 봐도 너무 지나쳐 백성들의 비난을 피할 수 없었고, 명분 역시 부족하기 그지없었다. 사마소의 촉나라 원정은 바로 이런 배경하에서 진행되었다. 그 후 조환은 사마소가 낙양으로 돌아오자마자 사마소의 작위를 왕으로 올리고 이전의 봉토를 합해 20군으로 증봉했다.

사마소는 사마염을 진나라의 세자로 봉했다. 본디 사마유를 후계자로 삼으려 했지만 가충의 반대로 장남인 사마염을 후계자로 지목했던 것이다. 이후 사마소는 12개의 끈이 있는 면류관을 쓰고 천자의 깃발을 세우며 출입할 때 사람들의 통행을 금했다. 또한 여섯 마리의 말이 끄는 금근거(金根車)를 타며 오시부거를 따르게 했다. 궁중에서는 모두와 운한을 설치하며 팔일무(八佾舞)를 악무로 쓰고 악대는 종을 4열로 늘어놓고 쓸 수 있으며 지위를 연왕보다 높게 했다. 왕비를 왕후로, 세자를 태자로 높이며, 왕녀, 왕손의 작호를 전부 황제의 예법과 동일하게 했다. 그런데 갑자기 동년 가을 8월 신묘일에 중풍으로 쓰러져 노침에서 죽으니, 당시 나이가 54세였다.

이후 아들인 사마염이 황제에 오르자 묘호와 존호를 더해 사마소를 태조 문황제로 추존했다. 이는 사마소가 실질적으로 정권을 더 오래 잡았다는 점, 그의 아들이 황위를 계승했다는 사실이 반영된 조치라 할 수 있다. 《연의》에서는 형인 사마사보다 사마소를 더 기린아로 묘사한다. 또한 사마사가 죽는 장면에서 동생에게 "나는 무거운 짐을 드디어 덜 수 있게 되었다. 이제 네 차례다"라는 유언을 남기며 권력욕보다는 형으로서의 책임감, 의무감을 느끼는 모습을 부각시킨다. 이는 실제와는 정반대의 묘사로, 역사에서는 사마사가 진정한 야심가였고 사마소는 형의 급사(急死)로 예기치 않게 짐을 떠맡은 측면이 강했다. 대중 매체에서도 이런 식으로 사마사, 사마소 형제를 묘사한다. 의외로 사마소 자체는 권력자가 되기 전까지는 다른 사마씨들보다 어딘가 어수룩하고 인간미가 느껴지는 인물이었다. 권력을 잡기 전에는 아버지의 쿠데타를 하루 전에 안다든가 하후현과의 친분을 이유로 형이 하후현을 죽이려고 할 때 말리려고 하는 모습을 보이기도 했다. 그러나 권력의 정점에 오르고 나서는 아버지와 형에게 조금도 뒤떨어지지 않는, 어쩌면 그 이상으로 냉혹한 인물이 되었다. 특히 그가 권력을 잡을 때의 행적이나 용인술을 보면 그의 리더십이나 정치력에 문제가 꽤 있었음을 발견할 수 있다.

형 사마사는 부하들의 패배의 책임을 자신이 짊어지는 냉철한 판단력이 있었고, 사마사 시기의 핵심 군사 참모인 부하와 우송만 봐도 능력과 충성심을 가진 인물들이었다. 또한 자신을 죽이려 한 조방을 죽이지 않고 폐위시켰으며, 조방의 황후도 폐위만 했지 죽이지는 않았다. 후세 사람들이 사마사를 도덕적으로 역적이자 불충이라 단정짓기는 하지만, 살벌한 당시 정황을 보면 사마사는 사실 조조보다도 뛰어난 자제력을 보였던 것이다. 사마사는 자신에 반대하는 자는 냉혹하게 제거하지만, 자신에게 진심으로 충성하는 자에게는 관대한, 간웅의 인간미가 있었다. 그에 비해 사마소는, 찬탈 행로는 어느 정도는 자신의 의지와 관계없이 형의 전철을 밟았지만, 스스로 새로운 입지를 세우지는 못했다.

사마염(司馬炎, 236~290)

사마염(司馬炎)은 서진의 초대 황제로 시호는 세조 무황제(世祖 武皇帝)이다. 그의 조부인 사마의가 정적인 조상을 물리침으로써 정권을 획득한 사마씨 일족은 조위의 3대 황제 조방과 4대 황제 조모(曹髦)를 폐위했다. 위의 마지막 황제인 원제 조환(趙奐)의 대에 이르러서는 사마씨의 수장인 대장군 사마소가 승상에서 진공(晉公)을 거쳐, 진왕(晉王)으로 승작되고, 사마염은 왕세자가 되었다. 사마소에게 황위에 오를 기회는 많이 주어졌으나 그는 주공과 조조의 선례를 따르고자 황좌에 오르지 않았다. 265년, 사마소가 죽고 진 왕직을 승계한 사마염은 조환을 겁박하여 선위를 요구했다. 선위 받은 이후에 조환을 진류왕(陳留王)으로 봉하며, 낙양에서 국호를 진(晉)으로 바꾸고 황좌에 올랐다. 훗날 사마예가 건업에 건설한 동진(東晉)과 구별하기 위하여, 흔히 사마염이 건설한 진을 서진(西晉)이라 불렀다. 사마염(司馬炎)은 서기 280년에 명장 두예(杜預)와 왕준(王濬)의 분투에 힘입어, 손호(孫皓)가 통치하던 오나라를 정벌하여 멸망시켰다. 이로써 조위(曹魏), 촉한(蜀漢), 오(吳)의 삼국이 각축하던 60여 년의 정립 시대는 막을 내렸다.

삼국을 통일한 뒤, 사마염은 성군(聖君) 노릇을 하며 검소한 생활을 입버

릇처럼 말했지만, 말년엔 부패와 향락으로 물든 정치를 했고, 서진은 몰락의 길을 걷게 되었다. 사마염은 천하를 발밑에 둔 뒤에는 형식적이나마 앞세웠던 검소한 생활을 다 포기하고 향락의 통치를 했다. 오나라의 손호가 모아들인 5천 궁녀를 그대로 흡수해서 1만 궁녀를 두는 짓을 하는가 하면, 많은 궁녀 가운데 누굴 골라 잡을지 몰라서 양이 끄는 수레에 타고 양이 가는 대로 침소를 정했다는 이야기도 유명하다. 이 이야기는 의자왕의 삼천 궁녀처럼 과장한 야사(野史)가 아니라 엄연히 정사(正史)에 나오는 기록이다. 이 때문에 궁녀들은 양을 유인하러 양들이 좋아하는 댓잎과 소금물을 문간에 깔아놓았다고 한다. 또 관리 선발 면접을 하면서"사치가 심한 건 좋은 것이지만, 술병은 평생 못 고친다."고 했다고 하니 황제가 사치를 장려하는 모습이었다. 재능 있고 패기 넘치는 황제가 열심히 노력해도 제대로 통치하기가 어려운 경우가 허다한데, 황제부터 사치와 향락에 빠졌으니 오죽하겠는가. 문벌 귀족들부터 사치, 축재, 매관매직, 부정부패 등 온갖 비리를 일삼으며 극단적인 사치 행각을 서로 겨루었다. 승상 하증은 하루에 1만 전이라는 거금을 들여서 진수성찬을 차려도 먹을 게 없다며 징징거렸고, 사마염의 사위인 왕제는 사람 젖으로 키운 돼지의 고기를 사마염에게 대접하는가 하면 낙양 한복판에 말을 기르는 사육장을 만들었다.

그러나 이 시대 사치의 끝판왕은 역시 왕개와 석숭이었다. 왕개는 사마염의 외삼촌이고, 석숭은 석포의 막내 아들이었다. 왕개가 엿기름으로 솥을 닦으면 석숭은 밀랍을 땔감으로 쓰고, 왕개가 명주(明紬)로 40리에 장막을 치면 석숭은 비단으로 50리에 장막을 쳤다. 석숭이 집을 산초(山椒)로 칠하면 왕개는 집을 주사(朱砂)로 칠했다. 왕개가 조금 밀리는 형국이 되자 사마염은 외삼촌을 위해 두 자(48센티미터)가 넘는 귀한 산호수를 하사했고, 이것을 석숭의 집에 들고 가서 자랑하자 석숭이 황제의 하사품을 쇠몽둥이로 파괴해버렸다. 이에 왕개가 따지자 사과한답시고 창고에서 서너 자(72~96센티미터) 정도되는 산호수를 7개 정도 꺼내 와서 하나를 가져가라고 했다고 한다.

이후에 사마염의 뒤를 이은 황제는 그의 아들 사마충이었다. 사마충의 정실 부인이며 가충의 딸인 가남풍은 정권을 잡고 전횡을 일삼았다. 그녀의 전횡은 팔왕(八王)의 난의 시초가 되는 등 서진 왕조를 몰락의 길로 이끌었다.

참고로 사마충에 대한 평가는 매우 혹독했다. 그가 어느 날 신하들에게 "왜 짐은 제갈공명 같은 신하가 없느냐" 하고 묻자 "폐하께는 제갈공명이 여럿 있어도 소용이 없습니다."라고 답했다고 한다. 어떤 사람은 그를 후한 말기 망국의 황제들이었던 환제와 영제와 맞먹는다고 당대에 이미 평가했다.

사마충(司馬衷, 259~307)

사마충(司馬衷)은 서진의 제2대 황제로, 자는 정도(正度)이며 사호는 혜황제(惠皇帝)이다. 259년 아버지 사마염과 어머니 양염(楊艷) 사이에서 차남으로 태어났다. 형 사마궤(司馬軌)가 요절하고 사마충이 9세였던 267년 아버지인 황제 사마염에게 황태자로 임명된다. 이후 272년 14세의 사마충은 가충의 딸인 가남풍과 결혼했다. 《진서(晉書)》에 따르면 원래 사마염은 위관(衛瓘) 딸의 외모와 성격을 보고는 태자비로 낙점했지만, 사마충의 어머니 양염이 가충의 회유에 설득되어 아들 사마충에게 가충의 딸을 태자비로 권유했다고 한다. 황제 사마염은 황후와 신하들의 요청도 있었고, 당시 위관이 명망과 세력을 갖춘 상황에서 강력한 외척으로 성장할 우려도 있어 외모가 추하고 평판이 나쁜 가충의 딸을 태자비로 삼았다. 처음에는 가남풍의 여동생인 가오(賈午)를 태자비로 정했지만, 가오는 나이가 어렸기 때문에 가오의 언니인 16세의 가남풍이 사마충의 아내가 되었다.

사마충은 본디 능력이 떨어지고 학문에 뜻이 없어 황제가 될 자질이 부족하다는 평가를 받았다. 아버지인 사마염도 어느 정도 아들의 능력을 알고 있었기에 278년 겨울, 상서령 위관의 건의를 계기로 사마충을 시험하기로 했다. 사마염은 우선 동궁의 신하들에게 연회를 베풀어 태자와 떨어뜨려 놓은 뒤 태자 사마충에게는 주요 국정 과제 중 하나를 편지로 보내 스스로 풀도록 지시했다. 이에 태자비 가남풍은 외부에서 사람을 불러 대리 답안지를 작성하게 했다. 급사(給使)였던 장홍(張泓)이 대리 답안지를 보고는 답안지가 사마충의 수준과 맞지 않게 너무 뛰어난 것을 지적하며 "태자께선 학문이 깊지 않으십니다. 그런데 조서에 대답하며 고의(古意, 고전 경서의 의미)를 지나치게 많이 인용했으니 필시 황제께서 초고를 쓴 임자를 꾸짖고, 더욱 크게 처벌하실 것입니다. 거짓 답안을 작성하는 것보다 솔직한 것이 더 낫습니다."라고 말했다. 이에 가남풍은 장홍에게 다시 지시하여 사마충의 수준에 맞는 낮은 수준의 대리 답안지를 작성하도록 했고, 아버지 사마염은 사마충의 대리 답안지에 만족했다고 한다.

한편 사마충은 자녀가 매우 적었는데, 이는 가남풍의 전횡 때문이었다. 가남풍은 태자비가 된 직후부터 투기로 여러 사람을 죽였고 심지어 사마충의 아이를 임신한 여성에게 창을 던져서 사산시킨 일까지 있었다. 이에 아버지 사마염은 분노해 며느리 가남풍을 폐비시키려고 했지만, 신하들의 만류로 그럴 수 없었다. 그러던 중 사마충은 후궁 사구와의 사이에서 장남인 사마휼을 얻게 되고, 사마휼이 총명한 모습을 보여주자 아버지 사마염은 손자 사마휼을 믿고 사마충을 후계자로 남겨두었다.

290년, 아버지 사마염이 죽자 사마충은 32세에 황제로 즉위했다. 즉위한 후에도 황제의 자질을 갖추지 못해 국정을 장악하지 못했고, 자연스럽게 외척이 발호하여 정권은 사마염의 황태후 양태후(楊太后)와 그녀의 아버지 양준(楊駿)에게 넘어갔다.

외척 양준이 정권을 장악하자 여기에 불만을 품은 인물이 있으니, 바로 황후 가남풍이었다. 황후 가남풍은 야심이 많은 여성으로, 일찍이 사마충의 태자 자리를 지켜낼 정도로 권모술수에 능했다. 그녀는 우선 외척 양준을 제거하기 위해 황족 원로인 여남왕(汝南王) 사마량(司馬亮)에게 접근했다. 하지만 사마량은 소극적인 자세를 보이며 이내 허창으로 떠나버렸다. 이에 가황후는 젊은 초왕(楚王) 사마위(司馬瑋)에게 밀서를 보내 군대를 일으킬 것을 종용했다.

초왕 사마위가 군대를 이끌고 낙양에 도착하자, 가황후는 양준에게 모반죄를 적용해 그와 그의 일당 몇천 명을 죽였다. 이후 가황후는 사마량과 노신 위관(衛瓘)에게 정무 보좌를 맡겼다. 그런데 사마량이 정권을 독차지하자 가황후와 초왕 사마위에게는 각각 불만이 쌓였다. 가황후는 스스로 정권을 잡기 원했고, 사마위는 외척 양준을 몰아내는 데 군사를 일으킨 자신의 공이 가장 컸음에도 불구하고 사마량이 모든 권한을 차지했다고 생각했다.

먼저 행동에 나선 것은 가황후였다. 그녀는 사마위의 불만을 알아차리고 혜제의 밀명을 빙자해 사마위에게 사마량과 위관을 체포하여 죽이도록 했다. 결국 사마량은 사마위에게 살해되었다. 다음으로 가황후는 사마위를 제거할 계획을 세웠다. 불과 스물한 살 남짓한데다 대규모 군대까지 가진 사마위가 정권 쟁취의 걸림돌이 된다고 생각한 것이다. 그리하여 그녀는 혜제의 거짓 조서에 사마량과 위관을 죽인 죄를 물어 사마위를 사형에 처했다. 사마위는 비로소 가황후에게 이용당한 것을 알았으나 후회하기에는 이미 늦었다. 이로써 가황후는 정권을 독차지했다.

가황후의 천하가 10여 년간 지속되었을 즈음, 태자 사마휼(司馬遹)이 가황후의 근심거리로 등장했다. 가황후는 자신의 소생이 아닌 태자 사마휼이 영특하여 그가 장성한 후에는 정권을 유지하는 것이 어려울 것으로 판단했다. 그래서 태자 사마휼을 폐위시키고 독살한 뒤 자신의 양자를 새롭게 태자로 삼았다. 일설에는 가황후의 측근 환관이 화장실에 앉아 있는 태자를 뭉둥이로 때려 죽였다는 기록도 있다.

이처럼 가황후의 전횡이 극에 달하자 서진의 사마씨 일족도 더 이상 두고 볼 수만은 없었다. 이에 조왕(趙王) 사마륜(司馬倫)과 제왕(齊王) 사마경(司馬冏)이 혜제의 허락을 받아 가황후를 척결했다. 가황후의 죽음으로 서진 조정은 안정을 찾는 듯했으나 이후 혈육 간의 죽고 죽이는 싸움이 본격적으로 시작되었다.

가황후를 죽인 사마륜은 301년에 혜제를 태상황으로 몰아내고 스스로 제위에 올랐다. 이러한 소식이 각 제후국에게 전해지자 사마경은 장사왕(長沙王) 사마애(司馬乂), 성도왕(成都王) 사마영(司馬穎), 하간왕(河間王) 사마옹(司馬

顒)과 연합하여 조왕(趙王) 사마륜을 죽이고 혜제를 복위시켰다. 그리고 혜제를 보좌할 제왕(齊王) 사마경만 낙양에 남고 다른 제후왕들은 봉토로 돌아갔다. 그러나 사마경 역시 최고 권력의 맛을 알고 주색에 빠져 정치를 게을리하자, 이는 다시 사마애, 사마영, 사마옹이 군사를 일으키는 구실이 되었다. 사마경이 이들의 손에 죽임을 당한 후 정권을 잡은 사람은 장사왕(長沙王) 사마애였다. 그러자 이번에는 사마영과 사마옹이 연합해 사마애를 공격했는데, 이때 사마애는 불에 타 죽고 말았다. 결국 성도왕(成都王) 사마영은 승상이 되어 권력의 정점에 올라섰다. 마침 혜제가 공석이었던 황후 자리에 양씨를 봉하면서 황태자까지 책봉하려 하자 사마영은 스스로 황태제(皇太弟) 자리에 올라 황위를 예약했다. 그러나 사마씨 일족의 골육상잔은 여기서 끝이 아니었다.

사마영이 황태제가 된 것에 동해왕(東海王) 사마월(司馬越)이 불만을 품었다. 사마월은 군사를 일으켜 사마영을 죽이고자 했다. 그러나 사마영이 혜제를 데리고 하간왕(河間王) 사마옹이 있는 곳으로 도망쳐 버렸기 때문에 실패했다. 이렇게 세력이 약해진 사마영을 대신해 사마옹에게 정권이 넘어갔다. 그러자 사마월은 2차로 군사를 일으켜 사마영과 사마옹을 차례대로 죽였다. 306년, 혜제가 사망하자 사마월은 혜제의 동생 사마치(司馬熾)를 회제(懷帝, 재위 306~312)로 옹립했다. 이로써 무려 16년간 지속된 혈육 간의 전쟁이 막을 내렸다.

여덟 명의 제후왕들은 오로지 권력을 움켜쥐기 위해 군사를 일으켰으며, 이 '사마 팔왕의 난'으로 희생된 제후왕은 모두 일곱 명이었다. 또한 혜제 때의 연호는 무려 열 번이나 바뀌었다. 이처럼 서진이 삼국을 통일한 지 불과 30년도 안 되어 벌어진 황족들의 피비린내 나는 내란으로 백성의 삶은 고통 그 자체였다. 수십만이 전쟁으로 목숨을 잃었으며 생산 활동이 마비되었고, 수많은 도시가 파괴되었다. 치수 시설은 방치되어 홍수와 가뭄의 피해를 고스란히 입었다. 결국 백성들은 살던 곳을 떠날 수밖에 없었고, 남으로 이주하는 유민들이 대거 발생했다. 또한 제후왕들이 각각 우위를 점하기 위해 흉노, 오환, 갈, 선비 등의 이민족들을 앞다투어 용병으로 끌어들임으로써 서진의 자멸을 초래하기도 했다. '팔왕의 난'이란 내란까지 벌어지며 서진은 통일한 지 반 세기도 되지 않은 기간에 몰락의 길을 걷고 말았다.

바보 황제 사마충은 바보답게 306년 떡을 먹고 체하여 현양전(顯陽殿)에서 붕어했다. 그때가 향년 48세였고, 태양릉(太陽陵)에 안장되었다. 일설에는 동해왕(東海王) 사마월(司馬越)이 독살한 것이라고도 한다. 살아생전 그는 엉뚱한 일화를 많이 남겼는데, 한 번은 황제가 화림원에 있었을 때 청개구리가 울자 주위 사람들에게 물었다.

"이놈들은 공적으로 우는 것이냐, 사적으로 우는 것이냐? (此鳴者, 爲官乎? 爲私乎?)"

어떤 이가 대답했다.

"국유지에 있는 것들은 공적으로 울고, 사유지에 있는 것들은 사적으로 웁니다."

또 천하에 가뭄이 들어 백성들이 굶어 죽으니 황제가 "어찌하여 고기죽을 먹지 않는 것이냐(何不食肉糜)?"라고 질문했다고 하니 프랑스 마리아 앙트와네트의 중국판이라 할 것이다.

사마치(司馬熾, 284~313)

사마치(司馬熾)는 사마염의 25번째 아들로 서진 황조의 제3대 황제로, 자는 풍도(豊度)이고 시호는 회황제(懷皇帝)이다. 290년 사마염이 붕어하기 직전에 예장왕(豫章王)에 봉해졌다. 사실상 사마염의 가장 막내 아들이라 황제가 될 가능성은 거의 없었으나 동해왕 사마월에 의해 옹립되어 황태제가 되고, 307년 사마충의 사후에 즉위했다. 당시 대권은 권력자 동해왕(東海王) 사마월이 쥐고 있어 사마치는 실권이 없었다. 서진은 회제(懷帝)가 연호를 영가(永嘉)로 바꾸어 쇄신을 꾀하던 때였지만, 흉노 족장 유총이 남하해오자 사마월은 허창에 주둔해서 항전했다. 사마월은 군대를 모으려고 했지만 사마염이 삼국 통일을 한 후에 전국에 있던 군대를 감축해버린 탓에 어려움을 겪었다. 더구나 앞서 일어난 팔왕의 난으로 인해 그나마 남은 군대를 거의 다 소진해 대군를 모을 수가 없어 모집된 병력은 겨우 4만에 불과했다. 사마월은 자신의 대권을 태위 왕연에게 넘기고 죽었다. 그러나 왕연은 황제를 지키지 않고 오히려 황족, 고관대작, 부호, 백성 등 10만여 명을 이끌고 사마월의 영구(靈柩)를 그의 봉지 동해에 매장한다는 이유로 낙양을 떠나 동해로 향했다.

311년, 이 기묘한 장례 행렬은 갈(羯)족 석륵의 군대에 의해 발견되었고, 간단히 격파당했다. 이때 백성들과 군사 수만 명이 몰살당했으며 왕연과 대신들, 그리고 서진의 친왕 48명은 모두 포로가 되었다. 이들은 결국 흙담장 밑에 세워진 채 일부러 담장을 넘어뜨려 압사시키는 방법으로 모두 피살되었다.

문제는 왕연이 이끈 무리들이 낙양을 수비할 주력 병력이었다는 것이다. 서진 황제 사마치는 결국 311년 흉노에 의해 세워진 한(漢)나라의 유총에 의해 사로잡혔다. 이 사건을 '영가(永嘉)의 난'이라고 하며 사실상 서진의 멸망을 불러왔다. 사마치는 사로잡힌 이후에도 한(漢)의 수도에서 1년 반 동안 굴욕적인 삶을 살았다. 유총은 한 연회에 사마치를 초대한 이후에, 사마치가 예장왕이었던 시절에 서로 만났던 일에 대해 평했다.

"공이 예장왕이던 때에 당신을 뵌 적이 있습니다. 공은 '당신의 명성을 들어서 알고 있소.'라고 했지요. 그리곤 공은 손수 작곡한 음악을 보여주었고, 왕제와 내게 작사를 부탁했습니다. 우리는 공을 찬양하는 가사를 썼고, 당신은 정말 좋아했지요. 그리고 화살을 쏘면서 시간을 보냈습니다. 그때 뽕나무 활과 은 벼루를 선물로 받았습니다. 기억나십니까?"

그러자 사마치가 "어떻게 그것을 잊겠습니까? 후회스러운 것은 용을 미처 몰라 뵈었다는 것입니다."라고 말하자, 이 칭찬을 들은 유총이 감탄하여 "일족끼리 살육을 벌인 것에 대해서는 어떻게 생각하시는지요?"라고 팔왕의 난을 추궁하자 사마치는 "그건 사람의 의지가 아니라 하늘의 뜻이었습니다. 당신들의 한(漢)나라는 신의 가호를 받으려는 참이었고, 우리 일족은 한나라를 위해 제거되었습니다. 우리가 무제의 뜻을 받들어 단합된 상태로 있었다면 어떻게 주군께서 황제가 되었겠습니까?"라고 대답했다. 유총은 이 말에 깊이 감명했고, 밤새도록 서로 이야기를 나누었다.

313년, 황실의 새해맞이 행사에서 유총은 사마치에게 평민들이 입는 푸른 옷을 입히고 자신에게 포도주를 접대하도록 했다. 서진의 관리였던 유민(庾珉)과 왕준(王儁)은 이런 굴욕적인 광경을 보고 감정이 복받쳐 올라 크게 울고 말았다. 이 모습에 격분한 유총은 유민과 왕준은 물론 서진 관리들에게 모두 반역 및 내통 혐의를 뒤집어씌워 사형에 처했으며, 결국 사마치도 독살당했다. 비록 흉노가 낙양을 불태웠지만 상대적으로 군기를 유지한 흉노족보다 오히려 약탈이 극심한 부대는 도적 출신으로 흉노에 투항한 한족 왕미의 군대였다. 이들은 낙양이 폐허가 되기 전에 민가를 약탈하고 역대 황릉들을 철저하게 도굴해 부장품들을 챙기고 파괴했다.

왕미는 원래 한족이었지만, 출세를 위해 유총의 아비인 유연에게 투항한 자였다. 총사령관이었던 유요에게 일단 굴복했지만, '흉노의 자식놈이 뭘 알겠는가'라고 비웃으면서 동쪽으로 이동하여 거기서 석륵을 습격해 군대를 흡수하고 천하를 노렸다. 그러나 석륵에게 역습당해 왕미는 죽었으며 오히려 그의 군대는 석륵에게 흡수되었다. 결국 낙양은 버려졌고, 이후 유유의 북벌이 이루어지기까지 다시는 회복하지 못했다. 그나마 나중에 유총의 아들 유찬을 죽인 근준의 난을 틈타 동진의 원제 사마예가 태상 한윤(韓胤) 등을 보내 사마치와 사마업의 영구를 강남으로 가져와 안장했다.

사마업(司馬鄴, 300~318)

사마업(司馬鄴)은 서진의 마지막 황제로 시호는 민제(愍帝)이다. 3대 황제 회제 사마치가 유총에게 살해된 뒤 정주로 망명하여 스스로 황제에 올랐다. 이후 장안을 장악하고 있던 가아 장군의 도움으로 관중에서 본거지를 구축했다. 당시 사마업이 근거로 한 장안은 상태가 매우 안 좋아 총 가구 수가 100호도 안 되고 마차도 4대뿐이며 모든 물자와 식량이 부족한 상태였다. 이조차 각지에 흩어진 군벌들의 지원을 받지 못해 2년 만에 장안이 포위되고 말았다. 농성 끝에 16세의 황제 사마업은 전조 장군 유요에게 항복했다. 그는 전조의 수도인 평양으로 압송되어 전조 황제 유총에 항복했고, 이듬해에 유총의 연회에서 술을 따르던 중 옛 신하들이 통곡하는 바람에 유총의 분노를 사 살해당하고 말았다. 이로써 화북의 진나라 세력은 구심점을 잃고 완전히 사라졌다. 이를 계기로 역사가들에게 최악의 왕조라 평가받았던 서진은 완전히 사라지게 되었다.

다만 강남에서 호족들을 규합하던 사마예가 사마업이 죽은 후 그의 부고를 듣고 황제로 즉위하여 진나라의 명맥을 이어나가는데, 이 나라를 동진(東晉)이라고 불렀다. 이후 백여 년 동안 이민족 왕조가 화북을 점령한 사이 강남에서 한족 왕조의 명맥을 이어나갔다.

진나라의 전체 존속 기간은 265~420년이다. 일단 왕조 자체의 존속 기간은 155년으로 중국사 왕조치고는 나름 상당 기간 명맥은 유지했다. 이 가운데 수도가 화북에 있었던 316년까지의 기간을 서진(西晉), 강남에 있었던 317년부터의 기간을 동진(東晉)이라고 나누어 부른다. 그러나 이 시기 문벌귀족들의 극에 달한 사치와 반대로 농민들은 자연재해에 시달리고 있었다. 이러한 상황 속에서 결국 생업을 잃은 농민들은 개인의 비정상적인 권력과 부에 기생하는 존재가 되었다. 탈법을 저지를 수 있었던 부와 권력을 가진 자들은 더욱 세력을 불려 나갔다. 한마디로 말해, 개인이 소유하는 노비와 사병들의 숫자가 엄청나게 불어난 것이다. 특히 노비와 사병들은 떠나봤자 영위할 만한 생업이 없기에 그 주인의 눈에 들기 위해 안간힘을 써야만 했다. 뜻있는 선비들은 세상을 떠나 '자연인'으로 살고자 했으니 죽림칠현이나 도연명의 현실도피 등 청빈(淸貧), 은둔(隱遁) 생활이 이 시대 지식인의 새로운 가치관으로 자리 잡았다.

❀ 삼국 시대 정리

위(魏), 조(曺)씨 - 북부를 차지했던 왕조(220~265)

조조의 아들 조비(曹丕)가 후한 헌제(獻帝)의 자리를 빼앗아 220년에 세운 나라이다. 태조 조조(155~220) ① 문제 조비(220~226) ② 명제 조예(226~239) ③ 폐제 조방(239~254), 명제의 양자 ④ 폐제 조모(254~260), 문제의 손자 ⑤ 원제 조환(260~265), 연왕 조우의 자, 조조의 손자 –사마염에게 선위

- 도읍지: 낙양(洛陽)

촉한(蜀漢), 유(劉)씨 - 유비(劉備)가 지금의 사천성 지역에 세운 나라로 정식 국호는 한(漢)이나 역사상 구분을 위하여 촉한(蜀漢, 221~263)이라고 부른다.

① 소열황제 유비(221~223) ②후주 회제 유선(223~263)

- 도읍지: 성도(成都)

오(吳), 손(孫)씨 – 동오(東吳), 손오(孫吳)(229~280)는 강동에 기반을 잡았고, 수성의 달인인 손권(孫權)을 통해 제국으로 발돋움했다.

무열 황제 손견(155~191) 장사환왕 손책(175~200) ① 대제 손권(229~252), 폐태자 손화 ② 폐제 손량(252~258) ③ 경제 손휴(258~264) ④ 말제 손호(264~280), 손화의 아들

- 도읍지: 건업(현 남경)

진(晉), 사마(司馬)씨 - 사마염(司馬炎)이 위(魏)로부터 물려받아 세운 나라이다.

① 무제 사마염(265~290) ② 혜제 사마충(290~306) ③ 회제 사마치(306~313) ④ 민제 사마업(313~316)

- 도읍지: 낙양

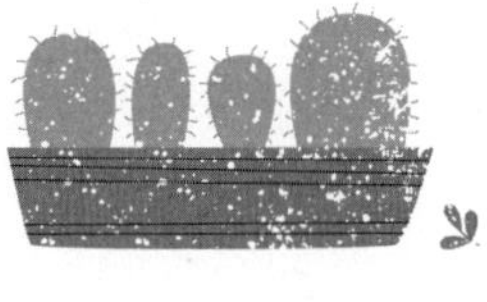

맺음말

중국사 5천 년을 공부하면서 늘 아쉬움이 남는 것은 그 오랜 시간 동안 중국 사회를 지배한 실체가 권력자 한 사람을 위한 왕조 사회로 시종일관해 왔다는 점이다. 물론 유럽이나 우리나라도 그랬지만, 적어도 동아시아 문화의 선두주자였던 중국이 그러했기 때문에 변방의 다른 나라들도 그 모델을 따를 수밖에 없었다는 점에서 중국 사회에 책임의 중요한 부분이 있다고 말하고 싶다. 이따금 반란이란 이름으로 왕조 사회에 거스르는 자가 있었지만, 그들도 구호만 민중이었을 뿐 또다른 권위주의자였을 뿐이다. 오히려 그런 과정에서 애먼 백성만 죽어나간 것이 역사의 현실이었다.

우리 사회에서 흔히들 민주주의의 반대말을 공산주의라고 가르치고 그렇게 배워온 사람들이 적지 않다. 물론 구소련이나 마오쩌둥 시절의 중화인민공화국, 그리고 세습 왕조인 북한 정권에 이르기까지 공산주의 체제가 프롤레타리아 일당 독재라는 그럴듯한 가면을 쓰고 실제로는 몇몇 권력자가 농단하거나 심지어는 세습하는 반민주적인 구조를 가지고 있었다는 사실을 부인할 수는 없을 것이다. 그럼에도 불구하고 민주주의의 반대는 왕정 혹은 독재이다. 두 체제 사이에는 권력 자체가 선출된 권력이냐 세습된 권력이냐의 차이도 있겠지만, 그 권력이 작동하는 시스템이 위로부터의 상명하복인가 아래로부터의 여론 수렴인가의 차이도 분명히 존재한다.

문제는 독재나 왕정의 경우, 백성 혹은 국민의 삶이 오직 권력자의 선의(善意)에만 기댈 수밖에 없다는 점이다. 세종대왕 같은 훌륭한 왕이 있어 백성의 삶을 골고루 보듬어 주는 성군(聖君)이 있는가 하면, 백성들의 삶은 아랑곳하지 않고 자신의 탐욕과 권력 놀이에만 열중했던 연산군 같은 혼군(昏君)도 있었다. 이때 백성들은 아무 선택권 없이 그저 세습되는 권력자가 선정하기만을 기도하는 방법 외에 할 수 있는 일이 없었다. 백성이 스스로 임기제 권력자를 선택하고 제어하며 때로는 탄핵하는 제도를 갖춘 것이 현대 민주주의이고, 이제 더 이상 권력자의 선의에만 기대어 허송세월하고 있지 않아도 되는 제도가 바로 민주주의다.

중국 주나라 때에 잠깐 공화(共和) 시대가 있었고, 로마 초창기에도 원로원(元老院)에 의한 정치가 있었지만, 그것은 민주정이 아니라 과두(寡頭) 정치라는 일종의 집단 지도 체제일 뿐 권력의 원천이 백성에게 있는 것이 아니었다. 아마도 민중이 권력의 원천이 된 첫 사례는 미국이 신생 독립한 것이 최초의 사례일 것이고, 중국의 경우 신해혁명 이후, 우리의 경우는 해방 이후 겨우 그런 형식적 제도를 갖추었을 뿐이다. 중국의 경우 마오쩌둥이나 덩샤오핑의 시대도 사실상 독재 국가였고, 현재까지도 권위주의적인 통치 형태에서 벗어나지 못했다고 진단할 수 있다. 우리나라의 경우도 이승만, 박정희, 전두환에 이르는 오랜 군사 독재 시절을 거쳐 87년 이후 겨우 민주적인 제도적 틀을 미흡하나마 갖추었다고 말할 수 있다. 그러나 우리 사회 곳곳에는 아직도 왕조적 사고 혹은 군사 독재 시절에 대한 향수를 가지고 있는 사람들이 곳곳에 분포하고 있다. 오랜 왕조 시대와 짧지 않은 식민지 시절, 그리고 해방 후에도 40년간이나 이어진 권위주의 정권에 물들어 자기도 모르게 파시즘적인 사고 체계가 내면화된 결과라고 볼 수 있다.

"암탉이 울면 집안이 망한다는데… 여자가 어디 감히", "애들은 좀 엄하게 키워야지. 요즘 애들은 버르장머리가 없어서…", "나 때는 말이야. 상사(上司)의 말에 어찌 감히 토를 달아… 죽을려고 환장하지 않은 바에야"

이런 대화들 속에 담겨 있는 파시즘을 사람들은 전통 혹은 예의라는 이름으로 호도하고 있다. 혹은 효도라는 포장지로 그런 굴종을 아름답게 포장하기도 한다.

우리 사회에서 소위 권력 기관에 있는 자들의 면면을 따져 보자. 그들 대부분은 권위에 대한 순종(順從)을 내면화한 사람들일 가능성이 매우 높다.

학창 시절에는 선생님이 시키는 대로 시험 범위에 드는 교과서 내용을 의미 없이 달달 외워 좋은 석차를 받았을 것이고, 자라선 법전이나 경제학 서적 등 자격 시험에 필요한 몇 권의 책을 노량진이나 외딴 절간 방에서 달달 외워 각종 국가 고시에 합격하여 공인(公認)된 자격증을 받았을 것이다. 판검사, 행정 관료, 의사, 언론인, 교수가 그러하다. 몇 권의 입시 서적과 몇 권의 처세술 책으로 이루어진 그들의 두뇌 속에 인사권자에 대한 절대적인 순종과 상위 권력에 대한 절대적인 복종 의식 이외에 뭐가 있겠는가.

교직에 있을 때를 생각해 보면 아이들에게 욕을 많이 먹고 동료들에게 비웃음을 당하던 사람이 오직 인사권자인 교장 한 사람에게만 좋게 보여 승진의 기회를 잡는 것을 여러 번 목격했다. 그런 자들이 교감이 되고 그런 교감들 중에 더 비겁하고 아부에 능한 자가 교장이 되는 것을 지켜보며 교직을 떠난 경험이 있다. 군대를 가정해서 이런 경우를 상상해 보자. 소대장 중에 가장 소신없는 자가 중대장이 되고, 중대장 중 부하를 승진 도구로 이용하는 자가 대대장이 되고, 대대장 중 가장 줄을 잘 타는 자가 연대장이 되고, 연대장 중 가장 정치 바람에 민감한 자가 장군이 되고, 장군 중 정치권의 말을 가장 잘 듣는 자가 사단장이 되고 군단장이 되고 총장이 될 것이다. 그러니 장군(將軍)에게서 빛나는 별만큼 군인다운 소신이나 진정한 애국심을 기대하는 것은 어리석은 일이다. 소신 있는 자는 이미 위관급 영관급 시절에 도태되었을 가능성이 매우 높기 때문이다. 그래서 위로 갈수록 바보들의 행진이 되고 마침내 권력의 정상은 태풍의 눈처럼 텅빈 자가 자리 잡게 되는 것이다.

상위 권력자나 인사권자의 눈치를 보는 소위 엘리트란 지식층 그룹의 이런 태도는 사실 어제 오늘에 생긴 것도 아니고 안에서만 벌어진 일도 아니다. 조선 왕조 건국 이후 사대부들이 정치의 전면에 등장하면서 그들이 모델로 삼았던 인물이 중국 송나라 성리학의 대가인 주자였다. 그런데 주희란 인물이 속했던 나라가 남송이고, 시대적으로는 그들이 오랑캐라 불렀던 여진족이나 몽골족의 나라인 금나라 혹은 원나라의 침략을 받았던 시기이다. 그 때문에 주자는 특유의 화이론(華夷論)을 그 철학적 근거로 삼고 예의를 회복하는 것과 오랑캐를 물리치는 것을 동의어로 보고 있었다. 그러잖아도 성리학이 주류였던 조선 사회가 명(明)의 원조로 임진란의 왜(倭)를 물리친 뒤 재조지은(再造之恩)을 소리 높이 외쳤고, 병자년에 청(淸)의 침략을 받는 과정을 통해 소중화주의라 부르는 정신 승리 체계가 완성되었다. 역사에서 이미 사라진 명(明)에 대한 사대(事大)로 현실적 세력인 청나라에 반청(反淸)하는 수준의 사고 체계가 주류(主流)로 등장하게 되었다. 그것도 대외적인 것이 아니라 주로 대내적 통치술로 작동했다.

사대부들의 사색 당파도 사대주의란 점에서는 대동소이했다. 하지만 그 중 가장 외세 의존성이 강했던 우암 송시열계 노론(老論)이 조선 후반기를 지배하게 되면서 조선 사회는 점차 주체성을 상실하고 망국의 길로 치닫게 되었다. 이들의 후예들이 중국 대신 모신 나라가 결국 일본이 되고 해방 이후엔 미국으로 변하게 된 것이다. 국내적으로는 권력을 가진 자를 추종하고 그 권력을 가진 자는 강한 외세를 추종하는 비주체적 사대주의가 조선, 나아가 한국 엘리트의 기본 정신으로 자리 잡게 되었다.

김구 선생이 '나의 소원'이란 글에서 세 번에 걸쳐 강조한 '조선의 완전한 자주 독립'이란 바로 외세를 배격한 우리만의 민주주의 체계를 제대로 수립하는 것이 아니었을까? 그런 점에서 우리는 아직 완전한 자주 독립 국가가 아닐 수도 있다. 친명 사대가 친일 사대를 거쳐 친미 사대가 된 현장을 우리는 늘 광화문 앞 태극기 부대가 성조기를 들고 있는 모습에서 확인하고 있다.

완전한 자주 독립 국가가 되기 위해서는 나와 남을 공정하게 대해야 한다. 내가 지켜야 할 가치가 소중한 만큼 남이 지키고 있는 가치도 존중할 줄 알아야 하기 때문이다. 그것은 개인의 문제이기도 하지만 국가 간의 문제이기도 하다.

고구려사를 중국 역사의 지방사로 보는 동북 공정을 비판하기 위해서는 우리의 역사에 대한 태도도 점검해 보아야 한다. 외국은 현재 자신의 영토 안에 살았던 사람들의 과거 역사를 자국의 역사로 간주하는 반면, 우리는 세계적으로 유례 없이 실체도 분명하지 않은 우리 민족이 과거 살았던 곳의 역사까지 모두 우리 역사로 보고 있다. 이러한 태도에 문제점은 없는지 살펴보아야 한다.

독도를 실효적으로 지배하고 있는 우리가 괜히 '독도는 우리 땅'이라는 당연한 이야기를 이슈화하여 일본을 자극한 면은 없는지도 반성해 보아야 한다. 내 집을 내 집이라고 주장하니 남들이 보기에 허점이 있는 것처럼 보이는 것이다. 그런 점에서 한국을 동북아의 중심으로 보는 국수주의적인 재야 사학도, 어용에서 출발하여 친일로 돌아선 강단 사학도 모두 축출되거나 수정되어야 한다. 우리의 역사든 다른 나라의 역사든 엄밀한 과학적인 기준 아래 재진단하고 재평가해야 한다.

문제는 그 기준이 인간적이고 민주적이어야 한다는 것이다. 여성과 아이를 막 대하거나 성 소수자를 비롯한 나와 다른 생각을 가진 남을 혐오하는 태도로는 그런 기준을 충족할 수 없다.

일본 서점 코너에 자리 잡고 있다는 혐한(嫌韓)을 비웃으려면 우리 언론들이 가진 혐중(嫌中)의 태도도 비판할 줄 알아야 한다. 무수한 중국 언론 보도 중 혐한적인 것만 골라 마치 중국인 전체가 혐한적인 태도를 가진 것처럼 왜곡하는 기존 언론의 태도가 바뀌어야 한다. 그것은 역사 왜곡을 하는 것이 일본 정부와 일부 일본인이기에 일본인 전체를 미워하거나 기피하는 것이 잘못인 것과 마찬가지이다.

역사적으로 밀접하게 관련성을 가진 한중일 삼국이 서로 미워하고 적대해서 결국 얻을 수 있는 것이 무엇이겠는가. 그런 적대감을 국내 정치에 이용하여 프레임을 전환하려는 엘리트들의 술수에 더 이상 속아서는 안 된다. 그것은 북한에 대한 태도도 마찬가지다. 우리가 남침(南侵)을 두려워하는 만큼 북한도 북침(北侵)을 두려워하고, 우리가 체제를 유지하고 싶은 만큼 그들도 그들의 체제를 유지하고 싶어한다는 것을 일단은 인정해야 한다. 나는 착하지만 너는 나쁜 놈이라는 일방적 도덕론으로 남북 문제는 해결되지 않는다. 우리나라나 미국은 착한 나라니까 강력한 무기로 무장하고 핵폭탄을 수천 개 가지고 있어도 되지만, 북한은 나쁜 나라니까 신형 대포 하나도 한 개의 핵무기도 허용할 수 없다는 태도로 대한다면 과연 협상이 제대로 되겠는가. 그렇다고 북한을 공격하여 주민을 옥죄고 있는 김씨 세습 왕조를 무너뜨릴 북진 통일 전쟁을 할 용기와 배짱이라도 있는가? 그래서 세금을 왕창 내며 2천 7백만 북한 동포들을 먹여 살리고 새 집을 지어주고 새 도로와 철도를 깔아 줄 능력이 있는가? 배짱도 능력도 없으면서 그저 국민에게 적대감만 불러 일으켜 자신들의 정권을 보위하는 데 북한을 이용하고 있는 것은 아닌지 우리 모두 반성해 보아야 한다. "동냥을 주지 않으려면 쪽박은 깨지 마라"라는 속담이 있다. 도움도 안 주면서 비난하고 허세를 부리며 북쪽을 향해 짖어대는 것이 우리의 대북 태도이다.

냉정하게 말하면 우리가 걱정해야 할 것은 북의 남침이 아니라 북한의 붕괴이다. 남아도는 쌀 몇만 톤을 준다고 '북한 퍼주기'라고 매도하고, 전쟁을 회피할 우호적인 방책이라도 마련하려면 종북(從北)이니 빨갱이니 손가락질 하는 사람들에게 물어 보자. 만약 그대들이 그토록 소망하는 북한 김씨 정권이 붕괴되어 북한 국민들이 적대적인 남반부보다 그나마 우호적이었던 중국의 '북조선 자치구'가 되겠다고 나서면 어찌할 것인가. 태극기와 성조기, 이스라엘기를 함께 흔들어 대는 뼛속 깊은 사대주의자들인 당신들이 중국을 상대로 세계 대전이라도 일으킬 용기와 배짱이라도 있는가. 아니면 하루아침에 정권이 붕괴되어 2천5백만의 굶주린 동포들이 남쪽으로 몰려 내려오면 당신의 곳간을 열어 그들을 받아들이고 먹이고 재울 수 있는가?

집권 세력들이 걸핏하면 내뱉는 '친북 세력'이나 '반국가 세력'이라는 말은 또 얼마나 허황된 주장인가? 21세기에 시효가 지나 사라진 공산주의를 누가 추종하며 소련조차 내다버린 공산주의를 누가 좋아한단 말인가. 자유도 민주주의도 없이 3대가 세습하는 절대 왕조이고 GDP가 우리보다 40배나 적은 북한을 누가 추종하여 종북(從北)한단 말인가. 바보이거나 정신병자가 아니라면 있을 수 없는 이런 용어들이 우리 사회에 유령처럼 떠도는 것은 바로 정권을 쥔 자들이 그것을 지키기 위해 허상을 만들어냈기 때문이다. 이것은 결국 겁박하여 집안 식구들을 잡도리하는 저질의 통치술에 불과하다. 우리가 어리석지 않다면 그런 허상은 다시는 우리 주변을 배회하지도 입에 오르내리지도 못할 것이다. 이것이 국민이 정신차려 옥석(玉石)을 제대로 구분해야 하는 이유이고 내가 미욱한 재주로 이런 책을 쓰는 이유이다.

정치를 무조건 매도하거나 외면하지 말고 정확히 진실을 파악하여 누가 옳고 그른지 판단해야 한다. 검다고 모두 까마귀는 아니고 희다고 모두 백로는 아니다. 검은 까마귀는 악하고 하얀 백로는 선하다는 이분법적 사고도 버려야 한다. 적극적으로 참여하는 국민들이 있어야 민주주의도 바로 서고 국제 관계도 바로 선다. 수많은 말과 그림 중에서 진실의 입과 진짜 그림을 가려볼 줄 아는 판단력이 국민 모두의 것이 되어야 한다.

어쩌다 내뱉은 말 한마디나 행동 하나가 언론들에 의해 과대 포장되고 그것에 동조한 국민들이 여론이란 이름으로 그 허상에 열광하여 최고 권력자를 만들어낸다. 이후 엘리트라 불리는 자들이 전부 권력에 줄을 대고 거기서 파생되는 달콤한 열매를 맛보며 겉으로는 민주주의가 잘 작동하는 것으로 포장하고 있는 것이 한국 정치의 현실이라고 감히 진단해 본다. 조선조 말 강화도에서 나무하던 왕손 강화 도령을 모셔와 왕 자리에 앉히고 모든 국정을 농단했던 안동 김씨를 비롯한 세도가들이 했던 짓이 현대 한국 사회에서 거듭 반복되고 있는 이유를 이렇게 설명하지 않으면 어찌 해석할 수 있겠는가. 일찍이 을사년의 오적은 다섯 명이었지만, 김지하 시인이 손가락질했던 오적(五賊)은 재벌, 국회의원, 고급 공무원, 장성, 장차관이었다. 요즘은 폴리페서라 불리는 교수 집단, 권력과 정보와 이권을 주고받는 언론인 등도 여기에 포함시켜야 한다. 자본주의 사회가 되면서 그런 굴종과 순종주의는 '효율성'이란 이름으로 포장지를 바꾼 채 우리 사회를 좀 먹고 있다. 그들이 기득권 카르텔을 이루어 한국 사회에 빨대를 꽂고 이익을 극대화시키고 있다. 그들은 강남 3구를 비롯한 요소요소에 골고루 분포하고 있으며, 그 자리를 노리는 예비 오적들도 수십 수백만 명에 이를 것이다.

1910년대에 소련에서 시작된 공산주의 실험은 70년 만에 끝났다. 이제 공산주의는 구호에 그치고 있고 현실 정치에서 과거와 같은 공산주의를 채택하는 나라는 없다. 우리가 흔히 공산주의 국가라고 부르는 중국이나 베트남, 쿠바 등은 공산당 일당 독재 체제하에서 자본주의적 요소를 도입한 국가들이다. 그러나 북한은 이도저도 아닌 김일성 왕조 체제일 뿐이다. 전 세계 누구도 동의하지 않는 주체 사상 아래 공포 정치를 실현하고 있을 뿐이며 그것이 국제 질서와는 동떨어진 고립 체제를 스스로 고착화하고 있다. 이러한 현실은 아마 자신들도 잘 알고 있을 것이다. 최후의 수단으로 핵무기를 만들었지만, 핵무기는 공격 수단이 아닌 방어 수단이다. 그것은 최악의 경우 이웃 국가와 동반 자살 작전으로라도 체제를 지키겠다는 발악이다.

소위 백두 혈통의 왕조를 지키기 위해 인민을 희생시키고 있는 사실을 지배층은 잘 알고 있지만, 개혁 개방을 통해 자본주의적 방법을 취할 경우 스스로의 권력이 해체될 것을 알기에 버티고 있는 것이다.

현재 전 세계는 자본주의의 유산인 양극화 현상을 공유하고 있다. 단순한 소득 불균형이 아니라 상위 20%가 국가 재산의 80%를 차지하고 있는 극도의 쏠림 현상이 대부분의 나라에서 가속화되고 있다. 이런 양극화는 결국 '성장과 분배', '비례세와 누진세', '보호 무역과 자유 무역,''보편적 복지와 선택적 복지', '대도시와 지방', '국토 개발과 환경 보전' 등으로 수많은 정책 분야에서 국민을 둘로 나누고 있다. 이런 양극화가 그나마 선거에서 논쟁의 주제로 나타나면 다행이지만 대부분의 경우 양 극단으로 나뉘어 상호 폭력을 행사하는 일이 빈번해지고 있다. 일부 소수자들은 극단적 선택으로 의사를 표현하기도 한다.

교육은 보다 좋은 자리를 차지하기 위한 경쟁 수단으로 전락했다. 점잖던 사람들도 트럼프 현상 이후 모두가 자신의 욕망을 노골적으로 드러내며 이기주의자로 변해 다른 사람들로부터 스스로를 격리시키고 있다. 콩 반쪽을 나누어 먹던 이웃과 가난을 공유하던 시대가 아니라 이제는 이웃을 이용하여 내 가족의 안락함만을 추구하는 풍요의 시대를 살고 있다.

이제 공동체의 가치를 회복하고 인간과 인간의 신뢰에 기반하는 사회적 자본을 확충해야 하는 것이 우리 앞에 놓인 당면한 과제가 되었다. 인간과 인간뿐만 아니라 집단과 집단, 도시와 도시, 나아가 국가와 국가 사이에도 서로 간의 믿음과 신뢰를 회복해야 한다. 나의 이 책이 그런 세상을 만들어 나가는 데 작은 보탬이 되기를 바랄 뿐이다.

스스로 지식인이라고 자부하면서 문학과 역사 등 인문학 주변을 어슬렁거리며 살아온 지 어언 50년이 다 되어간다. 중고등학교는 물론 대학 시절 배운 것들 중 일부는 머리 속에서 지우고, 그 빈자리에 신선한 지식들을 채우는 일을 오랫동안 해 왔다. 그럼에도 내 생각들 속에는 나도 모르게 익힌 식민지적 사관들이나 친일적인 문학관 등이 자리잡고 있는 것을 발견하고 소스라쳐 놀란 적도 많이 있다. "하루에 세 번 반성하라"는 공자의 말은 끝없이 자기 수정과 교정을 거치며 정도를 향해 나아가야 한다는 뜻이다. 개인이 그러하듯 사회가 더 나아지기 위해서도 마찬가지 과정을 거쳐야 한다.

2024년 12·3 비상 계엄 사태 이후 무책임한 계엄에 항의하고 농민들의 의견을 전달하기 위해 경상도, 전라도, 충청도에서 출발한 전봉준 투쟁단이란 트랙터 시위대가 우금치를 지나 서울 한남동으로 향하던 중, 남태령에서 서울 경찰들의 차벽에 가로막히는 일이 발생했다. 이 소식이 전해지자 수천 명의 2030 젊은 지원 세력이 SNS를 통해 순식간에 모여들었고, 이들의 힘으로 경찰의 저지선을 돌파한 시위대는 무사히 서울에 도착해 시위를 마칠 수 있었다. 시위 이후, 한 농부는 그의 SNS에 이런 글을 남겼다.

"나는 불량한 자들의 시대가 가고 인간이고 싶은 이들의 시대가 열리고 있음을 직감했다. 나는 저들을 배불리 먹이기 위해 농사를 더 열심히 짓고 싶어졌다."

이것이야말로 우리 민족이 나아가야 할 길이다. 우리의 아이들이 더 건강한 사회에 살도록 하기 위해, 더 평화로운 세상에서 마음껏 뛰놀고 제 꿈을 키우도록 하기 위해 오늘 우리가 해야 할 일이 이런 것이다. 이제 진짜와 가짜를 가려볼 줄 아는 안목을 기르자. 얼마 전 개봉된 안중근 장군의 의거를 다룬 '하얼빈'이라는 영화에서 이토 히로부미가 이런 말을 했다.

"조선의 백성들은 참 이상하단 말이야. 나라나 왕으로부터 아무 혜택도 받은 것 없는 무지렁이 백성들이 나라가 위태로우면 왜 저리 목숨 걸고 나서는지 정말 알 수가 없네."

외적이 쳐들어 왔을 때 잘잘못을 따지기보다는 우선 모두가 떨쳐 일어나 외적을 물리쳤던 의병(義兵)의 정신! 임진왜란에서 동학 혁명을 거쳐 3.1 운동, 그리고 오늘날까지 이어져 온 공동체를 위한 연대의 힘은, 난국을 헤쳐 나온 우리 국민들의 저력이었다. 이제 모두 일어나 손에 손 잡고 벽을 넘어서 하나되는 세상을 만들어 보자.

2025년 8월

강릉시 명주동 루외루(樓外樓) 우거(寓居)에서 홀로 외치다

참고문헌

- 김기협(2022), 오랑캐의 역사: 만리장성 밖에서 보는 중국사, 돌베개
- 김세정(2014), 왕양명의 전습록 읽기, 세창미디어
- 김영수(2009), 난세에 답하다: 사마천의 인간 탐구, ㈜알마
- 김영수(2010), 사마천, 인간의 길을 묻다, 왕의 서재
- 김충렬, 공기두 공저(1985), 모택동 사상론, 일월서각
- 김한종(2006), 역사왜곡과 우리의 역사교육, 책세상
- 김호동(2007), 몽골제국과 고려 : 쿠빌라이 정권의 탄생과 고려의 정치적 위상, 서울대학교 출판문화원
- 김호동(2021), 몽골제국과 세계사의 탄생, 돌베개
- 김희영(2020), 이야기 중국사 1: 중국 고대부터 전한시대까지, 청아출판사
- 딕 윌슨, 한영택 역(1985), 주은래: 중국 혁명을 이끈 한 인간의 일대기, 한길사
- 라오웨이, 이향중 역(2004), 저 낮은 중국: 인터뷰로 보는 중국 인민의 과거와 현재, 이가서 퍼슨앱
- 리쩌허우, 이유진 역(2024), 중국 사상의 기원 - 무에서 예로, 예를 인으로, 글항아리
- 미할 비란(2021), 몽골제국, 실크로드의 개척자들: 장군, 상인, 지식인, 책과 함께
- 민두기(1983), 중국 현대사의 구조, 청람
- 박영철(2021), 한자의 재구성: 주령시대의 기억과 그 후, 도서출판 길
- 박한제(2003), 박한제 교수의 중국 역사 기행 1-3, 사계절 출판사
- 벤저민 양, 권기대 역(2004), 덩샤오핑 평전, 황금가지
- 샤오젠셩, 조경희·임소연 역(2021), 송나라의 슬픔: 근대의 문턱에서 좌절한 중국 문명을 반성하다, 글항아리
- 송재소(2015), 중국 인문기행, ㈜ 창비
- 스기야마 마사야키, 이경덕 역(2013), 유목민의 눈으로 본 세계사, 시루
- 시바료타로, 양억관 역(2002), 항우와 유방 1-3, 달궁

- 양하이잉, 우상규 역(2018), 반중국 역사 : 오랑캐, 주변국 지식인이 쓴, 살림출판사
- 에드가 스노우, 신홍범 역(1992), 중국의 붉은 별, 도서출판 두레
- 오긍, 김원중 역(2021), 정관정요, 휴머니스트
- 오드 아르네 베스타, 옥창준 역(2022), 제국과 의로운 민족 - 한 중관계 600년사 - 하버드대 라이샤워 강연, 너머북스
- 원가, 정석원 역(1988), 중국의 고대신화, 문예출판사
- 위에난, 유소영 역(1998), 진시황릉: 중국 고대사의 불가사의, 도서출판 일빛
- 유시민(2018), 역사의 역사, 돌베개
- 이승훈(2023), 한자의 풍경: 문자의 탄생과 변주에 담긴 예술과 상상력, 사계절출판사
- 이언 모티머, 김부민 역(2023), 변화의 세기: 서양 천 년을 바꾼 결정적 사건들, 현암사
- 이연도(2019), 강유위가 들려주는 대동이야기, 자음과 모음
- 이영희(1983), 10억 인의 나라 - 모택동 이후의 중국대륙, 두레
- 이주엽(2023), 몽골제국의 후예들, 책과 함께
- 이희수(2023), 인류 본사: 오리엔트 중동의 눈으로 본 1만 2000년 인류사, ㈜휴머니스트 출판그룹
- 장철환 편저(2017), 중국 고대사: 대륙의 문명을 급진전시킨 춘추전국시대와 영웅호걸들의 이야기, 북랩
- 정수일(2012), 문명 교류사 연구, 사계절 출판사
- 정재서 역주(1985), 산해경, 민음사
- 정지호(2020), 진수의 삼국지 나관중의 삼국연의 읽기, 세창미디어
- 제임스 스콧, 전경훈 역(2019), 농경의 배신, 책과 함께
- 제홍호펑, 하남석 역(2022), 제국의 충돌: 차이메리카에서 신냉전으로, 글항아리
- 조관희(2014), 중국사 강의: 고대 신화전설의 시대에서 신해혁명까지, 궁리출판
- 조영남(2016), 덩샤오핑 시대의 중국 1-3, 민음사
- 조영남(2022), 중국의 통치체제: 1. 공산당 영도체제 2. 공산당 통제기제, 21세기북스
- 찰스 핼퍼린, 권용철 역(2020), 킵차크 칸국: 중세 러시아를 강타한 몽골의 충격, 글항아리

- 채몽필 집록, 의의강 역(2003), 두공부시 초당시화, 도서출판 다운샘
- 텐 위빈, 김주희 역(2024), 청명상하도 - 송나라의 하우, 글항아리
- 팀 마샬, 김미선 역(2020), 지리의 힘, 사이
- 한명기(2013), 역사평설 병자호란 1-2, 도서출판 푸른 역사
- 홍대선(2023), 한국인의 탄생, 메디치
- 효기심(2024), 권력으로 읽는 세계사 한중일편: 힘과 욕망이 만들어낸 동아시아의 역사, 다산초당

누워서 읽는 중국사

울퉁불퉁 중국인 이야기 1

초판1쇄 인쇄 2025년 8월 11일
초판1쇄 발행 2025년 8월 18일

저 자 박 삼 균
펴낸이 임 순 재
펴낸곳 (주)한올출판사
등 록 제11-403호
주 소 서울시 마포구 모래내로 83(성산동 한올빌딩 3층)
전 화 (02) 376-4298(대표)
팩 스 (02) 302-8073
홈페이지 www.hanol.co.kr
e-메일 hanol@hanol.co.kr
ISBN 979-11-6647-577-1

울퉁불퉁 중국인 이야기

울퉁불퉁 중국인 이야기

울퉁불퉁 중국인 이야기